EL BOGOTAZO
Memorias del olvido

EL BOGOTAZO

Memorias del olvido

Arturo Alape

ocean
sur

7 SEVEN STORIES

New York • Oakland • London

Seven Stories Press/Ocean Sur
140 Watts Street
New York, NY 10013
www.sevenstories.com

ISBN: 978-1-925019-84-1

153700931

Índice

A Olga, por las noches de escuchar,
reflexionar y escudriñar las voces
que cuentan esta historia.

Agradecimientos

Deseo agradecer a la Universidad Central y especialmente a su Rector, doctor Jorge Enrique Molina, por el generoso patrocinio que me permitió terminar la escritura de este libro, en sus dos últimos años. Sin esta colaboración difícilmente hubiera culminado mi trabajo.

También agradezco al Centro Cultural «Jorge Eliécer Gaitán» y a su directora, Gloria Gaitán, por facilitarme la consulta del Proceso Gaitán y otros documentos de sus archivos.

Al doctor Jaime Duarte French, quien me relacionó con muchos de los participantes de esos críticos años de nuestra historia política contemporánea.

Con los periodistas Eduardo Marín y Leónidas Arango no solo me unen profundos lazos de amistad, sino de agradecimiento. Los tres iniciamos en un grupo de trabajo las conversaciones, la ubicación de los personajes y realizamos las primeras indagaciones y entrevistas, que fueron conformando lo que sería finalmente este libro. Con Leónidas Arango trabajamos un par de años más. A los dos les debo mucho.

A Mercedes Pita, su eficaz colaboración.

Al «Coronel» Luis Eduardo Ricaurte, le agradezco el llegar a sentir con toda la intensidad posible, el dolor y la frustración que significó el 9 de Abril para los gaitanistas y para el pueblo. Él consiguió las entrevistas con los dirigentes medios del gaitanismo y de la base, lo que me sirvió extraordinariamente para comprender los orígenes y las formas organizativas del movimiento.

Gracias a los personajes o protagonistas de esa historia, quienes abrieron las puertas de la extraña y hermosa, densa y sorpresiva zona que es la memoria de los hombres. Al escuchar sus recuerdos, revivirlos en la discusión y volverlos a su época, me permitieron recoger sus pasos y reconstruir páginas que estaban pasando al olvido.

Introducción

Antes de comenzar a escribir este texto, había leído la profusa bibliografía sobre el tema, publicada en libros, revistas y periódicos y encontré que esas *versiones* eran particularmente parcializadas, desde el punto de vista de sus autores, con un fin más que evidente: rescatar para la historia la participación personal y el papel jugado por la colectividad política a la cual el autor pertenecía y en últimas *buscar o señalar* un culpable de los acontecimientos. Es decir, la objetividad histórica, en el conjunto de los acontecimientos era una casa abierta a donde cada cual podía buscar lo que quería, la verdad era el cuarto sellado y solo el dueño tenía la llave. Este es el origen del trabajo que se comenzó en 1975. La primera idea fue un libro totalizante que, en primera instancia, recogiera en todas sus contradicciones estas versiones ya publicadas. Era meterse al acontecimiento en sus manifestaciones más generales y particulares, para alcanzar en definitiva, a su corazón en ebullición.

No pensar, como siempre nos hicieron pensar, que el 9 de Abril tuvo como epicentro las conversaciones de Palacio o simplemente esa dramática y anárquica imagen que transcurrió en la calle en medio de la borrachera colectiva y la desesperanza de un pueblo adolorido por la muerte de su líder; o la infructuosa investigación sobre el asesinato de Gaitán. Me metí a la indagación que lo abarcara todo, desde las opciones políticas que se discutieron y que llegaron a los resultados conocidos; a la interminable investigación del asesinato, y a palpar con angustia la identidad del rostro de la multitud en sus gestos, en ese duro camino entre la agonía y la muerte; su comportamiento y sus acciones dirigidas a la expansión de su furia y a desentrañar ese profundo dolor de quienes perdieron la esperanza de ver realizados sus sueños en ese momento histórico, para tener que llevar por siempre sobre sus espaldas una terrible frustración.

Se decidió ubicar el trabajo, esencialmente, sobre lo ocurrido en Bogotá por cuanto fue lo definitivo tanto en sus contenidos como en sus soluciones políticas. No significa desdeño alguno por lo sucedido en el resto del país. A pesar de sus características desiguales, cada movimiento requiere trabajos específicos, especialmente Barrancabermeja, por su contenido social y político. Evidentemente se planteaba la necesidad de conocer las fuentes no publicadas, aquellas que yacían en la memoria de muchos de los participantes. Porque siempre se habían publicado las versiones de quienes tuvieron o tienen hoy cierta relevancia política. Para ampliar ese cuadro de información, tendría que reconstruir algo que a muchos nos apasiona: la memoria colectiva. Esa memoria que en últimas nos da otra versión de esa historia tantas veces contada y deformada. Por lo tanto, había que voltear patas arriba esa historia, digamos ya oficializada, para ponerla a andar con los pies de un pueblo que también la ha escrito.

Ir a buscar la historia oral, la información oral, evidentemente tiene muchas complicaciones, tantas en cuanto a veracidad, como la tiene la información escrita en periódicos, revistas y en libros. Es decir, quien testimonia sobre un acontecimiento puede caer en exageraciones en relación con su papel jugado o con el olvido explícito de ciertos momentos que no conviene recordar. Y más, cuando han transcurrido veinte o treinta años, los sucesos se deforman o se afianzan en la memoria; narrarlos es una forma de reconstruirlos. Pero lo cierto y lo evidente es que en un país como Colombia, donde el olvido histórico ha sido decretado, por el temor a los «sobrevivientes» políticos, necesariamente y desde el punto de vista de la mayor objetividad, hay que recurrir al testimonio para ponerle esqueleto, cuerpo y dinámica presente a esa historia. Al comienzo fue una aventura apasionante la búsqueda y la ubicación de muchos de esos personajes olvidados por ellos mismos y por sus contemporáneos. Y al tocar algunas puertas, quienes abrieron estaban en camino hacia la muerte. Fue la zozobra de alcanzar la agonía en muchos de ellos y, con los que hablé en vida, a los pocos meses dejaron con nostalgia esta tierra. En otros se había aposentado el miedo a referir su propia historia individual, olvidando que esta es expresión de la historia colectiva de un país. Muchos de ellos cargaban con un miedo histórico, no querían hablar del 9 de Abril. Tenían sus temores. Parecía que ellos poseían toda la verdad y que al momento de revelarla sobre ellos iba a caer, como espada, el destino de la retaliación política. En 1978 prescribe la acción investigativa sobre el asesinato de Jorge Eliécer Gaitán y por encanto de la ley ellos hablaron. Entonces quedó atrás el miedo, la muerte y se comenzó a bucear en las intimidades más dramáticas que viven en la voz de la memoria.

Para acercar a los personajes y crear un ambiente propicio para una posible conversación fructífera, se siguió la siguiente metodología: análisis y documentación previos sobre el personaje a entrevistar; conversaciones con él y discusión de un posible temario; entrevista grabada siguiendo un temario, además de preguntas que iban surgiendo durante la conversación; no hubo término de tiempo, se hicieron en una o varias sesiones; finalmente transcripción de las mismas y revisión de algunas por parte de los entrevistados.

Las entrevistas tuvieron, en general, a la vez un carácter testimonial y analítico, los personajes fueron narrando sus experiencias en los distintos acontecimientos y reflexiones sobre estas a la luz de los sucesos posteriores. Se estaba rescatando la voz de la memoria.

Al estudiar el material testimonial recogido, se encontró que estos eran mucho más objetivos en cuanto al espacio geográfico en que actuaron. Los testigos recordaban con mayor precisión sus movimientos, las acciones más generales de la multitud, las situaciones más dramáticas por ellos vividas en ese transcurrir tumultuoso de la acción de masas. Y ciertas imprecisiones en cuanto al espacio temporal. De allí surgía la dificultad en la reconstrucción cronológica de los acontecimientos. En muchos de los testimonios se manifestaba cierto hábito a la exageración de la real participación personal, incluso dando pie a fomentar la mitología popular que se ha creado sobre los hechos de abril. Sin embargo, al tener las voces de soldados, policías, oficiales, obreros, empleados, intelectuales, periodistas, diplomáticos y políticos de las distintas tendencias se fue conformando ya una visión más totalizante, desde adentro mismo, más rica en su visión, para un posible análisis en todas las dimensiones del conflicto.

Se habló con los generales de la República, sobrevivientes de la época; y ninguno quiso hablar. Uno de ellos, que había vivido las dramáticas horas de Palacio, contestó al proponérsele la entrevista: «Me voy para el infierno con la verdad de lo que sucedió ese día». Los otros contestaron: «Ya todo está dicho por el señor Presidente de la República en su testimonio publicado en la prensa». Luego se descubrió el origen real de estas respuestas. El presidente

Ospina Pérez al escribir sus memorias sobre su participación personal, consultó con los generales y estos se sometieron hasta la posteridad a la verdad presidencial. Por ello sigue siendo un punto oscuro cuáles fueron las razones que indujeron a los generales en Palacio a proponerle al presidente Ospina una Junta Militar como solución al levantamiento de la población.

Pero la evidencia hacía sentir que no solo bastaba el testimonio directo, sino que había que buscar otras fuentes para complementar lo dicho por las voces de la memoria y así ampliar en todo su contenido los acontecimientos. Por lo tanto, a través de los pasos de los protagonistas principales ya muertos o de quienes no se entrevistaron por ciertas circunstancias —circunstancias insólitas, que no es del caso revelarlas en esta introducción— se les hizo un seguimiento sistemático y riguroso de todo lo que habían dicho en la prensa, desde 1948 a 1982.

Hay que decir que no siempre la objetividad histórica se encuentra en estas fuentes secundarias por cuanto las versiones escritas, muchas de ellas, están tamizadas por situaciones muy específicas, que nacen en un país en que la verdad histórica solo la pueden expresar unos, los destinados a decir la *verdad absoluta*. Por ejemplo, se encontró que muchos de los personajes en ese tramo de tiempo, habían dado versiones contradictorias. Las primeras, por el temor a comprometerse en la investigación de Gaitán, y después, con el olvido del tiempo, veinte o treinta años después, comenzaron a revelar ciertas y relativas verdades. Otros, cada año publicaban sus mismas declaraciones, con una titulación distinta y con una introducción distinta. Eran héroes por estas fechas. Además, lo publicado, cuando se refiere a un reportaje, lo maneja y lo transcribe el periodista y más adelante lo titula el jefe de redacción. En este proceso de confrontamiento de la información, se encontró la facilidad que tienen algunos periódicos para deformar y manipular los hechos, olvidando eso sí, con mucha sagacidad, cualquier rigor histórico. Valga la pena un caso. Desde el año 1968 el periódico *La República* ha publicado en los aniversarios la misma página dedicada a denunciar la injerencia comunista en el 9 de Abril, en un artículo que se dice es tomado de un libro del expresidente Roberto Urdaneta Arbeláez. A pesar del albur del tiempo y de las contingencias humanas, la página se sigue publicando, año tras año, sin decir siquiera de qué libro se trata y a qué capítulo corresponde. Simplemente se monta y se desmonta.

Con la información oral y escrita, con sus contradicciones y sus posibles acercamientos a una verdadera objetividad, se buscó una tercera fuente: el Proceso Gaitán. Material precioso no solo por las referencias a la infructuosa investigación del asesinato, sino también como una documentación más amplia de la participación de la policía, del ejército y de los partidos políticos en los acontecimientos. Documentos jurídicos y esencialmente políticos de suma trascendencia. El Proceso sirvió para ubicar declaraciones de personajes muertos que nunca antes se habían publicado en la prensa. Una forma de recuperación de esa memoria perdida. Se encontraron además, versiones que enriquecieron los testimonios orales y escritos de muchos de los personajes, posteriormente entrevistados.

Al reconstruir mediante las declaraciones el momento del asesinato de Gaitán, se evidenció cómo la memoria es deleznable en cuanto a aprehender un momento tan culminante. Son las contradicciones del recuerdo, los altibajos de la memoria que visualiza lo vivido. En la disparidad de las versiones, estas adquieren su real dimensión, toda su veracidad, en el momento mismo en que se confrontan como totalidad.

Finalmente la hora de la escritura. La utilización de la información acumulada en la recreación de las voces perdidas en la memoria; en la reconstrucción con mano de relojero del mapa de los acontecimientos; en la búsqueda en el espacio y tiempo de la experiencia tan profunda que a todos nos ha afectado. Se plantea entonces el problema de la estructura del libro, en una estructura de confrontamiento de visiones, ubicada en un período histórico entre 1946 y 1948. Dentro de esta hay que encontrar respuestas formales, utilizando la indagación histórica, el testimonio directo, la crónica, el diálogo teatral y la ficción que ebulle de la realidad, en un texto finalizado que podrá leerse como una novela, un testimonio o un ensayo histórico.

Como clave para el lector, la versión del autor está dada a través del montaje del libro, lo que demuestra que la estructura de una obra no es una forma neutra y vacía de sentido. Es simplemente una coartada personal que expresa el sentimiento íntimo del autor, de querer navegar por las aguas intranquilas de la literatura y no quedarse sentado, hojeando y reflexionando ante los fríos hechos de la historia. Es la libertad personal por la cual he luchado siempre. Por lo tanto, el autor organiza las entrañas mismas del texto. Ordena los testimonios en forma de una corazonada; escribe un *Diario de Noticias* para complementar la memoria colectiva, en una relectura de la prensa diaria para ir contando qué está pasando en el país desde julio de 1947 hasta el 9 de abril de 1948. Y finalmente cierra las páginas con su propio epílogo.

Será el lector con sus posibles lecturas quien podrá plantearse conclusiones definitivas.

Arturo Alape

LA VOZ

¡Señor silencio, que estoy escuchando la Voz del Jefe!, me lo dijo tan al rompe que sentí que estaba hiriendo los sentimientos profundos de un hombre convencido. Me di cuenta en ese momento que su respuesta había rodeado mi garganta de un horrible sentimiento de culpa. Pero yo no quería penetrar en los terrenos sagrados de su silencio para infringirle ningún insulto, solo quería hablar con él, decirle, señor, me dijeron que usted en su tiempo fue un dirigente gaitanista, hombre de confianza de Gaitán, por lo tanto conocedor como ninguno de su personalidad y de su movimiento... Y decirle nada más, es que señor estoy escribiendo un libro y quisiera que usted, con su memoria, me ayudara a reconstruir ciertos momentos en que navego en una laguna de confusiones y usted me podría aclarar muchos de los acontecimientos... En fin, señor, yo no quería de ninguna manera irrespetar su silencio y menos sustraerlo de tantos años, que usted en este mismo instante está repasando con su memoria.

Me quedé entonces, viendo su figura de hombre bajito, casi cuadrado, de más de setenta años sobre su cuerpo, de pelo aindiado y ralo, con su ceño fruncido como fuertes raíces sobre su frente despejada, su mano derecha agarrando el mentón y la nariz de garfio posada sobre sus dedos y su mirada perdida en un punto fijo donde seguramente terminaba la lejanía para él. El hombre lloraba intensamente con un llanto común.

Luego intenté descubrir el encanto de aquella Voz que lo tenía ensimismado y me pareció que era una Voz que se explayaba por un parlante, no una Voz cualquiera ni mucho menos, pero para mí, debo confesarlo, tenía la entonación fría de un hecho que no golpeaba mi sensibilidad, por lo menos, al primer contacto con ella. Era la crueldad del tiempo que no expresaba piedad por los hombres cuando estos se quedan atrapados en el éxtasis de sus recuerdos. Debía, si quería conocer a aquel hombre, meterme en el tiempo que él había sobrevivido feliz y dolorosamente. Lo abandoné a su momentáneo y brumoso destino para introducirme en la multitud que estaba en la misma actitud, como embriagada por la magia de la Voz del hombre que hablaba por el parlante. Una masa silenciosa metida en su propio cascarón, con un solo pensamiento que la impulsaba a devorar a aquella Voz que casi los había suplantado en la vivencia de sus vidas, en el furor contradictorio de las emociones cotidianas. Eran seres estáticos frente al rigor y al rumor de un tiempo remoto, que en ese entonces tenía un rostro de esperanza para ellos y que estuvo a punto de volverse aprehensible para sus toscas manos, al acariciar a poco trecho el aparataje del poder. Cabizbajos, hombres y mujeres con un sello de edad casi igualitario, sin importarles los ruidos de una ciudad bulliciosa, extraña para ellos, inhóspita para el sonido de sus huellas, avasalladora por el vacío de sus rascacielos, insegura por tantos ojos aviesos; no como aquella parroquial ciudad de doble ruta del tranvía que ellos conocieron, en esos tiempos en que la Voz del parlante, que ahora como todos los años en esta fecha redescubren, sonora como el trueno salvaje, acusaba males de alta alcurnia. Entonces, ellos eran hombres de ambiciones, cuando esta masa informe poseía realmente su personalidad, porque ya vislumbraba su cercano futuro. Y abruptamente fue cortado en dos, un pasado de miedo y un futuro de miedo, a la una y cinco de la tarde, a la misma hora en que cada año se paraliza, en sus manecillas, el reloj de la iglesia de San Francisco, como instante incurable en que un hombre que tenía la consigna de no errar, disparó los proyectiles sobre el alma de aquella Voz que ahora se escucha con el mismo timbre y la misma entonación y con la frescura del diario ejercicio de las gigantescas manifestaciones.

Y hoy como siempre, sobre esta nueva ciudad de antiguos cimientos, llueve, porque ya está escrito como signo amargo, que mientras ellos vuelvan aquí a pisar el mismo sitio, donde recogieron temblorosos la sangre de su caudillo en pañuelos blancos, seguirá lloviendo, no como aquella tarde cuando el cielo se desplomó como un río inatajable, para avivar las llamaradas de los incendios y propagar el odio convertido en venganza de un pueblo herido en su corazón, sino para recordar a esta masa pertinaz que ellos sentirán de nuevo el deseo inconmovible de regresar. Ellos están ligados a este sitio como sombras maniatadas al destino. Porque ese día, sangre y lluvia crecieron al encuentro de la muerte, que los esperaba alegremente en cualquier callejuela, para luego vibrar abrazada a la vida de centenares de hombres. Ellos también murieron un poco en el dolor de tener que pasar casualmente por encima de la muerte.

Se silenció la Voz y los hombres volvieron a la vida, sus cuerpos rígidos adquirieron cierta soltura al caminar de nuevo —viejo ejercicio en desuso en esta fecha—, y sus voces contrajeron el frío de la ciudad. El hombrecito vino hacia mí con su mirada nublada de cataratas y como un hombre recién salido del llanto, me preguntó qué quería. Le expliqué con todos los detalles el asunto de mi libro y se quedó viéndome como si mis palabras lo volvieran a los viejos tiempos que hacía un instante él había estado padeciendo. Luego dijo que lo esperara con todo lo posible de mi paciencia. Mi sorpresa fue cuando me vi rodeado de un grupo de hombres y mujeres, reunidos con el imán de sus palabras. Apeñuscados, escondiéndonos unos entre los otros de la incesante lluvia, comenzamos una conversación que fue mezclándose con la nostalgia de ese pasado de miedo y un presente que para ellos se hacía escuchar bajo los fuertes ruidos de los carros.

—Yo creo que hasta la misma hora de la muerte, nosotros, los sinceros gaitanistas, no dejaremos de estar cada 9 de Abril recordando esa fecha tan trágica. Gaitán era una esperanza, muerto él se truncó esa aspiración que todavía hoy añora uno. No porque crea que cada 9 de Abril, cuando nos reunimos, vaya a cambiar nada, sino porque se tiene la esperanza que con la presencia de la persona de uno, se aporte algo para que no se olvide al hombre que fue Gaitán —dijo un hombre con sus manos consumidas en los bolsillos del sobretodo.

—Es que, caballero, su Voz es como su figura y uno al escucharlo, pues entonces revive la esperanza —dijo otro hombre ajustándose el viejo sombrero sobre su cabeza.

—Es innegable que esta fecha se aprovecha mucho. Siempre aparecen nuevos manzanillos, con un escapulario de Gaitán colgado al cuello, para ver qué pescan en cada aniversario —dijo otro hombre limpiándose la lluvia de su cabeza con un arrugado pañuelo.

—Señor, uno no solo recuerda a Gaitán sino a todos los mártires que cayeron ese día, el 9 de Abril. Toda la tragedia que significó su muerte para el pueblo. Yo pienso y lloro al pensar en lo que está padeciendo el pueblo por todo lo que pasó ese día. Uno se encierra en su silencio, el silencio propio de cada hombre, ese silencio que se mantiene en el cuerpo como calor necesario. Y entre dientes uno quisiera gritar: ¡Viva Jorge Eliécer Gaitán! Pero cuando uno nota que de su propia garganta ya no sale ese grito porque él ya no vive, uno quisiera esconderse con grito y todo. Yo le cuento que no puedo pasar por la cuadra donde quedaba el Ministerio de Justicia y cuando lo hago porque he cometido ese error, ya no dejo de pensar en Gaitán. Su Voz tan potente, tan potente que hacía llorar a jurados y a todos los presentes y cuando uno salía a la calle, después de escucharlo en las audiencias, a pesar de la niebla, uno veía en la madrugada a la ciudad mucho más clara. —Y este hombre dijo también, que al escuchar de nuevo la Voz siente que esta lo persigue, y que él con mucho afán corre, corre para buscar refugio a sus angustias que lo carcomen, que llega sudoroso a la casa, se mete a la cama y entre las cobijas, esa noche de insomnio padece un escalofrío que lo deja sin alientos por ocho días.

Y cuando les pregunté sobre el significado de la nostalgia, del miedo y el sentimiento de encerrarse en el silencio, ellos me contestaron:

—Para mí es la nostalgia de que el pueblo haya perdido a ese dirigente y otra madre no haya parido a otro igual. Yo pienso que no volveré a ver otro hombre como él —dijo el hombre con su pañuelo en la mano, antes de doblarlo y meterlo al bolsillo del pantalón.

—Es que cuando uno vuelve a escuchar su Voz se transporta. Y ve al Jefe rasgándose por dentro al pronunciar sus discursos y revive la sinceridad con que él hablaba. Uno veía en él al hombre que iba a transformar este país, en esos instantes cuando él mismo se transfiguraba al hablar en las manifestaciones. Uno creía en sus palabras —dijo un hombre prendiendo un cigarrillo, evitando que la candela del fósforo la apagara el viento.

—Es que uno ve a muchas mujeres que lloran por su memoria. Y lo ven a uno como un luchador de esas épocas. Y entre ellas se preguntan: ¿Estaremos aquí el próximo año? ¿Nos volveremos a ver aquí? Y si uno les pregunta: ¿Por qué vienen o qué las trae? contestan: «Recordar al Jefe». Esa es la nostalgia y ese es el miedo al presentir que ellas o nosotros no volveremos el otro año —dijo el hombre del sobretodo.

—Ese presentimiento uno de pronto lo carga ese año —yo lo he soportado en muchos de estos años— y es como vislumbrar la muerte que toca la puerta de la casa. Uno como cualquier otro hombre no tiene sino el recurso de silenciarse. No se abre para nadie. Olvida el habla.

Reconstruyendo el cuadro de amigos, ellos dicen que ese día, un día al año, ellos vuelven a encontrarse para comentar a través de sus recuerdos,

«Es que cuando uno escucha su Voz se transporta. Y ve al Jefe rasgándose por dentro al pronunciar sus discursos…».

qué fueron y así, con sus palabras, ellos montan con manos de relojeros el esqueleto de sus verdaderas vidas.

—Es que comienzan las reminiscencias. Las críticas al mismo Jefe por dejarnos huérfanos de otros hombres que siguieran sus huellas, a los dirigentes que no respondieron ante ese inmenso dolor, al pueblo que ciego todo lo entregó y vivió solo su derrota. Esto sucede el día que nos encontramos, hasta la espera del mismo día, al año próximo. Yo le quiero contar una historia: El pasado 9 de Abril, Alfonso Valbuena, sentado en su silla de ruedas vino a reunirse con nosotros y cuando oíamos la Voz del Jefe comenzó a llover, así como está lloviendo hoy. Él permaneció en su silla de ruedas en el sitio donde mataron a Gaitán, prendido de un paraguas. Lloraba mientras llovía sobre la ciudad.

Yo tengo curiosidad de conocer lo que sienten al escuchar la voz de Gaitán después de tantos años.

—Para mí es revivir los años de grandeza del movimiento. Yo casi lo veo y en esos momentos de alucinación, siento en mi cerebro que si él reviviera y diera una orden, todos de nuevo lo seguiríamos, como siempre lo hicimos, como si estuviéramos siguiendo los pasos de su Voz.

—¿Qué no daríamos por él? Daríamos la vida, pero ya en una forma organizada y no como el 9 de Abril cuando se nos fueron tantas vidas de amigos entre las manos y nosotros impotentes sin nada que hacer. Es un sentimiento, yo le digo que puede ser fanatismo religioso de no querer perder ni su imagen ni el eco de su Voz. Pero es la vida que nos tocó vivir y ya no la podemos cambiar. Algunos compañeros lo recuerdan al poner un disco para escuchar su Voz. Pero yo he llegado al extremo, que a cada momento me parece estar escuchándolo, digo, viéndolo. ¿Tengo yo la culpa de mi causa? ¿Debo sentirme culpable? Señor, no es que me persiga su Voz. Es al contrario: yo la persigo para aprisionarla, para quizá tener su eco definitivo en mis oídos.

—Yo siento una grande emoción, también cierta sensación interna de mando. Quiero explicarle, escúcheme bien: lo veo en sus ademanes; veo su mirada. Esa su Voz tan extraordinaria que siempre comenzaba con una Voz suave y de pronto iba subiendo al cielo y de regreso cambiaba de tono para dar la impresión de una catarata que se desborda. Las ondulaciones de su Voz que uno quisiera repetirlas en la imaginación, eran vientos tranquilos de risa, eran vientos embravecidos de llanto y de dolor, él vivía intensamente sus palabras; y sus manos que eran tan largas, que cuando terminaba de hablar su Voz, señor, se volvían astas de acusaciones para señalar responsabilidades y su cuerpo se echaba para atrás y otra vez se balanceaba hacia adelante, para finalmente señor, muy exaltado, gritar dramáticamente, como siempre, ese su grito de ¡A la carga...!

—En esos momentos se enloquecía el pueblo. Uno miraba los ojos del otro y estaba feliz, casi lloraba. Y se aplaudía con tanto ahínco y tanto deseo, porque los temores estaban ya a las espaldas.

—Yo le cuento otra historia: Yo fui a Pereira a llevar la propaganda del movimiento. Pereira en ese momento era un fuerte turbayista. Como a eso de las tres de la tarde llegó el Jefe y nosotros no podíamos contener, a pesar de todos los esfuerzos, los gritos furibundos de los turbayistas. Es que nos inundaban como ratas, los gritos de ¡Viva Gabriel Turbay! En ese momento salió el Jefe al balcón, se tomó un trago y cuando iba a comenzar su discurso, sonaron las campanas de la iglesia. Él siempre se agarraba de cualquier suceso, cualquier cosa que pasara para apoyar su discurso. Entonces lo comenzó con este arranque: «No importa el repique de las campanas, si eso significa el clarín de la victoria...». Yo estaba cerca del Jefe por si acaso le sucedía algo. Un hombre entonces me dijo al oído: «No seamos pendejos, este negro domina todo». El hombre que era turbayista se quedó de gaitanista y se volvió hombre muy exaltado en la lucha.

—Se da cuenta señor, esa es la Voz, ese es el Jefe.

Todos se dispersaron silenciosamente como habían llegado. Ellos habían cumplido un rito y la nostalgia de su corazón se aquietaba por un año más. Eran hombres congelados en el tiempo.*

---

*   En las *Referencias* se pueden consultar las fuentes utilizadas para cada uno de los personajes a lo largo del libro. Estas referencias aparecen numeradas en algunos casos, en los que se han utilizado diversas fuentes con el fin de lograr una versión más totalizadora de los testimoniales. Para una mayor información sobre los personajes y las organizaciones sociales y políticas, el lector deberá remitirse a la *Guía de personajes*. [*N. del A.*].

AÑOS
DE TENSIÓN

Retratos

Me pregunta de qué época y desde cuándo comenzó la amistad mía con Gaitán y tengo que decirle que comenzamos desde muchachos. Nos conocimos de muchachos, yo con ruana grande y sombrero tirolés, él con zapatos no muy buenos y una capa vieja española. Por las tardes ya desde las siete de la noche en adelante, nos reuníamos en El Capitolio, él leyendo a los grandes tratadistas sobre derecho penal. Desde entonces hacía elogios del profesor Enrico Ferri y hablaba del anhelo que tenía de graduarse en abogacía. Claro, un orador tan brillante por naturaleza, pues de ese don surgió a la política. Le rajaron la cabeza una noche, porque siendo audaz, quiso hablar en un mitin de conservadores en el barrio Egipto. Nosotros lo cogimos y lo metimos en la casa liberal que era en la carrera novena entre calle diez y once. Ahí comenzó la política.

Lo elegimos para el Congreso, al Concejo, a las direcciones políticas. Un hombre que estaba al tanto de los intereses del pueblo, se hizo grande en sus grandes obras. Se hizo grande en la defensa del caso del asesinato de la Ñapa, él fue el defensor de una de ellas, la sacó del tremendo caso que fue ese.

Hizo todo lo que hace un muchacho travieso e inquieto, después se fue asentando, tomó ya el carácter de un hombre que piensa y hace las cosas con sistema.

Su gran amor por la mamá, su grande amor era ella. Ella le tenía todo. La casa de doña Manuelita la llamaban «La casa de la camisa aplanchada». Era una cosa de un cuidado tremendo de ella por Jorge y de él por ella. Ellos se amaron horriblemente, dignamente, esa fue la cosa. Como hecho sobresaliente, que comenzó su viaje a Europa. Contaba él que en el barco que tomaron en Honda, para ir hacia Barranquilla, iba una inglesa o norteamericana y le preguntó: «¿Dígame una cosa, doctor Gaitán, cuándo salen los hombres a montar sobre los caimanes?». Así nos creían a nosotros. A Gaitán le dio risa, naturalmente.

Luego llega él a Italia y hace su carrera. Presenta su tesis, que es una novedad tremenda, en que dice que lo atenuante tiene de premeditación mucho. Ganó el premio Enrico Ferri y se gradúa con besos y todo lo imaginable. Cuando regresa fuimos a recibirlo en la Estación de la Sabana. No había entonces esperanza de avión, ni nada. Él llegó por el tren hasta donde es hoy la Estación de la Sabana; a cuadra y media o a dos cuadras era la casa de la mamá de Gaitán. Allí lo recibió doña Manuelita. Hay un retrato que publicó la prensa, en que están sentados los dos en un sofá, tierna foto, y nosotros los que lo queríamos tanto y admirábamos tanto, que éramos también un número respetable, allí estábamos quietos. Gaitán traía muy buenos recuerdos de su viaje. Cómo ganó la carrera, cómo se aquilató, cómo hizo bien la trayectoria del que quiere saber. Él decía de Bogotá como don Marco Fidel Suárez: «Llegar a Bogotá es llegar a aprender en la madre y nodriza del saber». Ese era Gaitán.

Guillermo Rodríguez (El Guache)

A mí se me hace un hombre extraordinario, un producto colombiano, de un valor impresionante, hechura de él mismo, fruto de su tenacidad. Nosotros lo vimos hacerse públicamente, desde un plano en que la gente se reía de él, nosotros nos reíamos de él y verlo ascender hasta el dominio del parlamento colombiano, en que hacía debates que ponía por el suelo a tipos tan hábiles como Urdaneta Arbeláez o al mismo Alzate Avendaño. Él hizo su órbita de crecimiento delante de nosotros. Lo vimos levantarse desde el bajo fondo bogotano, hasta una maestría subyugante en el dominio de las masas, de dominio como persona, de persona que sabía qué quería.

Él llegó a París en época de invierno, con traje de verano y zapatos chiripiados. En París se puede andar desnudo si se quiere, con los trajes representativos de todas las partes de la corteza terrestre y nadie lo mira, nadie se percata. Pero si se llega con traje de otra estación, uno ya es objeto de curiosidad. Él nos encontró, estábamos en La Redonda, gran café que figura en muchas novelas y dijo: «Qué fácil es ser elegante en París». Él se creía elegante porque todo el mundo lo miraba.

Cuando yo le dije: «Te están mirando, porque tú estás con un traje de una estación diferente a la estación en que estamos». Entonces me dijo: «Envidioso». Hay que ver el dominio del tipo: iba por la calle, se le botaba a una chica y la cogía, no sabía francés, se quedaba mirándola, riéndose. La chica se asustaba, entonces nosotros le explicábamos la situación y ella, condescendiente, acababa sonriéndose con él. Él, lógicamente, no se inmutaba. ¡Tremendo conquistador, sin saber el idioma!

Le decíamos: «No haga eso, porque en Francia no se acostumbra, cómo va a coger a la chica. Háblele, dígale, quiero estar con usted, quiere estar conmigo y tal...». Él estaba más convencido de sus métodos: «No sean envidiosos». El dominio era una cosa impresionante.

Llegaba al restaurante y empezaba a mirar a la ventolera. Era una mirada fija, contundente, no dejaba parpadear a la pobre chica. La chica terminaba intranquila, asustada, al fin venía ella y de frente le decía: «Si usted se cree que es un espía que me ha mandado ese hijo de... Pues vaya y dígale que a mí no me importa... Dígale que estoy con otro y...». Él asombrado nos preguntaba: «¿Qué, qué está diciendo?». «Pues está diciendo que no la molestes más, que no la mires, que te tomó por el espía del amante de ella, en fin, comprende Jorge». «No, no sean envidiosos, eso no es así, es que ella está prendada de mí...». Era algo impresionante Jorge Eliécer Gaitán.

Luis Vidales

Antioquia después del triunfo de Olaya, era un departamento neurálgico para conservadores y liberales. Los conservadores tenían que reconquistar Antioquia y los liberales no la podíamos perder. La primera asamblea, después del triunfo, estaba casi toda integrada por exgobernadores, presidida por el general Berrío, por el doctor Toro, por todos los personajes antioqueños destacados del conservatismo. Como no había muchos de esa altura en Antioquia, el liberalismo se jugó una carta muy interesante, puso de candidato a la diputación a Gabriel Turbay y a Jorge Eliécer Gaitán; Laureano Gómez por el lado conservador. Era una Asamblea formada por lo más batallador y grande de los dos partidos. Turbay asistió poco, pero Gaitán sí participó en la temporada y tuve oportunidad de conocerlo personalmente.

Él era el líder de la camada liberal en la Asamblea. Allí existía la ley de minorías que era una conquista liberal; el partido que sacara la minoría tenía

«Él llegó a París, en época de invierno, con traje de verano y zapatos chiripiados...».

la tercera parte y el de la mayoría las dos terceras partes; una cuestión artificiosa, pero que era algo ya, después del ostracismo de los liberales.

La minoría batalló duro encabezada por Gaitán. Era tal su magnetismo, que me parece que hizo una proeza, a raíz de un decreto de Olaya, que decía que por estar turbado el orden público pasaba al Gobernador de Antioquia el nombramiento de Superintendente del Ferrocarril de Antioquia, es decir, bastante discutible la lógica del decreto. En el fondo era un decreto político de Olaya para por lo menos controlar el Ferrocarril de Antioquia, que era lo más importante y querido de los antioqueños. No dejar que le quitaran todo los conservadores, es decir las posibilidades de empleo y manejo de ese Ferrocarril. Eso suscitó cosa tremenda. Laureano Gómez, jefe de la bancada conservadora en esa época, era un orador de miedo, sumamente apuesto, vigoroso, con voz atronadora, era tremendo y con un tema de esos, hay que ver lo que sacaría contra Olaya, contra todos los que acababan de robarle a Antioquia, con un decreto de estado de sitio, lo más preciado que era el Ferrocarril. Recuerdo que en el discurso contra Olaya, Laureano caminando con las manos en alto, gritaba: «Oh patria veo tus palacios en el suelo, las cornisas rotas, mútiles los capiteles». Era un monstruo.

Por las noches nos reuníamos en el periódico de Jaramillo, los liberales, a comentar la tremenda oración de Laureano, cuando llega uno de los cronistas del diario y dice: «Aquí les traigo el discurso de Laureano que están comentando tan favorablemente, pero miren, con esas frases que comentan con tanta emoción, con ellas termina el "Canto a Italia" de Alcides, esto es como para una doble columna». Eso de usar frases de esas para un discurso lo hace cualquiera, pero la forma, la invocación de Laureano lo hacía ver nuevo, incluso, para los que hubieran leído a Alcides en su «Canto a Italia». Allí hizo Gaitán una proeza, protestando contra los conservadores que estaban apabullando a la minoría liberal, porque no dejaban decir unos cuantos discursos, cuando el Presidente cerraba la discusión y ordenaba votar, naturalmente, dos terceras partes en favor de cualquier ordenanza, sacaban adelante los acuerdos y la minoría liberal sin ningún recurso de apelación. Hizo Gaitán un llamado a las masas, parecido al que acababa de hacer Laureano, pero ya no a los diputados, sino a las masas, para que se unieran a defender la legalidad golpeada por los jerarcas conservadores. Fue tal la eficacia que por las paredes se tiraron las masas al salón, se rodaron, golpearon al general

Berrío que presidía, con la misma campana que él hacía sonar para poner orden, salieron con tónica de motín a la calle, con ánimos pendencieros, toda la muchedumbre que estaba en las barras. Cuando ya estaban con intenciones de incendiar y romper vitrinas, Gaitán salió y se encaramó en un balcón a ordenarles que se tranquilizaran y se fueran a dormir a sus casas, que ya verían qué harían al otro día. Logró enjaular a una muchedumbre que él había desatado en su furia. Eso fue un prodigio de oratoria, desatar a la masa para que mate, para que robe, eso lo hace cualquiera, pero volverla al carril eso sí me dio a mí, desde entonces, una prueba de dominio excepcional de las multitudes que él mismo desataba.

Ese fue mi primer contacto con Gaitán, la imagen de un hombre capaz de hacer milagros frente a las multitudes. Eso se fue demostrando después; esa fuerza magnética con palabras que en otros labios no significaban gran cosa, él las transformaba, se convertían en una catapulta frente a los enemigos.

Adán Arriaga Andrade

Me acuerdo de Gaitán, era 1921, porque hubo un abaleo en Ubaté. Él llegó a dictar una conferencia. Él había hecho una antes, que le dio auge para que lo lanzaran como diputado por la Provincia de Ubaté. La mamá estuvo como profesora de la escuela pública en Cucunuba, vecino al municipio de Ubaté. En esa segunda manifestación le dispararon a Gaitán y le atravesaron el saco, que lo tenía abierto al accionar sus brazos en el discurso.

El general Herrera tenía las nietas estudiando en el San Facón, papá y mamá eran acudientes de ellas, de modo que los domingos que tenían salida iban a casa y almorzaban. El general Herrera iba con mucha frecuencia a casa. Un día estaban todos y llegó Gaitán. Entonces el general Herrera se lo presentó a papá. Luego que él se fue, el general dijo: «Este es Jorge Eliécer Gaitán, un muchacho que está estudiando, muy aventajado, le sucedió que estaba luchando por mi candidatura y le dispararon… ha venido a traerme de regalo, el saco agujereado. Ese es un muchacho que promete mucho, porque tiene agallas, me parece muy inteligente, de un gran valor y porvenir porque tiene una gran cantidad de ilusiones. He estado charlando con él». Eso dijo el general.

Volví a encontrarme con Gaitán en la Universidad Libre, cuando yo estaba de alumno de Derecho Penal. Él no simpatizaba con las Fuerzas

Armadas, ni con el Ejército, porque entonces se creía, que todo lo que fuera militar era fascista o nazista. Él dictaba la clase de Derecho Penal y en algún momento habló sobre el fuero militar, que el fuero no debía existir. Tomando tinto le dije: «Doctor Gaitán, estoy en desacuerdo sobre lo que usted dijo ayer. Si hay alguna cosa que se necesite es el fuero militar. Usted no sabe la necesidad de eso, porque usted no fue soldado ni ha sido militar. La base de la milicia es la disciplina, el día en que la disciplina se acabe, el ejército no existe, se vuelve una anarquía terrible. Esto no es inventado por nosotros, esto tiene muchos siglos, desde que el mundo existe, existe el ejército. Eso ha ido evolucionando». Estuvimos hablando. Luego de meditar un poco, dijo:

—¿Usted quiere dictar una conferencia sobre la organización militar?

—Por supuesto, doctor. Tengo mucho gusto.

Ya era la hora de clase. Y dijo: «A mí me gusta charlar con mis alumnos, porque siempre en toda conversación se gana algo. He estado hablando con el teniente Phillips, y me ha dicho que sobre la organización militar, sobre el fuero militar estamos en desacuerdo. Pero lo que él plantea me ha parecido supremamente interesante. Entonces yo le voy a ceder la cátedra para que él nos hable».

—Doctor le agradezco muchísimo, pero para una explicación de estas, yo tengo que documentarme. ¿Por qué no me da un plácito?

—Por supuesto.

—Expliqué que la cuestión de la justicia militar y los tribunales militares son para militares. El civil no puede ser juzgado por un caso de disciplina, porque al civil le parece inusitado que se castigue a un subalterno, porque le pegó a un superior. Cómo le van a meter uno o dos años de cárcel, cuando en el ministerio tal, un empleado le pegó a otro porque lo trasladaron. El civil no tiene esa mentalidad. ¿Qué tal que un subalterno le pegue al superior? Se acaba el ejército.

Le gustó muchísimo mi interpretación y desde entonces se preocupó por el ejército.

Capitán José Phillips

Me tocó ver por ejemplo, en el Ministerio de Educación la actitud del doctor Gaitán cuando un muchacho del pueblo, vestido humildemente, pidió que lo recibiera. Sin vacilaciones, cuando yo le comuniqué que había un niño que quería hablar con él, lo hizo pasar a su despacho. El niño entró y lo saludó respetuosamente, luego le comunicó que ya había terminado la primaria y que solicitaba una beca para seguir el bachillerato. Había pasado ya la adjudicación de las becas y él hizo llamar al jefe de la sección de becas, para que le informara si había alguna vacante por no haberse presentado el adjudicatario. El jefe de becas le informó que sí había una o varias becas, Gaitán ordenó adjudicarle la beca al niño inmediatamente.

Posteriormente fue un chocoano a pedirle beca para el bachillerato, como había la vacante, ordenó que se le adjudicara la beca en el colegio de Zipaquirá. Este negro se llamaba Elviro, era sucio, puerco.

Llegó a Bogotá un maestro huilense de apellido Tovar Victoria, se acercó al doctor Gaitán en solicitud de un puesto de maestro en Cundinamarca ya que en el Huila no encontró. El Ministro se dirigió al secretario de Educación de Cundinamarca y le pidió que vinculara a este hombre a la educación del departamento y el señor secretario no aceptó la petición del doctor Gaitán. Ante esto, Tovar Victoria optó por situarse a la entrada del Ministerio de Educación, que funcionaba en la carrera sexta con calle diez y cada vez que llegaba el señor Ministro, estaba Victorio parado a la puerta del Ministerio. Resulta que a los pocos días se presentó una vacante en una escuela que financiaba Bavaria; el jefe de la sección de becas llegó al despacho del Ministro con un folder con resoluciones, en una de las cuales se llenaba la vacante. Gaitán le dijo que ese puesto lo debería ocupar un señor que se paraba todos los días a la puerta del Ministerio y me llamó a mí para que saliera a preguntarle al maestro su nombre. Germán Peña, que era el encargado de eso, le dijo a Gaitán que ese señor no porque era de cuarta categoría, a lo que Gaitán respondió: «Es de cuarta categoría, pero es maestro de escuela; nombren a ese señor». Ahí en la oficina se presentaba siempre mucha gente que esperaba para hablar con el doctor Gaitán. Un día se presentó una mujer gritando que quería hablar con él, el doctor Gaitán en vista de eso, se quiso salir por una puerta distinta a la salida habitual, la mujer como que se dio cuenta y salió por el otro lado y lo cogió cuando salía. Esta señora había sido nombrada aseadora del Teatro Nacional, adscrito al Ministerio de Educación y a los ocho días ya estaba peleando con el celador. Gaitán lo mandó llamar y le dijo: «Ustedes son trabajadores, qué es eso de andar peleando, hagan las paces». Los contentó, no aceptó las quejas que se le dieron y no los quiso botar.

En otra ocasión llegaron al Ministerio unas monjas a solicitar que se les colaborara con útiles para unas escuelas que estaban careciendo de los elementos indispensables. Como en el Ministerio había un almacén de útiles para la educación, cuyo movimiento no se caracterizaba por un verdadero sentido de servicio, el ministro Gaitán ordenó inmediatamente que se les suministraran los elementos necesarios. Fue así como las monjas salieron con un cargamento.

El criterio del Ministro consistía en que los libros y todo lo que había en el almacén era para gastarlo en desarrollo de las actividades del Ministerio, para servir a la educación y no para tenerlo encerrado en el almacén petrificado, como estaba ocurriendo.

Arcadio López

En la Escuela Militar tuve contacto con Gaitán, cuando él era ministro de Educación y decidió hacer un desfile de todos los colegios de Bogotá, con hombres y mujeres en vistosos uniformes y bandas de guerra. Él había pedido unos oficiales para que instruyeran a los alumnos la base de la marcha, la presentación misma en un desfile medio fascista. Los oficiales fuimos a los colegios. Hablé con él, dos o tres veces, sobre la cantidad de alumnos que iban a desfilar. A mí me ordenaron coordinar todas las bandas de guerra de estos colegios, cuestión difícil, porque eran columnas de diez a doce mil estudiantes y es necesario que den el mismo número de pasos por minuto y que el largo del paso sea igual, para que las primeras unidades o grupos marchen normalmente, a cierta velocidad y los de atrás sigan marchando igual y no se formen esos acordeones humanos. Yo estuve coordinando estas bandas de guerra para que dieran ciento catorce pasos reglamentarios en infantería: ciento catorce pasos por minuto y el paso de ochenta centímetros. A las mujeres había que entrenarlas para que dieran el paso largo. Hablé entonces con Gaitán para realizar un cálculo aproximado del número de estudiantes. Eran unos ocho a diez mil alumnos, con las bandas de guerra, con sus muchachas.

En las horas normales de gimnasia se hacían ejercicios para aquella famosa revista, que no se pudo llevar a cabo porque no hubo campo en Bogotá para hacerlo, no cabían los alumnos en un lugar donde se pudiera montar una tribuna diga usted, para hacer un despliegue de dos metros entre alumno y alumno. Gaitán era muy amigo de estas demostraciones masivas y siendo como era ministro de Educación, es decir, la figura de la revista, pues con mayor razón.

El desfile se hizo y, por cierto, resultó formidable. Después vino la instrucción militar para los muchachos de bachillerato, con la intención de que aprendieran un poco de milicia.

Capitán Ismael Hurtado

Una cosa que causó impacto en Gaitán y gran admiración en las masas, fue cuando estuvo de ministro de Educación. En ese lapso, Gaitán hizo reformas en las escuelas, las visitaba y se preocupaba por los muchachos que iban descalzos, así como que los profesores asistieran a sus clases. Para un diecinueve de julio —día que estableció como día de la juventud colombiana—, a través del Ministerio de Educación, organizó el desfile olímpico más suntuoso que se ha visto en Bogotá. Por primera vez las niñas de los colegios femeninos iban a desfilar marchando con sus bandas de guerra, Gaitán previó que no fueran únicamente los colegios de primera clase, sino con la participación de todos los estudiantes de las escuelas de Bogotá. Hizo desfilar a los muchachos de las escuelas y se preocupó por darles sus uniformes, y sus zapatos tenis y él asistió a las organizaciones de los desfiles que eran dirigidos por los militares, en la antigua Escuela Militar de Bogotá, en San Diego. Ahí conocí a Gaitán por primera vez. A mí me entusiasmó mucho ver a un político de la talla de Gaitán, que se preocupara porque los niños de las escuelas estuvieran en un desfile de esta naturaleza.

A Gaitán en ese momento lo criticaron mucho, dijeron que esa era una organización de tipo fascista por el saludo olímpico; porque Mussolini en Italia se había preocupado mucho por hacer ese tipo de desfiles y que cómo iba a poner a las niñas a marchar al estilo de los soldados y a tocar tambores y cornetas. Eso en nuestro medio no era conocido, era peligroso, porque las niñas dejarían de ser amas de casa y pensarían en ser oficiales o soldados.

Gaitán respondía a estas críticas con hechos. Hizo un desfile estruendoso que entusiasmó a todas las capas de la población, porque ese desfile, no solo lo presenciaron los obreros, sino todas las capas de la sociedad y quedaron admirados por lo majestuoso.

El pueblo colombiano tuvo la visión de que Gaitán era un hombre de grandes realizaciones. Yo recuerdo que siendo niño, cuando él fue alcalde hizo cosas que para el pueblo de Bogotá tuvieron una trascendencia tremenda, como fue petrolizar la carrera séptima, y ponerle barras a los tranvías a un lado para que la gente no se bajara por el lado izquierdo, porque les causaba peligro; trató de uniformar a los choferes de Bogotá, lo que terminó en la huelga de los choferes y en su caída.

Manuel Salazar

Para mí Gaitán fue unególatra. Él era un gran agitador de la lucha de clases, pero no supo de política. Los primeros libros marxistas se los di yo. Él era un gran penalista y magnífico estudiante, pero de política no sabía. Lo que pasa es que tenía una garganta del carajo y sentía en su pellejo y en su alma todo el martirio, todas las épocas en ayunas de doña Manuelita para mandarlo al colegio. Saltó en él la clase y se hizo Jefe, no es más. Era un tipo indispensable para la lucha.

Él se moría de ganas de ver como alcalde una manifestación de señoritas con ramitos de flores y nagüitas en el ombligo.

Eso no es revolución.

Guillermo Rodríguez (El Guache)

Memorias

Yo fui elegido por la Cámara de Representantes para formar parte de la dirección liberal en unión del doctor Adán Arriaga Andrade, al propio tiempo que la mayoría liberal del Senado de la República, eligió para la dirección liberal al doctor Chaux y al doctor Julio Roberto Salazar Ferro. Esta es una de las direcciones que se eligen, cuando desaparece la dirección liberal; cuando no hay manera de tener una dirección liberal sacan del Congreso o de las mayorías del Congreso dirigentes. Esta fue una dirección liberal coyuntural y dijéramos excepcional. Había una crisis muy grande, el partido estaba debajo de las mesas, acababa de terminar el Congreso homogéneo; volvió a participar el conservatismo en las elecciones, que durante un lapso había mantenido la abstención; llegó el conservatismo unificado, con oradores nuevos, Londoño y Londoño, Silvio Villegas y otros, en posición muy agresiva contra el gobierno de López; el segundo gobierno de López.

Ese Gobierno se mantuvo en una perpetua crisis. Creo que como reflejo de dos cosas: primero, los problemas que trajo la Segunda Guerra Mundial, las dificultades de aprovisionamiento de equipos, la acumulación de reservas internacionales del país, porque no había posibilidades de hacer importaciones. Surgió una gran corrupción en los negocios, sobre todo en los negocios en que había control de precios, por ejemplo, estaba prohibida la importación de materias primas, el hierro era muy escaso. Había una intervención fuerte del Estado para poder hacer una racionalización de la distribución de las pocas cosas que se podían importar.

Surgió el mercado negro, obviamente, y grandes negociados en torno a las llantas, al hierro. Los aparatos de control se convirtieron, como pasa siempre, en aparatos muy descompuestos, de intrigas, de negociados. Y surgió políticamente el problema. Primero de Mamatoco, un boxeador muy insignificante, pero que tenía vinculaciones con algún grupo que se creía que conspiraba. Fue muerto por la policía, muy aprovechado por la oposición y por *El Siglo,* lógicamente. Yo creo que no fue un crimen de Estado, ni mucho menos por miedo. La policía aterrorizada, seguramente había hecho propaganda dentro de los altos medios de que había personajes muy peligrosos y alguien creyó prestarle un gran servicio al Gobierno suprimiendo un personaje sin ninguna significación histórica. Vino luego la cosa de la trilladora Mallentthin, durante la guerra. Hubo el control de los bienes de los súbditos del eje, es decir, de los alemanes y los países ocupados por Alemania; esos bienes quedaban en decomiso bajo el control del Banco de la República. Hubo un gran escándalo en torno a la trilladora Mallentthin, que era de unos alemanes, a quienes se la quitaron y apareció en poder del doctor Alfonso López Michelsen. Eso lo utilizaron también políticamente en una forma tremenda contra el gobierno de López.

Luego el problema de la Handel que es también consecuencia de la Segunda Guerra Mundial. La Handel era un grupo de acciones holandesas en Bavaria, que quedaron en el decomiso, cuando Holanda fue invadida por Hitler. Esas acciones ganaron durante la guerra multitud de dividendos y de acciones fijas, por estar en decomiso se cotizaron a muy bajo precio. Se planteó el problema de la conveniencia de nacionalizar, es decir, de comprar para Colombia las acciones de la Handel. Desde el punto de vista nacional era conveniente, se cotizaban a muy bajo precio y se ganaban unas sumas muy considerables. Pero a la postre resultó haciendo un negocio Alfonso López Michelsen, fue él quien apareció realizando los negocios de la compra de las acciones de la Handel y el Gobierno aparecía autorizando la nacionalización por medio de una resolución administrativa. Se presentó una reunión de los periodistas liberales con la dirección elegida, de la que yo formaba parte. Asistieron don Luis Cano, Enrique Santos Montejo, Calibán, en representación de *El Espectador* y de *El Tiempo;* Juan Lozano, que tenía el periódico *La Razón,* entre otros periodistas. Se reunieron con nosotros para plantearnos el problema de que tenían conocimiento, que ese día iba a aprobar el gobierno del doctor López, por medio de una resolución administrativa, la negociación de la Handel. A ellos como periodistas les parecía muy difícil defender eso, nos plantearon el inconveniente: «Los diarios liberales no pueden defender más las cosas del Gobierno, ustedes ¿qué opinan?». Les preguntaron a los miembros de la dirección liberal. Todos expusieron sus opiniones en general.

La dirección liberal expresó que la posición del partido en el Congreso también era muy difícil, no obstante tener mayorías, las mayorías arrinconadas, incapacitadas para hacer una defensa del Gobierno.

En síntesis, los periódicos liberales declararon que no podían seguir sosteniendo al Gobierno y la dirección liberal consideraba que tampoco podía responder de las mayorías liberales.

Nos preguntaron qué cuál era nuestra opinión. Yo di mi opinión; yo tenía una grande admiración por el doctor López, hacia bastante que no lo visitaba, había sido su amigo político, además de haber participado en la segunda campaña que se hizo para hacerlo presidente; había intervenido muy activamente en los comités lopistas de todo el país, pero después de que él fue elegido, yo no volví a Palacio. Algo más, yo era político liberal de izquierda, estaba en la Cámara y para poder volver a la Cámara, tuve que hacer una disidencia en Cundinamarca, contra el gobernador Abelardo Forero Benavides, que me estaba persiguiendo.

Gaitán estaba muy desprestigiado, porque él había colaborado en la coalición de Arango Vélez. La segunda elección del doctor López fue derrotando a la candidatura de Arango Vélez, que era una candidatura de coalición de los conservadores y un sector liberal muy enemigo de López, pero solamente porque a López lo acusaban de la ampliación democrática y de tendencias sociales. Yo había ido la primera vez al Congreso como suplente de Gaitán, no en esta ocasión si no antes. Tenía por él una gran admiración, un gran aprecio y en esa disidencia yo propuse a Gaitán al grupo mío como senador pero no pude conseguir que lo aceptaran. Es un dato que doy para que se vea cómo cambian las cosas. Gaitán había salido de la Alcaldía de Bogotá muy desprestigiado en la lucha con los choferes y luego se alió con Arango Vélez, en un movimiento que el pueblo calificó legítimamente como un movimiento reaccionario; que si bien era cierto el gobierno de López atravesaba un proceso de decadencia, por lo menos López representaba una aspiración hacia la realización de algunas conquistas democráticas que todavía faltaban. ¿Qué marcó la pausa en la revolución liberal, de que López se arrepintió más tarde en su famoso testamento, en el discurso en la Universidad Nacional? López se arrepintió de haber hecho la pausa. La pausa se la impusieron los elementos de centro y de derecha del liberalismo por temor a que López impulsara el socialismo; especialmente, después del Congreso de Medellín de la CTC, un congreso muy radical en que la CTC aprobó un programa político para la clase obrera. En ese entonces la CTC estaba orientada por todos los grupos de izquierda, comunistas, socialistas, yo pertenecía a un grupo de izquierda, que orientaba la organización obrera.

Ese Congreso proclamó la adhesión a López, proclamó la necesidad de que la clase obrera se organizara políticamente e incluso aprendiera a utilizar las armas, por el temor del fascismo, que ya se veía venir y ofrecía el apoyo al Gobierno.

Eso causó una gran inquietud, entre los medios reaccionarios del liberalismo. El doctor Santos pronunció un discurso histórico en el Senado, en que prácticamente le plantea a López el dilema, o usted está con los socialistas y se proclama socialista o está con el Partido Liberal y tiene que reprimir esa tendencia de su Gobierno, que estimula a los socialistas que quieren quitarnos las masas.

La argumentación de él era que los socialistas o las tendencias socialistas estábamos arrebatándoles las masas al Partido Liberal.

El doctor López, me parece, cometió la debilidad de ceder en esa ocasión. Cuando vino la crisis de la Segunda Guerra Mundial había crecido mucho esa tendencia y el gobierno de López no encontraba apoyo absoluto entre las clases trabajadoras, que padecían del costo de la vida y tampoco tenía el apoyo de la burguesía. Era fácil para las tendencias fascistas abrirse camino, es decir, el Partido Liberal estaba dividido.

Volviendo a la reunión de la dirección liberal, con los periodistas, yo opiné que lo mejor era hablar con el doctor López. Me parecía que la dirección liberal y los periódicos no podían tomar ninguna decisión sobre la información de que el doctor López iba a nacionalizar las acciones de la Handel para favorecer a su hijo, por medio de unas resoluciones administrativas. Los otros dijeron: «Bueno, pero ¿cuál es el que se atreve a cogerle las turmas al tigre?». Y dije: «Pues yo». Era un hombre muy joven en la política y no podía perder nada si el doctor López no me recibía. «Si él se indigna conmigo, yo tampoco pierdo nada, yo puedo ir a preguntarle». El doctor Chaux me dijo: «Yo lo acompaño». Nos fuimos a Palacio. Previa una cita nos recibió muy cordialmente, conmigo fue muy efusivo, me dijo: «Hacía mucho tiempo que no lo veía, el gran problema que yo tengo es que mis amigos verdaderos me han abandonado», con lo cual echaba unas puyas a Chaux, mi compañero.

Yo le dije, venimos a esto. Le conté de la reunión, que queríamos tener una información para orientar al partido en el Congreso y en los periódicos.

López se conmovió mucho, nos dijo que era un gran servicio que le prestábamos al hablar primero con él, antes de hacer los problemas públicos. Sacó el acta del Consejo de Ministros en la que él se había excusado de participar en la cuestión de la Handel, porque precisamente estaba su hijo comprometido. La mayoría del Consejo de Ministros había aprobado la operación, encabezada por Gabriel Turbay. En realidad la proposición de apoyo a la negociación fue presentada por Gabriel Turbay, que era precisamente el que estaba urdiendo desde *El Siglo* la oposición contra López. Este dijo: «¿Ustedes qué sugieren?». Nosotros le dijimos: «Pues consideramos que la operación es conveniente y si el Gobierno la considera conveniente, es una cosa necesaria para el país, que sea el Congreso el que la decrete y no el Gobierno por medio de un acto administrativo, llévela al Congreso». El doctor López dijo que sí, que le parecía muy bien, que lo llevaría al Congreso. Lo llevó al Congreso, el Congreso la aprobó. Fue cuando Enrique Caballero hizo su famoso discurso contra López, en que dijo que el hijo de López le había quitado a él el negocio. Después de eso el doctor López nos dijo que iba a convocar a las mayorías liberales y a los periodistas esa noche para explicarles la cosa.

Esa noche pronunció un discurso de los más extraordinarios de su vida política; lleno de sarcasmo contra Santos, contra Cano, contra Turbay, que estaba presente, contra todos los jefes liberales, contra los periódicos. Y en esas cosas incidentales, la tesis central era que con él se caía el Partido Liberal. Él comprendía que había una crisis profunda del Partido Liberal por diferentes razones. Entre otras, porque el Partido Liberal no podía avanzar hacia el terreno social, que lo había llevado al poder y con él se caería el Partido Liberal. Incidentalmente, dijo que no había tenido tiempo de ocuparse de la salud de doña María, que estaba muy enferma y que tenía que ir constantemente a los Estados Unidos, que no había podido ni ocuparse de ella por estar sirviendo al Partido Liberal, al Estado.

Se prendieron del discurso don Luis Cano y los Santos y dijeron que evidentemente el partido no le podía exigir más sacrificios al doctor López; estando doña María enferma, era conveniente aceptar la renuncia al doctor López, temporalmente, mientras iba a los Estados Unidos. Así concluyó la reunión en Palacio; al día siguiente se reunieron las mayorías del Congreso en una junta secreta. El doctor Santos y don Luis Cano informaron.

Cuando ellos terminaron de informar, yo me levanté y dije que todo eso era una farsa, que la crisis no era por la enfermedad de doña María, que eso era una cosa tangencial, sino que el Partido Liberal era un partido minado, incapaz de cumplir los programas que había anunciado, que había planteado la democracia con una extensión que no podía llevar a la práctica; que ofrecía teóricamente unos avances, que no estaba en posibilidades históricas de cumplir, que yo me retiraba del Partido Liberal, que invitaba a la gente joven a retirarse.

Diego Montaña Cuéllar

López Pumarejo fue el representante de la burguesía nacional de esa época en el Gobierno. En su primera administración es donde se aprecia más claramente ese carácter. Él llega a la segunda presidencia en una situación más complicada, porque el mundo está viviendo la Segunda Guerra Mundial, cuyas repercusiones sobre la economía colombiana fueron muy serias; el precio del café había caído como nunca y por otra parte las materias primas para la industria y el transporte escaseaban. Teniendo en cuenta estas dificultades que tenía que salvar López Pumarejo en su segunda administración, él intenta avanzar todavía, incluso más que en su primera administración, en el terreno de las reformas sociales, apoyándose en el movimiento sindical y en las fuerzas de izquierda, comunistas y la izquierda liberal que entonces era muy importante. Pero él tropieza con la resistencia creciente de la derecha del Partido Liberal y con la reacción conservadora que, claramente, estaba apuntada en esa época a la expectativa, como ellos consideraban, de la victoria de Hitler. Eso está caracterizado en frases como las de un dirigente conservador tan moderado como Fernando Londoño, que censuraba al gobierno de López por su adhesión a la lucha antifascista, diciendo que nos habían apuntado al caballo perdedor en la guerra. Es decir, el Partido Conservador, casi en su totalidad, era profascista, particularmente por seguidismo del franquismo español.

El triunfo del fascismo en España influyó profundamente en el Partido Conservador. Por eso los comunistas denunciamos mucho el peligro de un triunfo conservador. No era simplemente el regreso a la hegemonía conservadora que se había derrumbado en 1930 sino que representaba el peligro de un régimen fascista, en toda su extensión en Colombia. Entonces las dificultades que tuvo López Pumarejo en su segunda administración, las instigaron en parte la derecha liberal, muy estimulada por el periódico *El Tiempo*; y otra parte, la conspiración de las fuerzas conservadoras que eran profascistas. Como todo el mundo recuerda, eso terminó con el golpe militar de Pasto.

La respuesta a ese golpe fue muy importante desde el punto de vista popular, por la movilización de masas. Si el golpe fracasó completamente no fue solo — como dicen los que interpretan anecdóticamente la historia — por incapacidad del coronel Gil, sino porque el rechazo de las masas fue total y la movilización muy grande.

Cuando volvió López de Pasto hizo un último intento por avanzar en el terreno de las reformas sociales y laborales. Efectivamente avanzó, pero se multiplicó la resistencia de la derecha liberal en consonancia con la conspiración conservadora. Eso fue notándose mucho, incluso en los parlamentarios. López Pumarejo alcanzó a tener un vacío en el Parlamento.

Gilberto Vieira

La renuncia de López obedeció más que todo, en mi concepto, a una fatiga personal, estarse defendiendo de los ataques que le llegaban por diferentes frentes, aún del propio gabinete ministerial. La dificultad para López, cuando la disputa entre Gabriel Turbay y Gaitán, de terciar en favor de uno de los dos, era pedirle a un hombre más de lo que puede dar. Aún siendo un hombre superior, como López, de una gran perspicacia, de una gran devoción por su partido y de excepcionales características personales, pero era demasiado. La campaña de Gaitán era contra lo que estaba haciendo López, por un lado la Restauración Moral de la República, porque él denunciaba las negociaciones que le atribuían al hijo, al doctor Alfonso López Michelsen. Lo que hacíamos nosotros, inclusive en el ramo laboral, por ejemplo, dándole por primera vez prestaciones a los obreros, los obreros no tenían ni cesantías, ni auxilios de enfermedad, ni perspectivas de jubilación, ni nada absolutamente en materia de riesgos profesionales. Ese decreto, el 2350 del 44, abrió realmente una nueva era laboral, mientras se organizaba el seguro social; de manera que era una gran labor para el partido, esencial para los trabajadores. Después se codificó con los conservadores en el año cincuenta, sin alteración mayor; prácticamente el transplante de lo que nosotros hicimos pero ya en forma de Código. Sin embargo *Jornada,* como era López quien lo firmaba, se soltaba en críticas permanentes.

Se reconocía el derecho de huelga, por ejemplo, en el sentido práctico del decreto 2350, porque se estableció que el Estado debía defender tal derecho, así como que se mantuvieran sin atropellos —digamos incendios, capturas de las empresas, sabotajes— y simplemente fuera la cesación del trabajo. No se podían poner esquiroles con apoyo de la policía, sino por el contrario, la policía tenía que impedir que fueran utilizados.

Cosas tan importantes; sin embargo, las atacaba el grupo de Gaitán y su periódico, fuera de los ataques personales al doctor López, quien llevado por su ecuanimidad, no podía pedir que apoyaran a quien le hacía feroz campaña contra toda su obra de gobierno, contra su persona y contra su familia. Por ejemplo, él no era partidario de Gabriel Turbay, un hombre que iba dejando estelas de realizaciones y desde cuando fue ministro de Olaya estableció la cédula de ciudadanía. Hay que verlo desde el punto de vista filosófico electoral, lo que es cambiar de un plumazo el sistema de las listas electorales que se estaban ejecutando desde las elecciones antes de la época conservadora, por un instrumento de identidad tan personal, eso era una revolución. Gabriel por donde pasaba, por el Ministerio de Gobierno, por el Ministerio de Relaciones, en todo fue dejando huellas. Pero desde el punto de vista de López, él no podía tampoco aceptar a Turbay que era el capitán de la oposición en el Parlamento; oposición liberal no solo del lado gaitanista, sino de las tropas que acaudillaba el mismo Gabriel, con más responsabilidad porque era ministro de López, ministro de Relaciones Exteriores, es decir, salía del Consejo de Ministros a acaudillar contra el Presidente la tropa parlamentaria. Entonces a López no se le podía pedir que terciara en esa contienda a su favor.

Turbay no tuvo más obsesión en su vida que la presidencia, era una cuestión personal. Veía en López y en todo el mundo enemigos. López lo truncaba en sus aspiraciones, él quería ser el Presidente costara lo que costara. Su juego parlamentario era más importante que la fidelidad al Presidente. Para él la presidencia era una cosa vocacional, él surgió con un gran esfuerzo y había dado grandes batallas por el partido. Tanto para Gaitán como para

Turbay, la figura de López dentro del Partido Liberal podía detener las aspiraciones de los dos.

Sí, para mí ese era el secreto del porqué de esa hostilidad, del porqué coincidían en atacar a López. Sobre todo Turbay, no de frente, un poco subrepticiamente, el otro con franqueza. Pero llegó el momento en que López realmente sintió fatiga de esa lucha constante, defendiéndose únicamente. Acababa de pasar por un golpe de Estado, es decir el cansancio de una lucha cotidiana contra toda suerte de hostilidades, defendiéndose de Laureano Gómez. Laureano Gómez era tremendo y era permanente la hostilidad contra López, después de la ruptura. Por eso Laureano se declaraba gaitanista y era gaitanista no más por oposición a López.

Adán Arriaga Andrade

La actitud que tuvo el presidente Lleras, aunada a su impotencia —si la miramos como una auténtica regresión— tuvo una gran repercursión en las masas, haciéndolas sentir huérfanas del gobierno liberal; empezaron a ver a Gaitán, quien en esos momentos se estaba pronunciando contra las oligarquías y contra el sistema, argumentando que había que restaurar la moral de la República, entonces la gente empezó a pasársele y a crecer.

Gaitán interpretó un momento histórico muy importante con demagogia, claro, que fue capitalizar ese descontento no solo liberal sino aún conservador, porque había mucho conservador gaitanista que simpatizaba con él. Gaitán decía que el hambre no era liberal ni conservadora y que la corrupción no era tampoco liberal ni conservadora, sino clasista. Empezó a hablar un lenguaje desconocido, del país nacional y el país político, las oligarquías y el pueblo, el cual era superior a sus dirigentes, precisamente porque los dirigentes estaban frustrando esas aspiraciones de las masas y que por lo tanto debía producirse un cambio. Eso lo captó Gaitán muy hábilmente y con éxito extraordinario. Porque la campaña gaitanista empezó en el bar Cecilia en febrero de 1944. Acompañábamos en esa época a Gaitán, Eduardo Caballero, Álvaro Zea Hernández y yo, aunque no teníamos nada que ver con la política, lo acompañamos en sus giras y nos sorprendía ver cómo, sin elementos de ninguna especie, empezaba a arrastrar masas y masas, las cuales crecían todos los días a pesar de que la prensa liberal no registraba el hecho y la prensa conservadora a veces sí y a veces no. Era que Gaitán no tenía prensa;

en ese entonces no existían los transistores, que hoy son un elemento formidable de difusión de noticias y por lo tanto de difusión política. Se puede decir que solo se contaba con la garganta de Gaitán. Empezaron los Viernes Culturales —por lo menos dos veces al mes y a veces casi todos los viernes—, Gaitán llenaba el Teatro Municipal, todo Bogotá iba, no cabía la gente. Se oían los discursos de Gaitán en la calle, a veces salía el pueblo y le pegaba sus pedradas a *El Tiempo* y no pasaba más.

Se hicieron las dos convenciones. Las dos convenciones liberales, la que conformó el doctor Turbay y que lo proclamó candidato a la presidencia, y Gaitán se lanzó en el Circo de Toros.

Habíamos previamente realizado la semana gaitanista, con una serie de concentraciones políticas, un desfile de buses; después se inició una marcha de antorchas que impresionó mucho; luego dijeron que era una demostración fascista.

Sí eran los fascistas los que hacían esas cosas. Se hizo un gran despliegue de masas. Esa semana gaitanista culminó en el Circo de Toros con la proclamación de la candidatura del doctor Gaitán, que se la ofreció Hernán Isaías Ibana y él contestó en un discurso muy bueno. *El Tiempo* empezó a tomar en serio la candidatura de Gaitán: «Debemos declarar que nosotros, el Partido Liberal y el país, está enfrentado a un gran peligro, tenemos que reconocer que el doctor Jorge Eliécer Gaitán ha aglutinado una gran cantidad de fuerza, pero esas fuerzas no son liberales, es una cosa fascista, pero no sobre los marcos clásicos que los liberales entendemos por democracia liberal. Es un peligro. Anunciamos al país que el doctor Gaitán es un peligro que tenemos que tomar en serio». Pero siguió la división acentuándose.

Entonces se propiciaron las conferencias de Gaitán y de Turbay a las cuales yo asistí. Vimos que realmente si el partido no se unía, la derrota era posible. Resolvieron los dos jefes, Gaitán y Turbay, cada cual lanzado por su convención; Gaitán por lo que él llamó la Convención del Pueblo, que fue la multitudinaria en el Circo de Toros y Turbay por la Convención Estatutaria del partido, resolvieron los dos reunirse a deliberar a ver si podía realizarse la unión.

Gaitán con muy buen tacto, planteó que en esa conversación hubiera testigos, por si resultaba un acuerdo no pudiera desfigurarse el pensamiento del acuerdo. El doctor Turbay designó como testigos a los doctores Castro

Martínez y Carlos V. Rey y el doctor Luis Eduardo Gacharná, que era juris-consulto muy eminente y muy amigo de Gaitán, que nunca quiso ocupar una posición política y a mí. Nos reunimos en la casa de Turbay que quedaba frente a la Clínica de La Magdalena, esa era la casa del doctor Fabio Lozano y Lozano, que se la había alquilado a Turbay. Estuvimos casi tres días, casi con sus noches, deliberando sin poder llegar a ningún acuerdo, por desgracia. Más o menos quiero contar cómo se sucedieron las conversaciones.

Un sector, lo que pudiéramos llamar el lopista, formó un grupo liberal que se llamaba «Los Comandos», como algo independiente, desglosado de la convención liberal pero no gaitanista, de extracción lopista, que quiso ser como una fuerza intermediaria, entre el turbayismo y el gaitanismo y el anti-lopismo que realmente en parte lo encarnaba Turbay.

Esas fuerzas, esos comandos, los integraban el doctor Francisco José Chaux, Francisco Eladio Ramírez, José Mar y otras personas y entraron en conversaciones con Gaitán, interesadas en ofrecerle su apoyo, pero no en una forma muy decidida. Como Gaitán no era muy adicto a López, estas fuerzas debían tomar la iniciativa de pasarse al gaitanismo. En vísperas de las conferencias, temiendo que el doctor Gaitán pudiera menospreciar la magnitud de su movimiento y se lo entregara a Turbay, lo llamaron a decirle que ellos estaban dispuestos a apoyarlo.

Precisamente el día que se iniciaron las conversaciones de los seis inter-vinientes, o sea los cuatro testigos y los dos candidatos que debían reunirse a las diez de la mañana, el doctor Gaitán llegó muy tarde, después de que habíamos almorzado, porque acababa de tener toda la mañana una conferen-cia política con Francisco José Chaux, José Mar, Armando Solano. Después del almuerzo se iniciaron unas conversaciones muy cordiales y muy intere-santes porque el doctor Turbay y Gaitán eran muy amigos, distanciados polí-ticamente, pero en lo personal eran de la misma generación. Turbay le dijo a Gaitán algo muy sensato: «Mira, Jorge Eliécer, nosotros estamos enfrascados en una lucha completamente estéril, injusta e inclusive tú y yo somos ele-mentos de unas fuerzas más poderosas que nosotros mismos, que nos están manejando el país. Tú me dices a mí, que yo soy oligarca, cuestión perfecta-mente injusta, yo soy un hombre del pueblo de la misma extracción tuya, yo no soy un banquero, yo no soy un negociante, yo no soy un hombre de bolsa, yo no soy sino un político salido del pueblo como tú. Mi campaña ha sido como la tuya en el Parlamento, en la plaza pública, somos exactamente de la misma masa, ahora estamos enfrentados por azares del destino. Es algo que tú y yo no podemos borrar, lo que pasa, te lo voy a decir con toda franqueza, es que yo estoy más capacitado que tú para ser Presidente de la República, porque tú no has hecho el curso que yo he hecho. Yo he sido embajador en Washington, he sido embajador en las Naciones Unidas, yo he sido ministro de Gobierno, a mí me conocen todos los organismos internacionales; a ti no se te conoce, nadie sabe de ti fuera de Colombia, los intelectuales, pero no se sabe quién eres tú. Además tú no estás capacitado para ser Presidente de la República, porque no has hecho el curso que yo he hecho, y debes hacerlo.

La Presidencia de la República no se puede improvisar, es una cosa sumamente delicada. Yo estoy más capacitado que tú para ser Presidente de la República. Por eso te debo preceder. Si todo fuera al revés, es decir, si yo fuera el Jorge Eliécer Gaitán y tú Turbay, estarías diciendo exactamente lo mismo. Dirías el capacitado es Gaitán porque ha hecho este curso y yo no lo he hecho, pero como las cosas no son así, debemos llegar a la conclusión de que estamos injustamente enfrentados y que ese enfrentamiento no tiene razón de ser y que si ese enfrentamiento continúa, eso va a causar que el Partido Liberal pueda perder el poder o cuando menos llegar sumamente limitado. Esa es una cosa que tú y yo debemos evitar». Turbay, un gran orador y un gran político, en una exposición brillantísima de dos o tres horas, analizó el momento político con una gran precisión, con gran madurez intelectual, prácticamente con eso se planteaba la solución. A mí me impresionó mucho, entonces tenía treinta años menos, lo que dijo Turbay. Gaitán no dijo absolutamente nada, no contestó nada. «Tú has dicho —se limitó a decir— cosas muy interesantes y se sabe que para eso nos hemos reunido, para que estos señores digan la última palabra. Y ellos decidan, yo no puedo decir nada».

Realmente eso también era una posición muy hábil de Gaitán, el poner Gaitán en manos mías, que era un jovencito y del doctor Gacharná que no era sino jurisconsulto, la decisión, que se la debíamos decir a Gaitán ahí mismo. Decir: «Sí, renuncie usted a esta cosa», pues no lo hacíamos ninguno de los dos; y si Gacharná y yo no dábamos ese paso, entonces las conversaciones quedaban en su punto. Pero Gaitán se colocaba en una posición realmente muy gallarda, muy noble y muy consecuente con los mismos fines de la conversación, al decir «Decidan ustedes», es que teníamos que decidir Gacharná y yo, porque los otros estaban de acuerdo con Turbay. Ante situación tan grave, tomar en ese momento una decisión era algo prematuro que teníamos que consultar. En todo caso dijimos: «Registramos con una inmensa complacencia, esta cordialidad, esta situación tan entrañable que ha habido. El Partido Liberal tiene bases de unión sumamente fuertes que pueden aflorar en cualquier momento. Entonces volvamos a reunirnos mañana». Salimos a las diez u once de la noche, duramos doce horas, esta es la síntesis.

Al día siguiente Gaitán iba a dictar una conferencia en el Teatro Municipal. Gaitán estaba muy ausente, como en trance, por esa circunstancia llegó un poco tarde, creo que a las cuatro y media de la tarde o cinco. La conferencia de los Viernes Culturales comenzaba entre seis y media y siete. Fue muy poco lo que se pudo avanzar, José Joaquín Castro le dijo a Gaitán: «Mira yo quiero que tú hagas una cosa, vas a dictar una conferencia, di que sí se ha hecho la unión del partido». Gaitán le dijo: «Yo no digo eso, porque si no la hacemos en qué quedo. Voy a decir que estamos reunidos o contar lo que está pasando y que puede haber unión liberal dentro del partido». Gaitán era muy fogoso en sus discursos pero ese día pronunció un discurso en tono menor, e hizo el anuncio. Eso empezó a producir un tremendo malestar dentro del gaitanismo, dentro de la Jega, a la cual yo no pertenecí. La Jega eran Villaveces, Perilla, Hernando Restrepo Botero. Se llamaba la Jega porque ellos eran, digamos, de extracción obrera, obreros sindicales, y nosotros no. Ellos tenían un cariz mucho más arisco que el nuestro y a mí me abordaron, y me dijeron: «Jorge Eliécer va a entregarse, va a hacer lo mismo que hizo con la UNIR, eso es algo tremendo. Nosotros no lo soportamos, Gaitán tiene que imponer sus puntos de vista o nosotros nos retiramos y hacemos un movimiento aparte».

Nosotros les decíamos: «No ha habido nada, estamos deliberando, no ha habido absolutamente nada, todo lo que ustedes están diciendo que se entregó, no es cierto, porque Gaitán no se ha entregado, estamos estudiando. Se une el liberalismo y nos ponemos de acuerdo en que sea Turbay el Presidente como lo insinuó él mismo, o si al contrario sea Gaitán o una tercera persona, tampoco lo hemos descartado, estamos estudiando».

Al día siguiente de la conferencia volvimos, otra vez, un tercero; ¿quién puede ser el tercero? Muy difícil. Arango Vélez ya sufrió una derrota; Carlos Lozano, que era mi cuñado, es un intelectual, es un político muy fino, en este momento no tiene el respaldo popular que asegure el triunfo liberal como debe ser, muy difícil un tercero, tiene que ser, no puede salir de los dos. ¿Pero cuál?

Pero esas conversaciones ya habían llegado a un punto muerto, porque no había motivo para romperlas, pero tampoco había motivo para seguirlas. De pronto recibió un telefonazo el doctor Turbay, que nunca he podido saber de quién fue, duró por lo menos una hora, solo decía, sí, no, tal vez y luego habló de cosas triviales y cuando colgó, el doctor Turbay con una actitud absolutamente triunfante, muy distinta a la ecuánime de otros días, dijo: «He llegado a la conclusión de que estamos total y absolutamente equivocados, estamos partiendo de premisas completamente falsas». Le dijo a Gaitán en una forma muy arrogante: «Tú, Jorge Eliécer, crees que tienes una inmensa popularidad, y que a mí en cambio me echaron piedra en el parque Santander, cuando vine de Bogotá en la culminación de mi campaña. Sí, claro, eran las fuerzas minoristas que tú mandabas, con la complicidad del Gobierno para que atacaran mi candidatura, pero sin esas trabas, si nos viéramos frente a frente, yo te arrollo. Tengo una enorme popularidad. Acaso tú tengas unos cincuenta o setenta mil votos, máximo, de manera que yo tengo la completa y absoluta seguridad de que al ir a las urnas, yo tengo suficiente poder para arrollar al Partido Conservador y las pocas fuerzas de que tú dispones».

Entonces Gaitán dijo: «En esas condiciones yo creo que no tenemos nada que hacer, vámonos». Y nos fuimos, y así terminaron las conversaciones. Después, en vísperas de las elecciones, Alberto Lleras llamó a Palacio a los dos jefes liberales que se dirigían al país, para decirles que tuvieran mayor compostura en el certamen, para que no hubiera violencia.

Julio Ortiz Márquez

La división liberal en torno a las candidaturas fue otro factor que le quitó piso al gobierno de López Pumarejo. Por una parte Gaitán que salió del Ministerio de Trabajo agitando la bandera, que en esa época tuvo mucha repercusión de la Restauración Moral de la República. Lo que aludía a los negocios de Alfonso López, muy sagazmente aprovechados por Laureano Gómez y la reacción conservadora, para golpear a López Pumarejo, en los negocios conocidos de la Handel y la trilladora del Tolima. También el caso de Mamatoco lo aprovecharon bastante.

En esas condiciones vino la renuncia de López a la presidencia, con el famoso problema del enfrentamiento de Gaitán-Turbay. Este no era propiamente un enfrentamiento de derecha e izquierda en el Partido Liberal, sería incorrecto históricamente plantearlo así. Decir que Gabriel Turbay era el representante de la derecha, no es verdad, Turbay era un político bastante avanzado en su época, pero no muy popular como lo fue Gaitán. En la división liberal Gaitán ganó mucho terreno, no solamente con ciertas consignas antioligárquicas, sino principalmente con la consigna «Turco, no». Una consigna que tuvo una repercusión absolutamente increíble, que prendió en las masas.

Fue una de las causas que llevara a los comunistas, en cierta medida, a desorientarse en la situación. Esas causas fueron dos: primera, los comunistas de esa época consideramos que la campaña de carácter racista, digámoslo así, contra Turbay era incorrecta; segundo, nosotros veíamos claramente el juego conservador de apoyo a la candidatura de Gaitán, que perseguía sus objetivos. Esos dos factores no le permitía a los comunistas, entonces, ver el fenómeno de masas que había en torno a Gaitán, que resultaba a la postre lo más importante. No hay ningún documento del partido en que se califique a Gaitán de fascista. Aunque puede ser que en la polémica, en los enfrentamientos con los gaitanistas, se llegara a producir tal expresión. Gaitán por otra parte, era un caso muy complicado, que si bien expresaba sentimientos populares, de interés en las capas medias de la población, al mismo tiempo hacía el juego a la reacción conservadora, convencido probablemente del apoyo conservador.

El Partido Comunista, como es sabido, apoyó la candidatura de Turbay, sobre la base de que un triunfo conservador sería trágico para el pueblo colombiano, en los momentos en que el Partido Conservador estaba bajo la influencia fascista y principalmente, franquista.

Los hechos mostraron que la victoria conservadora significó, en un plazo muy breve, la instauración de un régimen terrorista en Colombia. Y resultó un fenómeno cuando Gaitán abandonó su campaña antioligárquica que le había dado tanta popularidad, aquella campaña de consignas como «El hambre no es liberal ni conservadora», de llamados a unirse a las masas liberales y conservadoras, para asumir Gaitán la posición de trabajar por la unidad liberal y convertirse en Jefe del Partido Liberal.

Gilberto Vieira

Desde adentro del gobierno de Lleras se veía la catástrofe, el enfrentamiento estaba jurado entre Gaitán y Turbay, era apoyado por Laureano Gómez, de ese apoyo surgió la figura de Ospina Pérez como candidato. Candidato del laureanismo, precisamente porque Laureano era el poderoso, sabía que su nombre en sí aglutinaría a cualquier precio al liberalismo. Se jugó la carta con un individuo que no tenía resistencia, sin antecedentes de sectarismo político, un tecnócrata, hábilmente puesto allí por Laureano como una posibilidad real. Pero nosotros, por ejemplo, veíamos desde el Gobierno, que las fuerzas liberales estaban equilibradas: la legitimidad de Gabriel Turbay y la popularidad de Jorge Eliécer Gaitán. Y Jorge Eliécer con el apoyo no solo de Laureano Gómez, sino del pueblo conservador; Gaitán tenía el apoyo del pueblo conservador, el pueblo conservador era más gaitanista que conservador, él había logrado en realidad ser el pueblo; decía que él no era un hombre, que él era un movimiento. Eso era él, el líder popular. Tal vez dicen que Obando pudo haber sido el otro, pero tal vez Colombia no ha visto un caso de idolatría en todos los sectores, como el caso de Gaitán, era el fervor, uno lo veía.

Era un sostén puramente táctico. Claro que muy inteligentemente jugado por Laureano, porque Laureano sabía que Turbay contaba realmente con la legitimidad institucional del liberalismo; los periódicos, los estatutos, las convenciones, la maquinaria, los caciques de todos los pueblos, los caciques liberales; toda la máquina política estaba con Turbay. Pero la masa liberal y conservadora estaba con Gaitán. Era un problema sumamente difícil. Y si Gaitán de pronto renunciaba, pues sabían los conservadores que podría, por ejemplo, venir un período de Turbay, después de Gaitán y seguía la sucesión liberal. A Laureano le interesaba que no renunciara Gaitán, que no fuera a desfallecer. Pero en el fondo, qué le iba a gustar a él un temperamento revolucionario de las dimensiones de Gaitán. Pero a él le interesaba, por lo pronto, la posibilidad de su partido y tácticamente si apoyaba a Gaitán, era por eso, no porque estuviera convencido de las excelencias de la doctrina, de los planteamientos de Gaitán.

Adán Arriaga Andrade

Bueno yo tengo sobre esta materia la siguiente apreciación. Gaitán adelantaba una campaña bien fundamentada, acerca de los errores del gobierno de López Pumarejo por distintos aspectos, especialmente en el moral. Desde luego, lo que tal vez le suscitaba mayor adhesión popular, era que enarbolaba banderas de soluciones nacionales para los problemas nacionales. Esto que ahora repiten algunos candidatos de que el hambre, las enfermedades, como el paludismo que padece la mayor parte del pueblo colombiano, no tiene ninguna filiación, era uno de los slogans de Gaitán, que utilizaba y correspondía a la verdad. En síntesis, Gaitán se encaminaba a derribar, lo que en ese momento podría haber sido llamado el establecimiento. Gómez, el doctor Laureano, también se encaminaba a lo mismo, a acabar con lo que había; él no solamente aspiraba a derribar a López de Presidente, sino a reemplazar las instituciones que imperaban, especialmente las reformas que se habían hecho a la vieja Constitución del 86, en 1936 que se calificaban de tipo socialista o comunistoide. Así que esta inclinación, esta inspiración de los dos, a no solamente echar por tierra al gobierno de López sino también a averiar, a acabar, a reemplazar los sistemas constitucionales, o que se derivaban de la Constitución, para darle alguna denominación al fenómeno, los hermanaba. Había también otro motivo en el procedimiento del doctor Gómez, pues creía que el doctor Gabriel Turbay, lanzado como el candidato del liberalismo, con el apoyo de las que llamaba Gaitán oligarquías (las fuerzas económicas de los grandes periódicos, de las clases sociales de clubes y de dinero y otros distintos elementos) que apoyaban a Turbay, era para Gómez, repito, una oportunidad que se le presentaba al Partido Conservador, para intentar echar por tierra al propio liberalismo. Yo le oí decir a Gómez, ya al final de las cosas, cuando ya se dibujaba la posibilidad de un candidato conservador propio, le oí decir que Urdaneta tenía plena razón cuando decía que había que lanzar candidato en ese momento, porque la oportunidad del «Turco» no se volvería a presentar. Injustamente en mi sentir, se acudía, por el conservatismo y por las fuerzas de Gaitán, al argumento de que la ascendencia libanesa de Gabriel Turbay, no le permitía ser candidato de un país como el nuestro que precisa de hondas tradiciones nacionalistas; además como táctica de combate también se le excitaba al pueblo oponerse a la candidatura de Gabriel Turbay con esto. Ese exagerado, ese fingido pero muy eficaz instrumento de lucha: el nacionalismo. Así pues que Gaitán y Gómez, para recapitular, coincidían cada uno por su lado en el fin de echar por tierra a las instituciones del gobierno liberal imperante y se unían también en la explotación del llamado nacionalismo. La cosa tuvo tal desarrollo que Laureano aconsejó —casi ordenó— a los conservadores participar en las manifestaciones de Gaitán, especialmente en los departamentos visitados por el gran caudillo popular, en que este no tenía abundancia de seguidores, el conservatismo movía a sus propios efectivos para hacerle recibimientos a Gaitán. Algunos directorios conservadores, los de provincia, tomaron a su cargo el hacer propaganda en favor de Gaitán, distribuyendo volantes, empapelando también y pintando en los muros y en los pavimentos las consignas de Gaitán, unas como «Vamos a la carga», «Contra las oligarquías», y otras de agravios a Turbay «Turco, no», por ejemplo. Esto me consta a mí personalmente, porque vi ejecutar estas cosas y porque yo participé. Por ejemplo, cuando Gaitán visitó al norte de Santander, que era un gran baluarte turbayista, contribuí a movilizar a copartidarios de fuertes cercanos a Cúcuta como Gramalote, Arboledas, Lourdes, para que asistieran el día de la llegada de Gaitán a Cúcuta, a presentarse como fuerzas gaitanistas.

Hay que hablar con sinceridad. Gaitán había penetrado también las masas populares del Partido Conservador. Yo lo pude ver en algunos barrios de Bogotá en donde los conservadores no tenemos mucho caudal, pero sí hay algunos y en sectores de la Costa, comprobé cómo un no despreciable número de copartidarios eran sinceramente gaitanistas, porque creían que Gaitán era una solución para sus problemas, era un verdadero redentor. De modo que había de todo. Y había mucho de esto de penetración de Gaitán en la conciencia, en el corazón de los conservadores de baja extracción.

El Partido Conservador lanzó a última hora candidato, porque eran muchos los que se oponían al candidato propio. Había algunos cuantos partidarios de la candidatura de Turbay, muchos de la candidatura de Gaitán, algunos abstencionistas, muy pocos amigos de levantar la abstención y de lanzar candidato propio. La abstención en cuanto a candidatura presidencial, porque ya el partido para cuerpos colegiados la había levantado. La candidatura de Ospina Pérez se lanzó en mayo del 46, cuando se reunió la convención nacional del partido a decidir qué actitud tomaba el partido, si la de apoyar a uno de los dos candidatos liberales, si la de decretar neutralidad o si la de lanzar candidato propio.

Las elecciones fueron dos meses después, hubo un muy breve interregno entre el lanzamiento de la candidatura conservadora y el día electoral. A última hora se impuso la solución del candidato propio, sobre todo gente como Urdaneta Arbeláez, los Zuleta —especialmente Eduardo Zuleta— y Esteban Jaramillo, influyeron mucho para llevar a la asamblea conservadora, la convicción de que había que aprovechar la candidatura de lo que llamaban el «Turco» y lanzar un candidato que, en el poco tiempo que faltaba, levantara el entusiasmo de las masas. Se pensó que ese candidato debía ser Gómez, que venía abanderando la oposición y era la vida del partido. Lo lanzaron candidato, me acuerdo, en una reunión que tuvo la asamblea en el Salón Azul de *El Siglo*. Yo estaba allí, concurría por vez primera a una convención nacional y oí a Gómez en un hermoso discurso donde rechazó la candidatura y dijo al final, que le permitieran terminar la parábola de su vida, luchando por la candidatura presidencial de una persona distinta a la de él. La convención tuvo un receso, quedó la gente muy desconcertada porque Laureano dijo esto; se salió de la asamblea y se encerró en su despacho de director de *El Siglo*. Yo me fui, abrí la puerta y le dije a Gómez: «Nos ha dejado en el más completo desconcierto, ¿qué candidato aconseja usted?». Me contestó: «Ninguno, ustedes son libres, deliberen». Ya en la escalera del primero al segundo piso del edificio, algunos colaboradores del periódico, como Guillermo Camacho Montoya —me parece estarlo viendo— menudo e inmóvil como pocos, estaba haciéndole propaganda a la candidatura de Urdaneta. Yo le pregunté a Gómez: «¿Cuál es el candidato?, le vuelvo a preguntar, porque la gente que está allí reunida en el Salón Azul tiende a la candidatura de Ospina Pérez, pero ahí están haciendo propaganda a la del doctor Urdaneta». Yo no era urdanetista; me parecía Ospina Pérez realmente un hombre muy valioso, pero no tenía tampoco mucho fervor por esa candidatura. Cuando le dije esto a Gómez, me respondió: «Ospina es un buen candidato, pero será un mal presidente. Urdaneta, es un mal candidato pero sería un buen presidente». Ya no quiso ocuparse más en la materia, yo salí y encontré que llamaban a votar y voté por Ospina. Se hizo el escrutinio y Urdaneta salió con muy pocos votos, creo que eran tres votos; decían que eran uno de Álvaro Gómez, otro de Luis Ignacio Andrade y el tercero se lo atribuyeron a un íntimo amigo de Urdaneta, gran jefe conservador de Cundinamarca, llamado Bernardo González Bernal, hombre muy inteligente, muy agradable en el trato. Después se nombró una comisión, hablaron varios, entre otros me acuerdo de Elíseo Arango y de Esteban Jaramillo, que fueron comisionados para redactar el programa de Ospina Pérez como candidato; se insistió mucho en que no se debía presentar como candidato del Partido Conservador, sino como candidato de Unión Nacional.

Esteban Jaramillo redactó un programa muy hábil y se presentó así, como candidato de Unión Nacional.

Pues en verdad yo considero que Laureano hasta último momento estuvo muy indeciso, y de no haber ocurrido esto, hubiera ordenado a los amigos votar por Gaitán y solamente a última hora se dejó convencer, repito, especialmente por Urdaneta, de lanzar un candidato. La habilidad tal vez de Laureano, la gran habilidad, estuvo en no querer ser él el candidato y dejar que se escogiera otro. Él tal vez veía que se iba a terminar en Ospina, porque por eso que me dijo a mí que Ospina sería un buen candidato, pero que sería un mal presidente. El proceso de las relaciones Ospina y Gómez durante la administración del primero, no fue —aunque al principio Gómez públicamente le apoyó de todas maneras— un proceso de amistad.

Lucio Pabón Núñez

El Partido Conservador en la convención era partidario de Laureano, él era más popular, todo el mundo quería votar por él. Pero Laureano Gómez comprendió que no era el momento de lanzar su nombre, porque inmediatamente unía al liberalismo. El liberalismo frente a Laureano se hubiera unido. Gaitán hubiera cedido y la parte del liberalismo oficialista también y unidos hubieran arreciado la campaña para impedir el triunfo de Laureano. Laureano Gómez tenía dos candidatos: el doctor Gonzalo Restrepo Jaramillo, un líder antioqueño muy importante, y el doctor Mariano Ospina Pérez, que había sido candidato en tiempo de Vásquez y Valencia, tenía apellidos muy ilustres y había pasado por el Ministerio de Obras Públicas. Mariano era sobrino de Pedro Nel Ospina y nieto de Mariano Ospina Rodríguez. Tenía todas las virtudes. Era un hombre sereno, había participado en política al lado de Laureano Gómez, pero con mucha discreción. Estaba en la mente de los conservadores. En un momento en que el liberalismo se desgonzaba, había que ayudarlo a que se acabara de caer; el hombre para eso era Ospina Pérez.

Rafael Azula Barrera

Vinieron los comicios con los resultados ya conocidos y todos quedamos defraudados; los gaitanistas, porque nunca pensamos que Turbay pudiera poner, como puso, cien mil votos más que Gaitán y los turbayistas, sumamente impresionados, de que Gaitán hubiera podido presentar más de trescientos mil votos, porque ellos preveían máximo setenta mil. De manera que todos estábamos equivocados. Pero hay una cosa que es digna de registrar y es la actitud de Gaitán ante la derrota, porque el día de las elecciones, o sea el famoso 6 de mayo de 1946, me reuní con Antonio Izquierdo Toledo para charlar y comentar que el Partido Liberal había sido derrotado y que Turbay había tenido mayores fuerzas; posteriormente llamamos a Gaitán a la oficina y nos preguntó «¿Dónde están ustedes?» a lo que respondimos «Estamos en el Jockey». Dijo: «Me voy para allá». Comimos, estamos entrecortados. «¿Qué noticia se sabe?». «No, pues, que en tal parte buenas noticias y en otras malas». En esas entró don Alfredo Ramos Urdaneta, distinguido miembro de la sociedad bogotana y muy conservador, pero no político y se sentó en donde estábamos los tres. Se dirigió a Gaitán: «Jorge Eliécer, ¿sabe usted la noticia?». Dijo: «Si, cómo no, el doctor Ospina Pérez ha sido elegido Presidente». En una forma casi imprudente le dijo: «¿Y usted qué va a hacer?». Dijo: «Muy sencillo, la batalla acaba de comenzar, porque los resultados electorales demuestran que las dos alas liberales superan en más de ciento cincuenta mil votos a las fuerzas conservadoras. La pelea ha sido entre liberales. Ahora yo voy a aglutinar esas masas liberales y no hemos perdido sino un puesto, el de Presidente de la República, pero las grandes mayorías en el Congreso las tiene el Partido Liberal. Aquí no ha pasado nada, dentro de cuatro años la historia se va a repetir, pero al revés, vamos a derrotar al Partido Conservador y yo me voy a poner al frente de las fuerzas liberales para aglutinarlas y llevarlas al poder».

Dos días después, el doctor Turbay comenzó a arreglar sus maletas, con la frase adolorida de que había sido derrotado por una serie de garantías hostiles por parte del gobierno de Alberto Lleras. Gaitán se fue para el Teatro Municipal y pronunció una conferencia formidable en que dijo: «La batalla acaba de empezar, yo me voy a poner al frente de las fuerzas liberales, para derrotar a las fuerzas conservadoras». Sin embargo, continuó la división liberal.

Julio Ortiz Márquez

El Jefe

¿Cómo comenzó usted a entusiasmarse por Gaitán?

Bueno, yo comencé a entusiasmarme por Gaitán a raíz de sus primeras conferencias y creo que eso sucedió con la inmensa mayoría de los dirigentes populares que asistimos a ellas.

¿Qué tipo de conferencias?

Un tipo de conferencias más bien a escala reducida, donde Gaitán en sus oficinas y en cierto recinto, reunía a ciertos individuos, no dijéramos ya dirigentes sindicales, porque yo creo que Gaitán se abstuvo mucho de convocar en esas reuniones a dirigentes sindicales, no sé el motivo, pero después hablaremos de eso... Dirigentes más que todo de barrio, populacheros, que trabajaban y que habían trabajado a través del tiempo con el Partido Liberal y donde Gaitán empezó a esbozar una serie de conceptos, que para nosotros eran perfectamente desconocidos, cómo era la relación entre el país político y el país nacional; cómo los políticos venían manejando la economía; el país a través de los partidos políticos en beneficio de ciertas castas privilegiadas, y cómo comenzó Gaitán a decirnos qué era el país nacional, cómo el pueblo debía tener participación en las luchas políticas, en la dirección del Estado. Nos hablaba mucho de los programas del Aprismo en el Perú. Inclusive Haya de la Torre dictó una conferencia en el Teatro Municipal; y en un discurso brillante de Jorge Eliécer Gaitán, lo presentó como el Paladín de los descamisados de América. Yo creo que Gaitán estaba convencido de las doctrinas apristas, porque las elogiaba mucho y consideraba que en ese momento eran las más consecuentes, la línea política a seguir en América. Esto es más o menos del 46. Lo que sí manifestaba Gaitán en todas sus entrevistas y especialmente en todas sus entrevistas íntimas, era una prevención anticomunista. Gaitán era anticomunista y le tenía miedo a la organización comunista, ya hablaremos sobre la organización a escala de barrios y a escala nacional. Los dirigentes gaitanistas nos esforzamos mucho por hacer un tipo de organización celular, que no fuera esa organización popular de los comités, donde no tienen una coordinación exacta sobre las masas, sino hacerla con una forma celular, invitando a los camaradas. Y Gaitán se oponía, porque según él, el pueblo era superior a sus dirigentes y en el momento en que tuviera una organización tan seria, no habría dirigentes para controlar esas masas. Planteaba que no era ese el momento.

La dirección gaitanista dependía de la voluntad de Gaitán, porque él era la única voluntad, en eso era un poco egoísta; Gaitán tenía un temor tremendo, a que un dirigente —inclusive los que trabajaban con él— tuviera una preponderancia sobre los comités de barrios o sobre las organizaciones de Bogotá.

Gaitán cuando salía, dejaba las consignas y tareas trazadas, y cuidaba mucho que esas consignas y esas tareas fueran respetadas.

Inclusive, ninguno de sus más inmediatos colaboradores se atrevía a dar una orden si no era con la voluntad del Jefe.

Manuel Salazar

Situémonos ahora en el momento en que Gaitán se lanza de candidato, en esa pugna con Gabriel Turbay. Hablemos un poco de cómo se organiza la campaña, los comités y todo el trabajo en esa campaña.

Ahí en eso se ve la grandeza de la base. Porque siendo un solo portavoz, es increíble cómo obedecían todas las órdenes; bastaba con que uno dijera, el doctor Gaitán *necesita* esto o lo otro y ahí mismo todo mundo lo hacía. Uno solo era un portavoz. Cuando nos poníamos a tomar en las tiendas yo le preguntaba a alguna de estas personas, por qué todos hacían cualquier cosa por él, la respuesta general era: «Es que otro Alcalde como él no lo vuelve a haber», y eso es cierto. «Un Alcalde que quería uniformar a la gente, que le quita la ruana, las alpargatas, que haga empedrar los barrios altos, que reglamenta la venta en los mataderos para que no vendan las vísceras, en fin, tantas cosas buenas no las ha hecho nadie sino él; por eso hacemos cualquier cosa que él diga». Por eso bastaba decir que Gaitán lo ordenaba e inmediatamente la gente obedecía. Así se organizó todo el movimiento de Gaitán, con gente que no sabía firmar. Todo mundo contribuía. Yo como obrero salía del trabajo a las seis, y me ponía a hacer hoja por hoja a máquina, las invitaciones o las notas de toda clase, y salía temprano al otro día a repartirlas por manzanas.

Gaitán había dicho que se tenía que organizar el movimiento por cuadras, por manzanas; las órdenes no podían ser generales sino por cuadras y cada cuadra tenía que tener un capitán. Así se organizaban las manifestaciones y así se hizo la Marcha de Antorchas.

¿Ese capitán cómo organizaba su trabajo?

Yo era el secretario general de la zona ocho; La Perseverancia, San Diego, Las Nieves, Independencia, La Merced y Bavaria. La gente llegaba a preguntarme cuál era el trabajo y yo les daba las orientaciones. Por ejemplo, las notas de los jueves, la cita para la reunión… En esas reuniones llegaba Pedro Garzón que aunque era obrero era el jefe, él hablaba y organizaba. Yo de eso sí no sabía nada, yo no más le daba a la máquina y redactaba las notas.

¿Cada cuánto reunían el comité?

Los comités se reunían dos veces por semana. Allí se preparaban los Viernes Culturales, las tareas de la campaña y las manifestaciones.

José García

Si Gaitán salía, se le hacía despedida y manifestación cuando llegaba.

Luis Eduardo Ricaurte

Se buscaba a los más capaces para todo. Por ejemplo, al Jefe no le gustaba que los carteles quedaran torcidos ni un centímetro. La gente tenía que ser inteligente, obediente y de pelea, porque había que enfrentarse a los policías y a los adversarios civiles.

¿Cuáles eran estos adversarios?

Los turbayistas y desafortunadamente el Partido Comunista.

José García

Cuéntenme algunos detalles sobre esto...

Era extraordinaria la capacidad de movilización de esa gente, a mí me llamaban el coronel Ricaurte y la gente me veía y se ofrecía para cualquier cosa, hacer engrudo, pegar carteles, salir a una manifestación, cualquier cosa. Cada uno tenía su misión; ahí estaban: El orador, la fuerza de choque, los que redactaban los boletines para la prensa, que eran estudiantes. Yo recuerdo una manifestación en La Perseverancia que se motejó como el Barrio Rojo, en la que amaneció todo el barrio con la bandera nacional y el retrato de Gaitán. En la preparación de esto siempre había uno que otro renuente a colocar la bandera y la foto. Yo me iba con los tufat del barrio, que eran los carteristas de aquella época, a visitar esas casas y les informaba que al día siguiente vendría el Jefe y que había que tener preparado el barrio para el recibimiento. Los vecinos al verme con los tufat me decían: «¿Claro, qué más se le ofrece?». Y así colocaban las banderas y pegaban el carnet.

Los doctores que iban a acompañar al Jefe se quedaban aterrados porque eso de las banderas era prohibido y por el despliegue tan grande que se hacía, Gaitán les decía que eso era obra de la base. Nosotros decíamos que había fiesta nacional cada vez que iba el Jefe.

Luis Eduardo Ricaurte

El barrio tenía su comité y entre cinco y diez barrios formaban una zona, la zona tenía también sus comités de zona. Este comité decidía e impartía las órdenes a los comités de barrio.

¿Cuántas zonas había en Bogotá y cuáles eran las principales?

Yo recuerdo hasta la zona quince, no sé si hubiera más. Las zonas principales eran las de los barrios altos: La Perseverancia, Los Laches, Belén, Egipto, Las Cruces, el 20 de Julio, San Cristóbal, los barrios más aguerridos. Otros más flojos eran Independencia, San Diego, Bavaria.

La zona doce, los Barrios Unidos, era también muy aguerrida. En las zonas de diez barrios, cinco eran buenos y cinco eran malos. Yo se lo dije una vez al doctor Gaitán cuando me preguntó si todos los barrios respondían.

José García

¿Cuáles eran las funciones de los comités gaitanistas?

Las funciones de esos comités eran trabajar por la candidatura de Gaitán, con base en las consignas que daba el mismo Gaitán. Se hacían las reuniones de barrio, convocadas por los comités, cumpliendo la línea trazada por el comité gaitanista de Bogotá. Inclusive se llevaba un dirigente del comité gaitanista de Bogotá para que hablara y luego salían las convocatorias a las reuniones, a las manifestaciones, que era lo que realmente más se organizaba, las grandes manifestaciones que hizo Gaitán. En ese momento estaba en oposición a Turbay y en guerra a muerte con los camaradas.

El Partido Liberal oficial, como siempre ha sido, se maneja a través de una dirección; un directorio liberal de Bogotá, que tiene sus comités de barrio y, a través de sus dirigentes de barrio, transmite la voluntad o las órdenes emanadas de ese comité. Era más o menos similar a la organización masiva de los gaitanistas. Y la de los turbayistas. Fue una de las grandes peleas que tuvimos con el Jefe, porque en el seno del gaitanismo había mucho camarada, pero bastante, y yo me atrevo a creer que la inmensa mayoría de los dirigentes de barrio más valiosos, eran retirados del Partido Comunista. Entonces nosotros bregamos por hacer una organización de ese tipo, más consecuente con el movimiento, pero no fue posible debido a eso. Porque yo le podría dar una lista de individuos que pertenecieron al partido y que fueron gaitanistas y que trabajaron en los comités de barrio del gaitanismo. Por ejemplo, en Las Cruces estaban los Camargo que manejaban casi la zona sur de Bogotá, porque en ese entonces no estaba tan extendido Bogotá y no se conocían los barrios que hoy se conocen. Un sector del sur que marcaba la pauta era Las Cruces; de Las Cruces hacia el Sur salían las órdenes y la organización. Y de la parte oriental de Bogotá era La Perseverancia.

Los comités más importantes del gaitanismo y los que marcaban la pauta en la organización, eran el comité de Las Cruces; el comité del barrio Ricaurte, que manejaba la zona occidental de Bogotá; el comité del barrio Jorge Eliécer Gaitán, que por llevar su nombre, le hacía honor y trabajaba fuertemente. Los Barrios Unidos, el Patria y San Fernando, porque todavía no se conocía eso de Las Ferias, hasta ahora se estaba organizando. El comité de barrio Jorge Eliécer Gaitán manejaba la zona norte de Bogotá, y la parte oriental; el fuerte del gaitanismo, lo más combativo, tal vez hubiera podido decir, lo más consecuente del gaitanismo, la manejábamos Arévalo, Víctor

Bohórquez, Manuel Ayala, que fue el secretario —le decían el tiple del Partido Liberal porque tocaba en todas partes—, y yo.

Quiero recalcar al más importante, al que manejaba la batuta de los comités de barrio, Pedro Garzón, excamarada y creo que alcanzó a estar en el Comité Ejecutivo del Partido Comunista, en los años 30 y 32, pero que por ciertas divergencias ideológicas se retiró del partido. Pedro Garzón era quizás, la persona más preparada en las cuestiones de organización; Pedro Garzón era el secretario de la organización del gaitanismo en Bogotá. Pedro Garzón era el que manejaba los comités de barrio, a él se le encomendaban los grandes desfiles y grandes manifestaciones, y él fue el que organizó la famosa Marcha de Antorchas, que en ese momento y en la historia política de Colombia, se convirtió en todo un acontecimiento, por la magnitud masiva que tuvo la organización en sí. Al otro día la prensa burguesa, en grandes titulares, decía: «El fascismo desfiló por las calles de Bogotá», y hacía una relación entre la Marcha de Roma y la Marcha de Antorchas de Bogotá.

Manuel Salazar

El comité de zona ¿cómo recibía la orientación por parte del movimiento?
No había un eje central. El directorio municipal impartía las Órdenes políticamente. Faltaban cuadros de dirección central.

Gaitán daba una orden al directorio municipal y de este pasaba a los comités de zona.

José García

Claro que el Jefe convocaba ciertas reuniones generales de los capitanes de barrio por intermedio de la secretaría.

Luis Eduardo Ricaurte

¿Cuál era el núcleo de las tareas de los comités de zona?
El núcleo de las tareas era político, no revolucionario. Entonces las tareas eran organizar los Viernes Culturales y organizar las manifestaciones. El directorio municipal impartía las órdenes. En el barrio se hacían notas, afiches y se llevaban las notas a los periódicos. La lucha era de tipo agitacional.

¿En esos comités había trabajo de educación política para la gente?

Eso no lo hubo nunca. La gente no quería escuchar sino al Jefe y a unos pocos de sus seguidores. A uno lo paraban en la calle para preguntar qué podían hacer, en qué podían colaborar.

José García

Había ciertas conferencias de diferentes personalidades, pero la gente vivía ensimismada y no quería oír sino al Jefe.

Luis Eduardo Ricaurte

En los barrios ¿cuáles eran los sectores más activos?

Los artesanos. La prueba es que la mayoría de esos dirigentes que trabajaron a escala de barrio eran artesanos, por ejemplo, Víctor Bohórquez tenía su taller de calzado; los Camargo que manejaban la zona sur, eran contratistas de pintura y construcción, no eran obreros rasos sino contratistas; los Abella también eran contratistas de construcción, y manejaban la zona occidental de Bogotá. Claro que en el movimiento gaitanista se mezcló la mayoría de las clases desposeídas del país y desfilaba, como decían en esos tiempos, la chusma.

Pero los dirigentes medios eran más que todo artesanos.

En ese momento los dirigentes más consecuentes a escala obrera trabajaban con la CTC, la cual estaba muy inspirada y muy controlada por el Partido Comunista, a través de Chucho Villegas, Carlos Arturo Aguirre, Filiberto Barrero, eran los que la manejaban a través del marxismo y ellos eran antigaitanistas cerrados a la banda.

En esa época los sindicatos más fuertes eran Bavaria, los ferroviarios y una serie de sindicatos, todos muy pequeños. Pero la industria en sí, no tenía una organización a escala nacional.

¿Cómo era esa relación entre Gaitán, los artesanos, el lumpen de Bogotá ¿De dónde surge?

Porque las manifestaciones de Gaitán las nutrían los barrios pobres de la ciudad; a cada manifestación de Gaitán acudía la inmensa mayoría de las capas pobres de la sociedad: Barrio Belén, Egipto, La Perseverancia, el Barrio

Ricaurte, pero nunca a las manifestaciones asistían los señores de Teusaqui-
llo, Chipinero, que era donde vivía la pequeña burguesía y la burguesía de
esa época.

La inmensa mayoría de los capitanes que acompañan a Gaitán, no eran
dirigentes a escala nacional, por ejemplo, Jorge Villaveces. Eran individuos
que comenzaban a surgir en la vida política del país, pero no fueron inclui-
dos entre los grandes dirigentes de esa época, porque los grandes dirigentes
liberales no fueron nunca amigos de Gaitán.

Manuel Salazar

¿Las campañas financieras?

Esas sí las hacía el Jefe por lo alto. Un día fui yo a cobrarle a ciertos doctores
unos cheques que daban mensual, pero eso era una lucha para que soltaran
la firma.

Luis Eduardo Ricaurte

Y a nivel de barrio ¿cómo funcionaban?

Había tesorería y a la hora de la reunión se pasaba con un sombrero y se recogía lo que se podía. Eso parecía como una iglesia, cada uno daba lo que podía:
unos, cinco centavos; otros, diez o veinte pesos, pero nunca hubo cuotas.

José García

Cuando se necesitaba para algunos gastos del comité entones se hacían bai-
les o rifas. Las cuotas que la gente daba eran voluntarias.

Luis Eduardo Ricaurte

¿Cómo era la relación del jefe gaitanista con su familia?

El jefe de familia daba la orden a los muchachos y a la mujer para que fueran
a las reuniones o hicieran lo que uno mandaba. Era una mística tremenda,
eso no se volverá a ver. Si el jefe de familia era gaitanista, toda la familia era
gaitanista.

José García

«La gente vivía ensimismada y no quería oír sino al Jefe».

En las familias conservadoras del barrio según me contaba un amigo, se empezaron a presentar divisiones. Un conservador me ayudó cuando fueron a quemarme o tumbarme la casa y los policías encañonaban a mi mamá. Él me decía que me ayudaba porque yo siendo un luchador gaitanista nunca lo había agredido a él o a otros conservadores. Y eso era cierto y se debía a las órdenes expresas de Gaitán, que decía que no había que atacar a los conservadores, sino tratar de atraerlos más bien.

Gracias a esto, este conservador me ayudó el día que fueron al barrio a tumbar el busto de Gaitán.

Luis Eduardo Ricaurte

¿Qué relación había entre una zona y otra?

Esa relación se daba en la reunión de comité, la reunión del directorio por distritos en la casa liberal.

¿En cada barrio había una casa de reunión?

Nos reunimos en la casa de uno de nosotros los dirigentes. Se iban rotando los sitios de reunión. La gente prestaba su casa. Las únicas sedes estables eran el directorio de Bogotá y el departamental.

En ese momento ¿qué consignas movían ustedes?

En ese momento nosotros no movíamos consignas, nuestro trabajo era hacer las hojas volantes, poner los carteles y también hacer el censo de la cuadra. El capitán se encargaba de una cuadra y luego se informaba quién era gaitanista, quién conservador o liberal, además de especificar de cuántas personas se componían las familias gaitanistas de la cuadra.

José García

También nos enfrentábamos con el Partido Comunista. Cuando Gaitán iba a recorrer los barrios, el Partido Comunista llegaba desde las seis de la mañana a sabotearnos, pero nosotros ya estábamos listos. Pedro Garzón tenía ideas muy buenas y uno de esos días se le ocurrió armar a los hijos de los gaitanistas con flechas y cuando Vieira empezó a hablar, le lanzaban flechas, no le quedó más remedio que ponerse la corneta del micrófono en la cabeza para protegerse y sonaba esa corneta ¡pam! con la cantidad de flechas. ¡Lástima que no hubiera quedado una fotografía de Vieira con la corneta en la cabeza!

Después hubo otra en el barrio Samper y Pedro cambió de táctica y empezamos a usar los pitos. ¡Quién se aguantaba eso!

¿Se daban también enfrentamientos físicos?

Sí, hubo enfrentamientos. Yo tuve que desarmar a varios camaradas en La Perseverancia.

Yo tenía amigos camaradas que me decían: «Pero chiquito, cómo nos va a joder, si todos somos obreros». Pero estábamos enfrentados. Nosotros éramos chaparritos pero con gran empuje.

Luis Eduardo Ricaurte

Nos enfrentábamos también a trompadas en las tiendas.

¿Para estas peleas, había una preparación de grupos especiales?

No había nada, éramos espontáneos. Se necesitaba personal mudo, que actuara y no hablara. Claro que cuando la violencia de Ospina estuvo en su apogeo, como en el 46 y 47 pues se necesitaban ciertas tácticas. A Pedro se le ocurrió que debíamos secuestrar a Gabriel Turbay y un poco de viejos de esos. Claro que todos nos opusimos, ninguno prácticamente había oído hablar de lo que era un secuestro. Esa idea se le ocurrió solo a él.

José García

Las tareas especiales de los grupos de choque eran espontáneas. Los comités de zona acordaban y se hacían las tareas que se exponían, de manera espontánea. Claro que siempre le boicoteábamos las manifestaciones a Turbay. Cuando llegó Turbay para candidatizarlo, llenaron de tiras de tela toda la séptima, haciéndole propaganda y nosotros nos pusimos a echarles ácido férrico con bombas de fumigar, y les volvimos flecos las tiras. Se me acercó a mí uno como guardaespaldas de Turbay y me dice: «Oiga chiquito no haga eso; yo soy gaitanista de corazón pero me toca cuidar esto, por eso me pagan».

Luis Eduardo Ricaurte

Ustedes como dirigentes medios de los barrios, ¿cómo se relacionaban con Gaitán?

La relación directa era muy poca, la relación más próxima era la de Pedro Garzón. El Jefe estaba más cerca de Pedro. Algunas veces Pedro nos llevaba a algunas reuniones en la oficina de Gaitán. Esto era mucho mejor para conocerlo y comprenderlo que cuando él llegaba al comité del distrito o al departamento o a la dirección nacional liberal, eso ya era distinto. En su oficina tratamos una vez de la organización de la Marcha de Antorchas. Él planteó la necesidad de hacer una cosa monstruosa. También se hablaba de la necesidad de organizar los comités, de los jefes de barrios y cuadras, en fin, Gaitán no tenía quién aportara esas ideas sino él mismo.

José García

Para Gaitán si no se llenaba la calle de pared a pared no era buena la manifestación, a él lo que le gustaba era hacer las cosas inmensas, impresionantes.

Luis Eduardo Ricaurte

En la proclamación de la plaza de Santamaría dijo Álvaro Ayala: «Hay que llenar el Circo de Toros». Gaitán le contestó: «No sea pendejo, ¿qué es llenar el Circo? El Circo es un punto, lo que hay que llenar es la ciudad entera». Él siempre decía: las cosas hay que hacerlas con organización y en grande. Además pedía que se estudiara la gente que servía, a los inservibles desecharlos. Gaitán decía: «Hay que hacer jaranda. Hay que hacer un colador y desprecien lo que no sirva, yo necesito gente que trabaje, el que no vaya sirviendo se va desechando y se busca otro que lo reemplace». Así era él.

José García

¿La relación de Gaitán con ustedes era amistosa?

No. No, él no se dejaba manosear de nadie, él nos trataba de lejos. Cuando yo trabajaba en la cedulación y Cordovita estaba en la secretaría, recuerdo que un día fui yo y cogí el teléfono, precisamente para hablar sobre la cedulación con un oligarca de esos que figuraban en el juzgado electoral. En eso, salió Gaitán de la oficina y me dice: «Ya tenemos esa cosa con los oligarcas. ¿Y por qué usa el teléfono el coronel?». Se puso bravo porque yo estaba llamando a uno de los oligarcas y porque cogí el teléfono. Él no se dejaba manosear.

«Él no se dejaba manosear de nadie, él nos trataba de lejos».

¿Entonces había una distancia entre él y ustedes?

No era distancia propiamente, sino que él sabía quiénes eran los personajes más activos. En la Manifestación del Silencio nos hizo subir donde estaba él y nos dio las gracias, delante de todos esos ministros, nos saludó y nos dio las gracias; luego dijo: «Estas cosas se deben a estos muchachos, pero ustedes no piensan sino en función del Dios dólar». Entonces eso era un gran estímulo para uno, de ahí salía uno resuelto a hacer cualquier cosa, nos dio la mano y todo. ¡Cómo no ser gaitanista!

Luis Eduardo Ricaurte

Él estaba convencido de la obediencia de la gente y sabía cómo podía atraer más gente. Pero una relación amistosa como tal no la había. Era imposible. ¡Era un hombre inalcanzable!

¿Por qué lo llamaban el Jefe?

Porque él daba las órdenes.

José García

Pero algo más, para nosotros no había más jefes. Si alguien más llegaba a tratar de mandarlo a uno, pues no lo aceptábamos.

Luis Eduardo Ricaurte

En aquella época, cuando hablaba con Clímaco y con Parra, les decía que era importante saber que no había sido una sola persona que nos mandaba. Todos los demás doctores también querían ser jefes. Pero desde entonces a ninguno de ellos les volvimos a decir: «Mande, jefe». Sino solo a Gaitán y así se quedó, «El Jefe».

José García

A Gaitán toda la base le decía «Jefe», pero los oligarcas le tenían que decir «Doctor».

Luis Eduardo Ricaurte

Desde el punto de vista de ustedes, ¿cuál era la relación entre el gaitanismo y el conservatismo?

Ahí habría dos aspectos: la base y la dirigencia. En la base se veían muchos conservadores en las manifestaciones y actos de Gaitán. Pero ellos nunca asistían a los directorios, ni a los comités de barrio, ni de zona, del movimiento gaitanista. Los veía uno asistir inclusive con la familia a las manifestaciones y a los Viernes Culturales. El pueblo en general aceptaba a Gaitán. Él planteaba que no podía haber distinción entre el hambre liberal y el hambre conservadora, esto lo captaba el pueblo y seguía en sus manifestaciones. Entonces la relación en la base era esa, muchos conservadores acompañaban a Gaitán porque defendía una idea social, pero no por eso dejaban de ser conservadores. Más hacia arriba creo que pudo haber órdenes por lo alto, que mandaban a ayudar a las campañas de publicidad. Esto se ve el 9 de Abril, en el incendio y saqueo de *El Siglo* la gente encontró gran cantidad de afiches de Gaitán, de los mismos que nosotros pegamos durante la campaña.

José García

Gaitán pudo influir en parte a los más necesitados y desposeídos de la masa conservadora. Yo vi varios casos de familias conservadoras que seguían a Gaitán. Recuerdo una, en San Cristóbal que corría en las manifestaciones detrás de nosotros y que más tarde fueron a *Jornada* y dejaron todos sus ahorritos. Muchos conservadores, de las capas más bajas, seguían a Gaitán.

Luis Eduardo Ricaurte

¿Qué significaban y cómo se organizaban los Viernes Culturales?

En esos Viernes Gaitán pronunciaba las conferencias. La orientación la daba *Jornada*, porque muchas veces no había tiempo de reunir a los comités; claro que cada zona sacaba sus carteles. Muchas veces pasábamos toda la noche empapelando los barrios y el centro. «Acuda usted con su familia».

¿Qué planteaba Gaitán en sus discursos?

Él planteaba temas actuales de interés para el pueblo, por ejemplo, se habló sobre la forma en que los productores preferían botar la leche, sobre la especulación, el control de precios… Sobre esos temas hacía sus conferencias.

¿Qué tipo de personas asistían a esas conferencias?

Sobre todo la base y también la clase media. Si uno quería entrar a la conferencia tenía que estar desde las tres de la tarde, para entrar a las cinco y media, porque si no se quedaba por fuera.

José García

En el proscenio se les arreglaba un espacio a varios allegados al Jefe, que aspiraban a ministerios o sus amigos.

Luis Eduardo Ricaurte

¿Qué tipo de gente era la que componía la base del gaitanismo?

Si usted tomaba por ejemplo el caso de La Perseverancia, veía que no la habitaba ni siquiera clase media, sólo obrerismo y lustrabotas, albañiles, mecánicos.

José García

Pedro Garzón le puso el mote del «barrio de los empolvados», por la tierra, la mugre que llevaban en sus rostros, en sus manos, en todo el cuerpo. Los dos fuertes de ese barrio eran los obreros por un lado y albañiles y similares, por otro. También había pequeños negociantes que tenían su tiendita en el mismo barrio.

Luis Eduardo Ricaurte

¿Gaitán llegó a tener influencia en los obreros organizados, por ejemplo en la CTC?

Él quiso penetrar bastante. Pero no pudo como hubiera querido.

José García

Alcanzó a poner fichas en la CTC como Hernando Restrepo Botero. Pero el Partido Comunista tenía mucha fuerza y también los socialistas. El indio Garzón quiso formar otro grupo de empolvados con Mardichi, que se llamó CNT; pero eso no prosperó.

Luis Eduardo Ricaurte

¿Cómo fue la organización y desarrollo de la Marcha de Antorchas?

A Gaitán se le adelantó una campaña en su contra, por esa marcha, aduciendo que él era fascista. Gaitán llamó a Pedro Garzón a su oficina y le expuso que había que hacer la víspera de la Gran Convención, para la proclamación, una gran Marcha de Antorchas. En ese momento lo comisionó como encargado de la organización de la Marcha. Muchas veces le dijo que él quería un río de candela, que no se vieran filas cada tres metros, sino filas bien juntas para formar un río de fuego sobre Bogotá.

Se organizó primero el barrio de La Perseverancia y luego otros barrios, para que la gente aportara de su bolsillo. Cada comité tenía que aportar determinado número de antorchas. Y así se comenzaron a concentrar en San Diego, San Victorino, para encontrarnos en la Marcha.

Todos los barrios aportaron y al encontrarnos todos en la séptima no cabíamos hombres y fuego y realmente salió lo que él dijo, lo que quería, uno tenía que retirarse por el calor y el humo, era hasta peligroso incendiarse. Todo mundo quería tener su antorcha, daba la plata que fuera por su antorcha.

José García

A las antorchas se les puso un precio, creo, de dos pesos. Todos pagaban. Los ferrocarriles aportaron mucho. Las mujeres y niños ayudaban. El indio Garzón nombró a ciertas personas para que nos ayudaran, entre ellos a Joaquín Viloria, abogado concejal, a él acudimos nosotros para pedirle que nos ayudara a conseguir estopa y aceite. Él nos dijo que nos fuéramos a los ferrocarriles. Allí nos fuimos y nos ayudaron a recoger estopa por toda la línea.

Otro grupo fue a los talleres del municipio y de las canecas que botaban sacábamos tapitas para poner con puntillas, para colocar la estopa. Otros hacíamos tarros o los conseguíamos por ahí. Los carpinteros aportaron los palos para las antorchas y conseguimos también en los cerros varas que se arreglaban con cuchillo. Es algo que los ojos humanos no volverán a ver; la gente se peleaba por una antorcha, daban hasta dos pesos.

La Manifestación arrancó desde San Agustín como a las dos de la tarde. A nosotros nos acompañaba San Pedro porque nunca llovía en esas inmensas manifestaciones. La gente decía que San Pedro era gaitanista.

La concentración era en San Agustín desde las dos de la tarde y a las seis y media o siete por toda la séptima hasta pasar frente a Palacio.

Luis Eduardo Ricaurte

Pedro Garzón había dicho que era necesario hacer como los indios, dijo: «Cuando arranque la manifestación corren los de La Concordia y los de Las Cruces y dan la voz de que arranque todo el mundo porque ya empezó la Marcha». Y así se iba pasando la voz. La pelotera era porque todo mundo quería coger la cabeza y salían por las calles de más adelante para quedar de primeros con sus antorchas en las manos. Todo el que quería tomar parte salía de su casa con su antorcha. Se abrieron las puertas de la ciudad.

José García

No faltaron los que salieron con sus antorchas más lujosas, llenas de adornos para destacarse.

Luis Eduardo Ricaurte

Muchos no aceptaban órdenes. De suerte que eso se volvió un maremágnum de candela por toda la séptima y no cupo todo mundo. Mucha gente no alcanzó a llegar hasta donde el Jefe estaba en San Francisco.

José García

De esa cosa tan inmensa los conservadores se aprovecharon para tildarnos de fascistas. Y decían que habíamos traído un tipo especial para organizar la manifestación. Pero la verdad es que era uno de los nuestros, también chaparrito y muy ingenioso, que organizaba muchas cosas: el indio Garzón. Nos decían fascistas porque Mussolini hizo un desfile así, para su entrada a Roma.

Luis Eduardo Ricaurte

Y se alcanzó a propagar la calumnia de que había habido plata del fascismo para eso. Claro que si esa manifestación no se hubiera organizado como se hizo, hubiera costado realmente mucha plata.

José García

¿Qué recuerdan ustedes del acto en la plaza de Santamaría? ¿Cómo se organizó?

Hubo más organización por parte de la secretaría, en ese tiempo estaba Jorge Uribe Márquez, Francisco J. Chaux y otro costeño, el secretario de la dirección liberal era Álvaro Ayala. Allá por lo alto el Jefe ya había planteado la idea de la convención, pero él la quería en el Colón como cuando Ospina. Pero Álvaro Ayala le planteó que fuera una cosa popular, donde el pueblo se desahogara, y no una cuestión de etiqueta. Álvaro Ayala nos llamó para que hiciéramos unos carteles y los repartiéramos. Chaux se opuso a esto porque el Jefe no lo había ordenado así, Gaitán no se encontraba en Bogotá, porque estaba en correrías por la Costa.

Álvaro Ayala asumió la responsabilidad y se empezó a organizar.

Después se mandaron traer delegaciones de todo el país, se mandaron cartas, se anunció por la radio, y el Jefe dio conferencias.

Luis Eduardo Ricaurte

Aquí se supo que el movimiento era nacional. Recuerdo unos indios, que al llegar cansados a la manifestación le dijeron: «Doctor, echando remo por toda la selva llegamos aquí». El doctor hizo alusión a esto en su discurso.

José García

Cuando el doctor llegó y vio toda esa organización trató de disgustarse porque no era lo que había ordenado, pero pronto aceptó al ver la cantidad de trabajo que se había desplegado.

Esa noche no dormimos, embanderando y arreglando el Circo. Esto correspondía a La Perseverancia porque era en su sector.

Desde las seis de la mañana empezaron a llegar bandas de los barrios. De fuera llegaron los buses, los trenes. La víspera habían llegado muchas personas que pasaron la noche en San Diego, a la intemperie.

Luis Eduardo Ricaurte

En las fotografías se ven miles de personas por fuera de la plaza que apenas llegaban, pero como la plaza estaba llena, no pudieron entrar.

¿Cómo fue la proclamación de Turbay?

La proclamación del doctor Turbay fue en un balcón del hotel Granada.

José García

¿Después de la proclamación de Gaitán la gente salió a las calles?

Eso fue otra cosa que no se vuelve a repetir. Fue una locura, el doctor había llevado su carro, él había ido con su señora y la niña; tan pronto bajó las escalinatas, un pastuso chofer se lo echó en hombros y así lo sacaron en carrera, en hombros hasta San Agustín. Yo iba cuidando por si acaso, pero eso era al trote que lo llevaban. Era un desfile que no se acababa.

Al llegar a Palacio los soldaditos estaban emocionados y lo iban a dejar entrar, pero él dijo: «Hasta aquí, muchachos, lo demás es por elección popular». Nosotros queríamos entrarlo a Palacio. Pero el hombre entonces volvió a echarlo en hombros y lo llevó hasta San Agustín.

Luis Eduardo Ricaurte

Retratos

Yo opino, sinceramente, que Laureano Gómez, que es una figura extraordinaria, era esencialmente un político. Y no es pecado cuando se contradice en relación con la Iglesia, al oponerse a las reformas de López Pumarejo, después de criticar la injerencia de la Iglesia en su partido. Yo diría que Laureano entre la larga serie de aspectos que presenta para el estudio, sobresale el de político, un político colosal, completo. Y que no es un defecto, ni cosa criticable en un político, aspirar a ejercer el poder porque la política es esa: una serie de fórmulas para gobernar, para dirigir el Estado, y el político que se destaca tiene el derecho, creo yo, de aspirar a ser el Presidente de la República. La política es de realidades, el maquiavelismo no es propiamente el arte o la sabiduría de engañar a la gente, de decir mentiras, sino de utilizar los instrumentos que se le ponen al alcance del hombre para llegar al poder y para mantenerse en él. Entonces Laureano utilizaba; cuando veía que para el logro de sus supremas aspiraciones le convendría la cooperación de la Iglesia, no se dejaba utilizar sino que la utilizaba; y cuando le convenía separarse de las jerarquías católicas, se separaba. En esa campaña contra el Concordato casi se puso por encima del Papa mismo. Es la ejecución de la vida de un político completo. No era un problema de principios, sino de ambiciones personales la manera de lograr el cumplimiento de esas ambiciones. Laureano es autor de un libro que se llama *El cuadrilátero,* es un estudio sobre Hitler, Gandhi, Stalin y Mussolini, y en ese libro se condenan las doctrinas de Hitler, Mussolini y Stalin y se exalta la de Gandhi, por ser el apóstol de la lucha por la libertad dentro de la paz, de la no violencia, combate el fascismo de derecha y el fascismo de extrema izquierda. Sin embargo, en la guerra adoptó una política a favor del eje Hitler y Mussolini, en contra de los aliados, atacó violentamente un discurso en el Senado a Inglaterra, no propiamente como aliado, pero en el fondo, inspirado por su oposición a la presencia de Inglaterra y de los Estados Unidos en el conflicto. Él desde luego defendió el golpe de Franco en la Guerra Civil; todos los que militábamos con él fuimos franquistas. Yo todavía lo soy, porque viví los mejores cinco años de mi vida en la España de Franco y viví muy sabroso. Laureano, el hombre de la moral, el hombre que tenía y defendía los principios cristianos, el hombre que en este libro condena la violencia y los regímenes totalitarios, frente a la guerra de Franco, por cuestiones sentimentales o qué sé yo, pero en la segunda guerra, se pone al lado del Eje, de los totalitarios, de los violentos, en contra de los aliados, de los demócratas, de Francia, de Estados Unidos, Inglaterra. Contradicción evidente... ¿por qué? Porque él pensó que la guerra la ganaba el Eje, y prácticamente la tuvo ganada; donde Estados Unidos no se meta la victoria era de Hitler y de Mussolini e Hiroíto. Y pensó que al ganar el Eje se derrumbaba los regímenes llamados democráticos o aliados, y por consiguiente se derrumbaría el liberalismo en Colombia y nos tocaba a los conservadores hacernos cargo del poder. No me atrevo a decir que Laureano escuchó al último embajador de Alemania o como él había estado en Alemania pudo entenderse con alguna figura alemana. Pero que él creyó eso sí. Yo lo escuché expresarse en ese sentido; además de su convicción respecto a que se venían al suelo las democracias liberales e ineluctablemente, venía el triunfo de la derecha y por consiguiente, del Partido Conservador en Colombia. Contradicción evidente.

Completamente no hay una relación ideológica entre el pensamiento político de Laureano y el falangismo español. Pero si hay ciertos momentos de coincidencia, contradicciones desde luego, como cuando José Antonio Primo de Rivera decía: «A la dialéctica de los votos hay que oponer la dialéctica de los puños y de las pistolas», es lo mismo que la acción intrépida o la ineficacia de las luchas electorales y oponerles el atentado personal, defenderse con la violencia, si va a votar uno y se le opone la policía o una banda armada pues darles plomo, o echarles cuchillo, es la misma contradicción con la doctrina cristiana. Laureano no confesaba que era contradicción, pero era contradicción. ¿Por qué lo hacía? Porque aspiraba a llegar al Poder.

Lucio Pabón Núñez

Veíamos venir el desastre, yo era turbayista. Una de las cosas que más me impresionó personalmente y que dije: «Bueno, nos llevó el diablo», es que estando yo en Cali, había ido yo a una huelga, no recuerdo si era una huelga

«Laureano Gómez era esencialmente un político…».

del azúcar o de Croydon; en el momento en que llegaba a Cali, como ministro del Trabajo, a ver si podía ayudar a resolver un conflicto laboral fuerte, anunciaron la llegada de Cali de Turbay. Estaba preocupado no solo por ser imparcial, sino por dar la impresión de imparcialidad, entonces me fui a la calle a dar un paseo con unos amigos, para no estar en Cali cuando llegara Gabriel. Como a las siete de la noche nos vinimos del paseo, dijimos ya pasó la manifestación; cuando íbamos llegando a Cali se presentía un rumor raro, se oía, se palpaba que algo había pasado: habían apedreado a Turbay en la plaza de Caicedo. Un episodio dramático, la multitud enfurecida no lo dejó hablar. Nos contaron que había habido una manifestación contra Turbay, que le habían pegado una pedrada en la cabeza. Ya por la noche me fui a visitar a Turbay, llegué al hotel Alférez Real, a manifestarle mi sentimiento por lo que acababa de acontecer, cuando salió él a abrirme la puerta, con su esparadrapo en la cabeza, y apenas me vio dijo: «¿Viste la apoteosis?». Yo me quedé frío; porque si él con su esparadrapo y su pedrada había visto apoteosis en la plaza de Caicedo, los que habían estado en Cali, me dijeron que fue el horror, habló pero con cordones del ejército. Entonces pensé, está enloqueciendo, porque ya cuando una persona en esas condiciones ve apoteosis cuando lo reciben a piedra, entonces eso es la locura. Turbay estaba enloqueciendo con la idea de llegar al poder, ser el Presidente de la República.

Gaitán recogía todo ese entusiasmo popular como ningún otro líder que haya tenido Colombia, ni López inclusive. En Gaitán era más explicable porque él veía el fervor multitudinario, lo que pasa es que ese fervor no era electoral, eran viejitas, niños, adolescentes, gente que no tenía los veintiún años, pero sí él ve que todo el mundo lo apoya, grita y lo lleva en hombros; él estaba convencido de que por donde paseaba —no era solo en Bogotá— era dueño del pueblo. Pero resulta que ser dueño del pueblo no es ser dueño de la masa electoral. En realidad Turbay tenía las elecciones, tenía la victoria electoral sobre Gaitán, tenía toda la maquinaria, todos los caciques, todos los que mandaban en los pueblos, en las veredas, ese liberalismo de los dieciséis años de la República Liberal estaba con Turbay. Él tenía periódicos liberales; tenía realmente el poder, la mayoría electoral, pero no en dimensiones suficientes para apabullar a Ospina. Por entre los dos se metía el otro. Pero más explicable la convicción en Gaitán, porque él veía, sentía, oía, olía, esa

mayoría liberal, ese fervor popular, pero él no hacía cálculos; Gabriel Turbay
se sentía ya presidente.

Adán Arriaga Andrade

Gaitán fue un liberal socialista. Esa es la ubicación que yo hago de Gaitán.
Él se decía socialista y escribió su tesis de grado sobre la posibilidad de que
en estos países atrasados hubiera regímenes socialistas. En los últimos meses
de su vida él volvió a hablar de su fidelidad a las ideas socialistas, pero en el
fondo, y él lo dijo, solo el Partido Liberal podía implantar esa política socialista. Él cambió de táctica muchas veces en su vida, pero no cambió de ideología. Yo creo que fue siempre fiel a esa amalgama liberalismo-socialismo y
la mantuvo hasta el final. Él cambió de táctica. Él no sabía bien cómo podía
llegar a esa meta y ensayó varios sistemas. Al comienzo actuó dentro del
liberalismo, obtuvo representación parlamentaria liberal. En el año 33 él
estaba decepcionado del liberalismo porque veía la lentitud con que obraba
el gobierno de Olaya Herrera en materias vitales como la reforma agraria.
Gaitán se abanderó de problemas como el de la lucha contra el latifundio,
en Cundinamarca en las zonas de Viotá y Fusagasugá. Entonces él veía que
no estaba entre los planes del gobierno de Olaya y del liberalismo hacer la
reforma agraria y por eso se apartó del liberalismo y formó la UNIR en el año
33. Él quería tener su partido propio, pero como sabemos no duró, no tuvo el
arraigo con que esperaba contar y luego no resistió la presión del Gobierno.

Yo creo que hubo oportunismo. Porque el liberalismo en esa época como
partido que iba a ser de Gobierno en 1934 —terminada ya la experiencia de
transición de Olaya—, necesitaba ser un partido unificado. Olaya y toda
la gente que gobernaba al país en esa época atrajeron a Gaitán y él se dejó
seducir con todas las promesas que le hicieron. Promesas que le pagaron
porque él tuvo su puesto dentro del Gobierno y un fuerte respaldo dentro
del partido. En esa situación dejó al Partido Liberal y luego en un cambio de
táctica fundó un partido para liquidarlo y reintegrarse al liberalismo.

Hubo también un momento interesante, para mí el más interesante de
Gaitán. Fue antes del año 46, cuando se presentó como candidato a la presidencia. Él tuvo la intuición, podemos decir que genial, de comportarse
como un líder social, no como un líder político. Él quiso unificar a los pobres
de Colombia: liberales, conservadores, todos en un solo movimiento. Fue

cuando dijo que el hambre no era ni liberal ni conservadora y que el paludismo no es ni liberal ni conservador. Él buscaba una cosa grandiosa que habría cambiado el curso de la historia colombiana: crear un movimiento de los desheredados. Él se comportó como un líder social. Pero tal vez por el ansia que tenía de llegar al poder, pensó que era más factible obrar como hombre de partido y por eso, en el año 47, empezó a actuar de nuevo como jefe liberal, posición que confirmó al ser lanzado por el liberalismo para la presidencia de la República. De modo que en él hubo continuidad en las ideas, pero no en los sistemas, en los métodos para llegar al poder.

Gerardo Molina

Esa revolución predicada por Gaitán, prendió y animó de tal manera a la gente, que nunca se han visto aquí en el país multitudes que salieran a las plazas o a las calles con tal emoción, con tal fe en su Jefe, con tal decisión de lucha, como se presentaron las corrientes populares en torno de Gaitán, cuando hizo sus distintas campañas.

No de otra manera se explica por ejemplo, que en una de sus campañas logró derrotar ese enorme imperio de la publicidad que es El Tiempo, cuando obtuvo su victoria sobre Eduardo Santos, que era jefe del Partido Liberal y quien, ante la derrota, ordenó cerrar las oficinas de la dirección liberal. Ese fue un acontecimiento celebrado en todo el país, como una verdadera fecha de liberación. Hay que recalcar el hecho de haber unificado con sus consignas: «¡A la carga! ¡Contra la oligarquía!» y «¡A la carga por la defensa de los intereses populares!». Él fue el primer líder social que tuvo el país en mucho tiempo.

Tal vez el primer líder social fue José Antonio Galán, pero después, los demás líderes fueron políticos, que en realidad representaron una tendencia y representaron un grupo o una fuerza política. Pero Gaitán llegó a representar todas las fuerzas políticas colombianas, con excepción del Partido Comunista, que lo combatió abiertamente. Porque con Gaitán sucedió algo muy curioso, que sucede en América Latina. Gaitán al llegar a predicar esa transformación y al pedir la revolución a nombre de las fuerzas populares de ambos partidos, fue mal interpretado por los comunistas que lo llamaban fascista y por los elementos reaccionarios de ambos partidos, liberal y conservador, que lo combatieron ensañadamente considerándolo comunista. Cuando en realidad Gaitán no era comunista, es decir, él no era un marxista-leninista. En primer lugar no era marxista; en segundo lugar, aún cuando dictó una conferencia en el Teatro Municipal sobre la Unión Soviética, en que adoptaba una posición no anticomunista, en ese entonces, que era el slogan reaccionario en toda la América Latina, no podemos decir que era comunista, ni mucho menos. Pero el hecho del éxito extraordinario que tuvo su movimiento, hizo que mucha gente lo interpretara mal. Lo llamaban fascista porque había estado en Italia, en una época en que el fascismo tuvo mucho auge. Tal vez porque él tomó ciertas formas de organización popular, que eran comunes en Italia; en Alemania, como las marchas de antorchas en los desfiles. Hasta el punto que una vez me dijo en su oficina por qué no hacíamos unas milicias de camisas rojas para organizar las bases populares en un sentido combatiente. Entonces yo le dije: «¡Mira, no olvides que las camisas pardas son las de Hitler y que las camisas negras son las de Mussolini, y pueden interpretarnos, con esta organización paramilitar de las camisas rojas, como algo que significara estar trayendo la imitación de esas fuerzas paramilitares que son las fascistas en Europa, a nuestro medio». Hay que tener en cuenta, entre otras cosas, que aquí ya había cierta imitación de esas organizaciones. Hubo una organización de las milicias liberales. El Partido Liberal, antes de Gaitán, cuando era miembro de la dirección nacional liberal el general Cuberos Niño, que fue uno de los primeros que organizaron un partido liberal socialista, con Carlos Arango Vélez, organizó las milicias liberales. Yo fui a una de esas demostraciones. Cada 2 de julio se reunían los liberales organizados militarmente. Ese era un reflejo de organizaciones paramilitares fascistas. Pero en realidad Gaitán no era fascista, es decir, desde el punto de vista estricto de la ideología. Él era un liberal demócrata, reformista con la tendencia socialista de tipo revolucionario evolucionista, positivista, que buscaba una revolución legal dentro de la Constitución nacional, por los medios parlamentarios. Ese momento jugó un gran papel, al despertar la conciencia popular en torno a esas reformas. Por eso yo sostengo, que el primer líder populista que hubo en América Latina fue Gaitán. Antes de Perón y antes de los demás líderes de esas tendencias populistas que buscaban adhesión en las distintas corrientes populares de los partidos. Entonces ya eran partidos que estaban fracasando porque no habían logrado realizar las aspiraciones de cambio, como es lógico, por ser partidos pluriclasistas, que representaban en realidad, como representan, los intereses de la plutocracia, de las oligarquías. Esa fue, por ejemplo, una de las cuestiones básicas de la lucha ideológica de Gaitán; no hay que olvidar nunca, su lucha contra la oligarquía.

Cuando él hablaba de la oligarquía se refería a los grupos prepotentes. Decía él, que entre los dos partidos, representaban la riqueza, o representaban, por ejemplo, las fuerzas económicas predominantes. Las oligarquías, esas minorías, que todavía existen, y a las cuales hoy no se refieren los políticos, que son los grupos de poder económico y político, que dentro de nuestros países representan al imperialismo por una parte, y a las fuerzas neocapitalistas burguesas por otra, en cada una de nuestras naciones. Gaitán se daba cuenta de eso cuando decía que los gerentes y miembros de las juntas directivas de las grandes empresas del país, llámense conservadores o liberales, son la misma cosa. Decía: «En las juntas de los bancos, se encuentran los liberales y conservadores que representan al capital, allí no tiene acceso el pueblo, de manera que ellos son los mismos con las mismas». Esa frase que tanto se ha repetido, principalmente se refería, no al juego político, sino al juego económico; Gaitán no era comunista, realmente no lo era, pero se daba cuenta exacta, en ese momento histórico, de las desigualdades sociales y la urgencia de cambios económicos fundamentales.

En lo referente a la reforma agraria, que es un punto clave, él había iniciado su lucha con los campesinos en Fusagasugá, concretamente en la hacienda del Chocho, cuando los colonos y arrendatarios, habían sido sacados por la fuerza pública, bajo el gobierno de Olaya Herrera. Gaitán se fue en persona, con sus amigos, a esos lugares y defendió a los colonos, muchos de los cuales fueron puestos presos y traídos a Bogotá, y los defendió en el Congreso. Pidió que se respetara el derecho que tenían a las mejoras — que entre otras cosas no les querían reconocer— y se hicieron cambios en las tenencias de la tierra. No creo mucho que él hubiera esbozado una reforma agraria muy amplia, porque además no correspondía al momento histórico; una reforma agraria distinta a la que proclamaban los sectores avanzados del Partido Liberal, que era la repartición de la tierra, es decir, formar más propietarios. Esa es una tesis liberal, burguesa, que busca acabar con el latifundio, reminiscencia de la encomienda española. Acabar con el latifundio repartiendo las tierras. Hoy se comprende que ese es un enfoque burgués

«Gaitán se había educaco en Italia estudiando Derecho Penal y tuvo como maestro a Enrico Ferri...».

equivocado. La reforma agraria a base de formar pequeños propietarios aislados, no conduce sino a mayor pauperización del campesino y a que este tenga que vender sus tierras al que tenga más dinero. Pero en ese momento, la necesidad era la de romper el latifundio, las grandes haciendas, que entre otras cosas, estaban en manos de los jefes liberales que habían ido a la última guerra civil. Por eso los grandes hacendados eran tan enemigos de Gaitán.

Darío Samper

Gaitán era un representante típico de la pequeña burguesía, su ideario es bien claro: combatía a la gran burguesía. En una parte de sus discursos famosos, daba precisamente las cifras de las ganancias de las empresas capitalistas, que no eran mucha cosa, comparadas con las ganancias que tienen ahora, pero que en esa época comenzaban a ser ya un problema serio de concentración de capital.

Contra ese fenómeno de concentración capitalista, Gaitán expresaba nítidamente los intereses de la pequeña burguesía. Y eso fue él, un representante de la pequeña burguesía con las significaciones del caso.

No se puede decir que Gaitán tuviera influencia en el movimiento obrero, sino en masas muy amplias, particularmente en todas esas masas de las capas medias: en el artesano, en la población flotante, en el campesinado. No creo que en la clase obrera… aunque finalmente —ya triunfante Gaitán— cuando se convierte en Jefe del Partido Liberal, apoyo de la clase obrera.

Turbay representaba esa misma burguesía progresista que también había representado López Pumarejo. Pero una burguesía que ya tenía más compromisos, que era más calculadora. Turbay tenía un programa reformista, en cierto grado antiimperialista. En esa época estaba terminando la Segunda Guerra Mundial y una tesis que agitaba mucho Turbay, era que necesitábamos una paz sin imperio; esta era una tesis indudablemente dirigida a los planes que tenía el imperialismo norteamericano de «hegemonía mundial».

Gilberto Vieira

Diario de la noticia

13 de noviembre de 1947

Como el sigiloso transeúnte, disfrazado de su propia angustia, mi acción está en la inquietud de rastrear la noticia que aparece en los periódicos o en escuchar las conferencias o discursos que se transmiten por la radio, en la búsqueda acumulativa de la información como un simple testigo de una época de tensión, esperando tal vez, que dentro de no sé cuántos años, esa información pueda servirme.

Por esto deseo escribir este diario, que tiene tanta relación con la noticia, donde lógicamente y no por falsa modestia, voy a relegar los oscuros rincones de una vida que no ha sembrado particularidades relevantes. En verdad que esto no interesa a nadie. Deseo aclarar, que no sé si vaya a resistir mientras escriba, el estar en la mitad de la línea de los acontecimientos, como tampoco estoy seguro de marchar con el inclemente rigor del tiempo contado en días. Lo que sí prometo es que seguiré siendo fiel a los principios de un transeúnte disfrazado en su propia angustia, que le deviene desde niño como un sentimiento profundo de impotencia ante el quehacer cotidiano y la acción política; un observador, en lo posible imparcial, que desea dejar constancia de estos tiempos que hacen temblar de miedo a cualquier hombre. Yo soy uno de ellos.

Colombia ve su rostro en un interminable debate político; es un país que vive en el ilusorio equilibrio de una supuesta Unión Nacional, política mantenida a fuerza de piso por el presidente Ospina, mientras se realiza la discusión entre dos hombres, Laureano Gómez y Gaitán, que con su verbo encendido y agudo como un par de cuchillos, están definiendo nuestro futuro. Somos hombres que dependemos de sus palabras, palabras ajenas que dirimen quién tiene la razón entre una minoría política en el poder y una mayoría parlamentaria, expresada en dos recientes votaciones para

Asamblea, Parlamento y Senado y, últimamente, para Concejos Municipales, fuerza que ebulle en manifestaciones multitudinarias en las plazas públicas, a la vez que el país se precipitaba en un enfrentamiento magnicida, insólito en sus consecuencias, primitivo en la lucha de sus gregarios que defienden —tras unas banderas azules y rojas— un territorio no de ideas, sino de la parcelación que palpita en sus corazones de feudos políticos. Tradición ya incurable de las tantas guerras civiles que azotaron nuestra geografía...

Y esas ideas políticas ya desenvainaron la lanza en el recinto sagrado del Parlamento, cuando se invitó al anterior ministro de gobierno, Urdaneta Arbeláez, batirse a machete. Y ahora aparece en la palestra el ministro de justicia, señor Montalvo, que reemplaza interinamente al señor Urdaneta, un hombre que tiene como ejecutorias esenciales la jurisprudencia y la oratoria. Enjuto y pálido, de finos labios y de escaso pelo en la frente despoblada, endeble e inteligente, irónico y mordaz, por naturaleza cojo, que según él mismo se autodefine: «No mata a una mosca, pero sí puede meterle un alfiler a un hombre», y que sin sutilezas planteó frente al debate en el Congreso, que han venido adelantando las mayorías liberales en relación con un proyecto de modernización de la policía, que esto significa un reto para el Gobierno y a la vez, la modificación de la política general; que quitarle al Gobierno la dirección de la policía cuando se le exige la guarda del orden público, es apenas un contrasentido, inadmisible y censurable; que el Presidente de la República puede constituir su gabinete como le plazca. Eso está en sus atribuciones.

«El liberalismo después de las elecciones presidenciales, no esperaba tanta generosidad, tanta liberalidad del señor Presidente. La mitad de los ministros y la mitad de las gobernaciones, ciertas escenas parlamentarias contra el Presidente, ciertos discursos ultrajantes, y hasta una acusación inepta e injusta para deponerlo de su alta investidura, no son ciertamente demostraciones de lealtad; un Gobierno tiene que defender a sangre y fuego las instituciones democráticas del país; el Presidente no se deja amarrar, ni nosotros lo dejaremos amarrar; el liberalismo no podrá jamás supeditar al jefe del Estado con una oposición colaboracionista que no podrá continuar».

Como era natural sus declaraciones levantaron la polvareda política, porque hasta el mes de octubre, eran los liberales quienes continuamente amenazaban al Gobierno con la ruptura de la Unión Nacional.

Cambiados los papeles, ahora son los conservadores quienes amenazan a los liberales. Y esa sensación de fuerza, de ponerse los pantalones, de poder, expresado en el discurso del impredecible señor Montalvo, fue recibido con mucho optimismo por los conservadores, especialmente por los más recalcitrantes, que se creían huérfanos con el actual Gobierno. Y entre las conversaciones que se entablaron en el banquete de despedida al exministro Urdaneta, no podía faltar la sabia definición del maestro Echandía: «Desde los tiempos de Mosquera, no se había oído algo parecido: "Defender a sangre y fuego a la policía". A sangre y fuego. ¡Santa Brígida! ¡Qué barbaridad!».

14 de noviembre

Gaitán cambió de tono para no pisar la cáscara que tan inteligentemente le puso el ministro Montalvo al liberalismo. No utilizó el tono de la amenaza del paro nacional, para evitar la reacción violenta del conservatismo al que recurrió en el discurso pronunciado recientemente en el hotel Granada, al celebrarse la victoria del liberalismo en los recientes comicios para Concejos Municipales. Gaitán, tranquilo, sin exaltarse como es costumbre y con la debida prudencia dijo:

«Como Jefe del más poderoso partido popular que haya existido en Colombia, tengo que emplear la sobriedad, no dejarme arrebatar irresponsablemente, porque tengo el querer de la mayoría del pueblo. No debemos perder el control y el equilibrio que nos ha permitido realizar esta gran revolución cívica. Los extremistas conservadores quieren anarquizar al liberalismo, pero no lo conseguirán. Lo que interesa conocer es el pensamiento que tenga el señor Presidente de la República, acerca de la declaración que hizo el ministro de Gobierno, cuando dijo que no era posible combinar la posición crítica con la presencia de ministros liberales en el Gobierno. No cambiamos la defensa de la vida de nuestros hombres y la defensa de la Constitución por posiciones burocráticas; las declaraciones del ministro Montalvo están en pugna abierta con el pensamiento del señor presidente Ospina. El presidente Ospina sostiene que la Unión Nacional será una norma invariable, cualesquiera que sean las circunstancias de la política de los partidos. Entonces hay dos tesis: la del ministro de Gobierno, señor Montalvo, y la del Presidente de la República. Hay que preguntar cuál de las dos interpreta la verdadera Unión Nacional. El Ministro dijo que se opondría a que pasara el proyecto de policía a sangre y fuego. Es indispensable saber si la sangre y el fuego se producen antes, para impedir que el proyecto pase. O se producen cuando haya sido aprobado.

Este será un duelo tripartito en las alturas. Ya escuchamos a Montalvo, ya escuchamos a Gaitán, ahora nos falta la voz de Laureano Gómez».

15 de noviembre

Defender a sangre y fuego a la policía no es una simple frase que se expresa al calor del debate parlamentario para luego esperar los atronadores aplausos. Su significado es mucho más profundo que la epidermis del discurso que se pronunció, como señal inequívoca de que este Gobierno quiere amarrarse los pantalones. Su esencia radica en el debate que se viene gestando en los últimos meses y que sale a luz pública en variedad de formas. De lo que se trata no es precisamente de defender a la policía como institución, sino de modernizarla, de hacerla más operativa. Es que la policía se ha convertido —por ser quien maneja el orden público— en factor decisivo para la estabilidad del poder. La discusión entraña, en últimas, quién la maneja y quién con ese manejo exprime sus propios frutos. Controlar la policía es tener en el bolsillo la coacción segura para futuros dividendos políticos. Es la razón de la violencia que estamos percibiendo, ya como amenaza verbal de una posible guerra civil en boca de políticos, o en los resultados físicos, en muertos contables. Rastreemos las huellas del debate.

En julio, la mayoría liberal deja una constancia en protesta por la creación de la policía política, más conocida como la POPOL. La prensa liberal acusa a las policías departamentales y a los resguardos de ser refugio de forajidos políticos que, por acción de sus mandos medios, son una amenaza latente para la población. Agosto fue mes de violencia en Duitama, Siachoque y Tunja; y en los hechos están comprometidos hombres de los resguardos y de las policías departamentales. Pinzón Saavedra, dirigente liberal de Boyacá, declaró para *El Tiempo*, el 10 de agosto: «El sentido de esa persecución es muy claro: preparar las elecciones. Se trata de que los liberales no lleguen a las urnas. Eso es todo. Para ellos —los conservadores— nada mejor que apelar a la fuerza armada». Y los directorios políticos enfrascados en la eterna y conocida controversia de quién puso el huevo y disparó primero. Y mientras ellos hilaban palabras acusatorias, la policía departamental con argumentos más concisos, abaleó a la población boyacense de Moniquirá. Su puntería produjo buena cosecha de muertos y heridos: doce los primeros y seis los segundos. La coincidencia se repitió como si estuviera escrita para siempre: la policía disparó; la policía es conservadora, los muertos liberales.

En Boyacá, hay un afán acucioso de renovar al personal de la policía bajo el apremio de consideraciones políticas. El personal se ha reclutado o mejor seleccionado, entre sujetos que estuvieron en presidio por diversidad de crímenes. Lo que sucede en Boyacá se encuba en Caldas y está a punto de culminar en un inmenso drama de sangre en Santander. Se fermenta una guerra civil. Los políticos engrasan sus fusiles verbales. Luces de bengala que dejan en el campo abierto muchos muertos, no precisamente para sosegar el ambiente político, digamos que en un lenguaje eminentemente defensivo, el 22 de agosto, en la plaza de Cisneros en Medellín, Gaitán advirtió:

«Del Partido Liberal no puede abusarse. Nadie piense que nos pueden ganar las elecciones con persecuciones. Se equivocan los alcaldes perseguidores, que creen que pueden atajar al liberalismo con esos métodos. Queremos la paz por las vías constitucionales. No queremos que se nos trate con violencia, porque no estamos dispuestos a tolerarla... Nadie piense que con sangre y persecuciones nos ganarán las elecciones, porque somos gente capaz de seguir un ritmo de vida o de muerte. Yo soy un demagogo pero ecuánime. En este país mi bandera está clavada sobre el corazón ardiente del pueblo, y cuando la bandera de un político está clavada de esa forma, a las multitudes no les importan las combinaciones políticas. Me juego mi vida frente a las multitudes...».

El entusiasmo de la multitud fue frenético.

Releyendo *El Tiempo,* martes 22 de septiembre, encuentro que publica la siguiente estadística: Ocho liberales muertos, un conservador, saldo trágico de las últimas cuarenta y ocho horas, en Bochalena (Norte de Santander), Lebrija, San Joaquín y Ricaurte (Santander).

Y el proyecto de reorganización de la policía que se discute en el Parlamento, abre el debate con el trágico olor a la pólvora y nos mete de cabeza a una cruda realidad, que ahora, en los últimos días, asume el rostro de una paz octaviana.

16 de noviembre

Por fin escuchamos a Laureano Gómez en su sexto discurso radiodifundido, noviembre 18, en el cual el viejo zorro hizo mutis en relación con el debate en el Senado y en la Cámara, promovido por el hombre fuerte del régimen, señor Montalvo. En cambio lo que sí hizo, fue abrir el baúl donde guarda sus antiguos argumentos sin desanimarse —porque es hombre tenaz y martillo cuando golpea sus ideas— para hablarnos nuevamente de la existencia de un millón ochocientas mil cédulas falsas. Verdad laureanista. No se desalienta al no poder mostrar las evidencias con nombres propios de los dueños de las cédulas. Trata de convencernos que son de carne y hueso y caminan como cualquier hombre. Él los ve, los cuenta.

En su conferencia denunció —según él— la doble conducta de Gaitán, por incumplimiento del pacto de Unión Nacional que firmaron él, Gaitán y el exministro Urdaneta Arbeláez.

La historia de las cédulas comenzó en la noche del 11 de julio, cuando Laureano Gómez, como jefe del conservatismo con Luis Navarro Ospina, dijo en tono franco y seguro, en alocución radial, que el sufragio es el fundamento de la democracia. Actualmente está condicionado a la expedición de la cédula electoral. La manera como funciona la oficina nacional de cedulación es, por definición, tergiversadora de la voluntad popular, porque no tiene instrumentos posibles para controlar el fraude, que consiste en la doble cedulación.

Como solución propuso, cedular otra vez al país, volver a expedir los tres millones de cédulas vigentes. Esto costaría treinta millones de pesos y demoraría diecisiete años. Naturalmente el señor Gómez no dijo lo último. Sus ambiciones son a menor plazo.

Para Laureano, lo teatral no es más que la representación de una aseveración que está implícita en la realidad. El teatro es una expresión del manejo del discurso político. Este debe actuarse, con telón de fondo, escenografía manipulable y público presente. Ha sido una ley en su azarosa vida de político que todo lo juega a las circunstancias y a una estrategia trazada. Cuando tuvo por escenario el Parlamento, los efectos producidos por sus temidos discursos, que pusieron a temblar a tantos contrincantes, eran de antemano escrupulosamente preparados, ensayados, dramatizados. Antes de descubrir al país la bomba del fraude electoral, hizo una prueba impresionante por lo patética. Buscó la evidencia en los hechos reales, para luego, en sus posteriores apariciones públicas, teatralizar la historia. Fue en persona a la oficina de cedulación. «¿Dónde está el registro de mi cédula?», preguntó con tono de coger a alguien en la trampa. El empleado buscó papeles y no la encontró en el sitio donde debía estar.

Primera evidencia del fraude. Laureano sudaba alegría. Otro empleado, aguafiestas sin proponérselo, explicó que como él se había trasladado de Fontibón a Bogotá, su cédula estaba en otro lugar. Allí estaba. El jefe conservador más convencido arguyó: «¿Y la cédula del doctor Luis Navarro Ospina?». Nuevamente búsqueda infructuosa. Y otro empleado insistió que debía estar entre los nombres doblemente cedulados. La prueba del fraude estaba entre sus manos y su garganta.

Entonces comienza a aparecer la imagen de lo que pudiéramos llamar la orquestación de la idea con su repetición incesante hasta el cansancio, para convencer al país hasta la saciedad por agotamiento. En discursos que pronunció en un banquete ofrecido en homenaje al directorio conservador, en los salones del hotel Granada, dijo: «La República está enferma de fraude... He continuado investigando, fría y pacientemente y no solo se refuerzan mis conclusiones, sino que nuevos datos pintan una situación aún más inicua. Lo que recibe en la actualidad los nombres de cedulación y de registros electorales, es una monstruosidad aberrante, elaborada con consciente malicia, para que el resultado de los escrutinios electorales no corresponda a la real emisión de votos...». Laureano Gómez es partidario de que el voto se establezca por medio de la impresión digital. Lo dejó explícito en el documento de Unión Nacional, firmado con Gaitán y Urdaneta Arbeláez.

El 1ro. de septiembre él introduce un cambio en la idea del fraude, en conferencia radial: «La causa de la violencia es el fraude electoral. El mal profundo arranca de la expedición misma de la cédula». Ya son dos ideas, violencia y fraude. Explicación laureanista de la violencia actual. Y la onda se expande a otras voces. La orquestación requiere nuevas formas de expresión, de otros hombres que la hagan. El entonces ministro de Gobierno, Urdaneta Arbeláez, le dio la mano el 23 de septiembre, cuando dijo sin inmutarse durante un debate en el Senado: «La violencia es un vasto hecho social, que no ha nacido ni crecido bajo la actual administración... Una de sus causas es el fraude electoral». La idea tiene historia, que comienza en los años 30 y no antes y se pueden señalar con nombre propio los gobiernos liberales, como culpables, según los analistas conservadores. Luego *El Siglo* da la cifra exacta porque la idea necesita evaluarse en cifras: «El cincuenta por ciento de la cedulación es falsa. Hay por lo menos un millón ochocientas mil cédulas falsas...». No importa la contradicción. Son tres millones los cedulados y menos de la mitad que vota.

¿Quién es el dueño de las cédulas? Es la otra clave que Laureano Gómez, en un discurso por radio —el día 10 de octubre—, al explicar los resultados electorales para Concejos Municipales, nos revela: «Donde quiera que aparece la violencia, tiene como antecedentes inmediatos la falsa cedulación o los registros viciados. Hay un millón ochocientas mil cédulas falsas; todas están en poder del Partido Liberal. Esos instrumentos ya operaron en inmensa cuantía durante la elección presidencial del señor López». Y vuelve con la solución: la reforma electoral. Así también, propone que la oficina central de identificación esté dirigida por un técnico extranjero de elevada capacidad y con la vigilancia de dos técnicos nacionales de filiación política distinta. Además, al fin descubrió su estrategia: la mayoría liberal es muy precaria y muy oscuro el porvenir de ese partido, en cuanto ambas se fundan sobre la base deleznable del fraude.

El destino del Partido Liberal está señalado, en la persistencia de plantear una idea con una bien elaborada formulación y seleccionada variedad de presentación. La idea tiene que convencer, porque tiene sus objetivos.

20 de noviembre

A los 46 años, en una habitación del hotel Plaza Athenée de París, murió un hombre de nostalgia en su corazón, porque no se cumplió su sueño de llegar caminando al poder. Sus días fueron labrados en una sola dirección: La Presidencia de la República. En su vida no conoció sino una derrota, cuando no pudo colocarse con sus finas manos la banda presidencial. Y la muerte lo encontró cuando su cuerpo y su cerebro se recobraban de la caída, con el firme deseo del hombre de acción y del animal político, de regresar a su patria. Ansiaba el regreso y quería hacerlo con sus anteojos puestos, a través de los cuales siempre observó la vida. Y murió en uno de esos cuartos solitarios, destinados para mascullar la soledad de la derrota, sin la mano amiga, sin la voz amiga, sin el vocinglerío uniforme de la muchedumbre... pero sí con la vaga compañía de la luz del invierno parisino, que empañó la vidriera al penetrar tenuemente a su cuarto. Abandonado, el ambicioso hombre que diferenciaba el olor de las personas a distancia, lo mismo que el perfume de las flores, no percibió en esos, sus últimos momentos, el olor característico de la muerte.

Gabriel Turbay viajó a Europa el 10 de mayo, conocidos los resultados electorales. En uno de sus bolsillos, bien preservada, llevaba consigo la nostalgia de lo inalcanzable. Quizá le faltó la paciencia de los hombres de fe.

25 de noviembre

La apariencia de la calma. Se esperaban acontecimientos de importancia, derrumbamientos políticos. Nada pasó. El señor Montalvo sigue sonriente con el prestigio en ascenso de hombre fuerte y sectario, que modificó la política y las relaciones entre el Ejecutivo y el Parlamento y logró la unidad conservadora alrededor del gobierno de Ospina, que comenzaba a ser observado con indiferencia —e incluso con desconfianza— por algunos sectores de su partido. Desaparecen las posibilidades para un duelo agrio y directo en el Senado. Gaitán, que había prometido volver al Senado no lo hizo. Los ánimos se han sosegado. Todo indica que ni el Gobierno quiere el rompimiento de la Unión Nacional, ni Gaitán quiere que por ningún motivo la unión y la colaboración fracasen. Son las tierras movedizas de la política.

28 de noviembre

La comisión investigadora encargada de estudiar la denuncia sobre la introducción clandestina al país de gases por cuenta del Gobierno, anunció en *El Espectador*, que rendirá informe próximamente, y anticipó que no ha encontrado el cuerpo del delito. No habrá acusación al presidente Ospina. El debate sobre los gases, planteado ardorosamente por Gaitán durante dos semanas, resultó en últimas gasificado, se evaporó en sus efectos.

2 de diciembre

En varios editoriales del periódico *El Tiempo,* se sindica al jefe del liberalismo por acaparamiento de todas las funciones de esa colectividad. Centralizó en él todas las funciones, asumió el papel de los parlamentarios y de los ministros liberales, hizo los debates, presentó los reclamos, celebró los pactos. Y por exceso de autoridad los demás dirigentes liberales quedaron inmovilizados. No existe la junta asesora, no existe un comando parlamentario. Las leyes que van a la Cámara y al Senado son allí deshechas. Hay una absoluta anarquía en el seno de las mayorías liberales. Han despertado en su ira los calificados de oligarcas por Gaitán.

La fotografía nos conmovió a todos. Una especie de gángsteres parlamentarios: Pablo A. Toro apunta con su revólver al representante liberal, César Ordóñez Quintero; al fondo, «El leopardo» Augusto Ramírez Moreno. El señor Toro alcanzó a ver el fotógrafo levantar su máquina. Milagro, porque en ese ambiente tan tenso que se ha creado en el Parlamento, al sentir el fogonazo del magnesio sobre su rostro, hubiera podido tomarlo como el primer disparo de su contrincante y de seguro, hubiera disparado su pistola en dirección a donde emergió el relámpago. Ya no es el duelo verbal de la llamada inteligencia parlamentaria. Ahora la teoría del ojo por ojo se ha transformado en el discurso por el discurso, y entre más agresivo y personal más aplausos en las barras y aún más convincente cuando se acompaña de la amenaza física, sea machete o pistola. Y este proceso de calentamiento tiene sus causas en la inclinación del liberalismo a corresponder con una oposición apasionada y vehemente, los dieciséis años de oposición dirigida por Laureano Gómez. En ello siempre fue magnífico el señor Laureano Gómez, por su tenacidad y persistencia en la oposición, justa o injusta, pero siempre atinando a la cabeza como la espada de Damocles. No ha reinado la cordialidad en la Cámara. Los discursos son como cañones verbales. La mayoría y la minoría enfrentadas con ánimo belicoso, en una lucha sorda, sin cuartel, mientras el país presencia su desangre en algunas regiones. Las barras amaestradas aplauden al unísono la cadencia del discurso, deliberan hasta las once de la noche y a la salida de cada debate organizan manifestaciones.

Por la radio se escuchan los ensordecedores vocablos entrecruzados, que despiertan en los oyentes no solo la expectativa, sino el latir del deseo de actuar, en lo más profundo de su ser.

Muchos representantes concurren armados al recinto, asisten como mariscales al campo de batalla. A pocos debates se ha permitido su desarrollo normal, con oportunidad al raciocinio frío, al argumento coherente, a los datos estadísticos, al análisis sensato. Comienza el discurso, cualquier discurso, de inmediato se incendia el tumulto, como jauría de perros y la campanilla del Presidente es débil voz, en ese turbulento río de gritos de cien parlamentarios queriendo demostrar quién posee la voz más fuerte.

La secuencia fotográfica la inicia el representante liberal, César Ordóñez Quintero, con su discurso reciente contra los ministros liberales en el gabinete de Ospina; contra las oligarquías, de las que hace parte el presidente Ospina; contra el director de *El Tiempo,* que se calló en los días en que el liberalismo de Santander sufría las más duras persecuciones, contra «El leopardo» Ramírez Moreno, de quien dijo es un monigote al cual el liberalismo ya le ha pagado sus servicios por provocar, sin fortuna, la división del liberalismo. Es la respuesta a la denuncia pública de Ramírez Moreno de cómo el Partido Conservador había pagado la campaña presidencial de Gaitán.

Desde muy temprano, las barras ansiosas esperaban con tierna devoción, los nuevos giros del debate. Ramírez Moreno había amenazado que intervendría con su temible vozarrón. El representante Toro hizo muchos cargos contra Ordóñez Quintero. Se caldeaba el recinto. Entró solamente Ordóñez y solamente tomó el micrófono para leer unos documentos contra el hermano de Toro. Antes, con toda calma y para dar más brillo a sus argumentos y mayor seguridad, sobre el pupitre de Padre de la Patria, espectacularmente colocó su pistola. Fue ese un cruce de instantes y de palabras y de violentos gestos. Toro desenfundó el revólver y lo apuntó contra el señor Ordóñez. Fugazmente revivió el espectro de las guerras civiles. Los representantes escondieron sus humanidades entre los pupitres o salieron en carrera despavorida. Se aproximaba la hecatombe. Y en ese preciso momento, la súbita luz del magnesio encandila a los dos furiosos adversarios. La fotografía nos conmovió a todos por el ejemplo tan edificante.

8 de diciembre

La secuencia fotográfica aún no ha terminado. Restablecida la calma, vueltas las pistolas a las pretinas y cuando con cierta desconfianza los representantes pusieron sus cuerpos sobre los asientos, «El leopardo» Ramírez Moreno dijo: «En un ambiente de pistolas se desarrollan los debates bajo el estímulo de la Restauración Moral. En una alta plataforma, inerme, lejos de mis colegas de minoría, podría decirle al país que no tengo miedo, pero sí lo tengo. Solamente impulsado por un deber cívico me atrevo a situarme a solo diez pasos del señor Ordóñez Quintero. Con su deseo de adquirir fama puede disparar contra este modesto ciudadano, que desde ahora lo perdona...».

El Partido Conservador ayudó a financiar la campaña gaitanista. Leyó documentos en los cuales se comprueba que gaitanistas y conservadores, firmaron un pacto secreto y de honor, para evitar el fraude electoral en algunas regiones de Boyacá, durante el debate presidencial. Además, dijo que el directorio nacional conservador, entregó la suma de tres mil pesos con destino a la campaña gaitanista.

El duelo continúa. Ordóñez Quintero anunció por la prensa que había tomado la decisión de batirse a duelo con el señor Ramírez Moreno, por las injurias proferidas contra él.

9 de diciembre

Entre los seis ministros liberales en el gabinete del presidente Ospina, tres son amigos políticos de Gaitán. Uno de ellos, ministro de Economía, Moisés Prieto, ante los ataques de *Jornada* y de algunos parlamentarios de su partido, en relación con la colaboración ministerial, dijo: «Insisto en que se está haciendo una política violenta, inconveniente para el partido y esto no es ninguna revelación».

18 de diciembre

Gaitán volvió por sus fueros de Jefe del gaitanismo. En su última conferencia en el Teatro Capitol, con su elocuencia agresiva, arremetió contra todo y contra todos y dio respuesta a muchos de los interrogantes de la actual situación política nacional: «Tienen una pobre idea sobre el pueblo liberal los que piensan que con tres mil quinientos pesos puede corromperse la conciencia de los trescientos setenta mil hombres que votaron por el movimiento liberal del pueblo. La convención popular, reunida en el Teatro Colón, a la cual asistieron mil hombres venidos de todos los ámbitos de Colombia, tuvo un costo superior de trescientos mil pesos, que fueron íntegramente dados por el pueblo. La campaña con su propaganda y las concentraciones multitudinarias, costaron una suma mayor del millón de pesos.

¿Cómo podría afirmarse, que toda fuera financiada por los tres mil quinientos pesos que dio el Partido Conservador?».

Dijo que se sentiría orgulloso de que Darío Echandía lo acompañara en la dirección liberal. Siempre ha pensado que Echandía tiene ideas modernas sobre el liberalismo, lo considera como el más indicado en una dirección conjunta.

Hizo una autodefensa de su personalidad política: «Se equivocan quienes piensan que con sus ataques me van a arredar o a limitar. Al contrario, les agradezco. Tengo la calidad de un animal de pelea, al que estimulan para la lucha, el castigo y el ataque. Me fastidia la amistad hipócrita de quienes esconden el puñal detrás de las espaldas», clara alusión al periódico *El Tiempo*. Sobre la ANDI, expresó que se infiltra en todas las posiciones y mueve todos los resortes. Hace presión sobre el Estado. Compra escritores. Logra modificar los programas del señor Ospina Pérez sobre socialismo católico... «El Estado no está gobernando sino los grandes truts financieros, mientras al pueblo liberal y conservador solamente le dejan el derecho de derramar su sangre...».

19 de diciembre

El gangsterismo parlamentario movió otros resortes humanos a ras de tierra, donde campesinos sedientos no tienen otro futuro, sino el de alimentarse eternamente el odio partidista. La Unión Nacional no ofrece manifestaciones de una secuencia, de un ideal político en marcha, como no ha logrado detener en las esferas subalternas de la administración y en las masas de los partidos, el instinto bárbaro de represalia y de vindicta. Por el contrario, al más alto nivel en el Parlamento, saca el espejo de su incapacidad de lograr que la lucha política, tenga el cauce normal de la libre y pacífica controversia. El fogonazo del magnesio de una máquina fotográfica reprodujo su luz, especialmente en los Santanderes y Boyacá, donde las autoridades centrales se vieron obligadas a despachar contingentes de las fuerzas armadas para conservar el orden.

20 de diciembre

En Norte de Santander la situación es particularmente delicada. En la semana pasada fueron asesinados dos campesinos liberales. El domingo la ola de sangre cubrió a Cucutilla, donde cayeron muertos José del Carmen Rico y su hija Inés, de siete meses de edad. La esposa de Rico y otra mujer quedaron gravemente heridas. Las noticias hablan de que el resguardo de Cucutilla fue el responsable del hecho. El gobierno no niega que los muertos hayan sido causados con armas del Gobierno. Da otras razones. Él alega que la policía y el resguardo fueron atacados primero y tuvieron que defenderse. En Cúcuta, en el entierro de las víctimas, se organizó una tumultuosa manifestación que recorrió las calles pidiendo la renuncia del mandatario seccional. Se estaba enterrando los muertos, cuando ya llegaban noticias de otros hechos similares en Durania, Sucre y la Garita.

El presidente Ospina dijo: «No puedo concebir el desangre de hermanos en una bárbara lucha de pasiones banderizas, estimuladas muchas veces por la agitación irresponsable y utilizada por la propaganda política». A Chiquinquirá llega el éxodo de campesinos que vienen huyendo de Sutamarchán. Los directores liberales culpan al gobernador, las directivas conservadoras lo defienden. Es angustioso ver cómo la vida humana, no tiene sino el valor de la mutua acusación de los directorios.

25 de diciembre

El viaje a Bogotá del gobernador del Norte de Santander, evidenció en tono pesimista su incapacidad para resolver los problemas de violencia. Dijo que para mantener el orden, sería indispensable colocarle a cada ciudadano un agente de policía.

En Cúcuta se realizaron inmensas manifestaciones en protesta por la situación de Cucutilla y Arboledas. Habló Gaitán. Por iniciativa suya, el cabildo de Cúcuta aprobó un proyecto de acuerdo, por el cual se crea la «Casa del Refugio Político».

8 de enero de 1948

Después de asistir al *Te Deum* en La Catedral Primada y de recibir el saludo en Palacio del Cuerpo Diplomático y de los altos funcionarios, el Presidente, en alocución beligerante, respondió a Gaitán, que el Gobierno no está al servicio de ninguna oligarquía financiera o política, y ningún privilegio puede sentirse amparado por lo que haga o deje de hacer la actual administración ejecutiva, que no hace promesas engañosas, ni tiene prejuicios de clase o de partido.

Y acogiendo la tesis de Laureano Gómez, el jefe de su partido, que ha repetido en cien editoriales y tres conferencias, que la violencia ha sido originada por el fraude, el presidente Ospina dijo que el fraude desencadena irremediablemente la violencia y no es posible eliminar esta, si antes no se han purificado convenientemente las fuentes del sufragio...

Es un martillo que golpea incesantemente sobre el país. Golpea frenéticamente, no rectifica, regresa con nuevas fuerzas para golpear hasta sumirse aparentemente en el cansancio. Estruja entre sus manos cada tema y lo utiliza hasta la saciedad. Eso quizás explica el éxito de sus campañas políticas. Nunca deja sus consignas abandonadas en la mitad del camino. Y sus adversarios sienten cierto alivio cuando piensan que él va a cambiar de rumbo. Y la sorpresa es que vuelve con lo mismo, infatigable, tenaz. Por tres años formuló en *El Siglo* la pregunta: «¿Por qué mataron a Mamatoco?». Ahora debe saberlo. Y su voz se escucha intermitentemente con la nueva consigna del millón ochocientas mil cédulas falsas, ni una menos ni una más, porque están bien contadas. A uno lo deja perplejo que los liberales, siendo los dueños de esas cédulas falsas, no pongan en las urnas sino ochocientos mil votos. ¿Dónde las tendrán escondidas? Deben estar en la imaginación de don Laureano.

9 de enero

En Girardot los liberales anunciaron la resistencia civil, si nombran a un conservador en la Gobernación de Cundinamarca.

En Boyacá continúa el éxodo de la población urbana y rural. En Chita, nuevas persecuciones.

11 de enero

Laureano Gómez irrumpe como el portador de un anuncio demoníaco, en su conocido y bien manejado lenguaje directo y apocalíptico. En reportaje concedido al periódico *El Estado,* de Santa Marta, dijo: «Toda esta ola de barbarie es originada por el fraude. Las buenas son las que están registradas en Bogotá. Por lo tanto, toda cédula que no sea clasificada debidamente debe presumirse falsa y anularse. Para algo debe servirnos la dactiloscopia que ha progresado mucho. Todas las impresiones digitales son distintas y ahí está

la clave de todo. Hay que anular un millón ochocientos mil cédulas falsas...
Me parece que esta ola de sangre es la revolución y la guerra civil».

Pero uno se pregunta, ¿qué busca el señor Laureano Gómez con esta disciplinada y férrea insistencia en la misma idea, que a propósito se ha convertido en consigna para su partido? ¿De cuál revolución nos habla? ¿Cuál es la guerra civil? ¿Cuál es el proyecto que fermenta en su afiebrada imaginación?

Es evidente, que el señor Laureano Gómez se ha erigido en el fiscal intransigente del país; se nos presenta revestido como la expresión de la moral que a todos vigila. En el fondo nos está diciendo, yo soy el hombre...

25 de enero

Como usted puede observar, en este pueblo hay completa tranquilidad, cuanto dicen por fuera es falso. Estas personas son de trabajo únicamente y solo su labor los preocupa. Desde que se fueron los bandidos, no se han vuelto a oír retumbar disparos por estos contornos. El periodista de *Semana* le preguntó al párroco de Chinácota, José David Cote, un hombre despierto y sagaz de cincuenta años, quien es obedecido ciegamente por sus feligreses y a quien consultan consejo de cuanto problema padecen, física o espiritual: «¿Y quiénes son los bandidos?». Responde sin vacilar: «Los que no van a misa». El periodista ha visto con asombro las huellas inconfundibles de disparos de Gras y de golpes de machete —aún de hacha— en las puertas y ventanas de casas que parecen habitadas por sombras, porque sus propietarios se fueron. Y son los pobladores los que expresan: «"Los bandidos" son los liberales, a quienes estamos decididos a impedirles el retorno».

Y en Chinácota aún se reparten profusamente hojas de propaganda, impresas en la parroquia, firmadas por el directorio conservador, verdaderas órdenes de guerra: «Conservadores, de pie. Sábese fundamentalmente que el liberalismo salido de esta población atacaron sorpresivamente... vigilad y estad organizados para rechazar el ataque con toda energía y valor... Si el ataque se organiza, corred todos armados... Se está haciendo la organización del conservatismo y a los jefes nombrados en la población y en las veredas debéis obedecer ciegamente...». Los liberales se fueron el día 13 de enero. Los conservadores habían anunciado que envenenarían las aguas y dinamitarían el pueblo. ¿Volverán los liberales a pisar de nuevo sus parcelas?

En la iglesia, al lado de las imágenes de los santos, se ven retratos de Laureano Gómez y copias de alocuciones suyas contra el fraude; la casa cural y el frontis de la iglesia están empapelados con leyendas contra el fraude. Y es el propio párroco, quien afirma que el fraude es el verdadero origen de la violencia.

26 de enero

A un extremo de la cañada del río Sulamilla, que más abajo se convierte en el Zulia, están ubicados Cucutilla y Arboledas. Entre los dos y a los lados opuestos, están las veredas de Román (liberal) y San José de la Montaña (conservadora). Varios puentes las comunican. Y el periodista de *Semana* vio desde el avión, las ruinas y la desolación en que quedó la vereda de Román, los ranchos consumidos, lo mismo que las sementeras arrasadas por el fuego devastador. Los vestigios de la vida animal y vegetal desaparecidos por el soplo mágico de los incendios. Las aves se fueron como los hombres, y desaparecieron las flores al acabarse el verdor de la naturaleza. Entre cenizas quedó todo, calcinado, como para recoger los recuerdos a manos abiertas y soplarlos al viento. Todo lo consumió el incendio y muchas de las personas de Román, vivieron los últimos momentos de sus vidas a tres fuegos: de Cucutilla, de Arboledas, de San José de las Montañas; de loma a loma, recibieron los disparos y sus cuerpos rodaron en busca de las corrientes del Sulamilla. Y el general Matamoros, gobernador del Norte de Santander, dijo al periodista: «Usted puede apreciar desde el aire la destrucción de Román. Allí se repitió el caso de Rusia. Hubo un movimiento en que los invasores derribaron cuanto encontraron a su paso. Al llegar al final, regresaron prendiendo fuego. Fue un ataque y un contraataque en que no quedó piedra sobre piedra. Arrasamiento total.

Los vivos recuerdan el día 13 de enero, cuando las llamas de los incendios abrazaron al cielo, y ellos vieron el rostro de la muerte.

27 de enero

La carretera se interna por entre las agrestes peñas que bordean el río Peralonzo, teatro de una de nuestras más famosas batallas de las guerras civiles. Por entre matarratones, ceibas y ceibos, en la cercanía de las golpeadas aguas del Peralonzo, al llegar al puente «Laureano Gómez», la carretera cruza a la derecha y se encamina a Gramalote y Lourdes; por la izquierda se sigue hacia Salazar y entre los cafetales la comisión liberal, los señores Salazar Ferro y Uribe Márquez, además de periodistas y militares, vieron a un kilómetro de Salazar el caminar triste y cansado de tres o cuatro centenares de personas que en un éxodo patético, venían huyendo de un intempestivo y feroz ataque de sus adversarios políticos. Atrás dejaron sus casas y sus trapiches, las enramadas y plantíos entre las lenguas devoradoras de los incendios. Todos ellos con el miedo en los ojos, hablaron del día 13 como la fecha luctuosa que marcó sus vidas para siempre.

28 de enero

En las fronteras con Venezuela existe una población de nombre Delicias, muy cerca de ahí está Ragonvalia, dividida en dos por liberales y conservadores. La lucha política adquirió caracteres alarmantes. Y las familias liberales, con todos los alientos que renacen en el hombre en el momento en que se convive con la muerte, tuvieron que alcanzar la otra línea de la frontera, para seguir viviendo. Cuando los asilados recibieron la primera visita de sus hermanos colombianos, dijeron en una sola e inconfundible voz de dolor: «No regresaremos a Colombia hasta que no se nos garanticen nuestras vidas. Es verdad que hemos perdido íntegramente nuestros haberes, que nuestros hogares desaparecieron, pero al menos conservamos la vida y confiamos en poder trabajar para ganarnos la subsistencia en esta tierra donde nos han acogido con tanto afecto». Los asilados colombianos viven de la caridad pública. Son cuarenta y dos familias y veintiocho personas que viajaron solas.

29 de enero

Asombrado por el primitivismo de las luchas políticas, transcribo diversas *versiones* que dan a mis anteriores notas la visión de un país que va hacia el abismo, al llamado del espíritu guerrero de los odios heredados:

«Estoy en capacidad de afirmar que el cuadro de desolación a que se refiere la prensa venezolana… es absolutamente inexacto… En Ragonvalia se han sucedido manifestaciones populares, pedreas, pesquisas y amenazas, pero ningún nuevo hecho sangriento se ha presentado. La última muerte violenta ha sido la del señor Pedro Buitrago… Los refugiados que se encuentran en Venezuela pueden llegar a completar un número de trescientos… no se trata, pues, de un éxodo de centenares de familias... Las regiones afectadas por los hechos anteriores, se encuentran en absoluta tranquilidad...», informó a la prensa el general Matamoros, gobernante emergente del Departamento.

«Todo cuanto pudiera decirse resultaría pálido ante la realidad de lo que me tocó ver y oír en aquella región martirizada de la patria. Inmensas caravanas de hombres y mujeres huyen de las regiones asoladas... Tras ellos quedó la tierra calcinada por los incendios. Casas, sementeras, estancias, animales, depósitos... todo quedó destruido. Ni en Arboledas ni en Cuartilla quedó nada de las pertenencias de los liberales... Ya no queda un liberal en toda esa comarca. Y en Salazar y en Cúcuta y en la frontera venezolana solamente se encuentran hacinamientos humanos que inspiran compasión y pavor», cuenta Julio Roberto Salazar Ferro, comisionado por la dirección liberal.

«La impunidad y el Gobierno son los responsables. Si cualquier individuo, por responsable que fuera, resultaba emparentado o simplemente amigo de las autoridades, se le dejaba en plena libertad. El castigo era exclusivo para los liberales. Los conservadores estaban seguros por mayores fechorías que cometieran. Los alcaldes designados por la pasada administración se escogieron con un criterio violento de sectarismo político», plantea Virgilio Barco Vargas, ingeniero cuteño, gerente de Bavaria.

«Esa región (Arboledas y Cucutilla), está habitada por descendientes de los más temidos indios que en tiempos remotos poblaron a Colombia. Basta examinar su conformación y estudiarlos superficialmente para saber de quiénes se trata. Habitan una región especialmente palúdica y son amigos del alcohol en extremo. Cuando se embriagan las toxinas comienzan a afectarlos y se vuelven locos. Lo único que les importa es matar y lo hacen sin reflexión... A este modo de ser se agrega la completa ignorancia en que viven y mueren. El analfabetismo es allí del ciento por ciento. Es un sector de vandalaje», dijo el presidente del directorio conservador de Cúcuta.

«Existían —en esa región— muy viejas rencillas, los corazones estaban cargados de venganza y aquello tenía que estallar», cuenta don Manuel Buenahora, exgobernador del Departamento.

Y para culminar estas notas del día, agrego partes del manifiesto de la dirección nacional conservadora, que le dan a los hechos de la violencia narrados, un contenido de origen histórico: «El fraude electoral, las innumerables matanzas y tropelías de diverso orden que tuvieron lugar en distintos sitios del país, bajo las administraciones liberales iniciadas en 1930, y la impunidad en que han permanecido estos delitos, han formado un ambiente propicio a las manifestaciones de violencia, en cuya cesación debemos colaborar todos los amantes de la patria».

30 de enero

Gaitán suscribe el Memorial de Agravios en compañía de los miembros de la junta asesora, Echandía y algunos periodistas, y lo entrega al presidente Ospina Pérez. Del documento se desprende que el liberalismo manifiesta su conformidad con la política de Unión Nacional, no por cálculo electoral, ni por conservar determinadas posiciones, ni por conveniencia partidista, sino por entender que la Unión Nacional está aconsejada por una serie de circunstancias de orden interno e internacional.

El Memorial denuncia la situación de Santander y Boyacá, expresa que en vastas porciones del territorio colombiano no existen garantías ni para la vida, ni para la honra de los ciudadanos.

Se pide la destitución del ministro Montalvo, quien con el bravo sectarismo de que ha hecho gala verbal y práctico ejercicio, viene precisamente inhabilitándose para ocupar la posición en que se fragua la concordia y se otorga la garantía.

En el documento se opina, que otra forma de sectarismo que amenaza los fundamentos de la Unión Nacional, es la afirmación apriorística de que la violencia es engendrada por el fraude y de que este se haya representado en un millón ochocientas mil cédulas electorales liberales falsas. Documento definitivo sobre la actual situación. El liberalismo quiere despejar dudas. El país vive una terrible incertidumbre.

1ro. de febrero

El presidente Ospina ha prometido estudiar el Memorial de Agravios. Opinó al recibirlo que hay una serie de cuestiones en las cuales puede coordinarse la voluntad de las dos colectividades. Dijo que no creía que existan grandes diferencias políticas. No llega hasta aceptar la tesis de la supresión de las fronteras ideológicas, pero sí cree que en muchos aspectos de la vida nacional y sobre infinidad de asuntos vitales para el país, puede y debe producirse acuerdo entre los partidos.

El Presidente tiene entre sus manos una piedra ardiendo. Su partido lo rodea.

3 de febrero

El país se desangra y la retórica pretende alcanzar el Olimpo de los Dioses.

En Cali, en discurso muy característico, «el Leopardo» Ramírez Moreno, anunció el programa de la juventud conservadora, que enumeró así:

1. Arrancar al sol fuerzas inéditas.

2. Bombardear la luna.

3. Sostener el aerolito en su caída.

4. Vaciar los océanos.

5. Enfriar con plegarias los infiernos.

6. Prender con el oscuro fuego, que es entraña del globo, la tímida lamparilla votiva del tenebrario, que se enciende en vísperas de la traición en la noche de las tinieblas.

Contrastes irremediables. Mientras Laureano y Gaitán pronuncian discursos con claros delineamientos, el uno por la conquista definitiva del poder y el otro por la reconquista, ciertos políticos bailan al son de sus propias palabras.

4 de febrero

La comisión conservadora que estuvo en los sitios de violencia, por medio de un telegrama dio cuenta al Presidente de su misión: «Hemos visitado detenidamente las regiones de Salazar, Arboledas y Cucutilla, comprobando que la normalidad reina en ellas y que las personas se están reintegrado al trabajo constructivo. Estamos seguros que la situación de los municipios citados se ha explotado exageradamente con fines de publicidad sensacionalista que en nada beneficia a Santander ni al país, y si se han cometido algunos excesos, son ellos inferiores a descripciones interesadas de algunos órganos informativos, que frente a la realidad aquí vivida nos asombran con folletines

e información de hazañas que son innecesarios en estos momentos. Los sucesos producidos en Arboledas y Cucutilla, contra ciudadanos trabajadores,
se originaron por órdenes que tratan de ampararse bajo banderas políticas.
Nosotros, como colombianos, lamentamos tales acontecimientos, cuyo efecto
podría arriesgar buena parte de nuestras conquistas civiles, pero relevamos
el comportamiento de la gente de nuestro partido, que no ha tenido iniciativa
en los sucesos y que han prestado a las autoridades militares un invaluable
concurso en la pacificación de espíritus y en la localización de elementos per-
judiciales».

Un lavatorio de conciencia.

El Jefe

¿Cuando Gaitán queda como jefe único, cómo se fusionan las bases gaitanistas dentro del Partido?

Cuando a Gaitán lo hicieron Jefe del partido, cambió fundamentalmente: ya no era el antioligárquico y ya no recibía a los jefes de zona, ni a los dirigentes populares con ese entusiasmo con que lo hacía anteriormente. Gaitán los recibía por necesidad, había que hacerle mucha antesala al Jefe para hablarle, porque siempre se encontraba uno con que estaban los dirigentes a escala nacional del Partido Liberal, como Plinio Mendoza y todos ellos; ya no tenía tiempo para atendernos. Parece que a Gaitán ya no le interesaba lo más importante, es decir, la organización del gaitanismo como gaitanismo, es decir, el movimiento que él había creado con la ayuda de nosotros.

A raíz de las elecciones para parlamentarios en el 47, si no se produjo una desbandada, sí hubo un gran desaliento en los mandos medios del gaitanismo en Bogotá. ¿Por qué? Porque aquellos individuos que organizaron las grandes jornadas del gaitanismo, como Pedro Garzón, Rafael Martínez y Donato Camargo fueron desplazados por los dirigentes políticos de siempre. Al otro día de la Marcha de Antorchas, en su oficina los abrazaba Gaitán y con esa forma de hablar agaminada que tenía, les decía: «Muy bien hecho, muy bien hecho, mis fascistas criollos».

Cuando se aproximaban las elecciones para el Congreso y estaban confeccionando las listas, el gaitanismo de Bogotá consideró conveniente que Pedro Garzón quedara en un renglón efectivo al Congreso. Pensamos hacer una reunión en las oficinas de *Jornada,* pero eso era como hablar en la oficina de Gaitán y nos reunimos en un local que había a diez pasos del periódico *Jornada* y nombramos una comisión que fuera a hablar con él y le pidiera un renglón efectivo para Pedro Garzón. En esa comisión de veinte individuos, estábamos Rafael Martínez, Donato Camargo y yo. Hablamos con Gaitán

y le expusimos que el gaitanismo de Bogotá consideraba lo más justo que
Pedro Garzón fuera al Congreso por sus servicios prestados, por su abnegación. Entonces la contestación de Gaitán fue que si considerábamos a Pedro
Garzón como un doctor Echandía o como un doctor López o como un doctor
Santos... Las palabras que se oyeron después de la entrevista con Gaitán no
se pueden decir, porque son demasiado vulgares. Eso se regó como pólvora
en los comités gaitanistas de Bogotá y mucho dirigente a escala de barrio perdió su entusiasmo. Comenzaron a ver que Gaitán terciaba para el otro lado.

Manuel Salazar

De hecho ya el doctor se toma la dirección de todo el partido. Claro que la
fusión se da a regañadientes.

Luis Eduardo Ricaurte

A partir de la proclamación como Jefe único no se reunieron más los comités
y no vuelve a organizar manifestaciones ni nada, sino que todo se centraliza
en las decisiones de la dirección liberal. Ahí se acabó todo ese apogeo que
tenía el pueblo con Gaitán.

Yo no recuerdo que se haya formado ninguna organización de la dirección liberal, después de que Gaitán se puso al frente de la dirección.

¿Pero los antiguos Comités dejan de funcionar?
Sí, hay un receso total de esos antiguos comités. Yo creo, que en gran parte
a eso se debe toda esa desorganización que se presentó el 9 de Abril, porque
no había ya un movimiento. Es decir, se creyó que con la proclamación y el
éxito tan asombroso del Circo de Santamaría, había terminado la pelea. A
pesar de que Gaitán sí siguió insistiendo en la necesidad de organizar y de
seguir la lucha. Yo no creo, que haya habido ese tipo de fusiones.

José García

Las fusiones fueron a nivel superior, a la dirección sí llegaron todos los
manzanillos. Pero a nivel de barrio no. Por lo menos eso no se dio en La
Perseverancia.

Luis Eduardo Ricaurte

En ese momento vino la lucha por la formación del directorio municipal y departamental y vino la reorganización que le dio Gaitán a la dirección nacional.

¿Todo mundo aceptó eso?

Todo mundo aceptó esto, porque Gaitán asumió la dirección de manera muy enérgica y llamó a la lucha, nada menos que para hacerle frente a lo que se nos vino encima a partir de ese momento.

José García

Nos dejarnos acorralar.

Luis Eduardo Ricaurte

En ese momento, tal vez septiembre, octubre, de 1947, ¿cómo se sentía en Bogotá la violencia que se estaba viviendo en algunos departamentos?

En principio era en el campo, cuando cogió más fuerza en el campo comenzó aquí, en los cafés, en pleno centro.

Vino de la periferia al centro y cogió fuerza en los cafés. Esto empezó cuando lo nombraron Jefe del Partido Liberal. En esa época entraba uno al café con una corbata roja y ¡zas! se la cortaban. No podía uno entrar a un café con nada rojo, era peligroso para la vida.

Como al mes de asumir Gaitán el mando fue cuando en La Catedral, al pasar una muchacha con un vestido rojo la cogieron y con una brocha le pintaron una equis azul en la espalda. ¡En plena Catedral!

Comenzó lo de los cafés. Si entraba uno a un café con corbata roja, lo ponían a comérsela, lo hacían arrodillarse a gritar vivas a Laureano.

José García

Ahí sí fue en verdad difícil volvernos a reunir. En ese momento arrancó el miedo.

Luis Eduardo Ricaurte

Ante esa situación de violencia, ¿qué planteaba Gaitán? ¿No dio órdenes para que la gente se defendiera?

No, Gaitán no fomentaba nada de violencia, él siempre acudía a la Constitución y a las leyes.

Si organizó algo o planteó algo lo hizo en privado, en público jamás.

José García

Algunos militares le propusieron llevarlo al poder y él nunca aceptó eso, porque él estaba seguro de que llegaba, pero de acuerdo a la Constitución, eso era lo que él planteaba. Esa confianza lo mató.

Luis Eduardo Ricaurte

Cualquier persona que diga que se hicieron organizaciones de defensa y que él planteó cualquier cosa, está mintiendo.

José García

Ahí sí era sálvese quien pueda.

Luis Eduardo Ricaurte

En estos momentos se organiza la Manifestación del Silencio…

Fue impresionante ver cómo una masa tan numerosa, que llenaba la plaza de Bolívar, atendía en esos momentos las voces del Jefe, no hubo un solo grito. Pero fue el acto de cobardía de Gaitán, un acto de rendición, porque ya la violencia hacía estragos en los campos de Colombia. Gaitán en sus conferencias de los Viernes Culturales en el Teatro Municipal, esbozaba y pedía piedad para esos campesinos que estaban siendo masacrados. Él mismo en una conferencia, narraba cómo un campesino de la zona de Boyacá había venido a contarle que estaban matando al pueblo liberal boyacense, y Gaitán le había dicho: «Su misión es cuidar su parcela». El campesino que llega, le pidió al Jefe piedad y protección, y este lo manda a que lo asesinen. Nosotros aceptamos la orden de la Marcha del Silencio, pero nosotros considerábamos que eso era un acto de rendición. Porque mientras a unos los asesinaban, nosotros con el silencio íbamos a pedir piedad. En los comités de barrio queríamos una acción más definitiva del gaitanismo contra la violencia, frenar la violencia con violencia. Esta es una repetición de la Marcha con las Antorchas. Lo primero que se advierte es que esta es una marcha de banderas en silencio. Se recalcó a la gente que nada de afiches y nada de gritos, sino banderas de luto por los caídos, y de blanco para pedir paz y tranquilidad.

Y conforme él lo dispuso, se agitaron las banderas, tal como se había hecho en la Marcha de Antorchas.

¿Ya no lo organizan los gaitanistas?

Eso ya es organizado por el liberalismo. Claro que nosotros cogimos la organización como si fuera gaitanista, pero ya se hacía en nombre del partido en general.

José García

A la cabeza de la Manifestación recuerdo que iba Julio César Turbay. Ahí sí salieron los de arriba encabezando el desfile. Tenían que mostrarse. La Marcha fue impresionante. El silencio era absoluto. Se oía solo el rumor de las banderas y los pasos ¡tan! ¡tan! todos teníamos la tendencia como a gritar, pero nos trancábamos. La orden era de silencio absoluto. No podía haber ni pitos ni nada. Esa manifestación le costó la vida a Gaitán.

Luis Eduardo Ricaurte

Sobre la consigna del silencio se discutió mucho y Gaitán no solo era el Jefe sino era el ideólogo, porque a decir verdad, el movimiento gaitanista no tenía muchos hombres intelectuales que lo dirigieran. En ese momento, Gaitán consideró que la Marcha del Silencio iba a ser un impacto psicológico para todas las capas de la población, y que ese silencio podría ser la manifestación de futuros y grandes acontecimientos. Nos esbozaba a través de sus teorías sociológicas, que el mar está tranquilo cuando la tormenta se avecina. Decía que era una demostración cuando el mar se queda quieto y se puede avecinar una tormenta. Esa fue una de las teorías sociológicas y filosóficas de Gaitán.

Había que demostrarle al país político que la masa era capaz, pero sobretodo, cómo la masa podía manifestar todo su descontento, toda su ira con un silencio profundo. Porque en ese momento ya no era solo descontento: era ira ante la cantidad de gente que estaban matando. Y con un silencio absoluto, ese silencio se podría transformar más tarde en una tormenta. El hecho de que Gaitán no asumiera una posición más beligerante frente a la violencia, se debe a que él no era partidario de las acciones violentas.

Gaitán era un individuo que proclamaba que la base de su triunfo era la demostración de masas.

¿Cómo organizaron la Marcha del Silencio?

Tuvimos alrededor de unas quince o veinte reuniones, se organizó en veinte días la idea de la Marcha del Silencio. Creo que la idea fue exclusivamente de Gaitán, porque todos éramos partidarios de hacer una manifestación numerosísima de demostración de fuerza. Ya no era el pueblo gaitanista el que participaría, era el pueblo liberal. Gaitán era el Jefe del Partido, por lo tanto la manifestación era del pueblo liberal. Esa es una parte muy importante, de donde deriva el dislocamiento del partido gaitanista. Se pierde en cierta forma ese carácter, dijéramos, revolucionario que tenía el gaitanismo y se convierte en un movimiento pacifista, civilista del Partido Liberal.

La esencia del gaitanismo fue contra ellos, contra las cuestiones existentes, contra esos jefes que él llamaba los jefes liberales de la oligarquía; fue contra ellos que se vino lanza en ristre. Después lo nombran Jefe del Partido Liberal y Gaitán se va de brazo con ellos.

El pueblo liberal no tenía ninguna concepción ideológica, ni filosófica, ni nada, era un pueblo que actuaba, que lo mandaban los comités de barrio. Y era fácil convencerlos, se reunían los veinte o los treinta dirigentes de una zona o les daban la consigna y ellos la transmitían a dos o tres reuniones de manzana, de zona y esa voz corría como pólvora y todo el pueblo aceptaba esa orden sin siquiera discutirla. A la Marcha del Silencio no hubo que hacerle mucha propaganda, sino que el pueblo la aceptó como una orden y que así debía ser. Hay que ver también el momento histórico que estábamos viviendo. Bogotá era una ciudad pequeña, muy casera, muy artesanal, se manejaba con cositas pequeñas.

Con la Marcha del Silencio ya comienzan a surgir los dirigentes liberales de cada zona, hay lucha y pugna, se enfrentan los dirigentes gaitanistas y los dirigentes liberales de toda la vida, cada uno por ser el abanderado de la zona. Los gaitanistas por no dejarse desplazar, y los otros por desplazarlos. Entonces viene el dislocamiento del movimiento gaitanista.

«Y con un silencio absoluto, este silencio se podría transformar más tarde en una tormenta…».

La teoría de la Marcha del Silencio fue muy acogida por los grupos tradicionales del Partido Liberal y en cambio tuvo mucha resistencia en los dirigentes de zona de los gaitanistas.

La Marcha fue impresionante. Desfilan por la carrera séptima cincuenta mil personas, no se oye ni un solo grito, ni un estruendo, la gente se abstuvo hasta de respirar. Oyen el discurso del Jefe con un poder de sacrificio y abnegación; termina la Marcha con las órdenes del Jefe y todos desfilan en absoluto silencio. Es impresionante ver una masa tan numerosa en absoluto silencio. La prensa recalca el poder de Gaitán sobre las masas.

Manuel Salazar

¿Dónde comienza la Manifestación?

Se había dicho que en el Parque Nacional, pero no se pudo, eso empezó mucho más al norte del parque.

En la Manifestación del Silencio se me encomendó a mí controlar todos los faroles. La Perseverancia dio la tónica para la Manifestación del Silencio. La Perseverancia era el cinturón para envolver todos los barrios y dar las órdenes. Había que embanderar todo de negro y rojo para la Manifestación del Silencio. No dormimos en toda la noche embanderando y poniendo afiches. Las mujeres hacían las banderitas. Esa noche estábamos como en la calle cincuenta cuando me llamaron: «¡Coronel, llegó el Jefe!». Efectivamente ahí estaba y me dice: «Coronel, qué pasa, ese afiche está torcido. Hay que ver la estética, no los ponga apeñuscados». Él se fijaba en esas cosas.

Luis Eduardo Ricaurte

En ese momento se hubiera llenado la plaza de Bolívar cuatro veces. Mucha gente estaba reunida en San Francisco oyendo el discurso, la gente se subió a los balcones, a los andenes, bueno… eso no cabía.

José García

En los tejados se subía la gente. Un hermano de García trabajaba en un anda-mio arreglando la cúpula de La Catedral, y se subió a lo más alto para poner las banderas negra y roja.

La sensación en la plaza de Bolívar era de silencio absoluto y la emoción era muy grande al imaginar hablar al Jefe. Salió Camacho Angarita, hizo un discurso corto.

En esta Manifestación no se veía un claro, por el contrario, era uno apre-tado, que ya no podía. Se sentía la plaza estrecha. En ese momento se vio el dominio de Gaitán, ya no era solo hacer la Manifestación, sino silenciar una multitud. El discurso de Gaitán fue impresionante, pero nadie gritó como en las otras manifestaciones que nos desgargantábamos gritando, eso era tre-mendo.

Luis Eduardo Ricaurte

Después dieron la orden de que nos dispersáramos en silencio, y así se hizo.

¿Por qué dicen ustedes que esta Manifestación le causó la muerte?

Porque con esta Manifestación se dieron cuenta de su poder. Del dominio que tenía sobre las multitudes para silenciar al pueblo, con esa guacherna que había.

José García

Esa gente de los barrios que se ofrecía hasta matar o hacer lo que fuera por él, ese día no hizo nada, sino que como ovejitas, se fueron para su casa.

Luis Eduardo Ricaurte

Eso le comentaba a uno por fuera de Bogotá. La gente decía: «Pero si esa Manifestación fue un fracaso, no se oían ni moscos». Era el silencio de la muchedumbre.

José García

¿Días antes del 9 de Abril se habló de organizar un grupo de guardaespaldas para Gaitán?

No. Él era alérgico a esas cosas. Claro que por nuestra cuenta lo cuidábamos, pero sin que él lo notara. Se le planteó que se rumoreaba que lo podían matar, pero no hacía caso, decía: «¿Qué me va a pasar a mí?». Se ponía bravo. Recuerdo un día que nos pusimos a esperarlo con cuatro más para cuidarlo. Él dejaba el carro, un Buick, en el parque de Santander. Por fin salió con Jorge Padilla Milton Puentes y tal vez Darío Samper; cogió por el parque Santander pero no se subió al carro, sino que siguió por la dieciséis hacia la carrera quinta. En la diecisiete les dio el esquivo a los caballeros y se despidió. Siguió el Jefe por la carrera quinta y bajó por la diecinueve —que en ese entonces no era avenida—, ahí buscó una dirección, timbró y entró. Yo dejé a dos compañeros en la quinta y bajé con los otros dos y los mandé a esperar en la séptima. Cuando estaba asomándome a la casa donde él había entrado, salió y me pilló. Entonces me dijo: «¿Y qué es esa cosa, qué le pasa?». «No, Jefe, es que estoy con una gripita», yo estaba con gripa y todo barbado, entonces me dice: «Y en lugar de estar cedulando ¿qué hace aquí detrás de mí?». «Jefe por si algo pasa», le dije. Me dice: «¿Qué me va a pasar?». Yo estaba todo atortolado. El Jefe me cogió del brazo y así me llevó hasta la séptima, ahí nos encontramos con los otros y él se fue. El atortole mío era tremendo cuando me llevaba del brazo, ya Gaitán era Jefe del Partido y llevándome a mí de brazo. Él no aceptaba ninguna vigilancia.

Luis Eduardo Ricaurte

Yo me hallé cuando Pedro Garzón le dijo que la gente de La Perseverancia estaría dispuesta a formarle una guardia. Gaitán le dijo: «Mire, eso déjelo para usted, porque como es tan bruto se sale por la noche, deje la guardia para usted».

José García

Gaitán era muy disciplinado. Salía temprano de la casa, después de hacer debates hasta tarde en la noche, cogía su carro y llegaba hasta el Parque Nacional, lo parqueaba frente al reloj y se bajaba, se quitaba el saco y le daba la vuelta al Parque Nacional a puro trote. Nosotros con un grupo le hacíamos vigilancia, la gente decía, cómo lo van a dejar solo en esas...

Un día, yo iba corriendo adelante y bien arriba, cuando por el afán de chequear di un traspié y rodó una piedra a la carretera, por donde él estaba pasando. El jefe se timbró y no me quedó más remedio que salir a la carretera y dejar que me viera. Claro, volvió a pasar lo mismo, me dijo: «¿Qué hace usted detrás de mí?». Yo apenas le contesté: «No Jefe... yo vine a hacer ejercicios». Él se ponía furioso, se envenenaba.

Luis Eduardo Ricaurte

¿En ese momento Gaitán era un líder popular o un líder revolucionario?
Recuerdo que con él tuvimos muchas charlas íntimas y él me decía que había que hacer cambios en la sociedad. Pero Gaitán era un anticomunista profundo y no era partidario de la colectivización en la industria, ni en ciertas actividades; yo creo que Gaitán fue un caudillo, no un revolucionario. Y no fue revolucionario porque no fue consecuente con el momento histórico que estaba viviendo, y no fue consecuente porque él creyó que las oligarquías no eran capaces de asesinarlo. Él menospreció el peligro que corría su vida.

Le propusimos establecer relaciones del gaitanismo, como Partido, con la Unión Soviética y él se opuso rotundamente. Es más, Gaitán no quiso fundar el partido gaitanista. Le dijimos muchas veces que ese movimiento se debía transformar en un partido político. Era el Partido liberal gaitanista, divorciado de la oligarquía, pero seguía siendo Partido Liberal; nunca quiso fundar un partido.

Él no hizo antisovietismo, pero en sus charlas íntimas, en las reuniones que teníamos a nivel de Comité Ejecutivo, Gaitán se mostraba como un anticomunista furibundo y atacaba mucho la organización masiva de los partidos comunistas. Le recalcamos la necesidad de una organización celular a escala nacional que tuviera un comité central y un organismo responsable que controlara la acción de las masas, pero él se opuso porque planteaba que él era el pueblo.

Manuel Salazar

¿Cómo era el estado mayor de Gaitán?

Yo no fui parte del comité de Gaitán, pero la gente que rodeaba a Gaitán era la gente liberal de izquierda: Plinio Mendoza Neira, que había sido uno de los jefes más destacados del liberalismo en Boyacá; Salazar Ferro, Armando Solano, periodista; José Mar, Alejandro Vallejo, Jorge Padilla; en general Gaitán recogía todo el Partido Liberal, incluso *El Tiempo,* ya se le había pasado. Gaitán después de su derrota —a la inversa de lo que hizo Turbay, que fue a repatriarse— siguió trabajando con las masas, ganó tres o cuatro consultas electorales, la de Concejo Municipal, Asamblea y Cámaras. El Gobierno tenía el órgano ejecutivo, pero Gaitán controlaba el órgano legislativo, con las Asambleas y las Cámaras e iba camino a la presidencia de la República, indiscutiblemente...

¿Cuándo murió Turbay?

Exacto. Turbay murió dejando una congregación muy desapacible, muy derrotista, como si la derrota de él hubiera sido la derrota del liberalismo y del país. En cambio Gaitán optó por una posición muy contraria, esta derrota es episódica, los conservadores ganaron por la división liberal, pero se puede reconstruir la unidad y reconstruirla sobre la base perdida, el avance hacia las conquistas sociales. Es decir, eliminar la pausa que había decretado López, que hizo un gran gobierno en el primer período y un gran avance. Esa pausa que había decretado López sobre el avance social fue lo que Gaitán quiso reanudar, él recogió todo el Partido Liberal junto con otros grandes sectores del ejército y de la policía; por eso mismo, el gran caudal de opinión popular que tuvo Gaitán fue la base para que el fascismo llegara a la conclusión de que había que eliminarlo. ¿Por qué? Porque el fascismo sabía que eliminándolo quedaba anulado el movimiento. Lo que sucedía es que el gaitanismo tenía una organización muy anticuada. Gaitán decía: «El movimiento soy yo», y era cierto, él era el movimiento; nunca quiso hacer una organización. Yo le propuse una vez que hiciéramos un nuevo partido, argumentándole que, en mi opinión, a él no lo iban a dejar llegar por las vías legales al poder. No imaginé que lo matarían, pero sí le dije: «A usted no lo dejan llegar, o le desconocen el triunfo o le arman un golpe de Estado. La reacción no lo deja llegar al poder». Gaitán me dijo que si a él lo derrotaban o que si a él le pasaba algo, no quedaría piedra sobre piedra en este país. Él tenía mucha confianza en su prestigio con el pueblo y de que el pueblo ya había edificado en torno a él una especie de mito. Me dijo esto como una especie de razonamiento: «Esos partidos nuevos no tienen asidero en Colombia, aquí no se puede trabajar sino dentro del liberalismo, porque yo parto de mi propio ejemplo, yo ya hice lo que usted me propone, ese curso ya lo hice con el Unirismo». Yo le repliqué: «Es que usted lo hizo antes de tiempo, cuando no se debía hacer, usted lo hizo cuando el liberalismo estaba en su proceso ascensional. Ahora el liberalismo está en un proceso de decadencia». Se lo argumenté extensamente: «Es el momento de hacer un partido de tipo social, que recoja lo que usted está haciendo, porque es que hay una verdadera contradicción entre el contenido de su movimiento y la ideología que usted plantea como liberal, el contenido de su movimiento es de un contenido de clase».

Él tenía un comando, un estado mayor, pero un estado mayor al estilo de Napoleón, de mariscales muy fieles. Pero el que pensaba, el que dirigía era él. Nunca hubo una estructura orgánica de partido —que además en el liberalismo no es posible—, una estructura revolucionaria. Porque en el policlasismo no es posible la estructura de un partido, por eso yo le proponía otro partido auténticamente socialista. Yo creo que eso hubiera sido la salvación de Gaitán y la salvación del país, pero él decía: «Yo no soy un hombre, yo soy un pueblo». Ya en torno a esas cosas que eran ciertas desde el punto de vista emocional, pero profundamente falsas desde el punto de vista histórico, se hizo imposible la estructuración del partido.

Además Gaitán tenía plena seguridad en la reconquista del poder…

Exacto. Él pensó que la reacción no se atrevía. La gente cree que la reacción no se atreve y a veces la reacción cree que el pueblo no se atreve. Aquí hay un juego histórico, cada cual cree que su enemigo no se atreve y resulta que en este país se han atrevido ambos, se ha atrevido la reacción mucho y el pueblo a veces también.

Diego Montaña Cuéllar

Retratos

Es muy claro el sistema de agitación y de consignas revolucionarias que manejaba Gaitán, y el lenguaje político por el cual se expresaba. En primer lugar: Gaitán es el tribuno popular que en Colombia interpretó mejor el sentimiento de las masas. ¿Por qué? Porque tuvo un estilo oratorio y un lenguaje accesible a ellas, mientras los demás oradores del Partido Liberal utilizaban una oratoria académica, literaria. Gaitán iba directamente a la masa, a hablarle con sus propias palabras. Por ejemplo, el doctor Carlos Lozano y Lozano fue uno de los hombres más eminentes que tuvo el país dentro del Partido Liberal, un hombre muy ilustrado, estudió también Derecho Penal en Roma, en la época de Gaitán; era un hombre que tenía una oratoria de esas pulidas, literaria, de bella forma, plástica, se podría decir, imbuido pues, en la belleza de la antigüedad greco-romana, de los museos que había visto en Roma. Una vez pronunció una conferencia en Las Cruces, centro popular del liberalismo, en donde dijo que la victoria liberal estaba descendiendo sobre la plaza de Las Cruces, como Palas Atenea descendía sobre el pueblo de Atenas. Piense usted en nuestros pobres copartidarios de Las Cruces, que no tenían idea de quién era Palas Atenea. Pero esos símiles los empleaban estos oradores, porque estaban fuera del ámbito de la realidad social. Entonces, primera cuestión muy importante: aquí no ha habido, óigame bien, aquí no ha habido, de los oradores que yo he oído —que los he oído desde 1936 para acá, comenzando por Olaya Herrera y tal vez antes— ningún orador, ningún hombre que influyera tanto en la masa, porque la interpretaba con su propio lenguaje, como Gaitán. Porque así como en la expresión literaria un poeta tiene que inventarse un lenguaje literario, él tenía un sistema de comunicación oratorio con la masa, que no lo ha tenido nadie en este siglo. Tal vez lo tuvo, por ejemplo, Rojas Garrido en el siglo pasado, entre los radicales ateos que representaban al Partido Liberal en esa época. Pero yo, que oí a Gaitán tantas veces, recuerdo mucho, en primer lugar, cómo él subía y bajaba la voz y se dirigía al pueblo en frases sencillas, impresionantes y objetivas; empleando a veces la burla y el sarcasmo, que hacía que la masa —una cosa que no he visto yo después, porque estos oradores son muy solemnes—, lanzara verdaderas carcajadas homéricas, se burlaba de la oligarquía, se burlaba de *El Tiempo*. Se reía la gente: «¿Cómo les parecen a ustedes estos oligarcas? que cuando se les enferma una ternera, en una hacienda de la sabana, llaman a un veterinario para que la atienda; y si se enferma un niño de un arrendatario en la sabana se muere por falta de médico; porque para ellos es más importante la ternera y el ganado, que la vida de los hombres y las personas». Gran carcajada, gran ironía. Esa era la manera de comunicarse directamente con la gente del pueblo; cuando se expresaba sencillamente, decía: «El hambre no es liberal ni conservadora, y el paludismo no es liberal ni conservador, afecta a la gente del pueblo, a la gente de arriba no la afecta».

Entonces todos esos sarcasmos, ironías, tenían una audiencia extraordinaria. Luego, sabía despertar la emoción a términos en que ponía a la masa en una situación, que yo creo realmente que era algo fuera de lo común. Yo vi una vez a esas multitudes que se lanzaban detrás de él, cuando salía del trance oratorio y trataban de tocarle la cara, o tocarle la corbata, o tocarle el vestido, a ver cómo era. Era una cosa táctil con respecto a su Jefe, al carisma que sentían con respecto a él. Y él mismo, yo no he visto aquí en Colombia un hombre que se transfigurara por la emoción de lo que estaba diciendo y la sinceridad de lo que estaba afirmando como Gaitán. Yo mismo lo veía cuando llegaba al paroxismo que transmitía con su emoción a toda la gente; parecía realmente un hombre en trance, sufría un desdoblamiento en su personalidad. Eso sucede a los grandes oradores, es decir, eso es una verdad, esa transmisión de la comunicación y de la emoción a la masa, nadie aquí la ha tenido, ni López entre los grandes oradores y expositores, ni Carlos Lleras, ninguno, ni mucho menos Alberto Lleras, cuya fría oratoria no convence sino a los grandes políticos, pero a la masa no le dice nada.

No recuerdo el nombre del que fue jefe político del gaitanismo en el Norte de Santander, pero cuando llegó Gaitán a la plaza de Cúcuta estaba llena de gente del pueblo, no había ningún doctor, ningún miembro del Club Social, ningún banquero, ningún gerente. Entonces fue tan arrollador el triunfo que se acercaron a Gaitán y le dijeron los dirigentes populares: «¿A quién nombramos jefe aquí, doctor? Si es que aquí no tenemos ni a los Duran Duran, ni a ninguno de estos señores, ¿a quién nombramos de jefe?». Gaitán volviéndose al que le preguntaba le dijo: «El jefe es usted, que representa al pueblo». Entonces lo puso a encabezar la lista de representantes y colocó esa lista popular. Cuando Gaitán llegaba a los pueblos, salía el pueblo con antorchas encendidas con los números de El *Tiempo*. Eso tenía una significación importante en todo sentido, una significación social, y si avanzan un poco más, una significación de clase. A Gaitán no lo acompañaron en ninguna parte los doctores al principio, ni los gerentes, con algunas excepciones, sino el puro pueblo raso, clase media, trabajadores, campesinos, principalmente. Después con las victorias sucesivas, vinieron los jefes políticos poco a poco a adherir a Gaitán, y lo que se llamaba el país político, diferente del país nacional, se agregó a Gaitán.

El Gaitán parlamentario fue un acontecimiento porque instauró también una nueva oratoria, una oratoria de combate, una oratoria de guerra, de guerra social, podemos decir. Las barras siempre estaban llenas de los gaitanistas. Sí tenía una organización popular en Bogotá, muy importante. Él libró sus grandes batallas, hizo sus grandes debates como el de las bananeras, que dejaron tan honda huella, el de los colonos, el de los arrendatarios; esos fueron debates extraordinarios que provocaron conmoción nacional. Cuando iba Gaitán a debate se llenaban las barras; cuando hablaba Gaitán en el Teatro Municipal, su gran tribuna —que después destruyeron— no cabía la gente, se quedaban en las calles. En esa época ya se transmitían por radio sus discursos, y en los barrios usted veía colas de gente reunidas para escucharlo. Eso no se ha presentado nunca, solamente se presentó entonces. Por eso Gaitán en el Parlamento era un líder; generalmente lo atacaban elementos de derecha, pero generalmente la gente importante. Gaitán fue un solitario como agitador en el Congreso, un solitario como agitador en la plaza pública, porque no lo acompañó ningún otro jefe. Los jefes liberales, cuando Gaitán conquistó lentamente la jefatura única, se iban apartando. Cuando Gaitán conquistó la jefatura única del Partido Liberal, se fueron del país, Carlos Lleras; Alfonso López no estaba aquí y ninguno de ellos quiso acompañar a Gaitán porque creyeron que Gaitán llevaba al desastre al Partido Liberal.

Darío Samper

Gaitán estableció ese lazo entre oligarquía colombiana, capitalismo y oligarquía internacional, concretamente con el capitalismo norteamericano. Varias veces habló de esto y en una de ellas lo aclara todo: en el programa liberal que él hizo aprobar en el año 47. En ese programa vertió sus ideas; en él encontramos un punto muy importante de carácter antiimperialista, textualmente dice: «El liberalismo proclama su solidaridad con todas las fuerzas políticas de izquierda que en el continente americano luchan para hacer efectiva la democracia, liberándolo del dominio de los grupos plutocráticos, que en lo externo actúan como fuerza imperialista, y en lo interno como oligarquías que concentran en su excluyente interés, los poderes económicos como medio de influencia política y la influencia política como medio de ventajas económicas». Vemos que fue evidente en este caso, porque ligó la oligarquía nativa al imperialismo. Por eso creo que tuvo razón, al afirmar que los grupos monopolistas que actúan en Colombia no tienen vida propia, por ser este un país atrasado que tiene un desarrollo a base de un capitalismo dependiente. Él estableció ese nexo entre oligarquías nativas y capital monopolista extranjero. De modo que él sí tuvo atisbos nacionalistas, no hay que olvidar que su carrera empezó con la condenación de la masacre de las bananeras, que de hecho lo situó ya como un líder antiimperialista, al oponerse a un trust poderoso como es el del banano.

Él vio muy claramente que no era posible establecer todavía el socialismo en Colombia y él lo dijo varias veces; quien prometa hacer o convertir a Colombia en un país socialista, está diciendo una mentira. Él decía que no podíamos establecer el socialismo, porque nos faltaba un desarrollo industrial mayor y porque no había una técnica que manejara al Estado debidamente. Por eso Gaitán fue un socialista pero reformista. Él no llegó a abrazar el socialismo científico y por eso él no planteó nunca la lucha entre obrerismo y burguesía; él no habló nunca en ese tono. Él enfrentó al pueblo en una forma muy amplia a la oligarquía. De modo que esto explica mucho el carácter o posición política de Gaitán. Él elogió muchas veces a los empresarios capitalistas; veía en ellos un ejemplo de revolución del país, para crear un país industrial. ¿Qué hubiera hecho Gaitán en el poder en 1950? Yo sostengo que él hubiera manejado los intereses del capitalismo colombiano con muchos aspectos de justicia social. Es decir, el socialismo aplicado por Gaitán, ya hombre de Estado, hubiera sido el socialismo distributivo que se limita a aumentar la participación del trabajo en el ingreso nacional. Él se hubiera dedicado a crear una especie de Estado para el bienestar social, como existe en muchos países que le hacen muchas concesiones a los sectores desheredados, pero que mantienen la estructura capitalista del país. Para mí la estructura capitalista del país se hubiera conservado por Gaitán con algunas cosas de carácter social importantes: la reforma agraria destruyendo el latifundio. Eso sí pudo haberlo hecho, pero una socialización no creo, porque para eso él hubiera tenido que formar un partido nuevo, un partido socialista y él contó con el liberalismo, partido policlasista. De modo que él sabía que una gran gama del liberalismo no lo acompañaría en una aventura socialista.

No creo que él tuviera tendencias fascistas. Claro que él vivió en Italia en la época del esplendor de Mussolini y seguramente lo impresionaron todas esas demostraciones de poder que hacía el fascismo y vio la importancia que tiene el líder. Pero que él hubiera aceptado la ideología fascista, yo no lo creo. Él fue un demócrata, un hombre que abrazó desde temprano la causa del pueblo y lo quería. Fue siempre leal a ese pueblo. Por eso yo creo que él del fascismo solo tomó la parte exterior: el amor por los desfiles, por los uniformes, por la marcha de antorchas. Eso le gustaba a él, así como le encantaba afirmarse como líder.

La actitud de Gaitán ante el proletariado, es un punto interesante. Gaitán nunca se sintió prisionero de la clase obrera, él desconfiaba o no creía mucho en el poder de la clase obrera. Tal vez porque esta era muy joven en esa época, numéricamente débil, o porque no tenía la suficiente conciencia política. Yo recuerdo que él, como ministro del Trabajo de López en el año 43, en un discurso se quejó de la debilidad del proletariado colombiano y dijo: «Apenas hay noventa y tres mil trabajadores sindicalizados». De modo que él no creía mucho en esa fuerza. Por eso a su vez, la clase obrera le pagó con la misma moneda y la CTC, que en aquella época tenía cierta dignidad de Confederación Obrera, no acompañó a Gaitán en el año 46 y no autorizó la votación por él. Yo podría decir que los sectores que más le atraían a Gaitán, eran las clases medias, los intelectuales, también el empresario nacional y las clases marginadas. En época de Gaitán tenían mucha importancia las clases marginales, que hoy sabemos tienen un desarrollo inmenso en estos países. Gaitán se preocupaba mucho por la condición de esas clases no integradas a la producción, que no tienen un trabajo fijo, que no se benefician de los servicios públicos, como la educación. Él se dirigía particularmente a esos sectores desheredados que hoy reciben el nombre de clase marginal y que no alcanzan a ser obreros o proletariado en la acepción exacta del vocablo.

Por eso hay que hablar siempre del populismo de Gaitán. Él fue un populista que confiaba mucho en esos sectores, que a su vez creen mucho en la omnipotencia del líder, al cual siguen con una fe ciega y que confían en la política distributiva que va a seguir ese líder.

Gaitán nunca se entendió con el Partido Comunista. Tuvo muchos encuentros con los comunistas. Encuentros físicos en los que la Jega, la organización gaitanista más sectaria, una especie de guardia personal de Gaitán, peleaba con los comunistas a palo y a piedra. En el plano teórico Gaitán nunca ocultó su recelo y aún su antipatía hacia los comunistas. Por eso el Partido Comunista no votó por él en el 46, sino por Gabriel Turbay. De tal manera que esas relaciones entre Gaitán y los comunistas nunca fueron estrechas o amistosas. Además existía el hecho de que el comunismo estaba dividido. Yo creo que Gaitán por eso prefirió apoyarse en las masas liberales. Él veía que las masas liberales eran suficientes como respaldo.

Gerardo Molina

La víspera del 9 de Abril, en marzo, asumió la presidencia de la República de Venezuela Rómulo Gallegos, él me convidó, como convidó a muchos colombianos y liberales de otros países a su posesión. Naturalmente, yo estuve conversando con todos los líderes de Acción Democrática de quienes me hice amigo, porque un año antes habíamos viajado a Venezuela invitados por Rómulo Betancourt a festejar el primer aniversario del triunfo de la Revolución de Acción Democrática que derrocó a Medina Angarita y que puso a la cabeza del movimiento a Rómulo Betancourt.

Entonces Rómulo Betancourt —que en una forma muy rápida construyó lo que hoy es el Barrio del Silencio— hizo una gran concentración de masas y convidó a todos los líderes de izquierda de la América Latina. El pueblo se congregó en la plaza del Silencio, una plaza más o menos como la plaza de Bolívar.

Pero el médico de Gaitán, Pedro Elíseo Cruz, le había dicho que él no podía hablar en público, que estaba en capilla para una operación de apendicitis. Le dijo Pedro Elíseo en presencia mía, «Jorge Eliécer, tiene que hablar sentado. ¡Es muy peligroso, si él habla en plaza pública, se le puede estrangular el apéndice y es un problema», Gaitán, aceptó y le dijo a Rómulo Betancourt que no podía hablar.

Hablaron todos los líderes. Recuerdo que la delegación de los Estados Unidos estaba encabezada por Waldo Franck, un hombre de izquierda; la delegación de Colombia era mi cuñado Carlos Lozano, Silvio Villegas y Gaitán. Ese día se hizo una concentración de grandes oradores, no hubo menos de cuarenta o cincuenta discursos, porque de cada país hablaban dos o tres líderes. Naturalmente, eran discursos de menos de cinco minutos, dos o tres minutos. Carlos Lozano que habló de último pronunció un gran discurso, desde el punto de vista de lo que es una pieza oratoria elocuente, y bien construida, pero no levantó como decimos, ampolla, entusiasmo. Se estaba dispersando ya la gente, cuando Rómulo Betancourt cogió el micrófono y dijo: «En estos momentos va a dirigirse a ustedes el doctor Jorge Eliécer Gaitán».

Ahí me di cuenta de lo que era Gaitán como conductor de masas, porque en el momento que se paró y cogió el micrófono y dijo: «Señores», se hizo un silencio que antes no había. Pronunció un discurso trivial en comparación con el contenido del de Carlos Lozano, porque Gaitán hizo, como se dice en las canciones, un popurrí, es decir, un ensamble de todas sus frases más célebres en ese momento: «Hay que hacer que los ricos sean menos ricos, para que los pobres sean menos pobres, el pueblo es superior a sus dirigentes, yo no soy un hombre, sino que soy un pueblo», eso lo dijo en una cosa muy traída, entonces sí se desató el entusiasmo en las masas, pero un entusiasmo desbordante.

Me puse a pensar, este es un conductor de multitudes, aquí está comprobado. Fue como me di cuenta que el fenómeno gaitanista era ese, Gaitán era un gran conductor de multitudes porque él se adaptaba al momento; de pronto ante los campesinos hablaba de una forma, ante otros auditorios hablaba de otra forma. Me acuerdo de un discurso que me impresionó mucho en Medellín, que le oí decir: «Yo no soy un extranjero, yo soy un indio y posiblemente un negro como son todos ustedes, yo soy un hombre del pueblo, yo tengo su misma raza». El entusiasmo cundió en esa plaza de Medellín, porque lo dijo muy bien y en una forma muy sincera. Gaitán tocaba un diapasón que ningún colombiano ha tocado como lo hizo él.

Julio Ortiz Márquez

«Yo no soy un extranjero, yo soy un indio y posiblemente un negro como todos ustedes, yo soy un hombre del pueblo, yo tengo su misma raza...».

Le oí una conferencia de la cual no hay acta, y es bueno recordársela. Cuando ya Gaitán era el Jefe del Partido Liberal, vino una comisión de industriales de Antioquia, encabezada por José Gutiérrez Gómez y otros; nos invitaron, recuerdo muy bien, a Alfonso Bonilla Gutiérrez, Jorge Padilla y yo, quienes fuimos enviados por Gaitán para conversar con ellos.

El doctor José Gutiérrez Gómez dijo que había cierto alarmismo entre los industriales antioqueños, por el hecho de que el doctor Gaitán ya era Jefe del Partido Liberal y podía ser el próximo Presidente de la República, querían definir su política económica. Fue comisionado Alfonso Bonilla Gutiérrez para decir: «La base de la política económica del doctor Jorge Eliécer Gaitán consiste, en que si bien somos partidarios de la protección de la industria somos también partidarios de la protección del consumidor. Que exista un equilibrio entre la producción y el consumo, entre la producción y los precios, entre la producción y los salarios». Esa era la política básica del doctor Jorge Eliécer Gaitán. En ciertos aspectos por ejemplo, él era partidario, de que existiera una legislación mediante la cual se limitaran las ganancias de los empresarios, para una posible reinversión de tipo social de esas ganancias. No estaba eso muy definido, pero esa era la tesis principal.

Gaitán sí hablaba de la posibilidad de nacionalizar algunas industrias que se habían convertido en básicas en el país. Concretamente lo dijo delante de nosotros: la nacionalización de las empresas de cerveza, entre otras Bavaria, con el fin de que el Estado pueda manejar esas industrias, para producir bebidas más baratas para el pueblo. Era una especie de tendencia proteccionista del Estado para la industria, pero al mismo tiempo de exigencia a la industria de acomodarse a las necesidades del consumidor. Después de una serie de expresiones del doctor Bonilla Gutiérrez al respecto, en que los industriales de Antioquia se convencieron de que no iba a haber expropiación de los medios de producción, ni la nacionalización total de las industrias, se consideraron satisfechos, nos llevaron a Medellín a los tres a visitar las industrias principales de la ciudad.

Lo que Gaitán más o menos proponía era protección a la industria y algo más que protección: industrialización del país. Privilegiar a los industriales sí, pero sus ganancias tienen que ser limitadas. Recuerdo muy bien la frase: «Limitación de las utilidades de las empresas», y luego «Protección al consumidor en cuanto a los precios de las manufacturas y en cuanto a las calidades de las manufacturas, para no aumentar el costo de la vida en ese sector». Creo que Gaitán no tenía una teoría económica definida, como no la tiene ningún liberal reformista que va marchando al compás de las circunstancias que se le van presentando. Eso sí fue muy claro. Hay un punto concreto en que Gaitán dice: «El Partido Liberal de Colombia luchará en lo nacional, con las fuerzas que estén alineadas contra las oligarquías y contra las fuerzas internas que en lo nacional se llaman oligarquías y contra las fuerzas externas que en lo internacional representan al imperialismo». Así lo dijo él.

Eso está dicho en el programa liberal del Colón. Ha sido ignorado por todos los jefes liberales posteriores y por todas las convenciones liberales posteriores, esa afirmación antiimperialista de Gaitán.

Darío Samper

Es difícil hacer un retrato de Gaitán. Podemos señalar algunos rasgos particulares. Lo conocí a fines del año 29, cuando vine a estudiar a Bogotá. Recuerdo que él organizó —recién llegado de Italia— una especie de extensión universitaria para gente de todas las universidades. Yo fui a estas conferencias.

Había una gran curiosidad entre los estudiantes por conocer a este hombre que ya figuraba, a pesar de que era muy joven todavía. Y me formé al oírlo la impresión de que era un hombre con muchos deseos de deslumbrar, de producir efecto; le gustaba la cosa externa, despertar admiración. Que no solo era un hombre amigo de producir efecto sino que quería demostrar que sabía más de lo que sabía. Era muy técnico en su vocabulario, muy astuto. Me dio la impresión que quería deslumbrar a su auditorio con su ciencia. Además, él usaba un estilo barroco, muy recargado, que hacía que fuera difícil penetrar su pensamiento. Pero aquí viene la parte rara. Este hombre astuto a veces demostraba que no tenía ideas muy claras, sin embargo tenía un poder de persuasión que iba más allá de lo humano. Desde que ocupaba la tribuna, despertaba lo que podemos llamar la credibilidad en el auditorio, aunque muchas veces este no entendía bien lo que decía Gaitán. Sin embargo, vibraba con su oratoria y con sus palabras, se establecía una relación directa, emocional, que solo un sicólogo podría analizar entre el orador y la gente. La gente lo seguía y no estrictamente por lo que él dijera, sino porque él lo decía. Era el líder auténtico, que sabe llegar al pueblo por caminos que solo un orador de su estatura podía llegar. Después tuve ocasión de verlo varias veces y siempre lo vi en función de su persona. Él no tuvo el sentido de equipo y eso le trajo muchos sinsabores en su vida.

Me da la impresión de que él no quería poner a otras personas a su nivel, él quería estar por encima. Sus retratos siempre eran grandes, espectaculares, lo mismo que los carteles. Por eso, por no haber sabido crear equipo de trabajo, el gaitanismo desapareció con su mente. Si él hubiera formado sucesores, hubiera tenido personas que él considerara pares suyos, pues probablemente Gaitán no habría desaparecido con su influencia con la rapidez con que desapareció después de su muerte. El idealismo gaitanista no se conservó después de su muerte. Eso se desintegró rápidamente; unos gaitanistas siguieron en el liberalismo; otros se fueron al comunismo; otros se marginaron y otros fueron a dar a la guerrilla que ya empezaba o que actuó enseguida. Gaitán fue víctima de no creer en la gente, de no considerarla a su nivel y por eso no tuvo realmente colaboración, sino auxiliares, servidores; él veía de arriba para abajo a la gente. En cambio, sentía una gran admiración por los hombres fuertes. Sin duda le quedó herencia de lo que vio en Italia. Tengo muy presente un incidente, el cual me tocó presenciar casualmente y fue cuando yo estaba en la Rectoría de la Universidad Nacional. Nos invitó un embajador —tal vez el inglés— a recibir a una personalidad que llegaba de visita e invitó a mucha gente. Allí estaban Laureano Gómez, Gaitán y otras personas. Creo que Gaitán hacía mucho tiempo no veía a Gómez o que tal vez nunca había hablado con él, pero me tocó ser testigo del saludo que se dieron y quedé pasmado de la admiración de Gaitán por Laureano, que ya estaba dirigiendo una lucha mortal contra el liberalismo que lógicamente debió haber afectado a Gaitán. No señor, Gaitán se volcó sobre Gómez a decirle: «usted es el orador máximo, lo que hace usted es asombroso, genial…». Su actitud fue de respeto reverencial de Gaitán por un individuo que era adversario suyo.

Él tenía una gran admiración por las personalidades vigorosas. Sin duda por eso quería comportarse de esa manera en su vida política y lo logró; él fue siempre el Jefe, el Líder. También en su modo de presentarse, de vestirse, él era espectacular. Le gustaba tener un carro último modelo; le gustaban mucho los colores fuertes que llamaran la atención. A la parte externa le dio mucha importancia en su vida.

Gerardo Molina

Le voy a contar esta historia: una vez le robaron a Gaitán su vajilla de plata —entonces existían las vajillas de plata—; Gaitán estaba conmigo en su oficina cuando llegó Armando Solano, que era un escritor muy sesudo, le llamaban «El indio Solano de Boyacá», era medio aindiado, un humorista de primer orden, y dice: «Cómo le parece, maestro Solano, que me han robado anoche mi vajilla de plata». Y le dijo Solano con tranquilidad: «Cómo se la pueden haber robado, si todos los rateros son gaitanistas». Cuando los amigos de lo ajeno supieron que a Gaitán le habían robado, como en una novela de Víctor Hugo, en los bajos fondos, se ordenó entregar inmediatamente a Gaitán los objetos robados y en menos de veinticuatro horas los tuvo en su casa.

Le voy a decir otra cosa. Cómo se fundó y se mantuvo *Jornada* con las acciones de peso que compraban las sirvientas, los mozos del cordel, los tipos de los restaurantes, los emboladores y las putas, toda esa gente contribuía a que se sostuviera un periódico popular. Fuera de la gente del pueblo en general, es decir los artesanos, los obreros, la clase media de bajos ingresos, la barriada, esa era la gente que conservaba *Jornada,* porque compraban las acciones. Por eso eran tan tumultuarias sus asambleas populares de *Jornada,* porque había que oír oradores que salían de abajo y daban su opinión, y yo tenía que hacer reuniones de la junta, de la Asamblea General de accionistas —que eran ellos— que duraban horas. Cuando se casa un hombre, un joven de la barriada, no sale en *El Tiempo;* cuando se muere una persona pobre, también de la barriada, no sale en *El Tiempo.* Eso hay que pagarlo, son informaciones que hay que pagarlas en los grandes periódicos de la gran prensa. En *Jornada* establecimos una vida social popular; se publicaban la niña que cumplió años, hizo primera comunión, porque se casó... Todo eso sin pagar. Teníamos una vida social popular.

Los líderes de las barriadas hablaban, daban sus opiniones, se les publicaba su retrato. Por primera vez en la historia del periodismo había ese sistema de comunicación con la masa; ellos mismos compraban el periódico, lo ponían al correo.

Tratábamos de inventar un nuevo lenguaje político, asequible a las masas, al pueblo, a la gente ignorante. Nosotros no podíamos emplear términos que no entendiera la mayor parte de la gente que estaba con Gaitán, la cual no era muy culta, era gente que no había pasado sino la primaria.

Estudiantes gaitanistas sí había en las universidades, apoyaban al doctor Gaitán y naturalmente, formaban parte de las manifestaciones.

Gaitán siempre estaba con su periódico. Gaitán siempre decía, que había que destacar las noticias que le interesaban al pueblo y hacer recuadros con las cosas populares, que fueran directamente a la imaginación de la masa, porque el periódico tenía que ser un periódico para el pueblo, esencialmente para el pueblo, que había que interpretarle las noticias, decirle qué es lo que pasaba en España, cómo estaban combatiendo los republicanos españoles, publicar fotografías para darle una gran importancia a la imagen. Desde ese entonces Gaitán quería un periodismo de y para el pueblo. Se hizo una campaña hasta el punto de que en esa época llegamos —que era una cosa importante— a editar sesenta mil ejemplares. Gaitán siempre estaba con nosotros. Él estaba presente, hacía la tertulia con nosotros, pronunciaba sus conferencias en el Teatro Municipal o donde fuera y llegaba a su periódico, a tomar café, a hacer chistes, a conversar, resaltando en cada uno lo que le interesaba, posiblemente como hacen todos los jefes, halagar a sus allegados para demostrarles sus simpatías, su cariño, su fe en la obra que estaban realizando. Era muy generoso en elogios para con los amigos. Yo siempre recuerdo algo, que para mí, en la historia de mi vida, tal vez sea el más grande galardón que he tenido y fue cuando Gaitán triunfó contra la oligarquía liberal y la derrotó, obtuviendo la enorme victoria electoral que todo el mundo sabe. Gaitán me dijo: «Hoy quiero que escribas un editorial, que yo a las ocho de la noche estoy en la *Jornada* celebrando la victoria». Yo inicié mi editorial dando los datos de la victoria electoral y Gaitán se acercó a mi máquina, arrancó el papel y dijo: «No es esto lo que quiero, lo que quiero de ti es un canto a la victoria del pueblo».

Yo me encerré, y publiqué un editorial que fue célebre entonces, que se llamaba «Oda Civil a la Victoria», una exaltación del pueblo de todas las regiones del país, que se habían unido para derrotar a las oligarquías y establecer una nueva República y un nuevo régimen democrático. Al otro día estaba reunido Gaitán con su comando, estaba precisamente el doctor Francisco J. Chaux, Armando Solano, Julio Ortiz Márquez y Uribe Márquez, una serie de compañeros en la lucha, dijo lo siguiente: «La única forma de celebrar esta victoria del pueblo colombiano es que Darío Samper nos lea en voz alta su "Canto Civil a la Victoria"». Mandó por una botella de brandy,

porque él no tomaba casi nunca; trajo la botella de brandy Julio Ortiz Márquez y brindó con una copa de coñac, por la victoria del pueblo colombiano.
Cuando se fueron todos, quedamos los dos solos en su oficina, me llamó a
un rincón de la oficina y me dijo: «Esta es una verdadera revolución. Tenemos nosotros la responsabilidad de hacer una verdadera revolución»; con
una fuerza y con una comunicación, como si se hubiera reencontrado, como
si se hubiera dado cuenta en ese momento que ese esfuerzo y esa manifestación de la masa representaban una revolución social y política en el país.

Hombre agradable, cordial, le gustaban mucho los cuentos, el buen
humor, se reía a grandes carcajadas; le gustaban mucho las comidas crio-
llas. Por eso mandábamos por pollo, beafsteak y papas chorriadas a esos restaurantes de Las Cruces, que eran los que nos quedaban cerca, para comer
y desayunar. Era un hombre muy ligado a estas cosas populares, que yo
creo que son muy importantes para un líder. A él le gustaba mucho ir a los
barrios a jugar el tejo, con los líderes populares; él siempre iba a los piquetes
que ellos le ofrecían. Como sucedió con el general Obando, que una vez le
dieron un piquete a orillas de Soacha y lo primero que le trajeron los líderes
artesanales fue una gran totuma de chicha, el general metió sus bigotes entre
la chicha y pasó como uno más, entre todos. Gaitán estaba siempre al lado
del pueblo, a sus juegos, a sus danzas, a sus expresiones populares permanentes. Cuando iba a las ciudades no iba a los grandes hoteles ni a buscar el
Club; cuando iba a las ciudades iba a los barrios populares. Yo me acuerdo
mucho en Barranquilla, en Rebolo, una zona de insalubridad horrible, y
entonces Gaitán fue a Rebolo y allá inició la marcha con la gente que iba a
pie durante treinta y cuatro, cuarenta, sesenta cuadras, que lo acompañaban,
las mujeres del pueblo, los hombres del pueblo hasta el centro de Barranquilla por donde comenzaba la manifestación.

Darío Samper

Yo le vi llena la plaza de Bolívar cuando hizo la manifestación, el parque
Santander lo mismo. Dondequiera que él salía, la gente iba detrás de él por
montones; tenía por ley saludarlos y hacer la cantidad de cosas para poderse
zafar de la gente porque lo perseguían mucho, pero con cariño. Todo el
mundo lo quería políticamente.

En sus discursos últimamente manifestaba que si llegaba a ser Presidente sería una maravilla para todos, claro que en unos términos muy especiales, un lenguaje muy florido que convencía a la gente. Uno quedaba a gusto. Todos estábamos convencidos de que, si subía él, esto cambiaba. Por eso fue la cólera de todo el pueblo cuando lo mataron.

Él era como si fuera amigo de todo el mundo, conocido de todos, hasta donde le alcanzaba la mano para saludar saludaba; era muy tratable, muy amplio. Decía las cosas sin miedo, que eso gusta; nada de para adelante y para atrás y no salir con nada, él hablaba lo que sentía sin miedo.

Carmen de Gómez

Recuerdo mucho que la propuesta era salir temprano pero Gaitán tenía siempre dos cosas que le hacían demorar a veces su rumbo. En primer lugar que acostumbraba a bañarse con agua fría y durante un tiempo sumamente largo. Ese día duró tres cuartos de hora en el baño de la casa del doctor Chaux en donde estaba hospedado. Eso lo hacía, según me lo explicó varias veces, para despertar energías, para darle un latigazo a la carne porque la reacción era muy favorable y podía aguantar mucho. La segunda causa de la demora era que no habían abierto una droguería y él para las largas jornadas acostumbraba a consumir un poco de clorhidrato de beneedril. Me decía que él se tomaba por la mañana media pastilla, al medio día otro tanto y lo mismo en la noche y podía trabajar veinte horas aproximadamente sin sentir fatiga. Nos demoramos porque tuvimos que mandar buscar al farmaceuta, Ricardo Villamil, quien vino a abrir la droguería y a suministrarle el frasquito con las tabletas de beneedril.

Las manifestaciones en los pueblos intermedios entre Popayán y Cali fueron muy fervorosas. Había siempre de Santander de Quilichado hacia Cali, varios camiones y buses con gente que iba escoltando el vehículo nuestro. No las manifestaciones portátiles, pero sí engrosaban enormemente las manifestaciones que recibían a Gaitán.

Cuando llegamos a Cali estaba la multitud apostada, desde los barrios más meridionales de la ciudad y siguieron el vehículo nuestro hasta la plaza de Caicedo donde la gente no cabía. Gaitán estaba un poco afónico y de un momento a otro le vino la voz, mientras hablaban los demás. Habló Hernán Isaías Ibarra. Gaitán quiso que yo también hablara, pero también estaba

«La barriada estaba con Gaitán, los emboladores, los voceadores de periódicos, los cortesanos de arriba y abajo, los rateros, la gente pobre, la gente marginada...».

afónico, hubo mucho polvo en la carretera y tal vez eso fue lo que nos afectó, pero a él de un momento a otro le vino la voz. Yo me regresé esa noche como a las doce.

No hay que olvidar que él tenía una constitución atlética aún cuando era bajo de cuerpo, tenía una constitución atlética. Fuera de eso él la cultivaba porque hacía mucho ejercicio. Una de las tantas veces en que yo salía a pasear al Parque Nacional por la mañana, me lo encontraba a él trotando en camisa, con el saco en el brazo... muchas veces lo vi. Además en su cuarto de baño tenía un equipo para hacer gimnasia, unos aparatos resortados de hierro que creo que se conservan en el lugar donde está enterrado. Allí yo traté de estirar esas cuerdas y algunas veces lo logré, pero él hacía ese ejercicio diario, aparte de sus trotes y del mucho cuidado que le ponía a la garganta. Él no tenía ningún trabajo especial sobre la garganta, como si lo tienen los cantantes, especialmente los de ópera que necesitan un adiestramiento especial. Gaitán no lo tuvo, ni tuvo adiestramiento especial para la lengua como Demóstenes, eran dones naturales que se fortalecían por el ejercicio general que él hacía en forma permanente. Además era un hombre muy mesurado en el trago, aún cuando a veces le daba por fumar mucho, él tenía sus amigos encargados de sacarle a cada rato los ceniceros de su oficina, esos amigos que después fueron jefes gaitanistas, pero por el momento en que yo los conocí, solamente tenían la misión de sacarle los ceniceros de su oficina. En ese año de 1947, Gaitán iba a cumplir cincuenta años, cuando murió tenía cincuenta años y tres meses, sin embargo, él denunciaba una edad de cuarenta y cinco. Eso él no lo hacía por vanidad sino por conveniencia de la política democrática que él dirigía. No es lo mismo para las masas un capitán de cuarenta y cinco que un capitán de cincuenta, de modo que en eso hay que hacerle un elogio, hay que rendirle un tributo porque no lo hacía por vanidad personal, sino para mejorar la posición de una política ante un pueblo. La partida de bautismo, cuya copia está en el expediente, comprueba su edad.

El día de la manifestación en Cali, última que él hizo, yo me regresé a las doce para Popayán, pero Gaitán continuó y a las cuatro de la mañana estaba clausurando la campaña en Candelaria, Valle del Cauca. Era el último día y fue el último discurso que Gaitán pronunció en esa campaña al amanecer del último día en que se podían hacer manifestaciones públicas de acuerdo con la reglamentación y las instrucciones del Gobierno.

Después nos vimos en Bogotá, nos cruzamos impresiones y él se dedicó de lleno a sus actividades, hasta obtener ese resonante triunfo del año 47, que se celebró con un enorme banquete en el hotel Granada. Esto fue también el último homenaje en lugar cerrado que se le hizo a Gaitán vivo, ese homenaje para celebrar la victoria en las elecciones de 1947, en el hotel Granada.

Recuerdo mucho que la víspera del homenaje estaba yo acostado durmiendo, en mi apartamento, cuando llamó Gaitán al teléfono. Yo bajé y me dijo Gaitán: «Mañana es el homenaje de celebración de la victoria, han escogido como orador para ofrecerla a una persona que no me gusta y les he dicho a los organizadores que debes ser tú el orador». Yo le contesté que ya no había tiempo para hacer el discurso y mostrárselo, a lo que él me respondió que lo hiciera y lo pronunciara sin mostrárselo antes, ya que no había tiempo y entre los dos, decía, había una gran afinidad. Lo extraordinario fue que lo que él dijo en su discurso era prácticamente la continuación de lo que yo había dicho en el mío, el único discurso de ese homenaje, y la contestación de Gaitán fue uno de los poquísimos discursos escritos que él hizo en su vida. Él se confiaba mucho en su oratoria, en el don de improvisación, pero esta vez no, así que escribió el último discurso de su vida, para contestar al que yo le ofrecía a nombre de la multitud que ocupaba las mesas en el salón del Granada y a nombre de la inmensa multitud estacionada en el parque Santander, multitud que oía lo que pasaba adentro a través de unos parlantes colocados a la intemperie.

Luis Carlos Pérez

Memorias

Su parábola quedó trunca. Pero lo que podemos ver históricamente se expresa en que es derrotada su candidatura pero lleva las mayorías gaitanistas, todavía muy heterogéneas al Parlamento. Cuando él se convierte en Jefe del Partido Liberal y a su vez domina el Parlamento, Gaitán hace dos cosas que, a mi juicio, son las que decretan su pena de muerte. La primera es la plataforma del Colón, que representa el cambio cualitativo del Partido Liberal desde el punto de vista programático, formal e ideológico. El primer punto: «El Partido Liberal es el partido del pueblo». Hay que analizar la trayectoria de Gaitán para darse cuenta de que ese no era un planteamiento demagógico y abstracto. Era un cambio de la dirigencia del Partido Liberal desde el punto de vista de clase.

También plantea las bases de una reforma agraria, con las unidades agrarias, basta recordar toda su lucha del Unirismo para ver que está siguiendo esas líneas. Plantea ya la municipalización de los servicios públicos, plantea la reforma bancaria y una cosa que sí es explosiva: plantea la planificación económica que es de tipo coactivo y no solamente indicativo, pero una cosa totalmente dramática que ya nadie la recuerda: «El Estado tendrá en todas las juntas directivas de las sociedades anónimas representante y se hará un control de precios en la fuente y se hará la protección arancelaria condicionada a la producción cuantitativa y cualitativa, los índices de precios y al régimen de salarios». Es decir, por una vía indirecta se está llegando a unos pasos agigantados y programáticos, a un régimen de elementos socialistas indirectos que desatarían una dinámica social, una resistencia en las clases propietarias que a su vez radicalizarían el proceso y podrían conducir a unas nuevas formas políticas. En esa plataforma del Colón se está saliendo de las abstracciones y de las agitaciones dramáticas pero no reales, aquí se está llegando a una cosa muy grave, que Gaitán demuestra que conoce el mecanismo de la oligarquía y que está en capacidad de desarticularlo.

La otra cosa y que a mi juicio es lo definitivo, es el Plan Gaitán. Si tomamos ese plan, que es presentado a las Cámaras en el año 47, habría que plantearse dos cosas esenciales: primero, Gaitán ya es un peligro porque es Jefe del Partido Liberal, tiene unas mayorías parlamentarias, ha muerto y ha declinado la derecha encarnada en Gabriel Turbay y todos los sectores de la dirigencia liberal están botando la toalla, unos se marginan y otros se pliegan, unos tácticamente están tratando de envolver al futuro presidente para neutralizar su radicalismo y otros simplemente se marginan, pero ya nadie lo está combatiendo frontalmente.

Gaitán no se espera para la presidencia, él sigue haciendo campaña sin contendor, a él ya no se le puede detener políticamente. El Partido Liberal está homogéneamente en manos de Gaitán. Entonces no cabe una coalición liberal conservadora para atacarlo. Cualquier disidencia liberal sería barrida por el gaitanismo. Los sectores de izquierda ya simpatizan con Gaitán. Los movimientos socialistas se ponen incondicionalmente al servicio de Gaitán, principiando por su primer dirigente, Antonio García.

Gaitán tácticamente no se espera a ser Presidente de la República, sino que con su grupo de consejeros: Antonio García, Guillermo Hernández Rodríguez y Luis Rafael Robles organiza lo que él llama el Plan Gaitán. ¿En qué consiste este plan? En unos planteamientos de reformas que cobijan una reforma agraria realista pero radical: las unidades agrarias, la organización de cooperativas agrarias o propiedades comunitarias y coaligado con eso un sistema de mercadeo, además una nacionalización del Banco de la República por unos medios indirectos, control del comercio exterior, control de precios. Nuevamente se llevan una serie de planteamientos de orden financiero para el desarrollo económico y la participación del Estado como gran empresario y control directo sobre los medios de producción del sector estatal, modernización total del Estado, modernización del sistema fiscal y particularmente a través de un régimen que garantizando los bajos impuestos directos para las rentas de trabajo y golpeando a las rentas ociosas y especulativas, particularmente a los monopolios sobre la tierra y creando todos los mecanismos de expropiación, de acuerdo con los principios constitucionales de los que él había sido uno de los ideólogos e impulsores de las reformas que planteara en el 32 y en el 34 y que fueron cristalizadas parcialmente en la reforma del 36.

Gaitán entra a desmontar y a romper directamente por unas vías e indirectamente por otras, como la nacionalización del Banco de la República, control de los depósitos en la banca, control cuantitativo de los préstamos, control cualitativo de los mismos, es decir, se mete en el riñón de la oligarquía que es la economía industrial y la economía financiera en proceso de desarrollo y la economía mercantil o comercializadora.

El Plan Gaitán es un plan realista y práctico, ya es el de un hombre de Estado que tiene que estar enfrentado a una realidad concreta, histórica y práctica.

La lucha es frontal por una vía concreta que es nada menos que el Parlamento. Estas cosas están saliendo de la entelequia para llevarlas a las leyes, a la obligatoriedad. Dentro del sistema constitucional e institucional se está inyectando un proceso reformista, revolucionario. ¿Pero qué ocurre? Como todavía no se ha madurado el proceso político, las mayorías del Congreso, que eran gaitanistas pero que estaban todavía manipuladas por la derecha liberal, derrotan ese plan. Pero es la segunda notificación, como en un juicio ejecutivo, de que Gaitán sabe exactamente cómo es que se desmantela el sistema de predominio de la oligarquía colombiana. De otra parte ha demostrado con las mayorías parlamentarias y con la agitación nacional, que dentro de dos años será Presidente.

Luis Emiro Valencia

El gobierno de Ospina, en un sentido era un gobierno de minorías, pero con una índole nacional. Hay dos situaciones muy semejantes, en el año 30 el conservatismo era mayoría y el liberalismo minoría; triunfó el doctor Olaya Herrera como liberal y resultó un gobierno de minorías. Son situaciones similares, Olaya triunfó gracias a la división conservadora, pero ambos gobiernos —el de Olaya Herrera y el de Ospina— nombraron gabinetes paritarios. Olaya Herrera luego viró hacia el liberalismo y logró dominar a base de violencia el Parlamento. Son dos situaciones similares. La violencia conservadora fue paralela a la violencia liberal del año 30. Con el triunfo de Ospina vino el enfrentamiento de la masa conservadora con el liberalismo, vino la violencia conservadora.

Ospina llama a la parte oficial del Partido Liberal y consulta también a Gaitán los nombres de los ministros del primer gabinete y de ambas tendencias nombra ministros. Esa experiencia no funciona, porque el Parlamento es de mayoría liberal y había muchos intereses. Los mismos ministros liberales estaban desesperados, ellos hacían esfuerzos para evitar esa oposición violenta, pero había unos grupos en el Parlamento que se creían los dueños del poder.

Indudablemente que la tendencia liberal más cercana a Ospina era la de Santos, antes de que Gaitán fuera jefe único. Pero Gaitán tenía participación en el gabinete. Yo acompañé a Gaitán a la casa de Ospina para las conversaciones sobre la participación de su sector en el Gobierno.

El liberalismo tenía el control del ejército y la policía, más que todo de esta última. La policía no obedecía a los gobernadores conservadores. La violencia la hacían los jefes liberales de los departamentos, inclusive ayudados por la burocracia liberal metida en el Gobierno y por la policía. Ospina llegó al poder y toda la burocracia, toda la mecánica del Gobierno era liberal. Después del 7 de agosto teníamos que encerrarnos él y yo para hacer los decretos, hasta los empleados de Palacio eran liberales. Era una situación en que no podíamos hacer nada. El Partido Conservador no tenía participación en la burocracia. Ospina comenzó a nombrar funcionarios conservadores, lo cual indignó a la burocracia liberal y a los jefes liberales, que querían mantener la situación de hegemonía liberal. La política de ellos era dejar que Ospina gobernara pero solo, con una burocracia liberal, es decir, que se convirtiera en un prisionero de Palacio. La lucha por la burocracia es la que genera la violencia. Al remover funcionarios liberales, viene el funcionario conservador que se siente bloqueado porque no lo dejan gobernar; al alcalde del pueblo no lo dejan gobernar; llega el Concejo y le quita los sueldos y no lo deja gobernar. Ante esto, la masa conservadora protesta en la calle y se produce el enfrentamiento en que los liberales tenían la fuerza. Por dividir al Gobierno entre liberales y conservadores se desata la violencia y los muertos son de ambos lados. Hay que comparar la situación para no caer en sectarismo, hay que ver lo que pasó en el año 30, y ver la reacción del año 46. La violencia liberal del año 30, el contraenfoque, la violencia conservadora del año 46. El liberalismo tuvo que hacer la violencia para apoderarse del mando el año 30; el conservatismo hace igual en el 46. Por eso Ospina tiene que enfrentarse a los dos mandos. Porque él tenía la voluntad de hacer un gobierno sin violencia, con paridad en el poder. Ospina quería evitar la violencia, pero eso era imposible como no pudo Olaya tampoco, porque los liberales no lo dejaron.

Yo no niego que haya habido violencia conservadora, sí la hubo, pero fue para defenderse y defender lo que estaban obteniendo por derecho propio, antes no tenían nada. La violencia de los conservadores podía ser de los funcionarios que nombraron a partidarios suyos. Por ejemplo, el jefe de la policía nombraba agentes conservadores, dentro de una policía mandada por liberales; salen las manifestaciones liberales a protestar y viene entonces el enfrentamiento con la policía, porque los jefes liberales no aceptaban el dominio de los conservadores.

Rafael Azula Barrera

Cuando yo subí a la Gobernación, la policía de Boyacá era todavía en su mayoría la filiación liberal. Empecé a cambiar poco a poco los elementos liberales por conservadores. Naturalmente yo quería tener una policía en la que pudiera confiar, no para cometer atropellos, desde luego, sino para poder garantizar los derechos que yo estaba obligado a garantizar a los ciudadanos. Ese proceso de politización de la policía sí se realizó en Boyacá. Y fue una actitud consciente y necesaria.

Empecé a cambiar los elementos, los más notorios liberales por elementos conservadores, traídos muchos de sus contingentes de la región del norte boyacense, especialmente de una vereda del municipio de Guavita que se llama chulavita. Esos chulavitas tienen fama de ser hombres violentos y siempre han sido adictos a la causa conservadora. Han vivido toda su vida en enfrentamientos permanentes con los tipacoques, la vereda liberal del municipio de Soatá, con la cual están separados solamente por el cauce del río Chicamocha. Entonces, este nombre chulavita se volvió como un emblema, un símbolo de la policía de Boyacá. En ese sentido era una policía conservadora que provenía de las regiones calificadas de valientes de Boyacá.

Yo tengo la impresión de que ese surgimiento del conservatismo de Boyacá, fue apenas el volver al cauce normal, al cauce tradicional, que no necesitó de ninguna labor de adoctrinamiento ni propiamente de propaganda, sino que tan pronto como los conservadores vieron que podían salir a la plaza pública, que podían ejercer sus derechos, que podían hacer manifestaciones, lo hicieron y resultaron ser la inmensa mayoría de Boyacá, como ocurría antes de la liberalización violenta que hicieron en Boyacá a partir del año 30.

Pasado el primer momento de idealismo, de pureza doctrinaria, si me permite la expresión, vino ya el desbordamiento y la comisión de actos excesivos que indudablemente ocurrieron. Pero que ocurrieron principalmente fuera de Boyacá, cuando de otras regiones engancharon personal de Boyacá y algunos oficiales que se habían retirado de la policía del Departamento.

Los campesinos boyacenses han mantenido siempre gran respeto por el párroco, por el alcalde, es decir, por la autoridad legítima, todo esto heredado de las costumbres coloniales. Indudablemente, donde la influencia del doctrinero en las masas indígenas fue muy considerable. Durante la hegemonía conservadora, los grandes electores eran los canónigos de La Catedral de Tunja, porque la masa campesina conservadora prestaba siempre oído a la orientación que les diera el cura párroco desde el púlpito. Entonces la generalidad de los campesinos boyacenses era conservadora. Por esto solamente había alguna docena de poblaciones de mayoría liberal como Sogamoso, en el centro del Departamento; Chiscas, en el norte y unas cuantas más en donde, por razones también históricas, predominaba una mayoría liberal. En general el resto de los campesinos boyacenses eran conservadores, esa es la verdad histórica.

En tiempos de la hegemonía conservadora entre el párroco, el alcalde y uno o dos dirigentes locales, conducían la gran votación de la masa campesina por el Partido Conservador. El adoctrinamiento resultaba espontáneamente del hecho de que en el siglo pasado, el sector liberal, los radicales, se exhibieron como grandes opositores y perseguidores de la Iglesia, de manera que los curas párrocos se sentían autorizados para aconsejar a los feligreses que por ningún motivo fueran a votar por los enemigos de la Iglesia. Esto bastaba para que los campesinos acogieran siempre las listas conservadoras.

José María Villarreal

Claro que fue un error histórico el no apoyar a Gaitán, porque el partido tomaba en cuenta el factor de la amenaza conservadora con un carácter nuevo, fascista, y miraba con mucha preocupación el apoyo conservador a Gaitán, apoyo que era maquiavélico, muy bien calculado, pero un apoyo real, hasta el momento en que les convino a los conservadores. Cuando ellos vieron que la división liberal ya no tenía remedio, entonces lanzaron su candidato propio, el señor Ospina Pérez. Pero el error del partido en ese momento es que no vio que las masas populares —precisamente las más radicales— estaban apoyando a Gaitán. El error fue haberse separado de las masas más radicalizadas.

Sin duda que ese error divide al partido. En el partido había una lucha muy completa y prolongada contra las tendencias revisionistas; tendencias que reflejaban la influencia de la burguesía, concretamente. La burguesía liberal y las desviaciones ideológicas que caracterizaron lo que se llamó el browderismo, que como se sabe tuvo mucha influencia en el Partido Comunista en Colombia y contra los cuales se produjo una lucha muy dura, interna. Pero esas tendencias eran mayorías en el partido hasta julio del 47.

Esta lucha interna fue muy dura y debilitó al partido, especialmente por la actitud revisionista de Duran y sus seguidores, que rompieron con la unidad del partido en el V Congreso al verse en minoría, por primera vez en mucho tiempo. El grupo de Duran se retiró sigilosamente del Congreso y prefirió hacer su propio Congreso y fundar lo que se llamó Partido Comunista Obrero. Y siguió sosteniendo sus tesis oportunistas. Para ellos, por ejemplo, Ospina Pérez fue un representante de la burguesía progresista. Esa es una historia bastante larga y complicada.

Ya en 1947, y particularmente al comenzar 1948, Gaitán era el Jefe indiscutible del Partido Liberal. Entonces hay que considerar por cierto, que la eliminación suya por medio del asesinato era la única manera que tenía la reacción y el imperialismo norteamericano de evitar la elección de Gaitán. Si hay elecciones con Gaitán, candidato entonces, su victoria hubiera sido indiscutible.

Gaitán me llamó a exponerme algunos de sus proyectos y a explicarme por qué había hecho la llamada Marcha del Silencio, ya que en cierto grado los comunistas criticamos el silencio de la Marcha. Recuerdo esa entrevista, que fue en su oficina; allí Gaitán me explicó por qué había lanzado la consigna del silencio y había hecho terminar la manifestación en la plaza de Bolívar. Porque si hubiera pasado esa manifestación frente al Palacio Presidencial, nadie hubiera podido contener que las masas se lanzaran al ataque frontal o contra el Gobierno. En esa entrevista coincidimos bastante o completamente con los puntos de Gaitán en el sentido de que debíamos evitar provocaciones y proponía él un frente muy amplio. Incluso Gaitán me dijo que no era obligatorio, digamos, pensar en su candidatura presidencial, que se podía pensar en otro candidato liberal. Es decir, en ese momento del asesinato de Gaitán, digamos un mes antes, había un acuerdo ya táctico del Partido Comunista con él.

Gilberto Vieira

La violencia surge por el hecho de que un partido minoritario —insisto mucho en que era minoritario como lo era el Partido Conservador— triunfó en las elecciones presidenciales de mayo del 46, cuando obtuvo la victoria el presidente Ospina Pérez. Y hablo de la violencia política porque ese partido minoritario quiso convertirse en partido de gobierno y asegurar la continuidad del conservatismo en el poder hasta el año dos mil, como planteaban ellos. Ese partido quería modificar la situación desfavorable en que estaba como partido de minoría, eliminando la mayoría que favorecía al liberalismo. No hay que olvidar que en el año 47, cuando Gaitán está prácticamente al frente del Partido Liberal ocurrieron dos elecciones y a pesar de que sucedieron durante el gobierno conservador de Ospina Pérez, el Partido Liberal obtuvo la mayoría, unos doscientos mil votos aproximadamente. Entonces me parece que por la cabeza de algunos conservadores pasó la idea peligrosísima de que había que eliminar esa diferencia que favorecía al liberalismo y esa mayoría se podía eliminar de muchos modos: a base de intimidación, o como también se recurrió, al expediente de obligar a los campesinos, principalmente, a que por medio del juramento renegaran de su fe política, a cambio de la tranquilidad para su trabajo y para su vivienda. En esa época circulaban muchos certificados, digamos una especie de cédula, que decía que fulano de tal había entrado al Partido Conservador y por tanto había que respetar su vida y su hacienda. De modo que eso también fue una modalidad de la violencia política. Y la modalidad peor, la más grave, fue la violencia física para eliminar a los liberales como hombres, como personas. Concretamente en el Partido Conservador, había adquirido mucha importancia la tesis de Laureano Gómez de que la mayoría liberal se debía a que en el país había un millón ochocientas mil cédulas falsas. Con ese argumento, Laureano Gómez llevó a su partido la mentalidad de que era mayoría y que debía adquirir esas mayorías por cualquier medio: la de una violencia psicológica o la de una violencia física que se manifestó en esa época. Esa violencia tuvo como agentes inmediatos a las personas de cuatro localidades: los agentes de los resguardos, los alcaldes, la policía, sobre todo los chulavitas —especie de policía política encargada de lograr ciertos fines como los de intimidación al campesino o de eliminación cuando no querían plegarse al nuevo orden de cosas—, y los curas, desde los púlpitos. Gaitán ya como Jefe liberal, no quiso actuar en forma que el liberalismo cobrara golpe por golpe, diente por diente, la violencia que estaba padeciendo, sino que él prefirió buscar los caminos de la paz. En todo el recorrido de los últimos meses del caudillo, él se comportó como un hombre que ante todo buscaba la paz. Visitó a Ospina Pérez en enero del 48 para entregarle lo que él llamó un Memorial de Agravios, en el cual se reseñaban los hechos más graves, organizó la Marcha del Silencio, en febrero del mismo año 48. Entonces Gaitán se comportó como un hombre nacional, no como un hombre de partido. Porque él decía que tanto valía la vida de un liberal, como la de un conservador.

Pero no solo fue la violencia política. También había una situación que podríamos calificar como el ensanche de la miseria de las grandes mayorías populares. Las causas de esa miseria venían desde tiempos muy lejanos, pero en esa época se agudizó porque se estaba afirmando en el país, un régimen capitalista fuerte, que naturalmente conducía a lo que sabemos, a la concentración de la riqueza en pocas manos. Lo que generaba del lado del pueblo una gran frustración social, una gran miseria. No olvidemos que ya en esa época se vivía un período inflacionario, parecido al actual. Las exportaciones habían aumentado, por lo cual afluían muchas divisas extranjeras, que al convertirse en moneda nacional, determinaban una demanda creciente de los géneros o mercancías que había. Vino un exceso de medios de pago en relación con la poca cantidad de artículos de consumo; todo esto presionó, naturalmente, las alzas. Hay muchos datos que muestran cómo el costo de la vida aumentó a razón de un cuatro a cinco por ciento, lo cual era un elemento explosivo en la sociedad; grandes mayorías veían cómo su situación de vida decrecía o se hacía cada día más difícil. Ya en el año 48, a comienzos, se veían los resultados de esa inflación por la miseria que acarreaba para las grandes mayorías.

Además, las clases dirigentes, sobre todo del lado conservador, se habían empeñado en hacer invisible la República. Estas eran palabras textuales de algunos caudillos de la época como Laureano Gómez. Estos jefes preconizaban el atentado personal, hablaban de que era indispensable crear una anarquía en el país, en espera de que saliera un movimiento regenerador que marcara el paso, con la experiencia de países como España.

Gerardo Molina

Sí, claro, el 7 de febrero de 1948 quedó sellada la muerte de Gaitán, porque ese día se hizo la Manifestación del Silencio, donde Gaitán pronunció el discurso más importante en toda su carrera política, el más elocuente.

El impacto que causó Gaitán en las masas liberales fue inmenso, porque la consigna era desfilar todo el liberalismo de Bogotá, con banderas negras, congregarse en la plaza de Bolívar y no proferir un grito, sino el tremolar de las banderas.

Fue realmente impresionante, porque la plaza de Bolívar se llenó al tope, Bogotá creo que tendría unos seiscientos mil habitantes; la quinta parte de la población de Bogotá estaba congregada en la plaza Bolívar. Gaitán pronunció su célebre discurso de la Oración por la Paz, que fue una tremenda amenaza, porque le dijo a Ospina Pérez: «Aquí se está contradiciendo la psicología de las multitudes; las multitudes que demuestran su entusiasmo con aplausos, con gritos, con ademanes emotivos, aquí esta recatada en el más absoluto silencio, porque aquí están congregados muchas de las viudas, huérfanos, de las víctimas de la barbarie conservadora. Venimos a decir al señor Presidente de la República que no queremos más sangre, que nuestra capacidad de liberales ha sido muy grande y repito, aquí se está contradiciendo la psicología de las masas, porque este silencio que ahora se manifiesta, puede desbordarse el día en que le digamos al partido que asuma la legítima defensa».

El discurso de Gaitán fue una amenaza muy grande. Nosotros empezamos a decir que ese día quedó demostrado que Gaitán sí era el Jefe, indiscutiblemente, de las grandes mayorías del país y al llegar a las elecciones las ganaba. Yo creo que los conservadores así lo entendieron porque ya el fenómeno de la popularidad de Gaitán rebasaba las fronteras; en todas partes se veía que era el líder necesario, no solo de Colombia, sino de la izquierda de América. Entonces empezamos a ver que Gaitán estaba en peligro y se lo dijimos, yo se lo dije: «Jorge Eliécer, a usted lo van a matar, usted tiene que cuidarse mucho». Porque a él le gustaba andar solo y de golpe se salía de noche, era algo muy peligroso. Pero nos decía: «A mí no me matan, mi seguro es el pueblo, porque mi posible asesino sabe que a él lo matan en el momento en que me mate y ese es mi seguro de vida». «Pero precisamente un loco, como mataron a Gandhi, como todos los magnicidios han sido cosas inexplicables, en las mismas circunstancias suyas». «Esas son pendejadas, a mí no me pasa nada, yo no me pongo con esas cosas».

Julio Ortiz Márquez

Diario de la noticia

7 de febrero

Estoy profundamente conmovido. La ciudad se paralizó como si se hubiera sumido bajo tierra para no escuchar el sonido de la voz humana. No se puede convocar al silencio impunemente, sin que el hombre explote en pedazos y en su interior no sienta deseos iracundos de gritar y de salir corriendo... Hoy el prodigio se realizó y surgió de la quietud un silencio inmenso, desconocido, inatrapable porque el eco de su paso se perdió definitivamente, al comenzar a caminar miles de personas, sin ninguna prisa, desconcertadas por el cambio inesperado en sus costumbres y comportamientos de multitud, sobrecogidas llevando en sus manos banderas rojas y negras de luto por la muerte que azota a la geografía del país. Esa multitud caminaba viviendo con intensidad furiosa la sensación eterna que hermana a los hombres en los momentos cruciales del dolor, unidos por una fuerte disciplina, ordenada por Gaitán de no abrir la boca, y llevar consigo en el estómago el vacío de algo que se contiene y no se puede arrojar. Marcharon con la mirada lejana, frente de presagios que cae como la lluvia y trae sobre los hombros la incógnita de un futuro incierto. Las espaldas de los hombres se hicieron brillantes en un día gris por lo apacible, mientras la ciudad agazapada en sus calles y en sus viejas construcciones seguía expectante, en la agonía de su propio frío, porque se sentía abandonada en medio de tanta compañía muda. Las bandas de provincia tocaron marchas fúnebres que despertaron viejos sentimientos, que aún siguen abandonados en el centro más sensible de cada hombre. Gente de Villeta, Chocontá, Pacho, Zipaquirá, Suba, comiendo del mismo silencio. Y fueron llegando, desde cuatro sitios escogidos, a la plaza de Bolívar, como buscando acomodar el cuerpo en cualquier sitio, donde ya no cabían más piernas, más cabezas. Mas el hombre o los miles de hombres encontraron sitio para sus pies, inquietos de ver que apareciera la figura del Jefe en los balcones. El tumulto en su silencio fue creciendo en un río de sudores pegajosos, en un silencio religioso en que la resignación hacía parte del rito. La voz de aquel hombre que esperaban con tanta ansiedad no comenzaba a hablar. Entonces el tumulto se volvió como un rostro fijo que miraba al balcón, como si fuera un gran árbol abarrotado de frutas que por su peso ya no lo mueve el viento. Rostros apeñuscados cuando la espera es eterna y abandona el ritmo de su acezar y huye para esconderse de nuestros ojos. Sobre el cielo abierto, todas las miradas, sobre las cabezas los sombreros como minúsculos paraguas. Gaitán ha salido al balcón. La respiración del tumulto se detiene, se paraliza en las arterias, se aquietan los cuerpos, un corazón de miles de personas deja momentáneamente de fluir ante la expectativa encarnada en ese hombre. Ha comenzado el acuerdo tácito de quien habla y de quien escucha. Gaitán mira por encima de sus manos a esa multitud que respira y vive apasionadamente por su voz, para crear su propio silencio, el silencio adecuado para su voz y manos comienzan a explayarse como astas quijotescas para romper y darle un nuevo cauce al aire que penetra en su garganta; Gaitán respira y comienza a hablar con estudiada gravedad, con gesto convincente en que pone todos sus músculos en tensión, en un tono menor pero tranquilo, expresión de serenidad fúnebre, con palabras que parecen ser dichas por un diestro lanzador de cuchillos que siempre acierta al corazón y la multitud maniatada, a ese silencio que se ha vuelto suyo, haciendo uniforme el mismo sentimiento de acatamiento; habla Gaitán para demoler con su voz tan conocida por esa masa, a ese silencio que ya se había hecho roca de muchos siglos, por el ondear dramático de las banderas enlutadas. Entonces Gaitán le dijo al señor Presidente: «Os pedimos que cese la persecución de las autoridades; así os lo pide esta inmensa muchedumbre. Os pedimos una pequeña y grande cosa: que las luchas políticas se desarrollen por los cauces de la constitucionalidad. No creáis que nuestra serenidad, esta impresionante serenidad, es cobardía. Nosotros, señor Presidente, no somos cobardes. Somos descendientes de los bravos que aniquilaron las tiranías en este suelo sagrado. Somos capaces de sacrificar nuestras vidas para salvar la paz y la libertad de Colombia…».

Y la Manifestación se disolvió con el sonido final de la voz de aquel hombre, que fue como una orden para que aquella multitud volviera por sus pasos, en compañía del silencio que estaba carcomiendo sus huesos. Regresé a mi casa sobrecogido. Ahora solo quiero dormir. No sé si todo esto es el anuncio de una terrible pesadilla.

9 de febrero

Son más intensos los hechos de violencia. En vez de disminuir o espaciarse, se hacen cada semana más regulares y por lo tanto, producen más víctimas. Se ha vuelto algo tan cotidiano que el asombro del país no encuentra sombra. Ya no son las decenas de muertos que al comienzo de este Gobierno se contaban, la suma sube ahora a centenares.

Y el teatro no son ya las regiones más apartadas y tempestuosas por tradición, digamos que casi históricas, por la continuidad de los odios heredados.

La ola de violencia comienza a invadir a las ciudades sin que nadie la detenga. Las muertes raramente se producen como consecuencia de enfrentamientos de individuos, grupos o masas de un partido o de otro. En ese ambiente caldeado que vivimos algo tiene que ver, desde luego, cierta agresividad en las manifestaciones, los encendidos discursos y las disputas por cuestiones políticas. Pero casi invariablemente la norma demuestra que los muertos se han producido por disparos de armas oficiales. A Manizales le llegó la mano. Simultáneamente con la manifestación de Bogotá, se realizaron concentraciones liberales en otras ciudades. En Manizales, en la plaza principal se congregó el liberalismo. Al concluir la manifestación, la policía abaleó al pueblo desarmado. La prensa conservadora afirma que los disturbios tuvieron origen en el discurso del dirigente liberal, Camilo Mejía Duque. La prensa liberal dice que la policía se hallaba dispuesta a intervenir, con ánimo de provocar y que desde el comienzo ensayó el sabotaje.

El Gobernador culpa a los violentos que se pronunciaron. Que al terminar el acto los manifestantes se desplazaron hacia la Gobernación e iniciaron un ataque de palabras y de hechos contra un reducido grupo de agentes de policía. El comandante ordenó lanzar gases lacrimógenos que no disolvieron el tumulto, por mala calidad de las granadas. Pequeña ironía. Los gases exasperaron a los manifestantes que intentaron penetrar en la Gobernación. La policía se vio obligada a disparar. La multitud disparó. El directorio liberal en mensaje al Presidente dijo todo lo contrario. La policía uniformada y agentes de la seguridad en trajes de civiles, armados, desde las dependencias oficiales dispararon sobre la multitud inerme. Lo cierto de la doble historia

es que fueron siete los muertos y veinte heridos, cuatro fallecieron posteriormente. Coincidencialmente todos liberales.

Lo mismo sucedió en Pereira. Al terminar la manifestación, una contra-
manifestación conservadora prorrumpió en gritos provocadores, los liberales respondieron. Acto seguido, de un momento a otro, sin que hubieran
mediado agresiones físicas entre los grupos, la policía empezó a disparar
sobre los liberales parapetados en las bancas del parque. Fueron tres los
muertos y muchos los heridos.

En Caldas, la policía asciende a mil hombres. En los últimos meses se han
producido ochocientos reemplazos. Hace pocas semanas fueron sustraídos
del parque del cuerpo, cien revólveres Smith & Wesson, y cincuenta y cuatro
mil proyectiles, armas que fueron repartidas por orden superior, entre los
conservadores civiles.

11 de febrero

Mientras el presidente Ospina calla y no ha dado respuesta al Memorial de
Agravios, Silvio Villegas, dirigente conservador, descubrió que el próximo
presidente de la República tendría que salir del Partido Conservador, como
«Eva surgió de una costilla de Adán. Su nombre está en los labios de todos.
Es el mentor de las grandes empresas públicas; el fiscal intransigente de la
Nación, el infatigable creador de nuevos hechos políticos, el Poliocertes por
excelencia, maestro en estratagemas y fecundo como ningún otro, yunque
y martillo, el tutelar lineo de la patria, el verbo hecho hombre: Laureano
Gómez. Contra su voluntad si es necesario, será el sucesor de Mariano
Ospina Pérez. Pero el jefe del Partido Conservador no puede olvidar que es
hijo de la gloria, y que solo la República, en su majestad, es digna de diade-
mar sus sienes… Vamos a la reconquista del poder porque el liberalismo no
acepta otra tesis, y porque las empresas nacionales se deslizan por el cauce de
nuestra doctrina como un leño débil entregado a la potencia de las olas…».

Costilla maternal de sacrosantos huesos.

13 de febrero

Torpe error el decreto 525, por el cual el señor Presidente nombró la delegación colombiana a la IX Conferencia Panamericana. La preside el señor
Domingo Esguerra; doce embajadores plenipotenciarios seis liberales y seis

conservadores; los liberales, Echandía y Carlos Lozano; expresidentes, López de Mesa, Soto del Corral y Antonio Rocha; exministros de Relaciones y Carlos Lleras Restrepo; del conservatismo, designó a su jefe más sobresaliente, el señor Laureano Gómez; a los señores Urdaneta Arbeláez y Zuleta Ángel, diplomáticos de carrera; al señor Guillermo León Valencia, cabeza principal del conservatismo más extremista, y a los señores Silvio Villegas y Ramírez Moreno, los mejores oradores parlamentarios de su partido.

El canciller Domingo Esguerra, planteó al Presidente la conveniencia de nombrar al señor Gaitán en la delegación, como jefe del Partido Liberal. Parece que el Presidente estaba interesado en nombrarlo. Pero el señor Laureano Gómez al tener noticia de que el nombre de Gaitán había sido sugerido, protestó indignado. Manifestó al señor Presidente que si nombraban a Gaitán, él renunciaría a la Junta Preparatoria de la Conferencia Panamericana y se abstendría de concurrir como delegado. Ante tales términos perentorios del jefe del conservatismo, el nombre del señor Gaitán desapareció de la lista, por encanto y definitivamente.

La determinación presidencial rompe, incluso, con la tradición colombiana en los asuntos de su política exterior, en que a pesar de las contradicciones internas, siempre han colaborado los dos partidos.

El argumento que se dio a la opinión fue en extremo de pobreza franciscana, el señor Gaitán es un gran penalista, pero no es experto en cuestiones de Derecho Internacional.

14 de febrero

La respuesta liberal no se hizo esperar. La expresó el señor Echandía en documento público. Antes había conversado con Gaitán. «En las circunstancias actuales mi sensibilidad de liberal me indica que el acto de aceptar o no el honroso encargo con que me ha distinguido el Gobierno, no puede ser un simple acto personal mío, que dependa exclusivamente de mi voluntad, sino un hecho político que debe ser materia de deliberación por parte del partido al que pertenezco. Entiendo en este caso por partido, los directores responsables del liberalismo, que lo son el señor Gaitán y la convención liberal. La única convención elegida por el pueblo liberal y acatada por todo el partido, de la cual se derivan los poderes del Jefe único, es la constituida por los senadores y representantes elegidos en marzo último por ochocientos mil liberales», dijo Echandía.

Las fisuras en el liberalismo abrieron sus fauces. Echandía no consultó con sus compañeros de delegación su documento público, en el cual renunciaba a estar en la Conferencia Panamericana y se plantea otra salida que, para muchos en el liberalismo, es la más lógica. La expresó Carlos Lozano: «En mi opinión, la cuestión política, acerca de la subsistencia o ruptura de la Unión Nacional, es preciso plantearla, primero con respecto al Ministerio Ejecutivo. Corresponde a las directivas del partido decidir si autoriza o no la colaboración en el Gobierno, frente a los dolorosos acontecimientos que se han producido en el curso de los últimos días. Entiendo que los ministros liberales pusieron en manos del señor Gaitán, desde hace algún tiempo. ¿Pero cómo podrán entender las Naciones hermanas del Continente, que no hubiera miembros de nuestro partido en la delegación a la Conferencia, a la hora de tratar asuntos que interesan a la República en el plano internacional, mientras se continúe prestando un concurso amplio en diversas ramas de la administración pública, es decir en el campo de la política interna, donde han surgido los conflictos que entristecen al país?».

Al liberalismo no le quedan sino dos caminos: hacer efectiva y equitativa la colaboración con el Gobierno, o lanzarse a la oposición con todas sus consecuencias. Ambas políticas tienen una razón y un sentido. Es una dualidad de posiciones, en estos momentos de difícil sostenimiento. Ya se anuncia la reunión de las mayorías parlamentarias que tendrá que resolver el conflicto interno del liberalismo.

15 de febrero

Ayer leí en *El Tiempo*, en su página editorial, el siguiente párrafo que sintetiza un sentimiento nacional de crítica a la reciente conferencia del presidente Ospina: «Nos hubiera conmovido profundamente, oír de labios del Presidente una palabra siquiera de piedad y de respeto para las víctimas de la tragedia inaudita de Manizales, en la que fueran sacrificadas más de quince vidas colombianas. Hay veces en que la frialdad de los gobernantes asume características de desdén, que es una forma —acaso la más irritante— de despreocupación por la suerte de los gobernados».

En su conferencia, el Presidente respondió a los dos memoriales recibidos en su despacho, en los últimos días. El uno firmado por el señor Laureano Gómez en el que se habla de los excesos del liberalismo, sus atropellos en los pueblos y el millón ochocientas mil cédulas falsas que lleva entre sus bolsillos. Y el otro, presentado por el liberalismo, en el que se responsabiliza a varios funcionarios por la violencia desatada y se señalan como obstáculos de la Unión Nacional los ministros Montalvo y Estrada Monsalve.

Durante tres horas, el risueño y frío Presidente, con campechana sencillez y entonando algunos apartes con deliberada elocuencia, dijo:

—No soy un Presidente de minoría como se sostiene en absurda tesis. En la historia de nuestro país no ha habido Presidente de mayorías o de minorías. Sino simplemente Presidente de Colombia.

—El Partido Liberal ha venido formulando cargos de parcialidad política, de violencia, especialmente contra elementos de las policías departamentales. Han ocurrido deplorables sucesos en los cuales se han visto envueltos miembros de la policía nacional. El Gobierno no excusa de manera alguna y ha condenado enérgicamente aquellos casos en que los agentes hacen uso indebido o culpable de las armas de fuego. Pero también es fundamental que los ciudadanos guarden mejor compostura con los agentes del orden, pues no parece equitativo y humano esperar de ellos todo el aplomo y equilibrio y vejarlos inmisericordemente, aguardando a que se porten insensibles, como si se tratara de cuerpos muertos ante el ataque verbal o armado.

A fin de que no quede una sombra de duda en cuanto a la imparcialidad del Gobierno, se ha aceptado la renuncia que ha presentado el Gobernador de Caldas.

—Consideran los dirigentes políticos que las campañas de agitación constante, hechas sin control ni medida, en conferencias y periódicos hablados y escritos, son factor decisivo para producir esa situación de intranquilidad permanente.

—El Gobierno deplora vivamente el éxodo de ciudadanos liberales y conservadores, que halagados por el aliciente de una mejor situación económica, abandonaron voluntariamente algunas poblaciones o se vieron precisados a hacerlo obligados por sus adversarios políticos.

—El señor Montalvo ha expresado el alcance de su expresión metafórica, «a sangre y fuego». Resulta extravagante pensar que un jurisconsulto tan eminente, educado en el más puro culto al derecho, tratara de rectificar la honrosa trayectoria de su vida, para ceder al sectarismo del momento.

16 de febrero

Hermoso homenaje. Sobreponiéndose al dolor que implica la muerte, al despedir a hombres, quizás desconocidos para él físicamente, pero hermanados por sus tesis, penetró con sus profundas palabras, para desentrañar el túnel del silencio con sus alas quietas y encontró en el llanto contenido del tumulto que lo escuchaba, el grito que se había posado en el inquebrantable silencio y descuajó de su propia tierra, los ánimos que requiere el hombre para mirar de frente. Hermoso homenaje rindió Gaitán a las víctimas de Manizales y Pereira. Su voz adolorida se escuchó en el Cementerio Central de Manizales.

17 de febrero

Un simple dilema: colaboran o no colaboran. Y el conflicto emergió por la designación que hizo el Gobierno de la delegación colombiana a la Conferencia Panamericana. El señor Echandía le metió candela a la cuestión política que hasta ahora —por lo menos en apariencia— se mantenía latente. Como consecuencia y como revelación de una situación a través de dicho documento se suscitaron dos reuniones: la primera en casa del profesor López de Mesa, para estudiar conjuntamente la actitud a tomar por parte de la delegación liberal designada a la Conferencia; y la segunda, en el Capitolio Nacional, promovida por el señor Gaitán.

En casa del profesor López de Mesa, los liberales escogidos como delegados convinieron en no aceptar el ofrecimiento del Gobierno, antes de conocer el fallo de las mayorías parlamentarias. Ellos, en su mayoría, tienen la convicción de que en materias internacionales la colaboración es necesaria y patriótica que obedece a una larga tradición del país. Se dijo, que aún en las más agudas crisis del sectarismo, los dirigentes de la oposición se han hecho cargo de difíciles misiones internacionales, como por ejemplo, Aníbal Galindo, en pleno régimen de la Regeneración; del general Uribe Uribe, después de la guerra; del señor Fabio Lozano en 1920; del poeta Guillermo Valencia en la discusión del Protocolo de Río de Janeiro. Y por último, se confió en Echandía para que llevara la vocería liberal a la junta de embajadores y ministros plenipotenciarios, aplazando la decisión de aceptar hasta conocer los resultados de la Asamblea liberal.

En cable, desde La Habana, Carlos Lleras Restrepo, renunció a su designación como delegado a la Conferencia Panamericana en protesta por la no inclusión de Gaitán, en la delegación colombiana.

19 de febrero

Interesantes las opiniones del maestro Echandía acerca de la Unión Nacional: «Conveniente —esta política— para el liberalismo y el país. En el caso de romperse la colaboración, se abre la perspectiva de un gobierno hegemónico. Los conservadores, con el fin de mantenerse en el poder, no vacilarán en emplear a fondo todos los instrumentos del Gobierno. Y se corre inclusive el peligro, si continúan las amenazas de huelga, los paros parciales, el desorden social existente, de que aparezca la reacción bajo sus peores aspectos».

21 de febrero

La tendencia se agudiza hacia rompimiento de la Unión Nacional. Aunque existe diversidad de opiniones, en la reunión de los parlamentarios liberales hay una evidente división. Un grupo numeroso considera necesario el rompimiento. Sólidos son sus argumentos:

—Es nociva la colaboración para el liberalismo; relaja sus resortes doctrinarios y su base orgánica. Imposibilita la plena unión y la acción frente al adversario.

—La experiencia les dice a los liberales cómo los conservadores, desde el Gobierno, han sostenido la colaboración con el fin de aprovecharla estratégicamente para afianzarse en el poder. Son diarios los avances conservadores en las posiciones fundamentales del botín burocrático, y considerable el repliegue liberal.

—Los ministros liberales no han obrado de acuerdo con las Cámaras, ni con las directivas del partido. No han logrado evitar los continuos hechos de violencia. Es decir, son una especie de invitados de piedra, en medio de dos lealtades: al liberalismo y al Gobierno. Y la otra opinión es que la Unión Nacional es posible modificando en la práctica, el clima político que existe en el país. Las causas de la violencia pueden ser radicalmente extinguidas por el Gobierno.

Y esta sin salida liberal, se debe a que en agosto de 1946, al definir los términos de la colaboración, en las juntas parlamentarias se decidió que esta debía ser personal, dejando a salvo la responsabilidad del partido como partido.

25 de febrero

Fue puesta en discusión una proposición, según la cual, después de varios considerandos, se pide el nombramiento de una comisión que hable con el señor Presidente de la República e informe a la convención los resultados, a fin de tomar una decisión definitiva, y mientras esperan los convencionistas liberales, los conservadores explotan en palmas de alegría. En respuesta a la invitación que el mandatario hiciera a los partidos para ponerse de acuerdo sobre los puntos básicos que han sido razón de la controversia de uno y otro —ley electoral y reforma de la policía—, los señores Laureano Gómez y Navarro Ospina comunican al Presidente que están listos para parlamentar con el mejor ánimo, mientras que las minorías conservadoras firmarán los proyectos de ley que se acuerden, entre las directivas de los partidos.

El Partido Liberal vive al borde del vacío. Los conservadores se presienten solos en el poder.

27 de febrero

El fino y respetable ministro de Relaciones Exteriores, señor Domingo Esguerra, revolucionario en otrora, invitado a la convención liberal se vino encima con una andanada por cierto nada diplomática, pero muy calculada, que produjo en los presentes un ataque de urticaria:

—La colaboración propuesta por el señor Ospina Pérez fue de carácter personal. Así la acepté yo, sin consultar con nadie, y solo avisando mi determinación, ya tomada, a los jefes de las dos facciones del liberalismo. Mi renuncia la sometería al mandatario que me nombró y no a entidades incompetentes para resolver sobre ella.

La liebre saltó en el Partido Liberal.

28 de febrero

Fríamente cortés, creando con su actitud un ambiente de solemnidad y profundo distanciamiento, en el cual las palabras que se iban a pronunciar no tendrían el valor de ser escuchadas, el Presidente recibió a los comisionados liberales. Había comenzado con el transcurrir lento del tiempo, la agonía de un experimento político, que para bien o mal del país se había esbozado como una propuesta —por lo menos en la teoría— de ver la contienda partidista en forma civilizada. El Presidente les había dicho a los comisionados liberales, antes de entrar a su despacho y en el mismo tono distanciador tan normal en él, que a las siete de la noche en punto, tenía una entrevista con el embajador de Colombia en Ecuador. Y esto lo escucharon los liberales de pie a las cinco en punto de la tarde. Dos horas para tratar de salvar una política que se estaba yendo río abajo. Habló primero Alonso Aragón Quintero, presidente del Senado, luego con su parsimonia acostumbrada, con astucia de viejo zorro y exquisito respeto por el señor Presidente, lo hizo el señor Echandía, quien dijo como cuestión de principio: «El Partido Liberal no puede discutir ni adelantar conversaciones sobre la base de que sea cierta la tesis sobre que existen un millón ochocientas mil cédulas falsas, porque eso daría motivo para considerar ilegítimo el título constitucional que su Excelencia tiene, de Presidente elegido por los colombianos. Tenemos ante su Excelencia una doble delegación: la del liberalismo y la del Parlamento. De acuerdo con la Constitución vigente, el poder público tiene tres ramas. Y ante el Presidente, cabeza de la rama Ejecutiva, habla el Congreso en nombre de otra rama —la Legislativa— no menos importante. Su Excelencia, en respuesta al Memorial de Agravios, que le fue presentado por las directivas del liberalismo, sugirió como medio para lograr la pacificación del país y hacer efectiva la Unión Nacional, la adopción de una reforma de la actual legislación electoral y sobre la organización de la policía. Acudimos pues, para manifestar a su Excelencia que las mayorías parlamentarias están dispuestas a acordar con el Gobierno, los términos de dicho plan legislativo».

En ningún momento la conversación se hizo fácil, sencilla, franca. El Presidente se reservó dentro de su dignidad de mandatario y no buscó hacerse asequible a sus interlocutores. Dijo con helada sonrisa:

—Los mayoritarios del Congreso no pueden hablar a nombre de todo el Congreso, porque en él hay también una minoría que debe ser acatada, escuchada y respetada.

—El acuerdo debe realizarse, no entre el Presidente y el Partido Liberal, sino entre los dos partidos. No está en capacidad el Presidente de asumir la personería de uno de esos partidos.

—No entra a calificar la tesis del señor Laureano Gómez, sobre los dos millones de cédulas falsas. Pero tampoco, *a priori,* puede negarse de plano que existan cédulas falsas.

—El Presidente cree haber cumplido con todo su deber para con la República, otorgando garantías y dando prendas de imparcialidad tan evidentes como el nombramiento del señor Arango Reyes para ministro de Justicia.

Al referirse a la situación de Santander, dijo: «Recuerdo lo que fue la situación de Santander, en los comienzos del régimen liberal. Yo en ese entonces no estaba en la política. Era gerente, de la Federación Nacional de Cafeteros. Y tuve que hacer, por deberes del cargo, un viaje a Santander. Pasé el Páramo del Almorzadero con escolta de la policía. Esa era la situación que se vivía entonces. Sin embargo yo no dije jamás que el presidente Olaya Herrera fuera un asesino».

A las siete en punto, el señor Echandía recordó al señor Presidente su compromiso.

29 de febrero

La ruptura era inevitable. Habían transcurrido veinticuatro horas después de la conversación con el Presidente. Los liberales esperaron en su convención y no sonó la tan esperada llamada telefónica ni llegó el mensaje personal. El rompimiento quedó definido con la resolución que los congresistas adoptaron unánimemente, al desautorizar «la colaboración de los liberales en aquellos cargos que aparejen responsabilidades en las orientaciones políticas de la administración ejecutiva», haciendo excepción de lo relacionado con la IX Conferencia Panamericana que podrán ser desempeñados, teniendo en cuenta —dice la moción— «que el Partido Liberal ha sido el abanderado de la política democrática de las Naciones Unidas y de la solidaridad continental».

Luto Nacional por la muerte natural de la Unión Nacional.

1ro. de marzo

El sábado en la tarde, incluso antes de que saliera a luz pública la noticia del rompimiento, Laureano Gómez declaró al *Espectador*: «La colaboración es como las lentejas, si las quieres las tomas y si no las dejas». Cáustica respuesta que estimuló más la caliente atmósfera, favorable al rompimiento total de la Unión Nacional que se advertía en el Salón de la Asamblea de Cundinamarca donde deliberaban los convencionistas liberales. Ahora los conservadores podrán comer a manos llenas todas las lentejas que quieran. La mesa está servida con el botín burocrático.

2 de marzo

Ayer en la prensa se publican los reveladores y esperados editoriales, que implican un juicio de responsabilidades por el rompimiento de la Unión Nacional. Mano a mano acusatorio. *El Tiempo* dice entre otras cosas, que «El jefe del Estado no se mostró interesado en ningún momento en proseguir las conversaciones con la respetable comisión del liberalismo que fue a visitarlo. Es verdad que la recibió muy amablemente, pero es evidente también que le cerró las puertas con muy discreta cortesía». Todo indica que fue un problema de comportamiento social. Y hablando de puertas, ese día de la visita se abrió la puerta falsa de Palacio: «El mismo día de la entrevista con los liberales, a la misma hora en que estos entraban por la ancha puerta principal del Palacio de la Carrera, por la puerta doméstica, la llamada puerta falsa, abandonaban el recinto presidencial, sigilosos y satisfechos, tres prominentes jefes conservadores. Es lógico deducir que toda la política expuesta por el Presidente en su entrevista con los liberales, no fue sino consecuencia de lo acordado previamente con los tres eminentes consejeros políticos de su partido».

Entre tantas preguntas, el diario liberal hace la siguiente: «¿Por qué si la Unión Nacional era auténtica, se pretendía cohonestar la violencia con la tesis impúdica de que solo el fraude la causa?».

El Siglo es más directo: «El mundo no detendrá su marcha por lo ocurrido, ni el ritmo de la Nación tendrá por qué alterarse. A este respecto se equivocan gratuitamente quienes estén acariciando la idea de que al Gobierno se le podrá amenazar, o la tranquilidad podrá ser alterada con asonadas y disturbios populacheros que traten de fomentar los promotores de la ruptura. Ni mano de hierro con los que quieran ejercer libremente los derechos de oposición, ni temblorosa tampoco para aplicar la represión allí donde sea necesario, cuando se atente contra las prerrogativas constitucionales y la guarda de la paz pública».

3 de marzo

La política de rompimiento ha sido secundada por la prensa liberal del país, con una sola excepción, la de *El Relator*, de Cali, y por todas las figuras más importantes de esa colectividad, excepción hecha del ministro de Relaciones Exteriores, señor Domingo Esguerra, quien resiste victoriosamente hasta ahora las invitaciones que le hace la prensa hablada y escrita de su propio partido. Es un ministro aferrado a su chanfaina, de oídos sordos. El resto de ministros liberales renunciaron.

4 de marzo

Con lupa, en su sección editorial de ayer *El Siglo* descubrió el meollo o la causa primaria del rompimiento liberal de la Unión Nacional. «La tesis del MILLÓN OCHOCIENTAS MIL cédulas falsas no es hija de la imaginación de una persona determinada, ni simple dicho arbitrario de nadie. Esa cifra resultó de los cálculos estadísticos de los propios técnicos de la oficina de cedulación electoral, repetidos en ocasiones distintas, ante testigos áticos e idóneos».

Luego plantea el dicho editorial, que los dueños de las cédulas falsas son los liberales que impusieron con un sectarismo cerril, mayoría de electoreros suyos de confianza, absolutamente en todas las corporaciones electorales que han intervenido en la preparación y entrega de la cédula. «Los ciudadanos conservadores de carne y hueso han tropezado con dificultades odiosas, inverosímiles, infinitas para obtener su cédula y muchísimos millares de ellos no la han conseguido todavía. Calcúlese si las mayorías sectariamente liberales de las corporaciones iban a dar a los conservadores cédulas falsas. Todas están en manos liberales».

«El meollo de la situación política está en si debe subsistir el fraude (tendencia liberal); o si debe ser combatido (tesis conservadora)».

11 de marzo

Hoy en *El Tiempo*, el señor Gaitán hace declaraciones, en las cuales define dos momentos de la vida nacional: «Me acuerdo, que cuando la tragedia de

Gachetá, que por cierto fue iniciada por la actitud de cierto personaje conservador, el Presidente Santos escribió vibrantes mensajes de condenación para el crimen, nombró investigadores conservadores, movilizó un tren de empleados hacia el esclarecimiento del crimen, no hubo, en fin, resorte que no tocara para lograr el castigo de los responsables, la mayoría de los cuales ahí están pagando todavía, en las cárceles, la condena que sobre ellos cayó. Ahora, en cambio, ocurre un caso tan horripilante como el de San Cayetano, en que toda una familia liberal es asesinada en la forma más vil que recuerde la historia, y ni una sola voz oficial se ha levantado para condenar tan abominable crimen. Esto, por lo menos, me parece que define dos etapas de la vida nacional».

Boyacá vive la tormenta de la violencia. En Chita ya no queda un solo liberal, todos huyeron. En Miripí, en una semana, llegan a diez los muertos liberales. En Ramiriquí, la policía y los resguardos los persiguen como a bestias salvajes, los arrojan a los precipicios como ocurrió con Julio Cuervo. En Paipa, la policía abalea constantemente a la población, coloca bombas de dinamita en las puertas de las casas y almacenes, sembrando el terror. En Coper, los conservadores celebran la victoria de haber logrado quedarse solos en la población.

El Gobernador de Boyacá insiste en reorganizar la policía con personal de la Uvita, Boavita y San Mateo, norte del Departamento, en donde se ha recrudecido la persecución política desde hace más de un año.

En el Valle la policía ha manifestado que está dispuesta a respaldar cualquier actuación en contra del liberalismo. «Porque ya llegó la hora de que cese el predominio liberal en el Departamento».

12 de marzo

Un sobreviviente de los hechos de violencia en Moniquirá, ahora recluido en la Hortúa, denuncia dramáticamente: «Ellos —los asesinos— no han sido castigados ni lo serán. Ellos obedecen a sus superiores y no tienen sino que cumplir. Son asesinos a sueldo, amparados y protegidos por las autoridades conservadoras. Nosotros, los liberales, no tenemos en cambio ninguna protección ni para nuestras familias ni para nosotros, ni para nuestros bienes. Tendremos que huir, quién sabe para dónde».

14 de marzo

Una pesada atmósfera de perplejidad ha invadido a las dos zonas en que está dividida la opinión de los colombianos. La una y la otra son el equilibrio al borde del filo de la navaja. Dos fuerzas contendientes que apenas se han mostrado los dientes. Los protagonistas del episodio, el señor Presidente y el señor Gaitán, no avanzan un centímetro en sus posiciones. Están apertrechados midiéndose mutuamente los movimientos, período de observación. El presidente Ospina ha sellado sus labios. Gaitán no ha vuelto a hablar públicamente. Especie de niebla política, tierra de nadie donde se desarrolla el duelo y los dos hombres son apenas sombras que se disuelven en el silencio. Choque silencioso de poderes. Uno que habita en Palacio, ahora con la visita permanente del jefe del conservatismo, señor Laureano Gómez y los jefes de las misiones diplomáticas. El otro, el de la calle, el de las multitudes vociferantes, el que atiende en una modesta oficina de abogado, ya casi sin pleitos. De manera virtual, el gobierno del señor Ospina Pérez ha dejado de ser un Gobierno de Unión Nacional. De manera virtual el liberalismo ha pasado a ser un partido de oposición. El tránsito de lo virtual a lo real, no se ha logrado aún. Perezosamente se mueve, mientras el país se prepara para el inicio de las deliberaciones de la IX Conferencia Panamericana que se realizará en Bogotá.

15 de marzo

Entusiasta culminó la convención conservadora de Tunja, con asistencia de delegados de todo el Departamento de Boyacá. Unánimemente fue votada una proposición que expresa el sentimiento conservador. Ante «Una oposición irrazonada y antipatriótica (de los liberales) contra el Gobierno y sus órganos ejecutivos, expresa su anhelo de que el programa de Unión Nacional siga desarrollándose en adelante con hombres exclusivamente del Partido Conservador».

16 de marzo

Declaraciones esclarecedoras, las del ministro de Gobierno, señor Montalvo y las del señor Gaitán. Ambas centradas en el clímax de la discusión pública sobre la violencia. «El ministro de Gobierno —dijo el señor Montalvo hablando en tercera persona— ha resuelto visitar distintas regiones de

Boyacá, con el objeto de cerciorarse de las actuaciones de las autoridades locales y de estudiar lo relativo a la policía departamental. Muchas veces aparecen en algunos periódicos noticias de abaleos y de violencia en Boyacá, noticias que después resultan sin confirmación. El Gobierno quiere enterarse de todo esto. Usted sabe que el problema de la violencia me ha preocupado siempre, no solo desde el punto de vista político, sino porque como cristiano militante no puedo aceptar que esos sistemas prosperen en el país...».

En la oficina del señor Gaitán hubo ayer una agitación extraordinaria. Las noticias sobre el asalto a la camioneta en que viajaba don Arturo Pradilla con su familia, que por simple coincidencia era roja; los muertos en La Dorada, a manos de la policía departamental; el asesinato del presidente del directorio liberal de Guaca, Santander. Habló entonces el señor Gaitán para señalar que la oposición del liberalismo «como la vamos a hacer en el próximo futuro, no se hace a base de actos incoherentes ni de intentos subversivos que a nada conducen, sino adoptando medidas que señalen la capacidad de lucha del liberalismo. Haremos una oposición, en una palabra, dentro de la ley y de la Constitución, mientras nuestros derechos no sean vulnerados, mientras nuestras mayorías electorales no sean desconocidas...».

18 de marzo

Hemos vivido en Bucaramanga una verdadera batalla en ambiente de guerra civil —dijo el dirigente liberal Ciro Ríos Nieto— todo por los desmanes de la policía de Ortiz González, integrada por un grupo de bandoleros de oscuros antecedentes, reclutados en las veredas más sectarias de Santander. Esa policía, sin control ni freno, ha venido provocando al pueblo de Bucaramanga desde hace un mes. Ya la violencia contra el liberalismo no está radicada solamente en García Rovira, sino que se ha trasladado a la propia capital del Departamento. Los hechos que han ocurrido y siguen sucediendo en estos momentos, son los más graves que se hayan presentado hasta hoy en capital alguna del país.

Noche de terror en Bucaramanga. Fuertes núcleos de policía y de conservadores embriagados, salieron anoche e iniciaron un ataque a bala contra un grupo de choferes y ciudadanos. Resultaron cerca de veinte heridos. Más tarde, una camioneta cerrada con vidrios rotos y de placa número 0113, apareció en el mismo sitio y recorre las calles disparando contra quienes se movilizan en la noche. Se enfrentaron a grupos del ejército. Se habla de tres soldados muertos. Además, la policía recorre la ciudad, requisando y deteniendo a quien encuentre. Peligroso salir en las noches en Bucaramanga.

19 de marzo

De nuevo, imposible de superar humanamente en su tenaz persistencia, el señor Laureano Gómez nos repite la misma historia, en la sección editorial de su periódico: «En resumen, aparece con claridad meridiana que la "máquina electoral", que el liberalismo trata de salvar a todo trance, opera sobre una base de UN MILLÓN OCHOCIENTAS MIL cédulas falsas. Ante estos hechos, ¿qué pide el Partido Conservador? Simple y sencillamente rigor científico, exactitud, verdad y limpieza en lo que atañe a las cédulas y los censos electorales. Nada más. Si el Partido Liberal cree honradamente que las cédulas de que hace uso son correctas y no están duplicadas, triplicadas, cuadruplicadas, etcétera, ¿por qué toma esa postura de intransigencia absoluta a que se verifique una revisión?».

Anoto dos hechos, dos ataques con huevos y piedras ha sufrido el ministro de Relaciones Exteriores, Domingo Esguerra, por acción de un grupo de liberales que le están cobrando al funcionario su decisión de no acogerse a los mandatos de la dirección de su partido, en relación con su renuncia del gabinete. Lo mismo que sufrió las consecuencias de la tensión que vivimos, el automóvil del embajador de Ecuador cuando se dirigía a Palacio a presentar credenciales. La prensa conservadora cataloga los desmanes como el preludio del saboteo de los liberales a la Conferencia Panamericana.

23 de marzo

Alborozo conservador. Por fin solos, sentados en la mesa y servido el gran plato de lentejas que significa el botín burocrático. Cohesionado el conservatismo por la noticia del Gobierno homogéneo.

El señor Montalvo, que pasó del Ministerio de Gobierno al de Justicia, declaró a *El Tiempo*: «Solo hoy a las dos de la mañana volvió el Partido Conservador al poder y es innegable que la conducta y la actitud del doctor Gaitán fueron un factor de alto porcentaje, por no decir decisivo, para que se llegara a este resultado».

El gabinete está encabezado por Zuleta Ángel, ministro de Gobierno; Laureano Gómez, de Relaciones Exteriores.

Memorias

Chucho Cortés, teniente de Infantería, en Manizales mató a Galarza Ossa, periodista, y lo mató con razón. Él fue llamado a juicio, lo condenaron, apeló y volvieron a hacerle un segundo juicio en el que fue absuelto, cuando lo defendió Gaitán. Ocho años estuvo preso Cortés, preso en el Guardia Presidencial, precisamente a él lo trajeron de Manizales a la Guardia Presidencial.

Hay una frase de Gaitán. Como *El Tiempo* había condenado tanto a Cortés, cuando le dijimos a Gaitán que lo defendiera en la primera defensa dijo: «Si un Presidente de Colombia está condenando al teniente Cortés, un futuro Presidente de Colombia lo defiende con el mayor gusto».

Chucho Cortés era un muchacho muy pobre. Los padres empeñaron o vendieron una casita que tenían para la defensa, entonces fueron donde un abogado conservador, penalista, y le dieron plata para que lo defendiera; este señor se enfermó y no pudo asistirlo en realidad, pero no les devolvió tampoco la plata. Chucho no tenía ni un centavo; fue cuando nosotros decidimos recoger entre todos unos centavos y se pensó en Gaitán. Era un gran penalista sin duda alguna. Fuimos a hablar con él y Gaitán no quiso cobrar por la defensa, pero nosotros le dijimos que el ejército estaba reuniendo un dinero, que se habían pasado unas circulares para que voluntariamente dieran lo que pudieran. Después de escucharnos él dijo que se hacía cargo de la defensa con el mayor gusto y no fijó honorarios; que si había dinero se podían hacer algunas inversiones en las cosas que se necesitaran y que si sobraba algo, si queríamos, se lo podíamos dar a él como honorarios. Así fue, así se hizo.

En esa ocasión absolvieron a Chucho. Se declaró injusto el veredicto de absolución y volvió a quedar preso y siguieron años y años. Entonces volvimos a hacer una recolecta y decirle a Gaitán que lo defendiera. Gaitán era un hombre evidentemente muy vivo. Tenía la famosa sagacidad de los latinos y la malicia indígena. Él comprendió que iba a tener la oportunidad de ser gran amistad del ejército; como penalista podía desempeñar sus funciones y sabía que iba a salir bien, además políticamente le iba a servir enormemente. La oficialidad no había pedido al ejército ninguna ayuda, pero como se pasaban cartas y circulares diciendo: «el doctor Gaitán va a defender a Chucho Cortés. No ha querido cobrar; así que lo que buenamente podamos darle». Estas son cosas que colocaban a todo el ejército a su favor. A él le interesaba muchísimo y lo comprendió desde el primer momento en que le dijimos: «El teniente es un hombre muy pobre y la plata que tenía ya la entregó a otro abogado y este abogado la recibió y no puede defenderlo. Queremos que usted lo atienda».

Galarza Ossa estaba atacando a todo el ejército en la persona de Chucho Cortés y Chucho mató a este hombre no en su condición de Jesús Cortés, sino en su condición de oficial del ejército y en defensa del honor del ejército.

Los civiles, al tomar posesión de su cargo, lo hacen a título personal, con nombre propio; pero el militar al tomar posesión de su cargo en un nuevo grado el juramento que hace es este: «Juro por Dios y prometo a mi Patria cumplir las obligaciones de mi cargo». Nunca es Chucho Cortés, no es Antonio y no es Pedro, es la estrella que le van a poner a uno y el cargo que le están dando es una institución. Al entregarle a uno el sable que es la insignia de mando le dicen: «Recuerda que no debes sacar esta arma sin razón y no la guardes sin honor». Es un idealismo, pero es el honor militar. En todos los actos de militares, una cosa es el militar cuando va con su uniforme y otra es de civil. Usted verá que es perfectamente diferente, cuando uno tiene las estrellas puestas es un hombre que tiene que ceñirse a las leyes, a su reglamento y esas estrellas se hacen respetar. La estrella hay que hacerla brillar y si viven brillantes, hay que mantenerlas así.

Yo estaba en el Guardia Presidencial. Estuve con López, Santos, Lleras y Ospina. Allí estaba detenido Chucho Cortés, volví a tomar contacto con Gaitán, se aproximaba la nueva audiencia de Cortés. La realidad es que unos meses antes del 9 de Abril a mí me trasladaron a la Escuela de Infantería, pero como yo manejaba los fondos de la defensa de Cortés, pues seguí hablando con Gaitán. No había suficiente dinero y le pregunté cuánto valía esta nueva defensa, él no cobró absolutamente nada, dijo que su obligación era volver a defender a Chucho, porque él ya había recibido sus honorarios, si mal no recuerdo, unos siete mil pesos. Nosotros habíamos recolectado nuevamente un dinero. Le preguntamos a Gaitán, que si le dábamos ese dinero a él, dijo que no, y nos hizo saber que Elíseo Cruz, había insinuado en una reunión: «Hombre, por qué si se tiene ese dinero, no se entrega para que se transmita por radio la defensa de Gaitán al teniente Cortés...». Cosa que nos pareció muy bien y tenía su fondo político, en el momento en que a Gaitán no lo habían llamado como delegado a la Panamericana. Se habló con una radiodifusora, pero no había suficientes fondos para pagar toda la transmisión. Se le preguntó a Gaitán sobre el tiempo que iba a utilizar en su intervención. Y en fin, hubo un arreglo con la emisora.

A Gaitán lo queríamos bastante en el ejército, porque él se había cuidado muy bien, desde antes, de hacerse amigo de los militares. Tuvo el gesto, que nosotros valoramos mucho, de decir: «no recibo ni un centavo, porque ya lo defendí y mi deber es seguir defendiéndolo». Corrió la bola en el ejército de que él no recibía nada, pero que en cambio íbamos a hacer la transmisión. Luego se habló, de que como expresión de agradecimiento para con él, los militares le daríamos una recepción después de la audiencia. Posteriormente surgió otra idea, que las Fuerzas Armadas debían presionar ante el Gobierno para que Gaitán fuera incluido en la nómina de los delegados de Colombia a la IX Conferencia Panamericana, puesto que él era un hombre verdaderamente importante y representativo del país. Con esa presión se volvió a involucrar algo de política en el ejército. Pero la Panamericana se iba a reunir y coincidió con el famoso proceso de Cortés. Más tarde decidimos, que en lugar del homenaje a Gaitán, le haríamos una semana de festejos, es decir que cada arma le haría un agasajo, y así, un día él iría a la Artillería, otro a la Infantería, otro a la Caballería, otro a la Motorizada, otro a la Escuela Superior de Guerra. Una semana de agasajos. Él, claro, se puso muy contento.

Capitán Ismael Hurtado

Gaitán me conocía mucho. Yo estaba de jefe en la Casa Militar de Palacio, entonces me mandó a llamar y me pregunto si quería hacerme cargo de la defensa de Cortés. Yo le dije que no podía, que: «Cómo va a ser eso que yo vaya a actuar con usted, en un caso de tanta publicidad, siendo usted el mejor penalista que hay en Suramérica y yo un pobre diablo, voy a hacer el oso».

—No, yo lo conozco mucho a usted, usted tiene facilidad de expresión... Usted va a hacer la defensa de Cortés en la parte militar, y yo obro en la parte penal. Y ahora nosotros estudiaremos el expediente, porque el Derecho Penal no se gana con teorías, se gana sobre el expediente. Es lo que dice aquí, y no lo que dice afuera, hay que someterse al expediente. Ese expediente es un mamotreto de tres mil hojas. Hay que echarlo abajo.

Echamos abajo ciento ochenta declaraciones. Él tenía una clave, por signos, un sistema: por ejemplo, la referencia. Leía diez declaraciones: «Esta declaración» entonces le ponía un signo. Entonces todas las declaraciones que tenían ese signo trataban del mismo tema. Él iba extractando. Él era muy ordenado. Eso me lo enseñó y me sirvió muchísimo después.

Ese proceso duró ocho meses.

El 9 de Abril, en la madrugada, cuando entró el Jurado a estudiar el veredicto, él estaba que temblaba, convencido de que nuevamente condenaban a Cortés. Dije: «No, doctor Gaitán, Cortés sale absuelto».

—¿Pero por qué?

—Tengo absoluta seguridad. Tienen que absolverlo.

—Esta es una cuestión política y todos estos bellacos están contra mí. ¡Lo condenan! No por Cortés sino por tirarse en mí, por cuestión política.

Entonces salimos el 9 de Abril. El ejército nos daba una comida en el Bar Moroco. Nos fuimos a comer todos. Eso fue bestial, nos sacaron en hombros. Cortés fue absuelto. Nosotros casi no podíamos entrar al Palacio de Justicia porque la plaza de Bolívar era una chichonera por la multitud. Cómo sería que no reconocían a Gaitán, íbamos los dos y tenía que gritar: «Es el doctor Gaitán», para que nos dieran paso...

Capitán José Phillips

Estando yo de policía comenzó el doctor Jorge Eliécer Gaitán a dar sus conferencias en el Teatro Municipal, entonces me fueron sonando tanto sus oratorias que me fui convenciendo de su ideal político, por el lenguaje sencillo con que hablaba al pueblo. Fue tanto lo que simpaticé con la dialéctica del doctor Gaitán, que nunca me perdía —así estuviera en servicio en la calle— un discurso suyo, pues yo me paraba al pie de una casa donde ponían el radio, para escucharlo.

«Eso fue Bestial, nos sacaron en hombros, el teniente Cortés fue absuelto…».

Uniformado yo entré varias veces al Teatro cuando hablaba el doctor. Pero la mayoría de policías iban de civil. Otros entrábamos uniformados con el pretexto de... nuestra intención era oírlo, pero si nos encontrábamos un superior, que nos averiguaba por qué estábamos allí, nosotros decíamos que en calidad de prestar servicio para cualquier cosa que se pudiera presentar en el Teatro. Y cuando estábamos francos, íbamos a dar al Teatro a escuchar a Gaitán.

En la policía se hablaba mucho de Gaitán. La policía de Bogotá, tal vez en un setenta por ciento era gaitanista. Después de que se conoció a fondo su ideal político, yo creo que más del ochenta por ciento simpatizaba mucho con el doctor Gaitán. Él se hizo popular, se hizo estimar mucho por el cuerpo uniformado porque una vez defendió a un agente antiguo, que había defendido el pudor de una niña una noche, estando de servicio, cuando trataron de violarla algunos elementos y estos reaccionaron violentamente contra el agente, y a él le tocó disparar contra uno de los tipos y lo mató. El doctor Gaitán defendió al agente y lo puso libre. Lo tenían preso en la Cárcel Modelo, lo hizo traer y esa tarde de la audiencia lo sacó uniformado a prestar sus servicios común y corrientemente. Ese hecho influyó para que la policía se hiciera gaitanista.

Miguel Ángel Cubillos Castro

Un día me llamó el doctor Arévalo, que era el Presidente de Guatemala, me dijo que los estudiantes de la FEU de Cuba, pensaban organizar una conferencia de universitarios latinoamericanos, con el objeto de presionar a la Panamericana que se reuniría en Bogotá. Entonces se decía la IX Conferencia Internacional Americana. Los criterios políticos de entonces eran que a través de esos organismos era posible presionar para democratizar a la América Latina eliminando a los tiranos de turno. Hasta ahí llegaban las aspiraciones del momento, que eran los Somoza, Trujillo, Pérez Jiménez, Odria y otros.

Bueno, yo era estudiante pero no lo era, pero sí era un político, muy metido en aquello. Y Arévalo pensó que era conveniente que viniera alguien que tuviera experiencia política y que tuviera cariz estudiantil y ese era yo. Así que vine como otros que eran estudiantes, por supuesto, yo era el que piloteaba esa cosa, modestia aparte... Llegamos a Bogotá más o menos el 5 o 6 de abril, y encontramos que únicamente habían venido los promotores de la reunión, que eran los cubanos de la Federación Estudiantil Universitaria, FEU, y nosotros veníamos representando a la Asociación de Estudiantes Universitarios, la AEU. El 8 de abril en la mañana, tuvo lugar una primera reunión preparatoria para discutir —según yo creo recordar— las normas de procedimiento en lo que iba a ser la Conferencia Universitaria. En ese momento no estaba nadie más que los cubanos, los guatemaltecos, los venezolanos, un panameño y me parece que los dominicanos; se decía que los argentinos anunciaban su llegada y los mexicanos también, pero no llegaron. La reunión se hizo en los locales de la CTC, que era un cuartito chiquitito, pobrecito todo destartalado. En esas reuniones fue donde yo tuve ocasión digamos, de reparar en los cubanos que eran los que llevaban la voz cantante, como promotores de la reunión. Se sobrentiende que también los colombianos estaban en eso. Al que yo tengo muy presente es a Alfredo Guevara, porque él era el hombre de los discursos, el que hablaba siempre; un del Pino que después tuvo otra trayectoria en Cuba y otro joven estudiante al cual no lo recuerdo bien físicamente, pero a quien aludía a veces Guevara al hablar: «pues como dijo el compañero Fidel», pero que no lo escuché hablar, que yo recuerde. En la primera reunión no pasó nada, la segunda fue el 9 de Abril por la mañana y seguimos avanzando eso que siempre sucede, que si tomamos la palabra o no, las normas reglamentarias y terminamos esa segunda reunión como a las doce del día y volvimos a nuestros respectivos hoteles donde vivíamos. Yo vivía en el Hotel Buenos Aires, un hotelillo modesto, muy como correspondía a un estudiante en mi caso; aunque clandestino, estudiante.

Manuel Galich

El grupo más activo de los estudiantes universitarios en la época, era el de los antiimperialistas que con una mayor o menor conciencia política —me refiero sobre todo a la complejidad de esa conciencia— de todas maneras ya tenía muy claro que ni Cuba ni ningún país de América Latina encontraría una solución a sus problemas sin la derrota del imperialismo. Esa es la característica de la FEU de aquella época, pero también de la FEU anterior. No olvidar que la FEU fue siempre una fuerza de combate en el país y una cantera de formación de cuadros revolucionarios. Pero desde luego la FEU seguramente está dirigida al período preciso en que nos organizamos de algún modo para participar en el Congreso de Estudiantes Latinoamericanos contra el coloniaje. Así ese Congreso en realidad no necesitó mensajeros de Perón, principalmente el senador Linares que dirigiría la comisión de relaciones exteriores del Parlamento argentino, que vino a La Habana con un programa de trabajo, de captación del peronismo para organizar el evento.

Quiero hablarte de mis recuerdos más personales. Una buena parte de los estudiantes universitarios a nivel de dirección de la FEU con figuras muy activas, prestigiosas en la universidad o que no tuvieran en el momento cargos formales, se interesaban en el evento, porque claro, coincidían en algunos aspectos con nuestras propias posiciones. En mi caso, yo era en la época secretario general de la FEU, había estado recientemente enfermo, acababa de salir de esa enfermedad, así que en los últimos meses no había participado en las actividades, y esto coincide prácticamente con el período en que salió Fidel de Cuba. Es decir, que casi mi último momento de actividad antes de enfermarme había sido contribuir de algún modo a ayudar a Fidel que tenía una situación difícil; estaba muy perseguido en nuestro país en ese momento y francamente había un complot para asesinarlo. Mario García Incháustegui, otro dirigente estudiantil de la época —más tarde embajador de Cuba en Japón y Malasia, que murió en un accidente aéreo hace pocos años en Asia— y yo, cuidamos de Fidel en la medida de nuestras posibilidades y lo escondimos, hasta que salió de Cuba, hacia Suramérica de entrada a Venezuela. Yo recuerdo que en ese período, Fidel nos mandó una carta a Mario y a mí y nos decía en esa carta toda su inquietud por América Latina, de lo que estaba haciendo, su experiencia recorriendo algunos países. Y recuerdo esa carta casi como un manifiesto de corte bolivariano.

Durante la ausencia de Fidel y durante mi enfermedad, continuó la actividad de este grupo de mensajeros que llamo de reclutadores, de activistas políticos del peronismo alrededor del Congreso. Ellos querían la participación oficial de la FEU, pero querían lograrla sobre la somera base de que un personaje que estaba totalmente bajo su control, un dirigente estudiantil menor que no tenía ninguna representación y que se llamaba Santiago Tubolingui, que era en sí mismo un militante peronista, fuera el que representara a la FEU. Esta maniobra que se estaba haciendo, la cual ya unas personas, dirigentes estudiantiles estaban de acuerdo provocó la decisión de que yo participara y de que participara Ovares. Pero cuando me sitúo primero en cuanto a la decisión de que participara es porque mi participación suponía otros objetivos. Se estaba en aquel instante preparando la primera reunión de jóvenes y estudiantes latinoamericanos, bajo los auspicios de la Unión Internacional de Estudiantes. Esta reunión iba a tener lugar en México, pocos meses después, y nosotros decidimos que la participación en la Conferencia que se programaba en Bogotá, podía convertirse a su vez en un elemento preparatorio de la Conferencia de México. Porque si bien era una reunión de otro carácter, otras bases organizativas y otras fuentes de inspiración, tendría siempre el efecto de que si planteábamos algunas de las ideas que teníamos planeado llevar a la Conferencia de México, habríamos dado pasos adelante, puesto que en Bogotá se iban a reunir —y eso estaba asegurado por el financiamiento argentino— un buen número de dirigentes estudiantiles. Por otra parte nos parecía justo participar y apoyar la Conferencia que se organizaba en Bogotá, al mismo tiempo y mucho más importante transformarla, porque el grupo argentino traía las bases concretas de la Conferencia y las quería limitar al caso de las colonias europeas en América Latina, olvidando a Puerto Rico, Panamá, y la Base Naval de Guantánamo. Especialmente lo relacionado con las Malvinas y con Belice, es decir, estaba dirigido contra el imperialismo inglés, digamos. Es decir, un imperialismo en decadencia, aunque con una presencia real y con una aceptación real que como quiera ha llegado hasta nuestros días con el caso de las Malvinas con una intervención directa. Pero nosotros teníamos la convicción de que el enemigo principal era el imperialismo norteamericano y queríamos plantear allí estos puntos. Esto no lo habíamos consultado con Fidel porque Fidel había salido antes y llevaba un tiempo fuera.

Los argentinos indiscutiblemente planearon instrumentalizarnos en una dirección que a nosotros nos parecía justa, pero no suficiente. Entonces nosotros aceptamos ese nivel de instrumentalización, sabiendo muy bien que nosotros recordaríamos aquello de acuerdo con las posiciones que tenía la Federación de Estudiantes Universitarios de la época.

Indiscutiblemente el Congreso estaba planeado para aprovechar la audiencia de la Conferencia Panamericana, el clima de la Conferencia Panamericana y presionar como opinión pública sobre la Conferencia Panamericana, sobre los problemas que la política peronista se proponía plantear en la Conferencia. Es decir, yo creo que sí estaba ligada a la política internacional peronista de acuerdo con el plan de ellos, pero no con lo que resultó, porque nosotros los cubanos, llevábamos ideas muy claras de cómo transformar aquello y cómo hacerlo.

Yo quisiera decirte, puesto que estamos dando un testimonio, que la llegada a Bogotá fue impresionante para mí, un joven que además, salía por primera vez del país y que estaba educado como toda mi generación con un gran amor por América Latina y me sentía un patriota latinoamericano y no solamente un patriota revolucionario cubano. Cuando llegamos resultó terrible y no porque en Cuba no pasaran estas cosas, sino porque hacía frío, llovía y porque era una atmósfera totalmente distinta; que quienes vinieran a tomar nuestras maletas fueran niños y que lucharan entre ellos por hacer ese servicio. Niños mucho más pequeños que nuestras maletas. Era para nosotros nuestro primer contacto con lo que no era Cuba. Llevábamos una tarea. Rápidamente, vaya, nos esperaban estudiantes colombianos, que ahora no sé decir quiénes eran, que nos ayudaron desde el primer momento. Fuimos a un hotel la primera noche, no sé, no recuerdo con claridad... Tuvimos una primera extraña imagen que después tendría una confrontación al día siguiente, porque ese día desde la ventana del hotel nos tocó ver pasar a una mujer de tipo indígena con una carga inmensa para una mujer, como si fueran varillas como de mimbre, como cañas. No sé por qué pero en medio de aquella ciudad, ver una mujer con una carga inmensa me impresionó tanto. Entonces tuvimos la primera impresión de que era que habíamos llegado a una ciudad muy limpia, como muy preparada en que convivían dos mundos: el primer choque. Al día siguiente cuando ya salimos con los estudiantes empezamos a conversar y encontramos algunos estudiantes progresistas que se nos identificaron como tales y con los cuales transmitimos ya un poco las ideas que teníamos preparadas, al mismo tiempo hablamos sobre la reunión preparatoria de la Unión Internacional de Estudiantes, que tendría lugar en México.

Mientras íbamos conversando con estos estudiantes, descubrí las librerías de Bogotá. Me quedé particularmente impresionado por ellas, porque entraba a un mundo distinto al que yo me imaginaba, a partir de esa imagen primera que había tenido esa noche de lluvia, de frío, de niños, en esas condiciones de aquella mujer. Fue mi primera imagen de otro lugar del mundo. En esas librerías había de todo, entre otras cosas había libros marxistas casi como para que uno los viera. Al mismo tiempo que se había visto esos niños, que se había visto esa mujer, que eran dos imágenes de pobreza, de desamparo, diría yo, más que de pobreza, resulta que en aquella ciudad la gente estaba muy bien, todo estaba muy limpio, todo estaba muy ordenado, todo estaba perfecto. Los estudiantes me dijeron que también todo estaba preparado, que con motivo de la Conferencia Panamericana habían detenido masivamente y habían sacado de Bogotá a delincuentes, mendigos, prostitutas, etcétera, de modo tal que cambiara la imagen de la ciudad. Así comenzaron nuestras relaciones con los estudiantes, que nos empezaron a explicar al mismo tiempo que a pesar de esa calma, de esa paz, y de esa tolerancia aparte, en realidad Colombia estaba en guerra; que con los últimos años la cantidad de asesinatos, de muertos, de represión que se producía por todo el país era inmensa. Esta fue nuestra primera imagen de aquello y también el descubrimiento, por tanto, de que esos estudiantes no solo eran estudiantes progresistas, sino que tenían una actitud política interna contra la oligarquía, que podían ser nuestros correspondientes válidos, para las ideas que nosotros llevábamos, a diferencia de las que se proponía a la Conferencia desde el punto de vista del grupo peronista. Quedó muy claro en todos aquellos primeros contactos que no podíamos quedarnos solo en la lucha contra el imperialismo inglés como se presentaba más que inglés que como colonias europeas. Y la situación particular de América Latina en la época en la cual se daba la presencia de gobiernos liberales progresistas o cuando menos con una voluntad de independencia y con contradicciones, dispuestos a resistir al menos hasta un punto la presión de la política internacional norteamericana, daban a lo que nosotros proponíamos, a los objetivos que nosotros proponíamos en la Conferencia de estudiantes, una dimensión que no resultaría tan en contradicción con lo que podía producirse en la Panamericana.

Nos impresionó mucho descubrir en los estudiantes colombianos, yo no sé si me equivoco, tal vez por los años que han pasado, no me permitan modificar el juicio que hice entonces, entonces era un jovencito. Yo encontré que era un estudiantado y unos líderes muy politizados y muy informados. Desgraciadamente yo no recuerdo los nombres de los compañeros con los que tuvimos contacto y que además fueron contactos periódicamente con nosotros, es decir, participábamos en la Conferencia y cuando salíamos se quedaban un rato con nosotros, nos mantenían informados de todas las cosas, de algún modo sentía uno que cuidaban de uno también. Así las cosas, debían reunirse de hecho dos delegaciones cubanas: la que acababa de llegar y Fidel que llevaba ya un cierto tiempo recorriendo países de América Latina y que podemos ver más allá de la carta que habíamos recibido —como amigos, como socios, como compañeros que acabábamos de tener una experiencia juntos— que Fidel había hecho un trabajo de movilización hacia la Conferencia. Yo tendría que detenerme para dar un poco mi visión de Fidel en la época. Conocí a Fidel en los primeros días en que ingresamos a la Universidad, ingresamos al mismo tiempo y con carreras distintas; ya desde entonces Fidel me había impresionado mucho desde aquel momento en que nos encontramos porque sentía en Fidel el líder, el líder espontáneo, es decir, el joven que podía dominar una asamblea en un minuto e inesperadamente y aunque esa asamblea hubiera sido preparada por fuerzas organizadas con mucho tiempo de adelanto y con mucho trabajo. Ese entusiasmo, su figura, sus cualidades oratorias, la pasión que transmitía en todo cuanto hacía le daba la virtud de prácticamente ganarse a las masas, a las asambleas en este caso, y además tenía el poder de transformarlas. En este caso, ya hablando del Congreso, estas cualidades que le conocía muy bien desde el principio se estaban dando.

Enrique Ovares era el presidente de la FEU, pero era un mediocre sobre el cual yo podía ejercer un cierto dominio, porque era casi acéfalo, tal vez suena exagerado, pero me refiero a acéfalo en el sentido político. Realmente la mayor parte de las decisiones las podía tomar yo como secretario general, pero no cuando llegábamos al campo de la ambición personal. Como es natural él pretendió imponer a la FEU desde un punto de vista meramente jurídico en el Congreso Estudiantil. Era un derecho imponerse como el representante de Cuba, pero no tenía la dimensión para tenerla. Finalmente se logró un *modus vivendi*, un arreglo, porque realmente Fidel se había ganado el derecho, por el buen trabajo organizativo y movilizador que había realizado de un modo práctico, en el recorrido por los distintos países de América Latina y que resultaba además reforzado por su brillante personalidad. Resuelto ese problema que era tan importante, pudimos —en mi caso— ponernos de acuerdo con Fidel, con quien no estábamos concertados desde Cuba, puesto que él había salido antes, para darle este carácter al Congreso, que coincidía totalmente con nuestros puntos de vista.

Nos dividimos las tareas. Y digo nos dividimos porque a veces estábamos juntos en las conferencias, pero a veces se dividían en comisiones, a fin de asegurar que de todas partes salieran nuestras consignas, de Puerto Rico, el Canal de Panamá, Guantánamo, en definitiva todo lo que era importante desde el punto de vista de enfrentamiento al imperialismo norteamericano. Y esto sin que de alguna manera invalidara los objetivos que originalmente se había trazado la Conferencia, porque esos objetivos eran también válidos y nosotros también los sufriríamos. Así en el caso de Belice y las Malvinas principalmente, también la Guyana, etcétera. Lamento que no aparezca en ninguna parte el manifiesto inicial para que se pueda comprender cómo fuimos transformando el Congreso, y también con el acuerdo de los estudiantes colombianos y prácticamente de todos los estudiantes que estábamos presentes.

Lo más importante en mi opinión, es que logramos cambiar la faz del Congreso fácilmente. Bastaron varias intervenciones nuestras y de otros estudiantes latinoamericanos; todo el mundo estuvo de acuerdo, es decir, no hubo problemas en esto. Ahora, sí hubo resistencia de los argentinos, no se sintieron contentos de que esto pasara así, porque perdía el énfasis en algo que ellos estaban queriendo plantear en la Panamericana.

Yo tuve contacto con estudiantes que se identificaron como de la Juventud Comunista, que se identificaron oficialmente. Se acercaron a mí; seguramente sintieron que tenía una ideología definida; me trajeron materiales, me trajeron publicaciones, etcétera.

Cuando uno es muy joven y es protagonista de algo, de algo que entra en confrontación con los poderes establecidos, se siente siempre un poco en líneas heroicas. Para nosotros el Congreso Estudiantil era muy importante, sin embargo, a distancia pienso que no lo estaba siendo. Yo creo que la dimensión y el carácter de la Conferencia Panamericana —pero esto es un análisis actual— era tan grande, tenía tal magnitud, tenía tanta importancia, el plan imperialista estaba diseñado con tal carácter, que nuestro Congreso era una pequeña conferencia, que podría preparar conciencia para después ser utilizada publicitariamente, pero que en la Conferencia Panamericana misma, no estaba teniendo repercusión ninguna. Sin embargo, se conectó todo el curso de la historia y entonces la perspectiva fue distinta a partir del 9 de Abril. La Conferencia Panamericana nosotros la seguimos con mucha atención y yo, por el tipo de formación ideológica que tenía, lo hacía con mucho cuidado, leía la prensa, pero con mucho cuidado. Sentía que los americanos ya desde entonces, y fue mi conclusión posterior sobre algunos aspectos de los acontecimientos que nos tocó vivir, que los americanos estaban perdiendo la batalla. Esto, se reflejaba muy marcadamente, y tú lo puedes encontrar, en la prensa colombiana de esos días.

La Conferencia había sido valorada por los Estados Unidos de un modo especial, tanto, que la delegación norteamericana era presidida por el general Marshall. Hay que recordar que estábamos en medio de la guerra fría. La delegación norteamericana tenía un objetivo primordial que era sacar un gran acuerdo sobre el peligro del comunismo internacional, sacar un acuerdo anticomunista para América Latina, de exclusión de la actividad comunista. Es decir, estaba dirigida contra los partidos comunistas y contra la propagación de sus ideas.

La figura de Gaitán era otro de los elementos dominantes de la vida pública colombiana. Uno se sentía entre la Panamericana y la aureola inmensa que rodeaba la figura de Gaitán. Tal vez porque estábamos rodeados por personas progresistas, pero también porque fuimos al periódico, porque fuimos a buscarle al periódico un día. Fidel que había llegado antes que nosotros había tenido un contacto, una relación con él. Nos interesamos mucho en comprender esa figura, que con muchas diferencias nos recordaba en algún modo a la figura de Chibás. Yo comprendía las diferencias, yo sentía que las ideas explicitadas por Gaitán iban mucho más lejos de las que planteaba Chibás en Cuba. Pero la relación entre el líder y sus seguidores, recordaba el tipo de la figura que se apoya mucho en su carisma, que en el caso de Gaitán, había, sin que yo menosprecie a Chibás, porque Chibás fue una gran figura en la historia política de Cuba que preparó las condiciones de la revolución. Son circunstancias y condiciones distintas; creo que en todos los pronunciamientos de Gaitán se iba mucho más lejos en el campo ideológico. Es un recuerdo...

A la Universidad Nacional fuimos a ver al rector y estuvimos conversando con él y después nos llevó a un aula. Era Gerardo Molina. Yo he sabido recientemente que Molina hizo un recuento de esa visita, aquella en la que estuvimos con él y que él recuerda. Después de conversar con nosotros nos llevó a un aula donde nos presentó a un grupo de estudiantes, una vez que nos escuchó, él pensó que debía encontrar correspondientes de la misma edad o parecida, jóvenes con los cuales se pudiera establecer un diálogo, nos acercó a estudiantes progresistas, pero que con el curso de los años se había dado cuenta que había reunido por un instante y sin que pudiera saber, a Fidel y a Camilo Torres. Yo he leído ese recuento, el relato que hace Molina y de acuerdo con toda la descripción me parece muy factible. No puedo recordar que estuviera Camilo Torres, en ese entonces ni sabíamos con quién estábamos hablando, era un encuentro simple de una media o una hora con un grupo de estudiantes colombianos. Yo realmente no puedo reconstruir aquella conversación, porque en un momento me desentendí un poco de ella, por una razón frívola o baladí: mi gusto apasionado por el fútbol y, que en ese momento, yo veía un juego. Molina dijo una frase maravillosa, tal vez no sea yo muy exacto, pero es más o menos esta frase: «Es una gran tristeza pensar que los seres no tengamos una estrella en la frente», porque entonces hubiera sabido en el momento que tenía ante sí a Fidel Castro y a Camilo Torres.

Alfredo Guevara

Yo quiero empezar por decirte que han transcurrido treinta y tres años desde aquellos acontecimientos. Creo que recuerdo todo bastante bien, con muchos detalles, pero no obstante hay que tener en cuenta el efecto del tiempo. Estos hechos ocurren en el año de 1948. La expedición a Santo Domingo ocurre en 1947.

Quiero darte algunos antecedentes. Yo estaba en la Universidad, estaba por terminar el tercer año de la carrera de Derecho. Por aquellos días de fines de curso en el año 1947, se produce la posibilidad de organizar la expedición a Santo Domingo, por parte de los revolucionarios dominicanos que llevaban muchos años luchando por esta causa. En ese momento recibieron cierta ayuda oficial en Cuba para organizar su expedición. No quiero hablarte de los errores que cometieron en esa expedición sus organizadores puesto que es otro tema, pero el hecho en sí es que yo era presidente de la Escuela de Derecho, era alumno oficial en la Universidad. Allí para ser dirigente había que ser matriculado oficial. Los alumnos por la libre, como llamaban a una categoría de estudiantes que podían llevar asignaturas de distintos cursos, no tenían derecho a votar. Pero yo en ese año de 1947, estaba terminando mi tercer año de carrera y me faltaban algunos exámenes. Yo era presidente de la

Escuela de Derecho. Había un litigio puesto que los que controlaban la mayoría de la Universidad, asociados al gobierno de Grau, tenían interés en el control. En la Escuela mía que era la de Derecho, la mayoría de los delegados habían destituido al presidente —que estaba muy asociado al Gobierno— y me habían elegido a mí. Las autoridades universitarias controladas por el Gobierno no querían reconocer ese hecho. De manera que yo era vicepresidente de la Escuela y además fui elegido en ese momento presidente de la escuela. Pero yo era también en ese tiempo, presidente del Comité Pro-Democracia Dominicana en la Universidad de La Habana. Y cuando se organiza la expedición a Santo Domingo, más o menos ya a finales de curso, alrededor de julio, yo consideré que mi deber primero, aunque no estaba entre los organizadores de la expedición, pero tenía muchas relaciones con los dirigentes dominicanos, sobre todo con Rodríguez, que en aquella época era el principal, y otros muchos dirigentes que habían estado en el exilio, era enrolarme como soldado en la expedición y así lo hice.

Sin embargo, como el Gobierno y varias de sus figuras participaban en la organización y yo estaba en la oposición, no tenía nada que ver con la organización de la expedición. Ellos tenían recursos de los dominicanos y recursos del Gobierno. La expedición reunió unos mil doscientos hombres. Todo aquello estuvo muy mal organizado puesto que había gente buena, muchos dominicanos buenos, había cubanos que sentían la causa dominicana, pero con un reclutamiento que se hizo apresuradamente; incorporaron también antisociales, lumpen, de todo. Yo me enrolé en esa expedición como soldado. Estuvimos varios meses en Cayo Confite donde estaba entrenándose la expedición.

A mí me habían hecho teniente de un pelotón. Al final tienen lugar acontecimientos en Cuba, se producen contradicciones entre el Gobierno civil y el ejército y este decide suspender aquella expedición. Así las cosas, alguna gente deserta, frente a una situación de peligro y a mí me hacen Jefe de una de las compañías de un batallón de los expedicionarios. Entonces salimos, tratábamos de llegar a Santo Domingo. Al final nos interceptan, cuando faltaban unas veinticuatro horas para llegar a aquella zona y arrestan a todo el mundo. A mí no me arrestan porque yo me fui por mar, no me dejé arrestar más que nada por una cuestión de honor, me daba vergüenza que aquella expedición terminara arrestada. Entonces en la bahía de Nipe me tiré al agua y nadé hasta las costas de Saitía y me fui. Pero mientras estuvimos entrenándonos para la expedición había transcurrido el mes de agosto, septiembre, octubre y yo perdí mi época de exámenes.

Entonces me vi en una situación en que tenía que renunciar a mis derechos políticos oficiales en la Universidad o matricularme otra vez en el tercer año, si quería seguir siendo dirigente oficial. Yo detestaba el tipo de estudiante que no sacaba las asignaturas y no aprobaba los cursos y se quedaba retrasado, relegado, como eterno líder estudiantil. Siendo consecuente con esas convicciones, no me matriculé oficialmente y me quedé como estudiante libre, para sacar las asignaturas que me quedaban de tercer año y las de cuarto año. De manera que en ese momento yo era estudiante por la libre y no tenía derechos políticos, pero tenía una gran ascendencia entre los estudiantes universitarios, por la política de oposición al régimen de Grau. En cierto momento yo me había convertido, sin proponérmelo, en el centro de aquella lucha contra el gobierno de Grau. Eso tenía lugar en el año 1948.

Ya por aquella época yo también había participado y me había convertido, pues tenía relaciones con Albizu Campos y su familia y otros dirigentes puertorriqueños, en un activista proindependencia de Puerto Rico. De manera que yo era presidente del Comité Pro-democracia Dominicana, había participado en la expedición, aunque esta no llega a realizarse; también tenía una activa participación en la lucha por la independencia de Puerto Rico, aparte de las actividades políticas internas en el país, que se encaminaban fundamentalmente a la crítica y a la protesta contra el Gobierno corrompido que existía en ese momento.

Ya por aquella época nosotros sentíamos otras causas latinoamericanas como la cuestión de la devolución del Canal de Panamá a Panamá. Era una época de efervescencia estudiantil en Panamá, una época de efervescencia también en Venezuela, porque se había producido el derrocamiento de la tiranía y se acababa de elegir a Rómulo Gallegos como presidente de Venezuela. Por aquella época existían ya las contradicciones fuertes entre Perón y Estados Unidos. Nosotros estamos pues en este movimiento que se circunscribe a los siguientes puntos: La democracia en Santo Domingo, la lucha contra Trujillo, la independencia de Puerto Rico, la devolución del Canal de Panamá, así como la desaparición de las colonias que subsistían en América Latina. Eran los cuatro puntos fundamentales y esto nos llevó a establecer ciertos contactos, digamos tácticos, con los peronistas, que también estaban interesados en su lucha contra Estados Unidos y su lucha por algunas de estas cuestiones, porque ellos también estaban reclamando las islas Malvinas, que eran una colonia inglesa. Por aquella época los peronistas realizaban actividades, enviaban delegaciones a distintos países, se reunían con estudiantes, distribuían su material; de esa coincidencia entre los peronistas y nosotros surgió un acercamiento táctico con ellos. Por esos días, yo concibo la idea, frente a la reunión de la OEA en el año 1948, reunión promovida por Estados Unidos, para consolidar su sistema de dominio aquí en América Latina, de que simultáneamente con la reunión de la OEA y en el mismo lugar, tuviéramos una reunión de estudiantes latinoamericanos, detrás de estos principios antiimperialistas y defendiendo los puntos que ya he planteado; la lucha contra las tiranías en América Latina, no solo en Santo Domingo sino también en otros países comprendidos en la lucha por la democracia en América Latina. La idea de la organización del congreso fue mía y de esta forma yo empiezo a hacer contactos con los estudiantes panameños, que por aquel tiempo tenían una posición muy activa en la lucha por la devolución del Canal, también con los venezolanos; yo conocía la posición y los intereses de los distintos países. Así concibo el viaje de esta forma: primero visitar Venezuela, donde se acababa de producir una revolución y había una actitud de los estudiantes muy revolucionaria; después visitar Panamá y después visitar Colombia. Les iba a plantear la idea de estas universidades, a pedirles la colaboración. A su vez, los argentinos se comprometían también a movilizar los estudiantes de su país y digamos que se produce una cooperación en ese sentido con los argentinos, con los peronistas. Desde luego, los recursos para todo eso los movilizamos nosotros mismos. Teníamos muy poco dinero; para los pasajes exclusivamente.

Por aquellos días habíamos hecho contactos en Cuba con una delegación de la juventud peronista. Ellos coordinaron con nosotros que iban a trabajar en ciertas áreas y nosotros en otras para que la fuerza de izquierda de América Latina organizara este Congreso de Estudiantes Latinoamericanos.

Yo me arrogaba la representación de los estudiantes cubanos, aunque tenía conflictos con la dirección oficial de la FEU, donde una parte tenía relaciones con el Gobierno. Es decir, yo no llevaba la representación oficial de la FEU, yo llevaba la representación de una gran mayoría de estudiantes, que me seguían considerando a mí como dirigente, a pesar de que yo no me había matriculado oficialmente y no podía ser cuadro oficial de la FEU.

Así salí para Venezuela. Las líneas aéreas en aquella época eran un tren lechero y recuerdo que lo primero que me ocurre es que el avión aterriza nada menos que en Santo Domingo. Yo cometí la imprudencia de bajarme del avión, incluso tuve la impresión de que unos tipos me habían reconocido, porque me puse a conversar con algunas personas en el aeropuerto de Santo Domingo. Con tan buena suerte que fue poco rato, luego me monté otra vez en el avión y no pasó nada. En Venezuela había una gran efervescencia.

Allí estuve en el periódico oficial, el del partido de gobierno. Allí hice contactos con los estudiantes venezolanos, les plantee la idea de este congreso y estuvieron de acuerdo.

Sí, yo me reuní con los estudiantes de la Universidad que en ese momento eran de acción democrática. Nuestros propósitos al hablar con los estudiantes, eran pedirles apoyo para la organización del congreso, invitarlos a participar en él, explicarles todas las ideas y eso fue exitoso; los estudiantes venezolanos estuvieron de acuerdo y decidieron mandar una delegación al congreso. En aquella ocasión ya había sido electo Rómulo Gallegos como presidente y nosotros pedimos una entrevista para explicarle nuestras ideas. Fuimos a La Guaira donde estaba Rómulo Gallegos y así hicimos este contacto, también para pedir apoyo para el congreso. Después volamos a Panamá, ya con el apoyo de los estudiantes venezolanos revolucionarios, que eran prácticamente toda la Universidad.

En Panamá nos reunimos con los dirigentes estudiantiles. En días recientes se había producido una de las tantas balaceras por las protestas contra la ocupación yanqui del Canal y había un estudiante panameño que había sido herido quedando inválido. Era como un símbolo para todos los estudiantes. Yo hice contactos y lo visité.

Los estudiantes panameños estaban muy enardecidos y estuvieron muy de acuerdo con la idea del congreso, la apoyaron y decidieron enviar una delegación a Bogotá. Ya teníamos dos países importantes.

De Panamá volamos a Bogotá, por cierto nuestros recursos eran ya muy escasos, no teníamos sino para alojarnos en el hotel, y ni siquiera sabíamos qué íbamos a hacer después. Así nos hospedamos en un pequeño hotel como de dos o tres pisos, bastante acogedor. En aquel tiempo la vida era muy barata y si uno llevaba dólares al país —nosotros llevábamos unos pocos— el cambio era muy favorable y el alojamiento del hotel y la comida salían costando poco.

Una vez que nos alojamos en el hotel, inmediatamente establecimos contacto con los estudiantes de la Universidad. La inmensa mayoría de estudiantes eran de izquierda y liberales y al mismo tiempo había un gran prestigio y una gran influencia de Gaitán en la Universidad.

En ese momento ya yo había entrado en contacto con la literatura marxista, ya había estudiado Economía Política, por ejemplo, y tenía conocimiento de las teorías políticas. Me sentía atraído por las ideas fundamentales del marxismo, yo fui adquiriendo una conciencia socialista a lo largo de mi carrera universitaria, a medida que fui entrando en contacto con la literatura marxista. En aquel tiempo había unos pocos estudiantes comunistas en la Universidad de La Habana y yo tenía relaciones amistosas con ellos, pero yo no era de la juventud comunista ni militante del Partido Comunista. Es decir, mis actividades no tenían absolutamente nada que ver con el Partido Comunista de aquella época.

Podríamos decir que yo tenía en ese momento una conciencia antiimperialista. Había tenido ya los primeros contactos con la literatura marxista y me sentía inclinado a sus ideas, pero no tenía ninguna filiación, ninguna vinculación ni con el Partido Comunista, ni con la juventud comunista, salvo relaciones de amistad con distintos jóvenes comunistas, muy trabajadores, muy estoicos, con los cuales yo simpatizaba y a los que admiraba. Pero ni el Partido Comunista de Cuba, ni la juventud comunista tuvieron absolutamente nada que ver con la organización de este congreso de Bogotá. Puede decirse que yo realmente en esa época estaba adquiriendo una conciencia revolucionaria, tenía iniciativas, era activo, luchaba, pero digamos que era un luchador independiente.

Rómulo Gallegos era una figura muy prestigiosa en estos países. Figura política y figura literaria. La revolución de Venezuela había producido un gran impacto en Cuba y había despertado muchas simpatías. Además la mayor parte de los estudiantes eran del partido de Gallegos. De modo que el interés por saludarlo a él, estaba relacionado con el hecho de que era el dirigente de un país que había hecho una revolución democrática, una figura de prestigio internacional y nosotros estábamos recogiendo el apoyo de los estudiantes venezolanos para este congreso que íbamos a hacer. Pero ya habíamos logrado el apoyo, de manera que esto fue también una cuestión de cortesía, de conocerlo y de informarle. Esto del congreso fue algo organizado en muy breve tiempo y sobre la marcha.

Creo que debo haber llegado unos cinco o seis días antes, tal vez por ahí hay un pasaporte mío… Tendría que buscar en papeles y en archivos, para poder precisar la fecha exacta. No sé siquiera si existe mi pasaporte de aquella época. Pero fue unos cinco o seis días, máximo siete días, antes del 9 de Abril cuando yo llegué a Bogotá.

Nosotros siempre lo que hacíamos era dirigirnos a los estudiantes universitarios. Así obtuvimos información de que la izquierda y el Partido Liberal eran mayoría en la Universidad.

Nosotros inmediatamente buscamos a los dirigentes universitarios, nos reunimos con ellos y les planteamos la idea del congreso y ellos estuvieron de pleno acuerdo. Es decir, tanto los estudiantes venezolanos, los panameños y los colombianos estuvieron de acuerdo con la idea del congreso, la recibieron con mucho entusiasmo. Todos a su vez habían hecho contacto con otras organizaciones estudiantiles de Latinoamérica, nosotros habíamos hecho algunos contactos, los argentinos habían hecho otros y entonces ya se había logrado, no te voy a decir que la representación total de los estudiantes, pues no se había hecho un congreso latinoamericano nunca antes, pero sí un grupo bastante representativo. Nosotros teníamos la idea de que los estudiantes debían estar organizados y participar activamente en la lucha por las banderas que ya te mencioné y contra el imperialismo. Creíamos que debía existir una organización, incluso teníamos la idea de hacer una organización de estudiantes latinoamericanos. Yo di todos estos pasos y ya de hecho estaba organizado el congreso.

No puedo recordar en detalle pero ahí estaban representantes —a pesar del breve tiempo con que se organizó el congreso— de las distintas fuerzas progresistas y de izquierda de América Latina.

Ocurre una situación: yo estaba de organizador del congreso y en todas partes aceptaron el papel que desempeñaba, pero entonces los dirigentes oficiales de la FEU en Cuba, cuando ven que el congreso es una realidad, quieren participar oficialmente y mandan entonces una representación en la cual incluyeron al que era secretario de la organización, Alfredo Guevara y al Presidente de la FEU. Cuando llega esta representación oficial de la FEU, en una de las primeras reuniones se plantea la cuestión de la representatividad; si yo podía representar a los estudiantes universitarios de Cuba o no. En una plenaria se discute eso, hablé con bastante vehemencia, expliqué todo lo que había hecho, cómo lo había hecho y por qué. Debo decir que prácticamente de una manera unánime, los estudiantes me apoyaron, cuando hice la exposición un poco apasionadamente, como era de esperarse en esa época y en esa edad. De hecho yo estaba presidiendo aquella reunión. Yo dije que no tenía interés que no estaba persiguiendo honores personales de ninguna clase, que lo que me interesaba era la lucha y el objetivo de esa lucha. Que lo que me interesaba era el congreso y que yo estaba dispuesto a renunciar a todo cargo y a cualquier honor y que mi interés era que se llevara a cabo la lucha y el congreso. Los estudiantes aplaudieron mucho cuando yo hablé y apoyaron la idea de que yo continuara en el papel de organizador del evento.

No te voy a decir todos los detalles de dónde desayuné esos días porque lógicamente no puedo recordar todo lo que hice en la ciudad de Bogotá. Pero sí podría decirte cómo me impresionó Bogotá. Me llamó mucho la atención, era la primera vez en mi vida que estaba en Bogotá y en Colombia, que la ciudad se caracterizaba por una cosa nada familiar para nosotros: las calles se dividían en calles y carreras; lo primero era entender aquello de que las carreras iban en una dirección y las calles iban en otra. Me llamaba la atención también, especialmente, en esa carrera séptima, que quedaba cerca del hotel, la gran cantidad de personas en la calle, durante todo el día, sin que yo pudiera explicarme ni entonces ni ahora siquiera, por qué había una multitud de personas en la calle, con sus sobretodos, tal vez en aquella época hacía más frío que ahora, la ciudad no había crecido tanto, no era una ciudad moderna, era una ciudad bastante antigua.

Había muchos cafés, parece que era un hábito, una tradición colombiana el llegar a los cafés a tomar café, o cerveza o refrescos y todo el mundo con sus sobretodos. Lo más curioso para nosotros era ver siempre en la calle una gran multitud de personas, me imagino que habría un desempleo muy grande, pero aún no alcanzo a comprender por qué a todas horas había tantas personas en las calles de Bogotá, sobre todo en la carrera séptima. Mucha gente moviéndose.

Los estudiantes liberales me pusieron en contacto con Gaitán y me llevaron a visitarlo. Debe haber sido el 7...».

Por supuesto celebrándose la reunión de la OEA, la ciudad se había preparado para eso, se había instrumentado una organización policíaca para atender la Conferencia. Le habían dado uniformes nuevos y flamantes a los policías que atendían la Conferencia. Se hicieron rápidamente nuestros contactos, las primeras reuniones para la organización del congreso, que debía concluir con un acto en un estadio donde se organizaban los grandes actos, un estadio o una plaza, no recuerdo exactamente bien. Los estudiantes inmediatamente nos hablaron de Gaitán. Gaitán era en aquel momento la figura política de más prestigio, de más apoyo popular, se le consideraba —sin duda de ninguna clase— el hombre que iba a obtener el triunfo en las próximas elecciones de Colombia. Los estudiantes apoyaban a Gaitán en su inmensa mayoría. No tuvimos contacto con el Partido Comunista colombiano, aunque entre la gente con que nos reunimos en la Universidad había liberales y había comunistas y en la organización del congreso estaban participando los liberales y las fuerzas de izquierda, que acogieron con entusiasmo la idea. Los estudiantes liberales me pusieron en contacto con Gaitán y me llevaron a visitarlo.

Debe haber sido el 7 y te voy a decir por qué. Nosotros fuimos a explicarle a Gaitán todas las ideas que teníamos y a pedirle apoyo. A Gaitán le entusiasmó la idea del congreso y nos ofreció su apoyo. Conversó con nosotros y él estuvo de acuerdo con la idea de clausurar el congreso con un gran acto de masas. Él nos prometió que clausuraría el congreso. Nosotros naturalmente nos sentíamos muy satisfechos, muy optimistas con el apoyo de Gaitán porque eso garantizaba el éxito del congreso, además con movilización de masas y con su presencia en la clausura. Nos citó para dos días después como a las dos o dos y cuarto de la tarde, en su oficina, que creo que era en la carrera séptima; se subía por una escalera como de madera y se llegaba a su despacho. Nosotros estábamos citados con él de nuevo la tarde del día 9. En esa ocasión él nos obsequió distintos materiales políticos, nos explicó la situación de Colombia y por cierto nos entregó un folleto con su famoso discurso conocido como la Oración por la Paz que fue una pieza oratoria magnífica.

Había gran efervescencia en aquellos días en Colombia, porque todos los días se cometían veinte o treinta asesinatos. En los cintillos de los periódicos todos los días aparecían las noticias de que en tal lugar habían sido asesinados treinta campesinos, en tal otros veinticinco.

Prácticamente en los días en que estuvimos allí, todos los días aparecían las noticias en los periódicos de asesinatos políticos. Nos explicaron el papel de Gaitán, su lucha por encontrar una solución a esa situación de violencia, la Marcha del Silencio que había organizado con cientos de miles de personas, que había sido una manifestación impresionante, y en esa ocasión, en que decenas o cientos de miles de personas habían marchado en absoluto silencio, al final él había pronunciado la Oración por la Paz. Inmediatamente yo me puse a leer todos esos materiales y a empaparme de la situación en su conjunto de Colombia.

También por aquellos días había un juicio muy famoso que era el del teniente Cortés. Creo que había ocurrido un incidente entre un militar y un periodista que originó la muerte de este. En aquellos días concluía el juicio y a nosotros los estudiantes nos habían informado de Gaitán, su figura política, su pensamiento y además su condición de un abogado excepcional, extraordinario. Incluso nos invitaron y nosotros asistimos, creo que fue la última sesión de la audiencia en que Gaitán estaba haciendo la defensa del teniente Cortés. Por aquellos días se transmitía por radio los debates del juicio y prácticamente en todo el país, hasta en los cuarteles, se escuchaba la defensa de Gaitán, que por cierto en aquel momento dicho juicio se había convertido en una cuestión política importante. Yo recuerdo que como estudiante de Derecho lo escuché con especial interés y recuerdo algunas partes donde él hablaba de la bala, la trayectoria de la bala y mencionaba algunos tratados de anatomía, incluso algunos tratados franceses que eran famosos en las escuelas de medicina; me interesé mucho por el caso, por la exposición y el alegato que él estaba haciendo, realmente brillante. De modo que por aquellos días en Colombia además de la situación de violencia y de sangre estaba teniendo lugar un juicio que adquiría gran magnitud política. Yo diría que en el ejército se escuchaban con simpatía los alegatos de Gaitán, en las estaciones de policía, en los cuarteles y que, tanto la opinión pública como la opinión de los militares, era favorable al teniente Cortés. Es decir, coincidían en ese momento todos esos criterios con las posiciones que sostenía Gaitán.

Yo tenía una impresión realmente muy buena de Gaitán. La tuve en primer lugar, porque en eso influyeron las opiniones absolutamente mayoritarias y la admiración de los estudiantes que se habían reunido con nosotros. La tuve de la conversación con él; un hombre con su tipo indio, sagaz, muy inteligente. La tuve de sus discursos, especialmente de la Oración por la Paz, que era realmente el discurso de un orador virtuoso, preciosista del idioma y además elocuente. La tuve porque se identificaba con la posición más progresista del país y frente al gobierno conservador. La tuve como abogado también por lo brillante que era. Es decir, brillante político, brillante orador, brillante abogado, todas esas cosas me causaron una impresión muy grande y al mismo tiempo nos agradó mucho su apoyo, el interés con que él había tomado nuestras ideas sobre el congreso de los estudiantes y la facilidad, la disposición y la generosidad con que nos apoyó. Nos prometió ayudarnos y cerrar con un grande acto de masas el encuentro, lo que demuestra que incuestionablemente estaba de acuerdo con los puntos de vista que defendíamos nosotros y que estaba en oposición a toda aquella comedia que se organizaba con la reunión de la OEA. Todos esos factores hicieron que nosotros experimentáramos una gran simpatía por él. Veíamos claramente además que la inmensa mayoría del pueblo lo apoyaba.

Ocurrió un incidente en los días en que nosotros estuvimos en Bogotá, ocupados en las reuniones con los estudiantes, los pasos organizativos del congreso y el encuentro con Gaitán, es el siguiente. Se dio una función de gala en un teatro por allá. No recuerdo el nombre, un teatro muy clásico y muy bonito, creo que la función de gala tenía que ver con las delegaciones de los gobiernos que participaban en la Conferencia de la OEA. Entonces, jóvenes al fin, un poco inmaduros, nosotros que habíamos impreso unas proclamas, no sé si quedará por ahí alguna de esas proclamas en algún lugar, unas proclamas en donde planteábamos todas las consignas del congreso: estaba la lucha por la democracia en Santo Domingo, la lucha por la independencia de Puerto Rico, el Canal de Panamá, la desaparición de las colonias en América Latina, la devolución de las Malvinas a Argentina y la lucha por la democracia.

Nosotros llevamos los panfletos al teatro, en la función de gala y los soltamos en la función. Quizás técnicamente habíamos estado cometiendo una infracción, no lo sé, pero no lo hicimos con intención de violar las leyes ni mucho menos, sino de hacerle propaganda a nuestro congreso. Después caímos presos. Parece que al poco tiempo de estar nosotros allí, la policía secreta conoció que había unos estudiantes organizando un congreso, conoció algo de nuestras actividades además de nuestra distribución de panfletos en el teatro, cosa que a nosotros nos parecía lo más natural del mundo y que solíamos hacer en Cuba, y como consecuencia de eso llega la policía, no me acuerdo exactamente dónde y cómo fue que me arrestaron, pero creo que estábamos en el hotel. Yo no estoy seguro de que haya sido en el teatro donde nos arrestaron, creo que fue en el hotel. Tal vez tú tengas razón. El hecho es que llegaron por nosotros, nos arrestaron y nos llevaron a unas oficinas tenebrosas que había por ahí, a una callejuela, un lugar de pasillos oscuros; allí nos llevaron con los panfletos. Pero yo creo que nos arrestaron en el hotel, o al menos estoy seguro de que registraron después nuestra habitación en el hotel. Quizás las actas puedan hablar con más veracidad y más exactitud. Sé que nos llevaron por unas callejuelas, a unos edificios sórdidos que había por allí.

A mí y al otro cubano que andaba conmigo, éramos dos, y tal vez algún estudiante colombiano. No recuerdo bien. Nos llevaron por aquellos edificios y pasillos y nos sentaron e hicieron un interrogatorio. A decir verdad, quizás por el idealismo de uno, en el ardor de la juventud, nosotros les explicamos a las autoridades de allí quiénes éramos, qué estábamos haciendo, lo del congreso, cuáles eran nuestros propósitos en ese congreso, lo de Puerto Rico, lo del Canal de Panamá, lo que estaba en el panfleto y las ideas con que nosotros estábamos organizando el congreso. A decir verdad, parece que tuvimos un poco de suerte en la conversación con las autoridades del detectivismo allí, la cuestión es que incluso yo saqué la impresión de que a algún responsable le gustó lo que nosotros estábamos planteando. Habíamos sido persuasivos con ellos. Tal vez se dieron cuenta de que nosotros no éramos una gente peligrosa ni mucho menos, ni nos estábamos inmiscuyendo en los problemas internos del país. Tal vez porque les gustaron algunas de las cosas que estábamos planteando, ignoro las razones, pero el hecho es que después de aquel interrogatorio, nos ficharon y nos pusieron en libertad. Quizás nosotros estábamos corriendo un peligro mayor de lo que nos imaginábamos, pero en ese momento no estábamos conscientes. Simplemente, después del interrogatorio y todo eso, nos fuimos para el hotel otra vez y continuamos muy tranquilos nuestras actividades.

Lo más probable es que nos estuvieran siguiendo, pero de todas maneras nosotros no estábamos haciendo nada ilegal. Lo único que hacíamos era organizar un congreso de estudiantes y teníamos además contacto con una de las figuras políticas más importantes del país. Ellos a lo mejor subestimaron esas actividades. En realidad, objetivamente, fuera de la cuestión ideológica, fuera de los objetivos que perseguíamos nosotros no constituíamos ningún tipo de peligro en absoluto para el Estado, ni para el Gobierno colombiano. Lo que nosotros estábamos haciendo no tenía nada que ver con los problemas internos de Colombia, era una idea latinoamericana la que estábamos defendiendo. Esa es la realidad. Excepto que se tomara como una cosa agravante el hecho que nos reuniéramos con estudiantes, que nos reuniéramos con Gaitán. Si quitamos el hecho que nosotros habíamos repartido unos panfletos, que no se toma como actividad delictiva en ninguna parte del mundo, excepto en un gobierno represivo, simplemente nosotros habíamos —con bastante candidez y sin ningún espíritu provocador— repartido nuestras proclamas en el teatro. Eso es todo lo más que pudiera considerarse una infracción, pero no infracción contra el Estado colombiano, sino contra Estados Unidos, en dos palabras, lo nuestro era contra Estados Unidos.

Nosotros seguimos nuestras actividades aunque nos estuvieran siguiendo. Yo me imagino que una de las tareas del detectivismo, creo que se llamaba así, oficina del detectivismo, es dedicarse a seguir a la gente. Nosotros no nos dimos cuenta de que nos estaban siguiendo porque no estábamos en ninguna actividad subversiva en relación a Colombia, sino en nuestro congreso estudiantil, esa es la realidad absoluta, no tengo por qué atribuirme méritos de ninguna clase que no tenga, no tengo por qué pintarme como un tipo subversivo, ni tampoco como un tipo importante; tenía mis ideas, tenía mis propósitos y estaba con la idea del congreso y de la organización de los estudiantes latinoamericanos. Nada absolutamente contra Colombia, independientemente de que nos horrorizaban todas esas masacres que veíamos por los periódicos y que simpatizábamos con Gaitán. Eso es lo que más recuerdo de esos días previos al 9 de Abril.

Mira, nosotros tuvimos en los pasos previos varias actividades; reunión con los estudiantes de la Universidad, reunión con los primeros delegados de distintas partes cuando se planteó la cuestión de la representatividad, reunión con obreros. Los colombianos eran los que hacían esos contactos y organizaban las reuniones, pero todo relacionado con el congreso de los estudiantes. No había nada de otro tipo. Lo que pasa es que después con los acontecimientos tan sensacionales que se produjeron, es posible que algunos de los detalles se nos olviden.

Yo no estoy ahora en los detalles, pero yo creo que se hizo este manifiesto que llevamos al teatro. Posiblemente se había proyectado hacer algunos documentos más, pero todos relacionados con estos temas. No te podría decir qué hicimos el 8 pero estábamos en la organización del congreso. Estábamos esperando una reunión con Gaitán a las dos de la tarde o a las dos y cuarto de la tarde del día 9. Nos habíamos citado para continuar conversando sobre el congreso y concretar lo relacionado con el acto que se iba a hacer al final del mismo, en el cual él iba a participar.

Ese día almorzamos en el hotel y estábamos haciendo tiempo para llegar a la hora de la cita con Gaitán. Estamos en el hotel. A mí me parece que el hotel no era donde tú lo señalas en el mapa, porque nosotros salíamos del hotel, bajábamos dos o tres cuadras, llegábamos a la carrera séptima y después tomábamos hacia la izquierda para ir a la oficina de Gaitán o ir a la plaza frente al edificio donde se estaba celebrando la Conferencia de la OEA. En este momento, cuando salimos a la calle, a los pocos minutos comenzó a aparecer gente corriendo frenéticamente en distintas direcciones. Gente como enloquecida, corriendo en una dirección, en otra, o en otra. Yo te puedo asegurar que lo del 9 de Abril no lo organizó nadie, pienso plantearte este punto de vista porque lo presencié casi desde los primeros momentos, te puedo asegurar que lo del 9 de Abril fue una explosión espontánea completa, que ni la organizó nadie, ni lo podía organizar nadie. Únicamente los que organizaron el asesinato de Gaitán podían imaginarse lo que podía ocurrir. Tal vez los que organizaron el asesinato lo hicieron para eliminar un adversario político. Tal vez podían imaginarse la explosión, tal vez ni siquiera se la imaginaron. Pero es que a partir del hecho del asesinato de Gaitán se produce una fabulosa explosión de forma totalmente espontánea. Nadie puede atribuirse haber organizado lo del 9 de Abril, porque precisamente lo del 9 de Abril lo que careció fue de organización. Esa es la clave, careció absolutamente de organización.

Fidel Castro

Diario de la noticia

29 de marzo

Bogotá vive intensamente el ambiente de la IX Conferencia Panamericana. Como ciudad ha cambiado su rostro arquitectónico, al engalanarse para las fiestas de celebración de la Conferencia, mientras en cualquier rincón esconde la miseria. Sobre Bogotá, la Atenas del Sur, recae la mirada esperanzada del continente, porque tiene la visita de un personaje mundialmente conocido: el general Marshall. Por lo menos se piensa en las esferas diplomáticas, que el general trae dólares a manos llenas para reconstruir un continente que no ha pasado por la experiencia de la Segunda Guerra Mundial.

La agenda a debatir se ha difundido profusamente. La discusión sobre varios de sus puntos comienza a configurarse en las declaraciones de los cancilleres a la prensa. Ya se escuchó la voz de la Argentina, en evidente tono de querer disputarle a los Estados Unidos la dirección de la Conferencia. Emanan ciertas diferencias entre los Estados Unidos y la hermana república del Sur, surgidas durante la guerra y hoy agudizadas, especialmente relacionadas con el tema de las colonias. El canciller de la Argentina, Juan Atilio Bramuglia, en declaraciones a *El Tiempo,* dijo que Argentina apoyará la ponencia de Guatemala sobre las colonias y toda moción tendiente a librar a América de poderes no continentales. Sobre las Malvinas dijo que no son colonias extranjeras, sino una clara posesión argentina, cuya devolución exigimos.

El periodista preguntó: ¿Trae la Argentina ponencia anticomunista a la Conferencia?

—No, porque aunque somos anticomunistas, no combatimos la idea comunista como tal. Luchamos por extirpar sus causas como tales. Propugnamos por la cooperación económica y financiera, el mejoramiento del estándar de vida general, procuramos una sana política de mejoramiento social. América es un continente con recursos suficientes para alimentarse bien, vestirse bien. Y con un pueblo bien nutrido, bien vestido y bien educado y capaz de explotar sus riquezas, no hay comunismo posible.

1ro. de abril

El general Marshall había permanecido silencioso, con los audífonos ceñidos estrechamente sobre las sienes, embebido en la traducción simultánea de los discursos en español, en portugués y en francés que él escuchaba en perfecto inglés. Antes se había elegido al canciller Laureano Gómez para presidir la Conferencia y elegido también las comisiones de trabajo. Habían pasado los abrazos protocolarios. Cuando estaban en la discusión tres nuevos proyectos de los Estados Unidos y terminaba su lectura el general Marshall, hombre de una agilidad sorprendente para sus sesenta y siete años, de complexión hercúlea, ahora un poco engrasada, el labio superior fuerte, síntoma de tenacidad; de paso rápido y de siempre fuerte apretón de manos, pero de hombros fláccidos que no expresan la apariencia de hombros de un militar, puesto que el general goza de la vida civil, en la que se ha dedicado, según él, a enseñar al mundo occidental lo que significa la democracia, y en ese preciso momento cuando culmina la discusión, él formuló al *plenum* de la Conferencia una pregunta trascendental, una pregunta de principios, no exactamente una pregunta casual.

El Imperio Británico entraba en plena liquidación y tenía que recoger sus huestes y retirarse de Grecia y de la India y de otras posiciones que habían sido vitales para su estrategia exterior, en otras épocas de esplendor del Reino. Estaba a punto de reunirse en Moscú, el diez de marzo del 47, la Conferencia de cancilleres para estudiar el tratado de paz con Alemania. Acababan de pasar las elecciones en Polonia y en Bulgaria, Yugoslavia y Hungría, los comunistas avanzaban vertiginosamente y se estaban consolidando en el oriente europeo. En las Naciones Unidas, el veto paralizaba toda acción de paz. En Europa, la crisis económica y la escasez de alimentos creaban una atmósfera revolucionaria. Estados Unidos había estrenado su primacía atómica y asumía el liderazgo mundial del mundo occidental, mientras en su interior una devastadora inflación ensombrecía el horizonte del mayor país capitalista.

El 12 de marzo, después del anuncio que consumaba la realidad de que Inglaterra dejaba de ser una potencia de primer orden, el presidente Truman dirigió al Congreso su mensaje histórico para muchos, en que anunciaba que los Estados Unidos financiaría la resistencia de los países que quisieran luchar por la preservación de la libertad y de la democracia, amenazadas por el totalitarismo. Y pedía autorización para conceder empréstitos por cuatrocientos veinte millones de dólares, en ayuda militar y civil a Grecia y Turquía. Fue lo que se llamó la «Doctrina Truman», que convirtió el arsenal norteamericano contra Hitler, en la tesorería del occidente contra el Soviet. La conferencia sobre Alemania y Austria fracasó ese mismo día 12 de marzo, al nacer la «Doctrina Truman», que desde su nacimiento se vio convertida en el centro de las más encendidas polémicas. En los Estados Unidos fue el inicio de la más dramática y angustiosa cacería de brujas.

El 12 de junio de 1947, en la Universidad de Princeton, nació el «Plan Marshall». El general Marshall pronunció un discurso de treinta palabras, en que señaló la necesidad de que los países europeos organizaran su propia reconstrucción, anunciando que los Estados Unidos asumirían el costo. El 16 de septiembre los países europeos, en la conferencia de París, presentaron el balance de sus necesidades: veintinueve millones de dólares para cinco años. Eso costaba el Plan Marshall. Después cambió de nombre y se volvió el European Recovery Plan, cuando un comité especial encabezado por el banquero Everel Harriman lo revisó para resolver si el manejo de esos recursos se les dejaba a los gobiernos europeos o si los Estados Unidos debían hacerlo. Se decidió por la segunda alternativa. El banquero Everel Harriman, es compañero del general Marshall de delegación a la IX Conferencia Panamericana.

Ahora ha surgido en el mundo, otro Metternich, austero y abstemio: el general Marshall, que lleva doce meses dedicado a urdir su nueva santa alianza contra el comunismo. Antes eran los reyes y el papado. Ahora son dos miembros del frente unido, conformado por el papado y el gran capital. La Reforma y el Calvinismo concluyeron. Roma y el protestantismo se unen para luchar contra lo que califican como una «nueva» religión: el comunismo. El nuevo Metternich ofrece a sus aliados, además de su concepción ideológica envuelta en dólares, cañones y máquinas y un solo objetivo contra quien disparar.

Y este hombre, de magnetismo inconfundible y de poder ilimitado, formuló entonces su pregunta:

—¿Yo quiero saber si los delegados aquí reunidos consideran que una cuestión sobre represión de movimientos subversivos de origen foráneo, en América, debe considerarse como un nuevo tema con relación a la agenda? América Latina no escaparía a su cruzada. El canciller argentino tomó la palabra.

—La pregunta del secretario de Estado de los Estados Unidos está comprendida en la proposición de Guatemala, aplazada hasta ahora, sobre el no reconocimiento de los regímenes antidemocráticos en América.

Tanto la pregunta como la respuesta quedaron flotando sobre el ambiente.

2 de abril

La IX Conferencia Panamericana había creado grandes ilusiones en los gobiernos de América Latina, al pensar estos, que de ella saldría una especie de «Plan Marshall» para reconstruir sus quebrantadas economías. Por ello la expectativa creada alrededor del discurso del general Marshall, jefe de la delegación estadounidense. Ayer el general en su discurso, que produjo una gran sensación que justificaba la ansiedad con que se esperaba su intervención, disipó esa ilusión. No habrá «Plan Marshall» para América Latina. Dijo el general, en sus tesis económicas:

1ro. El Continente Americano tiene urgente necesidad de adoptar métodos efectivos de cooperación económica, haciendo frente a problemas que exigen un máximo de buena voluntad y concordia:

   a) Para evitar una inconveniente duplicación de esfuerzos.

   b) Para arreglar, jurídica y pacíficamente cualquier diferencia que al respecto pudiera surgir entre países de América.

2do. El desastroso colapso de la economía europea ha afectado, directamente y en forma adversa, el desarrollo económico de todo el hemisferio occidental. La rehabilitación de Europa es, por lo mismo la rehabilitación también de América.

3ro. Los Estados Unidos no pueden negarse a contribuir a la recuperación económica de Europa, porque restaurar a Europa es restaurar la prosperidad de todo el mundo. Pero los Estados Unidos no pueden cumplir, por sí solos, esta poderosa tarea. Más aún: para soportar la carga de su propia economía necesitan hoy del concurso de todo el Continente Americano.

4to. Los Estados Unidos comprenden y respetan las aspiraciones económicas de los países del Hemisferio Occidental. Seguirán prestando a estos países ayuda, pero ayuda estrictamente limitada a lo más indispensable, mediante pleno respaldo al Banco Internacional de Reconstrucción y Fomento, cuyos recursos no son ilimitados. Por su propia experiencia histórica los Estados Unidos recomiendan como la solución más aceptable para los países americanos el desarrollar una adecuada política de atracción y garantías al capital extranjero privado, fuente de energía que no puede ser desestimada por las naciones interesadas en mejorar su economía y lograr el equilibrio de las fuerzas económicas mediante la industrialización, la mecanización de la agricultura y la modernización de los transportes.

Juvenal Hernández, jefe de la delegación chilena dio una respuesta positiva en relación con la pregunta clave que planteó el general Marshall en el primer día de sesiones: Sostuvo que la división mundial alrededor de dos tesis había quedado planteada y manifestó enfáticamente que una de ellas se fundaba «en una concepción materialista de la vida» y que «pretende implantar la sumisión gregaria de los más a los menos en un nuevo totalitarismo político, para decapitar el espíritu del hombre y dejarlo sentimentalmente marchito por la pérdida de su libertad». Anunció que su país no es «indiferente ni neutral» sino que «está con los países que defienden la democracia y la libertad». Y apasionadamente dijo: «Nuestra hora es de decisiones, y no hay lugar para terceros frentes».

El sosiego no regresa al país a pesar de la Conferencia Panamericana. Ayer culminó la convención del liberalismo, donde se concluyó que: «A diferencia del Partido Conservador cuando este partido fue oposición, el liberalismo rechaza la política de la "Acción intrépida", el "Atentado personal" y la "República invivible", entendiendo su misión histórica como partido del orden, del progreso y del adelanto del país, aún en la oposición».

Y en cuanto a la violencia, resuelve: «Declarar su indignación frente a los hechos de violencia sectaria que conmueven al pueblo colombiano, y señalar como responsable de esta inexcusable situación de caos que amenaza la tranquilidad social y subvierte los principios de nuestra democracia, al señor Presidente de la República, doctor Mariano Ospina Pérez, quien por imprevisión, negligencia o culpable tolerancia, ha estimulado el auge del asesinato político y ha permitido que la injusticia y la muerte invadan comarcas consagradas, ayer ejemplarmente pacíficas y consagradas al trabajo y a la prosperidad social».

3 de abril

El inefable «Calibán» sale en furiosa defensa del discurso del general Marshall, que por cierto descabezó muchas ilusiones. Dice el comentarista: «No les gustó a muchos de nuestros publicistas el discurso del secretario de Estado. ¿Por qué? Porque así como en lo individual los zánganos pretenden que los hombres de trabajo, que han logrado una fortuna, los alimenten, los vistan, los diviertan, y, además, les queden muy agradecidos, así los pueblos también gracias a propagandas indecorosas, se van acostumbrando a que se les de regalado todo lo que necesiten, y a que el paternalismo norteamericano les envíe dinero, máquinas, automóviles, radios, y haga todo lo que la pereza no les deja hacer…».

El general Marshall debe estar de plácemes por la noticia de Washington. El Presidente Truman promulgó la ley de ayuda global por seis mil noventa y ocho millones de dólares para detener al comunismo y calificó la ley Marshall de «contestación norteamericana al reto que afronta el mundo libre […] en una memorable ocasión en la lucha mundial por la paz duradera».

El Departamento de Estado comenzará la remisión de materiales para Francia, Italia, Grecia y Holanda, además de ayuda militar a Grecia y Turquía, además habrá colaboración económico-militar para China. El propósito primordial de esta gestión es levantar la economía del mundo para contener el comunismo y evitar el caos.

La situación sigue agravándose en Boyacá, en los últimos días, gracias a los hechos de violencia política registrados en diversos lugares del Departamento y patrocinados como siempre por las autoridades.

4 de abril

El *Evening Star*, en editorial manifiesta: «En lo que al aspecto político se refiere, la Conferencia de Bogotá encontrará pocas dificultades y puede darse por descontado que producirá decisiones para el robustecimiento de la seguridad continental, mediante convenios como los de actuación común con los planes subversivos de supervisión exterior. Empero, la base económica, como lo indicó Marshall en su discurso, es probable que cause algunos dolores de cabeza, a lo que los Estados Unidos parece haberse anticipado al incluir en su delegación varios peritos en comercio y en empréstitos al exterior».

El *Washington Post* celebra editorialmente la aprobación por los delegados en la Conferencia de Bogotá, de la propuesta del general Marshall de incluir las deliberaciones sobre el comunismo en el temario de la Asamblea. El diario sostiene que «en verdad el comunismo tiene alarmantes avanzadas en el Hemisferio Occidental y que por esto constituye un problema tanto militar como social».

En Chiquinquirá un grupo de civiles conservadores atacaron a patrullas del ejército que vigilaban las calles. La zozobra crece en Boyacá.

5 de abril

Cuando Gaitán dé por terminada su exposición de defensa, después de una larga y penosa espera de ocho años, además con este, dos juicios, el teniente Jesús María Cortés escuchará el veredicto de los jueces del pueblo, que a plena conciencia, dirán en la noche del miércoles o del jueves, si es o no culpable de la muerte del periodista Eudoro Galarza Ossa. En la última sesión, se pidió la exhumación del cadáver del periodista, con el fin de llegar a una última y definitiva conclusión, sobre las circunstancias y posición en que la víctima se encontraba cuando recibió el pistoletazo.

Es posible que el veredicto se conozca entre las dos y las tres de la madrugada del jueves. Esta sesión como las anteriores en que ha intervenido Jorge Eliécer Gaitán, será transmitida al país por la emisora la Voz de Bogotá.

6 de abril

El ministro de Gobierno, señor Eduardo Zuleta Ángel, comenzó la campaña radial en pro de la pacificación de la República. Antes había tenido conversaciones con Gaitán en relación con los problemas de la violencia.

En la vigorosa alocución el ministro de Gobierno hizo un llamamiento a la paz: «Por eso les hago aquí el más fervoroso, el más ahincado, el más sincero llamamiento a las autoridades de la República, a todos los agentes de los gobiernos nacionales, departamentales y municipales, a todos los comandantes, oficiales y agentes de las diversas policías para que en todo momento y por encima de todo tengan presente que su función esencial es proteger a todos los colombianos, absolutamente a todos los colombianos, absolutamente a todos, sin discriminación alguna de partido, en su vida, en su honra y en sus bienes. Que se acuerden en todo momento de que las armas que la República ha puesto en sus manos o bajo sus órdenes no pueden ser utilizadas en ningún momento y bajo ningún pretexto para fines contrarios a su legítima destinación constitucional, que es la de dar esa protección para conservar así el orden público».

El señor John McCloy, presidente del Banco Internacional de Reconstrucción y Fomento sostuvo ayer en la comisión de asuntos económicos de la IX Conferencia Panamericana, que «el banco no concederá ningún préstamo que no ofrezca garantías y solidez. Las inversiones deben ser remunerativas y saneadas. Y al obrar así el banco quiere, solamente, defender los intereses de los propios países accionistas y consolidar financieramente a la institución para que continúe prestando a todos los servicios adecuados».

Muchos de los delegados preguntaron en qué condiciones el Banco Internacional podría hacer empréstitos; su gerente, el señor McCloy, respondió a sus oyentes:

—Desgraciadamente no he traído mi libreta de cheques en la maleta...

7 de abril

En mi nota del 4 de abril, estaba por cierto muy sorprendido de cómo la prensa norteamericana no solo da por aprobado en el temario de la Conferencia, la pregunta clave del general Marshall, sino que de antemano vaticinan que «se producirán decisiones para el robustecimiento de la seguridad continental».

Y hoy me encuentro que, a propósito, no se ha incluido tal cuestión en la agenda de las discusiones, que tanto Colombia como Venezuela difieren sustancialmente sobre tan delicada propuesta, que seguramente tendrá profunda repercusión en nuestro continente.

En su discurso dijo el señor Rómulo Betancourt, jefe de la delegación de Venezuela: «Las minorías extremistas que operan sobre el escenario de Venezuela, carentes de actuales o futuras posibilidades de control sobre el pueblo, pueden ser neutralizadas fácilmente, si intentaran perturbar el orden público, con la sola aplicación de los recursos legales provistos por nuestra constitución. Para ello no se hace necesario que nuestro país adhiera previamente a una cruzada de perfiles inquisitoriales, que en el pensamiento de algunos puede responder a motivaciones ideológicas sinceras, pero que entregarían a los enemigos de las libertades públicas americanas un formidable instrumento de discriminación política y de persecución policial, para ser esgrimido contra sus opositores de todos los matices doctrinales».

Carlos Lozano y Lozano, jefe de la delegación de Colombia, dijo sobre tan grave cuestión: «Esta agrupación de naciones no puede aceptar que se destruya la dignidad humana, o se avasalle al ciudadano por ninguna fuerza, corriente o poder, aun mayoritario, porque la democracia es ante todo la defensa de las minorías, el derecho de disentir y el baluarte de los débiles. Pero si nos constituimos en un gran bloque solidario para defender esos principios, contra ese acantilado vendrían a estrellarse los intentos disolventes o despóticos. No está dentro de la tradición jurídica colombiana, acallar o reducir por medio del brazo armado de la ley, ninguna idea como tal. Se ha dicho en esta sala, con gran nobleza, que la democracia hay que defenderla en la democracia, sin salir de la democracia».

Y pasando de esta «cruzada de perfiles inquisitoriales» a mi pobre y atropellado bolsillo, encuentro noticias en la prensa, que según datos de un editorial de la revista del Banco de la República, en los precios de los víveres se han registrado alzas sencillamente escandalosas. Las investigaciones oficiales registran un aumento de veinte punto seis en el solo mes de marzo, lo que imprime un ritmo de encarecimiento a esta zona de mercado que no tiene antecedentes en la historia de la República. De cuatrocientos noventa y dos punto dos, que era el índice en febrero, pasó a quinientos doce punto ocho, en marzo, para los precios de los principales víveres.

Otra zona en la cual la especulación está llegando a límites jamás antes presentados, es la de los arrendamientos. La vivienda se ha vuelto en Bogotá y las principales ciudades del país un artículo de lujo que los colombianos no alcanzamos a pagar.

La prensa refiere que una de las causas de la desenfrenada especulación en los víveres y en los arrendamientos, es la reunión de la IX Conferencia

Panamericana, que ha sido tomada como pretexto para decretar alzas generales de precios.

8 de abril

En la delegación colombiana se han celebrado varias reuniones con el objeto de trazar una posición definida frente a un posible acuerdo de carácter anticomunista y a las garantías que debe tener la declaración de los derechos del hombre americano.

Los conservadores, encabezados por Silvio Villegas y Augusto Ramírez Moreno, son partidarios de que Colombia acompañe a los países que quieren un inflexible pacto «anticomunista», alegando que si en el tratado de asistencia recíproca de Río de Janeiro se considera la posibilidad de una agresión continental, es urgente ir sentando los acuerdos que contribuyan a precisar a ese agresor. Ellos están de acuerdo con lo expresado por uno de los editoriales de *El Siglo,* sintetizado en estas frases: «El anticomunismo no puede ser solo un erguido aspaviento idiomático, ni una actitud literaria de empenachada bizarría frente al imperialismo soviético, sino que debe ser una acción cristiana intrépidamente realista para hacer regresar a las masas proletarias a sus centros de gravedad, a sus pendones de la ideología católica, a los principios de la iglesia y a la tutela redentora de Jesucristo».

El criterio de los voceros liberales ha sido unánime en el sentido de no marcharle a ninguna declaración o acuerdo que implique merma de las garantías políticas del individuo o de los partidos. Las razones de los liberales se basan en sólidos argumentos jurídicos y de convicción doctrinaria, como los expresados por Carlos Lozano y Lozano.

En el ambiente de la Conferencia se detecta que a pesar de las muchas contradicciones entre las delegaciones, el pacto «anticomunista» pasará. Hasta tal punto que R.H. Shack, jefe de los corresponsales de la United Press de Bogotá ha enviado a los diarios del mundo, el siguiente cable: «Con relación al sistema de defensa continental no se encuentran mayores dificultades y se llegara a un acuerdo.

Informantes dijeron que problemas militares fueron abordados en la Conferencia Marshall Bramuglia, posteriormente entre Marshall, Betancourt y Hernández entre Bramuglia y Neves Fentoura. En tales conversaciones solo pusiéronse en relieve pequeñas divergencias, lo que permite afirmar que está asegurada la creación de un sistema defensivo hemisferio cuyo primer órgano sería el consejo interamericano de defensa que contempla el artículo 59 del anteproyecto, pacto presentado por la unión panamericana. Informantes dijeron que no sábese quién convenció a quién, pero lo importante es que vislumbrase la tercera comisión, la cual será organismo donde nacerán órganos e instrumentos para la defensa de América en caso de guerra».

9 de abril

He leído la prensa temprano.

A la una y diez minutos de la madrugada, Jorge Eliécer Gaitán terminaba su emocionante defensa del teniente Cortés y pedía para él la absolución, alegando que había obrado en legítima defensa del honor del ejército, al ultimar de dos disparos de pistola al periodista Eudoro Galarza Ossa. La inmensa y abigarrada multitud que colmaba el salón de audiencia aplaudió frenéticamente el hermoso elogio que el penalista hizo del oficial del ejército.

A la una y quince minutos, viviendo la dramática expectativa de las barras, el juez, doctor Pedro Pérez Sotomayor, recibió de los cinco miembros del jurado popular, el solemne juramento de rigor sobre el fallo que iban a dar. A la una y veinticinco minutos el salón fue despejado, y cargados de tanta responsabilidad los jueces del pueblo entraron a deliberar, mientras afuera las voces tejían hipótesis encontradas sobre el posible fallo.

A las dos de la madrugada los jueces del pueblo entregaron su veredicto al juez de la causa y, el doctor Pérez Sotomayor, en palabras moduladas, lentamente dio lectura al fallo de conciencia. Eran las dos y cinco de la madrugada. La tremenda expectativa hacía presa fácil los nervios de los presentes. El fallo fue absolutorio en un todo, de acuerdo con las tesis planteadas por el señor Jorge Eliécer Gaitán.

El teniente Cortés disparó sobre el periodista Eudoro Galarza Ossa, con la intención de matar, pero lo hizo en legítima defensa del honor de militar, la defensa fue proporcional a la agresión, por lo tanto la absolución fue total por justificación del hecho.

Fueron incontenibles las salvas de aplausos al terminar el veredicto absolutorio. Las barras sacaron a Gaitán en hombros y de pronto él se encontró con la soledad de la ciudad y el frío envolvente de niebla que cubría sus calles y sus edificaciones. El delirio multitudinario quedaba a sus espaldas.

9 DE ABRIL
MAPA DE LOS ACONTECIMIENTOS

GUIA DEL LIBRO

18.— SITIO DEL ASESINATO
19.— CLINICA CENTRAL
11.— PALACIO DE GOBIERNO
20.— EL TIEMPO
17.— RADIO NACIONAL
21.— ULTIMAS NOTICIAS
3.— 5a. DIVISION POLICIA
22.— CASA GAITAN
23.— DIRECCION LIBERAL

1.— 4a DIVISION POLICIA
2.— 2a   "   "
3.— 5a   "   "
4.— 8a   "   "
5.— 9a   "   "
6.— DIV. POLICIA BARRIO RICAURTE
7.— MINISTERIO DE GUERRA
8.— COLEGIO SAN BARTOLOME LA MERCED
9.— COLEGIO LA SALLE
10.— PLAZA CENTRAL DE MERCADO
11.— PALACIO DE GOBIERNO
12.— PARLAMENTO
13.— CEMENTERIO CENTRAL
14.— ESTACION DE F.C.C.
15.— CIUDAD UNIVERSITARIA
16.— BIBLIOTECA NACIONAL
17.— RADIO NACIONAL

cerro de monserrate
carrera 5a
carrera 7a
carrera 14
carrera 13
calle 26
calle 57
estadio
rio salitre
calle 1a
cra escuela ogula

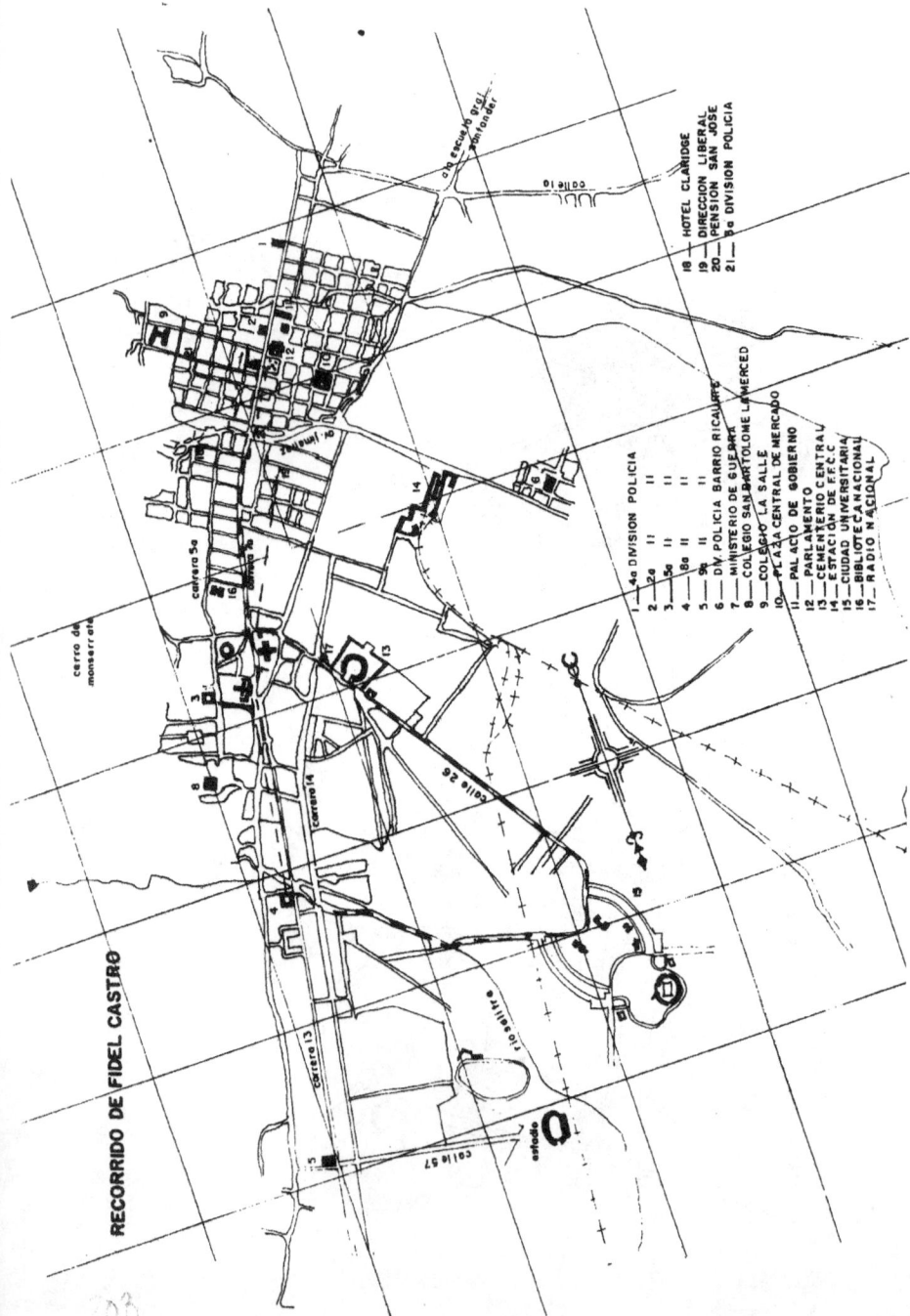

1 — 4a DIVISION POLICIA
2 — 2a   "   "
3 — 5a   "   "
4 — 6a   "   "
5 — 9a   "   "
6 — DIV POLICIA BARRIO RICAURTE
7 — MINISTERIO DE GUERRA
8 — COLEGIO SAN BARTOLOME LA MERCED
9 — COLEGIO LA SALLE
10 — PLAZA CENTRAL DE MERCADO
11 — PALACIO DE GOBIERNO
12 — PARLAMENTO
13 — CEMENTERIO CENTRAL
14 — ESTACION DE FF.CC
15 — CIUDAD UNIVERSITARIA
16 — BIBLIOTECA NACIONAL
17 — RADIO NACIONAL
18 — HOTEL CLARIDGE
19 — DIRECCION LIBERAL
20 — PENSION SAN JOSE
21 — 3a DIVISION POLICIA

cerro de monserrate
carrera 5a
carrera 13
carrera 14
calle 26
calle 10
calle 57
chaguani gral santander
rio san salis
estadio

9 DE ABRIL
1:05 P.M.

El asesinato

Sírvase usted decir si el 9 de Abril, a la una de la tarde, estuvo en la oficina del doctor Gaitán.

Sí. Yo estaba en mi almacén y me llamaron al teléfono que el doctor Gaitán me necesitaba y me acerqué a la oficina de él, aproximadamente como a las doce del día. Llegué a la oficina del doctor Gaitán, lo saludé como de costumbre, esa mañana lo encontré muy contento y satisfecho por el triunfo de la audiencia del teniente Cortés; hablamos de todo menos de política. Me dio las gracias por el servicio y tal vez el último que le presté al doctor Gaitán de haberle financiado las audiencias por la Voz de Bogotá de la defensa del teniente Cortés. Me propuso con mucho ánimo y con mucha alegría que yo tenía que financiarle el libro que pensaba sacar sobre la legítima defensa del honor, a lo cual yo le contesté que con el mayor gusto lo haría. El doctor Gaitán no pensó un solo momento ni yo tampoco, de la tremenda tragedia que momentos después se desarrollara. Estando con él entraron el señor Plinio Mendoza Neira, el doctor Pedro Eliseo Cruz, Jorge Padilla y creo también que Alejandro Vallejo. Yo me salía, me despedí del doctor Gaitán y me dijo que lo esperara y entonces estuve en la antesala hasta que salieron. En la antesala había muchas personas, seguramente algunas conocidas, entre quienes recuerdo al doctor Fernando Anzola, el señor Jorge Villaveces y otras.

Al salir el doctor Gaitán en compañía de los señores Plinio Mendoza Neira, del doctor Pedro Eliseo Cruz, de Alejandro Vallejo y Jorge Padilla, creo que también salió Gaitán Pardo, y en los precisos momentos que salía de la oficina para tomar el ascensor, la señorita secretaria me llamó la atención para mostrarme una carta, motivo por el cual no bajé con el doctor Gaitán.

Pascual del Vecchio

Certifico: El día 9 de Abril del año en curso, hacia las doce y media p.m. me dirigía a la oficina del doctor Gaitán con el objeto de felicitarlo por su última actuación profesional y de concertar una cita suya con el señor Edmundo Gutiérrez, caballero colombiano radicado desde hace mucho tiempo en la Argentina, quien deseaba ratificarle la invitación que el Gobierno de ese país le había hecho para visitar Buenos Aires.

Al entrar al edificio Agustín Nieto observé, coincidencialmente en la puerta la presencia de un individuo de baja estatura, aguileño y de aspecto insignificante. Se hallaba de pie, recargado contra la pared sur del vano de la puerta, en actitud indiferente. Recuerdo estos detalles, pues tuve la intención de preguntarle si funcionaba el ascensor, cosa que no hice por recordar que el servicio de energía eléctrica era ya permanente. Llegando a la oficina del doctor Gaitán esperé en la antesala breves momentos para ser recibido, lo que sucedió a la salida de un grupo de ciudadanos, entre los cuales recuerdo al señor Antonio Santos. Una vez en el despacho del doctor Gaitán, conversé ampliamente con él sobre los motivos de mi visita, y al observar que tenía la voz ligeramente ronca, me manifestó que había tenido gripe, y que además, la víspera, se había acostado muy tarde por motivo de la audiencia en que había actuado, sin poder conciliar el sueño debido a la fatiga mental. Sucesivamente entraron en la oficina y tomaron parte en la conversación los señores Alejandro Vallejo, Jorge Padilla, Francisco Pardo, y por último, Plinio Mendoza Neira, quien nos hizo una cordial invitación a almorzar. Durante este tiempo la señorita secretaria penetró varias veces a la oficina y el doctor Gaitán, quien se encontraba eufórico, hizo algunas bromas sobre el lugar de su procedencia. Aceptamos la invitación del doctor Mendoza y alegremente salimos a la antesala, en la cual encontramos al señor Pascual del Vecchio.

Pedro Eliseo Cruz

Sírvase hacer un relato de todo lo que le conste, en relación con el homicidio cometido en la persona del doctor Jorge Eliécer Gaitán, el día 9 de los corrientes.

Me presenté a su oficina un poco después de las doce y lo encontré en compañía del doctor Pedro Eliseo Cruz. Conversamos sobre la defensa que había hecho la noche anterior en el proceso del teniente Cortés. El doctor Gaitán se mostraba muy contento de ese triunfo, pero había en él huellas de fatiga,

fatiga que yo venía advirtiendo desde días atrás, y que debe atribuirse al intenso trabajo que se había impuesto. Cerca de la una, entraron a la oficina los doctores Plinio Mendoza Neira y Jorge Padilla y después de una breve conversación, el doctor Mendoza nos invitó a todos los allí presentes a almorzar; en la antesala conversó brevemente con algunas personas y enseguida abandonamos la oficina.

Alejandro Vallejo

Esta oficina tiene conocimiento de que usted acompañaba al doctor Jorge Eliécer Gaitán, el día 9 de Abril del año en curso, en el momento en que fue agredido por algún individuo.

El 9 de Abril fui a saludarlo y a felicitarlo por su triunfo profesional en el proceso del teniente Cortés. Cuando llegué a la puerta del edificio, vi en ella a un individuo que tenía el aspecto de ser uno de los visitantes, que frecuentemente venían de los pueblos a tratar de asuntos políticos con el Jefe del liberalismo, quiero decir, que pertenecía a esa zona social, sin que yo lo hubiera visto antes. Me parece, sin poder asegurarlo, que por su aspecto general bien podía ser el individuo que luego disparó contra él. Subí a la oficina del doctor Gaitán. Allí encontré, además de él, a Plinio Mendoza Neira, a Pedro Eliseo Cruz, a Alejandro Vallejo y a algún otro. Después de breves minutos de cordial conversación, en que se habló principalmente de Derecho Penal, Mendoza Neira nos invitó a todos a almorzar. Aceptamos y Gaitán se mostró de buen humor.

Jorge Padilla

Me llamo Francisco Gaitán Pardo, de cincuenta y dos años de edad, natural de Fómeque y avecinado de esta ciudad, desde mi infancia. Soy gerente del periódico Jornada, casado, y sin generales de ley.

El día 9 de Abril, en las horas de la mañana, sostuve varias conversaciones telefónicas con el doctor Gaitán, relacionadas con la marcha del periódico *Jornada.* Como teníamos algo muy importante que tratar, me citó a su oficina, a las doce y media del día. Pero debido a mis ocupaciones, solamente llegué allí faltando unos diez minutos para la una. El doctor estaba en su oficina, conversando con los doctores Plinio Mendoza, Pedro Eliseo Cruz y

Alejandro Vallejo, me quedé en la Secretaría esperando la salida del doctor Gaitán. Una vez que él salió, conversamos sobre lo que teníamos hablado y me dijo que lo llamara por teléfono a las cuatro de la tarde, para resolver si comíamos esa noche o al día siguiente.

Francisco Gaitán Pardo

Yo necesitaba conversar con Gaitán alguna cosa urgente. Concurrí a su oficina, a medio día, pero allí lo encontré departiendo con varios amigos, como Pedro Eliseo Cruz, Alejandro Vallejo y Jorge Padilla, entre otros. Comentaba en esos momentos, su intervención de anoche, en defensa del teniente Cortés, verdadero éxito oratorio suyo, que terminó con la absolución del sindicado, a las cuatro de la mañana. Yo lo felicité.

Gaitán estaba eufórico y reía con mucha complacencia. Consideraba que había sido aquel el mayor triunfo de su carrera de penalista. Lo invité, entonces, en compañía de los presentes, a almorzar en un restaurante.

—Aceptado. Pero te advierto, Plinio, que yo cuesto muy caro —dijo Gaitán, al disponerse a salir, con una de sus carcajadas habituales, cuando se hallaba de humor, como en aquel instante.

Todos reímos y poco después abandonamos la oficina, para tomar el ascensor del edificio Agustín Nieto.

Al ganar la puerta principal, sobre la carrera séptima, tomé del brazo a Gaitán y, adelantándonos a los demás amigos, le dije:

—Lo que tengo que decirte es muy corto.

Sentí de pronto que Gaitán retrocedía, tratando de cubrirse la cara con las manos y procurando ganar de nuevo el edificio. Simultáneamente escuché tres disparos consecutivos y un cuarto retardado, pero solo unos fragmentos de segundo más tarde. Gaitán cayó al suelo. Me incliné para ayudarlo, sin poder salir de la inmensa sorpresa que aquel hecho absurdo me causaba.

—Qué te pasa, Jorge —le pregunté.

No me contestó. Estaba demudado, los ojos semiabiertos, un rictus amargo en los labios y los cabellos en desorden, mientras un hilillo de sangre corría bajo su cabeza.

Cuando sonó la primera detonación volví la cara al frente y pude ver en forma absolutamente nítida, al individuo que disparaba. Traté de dar un paso adelante para arrojarme sobre él e inmediatamente levantó el revólver a la altura de mi cara y entonces yo hice un movimiento similar al de Gaitán, esto es, quise ponerme a salvo entrando al edificio. Alcancé a poner un pie en el piso de la puerta, reaccioné enseguida y me volví. En ese momento el asesino bajaba el revólver en ademán de apuntarle a Gaitán, que yacía absolutamente inmóvil sobre el pavimento y luego fue retirándose, protegiéndose la fuga con el revólver, un poco vacilante sobre la dirección que debía tomar en su fuga. El policía, que se encontraba casi en la esquina, dentro de un grupo de gente, vaciló notoriamente, sacó su revólver o pistola y quizá cuando se disponía a dispararla al asesino, alguien se arrojó sobre él por detrás o por un lado, avanzó rápidamente el policía y lo capturaron. Unos hombres se lanzaron sobre el grupo que formaban los tres: el policía, el particular y el asesino y le tiró a este unos puntapiés. En este momento me fui precipitadamente a buscar un carro para llevar a Gaitán a la clínica, lo encontré a la vuelta de la avenida, pero cuando llegué con él, ya lo estaban echando a otro taxi que había llegado primero.

Plinio Mendoza Neira

Hacia el ascensor nos encaminamos adelante Jorge Padilla y yo, llegando a ocupar los dos el fondo de la casilla, en donde esperamos la llegada de los demás, cuyo orden de grupo en el aparato no recuerdo. Mientras descendíamos, la conversación fue muy animada y llena de gracejos. Llegando a la planta baja, fuimos saliendo hacia la calle por el estrecho corredor, en orden inverso a aquel en que habíamos entrado a la casilla del ascensor, de tal manera que Jorge Padilla y yo fuimos los últimos.

El doctor Gaitán y el doctor Mendoza Neira, quien lo tomó del brazo derecho, salieron adelante. Durante el recorrido del corredor, pude darme cuenta de que el individuo que había visto al entrar, se encontraba aún en el mismo sitio. Cuando el doctor Gaitán dio su primer paso a la calle, en dirección norte, el individuo en cuestión, dirigiéndose rápidamente hacia el bastión norte de la calle, parado en el umbral, adelantó el brazo e hizo tres disparos consecutivos y muy rápidos, cuya detonación oí perfectamente. Me faltaban tres pasos para llegar a la puerta y vi claramente el cuerpo del atacante y los movimientos de su brazo en tres posiciones diferentes, la primera más alta, sincronizadas con las tres detonaciones, sin que yo pudiera percibir ni el arma, ni la mano ni la persona sobre la cual disparaba. Me abalancé sobre el agresor pero este saltó al andén. Cuando yo pisé el umbral, el hombre estaba a unos pasos de él, hacia el norte, con la espalda vuelta al noroeste y el brazo derecho extendido hacia adelante, y hacia abajo, haciendo un nuevo disparo sobre un cuerpo humano que yacía de espaldas en el suelo. Hecho este disparo, el individuo levantó el arma, un revólver niquelado, amenazándonos y luego corrió rápidamente hacia el norte unos veinte pasos, al cabo de los cuales giró el cuerpo dándonos frente otra vez y volvió a encañonarnos con el arma. En ese momento un agente de la policía lo agarró por la espalda.

Pedro Eliseo Cruz

Cuando salimos del ascensor el doctor Mendoza tomó del brazo al doctor Gaitán, salieron ellos adelante y nosotros detrás. Al llegar a la calle oí tres detonaciones muy cerca de nosotros y enseguida vi cómo el doctor Gaitán se desplomaba sobre el andén, quedando caído de espalda. En ese instante vi a un individuo que a un metro de distancia aproximadamente apuntaba con el revólver al doctor Gaitán ya caído. Me parece que no alcanzó a dispararle en el suelo. Enseguida levantó el brazo y nos apuntó a nosotros; yo alcancé a ver al doctor Mendoza que instintivamente trataba de hacerse contra el muro en ademán igual al que yo hice para resguardarme. Me parece que en ese momento nos hizo un disparo. Enseguida el sujeto retrocedió siempre apuntándonos con el revólver. Retrocedió hacia la Avenida Jiménez de Quesada. Demostraba un perfecto dominio sobre sí mismo, una gran energía, en sus ojos había una mirada de odio inconfundible, era un individuo cargado de pasión por lo que yo juzgué. El sujeto retrocedió varios pasos siempre apuntándonos y mirando de soslayo como buscando la huida. En un momento recuerdo perfectamente que pude observar cómo el sujeto en una de esas miradas de soslayo descubrió cerca de él a un agente de la policía. Inmediatamente giró sobre sí mismo, alzó los brazos y se entregó. Cuando yo vi que el individuo estaba ya en poder de la policía no me ocupé más de él y me preocupé del doctor Gaitán quien permanecía tendido de espaldas; un hilo de sangre salía de su cráneo.

Alejandro Vallejo

Cuando el doctor Gaitán y Plinio Mendoza pusieron los pies en la acera yo todavía dentro del zaguán escuché tres disparos que no me parecieron de revólver sino de algún fuego de pólvora artificial. Desde luego yo no tenía entonces ninguna experiencia en lo que a armas de fuego se refiere; tal vez sería exagerado decir que eran los primeros disparos que yo oía en mi vida. Me di cuenta que habían sido disparos de arma de fuego solamente cuando vi segundos después que el doctor Gaitán se derrumbaba.

Avancé solo hasta la calle donde vi a un joven de unos veintitrés años, vestido con un traje gris de rayas, rayas formadas por la trama del paño, su traje parecía muy usado y como manchado de aceite, como si el que lo llevaba hubiera trabajado en un taller o garaje. Ese joven estaba encañonando al doctor Gaitán ya caído (se tomó la foto). Al salir yo, nos encañonó al doctor Plinio Mendoza Neira y a mí (se tomó la foto). Inmediatamente sentí otro disparo y el agresor comenzó a retroceder lentamente (se tomó la foto), hacia la iglesia de San Francisco, es decir de sur a norte, siempre encañonándonos, pero también mirando de reojo hacia cada lado. Tengo la impresión de que él vio la sombra de un agente de policía que yo también vi detrás de él (se tomó la foto), entonces el agresor levantó los brazos y alguien que supongo era el policía lo abrazó por detrás y le quitó el revólver (se tomó la foto correspondiente).

Cuando yo supuse que el agresor estaba en manos de la policía, me desentendí de aquel, es decir del agresor, y me ocupé del doctor Gaitán, arrodillándome a su lado para ver en qué podía auxiliar (se tomó la correspondiente foto). Inmediatamente vi que al otro lado del cuerpo del doctor Gaitán se arrodillaba el doctor Pedro Eliseo Cruz y me parece que le tomó el pulso. Yo le pregunté a Cruz: «¿Está vivo?». El médico me contestó: «Simplemente llama un taxi». No tuve que llamarlo porque inmediatamente llegó uno, se puso al lado donde estábamos, entonces yo quise ayudar a levantar al doctor Gaitán y pasé el brazo por debajo de su cabeza, pero antes de que pudiera hacer nada, algunas de las personas que se habían aglomerado, en cosa de segundos, me lo arrebataron y lo metieron al taxi que había llegado. Detrás de ese taxi llegó otro en el cual subimos el doctor Mendoza, me parece que otras dos personas que no recuerdo, tal vez el mismo doctor Pedro Eliseo y yo y en esas nos dirigimos a la clínica.

Yo presumo que el agresor estaba cerca de la salida; que el doctor Gaitán pudo haber visto al agresor de reojo, esto es lo que presumo. Lo que sigue ya no es presunción sino que lo vi, porque casi simultáneamente con los disparos vi que el doctor Gaitán levantaba el brazo en un movimiento instintivo y tal vez ladeó el cuerpo.

Yo sufría en esos días de un ataque reumático que me afectaba una de las piernas, por eso yo caminaba con bastón, pero eso no me impedía caminar con cierta rapidez, es decir por lo menos siguiendo el mismo ritmo de los pasos de mis compañeros.

Alejandro Vallejo

Al llegar al zaguán, el grupo de amigos se dividió en dos: adelante siguieron los doctores Gaitán y Mendoza Neira. Atrás, con distancia de dos o tres pasos, íbamos Vallejo, Cruz y yo. Faltarían tres pasos para llegar a la puerta —ya Gaitán y Mendoza habían salido y cruzado uno o dos pasos hacia el norte— cuando sentí una o dos detonaciones. En el primer instante no pensé que fuera de un revólver. Eran débiles y parecían más bien fulminantes de los que ponen en la línea del tranvía los emboladores. Miré hacia la puerta y vi que apoyándose contra el borde de piedra norte, con las piernas dobladas en posición de tiro, revólver en mano, había un hombre. Estoy seguro que disparó desde ese punto y en esa posición, aunque no podría decir si los disparos hechos desde allí fueron uno o dos. En total las detonaciones que oí fueron cuatro. Mi reacción de inmediato fue de pasmo. Apenas realicé mentalmente que el atentado era contra Gaitán, y digo mentalmente, porque yo no estaba viendo a Gaitán que había salido ya del zaguán. Me lancé con mis compañeros a la calle. No sabría decir si el asesino disparó o no sobre nosotros. En todo caso, retrocedía hacia el sur. Al salir a la calle vi al doctor Gaitán tendido en el andén. Daba ya la impresión de la muerte. Los ojos abiertos e inmóviles. El sombrero había rodado por el suelo. Por una de las comisuras de los labios salía un pequeño hilo de sangre.

Jorge Padilla

En ese instante tuve la primera percepción del crimen aunque tardé varios segundos en realizar mentalmente lo que ocurría. Oí dos débiles detonaciones que inicialmente no tomé por dos disparos de revólver sino por totes o triquitraques. No vi a nadie en el vano de la puerta. Un segundo después tuve la primera imagen del asesino (se tomó la correspondiente foto). Tenía en la mano derecha el revólver con el cual hizo otro disparo. La mano izquierda apoyada contra el marco de la puerta y las rodillas en flexión. Tuve la impresión de que al irrumpir, caminaba hacia atrás. Es decir que venía de norte a sur. Así retrocedió hacia la droguería (se tomó la correspondiente foto). Salimos al darnos cuenta de lo que pasaba, corriendo hacia la puerta. Allí, tendido en el suelo, con la cabeza hacia el sur y los pies hacia el norte estaba el doctor Gaitán. El sombrero había rodado por tierra (se tomó la correspondiente foto).

Un débil hilo de sangre salía de la comisura de los labios y los ojos abiertos e inmóviles hacia atrás daban la impresión de que estaba muerto. Nos inclinamos sobre él para levantarlo. El doctor Cruz en su condición de médico lo examinó en primer término y nos dijo que aún vivía (se tomó la correspondiente foto). Al levantarlo del suelo dio señales de vida que hasta entonces no habíamos advertido. Eran una serie de quejidos sordos.

Aclaro que el asesino después de que apareció en el marco de la puerta hizo un disparo más y que al retroceder hacia el sur no lo hizo por el centro del andén sino pegado al quicio, en actitud defensiva.

Una vez que me di cuenta del crimen toda mi atención se concentró sobre el cuerpo de mi amigo el doctor Gaitán y perdí de vista todo lo demás que ocurrió. Lo único que recuerdo es haberle pedido a Pascual del Vecchio que apareció en ese momento cerca, que tratara de evitar que cualquier cosa le ocurriera al asesino con el objeto de poder descubrir si había autores intelectuales.

En realidad no vi sino hacer un solo disparo, que fue el que se produjo cuando el individuo apareció en el marco de la puerta. Sobre lo que ocurrió antes no tuve sino una percepción auditiva. Y como el doctor Gaitán estaba en el momento de ser asesinado fuera de mi vista, yo no podría decir en qué posición se encontraba cuando le fueron hechos los disparos ateniéndome al testimonio directo de mis sentidos. Otra cosa es que, habiendo oído dos disparos sin ver al asesino, ni a la víctima en el momento de producirse el crimen y un instante después habiendo visto un hombre con el revólver en la mano, en actitud tensa, yo hubiera deducido que ese hombre era el autor de los dos primeros disparos. Pero esta deducción es más un juicio mental que una percepción directa.

Jorge Padilla

En decúbito dorsal, con una pierna extendida y la otra encogida en flexión, los pies hacia el sur y la cabeza, de la cual manaba sangre en abundancia, hacia el norte, estaba el doctor Jorge Eliécer Gaitán. Me arrodillé junto a él por su costado derecho, le revisé la cabeza y pude ver una herida, causa de la hemorragia, en la región occipital. Al tratar de tomar el pulso, no pude percibirlo. La respiración del doctor Gaitán era anhelosa y al volver la cabeza hacia la izquierda, para revivir la herida, hubo un vómito de sangre (jugos gástricos). Sus amigos y mucha gente que acudió al momento, rodeaba al herido. Varias voces gritaban pidiendo un taxi. La confusión era indescriptible. Las manos del herido se enfriaban rápidamente. Alguien preguntó por su estado y yo le respondí: «Está perdido». Algunos quisieron levantarlo en busca de un vehículo pero yo no lo permití. En ese momento aparecieron dos taxis. Numerosas personas levantaron al herido y lo colocaron en el primer vehículo que se llenó de gente. Yo a duras penas obtuve cabida en el segundo, y ambos vehículos partieron a gran velocidad, hacia el sur, con dirección a la Clínica Central. No puedo calcular el tiempo transcurrido entre los disparos y la llegada de los taxis, ni precisar la hora en que transcurrieron estos acontecimientos, ni recuerdo la actuación individual de las personas que acompañaban al doctor Gaitán.

Pedro Eliseo Cruz

Yo salí con los demás, quizá de último, porque cuando iba llegando a la mitad del zaguán, oí los disparos y sin pensar que fueran dirigidos al doctor Gaitán, aceleré el paso y cuando llegué a la calle, lo primero que vi fue el cuerpo tendido del doctor Gaitán en el andén. Lo primero que hice fue tratar de levantarlo pero ya estaba inmóvil. Minutos después lo llevamos con el doctor Pedro Eliseo Cruz en un taxi que nos condujo a la Clínica Central; en él iban también un policía y dos señoras que no recuerdo quiénes eran. En la Clínica permanecí hasta que murió el doctor Gaitán, dirigiéndome enseguida a las oficinas del periódico *Jornada*.

Francisco Gaitán Pardo

Cuando salí ya habían tomado el ascensor y entrando a la oficina sentí los disparos. A mí me dio mucha impresión los disparos porque coincidían con la salida del doctor Gaitán y como una cosa del corazón grité arriba en la oficina «Mataron al doctor Gaitán», el señor Villaveces me contestó que «No podía ser, que esos disparos eran de torpedos». Salimos desesperados y efectivamente vimos o yo alcancé a ver cuando se llevaban al doctor Gaitán en un carro. Después vino la locura de la gente.

Pascual del Vecchio

Lo que yo sí puedo afirmar es que el individuo que estaba en la puerta fue el que hizo los disparos y que cuando yo corrí hacia la puerta, estaba haciendo el cuarto disparo ya contra el cuerpo caído. Yo traté de agarrarlo pero entonces él nos encañonó con el revólver y retrocediendo de espaldas, fue tomando distancia y en ese momento lo agarró un policía que me parece tenía franjas blancas. El individuo tenía un vestido algo así como carmelita.

En ese momento yo había perdido de vista al doctor Gaitán y no sabía, inclusive, contra quién el individuo estaba disparando. El tiempo en que yo tardé en salir a la puerta sería de un segundo, y cuando salí ya el cuerpo estaba caído y el asesino estaba haciéndole el último disparo que rebotó en el suelo, disparo que casi coge a Plinio Mendoza, quien corrió a guarecerse en la puerta.

Cuando entré al edificio, el hombre estaba solo. Tuve oportunidad de mirarlo y de fijarme en él, porque hasta esos días habían suspendido los ascensores en ciertas horas del día, e intenté preguntarle si funcionaba el ascensor, pero en ese momento vi que el ascensor llegaba a la parte alta.

Pedro Eliseo Cruz

Retratos

El asesino era más bien de baja estatura, casi delgado, tenía el pelo largo y alborotado, la barba descuidada y presentaba un aspecto de veinticinco o veintisiete años. Cuando disparaba aparecía sereno, impresionantemente sereno. Tenía un vestido gris, casi carmelita claro, con rayas.

La visión de segundos que de él tuve —pero que recuerdo con absoluta precisión— fue la de estar disparando con serenidad, con perfecta tranquilidad, absolutamente consciente de la situación. Tanto, que cuando yo traté de avanzar sobre él me lo impidió dirigiendo contra mí su arma y posiblemente disparándola, y después, cuando se vio libre del peligro que yo podía representarle para su fuga, fue retrocediendo de espaldas, guardándose la retirada del grupo que quedaba a este lado (sur) del cadáver de Gaitán.

Plinio Mendoza Neira

Era un individuo de unos veintitrés o veinticuatro años, mal afeitado o afeitado de tres días antes, pálido, de cara un poco angulosa, de regular estatura. Tal vez de unos ciento sesenta o ciento sesenta y cinco centímetros, flaco, tenía un vestido muy usado de color gris con manchas.

Tenía un rostro anguloso, más trabajado por una vida menos buena. El hombre que yo vi era un tipo cargado de pasión en cuyos ojos brillaba una mirada de odio intenso. En esos momentos pensé que era un fanático y esa idea y el recuerdo de este sujeto no se me han borrado de la imaginación desde entonces. La manera agresiva como miraba y la actitud desafiante que conservó después de caído el doctor Gaitán, en el hecho de habernos apuntado, posiblemente disparando también sobre nosotros, en la manera serena como retrocedió y en la forma tranquila como se entregó apenas vio atrás a un policía. Todo esto me hace formar el concepto que he expresado.

Alejandro Vallejo

Su clase social era modesta. No tenía sombrero. Su edad era alrededor de veinticinco o veintiséis años, el color de la piel era como el de los calentanos, delgado, anguloso, de mediana estatura. No daba impresión de vigor sino de fragilidad, su clase social aparentemente era como de mecánico, chofer o artesano.

El asesino tenía un rostro duro. Estaba pálido y transfigurado por la emoción.

Jorge Padilla

Era de estatura pequeña más bien, juzgo que cuando más de un metro con sesenta centímetros, delgado, de nariz aguileña, ligeramente moreno, alrededor de veinticinco años de edad, de un aspecto más bien humilde, hasta creí que fuera un empleado del edificio; cuando yo entré, ese individuo se hallaba en el estado más apacible. Después en la calle ya estaba absolutamente transformado, como con aspecto de rabia, exaltado en sumo grado.

No podría reconocerlo. Pues como ese individuo estaba tan desfigurado, porque ya lo tenían casi despedazado, lo tenían en el suelo frente a la droguería Granada, estaba caído y presentaba sangre y el cuello rasgado.

Pascual del Vecchio

El asesinato

Mi nombre es Pablo E. López, de veintitrés años de edad, natural de Quipile (Cundinamarca), vecino de Bogotá, soltero, ascensorista del Edificio Nieto.

En mi oficio, servicio que hago todos los días de doce a cinco de la tarde y de siete a ocho de la noche, vine observando a un individuo alto, moreno, pálido, de ojos más bien castaños, brotados, más que hundidos, de una mirada inquieta, nariz aguileña, de unos veintiocho años de edad, que al caminar hacía muchos ademanes con la mano derecha; vestido con un traje color gris o al menos de ese tono, con sombrero en la mano, llevando una gabardina en el brazo izquierdo; la gabardina era de color habano claro. Desde mediados de marzo de este año, fueron unas dieciocho o veinte veces que subió, unas veces por el ascensor —las menos— y otras por la escalera. Suponía que iba a la oficina del doctor Gaitán, porque el individuo subía después de las doce, cuando ya todos los de las otras oficinas habían salido, y solo quedaba abierta la del doctor Gaitán, y además porque él se dirigía al cuarto piso cuando ocupaba el ascensor.

En las primeras veces que lo vi, no sospeché nada de él; fue solamente en los días anteriores al 9 de Abril, y tal vez por la insistencia o la frecuencia con que subía al cuarto piso, cuando entré en la malicia, sin que a nadie le hubiera participado mis temores, exceptuando a la señora Cecilia de González, con quien sí hablé de eso coincidiendo con ella en esas apreciaciones.

El 9 de Abril después de las doce y media, él subió por las escaleras y bajó por el ascensor, procedente del cuarto piso, faltando un cuarto para la una, aproximadamente. Al bajar se encontró con otro que estaba en el zaguán del edificio, fumando un cigarrillo que manejaba con la mano izquierda, mientras que la otra la tenía en el bolsillo correspondiente del pantalón. Este individuo, el que bajó por el ascensor, se unió al que estaba abajo, a quien había estado yo viendo en ese sitio desde que entré a prestar mis servicios de ascensorista, y salió con él. No lo vi más en ese momento, porque yo tuve que conducir al tercer piso a la encargada del aseo. Pero cuando nuevamente bajé, volví a ver al que antes fumaba cigarrillo en el zaguán del edificio. Como a la una de la tarde bajó el doctor Gaitán con otros señores, utilizando el ascensor. Yo salí de la cabina del edificio hasta la puerta del mismo, sin trasponer el quicio, y allí me despedí del doctor Gaitán. Ya no vi al sujeto que estaba minutos antes y con quien salió el individuo flaco, a que me referí al principio. En esos momentos sentí cuatro detonaciones, pero yo no vi quién las hizo, porque estaba hacia la entrada del edificio, en el primer escalón, y el que disparaba se hallaba en la calle, a la sombra del muro derecho saliendo del edificio. Cuando sonaron los disparos vi que el doctor Gaitán se fue de frente hacia el andén y cayó. Inmediatamente yo me entré al ascensor, me dirigí a la oficina del doctor Gaitán a avisarle a la secretaria, lo que acababa de ocurrir. Yo cerré el edificio y no me volví a dar cuenta de nada más.

Pablo E. López

Mi nombre es Marino López Lucas, mayor de edad, casado, vecino de Bogotá, español, nacido en Alberca de Zancara, Provincia de Cuenca, el 15 de abril de 1901, soy exiliado de la guerra española, presté mis servicios con la República como Auditor de Guerra y en los tribunales del Gobierno en la rama penal, vivo en la ciudad de Bogotá, ejerzo la profesión de abogado.

Nosotros estábamos en el café Colombia, aproximadamente en la mitad del café y en una mesa de las centrales. Todo el mundo se puso de pie y yo también miré hacia la calle. Entre las personas que había por delante de mí, vi caer al suelo o inclinarse con la cabeza hacia San Francisco a un señor con vestido gris, sin determinar ni fisonomía ni persona.

Yo creo que fueron cuatro disparos, aunque la gente ha venido diciendo que fueron tres y en ese momento la gente se echó a la calle; tras de esa gente salí por curiosidad del hecho y al llegar a la puerta del café, si mal no recuerdo, en diagonal desde la esquina de la Avenida Jiménez acera de la izquierda mirando al norte, venía un sujeto perseguido por un limpiabotas, creo yo, tengo esa imagen y al lado, sin saber si lo tenía cogido o no, creo que venía un agente de la policía. Tengo la impresión que el limpiabotas levantaba la caja para pegarle y del sujeto no recuerdo la cara, pero tengo esa impresión de que era un tipo más bien menudo, no bien vestido, con un traje grisáceo o azulado o verdoso y llegaron a pasar por delante del café Colombia, quizás sin subir el sardinel en el momento en que yo llegaba a la puerta y crucé al lugar donde había caído el hombre herido. Llegué al lugar del suceso y me encontré con la tragedia de que era mi amigo Jorge Eliécer Gaitán. Junto a él, había dos o tres señores, gruesos y bien vestidos, pero como yo lo primero que hice fue mirar la fisonomía del caído y se me produjo el shock psíquico que se puede imaginar, siendo amigo y compañero, no recuerdo las caras de los que en ese momento pretendían levantarlo. Yo angustiado y con una emoción profunda, ayudé a cogerlo del brazo derecho y del hombro, y en ese instante el pobre Jorge Eliécer entreabrió los ojos y le salió un hilito de sangre por una de las dos comisuras de los labios. Yo al advertir que estaba totalmente desvencijado y no respondían ni las manos ni las piernas, me impresioné doblemente y al agacharme con la emoción me dio un ataque congestivo y me faltó la respiración; en ese instante, dicen que llegó un automóvil, yo no lo vi y el grupo de señores que ayudaban a levantarlo lo quitaron del lugar donde cayó, en el momento en que yo me ahogaba de congestión. Al levantar la cabeza y la espalda, sangre fresca y abundante había en el suelo, y de la nuca salía otro chorrito de sangre. Yo en ese momento, aún muy congestionado, rompí a llorar y recuerdo que saqué un pañuelo y cogí sangre de mi pobre amigo.

Marino López Lucas

Me llamo Luis Pablo Potes, tengo treinta y ocho años de edad, de esta ciudad, casado, mecánico de profesión.

Estaba con el doctor Alberto Niño, Prefecto de Seguridad Nacional, sentado en una mesa en el café Asturias, cuando sonaron tres detonaciones y le dije: «Bala, doctor». Había corrido un minuto de los disparos, y escuché un grito que dijo: «Mataron a Gaitán». En ese mismo instante arranqué y me dirigí hacia el frente del café Colombia, donde vi el tumulto de gente gritando «Mataron a Gaitán». El doctor Gaitán estaba tendido sobre el pavimento, boca arriba, frente a la puerta que conduce a la entrada del edificio donde tenía su oficina.

Luis Pablo Potes

Tres tiros sonaron y repercutieron en el café Gato Negro. La clientela se lanzó a la puerta a ver qué pasaba. Casi todos se volaron sin pagar. «¡Mataron a uno!», fue el primer grito y la curiosidad. De pronto un hombre gritó más fuerte que los demás: ¡Mataron a Gaitán!

Las meseras comenzaron a repetir: ¡Mataron a Gaitancito!

Nos lanzamos a la puerta con Bertha y Teresa. El tropel me puso sobre la acera. Miré por el suelo y vi entre las piernas de la gente a un hombre tendido en el suelo entre un charco de sangre. Tenía buen vestido y un sombrero tirado junto a él. No entendía qué había sucedido.

No me fijé de quién se trataba pero de pronto comenzaron a gritar traigan agua… traigan un vaso de agua…

Corrí hacia el mostrador del café y cogí uno de varios vasos que estaban servidos en una bandeja. Me trompiqué con varios pero al fin llegué al corrillo. Aquí está el agua, gritaba yo y un señor me abrió paso.

Vi con claridad al doctor Gaitán. Le salía sangre por el orillo de los labios. Estaba boca arriba, la cabeza para el lado de la pared, los pies hacia el borde de la acera. Junto a la puerta del café.

Un señor lo tenía cogido por debajo de la espalda. Trataba de levantarle la cabeza. Gaitán estaba como muerto. Sumamente pálido y movía los labios como con un temblor. Me parece que le oí decir: «No me dejen morir». Fue en segundos. Me arrodillé y junto con el señor que lo tenía en brazos le dimos el agua. No sé si la bebió pero vi cómo la devolvía, le salía de la boca pintada de sangre. Yo le puse la mano debajo de la quijada para evitar que el agua devuelta le manchara la camisa. Saqué mi pañuelo del delantal y traté de limpiarle la mandíbula. Alcancé a ver que por la espalda el traje azul oscuro de rayitas estaba como agujereado y salía mucha sangre.

«¡Llevémoslo de aquí!», gritaban los que estaban más junto. Se oían voces por todos lados. Se daban órdenes y contraórdenes. El señor que lo tenía en brazos fue como retirado por el tropel. Insistí de nuevo en darle agua. Fue inútil. En esas llegó un taxi negro y lo introdujeron rápidamente entre varios señores.

El taxi salió a toda carrera por la séptima para la calle doce. Yo, lo mismo que muchos, empapé el pañuelo en la sangre y mis compañeros llegaron con papel periódico e hicieron lo mismo. El bochinche era espantoso.

Emma Cruz

Sírvase decir todo cuanto sepa y le conste en relación con la muerte del doctor Gaitán, acaecida en esta ciudad el día 9 de Abril del presente año.

Ese día 9 de Abril, entré al café Gato Negro, como a la una y cinco minutos de la tarde, con el fin de tomarme un tinto. Cuando salía del café, entraba un señor, regular de cuerpo, de vestido gris, supremamente nervioso; entraba con otro señor, que no recuerdo su cara. El primero era tan nervioso que me causó curiosidad. Me entré al café Inca, donde era el edificio de *El Espectador*, y me localicé en el balcón de ese edificio hacia la carrera séptima; como a los cinco minutos de estar en el balcón, salió dicho señor, el de vestido gris, y se colocó en las vitrinas del almacén Kodak, mirando las vitrinas, muy nervioso. Yo lo contemplaba. De repente vi salir al doctor Jorge Eliécer Gaitán, con dirección a la Avenida Jiménez de Quesada, el hombre de vestido gris le hizo el primer disparo por la espalda y él cayó, luego disparó los otros, no oí sino tres disparos en total. El resto se los hizo en el momento en que el doctor Gaitán se estaba cayendo. Yo pegué un grito: ¡Mataron al doctor Gaitán!, bajé las gradas del café Inca y reconocí al asesino, el mismo que había visto nervioso entrar al café Gato Negro, estaba detenido por un agente de circulación en la esquina de la Avenida Jiménez de Quesada. Luego lo metieron a la droguería Granada y de ahí lo sacaron y acompañé al asesino, en medio de la muchedumbre, hasta la calle trece con carrera séptima. Después me devolví para el Gato Negro, a oír los comentarios.

Daniel Salomón Pérez

Mi nombre es Jorge Antonio Jiménez Higuera, de cincuenta años de edad, natural y vecino de Bogotá, casado, periodista de profesión, con cédula y domicilio ya anotados y sin generales de ley.

A eso de la una y siete minutos, acababa de mirar el reloj, salía el doctor Jorge Eliécer Gaitán. En ese espacio de tiempo salió también el señor Gaitán Pardo, y pude observar a dos individuos en la puerta del edificio Agustín Nieto, abajo del quicio, a cada uno de los lados del portón. El individuo que estaba al costado sur, de la calle catorce, le hizo una mención con la cabeza al que estaba en el costado norte o derecho, mención como indicando la salida del doctor Gaitán. En este momento, uno de los individuos se hizo hacia afuera del muro, como en vía de darle la acera al doctor Gaitán, colocándose hacia la calle, pero siempre en el andén. Allí le hizo los dos primeros disparos; el doctor Gaitán tambaleó y se cayó, quedando la cabeza hacia el edificio y los pies hacia la calle, en forma diagonal. Inmediatamente el asesino le hizo los otros dos disparos en el suelo y se puso en guardia contra las personas que acudieron a los disparos, por el lado de la Avenida Jiménez, la calle catorce solitaria hacia la Avenida. El asesino, bajando del andén dio a la calle, hizo una especie de círculo en su trayectoria, llegó a la esquina de la Avenida Jiménez, alzó las manos y un agente de policía lo capturó. Después llegó otro agente en auxilio del primero. Con el doctor Plinio Mendoza Neira me puse a atender al doctor Gaitán y no tuve conocimiento de los hechos posteriores.

Jorge Antonio Jiménez Higuera

Me llamo Julio Enrique Santos Forero, mayor de edad y vecino de Fontibón, abogado en ejercicio de la Universidad Libre, con cédula de ciudadanía, sin impedimento para declarar en este sumario.

Oí nítidamente dos disparos seguidos, unos segundos después volví la cara al sitio de donde me parecían haber provenido tales disparos y vi gente que corría de un grupo frente al edificio Agustín Nieto, un hombre que retrocedía y quien hizo un cuarto disparo, que ese sí lo vi disparar, hacia el grupo de personas que estaba frente al edificio Agustín Nieto. Este grupo de personas se dispersaron en todas las direcciones como un abanico. Vi un individuo tambalearse y caer en la acera y grité desde el sitio de San Francisco: «Mire, mataron a uno», sin decir más nada corrí hacia el caído; mientras tanto el individuo que retrocedía dando espaldas hacia la Avenida, trató de cruzar hacia la acera oriental de la carrera séptima y fue aprehendido por unos agentes, uno de los cuales me parece que era de circulación. Yo no me detuve a ver al individuo que había sido detenido por los dos agentes, con tal rapidez llegué junto al caído en el suelo. Yo lo encontré en una posición oblicua, es decir, al costado occidental de la carrera séptima, la cabeza, la pierna izquierda perfectamente estirada hacia el borde de la acera y con dirección hacia la calle catorce pero no muy inclinada, la pierna derecha recogida (puedo decir que el zapato debajo de la pierna izquierda). Ese sujeto lo reconocí por haber sido mi profesor, inmediatamente lo reconocí y grité: «¡Es Gaitán, mataron a Gaitán, qué miserables!». En ese instante en que yo llegué junto a él, trató de apoyarse en ambas manos e hizo una flexión de su tronco como para enderezarse en la acera, no tuvo aliento; dirigió una mirada extraña o de extrañeza y de angustia en sentido sur a norte, como buscando algo en su alrededor, y se recostó en su anterior posición, volviendo los ojos hacia lo alto o hacia atrás. De ese gesto deduje que lo habían matado y por eso gritaba: «¡Lo mataron!», y me volví al encuentro de mis amigos Alfonso Olaya Zalamea y Alfonso Romero Conty, quienes detrás de mí venían, y a ellos les decía aquellas palabras de «¡Mataron a Gaitán, es Gaitán, qué miserables!». Regresé junto al que para mí era un cadáver y en ese instante, por mi lado izquierdo, o sea, por el de la calle, llegó un taxi con alguna persona dentro, de las cuales reconocí en el puesto delantero al señor Gaitán Pardo, tesorero de la dirección liberal, que se desmontaron rápidamente y quienes con otras personas de las que rodeaban al doctor Gaitán, procedieron a alzarlo y meterlo en el automóvil; también vi en ese instante frente a mí, al otro lado del cadáver, hacia el sur, a Luis Potes. Pero como yo estaba junto al cuerpo del doctor Gaitán, fui a ayudarlo a recoger y al efecto me agaché para hacerlo, cuando por mi lado izquierdo fui empujado bruscamente por un individuo macizo, alto, que se me atravesó y casi se pone en cuclillas y quien portaba una máquina de retratar y al efecto retrató al doctor Gaitán en el suelo, en el sitio preciso donde él había caído. Este individuo se enderezó como para arreglar la máquina nuevamente y yo le toqué las espaldas y el hombro y le dije: «El muerto no importa, al muerto no, retrate a ese miserable, al asesino». Porque mientras el automóvil había llegado al sitio de los hechos y se reunía la gente para levantar el cadáver, por el lado derecho mío, yo ya daba frente hacia el sur, los agentes se habían acercado al grupo y yo veía que uno de ellos tenía sujeto con su mano derecha la mano izquierda del individuo de vestido carmelito de rayas blancas que yo había visto hacer el cuarto disparo contra el grupo de personas. Este individuo estaba en actitud de decisión, mirando a todos los lados con unos ojos exaltados y de fiereza, intensamente pálido, siendo un moreno aceitunado que tenía sombrero negro puesto y cuando yo le dije y lo señalaba al fotógrafo para que lo retratara, por mi espalda surgió un individuo de overol que atacó al hombre que tenía el policía. No sé si con la cabeza, por razón de algún golpe que le diera tal individuo de overol o por la forma como él agachándose escapó del golpe que le lanzó el hombre de overol. La vitrina de un almacén, la primera que hay del edificio Faux, contiguo inmediatamente al edificio Agustín Nieto, se quebró; cuando el hombre fue atacado y se agachó. El agente que lo tenía levantó los brazos para defenderlo y él quiso más bien sujetar al hombre de overol que atacaba a ese individuo, yo como había vuelto los ojos para contemplar la partida del automóvil, me distraje del grupo de atacantes que había roto la vitrina y vi al profesor López Lucas, que sacó un pañuelo y lo empapó en sangre que había quedado y se lamentaba de la muerte del doctor Gaitán. Volví a mirar hacia la derecha y di una vuelta siguiendo los incidentes, que a mi espalda sucedían, del ataque al individuo de vestido carmelito, cuando los doctores Olaya Zalamea y Romero Conty me sacaron de allí y uno de ellos me dijo: «Camine porque aquí va a haber vainas», pero mi atención estaba fija en el tumulto que se había formado de atacantes contra el que había señalado que era el asesino y por entre ese grupo vi que golpeaban a un individuo de saco gris y exclamé, dirigiéndome a mis amigos: «Ese no es, este es otro» y me zafé de mis amigos e intenté penetrar al grupo. Ellos nuevamente me cogieron de los brazos y me llevaron hacia la Avenida Jiménez, mientras tanto, ese grupo con el hombre que atacaban había avanzado hacia el sur y subido a la acera, en el almacén que entonces existía en la casa Kodak, inmediatamente después del edificio Agustín Nieto hacia el sur, pude ver los agentes de policía de uniforme azul, que pugnaban por recuperar al individuo o al que estaban atacando, casi puedo decir que ellos tenían una actitud de defensa con las manos en la entrada al zaguán del almacén Kodak, hecho que sucedía antes del local ocupado por la droguería Granada.

Julio Enrique Santos Forero

Retratos

Es un individuo de regular estatura, más bien bajito, moreno pálido, más o menos de unos veinticuatro o veinticinco años. Estaba vestido de paño, no recuerdo el color del vestido, pero sí que estaba bastante ajado.

Pablo E. López

El asesino tenía o vestía un traje gris y habano, sombrero carmelito claro, un tipo joven, bajo de estatura más bien; ligeramente trigueño pálido. El otro sujeto era un poco más alto y más delgado que el asesino, de mayor edad que el asesino, de un vestido carmelito claro, podría reconocerlo; este señor estaba más preocupado en observar la parte de adentro del edificio, y fue el que le hizo la señal al asesino.

Jorge Antonio Jiménez Higuera

Era un tipo moreno, mal vestido, pelo lacio, cuando lo vi estaba sin sombrero, era un indiecito cualquiera, mechudo. El sujeto que vi ni estaba bien vestido, pues era un tipo cualquiera mal trajeado, con el cabello largo.

Elberto Cabrales Rodríguez

Ese individuo era un hombre alto, no fornido, más bien nervudo, de un vestido carmelito con rayas blancas, tan pronunciadas en tal forma que el saco para mí es inolvidable por lo marcadas de esas rayas en el fondo carmelito; ese hombre tenía sombrero.

Julio Enrique Santos Forero

El individuo es un joven de color moreno claro, de una estatura más o menos de un metro con sesenta centímetros, una edad que fluctúa entre veinticinco y veintiocho años, de buenas facciones, cabello negro, un sombrero negro alicaído, de corbata, camisa blanca, estaba mal vestido; no recuerdo el vestido, su color, pero podría reconocerlo inmediatamente.

Veroy Mejia

La clínica

Gaitán estaba caído bocarriba, sangrando profusamente por la cabeza, con la mirada al infinito. Aparentemente estaba sin conciencia y sin pulso, la gente nos rodeaba, inmediatamente aparecieron dos taxis, en el primero de ellos fue colocado Gaitán y no supe quiénes se subieron para acompañarlo. Todo esto fue en cuestión de segundos, yo ocupé el segundo taxi, a toda velocidad nos dirigimos a la Clínica Central, calle doce entre carreras cuarta y quinta. Cuando llegué ya habían colocado al doctor Gaitán en la mesa operatoria, le estaban aplicando los primeros auxilios, algunas inyecciones y se trataba de organizar una transfusión sanguínea. Los primeros médicos que lo atendieron fueron Hernando Guerrero y Carlos Trujillo Venegas, al servicio de la Clínica.

La muerte sobrevino rápidamente, Gaitán duró vivo, o con signos de vida, más o menos un cuarto de hora. Cuando llegó a la Clínica ya estaba prácticamente muerto, no alcanzó a decir nada. No se hizo la transfusión de sangre ni pudo iniciarse ninguna operación quirúrgica. Llegaron muchos médicos: Antonio Trías, Agustín Arango, Yezid Trebert Orozco, Raúl Bernet y Córdova, Alfonso Bonilla Naar, Carlos Jiménez Guerra; los únicos signos de vida eran restos muy débiles de respiración y de pulsación cardiaca. No hubo tiempo de preparar nada concreto.

Pedro Eliseo Cruz

A la una y treinta minutos de la tarde, tensión máxima. Inconsciente, profundo estado de shock, se queja, reflejo pupilar perezoso, se aplica intravenoso en número 250 c.c. de plasma Lyovac, Digaleno, una ampolleta y morfina un c.c. A la una y treinta y cinco: ciento veinticinco contracciones cardíacas, veintisiete respiraciones, se aplica oxígeno y anhídrido carbónico

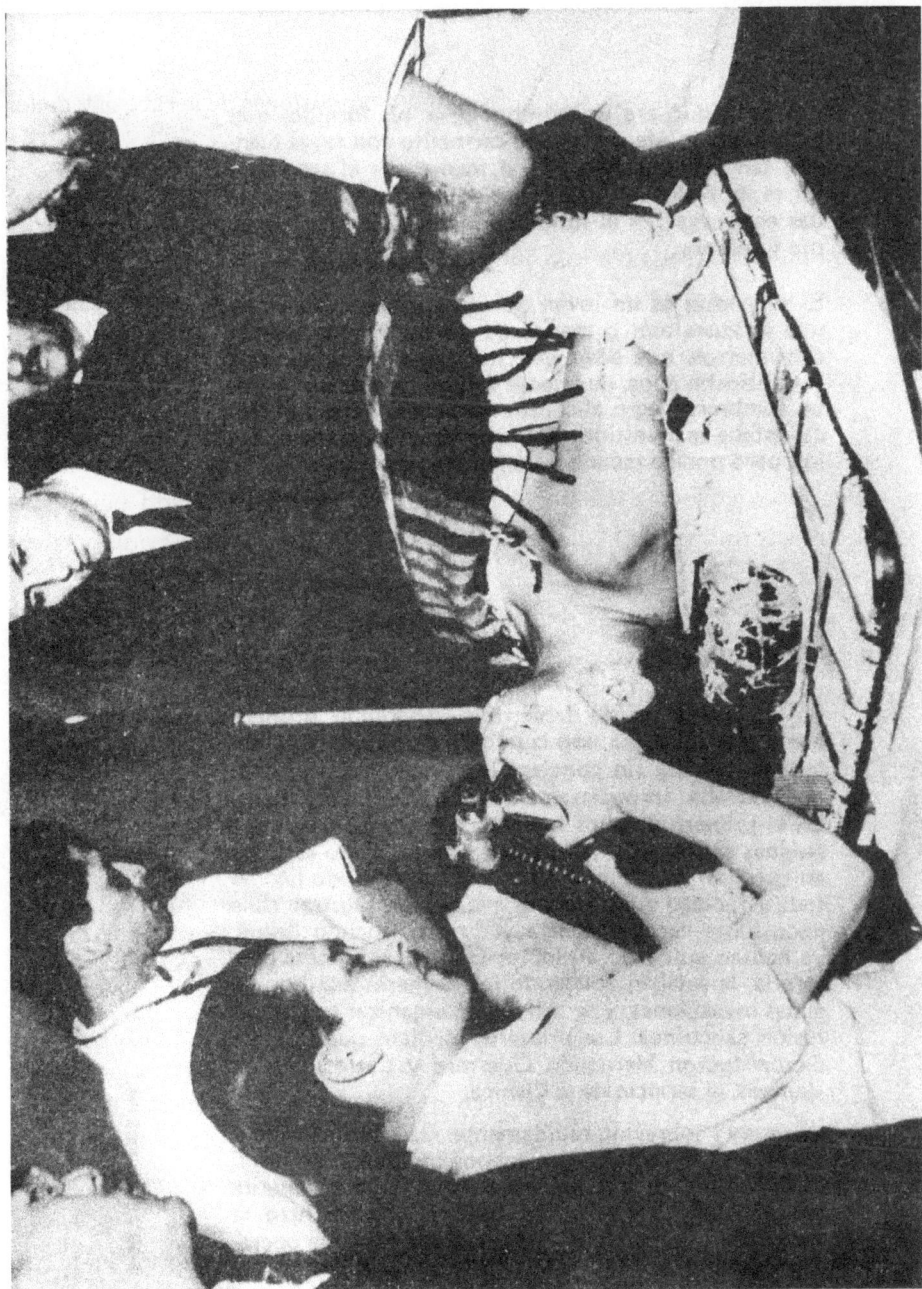

«Ya habían colocado al doctor Gaitán en la mesa operatoria, le estaban aplicando los primeros auxilios...».

en circuito cerrado. Más sosegado, ligeras convulsiones de la cabeza y de los miembros superiores, sin pulso.

Alfonso Bonilla Naar

Para mí como médico tengo que Gaitán al recibir los impactos de revólver, especialmente el que recibió en el cráneo, a la altura de la protuberancia occipital, hemisferio izquierdo a más o menos cinco centímetros arriba, fue el mortal, murió en el sitio del abaleo. Los otros impactos, los que recibió en el tórax por detrás, el izquierdo, que no alcanzó a perforar la pleura siguió la trayectoria de la costilla, y el derecho que perforó el hígado cayó al abdomen, no eran inmediatamente mortales, pues hubieran dado tiempo de intervenir quirúrgicamente y muy posiblemente se hubiera podido salvar esta tan preciada vida.

A Jorge Eliécer Gaitán se le sometió a todos los procesos aplicables en un caso de muerte por accidente, como inyecciones intracardíacas, respiración artificial, etc., con miras a reavivarle y ejecutar una posible intervención quirúrgica, pero todo esfuerzo fue en vano. Total que todo lo que se practicó en el cadáver del hombre Gaitán, porque digámoslo así, él murió en el sitio del atentado, fue absolutamente en vano. Gaitán murió en la calle, a él le quedó naturalmente la vida animal, que como a los toros de lidia les clavan la puntilla y todavía quedan con vida, pero sin sentido de ninguna clase. La reacción muscular, los movimientos inconscientes. Pero Gaitán murió en la calle, para mí él murió en la calle.

Yezid Trebert Orozco

Una y cuarenta y cinco (1:45): ruidos cardíacos velados. Se queja. Intermitencias del pulso, respiración superficial, se aplica una ampolleta de Digaleno. Una y cincuenta (1:50): bradicardia intensa (sesenta al minuto) se aplica analéptico y se ordena 250 c.c. de plasma. Dieciséis (16) respiraciones. Una y cincuenta y cinco (1:55): fuerte dilatación pupilar que no reacciona a la luz. Respiración muy superficial. Se aplica adrenalina intracardíaca y respiración artificial. Dejó de latir el corazón…

Alfonso Bonilla Naar

El 8 de abril oí la defensa de Cortés hasta tardísimo, hasta que se terminó; en vista del triunfo que obtuvo Jorge, porque mucha gente no creía que lo sacara libre, me acosté muy contenta, estaba dichosa. Jorge no había llegado aún a casa, pues llegó como a las cuatro de la mañana, y en ese tiempo me dormí y soñé sin más detalles. ¡Mataron a Gaitán! escuchaba en el sueño y me desperté con el corazón oprimido por la pesadilla; cuando Jorge llegó no quise decirle nada porque lo vi feliz y no he sido nunca alarmista. Al día siguiente Jorge salió como a las nueve de mi casa, seguía tan impresionada por el sueño que me asomé a la ventana para verlo salir, vi partir el carro. A las diez de la mañana llamé a Ana de Forero para decirle que nos fuéramos al cine porque estaba impresionada con el sueño de que habían matado a Gaitán. A las once y media llamé a la oficina, hablé con la secretaria de Jorge y me dijo que no podía pasar porque había mucha gente con él, que estaba muy ocupado. Le dije a la secretaria que le dijera a Jorge lo siguiente: «Que dejara a los "Plinios", que se fuera con los suyos, que dejara la Constitución tan bien encuadernada, que hiciera la revolución o si estaba esperando a que el ejército diera un golpe de Estado». Después que la secretaria vino a mi casa le pregunté si le había dado la razón a Jorge y le dije: «Repítamela». Ella no entendió y se la dio de otra forma. Jorge si entendió lo que quise decirle y se rio mucho. Más tarde la secretaria me llamó por teléfono y me dijo: «Al doctor Gaitán le dieron unos tiros». Le pregunté: «¿Dónde está él?» y me dijo: «Aquí». Salí inmediatamente a la calle y al primer carro que pasó lo hice parar y me llevó hasta la oficina. Encontré un charco de sangre y vi que la gente empapaba los pañuelos en la sangre. Me dijeron: «Está en la Clínica Central» y en el mismo carro seguimos a la clínica. Al llegar pregunté si el doctor Trías estaba allí, me dijeron que no y en otro automóvil me fui a la casa de Trías que vivía como en la treinta y tres, y cuando llegué a la casa me dijeron que él había salido para la Clínica.

Amparo Jaramillo, Viuda de Gaitán

Cuando el doctor Gaitán estaba en la sala de operaciones de la Clínica Central, y los médicos que allí había —entre ellos mi pariente el doctor Osear Peláez— hacían desesperados, pero inútiles esfuerzos por arrancarlo de la muerte, llegó doña Amparo Jaramillo de Gaitán. Doña Amparo llegaba herida por el dolor y la indignación, pero en tales circunstancias demostraba una heroica serenidad. Preguntó inmediatamente si ya había llegado el doctor Trías, médico de su casa, y en quien ella —lo mismo que el doctor Gaitán— tenía mucha fe. Le dijimos que habían sido enviadas varias personas a buscarlo, pero como ella se impacientaba, resolvió ir personalmente en su busca y me ofrecí para acompañarla. Un caballero que pasaba en su automóvil por la carrera quinta y cuyo nombre lamento no conocer, nos recogió en su carro y nos llevó a la casa del médico. Allí nos dijeron que el doctor Trías había salido a atender al doctor Gaitán. Cuando volvimos a la calle nuestro conductor y su automóvil habían desaparecido. Subimos a pie hasta la Avenida Caracas tratando de encontrar un vehículo, pero los primeros que hallamos pasaban a enorme velocidad sin siquiera mirarnos. Ya la noticia del atentado se había extendido por toda la ciudad. En la mirada de la gente que salía a todas partes se notaba asombro, dolor y espanto. Los ocupantes de un automóvil —una familia amiga suya— reconocieron finalmente a doña Amparo y la recogieron en su coche. A mí me recogió otro vehículo que llegó enseguida y su ocupante me condujo hasta la calle diecisiete. De allí en adelante seguí a pie. En el trayecto hacia la Clínica me detuve para comentar brevemente el acontecimiento con Fabio y Camilo Restrepo, que se mostraban horrorizados. En ese momento pasó el doctor Echandía a pie, dejé a los Restrepo, me uní a él y lo acompañé hasta la Clínica, relatándole por el camino lo que había visto. El doctor Echandía acababa de saber la noticia, me contó que ese día estaba invitado a almorzar en la casa de Eduardo Zuleta y que al llegar allá lo habían informado. Al llegar ante la Clínica, la multitud que frente a ella se había congregado vivó al doctor Echandía. El pueblo veía ya en él a la única persona capaz y con suficiente autoridad para ponerse al frente de la situación. La situación era el poder. Yo se lo dije: «Usted tiene que asumir el poder», el doctor Echandía me contestó: «¿Pero cómo?».

Alejandro Vallejo

En la Clínica se veía una atmósfera de pesadilla, centenares de gente enloquecida por la noticia colmaban los pasillos y las escaleras, uno tras otro, abriéndose paso difícilmente a través de la multitud delirante. Fueron llegando Echandía y otros jefes liberales quienes a petición mía habían sido citados allí por mi hija, Elvira Mendoza. Se trataba de crear una junta de dirigentes liberales capaces de controlar la situación y dar orientación al pueblo.

Nos reunimos en un pequeño salón de la planta baja pero resultaba imposible deliberar. La Clínica estaba atestada de gente vociferante. Recuerdo un hombre arrodillado que chupaba un pañuelo empapado en la sangre dejada por Gaitán sobre el pavimento.

Plinio Mendoza Neira

Con Luis Elías Rodríguez nos distribuimos, suponiendo claro, que otros periodistas de *El Espectador* ya estuvieran sobre la noticia. Le dije que se fuera para la Clínica Central a ver en qué había parado Gaitán, si la cosa era grave, mortal o qué, y seguí viendo más o menos qué pasaba en el centro.

Vino un desorden y una explosión de locura muy impresionante, que para mí niega completamente la teoría de la preparación del levantamiento. Si me hubiera preguntado qué pasaría en Bogotá si mataran al doctor Gaitán a la una de la tarde en el centro de la ciudad, hubiera contestado que esto se volvía el diablo. Es de suponer una reacción popular espantosa. Vi gente por ejemplo del Partido Liberal, gente muy calificada, liberales exaltados, viejos llorando.

Bien, yo muy desorganizado, muy desorientado y también por mi curiosidad personal, me fui también para la Clínica Central. Estuve en la Clínica Central con el doctor Yezid Trebert Orozco, uno de los médicos que atendieron a Gaitán, confirmé que había muerto. Él murió en la Clínica, no antes. En la Clínica pensaron intervenirlo y sobre la confirmación de la muerte guardaron reserva de minutos y cuando trascendió la noticia hubo una explosión caótica. Todo estaba lleno de políticos, de amigos personales de Gaitán, de estudiantes, de liberales, curiosos. Hubo escenas impresionantes. Recuerdo de un pariente, Antonio Izquierdo Toledo, gaitanista, exgobernador de Cundinamarca, le dio risa nerviosa con unas carcajadas increíbles en medio de semejante calamidad, entonces él se redujo a un rincón del patio, un patiecito que tenía la Clínica Central, para disimular la risa.

Felipe González Toledo

La agonía

Mi nombre es Carlos Alberto Jiménez Díaz, natural de Facatativá, vecino de Bogotá, de veinticuatro años de edad, casado, dragoneante de la policía nacional, perteneciente a la Tercera División.

Bajaba por la Avenida Jiménez de Quesada de la carrera sexta hacia la carrera séptima, recorriendo el segundo turno del servicio de la policía, en compañía del sargento Efraín Silva G. En el momento que llegaba a la esquina de la carrera séptima con la calle quince, oí dos detonaciones seguidas sin saber de dónde provenían e inmediatamente otras dos, dándome entonces cuenta quién hacía los disparos: un individuo de baja estatura, un poco moreno, sin afeitar, de unos veintiséis años, que mientras hacía los dos disparos secundarios caminaba hacia atrás. Me adelanté con rapidez sacando el arma, le coloqué mi revólver sobre uno de sus costados, mientras que con la mano izquierda se la pasé por delante con el fin de desarmarlo, cuidándome de no ser agredido. Él alcanzó a verme el distintivo de la manga izquierda de mi guerrera, y me dijo estas palabras: «¡No me mate, mi cabo!». Por haberme dado el título correspondiente a mi graduación comprendí que se trataba de un individuo que conocía el grado respectivo. Le quité el revólver que tenía en la mano derecha tomándolo con mi mano izquierda por el tambor, procurando así no destruir las huellas dactilares, y con mucho cuidado introduje esa arma al bolsillo izquierdo de atrás del pantalón. Lo cogí por el brazo izquierdo. En ese instante escuché algunas voces que decían que ese era el individuo que acababa de matar al doctor Gaitán. Llegó, en ese momento, un agente de la circulación y me ayudó a conducir al individuo a algún sitio donde pudiéramos protegerlo de la multitud, que se había agrupado con el ánimo de atacarlo. En el recorrido que hacíamos para buscar algún sitio de refugio, no logramos evitar que varios emboladores le dieran golpes con sus cajones, y uno de estos golpes —ya al llegar a la droguería Granada que estaba abierta— lo derribó. Nosotros lo introdujimos a la droguería, levantándolo del suelo. Allí estuvimos con él unos segundos.

Carlos Alberto Jiménez Díaz

Me llamo Ciro Efraín Silva González, de treinta años, natural de Tenjo y vecino de allí mismo, sé leer y escribir; soy sargento de la policía, en la Tercera División, y sin generales de ley.

De las doce a la una de la tarde me encontraba en el cuartel confeccionando la minuta del segundo turno y haciendo la lista de «francos»; a la una salí a recorrer la vigilancia en compañía del dragoneante Carlos A. Jiménez, que se hacía por la carrera tercera hasta la calle catorce, y seguimos de oriente a occidente hasta la carrera séptima, firmándole las libretas a los agentes. Al llegar a la esquina de la Avenida Jiménez de Quesada con la carrera séptima oímos disparos a nuestra espalda; volvimos a mirar y escuchamos a algunas personas que gritaban que atajaran al asesino. Nos abrimos de acera a acera, es decir, me abrí hacia arriba y mi compañero, el dragoneante Jiménez, hacia abajo, en la pura esquina de la Avenida Jiménez con la carrera séptima. Casi al mismo tiempo vimos a un individuo de baja estatura, color acalentado que portaba en la mano un revólver color niquelado, tamaño pequeño. Nos dirigimos a dicho sujeto con ánimo de intimarle prisión, lo que se hizo, desarmándolo entre el dragoneante y yo. Le quitamos el revólver y no presentó resistencia alguna. El dragoneante se hizo cargo inmediatamente del detenido, y me dirigí hacia donde caía un señor de vestido negro sobre el andén, en la acera del edificio Agustín Nieto. Me di cuenta de que el caído era el doctor Jorge Eliécer Gaitán, el cual era alzado por unos señores, que debieron ser amigos. Le vi como una especie de herida en la nuca. Volé inmediatamente a buscar un carro a la Avenida Jiménez de Quesada, con el fin de conducir al doctor Gaitán a alguna clínica. Los señores que lo atendían, lo entraron al vehículo que llevé y dijeron que lo conducirían a la clínica más cerquita, que era la Central. Se escucharon gritos, gritos que daba la gente de la calle, que había que linchar al asesino. Vi que el dragoneante Jiménez, junto con otro policía, guardaba al asesino dentro de una droguería, que bajaban la malla de la puerta con el fin de favorecerlo.

Ciro Efraín Silva González

Desesperado, salí y vi entonces tendido a mi Jefe y escuché el cuarto disparo que el asesino hacía al aire, mientras se dirigía a la Avenida Jiménez de Quesada. Corrí detrás de él y a unos quince metros lo agarró un agente de policía que lo desarmó. Lo cogí por la corbata y le pregunté enfáticamente: «¿Por qué, miserable, asesinó a Gaitán?». Todo confundido no me dio respuesta alguna. Llevamos al asesino primero a la sombrerería San Francisco pero por tener cerradas las puertas nos dirigimos a la droguería Granada, cuyo dueño era amigo personal del doctor Gaitán y mío. Al propietario de dicho establecimiento le solicité que le diera protección para evitar el linchamiento, procediendo a resguardarlo en el interior de la droguería. La puerta fue cerrada previamente, pero en cuestión de segundos o minutos fue derribada por un grupo de exaltados.

Pascual del Vecchio

Mi nombre es Elías Quesada Anchicoque, de treinta y ocho años de edad, natural de Guaca, vecino de Bogotá, empleado de mostrador de la droguería Granada, con cédula de ciudadanía ya anotada, casado y sin generales de ley.

El día 9 de Abril llegué a la droguería Granada a la una de la tarde en punto, con el fin de hacer el turno como empleado de mostrador. A eso de la una y veinte minutos o una y dieciocho minutos, sentí tres disparos seguidos y una voz que gritó en la calle «¡Mataron al doctor Gaitán!». Salí inmediatamente y lo vi caído de lado, con una mano hacia la calle, sobre el lado izquierdo, como a un metro de la puerta, sobre el andén y un chorro de sangre. Vi muchas personas alrededor que no recuerdo. Me regresé inmediatamente y cerré la puerta de la droguería; en el momento que la cerraba dieron al frente dos agentes de la policía nacional que no conozco, ni recuerdo, que traían un individuo en medio, a rastras, como en peso y me hicieron abrir para meterlo. Un agente se quedó teniendo la puerta, otro se dirigió al teléfono a llamar, no sé qué llamaría en esos momentos. El matador del doctor Gaitán se dirigió a un recodo que tiene la droguería y que no es visible para la calle. En ese momento la gente se aglomeraba sobre la puerta buscando el modo de entrarse. Me dirigí hacia el cliente y le dije:

—¿Por qué ha cometido este crimen, de matar al doctor Gaitán?

—Hay señor, cosas poderosas que no le puedo decir. ¡Ay, Virgen del Carmen, sálveme! —contestó en tono lastimero.

Entonces le dije: «Dígame quién lo mandó a matar, porque usted en estos momentos va a ser linchado por el pueblo». Y me contestó: «No puedo».

En eso abrieron la puerta, se abalanzaron contra él, le pegaron y lo sacaron a rastras sin ser capaces los agentes de mediar entre la multitud. Cerramos la droguería con los dueños y nos dirigimos a nuestras casas.

Elías Quesada Anchicoque

Me llamo Roberto Tarazona Villabona, tengo dieciocho años, natural de Cuaca, Santander; empleado particular, sé leer y escribir y trabajo actualmente en la droguería Granada; no tengo parentesco alguno con las personas que figuran en este proceso.

Me acerqué al sitio donde cayó el doctor Gaitán, situado como a unos seis metros más o menos de la puerta de la droguería. Cuando llegué al sitio, la gente con pañuelos estaba recogiendo la sangre del doctor Gaitán. A él ya se lo habían llevado. Entré a la droguería y en ese momento la policía cerró la reja para impedir que la gente entrara. Más adelante vi a un sujeto que decían era el asesino del doctor Gaitán que estaba recostado contra la pared que da a la Filca, fábrica de sedas. Luego regresé a la puerta de la calle y uno de los policías me dijo que le diera un candado para echarle a la reja. Busqué uno pero todos estaban cerrados y además vi que no se le podía echar llave a la puerta porque perfectamente podían tumbarla. En ese momento abrieron la puerta, entró la gente, el cliente que decían era el asesino de Gaitán, brincó sobre el mostrador hacia el interior de la droguería, dos policías y los empleados sacaron al sujeto y, cuando ya iban saliendo, vi que alguien alzó una zorra y le metió un zorrazo, él cayó inmediatamente al suelo, la gente se dedicó a golpearlo y lo sacaron agarrándolo por los pies. Cerramos la droguería. Luego encontré en el suelo, en la puerta de afuera del mostrador, un proyectil marcado: Rem-UMC-32-S&W.

Roberto Tarazona Villabona

Me llamo Hernando Albarracín, de veintiséis años de edad, natural de Purificación, Tolima, trabajo en la droguería Granada como vendedor de mostrador.

Me acerqué y le pregunté qué era lo que había hecho. Él me contestó que no tenía nada que ver conmigo y que estaba detenido. En estas circunstancias me retiré otra vez al mostrador, y se le acercó el señor Elías Quesada a preguntarle por qué lo había asesinado. No alcancé a escuchar sus respuestas.

En estas circunstancias fue cuando la muchedumbre abrió la puerta del establecimiento y se abalanzó tras el asesino, quien —para salvarse— brincó por encima del mostrador hacia adentro. Pero fue atajado por un empleado y nuevamente el agente de la policía lo agarró. Pero ya era bastante la gente, saltaron por encima del mostrador y se lo quitaron al agente de la policía. El público lo agarró, pero el asesino me agarró a mí de una manga de la blusa y del pantalón. Lo sacaron hasta la puerta de la droguería y volvieron a entrarlo, forcejeando el público y golpeándolo, cuando vi que levantaron una zorra de mano y se la descargaron en la cabeza, lo vi completamente desgonzado y ya lo sacaron sin ningún esfuerzo.

Hernando Albarracín

En la droguería el agente de circulación procuraba sostener la puerta para que no fuera invadida por la multitud. Le hice estas tres preguntas al individuo a quien me estoy refiriendo: ¿Por qué mató usted al doctor Gaitán?, ¿quién lo mandó? y ¿cómo se llama usted? No obtuve respuesta para ninguna de las preguntas. Tuve que separarme un poco del individuo para acercarme al teléfono a pedir, a la División de policía a que pertenezco, refuerzos y elementos para disolver la agrupación. Procuraba comunicarme con la Tercera División de policía, sin lograrlo. La multitud consiguió introducirse a la droguería y el sujeto trató de pasar por sobre el mostrador a los interiores del establecimiento, pero uno de los empleados lo detuvo y muchos de los que se hallaban antes en la puerta lo empezaron a atacar usando hasta armas cortantes, uno le lanzó una cuchillada. El individuo quiso buscar mi protección y alcancé a ser levísimamente herido en el dedo anular de la mano izquierda. Ya me fue imposible protegerlo, sacaron al individuo a golpes y a puntapiés. Algunos levantaron una zorra y se la dejaron caer sobre la cabeza. A continuación lo sacaron arrastrando hacia la calle y siguieron en esa forma con él por la carrera séptima, hacia el sur. Me dirigí inmediatamente a la Tercera División de la policía, y no me volví a dar cuenta de lo que pasó con dicho individuo.

Carlos Alberto Jiménez Díaz

A través de esa multitud avancé y pude llegar hasta la droguería Granada, a donde había llegado ya el grupo de atacantes y que pugnaba por tumbar la reja de la droguería, porfié de tal manera que llegué hasta la misma reja y tuve sujetas las dos abras de la reja con mis manos; dentro de la droguería veía a un muchacho que allí trabajaba o trabaja, de ojos verdes, bajito, mono, que por la parte de adentro trancaba la puerta y a quien le pedí insistentemente que me dejara entrar; dentro del mismo local de la droguería y por tanto a mi lado izquierdo, había otro empleado de la misma, moreno él, de pelo corto y negro; estos dos empleados tenían delantales blancos puestos; más hacia adentro y más atrás de este último muchacho, había un sujeto de vestido gris hortensia (color de la flor hortensia) con sombrero puesto, con la nariz reventada de la cual manaba bastante sangre; este individuo era mucho más bajito del que había visto antes sujeto por la policía, quien tenía sombrero puesto y lleno de angustia y de miedo en su cara, se refregaba las manos, las llevaba a su bolsillo, los cuales vació en el suelo y a mí me pareció de un color blanco y detrás de él en el teléfono, me pareció ver a uno o dos agentes que hacían uso del teléfono. Teniendo la puerta de la droguería sujeta por mis manos y pugnando por entrar, como insistentemente le decía al muchacho del establecimiento que se encontraba por la parte de adentro, y oyendo gritos en la multitud de «hay que matar al asesino», yo gritaba: «No, este miserable nos sirve más bien vivo, no lo matemos, este no es» porque para mí ese individuo era totalmente diferente al que había señalado al fotógrafo, al que había visto sujeto por un policía contra la vitrina que se rompió y porque ese individuo moreno, alto, que para mí tengo y he tenido y creo que fue el verdadero asesino del doctor Gaitán, cuando el hombre de overol lo atacó, el sombrero de ese sujeto saltó por encima nuestro y fue a caer precisamente en el sitio de donde levantaron el cadáver del doctor Gaitán; ese sombrero lo había visto recoger por alguna persona que hasta dijeron: «Es el sombrero del doctor Gaitán», y alguien lo botó hacia la mitad de la calle diciendo: «Esta porquería qué va a ser el sombrero del doctor Gaitán», y por cierto que estuve a punto de agarrar ese sombrero. La multitud formada ya contra las rejas de la droguería Granada hizo que esta cediera. Había estado pugnando por entrar en la droguería Granada, un sujeto alto, mono, sin sombrero, congestionado, con la cara barrosa, al oír tal vez mis gritos de que había que salvar a ese hombre que dentro de la droguería había, había dicho pillándome por el pescuezo y sacándome del sitio que tenía en las rejas: «Este hijo de puta debe ser de los mismos»; a ese individuo le contesté con un «¡miente!» y lo ataqué con el puño.

Julio Enrique Santos Forero

Retratos

Me pareció muy asustado. No protestaba por los golpes que recibía, más bien parecía resignado con su situación, es decir, que aceptaba el hecho que ocasionaba la protesta del público.

Carlos Alberto Jiménez Díaz

Estaba mal trajeado con vestido a rayas. En fin, fue tan rápida esa cuestión que no me fijé bien en ese sujeto.

Ciro Efraín Silva González

Era más bien bajito, no le alcancé a ver la cara porque el cabello estaba en desorden y ya lo habían herido en la cara. Más bien delgado y la estatura se la calculo en un metro con sesenta centímetros aproximadamente.

Roberto Tarazona Villabona

Era bajito, por ahí de un metro con cincuenta y cinco centímetros de estatura, más o menos; moreno pálido, más bien joven, de cuerpo regular; las manos sí eran grandes, nariz regular, sin bigote, el vestido era carmelito, de la corbata no recuerdo.

Hernando Oviedo Albarracín

Es un cliente medio «catire», de vestido marrón oscuro, de zapatos amarillos viejos, con la camisa desgarrada en el cuello, corbata azul; bajito, de un metro cuarenta y nueve centímetros, más o menos; pálido, despeinado, el pelo un poco mono, no llevaba sombrero; de nariz regular, ojos claros, sin bigote, una voz más bien delgada, delgado de cuerpo. Llevaba un ojo hinchado por un golpe, el golpe lo tenía en la vista izquierda.

Elías Quesada Anchicoque

La agonía

El dueño de la droguería me dijo entonces que debíamos sacar al asesino porque peligraba el negocio. Ante esas circunstancias el agente y yo procedimos a sacarlo y por segunda vez le pregunté por qué había asesinado al doctor Gaitán. Todo pálido, confundido, con los ojos sobresalientes y voz quebrada, me dijo: «Entrégueme a la justicia». Fue la única frase que el homicida pronunció porque la multitud nos lo arrebató y lo derribó al suelo. Dos sujetos extraños, dentro de la droguería, alzaron una «zorra» que se encontraba dentro de la droguería y con ella lo golpearon en la cabeza. Para mí y en razón de la violencia del golpe, el asesino fue eliminado. Luego lo arrastraron por la carrera séptima y yo, insistiendo en que no lo mataran, me acerqué a la multitud y grité: «No lo asesinen para que confiese y entregarlo a la justicia». En esos momentos pasó el entonces Gobernador de Cundinamarca Antonio Izquierdo Toledo y me llamó para decirme: «Pascual no seas loco, mira que te pueden asesinar. Esos son agentes del complot». Efectivamente me salvé por la amonestación que me hizo mi gran amigo y amigo personal de Jorge Eliécer Gaitán. En esos momentos pasaba, en un automóvil, doña Amparo Jaramillo de Gaitán, quien consternada me llamó y me dijo: «¿Pascual, dónde está Jorge? ¿Qué le pasó?». Le respondí: «Lo llevaron a la Clínica Central, vamos allá». La confusión allá era tremenda.

Pascual del Vecchio

Como a la una y diez notamos que pasaba la gente como en carrera, inmediatamente me asomé y alguien me dijo: «Asesinaron a Gaitán». En ese momento mi idea fue saber quién era el sujeto. Cuando llegué, entre varios traían de la sombrerería San Francisco a Roa Sierra. En ese momento habría unas cien personas, pero todo el que salía de los cafés se acercaba y quería hacerle algo, tocarlo, pegarle. Avanzó el hombre, y el policía defendiéndolo;

«Con los ojos desorbitados, la expresión como dementes, el pelo alborotado, todos querían hacerle algo al hombre...».

lograron meterlo en la droguería. Trataron de cerrar la reja pero me abalancé y metí medio cuerpo: no dejé que la cerraran. Cuando me asomé lo tenían detrás del mostrador; el hombre estaba con la mirada fija, lívido, mudo. Llevaba una especie de estilógrafo, pero era como una lezna. Inmediatamente lo saqué y le di no se cuántas puñaladas en el estómago y cerca a la sien. Entonces lo sacaron de la droguería y algunas personas gritaban «Que no lo maten», pero cuando lo traían, un embolador levantó la caja y le dio en la cabeza. Luego empezaron a arrastrarlo. Nos quitamos las corbatas para agarrarlo de los brazos, la intención era llevarlo a Palacio, todo el mundo gritaba «A Palacio». Un zorrero se acercó y le descargó la zorra encima. Con un acarreador, que trabajaba en la Contraloría General, lo amarramos de los brazos y el cuello con las corbatas y empezamos a tirarlo. Roa Sierra tenía en esos momentos una cara desastrosa. Era la muerte, ya se encontraba lívido, muerto en vida, él sabía lo que le iba a pasar. La gente, no solo era el caso mío, con los ojos desorbitados, la expresión como dementes, el pelo alborotado, todos querían hacerle algo al hombre. Solo pensaba en vengar la muerte del Jefe. Uno mismo no sabía, parecía mentira que ese sujeto hubiera atacado al Jefe. No creía en ese momento que Gaitán hubiera muerto. Uno tenía esperanza de que se iba a salvar. Creo que todos pensábamos lo mismo. Los que no vieron a Roa Sierra, preguntaban a todo momento. «¿Quién? ¿Cómo?». Otra gente en esos momentos recogía algunas prendas del Jefe que habían quedado tiradas; otras empapaban pañuelos con su sangre.

Luis Eduardo Ricaurte

Luchando con la gente llegamos hasta las rejas. Un hombre se contorsionaba en el suelo en los estertores de la agonía. La cara estaba un poco desfigurada por los golpes, pero no se le veía herida alguna de carácter mortal. Alfonso Waked pudiera tomar una instantánea del hombre que había asesinado al Jefe del liberalismo.

Luis Elías Rodríguez

Le dije al telefonista de la policía que comunicara la urgencia y que enviaran policía al lugar de los hechos para prestarle apoyo al asesino, para favorecerlo, que no lo lincharan. No obtuve ninguna respuesta. Entonces salí nuevamente a la calle y ya vi un grupo de gente cerca de la droguería y me dirigí al grupo y pude ver que el asesino no estaba dentro de la droguería, sino que lo habían sacado y lo tenían en la calle tirándolo al suelo y dándole golpes. En aquel lugar se encontraba un teniente Moreno, cuyo nombre no recuerdo ni tampoco a qué División pertenecía, intentando favorecer o pidiéndole a la multitud que no lo mataran. Tan pronto me vio, me dijo que pidiera policía urgentemente. Por ninguno de los dos teléfonos pude comunicarme. Luego llegó a la droguería el teniente Moreno y me preguntó que si me había podido comunicar con la policía, a lo cual le contesté que no. Seguimos, el teniente y yo por la carrera séptima y llegamos al Capitolio Nacional, el teniente pidió permiso para hablar por uno de los teléfonos con el fin de comunicar lo ocurrido. No sé si el teniente lograría, al fin, comunicarse; salimos nuevamente a la calle y en el atrio de la Catedral ya no vi al teniente Moreno. En esos momentos se me abalanzó a mí una multitud de gente gritando que había que matar a ese chulavita, señalándome a mí, pero algunos que venían entre esa multitud gritaban que era un liberal y que por consiguiente no podían matarme. Recibí golpes y algunos lograron entrarme a un edificio que estaba en construcción, adentro me puse un overol que me facilitaron y en compañía de un señor de nombre Lucas Lenis, que había estado en la policía y un hijo de un policía Ramírez, me acompañaron por la calle décima hasta el cuartel de la División, con el ánimo de evitar que me fueran a atacar.

Ciro Efraín Silva González

Bueno, por las circunstancias personales en que me encontraba el 9 de Abril me he venido a constituir en un testigo de excepción y quizás el único militante del Partido Comunista que estuvo desde el inicio, en el centro de los acontecimientos. A la hora del asesinato de Gaitán yo estaba almorzando en un restaurante, El Maizal. Cuando regresaba al lugar de mi trabajo, en la calle catorce me enteré de la noticia del asesinato de Gaitán. Miré hacia la carrera séptima y vi la movilización de la gente, inmediatamente me dirigí a este lugar y cuando llegué a la séptima, justamente, pasaban arrastrando el cuerpo de Roa Sierra. Ya había un grupo, personas del pueblo enfurecidas, prácticamente linchando a Roa y pretendieron meterlo debajo de un tranvía.

En ese instante empezó a arremolinarse la gente, en torno al cuerpo y luego desapareció de mi vista, en medio de la multitud, pese a la hora en que generalmente la carrera séptima no estaba concurrida por ser medio día. Ante las primeras noticias, una inmensa cantidad de gente llegó al lugar y por eso cubrieron de mi vista el cadáver de Roa, que no sé para dónde cogió.

Vi mucho y vi poco, por el movimiento y la rapidez de la gente. Cuando alcancé a ver la cara de este tipo, ya estaba toda empolvada y medio barbado. No sé si estaba muerto o simplemente inconsciente. Me aterré cuando intentaron meterlo debajo del tranvía y pretendieron prender el tranvía, me pareció horripilante. En ese momento la gente estaba movilizando los tranvías para tumbarlos, volcarlos.

Julio Posada

Por el camino continuaba recibiendo patadas y ya cerca a la plaza de Bolívar, le lanzaron un ladrillo cuadrado, por repetidas veces. Acabábamos de cruzar la calle once con carrera séptima, la gente gritaba «Al Capitolio», pero otros gritos que predominaban, dijeron: «No, al Palacio». Como los que conducían el cadáver habían sesgado en dirección al Capitolio, cuando se impuso la orden de la multitud de que se dirigiera al Palacio, describieron una curva con el cuerpo en rastras y tal vez debido a ello, y porque el hombre estaba ya muerto, pues tenía los brazos fláccidos, el saco y la camisa se le salieron de uno de los brazos. Comprendí que era muy posible que en esa situación se saliera el saco y se extraviara esa prenda. Inmediatamente me acerqué y le saqué el saco de la otra manga junto con la camisa, enrollé las prendas y seguí detrás. La gente siguió con el cadáver por la carrera séptima y tal vez entre las calles novena y octava, el pantalón empezó a estorbar a uno de los que lo traía asido de una pierna y resolvió quitárselo de ese lado; un poco más adelante, el de la otra pierna hizo lo mismo y tiró el pantalón. Intenté acercarme a recogerlo, pero por la gran multitud que había cerca, me fue imposible. Acabábamos de pasar la esquina de la calle octava cuando observé que un señor que iba delante de nosotros enarbolaba en un palo los pantalones del hombre, me acerqué, se los rapé y los envolví con las otras prendas. El cadáver del hombre quedó tendido frente a una de las puertas del Palacio Presidencial y solo tenía los restos de un pantaloncillo azul enrollados en las piernas y la corbata totalmente anudada al cuello, era de franjas anchas, no podría precisar si eran azules y grises o azules y blancas.

Gabriel Restrepo

La ira me indujo a darle un par de patadas con toda satisfacción y personalmente di la orden, aprovechando la cierta autoridad que tenía como presidente del directorio liberal de Bogotá, di la orden de llevarlo al Palacio. Tal vez ya estaba muerto y nos lo llevamos semidesnudo al Palacio y lo arrojamos contra la puerta principal, de allá salió un disparo que hirió en el pecho a un muchacho de unos veinte años. Nos llenamos de ira el grupo de unos quince o veinte, e inmediatamente fuimos a asaltar Palacio. Por la esquina de la calle octava, había unos juzgados municipales y por ahí intentamos entrarnos a Palacio. Nuestra intención era repetir la fiesta con Ospina Pérez, sacarlo y pasearlo por la carrera séptima, arrastrarlo, cualquier cosa había que hacer. Intentamos pero no había cómo tener acceso a Palacio. Buscamos las escaleras para subir al balcón del Palacio de la Carrera pero no había cómo. Ya en ese momento comenzaron los soldados a salir de Palacio y tratar de buscar la carrera séptima para ir abriendo un campo de defensa.

Gabriel Muñoz Uribe

Nosotros lo llevábamos y cada uno lo golpeaba. A cada lado de la calle se veía la gente petrificada, como momias. Al llegar a la plaza de Bolívar en las escalinatas de La Catedral, había mucha gente, pero no podían ni hablar, la expresión de los rostros era terrible. Recuerdo que ahí estaban un señor Marcuchi, gaitanista, y Gabriel Muñoz Uribe. Me abalancé sobre Marcuchi que era un hombre fornido, y lo levanté no sé cómo, lo único que le decía era: «Vamos a vengar la sangre del Jefe». Varias veces lo levanté en vilo.

Todo el mundo quería hacerle algo a Roa Sierra, eso sí. Se acercaban y lo pateaban, lo escupían, le hacían cualquier cosa. Cuando llegamos a Palacio Roa estaba en pantalón, ya no tenía camisa ni nada. Con los materiales esos que había en la puerta de Palacio tratamos de amarrarlo, crucificarlo, pero en esas salió el pelotón y tuvimos que defendernos. En esos momentos nos unimos al grupo que venía con Ayala. Cuando el teniente le echó mano a su revólver, con Álvaro Ayala lo alcanzamos a coger y le dijimos que cuidado nos echaba bala, nos hizo caso. Los soldados doblaron la rodilla e hicieron algunos disparos, después de eso regresamos para la plaza de Bolívar donde ya había un grupo bastante fuerte, en las escalinatas estaba la guardia de la Panamericana y la gente estaba en franca lucha con ellos, volaban cascos de latón por doquier, allí disparaban por todos lados. Detrás de los faroles había varios presuntos policías levantados, disparando a los chulavitas. De la torre de San Bartolomé también disparaban a los manifestantes, se veía por la calle diez y por la calle once cómo bajaban de los barrios altos, miles de personas, eso era importante, ya venían con machetes y tubos, seguramente de los saqueos a las ferreterías.

Luis Eduardo Ricaurte

La multitud se lanzó sobre el Capitolio y como ya algunos empezaban a rodearme y a preguntarme si esas eran las ropas del asesino y a pedirme más detalles, me pareció peligroso continuar con esas prendas que podían extraviarse y me retiré con ellas, llevándolas a la oficina de *Jornada,* guardándolas en el archivador. Antes revisé esa prendas: un saco de paño gris con listas carmelitas, anchas líneas blancas, ensangrentado, y desgarrado en el hombro izquierdo, en la solapa izquierda, descosido el hombro derecho, con forro de tela gris y tela blanca a rayas en las mangas; la manga izquierda al revés; un pantalón del mismo paño y pintas, con algunas manchas de sangre y tiene adherido a uno de los botones un pedazo de tirantes. Tanto el saco como el pantalón demuestran bastante uso y el color se ha falseado debido al mismo uso, con apariencia de color carmelito por las manchas y las franjas; una camisa azul claro, ordinaria, casi nueva, ensangrentada y llena de tierra, sin botón en el cuello; al examinar el saco, encontré una cajetilla de cigarrillos Pielroja, con diez cigarrillos; una caja con fósforos marca El Faro; la suma de ochenta y dos centavos, en tres monedas de veinte, un de diez, dos de cinco y una de dos; una billetera de cuero negro, con dos bolsillos grandes, marca Real Moroco, dentro de uno de esos bolsillos, un billete de a peso, y en el doblez de la cartera, los siguientes papeles: una libreta militar número 01731 expedida a Juan Roa Sierra, por el Comando del Distrito Militar no. 33 con fecha veintitrés de septiembre de 1947 como reservista de segunda clase. Esta libreta tiene el retrato pisado con el sello del Comando del Distrito Militar no. 33 y las impresiones dactiloscópicas del pulgar izquierdo y del derecho; en la misma libreta está anotado el número de la cédula de ciudadanía no. 2750300, expedida en Bogotá y la constancia de que el poseedor de la libreta es hijo de Rafael Roa y Encarnación Sierra y que nació en el municipio de Bogotá, Departamento de Cundinamarca, el 4 de noviembre de 1921; una libreta de apuntes, propaganda del cigarrillo Royal, nueva, con la anotación en el primer folio de las siguientes frases: «General —Perú— Reboredo Iglesias» «Betancourt» «expresidente de He, R. Venezuela» «Carlitos Lozano-ministro». En los demás folios de esta libreta no aparece inscripción o frase alguna. Un certificado en papel timbrado de «Fidel E. Mejía-Vulcanizadora Mejía», que a la letra dice: «Noviembre 6, 1943. —Certifico a quien corresponda: que el señor Juan Roa trabajó en mis talleres por espacio de ocho meses y durante este tiempo fue correcto, honorable y diligente en todo sentido». Como antefirma aparece el nombre Fidel E. Mejía, y una firma autógrafa «F.E. MEJIA». Otro certificado en papel timbrado del Almacén Villegas-Bogotá, expedido el treinta de mayo de 1941 y que dice: «Señor Juan V. Roa. —L.C. Muy señor nuestro: —Con todo gusto nos permitimos certificar por medio de la presente, que su trabajo y corrección durante el tiempo que usted estuvo al servicio no dejó de nuestra parte nada que desear, por lo tanto nos permitimos recomendar a usted a la persona o entidad que desee tomarlo a su servicio. Att. Servidores y amigos. Almacén Villegas». —Una firma ilegible y la antefirma «Octavio Villegas L.». Un papel con un plano de caja de velocidad de camión y automóviles y la palanca de cambio de las mismas; otro dibujo con una figura imitando al sol, con dos palabras que parecen decir: «Morcillo» y «Morcillete». Un certificado expedido por el Gabinete Central de Identificación de la Policía Nacional, el 12 de agosto de 1947 a Juan Roa Sierra donde consta que no registra antecedentes, en dicho certificado hay un retrato pisado por un sello que dice: «Gabinete de Identificación-Bogotá, Jefatura», la impresión digital del índice derecho y anotado la cédula de ciudadanía no. 2750300 de Bogotá —al reverso hay un sello de la sección de identificación donde aparece que su prontuario es el número 109834. Hay también en el reverso un escrito ininteligible, hecho en lápiz de dibujo y donde está visible el nombre de «Juan Roa Sierra» y la dirección Calle octava número treinta setenta y tres.

Gabriel Restrepo

Me encontré con Pablo Amaya Carvajal, el Juez Permanente de la calle doce, una cuadra arriba de la Clínica Central que llegaba a practicar el levantamiento del cadáver de Gaitán. Traté de comunicarme con *El Espectador,* pero estaba seguro de que había edición del periódico. Pero los teléfonos estaban dados al diablo y como estaba a tres cuadras de *El Espectador,* calle doce con carrera cuarta, y el edificio Monserrate era muy cerca, salí y me encontré con Ignacio Cadena el secretario del Juzgado Permanente de la calle doce. Supe que iba al levantamiento del cadáver del homicida. Lo acompañé, con un detective llamado Isaac —no recuerdo el apellido— y con un dactiloscopista, y nos fuimos a la diligencia. Eran más o menos las tres y media de la tarde. Yendo para el Palacio de Nariño, el Palacio Presidencial, donde habían dejado el cadáver de Roa, pasamos por la carrera quinta con calle diez, esquina de arriba del Palacio de San Carlos y vimos que estaba ya ardiendo el Palacio de San Carlos, no propiamente en la construcción sino que estaba en poder del pueblo; por las ventanas botaban archivos, papelotes y cosas de la Cancillería, acababan de reconstruirla y de dotarla especialmente para la Conferencia Panamericana. Recuerdo una cosa, siempre he querido destacarla, quizás resulte sin importancia, desde un balcón que lanzaban archivos y pedazos de muebles, botaron un cojín de cuero azul muy lujoso, un muchacho de unos quince años lo recogió, subía con su cojín y una mujer del pueblo se lo quitó y le dijo: «Aquí no venimos a robar», con un cuchillo le hizo una cruz al cojín y lo tiró a la hoguera, formada por los archivos y papelotes. Fui hasta el Palacio de Nariño a donde estaba el cadáver del asesino y, cuando regresé, pasé por arriba y ya la Cancillería y el San Carlos estaban completamente en llamas. La diligencia consistió en esto: llegamos y Roa efectivamente estaba tendido, un cadáver no desintegrado, como muchos han querido decir. El cadáver estaba completo, pero creo que no tenía un hueso bueno. Tenía un jirón de calzoncillos por toda ropa, con dos corbatas, con dos nudos, quizás era un truco para cambiar de aspecto en un momento dado, no sé, una cuestión inexplicable. Estaba tendido con las dos corbatas, un jirón de calzoncillos y un anillo en la mano izquierda de metal blanco, con una calavera en medio de una herradura, es decir, un símbolo de buena suerte en la herradura y de muerte. Eso se lo quitó el funcionario, el secretario del Juzgado Permanente, Ignacio Cadena. Se hizo el levantamiento del cadáver. Poco después comenzó la balacera.

Felipe González Toledo

Las emisoras

Últimas Noticias con ustedes. Los conservadores y el Gobierno de Ospina Pérez acaban de asesinar a Gaitán, quien cayó frente a la puerta de su oficina abaleado por un policía. ¡Pueblo, a las armas! ¡A la carga!, a la calle con palos, piedras, escopetas, cuanto haya a la mano. Asaltad las ferreterías y tomaos la dinamita, la pólvora, las herramientas, los machetes. Compañeros del Cauca y de los Santanderes, es preciso hacer relumbrar vuestros machetes y que ahora volverán a ser gloriosos como lo fueron en otro tiempo...

Aquí la Radio Nacional tomada por el comando revolucionario de la Universidad. En este momento Bogotá es un mar de llamas como la Roma de Nerón. Pero no ha sido incendiada por el Emperador sino por el pueblo en legítima venganza de su Jefe. El Gobierno ha asesinado a Gaitán, pero a estas horas ya el cuerpo de Guillermo León Valencia cuelga de la lengua en un poste de la plaza de Bolívar. Igual suerte han corrido los ministros Montalvo y Laureano Gómez. ¡Arden los edificios del gobierno asesino! ¡El pueblo se levanta grandioso e incontenible para vengar a su Jefe y pasean por la calle el cadáver de Ospina Pérez! Pueblo ¡a la carga!, ¡a las armas! ¡Tomaos las ferreterías y armaos con las herramientas!

Repetimos el boletín. Repetimos el boletín. Repetimos el boletín. Aquí la estación no. 1 en un lugar de Colombia, que a nadie le importa.

Boletín no. 2. Aquí la estación no. 1 en un lugar de Colombia que a nadie le importa.

Boletín no. 2. ¡Viva la revolución!

¡Pueblo colombiano!:

La Providencia nos ha puesto en el camino de la reconquista. La Conferencia Panamericana con representantes de todas las naciones de América, han servido de jueces de conciencia en este festín de sangre liberal, de que gozaron los godos durante casi dos años de gobierno canibalesco. Hay elementos abundantes para que América y el mundo juzguen nuestra causa.

La sangre de Gaitán tiene que ser el precio de nuestra victoria. Si la sangre de Gaitán no llegara a ser el precio de nuestro triunfo, entonces sería el baldón de nuestra esclavitud. Quedaríamos tan abajados ante la conciencia viril de los hombres, que para ser libres necesitaríamos de que viniera otra nación a libertarnos…

Imaginad liberales si se pactara con los godos. Eso equivaldría a aceptarles sus condiciones y como ellos están en el poder, sus condiciones serían de vencedor a vencido. ¿Qué diría nuestra prensa después de la derrota? ¿Qué dirían nuestras emisoras después de la derrota? ¿Qué podrían decir? ¿Qué diríamos para reclamar justicia después de la derrota? ¿Qué dirían nuestras mujeres después de la derrota? ¡No podríamos decir nada! El fuete, la horca y las cárceles serían nuestras oficinas. Nuestro gabinete, nuestras estancias y nuestros talleres. Sería la noche de nuestra esclavitud.

No hay otro camino a tomar. La muerte o la libertad…

El Marianito, el de la voz de sacristán y don Laureano, el corrompido, el apátrida, el patitorcido, fraguaron el asesinato de Jorge Eliécer Gaitán, porque creyeron que el pueblo tenía hipertrofia en los testículos y que todo quedaría tranquilo, como en los asesinatos de Santander del Norte, Caldas, Bolívar y Boyacá…

A Marianito Ospina Pérez, el candidato de los hilos perfectos, se le rompieron los hilos. Ahora téngase porque tendrá que asesinar a todos los colombianos o ir a dejar sus huesos en el suelo extranjero, porque los despojos mortales de Ospina o Laureano Gómez no tendrán sepulcro en Colombia sino en el vientre de los gallinazos…

Colombianos, adoptemos una conciencia revolucionaria de los jefes, de los cuales hay algunos, que en el subconsciente godo, le tienen miedo al pueblo. Que no tengan miedo de darle dos mil cajas de dinamita al pueblo. ¡Que dejen el derrotismo! ¡Que no sueñen pactar con el enemigo porque el pueblo está alerta!…

La guerra es la menstruación de la humanidad. Nadie en el mundo puede negar su sangre. Las guerras y libertades han probado que no hay pueblos cobardes. Nosotros los colombianos hemos tenido cincuenta años de paz. No vamos a dar la sensación de ser los únicos cobardes del mundo… Debe saber

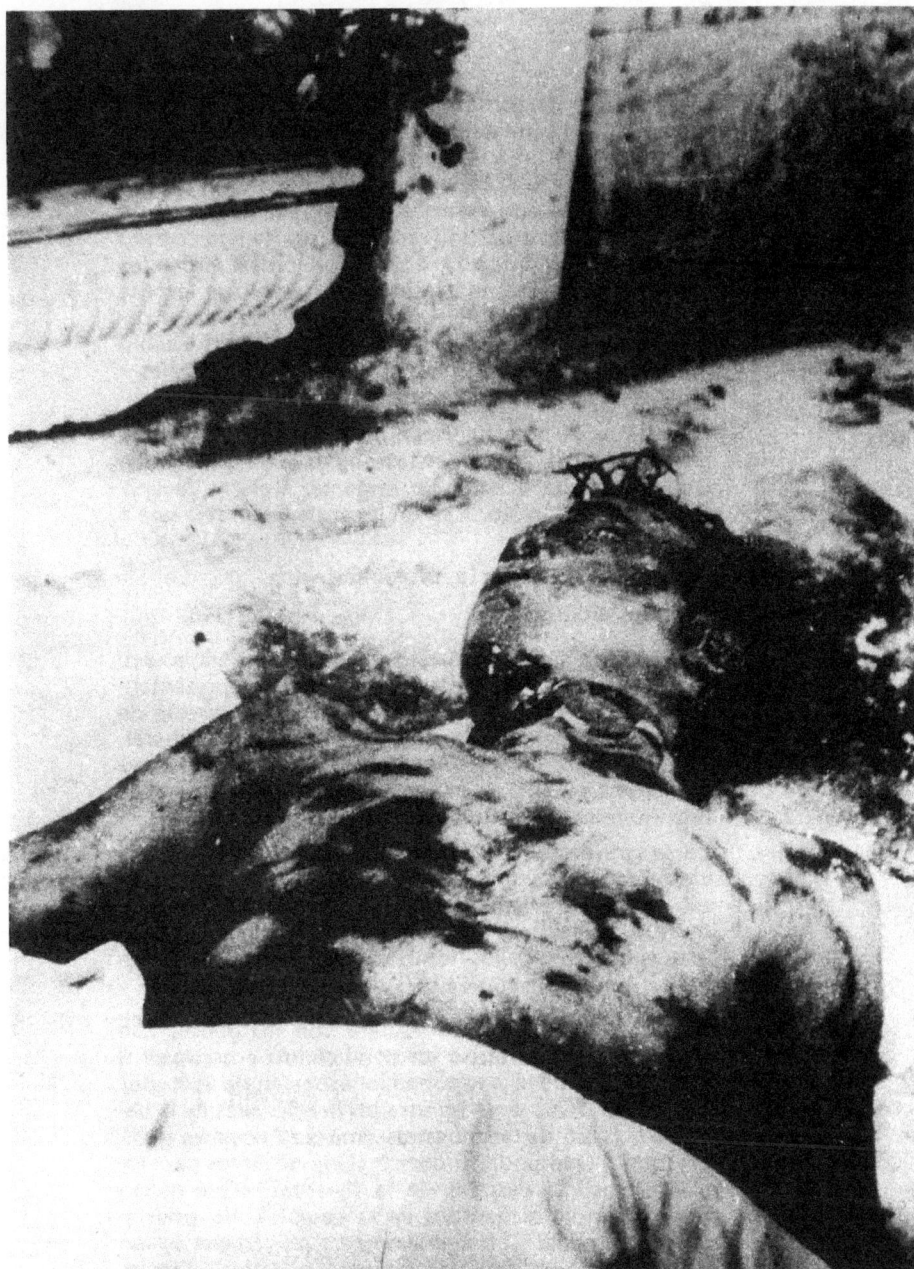

«Estaba tendido con las dos corbatas, un jirón de calzoncillos y un anillo en la mano izquierda de metal blanco...».

el pueblo colombiano, que los obreros, que controlan centros de industrias siderúrgicas, están haciendo cañones y fusiles...

Les daremos una sorpresa, que sigan los perros godos creyendo que van a seguir alimentándose con nuestra sangre. El godo, el cínico cobarde y asesino, los veis hoy con la cinta roja en el pecho... los veis hoy con la cinta roja en el pecho, camuflando su traidora intención. Los veréis mañana señalándonos con dedo, para que se nos encarcele y asesine. Lo haría... (Se va la voz y se escucha ruido).

Aquí el comando de la Universidad con vosotros: ¡La juventud toda está con nosotros! ¡La policía nacional y el ejército están con nuestro movimiento! El edificio de *El Siglo* arde y ese cuartel del asesinato y la calumnia ya no es más que un puñado de cenizas, como lo será pronto el Palacio de la Carrera y el señor Ospina Pérez. Comunicamos al país que Bogotá ha caído, que el ejército y la policía están con nosotros y que nos guardan las espaldas aquí en el edificio de la Radio Nacional. Pueblo buscad las armas donde las encontréis, asaltad las ferreterías, ¡sacad los machetes y a sangre y fuego tomaos las posiciones del Gobierno!...

¡Aló, aló, Cúcuta, Cúcuta, Cúcuta! ¡Aló los compañeros!

¡Aló, aló los compañeros citados de Cúcuta dispuestos y sobre las armas, a tomarse el poder, a dirigir el movimiento! ¡El ejército y la policía están con nosotros...!

¡Liberales de Colombia, preparad bombas, buscad armas en todas partes, fabricad el claro coctel Molotov que consiste en llenar botellas vacías con gasolina, ponerles su respectivo corcho y su mecha...! ¡Estad atentos y listos! No dormir sino lo imprescindible, aguzad el oído para captar todo ruido sospechoso, desconfiad de todo el que no sea conocido líder de la causa revolucionaria. Listos y vigilantes, con el arma en la mano, que la victoria está cercana. Nadie derrotará nuestro movimiento...

El palacio

(El Presidente Ospina, en su año y ocho meses de gobierno había adquirido la costumbre, cuando asuntos urgentes no requerían su presencia en Palacio, de llegar a su despacho alrededor de las cuatro de la tarde. Escuchaba noticias en la radio de su lujoso, largo y negro Packard, mientras recorría la capital y podía detenerse a contemplar el avance de las obras que se adelantaban.

El 9 de Abril dejó de lado su acostumbrado paseo y al subir con su esposa y los edecanes al carro Presidencial, ordenó a su segundo chofer, Marco T. Álvarez, que regresara a Palacio. Y sin ninguna explicación tampoco quiso que se sintonizara la radio. Quizá, el Presidente quería recordar los detalles de los actos de inauguración de la Exposición Agropecuaria, a la cual había asistido durante dos horas, en compañía de algunos ministros y de Rómulo Betancourt, jefe de la delegación venezolana a la Conferencia Panamericana. Eran las dos menos veinte de la tarde, cuando el automóvil tomó la Avenida de las Américas. El Presidente deseaba ir hasta el aeropuerto de Techo, para contemplar el criticado monumento que se había levantado en la glorieta, en homenaje a Cristóbal Colón y a Isabel la Católica. Mas, con una especie de corazonada en un hombre frío, calculador como él, reiteró la orden de seguir hacia Palacio. El Packard de ocho puestos volteó hasta alcanzar la Avenida Caracas, subiendo por la calle octava y los pasajeros no advirtieron nada anormal, salvo que aquella vía siempre congestionada por camiones, automóviles y carretas arrastradas por cansados caballos, se encontraba libre como una pista de carreras. Avanzaron sin dificultad hasta llegar a la esquina de la carrera séptima con calle octava, donde escucharon gritos de manifestantes que en taxis rojos cruzaban velozmente, en medio de vivas y de banderolas que desplegaban por las ventanillas al compás de sus puños cerrados).

El Presidente con doña Bertha.

[...] El Presidente con doña Bertha, el teniente Jaime Carvajal edecán de aviación y yo, estábamos en la Exposición Ganadera al norte de la ciudad en el instante del asesinato del doctor Gaitán; vinimos por la Avenida Caracas, al llegar a la calle octava con la carrera séptima cruzaron velozmente varios taxis llenos de revoltosos que apenas por un acto de la Providencia no identificaron el carro Presidencial por el escudo que lleva en el bumper, si lo identifican, allí lo asesinan. Entró por la puerta de la carrera séptima. En estos mismos momentos se desprendía sobre Palacio la turba. Un minuto de demora en llegar o entrar, hubiese sido fatal.

Mayor Berrio

[...] A la una y veinte minutos de la tarde llegábamos a la puerta del Palacio Presidencial, después de haber asistido a la inauguración de la Exposición Agropecuaria con mi marido, el Presidente de Colombia, Mariano Ospina Pérez, el jefe de la Casa Militar, mayor Iván Berrío y el teniente de Aviación, Jaime Carvajal.

Subimos por la calle octava y doblamos sobre la carrera séptima. Como el automóvil era de carrocería larga y la calle estrecha, era necesario hacer una curva forzada para que pudiera entrar fácilmente por la puerta, que también era angosta...

En la esquina de la carrera séptima con calle octava el pesado carro se abrió a la izquierda y siguió media cuadra, volvió a abrirse y entró en un solo tiempo, en momentos en que los amotinados llegaban a la puerta de Palacio, con el cuerpo sin vida de Juan Roa Sierra. El carro por su gran tamaño, necesitaba que el chofer lo maniobrara en tres movimientos para entrar a Palacio. Las pesadas hojas de hierro de la puerta se cerraron, solo en ese instante, por un reflejo de tantos ojos, los amotinados se dieron cuenta de que era el propio Presidente quien llegaba y muchos de ellos, maldijeron. Mientras esta maniobra se hacía, alcanzaron a pasar tres taxis llenos de gente que gritaban vivas al Partido Liberal y empezó a aglomerarse la muchedumbre, que notamos estaba exaltada y fuera de tono, pero en ese momento también salían a nuestro encuentro los soldados del Batallón Guardia Presidencial, a presentar armas y rendir honores al Presidente, como era la costumbre al entrar y salir el Primer Mandatario.

Doña Bertha

[...] Entré a Palacio por la puerta de la carrera séptima, en medio del tumulto que empezaba a formarse, compuesto principalmente por gente que llegaban en taxis «rojos» y que lanzaban airadas frases y gritos, de los cuales alcanzaba a percibir las palabras «Gaitán», «Partido Liberal». No tenía la menor idea de lo que pudiera estar sucediendo y mi impresión momentánea fue la de que se trataba de un simple mitin político del gaitanismo.

Cuando el coche Presidencial, que subía hacia la carrera séptima, torció a la derecha para tomar la puerta de entrada de Palacio, un taxi rojo quiso lanzársenos violentamente, pero la salida precipitada del pequeño pelotón de soldados que acudía a presentar armas al oír la señal de mi llegada, parece que atemorizó al chofer del taxi, el cual frenó violentamente su carro, evitándose así el choque contra el carro nuestro.

Ospina Pérez

[...] Apenas las puertas se cerraron tras el carro, la multitud con garrotes, armas blancas, armas de fuego de corto alcance, vigas arrancadas a algún andamio cercano, con piedras y ladrillos, invadió la cuadra trayendo a rastras el cadáver del asesino. Este sombrío fruto humano lo llenaba la pasión y la ferocidad. Gritan pidiendo la cabeza del Presidente. Lluvia de piedras y ladrillos no dejan cristal sano. Con las vigas en ariete golpean las puertas y las violentan en acción de cuña por entre las rejas, alcanzando a romper los cerrojos de una. Si insisten cinco minutos, hubieran podido invadir a Palacio.

Al iniciarse el ataque, solo estaban en Palacio la guardia permanente: veintinueve hombres al mando del teniente Orejuela. Pero de los veintinueve, solo menos de veinte podían entrar en acción, pues los otros tenían que estar como centinelas en distintos sitios de Palacio. El resto del Batallón Guardia Presidencial estaba en su cuartel cercano, y los oficiales casados se encontraban dispersos por la ciudad, almorzando en sus casas, pero llegaron al momento. Mientras las turbas invadían la cuadra, el Batallón Guardia Presidencial recibía en su cuartel municiones y órdenes. Progresivamente se pudo poner en acción toda la defensa: doscientos diez hombres. Dos secciones al mando de los hermanos oficiales Jaime y Silvio Carvajal irrumpieron por la esquina sur de la carrera séptima, y, fusil en mano, cobrando terreno a palmo de dos metros, sin disparar un tiro, fueron haciendo plegar la multitud, hasta despejar el frente de Palacio.

(La primera persona que encontró el Presidente en el patio principal al descender del carro, quien abrió precipitadamente la puerta, fue el general Rafael Sánchez Amaya, director general del ejército, que con su rostro demudado por la situación que veía venir, se dirigió al Presidente para informarle. Doña Bertha lo saludó y siguió hacia la casa privada de los Presidentes).

Mayor Berrio

—Excelencia, acaban de asesinar al doctor Gaitán.

General Sánchez Amaya

—Eso es imposible, general.

Ospina Pérez

—No hay la menor duda, puede su Excelencia confirmarlo con el doctor Laureano Gómez, quien se encuentra en este momento al teléfono de la Casa Militar.

(El Presidente Ospina Pérez se acerca a la bocina receptora y escucha la voz de Laureano Gómez que le confirma la noticia. Impávido el Presidente, luego responde. Esta era la primera conversación entre el Presidente y el jefe del Partido Conservador).

General Sánchez Amaya

—Doctor Gómez, deploro profundamente lo ocurrido y como primera medida considero que hay que reunir el Consejo de Ministros para declarar turbado el orden público y decretar el estado de sitio, a fin de poder hacer frente a los acontecimientos. Subo enseguida a mi despacho y allí me pondré al frente de la situación, mientras llegan los Ministros para tomar las medidas que las circunstancias requieran.

(En el camino de la casa privada de los Presidentes, a la cual se llega por estrechos y largos pasadizos, doña Bertha se encuentra con Gustavo Torres, intendente de Palacio quien le comunica la noticia).

Ospina Pérez

—Sabe, señora, mataron a Gaitán.

Intendente de Palacio

(Sorprendida por la noticia, nada contesta. Piensa).

[...] Esto se prende. El doctor Gaitán es el Jefe político de un grupo, al cual ha azuzado durante sus campañas contra los estamentos gubernamentales. Desde muy pequeña cuando estudiaba en el colegio de las Hermanas de la Presentación, oí leer *Los Girondinos,* libro sobre la Revolución Francesa, desde entonces, me formé mi propio criterio con respecto a los pueblos, sus conductores y sus hechos o acontecimientos notables.

(Doña Bertha llega a su alcoba donde se encuentra con Lolita Guzmán, una de sus mejores amigas, que está con Ángela, su hermana menor quien vino para asistir a los actos de la Conferencia Panamericana. Doña Bertha se dirige a ellas).

—Dicen que mataron a Gaitán y esto me parece gravísimo.

(Doña Bertha entra y se quita el sombrero y lo coloca sobre un asiento con los guantes y la cartera. Abre un amplio closet y saca con cuidado dos revólveres que siempre lleva con ella cuando sale de viaje y los observa con cierta pasión y seguridad. Le da uno a su hermana y el otro lo cuelga sobre su cintura y no lo dejará durante quince días. Coge el teléfono, escucha que le contestan: Colegio de los Padres Jesuitas. Ella da una especie de orden).

—Padre, tenga la bondad de llevar a mi hijo a la embajada americana lo más pronto posible. (Cuelga y marca otro número. No es una mujer nerviosa. Habla pausadamente.)

—Les entrego a mi hijo Gonzalo. No a la embajada sino a su Gobierno, para que me responda por él. Y si los hechos se agravan, les ruego sacarlo del país para que se reúna en Nueva York con sus hermanos.

«Al iniciarse el ataque, solo estaban en Palacio la guardia permanente: 29 hombres al mando del teniente Orejuela…».

(El Presidente llega a la habitación en la que se encuentra doña Bertha, su rostro se veía impresionado pero sereno. Los dos se dirigen al comedor grande que da sobre el primer patio, con vista a la entrada del Palacio. Segura con su revólver al cinto, ella le dice a su marido).

—Subamos a su oficina.

Doña Bertha

—No. Yo no me voy a esconder.

Ospina Pérez

—No es esconderse, usted es el Presidente y el Presidente debe estar en su despacho.

(El Presidente lo hizo de mal humor, no estaba armado. Doña Bertha pensaba). […] Que con su valor moral podía defenderse y en caso de que hubiera necesidad […] con él estaban sus amigos y estaba yo.

(Allí permanecieron unos cuantos minutos perfectamente solos. La soledad los embargaba).

Dona Bertha

—¿Qué opina usted?

Ospina Pérez

—Aquí tendremos que esperar lo que suceda: no nos preocupemos por los hijos, que son hombres y sabrán defenderse y hacer frente a la vida.

Dona Bertha

[…] Desde el primer momento mi esposa y yo, que en breves palabras habíamos convenido, ante la gravedad de la situación, que nuestro deber era afrontar cualquier peligro en nuestro puesto, después de pedir ella a los Padres Jesuitas que pusieran al cuidado de la embajada americana a Gonzalo, nuestro hijo menor; los otros estaban fuera de Colombia, porque queríamos evitar que fuera tomado como rehén por la turba y nos viéramos en situación semejante a la del general Mosquera con su hijo, que se nos vino instantáneamente a la memoria.

(Ella pidió por teléfono al comedor un poco de whisky para el Presidente y los dos tomaron un trago. Pensó que no podrían bajar a almorzar. En el despacho y en las oficinas de las secretarías comenzaron a reunirse los ministros, los secretarios privados y las doce secretarias; el general Miguel Sanjuán, secretario del ministro de Guerra, y los oficiales de la Casa Militar y Guardia Presidencial, quienes entraban y salían precipitadamente, trayendo informaciones y recibiendo órdenes.

La esquina de carrera séptima con calle séptima está repleta de rostros adoloridos, de una multitud ansiosa por llegar con su venganza hasta el Palacio de Gobierno. Sobre las puertas y ventanales una andanada de ladrillos, piedras y las llamas de trapos encendidos que ondean en el aire. El teniente Carvajal, uno de los defensores de Palacio, deja cuarenta hombres sobre la esquina de la séptima, luego con precaución para no provocar iras de camino, sigue por la carrera séptima y va despejando la vía hasta encontrarse a su paso con el golpeado y amoratado cadáver de Roa Sierra, que yace impúdicamente con su jirón de calzoncillos. Cerca de Palacio, hacia el sur, hay una división de policía, sus habitantes uniformados ven con cierta tranquilidad cómo crece la cólera de la población. En ellos hay un sentimiento escondido que emana solidaridad ante el dolor de tantos hombres y mujeres que se apretujan desesperados en sus sentimientos conmovidos. La séptima crece en el tumulto que viene desde la plaza de Bolívar. Esa masa iracunda levanta al cielo como pequeñas astas, sus gritos y su llanto, sus machetes y sus revólveres, sus garrotes y sus palabrotas acompañadas de gestos brutales, desconocidos para ellos mismos y se encuentran a boca de jarro con el teniente Carvajal: «No se meta en esto, mi teniente, ya viene el ejército a respaldarnos, es mejor que se vaya». Era una voz de advertencia. Y lo van cercando, como si quisieran aprisionarlo. El teniente, por instinto, da un grito: «¡Atrás, carrera mar... tenderse!». Y sus hombres de inmediato movilizan sus resortes y quedan en posición de disparar, con sus dedos listos y tensionados sobre los gatillos de sus fusiles Máuser, frente al colegio de San Bartolomé. Y esa masa en oleaje desesperado y fanático, que ha dejado a sus espaldas el miedo, sigue sus pasos. El teniente Carvajal se siente aplastado, sensación inequívoca de la agonía que no toca la puerta y da la orden de cargar, pero nadie se detiene. Suena la primera descarga. Y esa masa heroica y enloquecida salta cuerpos, unos sobre otros y sigue andando no importa la sangre.

Comienza a llover, y con el fuego de las boquillas cae sobre la ciudad un aguacero interminable, el cielo se ha roto en sus entrañas).

Ospina Pérez

[...] Estábamos almorzando cuando la radio dio la noticia «¡Acaban de matar a Gaitán!». Lo primero que hicimos los subalternos fue presentarnos a nuestra unidad, a ver qué pasaba, qué órdenes recibíamos. Subí a la Escuela de Infantería y nos presentamos. La radio siguió dando noticias de gravedad. Entonces, por iniciativa propia, cada comandante de unidad fundamental, reunió a sus hombres y los armó. Eran reclutas, pero algo se debía hacer. Viene el momento de la actuación de cada cual, porque no hubo mando. En el caso nuestro, en la Escuela de Infantería teníamos un buen comandante, pero ese comandante estaba en su casa almorzando. Entonces comienza uno a querer comunicarse con un teléfono de Bogotá y eso es un desastre, no pudimos comunicarnos con nuestro comandante. «¿Qué hacemos?». «Hombre, que llamemos a la Motorizada, que alisten unos camiones, por si tenemos que sacar tropa, que se sublevó la policía...». Eso fue unos minutos antes de las dos de la tarde. Llamamos a la Escuela de Motorización y dijeron: «No contamos sino con tantos camiones», muy poquitos por cierto. Un compañero dijo: «Paremos los camiones o vehículos que vayan por la carretera y los metemos aquí, a la brava...». Así lo hicimos.

Llegaron los camiones, y mi compañía partió lista y amunicionada. Como había estado en la Guardia Presidencial tanto tiempo y conocía el plan de defensa de Palacio y de todo lo aledaño a esa circunferencia, los compañeros me dijeron: «Hombre, tú conoces bien a Palacio, hay que reforzar su defensa, porque dicen que incendiaron todo el centro de Bogotá».

Al llegar a Bavaria, por la trece, había mucha gente con machete en mano. Había ordenado cargar los fusiles y no tuve sino que darle órdenes al chofer. Yo iba adelante, porque mi tropa era recluta. Yo gritaba: «Oiga, cargue y a una orden mía, dispare, si es el caso». Cuando vi la multitud que gritando trataba de parar al primer camión, le dije al chofer: «Écheles el carro encima» y le metí el grito desde la cabina: «¡Desasegurar!». El hombre metió la primera y pasó el primer camión, por encima de los gritos de la multitud.

Ante esa situación entré a los patios de la Escuela Militar y me encuentro que el general Bayona Posada, el comandante, no daba ninguna orden,

«Esa masa iracunda levanta al cielo como pequeñas astas, sus gritos y su llanto,
sus machetes y sus revólveres, sus garrotes y sus palabrotas acompañadas
de gestos brutales…».

no había podido reunir a los otros oficiales del Estado Mayor de la Brigada. Le dije: «General, aquí tengo una compañía de la Escuela de Infantería, ¿qué debo hacer?». Dijo: «Espérese un momento». Pasaron unos minutos, no dijo nada. Entonces alguien me comunicó: «Que mande una escolta a la casa de Laureano Gómez y otra a la casa del general Marshall». No tenía mucha tropa y me importaba un carajo el general Marshall, sin embargo le dije a un oficial: «Coja doce hombres, lo que vea mejor y vaya a rodear la casa de Marshall». Y mandé también doce hombres con un sargento para la casa de Laureano. Salí, por la trece, para el Guardia Presidencial. En la esquina de la quince con trece ya estaba incendiado *El Siglo*, allí trataron de detenerme y echamos los camiones encima. En el Guardia Presidencial desembarqué mi tropa.

Ya eran por lo menos las tres de la tarde, ya habían llevado a Roa Sierra y lo habían dejado tirado frente al Palacio. Desembarqué mi tropa y fui a comunicarme con el Comandante del Batallón Guardia Presidencial, no estaba, encontré a un capitán encargado, me dijo: «Hola, cómo te parece que me dio orden mi general de que no fuera a disparar, que no sacara la tropa». Era Alejandro Londoño, que después fue el jefe del SIC, él era muy gaitanista, entonces él que me dijo «Tuve que sacar la guardia y echar bala. Se vino el pueblo sobre el Palacio, incendiaron esto y tal», fue el Chivo Londoño. Y sí evidentemente, estaba hablando de eso, cuando un oficial del Guardia ya con su tropa, estaba pidiendo auxilio, porque se le había acabado la munición. En el primer momento sacaron los soldados con la munición que tenían en la mano. Por la carrera séptima ya habían repelido un poco a la gente que venía arrastrando a Roa Sierra, ya la habían echado hacia atrás. Este oficial que había sido un subalterno mío días antes, había disparado, ya había muertos, y en condiciones de retirarse se les había acabado la munición, estaban pidiendo refuerzos. Entonces este me dijo: «Refuérzame ese hombre». Entré por la carrera séptima a reforzar a ese hombre, mientras le llegaba munición y cogí la parte hacia el oriente, la carrera sexta y formé ya una defensa en las carreras séptima y quinta. El Palacio de San Carlos ya estaba en llamas, una escuela que quedaba junto de La Catedral estaba en llamas, las casas de la carrera séptima con calles once y doce estaban incendiadas. Ahí fue donde me encontré al famoso capitán Godoy, de bomberos y le dije: «Carajo, apaguen los incendios, hombre» y me dijo: «Yo no me meto por ahí, ya están echando mucha bala y ya no tengo munición», le dije:

«Pues nosotros te apoyamos en esta cosa, trata de apagar aquí», dijo: «Ya no le jalo», y se retiraron, estaban incendiando también el Palacio de Justicia, en la carrera sexta con la calle doce.

Viene el momento en que estoy posesionado de las carreras quinta y sexta con frente hacia el oriente, nos hacían bastantes disparos, y traté de comunicarme nuevamente. Hasta ese momento eran disparos bastante aislados. Cuando llegué a la carrera sexta me encontré que venía una avalancha, no disparando sino con machetes y con gritos, a la cabeza de ellos venía Phillips. Phillips había sido vocero de la defensa de Cortés, estaba amanecido, bastante traguiado. Vi la situación y cuando los hombres me dijeron que venía Phillips, no podía disparar, no ordené disparar a mis hombres, y cuando ya se acercaron cogí a Phillips, «Venga acá», y lo pasé detrás de la tropa, «¿Qué está haciendo? No sea bruto», y ya que no estaba él al frente de ellos le dije a los tipos, «se retiran o echo bala», con esa actitud de calar la bayoneta y desasegurar, la gente se fue. Sin Phillips a la cabeza y ya desasegurados los fusiles, los hombres se fueron. Phillips estaba vestido de militar. Cuando los hombres se fueron le dije a Phillips: «No sea animal, ¿qué está haciendo? Váyase para el Guardia Presidencial, no sea bruto, usted no se meta en esto, usted no tiene tropa ni nada» y se fue para el Guardia Presidencial, se presentó. Él era más antiguo que yo.

Capitán Ismael Hurtado

[...] Mientras viajábamos hacia Palacio, comenzamos a escuchar detonaciones. Cuando llegamos a la esquina de la calle séptima con carrera séptima, donde dejamos el automóvil, la muchedumbre se estrellaba contra una sección de soldados del Batallón Guardia Presidencial, al mando del teniente de aviación Jaime Carvajal, miembro de la Casa Militar, quien con grande aplomo me dio el parte de lo sucedido. En la esquina de la calle octava operaba otra sección de la Guardia Presidencial, también fuertemente atacada. La cuadra estaba desierta. En los balcones del Consejo de Estado y de otros edificios había mucha gente. Frente a la puerta de Palacio donde golpeamos, estaba tirado un cadáver, mal cubierto con un trapo, cadáver que supe después, era el del asesino de Gaitán. Palacio había sido ya atacado y valerosamente defendido por el teniente Orejuela y los edecanes del Presidente con la pequeña guardia de costumbre. Los cristales de las puertas de entrada estaban rotos. Una bala cortó literalmente una gruesa varilla de las rejas de hierro.

Fabio Lozano

[...] Después de que el teniente Silvio Carvajal, mi hermano, y yo, despejamos la cuadra frente a Palacio, aquel siguió replegando la multitud hasta llegar delante de la placa conmemorativa de la muerte del general Uribe. Allí, en un hacinamiento de muebles sacados del Capitolio por la turba, se atrincheró. Minutos después de las dos de la tarde irrumpió la multitud ya armada de escopetas y fusiles de policía, e hizo fuego sobre la guarnición.

Bajo la descarga quedaron heridos un soldado en un hombro y el cabo Gracián. Este recibió una granizada de municiones de una escopeta de cacería que le cubrió el rostro y el pecho. A la descarga se contestó con firmeza y así se abrió fuego.

(El agua corre teñida y empaña a los soldados que siguen tendidos y cae sobre los rostros y cuerpos de esa masa enfurecida decidida a vengar la muerte de su líder. Y la masa que sobrevive en su propia sangre, al sentir de cerca la muerte de hombres como ellos, conocidos quizás en esa misma instancia definitiva del odio, se retira y sube por la calle diez y coge la carrera sexta y baja para la segunda intentona. Y la patrulla que defiende a Palacio recibe a bala la visita. Y por todas las bocacalles que dan a Palacio se reproduce la misma escena.

Entonces esa masa que ha pasado por encima de su miedo, que no piensa en esos segundos en la supervivencia, embarca sus ansias por la carrera octava. Pero de nuevo se encuentra con el batallón Guardia Presidencial. Los cuerpos se desploman, se entrecruzan los gritos en la agonía y crece en tumulto la muerte).

Teniente Jaime Carvajal

—Señor Presidente, ya están atacando a Palacio. Las turbas arrastran el cadáver de un hombre desnudo que dicen es el asesino del doctor Gaitán y pretenden forzar la entrada de la carrera séptima. Han roto ya casi todas las vidrieras de enfrente. Espero órdenes.

Mayor Berrio

—Hay que proceder enérgicamente, pero los soldados de Palacio solo deben disparar cuando se les haga fuego por parte de los atacantes.

(El ataque a Palacio había comenzado casi inmediatamente después de la entrada del Presidente a Palacio. El primer disparo lo hizo un policía, en el instante en que pretendió penetrar al Palacio y fue muerto en el pasadizo de entrada).

Ospina Pérez

[…] ¡A Palacio! clamaban las radiodifusoras a la vez que ordenaban asaltar de paso las ferreterías y daban instrucciones para fabricar coctel Molotov, el cual empezó a funcionar terriblemente desde los primeros momentos, lo que prueba que había una amplia preparación y organización al respecto.

Ospina Pérez

[…] Tratando uno de tomar contacto con los que le quedaban atrás y a los lados, es una cosa elemental y lógica, no es una cosa solamente militar, pues es para saber con quién está uno contando. Ya cuando llegué a la esquina de Palacio, en la carrera séptima con calle octava, la división de policía se había sublevado y esa era la división de confianza del Presidente, era la de más confianza en la esquina misma del Palacio. Pero encontré que había llegado un hombre de Caballería, con su unidad, el capitán Román, le dije: «¿Qué?». Me dijo: «Hay que tomarse esta División». Él entró a tomarse la División y ya me di cuenta de las otras unidades: una de Caballería; una de Infantería dirigida por el capitán Mendoza; una de Artillería dirigida por el Chivo Pedroza, otros hombres de Artillería a órdenes del capitán Mendoza, otro Mendoza, y el Guardia Presidencial. Éramos como ochocientos hombres ya.

No era tan fácil tomarse a Palacio. No obstante la mitad de esos hombres que había eran perfectamente reclutas. Había una compañía que quedó fuera de concurso, era de Infantería, tenía fusiles nuevos en Colombia, de calibre diferente al de Máuser, pero no tenían munición. Esa compañía llegó a reforzar a Palacio, pero sin munición y con soldados reclutas. Les dieron la orden de ir desde la Avenida Jiménez hasta el Guardia Presidencial a cambiar fusiles. Cuando un hombre dijo: «Necesito munición», dijeron «Váyase para el Guardia Presidencial y cambie fusiles». A un recluta que no conoce su fusil, lo mandan a que limpie otro fusil con vaselina y cosas y a que le enseñen a manejar un fusil de momento, estas son cosas de nuestro mando, increíble, pero así fue. Cuando se formó el grupo que estábamos alrededor de Palacio, y que Román se tomaba la división de policía, nos estaban disparando de otra división de policía de la carrera séptima con calle cuarta, y ellos desde allá nos disparaban; en la calle quinta hay una torre de una iglesia, de allí también nos disparaban, la torre estaba ocupada por la policía que se había venido por los techos de las casas, habían hecho un buen fortín y nos estaban disparando. De la iglesia del Carmen también nos disparaban y de las torres de La Catedral, entonces estábamos verdaderamente cruzados, toda la carrera séptima estaba batida.

(Viene la segunda avalancha. Esa masa que no tiene ojos para ver la muerte, obnubilada por sus sentimientos, fija en su mirada, fija en sus objetivos, sin experiencia en ese tipo de combate, se lanza nuevamente, en alto llevando sus machetes, sus garrotes y uno que otro fusil, pero en masa como si fuera un solo cuerpo. La tropa responde sin contemplaciones. Los muertos se redoblan sin ninguna agonía para sus vidas. Los que vienen detrás de las avanzadas cogen por los cabellos y por los brazos a los muertos y los arrojan para abrirse paso entre los cadáveres hacia las ametralladoras. Esa multitud no vacila entre avanzar y retroceder, aprovechando la topografía pendiente de la octava. Es la retaguardia multitudinaria que empuja a la vanguardia cuando hay un intento de desfallecer, como si por sus espaldas estuviera viendo con el más amplio rostro, el destino que les espera con la bocaza de los fusiles y de las ametralladoras. La lucha estuvo a punto de definirse cuerpo a cuerpo y en ese caso la victoria era para el mayor número de combatientes.

El ministro de Guerra, Fabio Lozano había llegado a Palacio y encontró al Presidente, dueño de sí mismo, ocupándose en atender a todos los detalles de la situación, sin inmutarse, sin vacilar.

El escritorio del Presidente ocupa su sitio habitual. Es un blanco fácil para los francotiradores que están apostados en las terrazas de los edificios vecinos. Se escucha una ráfaga de proyectiles que pasa cerca del escritorio. El ministro de Guerra ordena a uno de sus edecanes).

Capitán Ismael Hurtado

—Retire el escritorio del señor Presidente y páselo a este ángulo, donde estará seguro.

(El Presidente Ospina Pérez entra en ese momento y se opone terminantemente a este traslado).

Fabio Lozano

—No. Que a la serie de crímenes que se están cometiendo, agreguen uno más, asesinándome a mí, pero en todo caso será en mi puesto y en el sitio habitual de mi escritorio donde trabajo.

(El Presidente golpea con el puño el pasamano de la silla. Al fin se logra pasar el sillón a otro sitio, contra su voluntad. En ese momento, casi en una reacción inmediata, el Presidente se dirige a los ministros de Gobierno y de Correos).

   —¿Por qué aún siguen las emisoras en poder de los revolucionarios? Que envíen patrullas a tomarlas a toda costa.

(Al lado del Presidente, doña Bertha, alerta sobre el peligro, con su revólver al cinto, bajo una especie de manta de tela florida, sin vacilación ni angustia. El ataque es violento por todos los costados. El tiroteo se acrecienta y la batalla se libra por todo el contorno de Palacio. En todos los salones se siente la presión física de la acometida. Al escucharse el traqueteo de las ametralladoras sustituir el sonido de los fusiles, es porque el ataque se renueva con mayor ferocidad. Estrada Monsalve se dirige a doña Bertha).

Ospina Pérez

—Si no fuera porque usted es toda una dama, la llamaría doña Manuelita por su valor y por su serenidad.

(Doña Bertha sonríe y se reacomoda el revólver al cinto.
   Alrededor de las tres y media de la tarde, llegaron a Palacio don Alfonso Hurtado, cuñado del doctor Gómez, y un sobrino suyo, y manifestaron que el doctor Gómez deseaba se le facilitara la venida a Palacio. Entre los presentes, doña Bertha de inmediato hizo sentir su voz).

Estrada Monsalve

—Me parece que es demasiado peligroso el arribo del jefe del conservatismo al Palacio de Nariño, que está prácticamente sitiado. Además de la posibilidad de que sea tomado por los revolucionarios. En este caso es mejor que el doctor Gómez quede por fuera de Palacio, para que pueda seguir orientando y dirigiendo al partido, en las dificilísimas situaciones que son previsibles en este caso.

(Luis Ignacio Andrade, ministro de Obras Públicas, recibe dos consignas del Presidente Ospina: dirigirse al Ministerio de Guerra y proteger la vida del doctor Gómez. Posteriormente el doctor Gómez se trasladó en un tanque al Ministerio de Guerra y allí permaneció durante la noche. A esa hora, los teléfonos funcionaban admirablemente y Azula Barrera pudo comunicarse con el gobernador Villarreal, en Tunja. El Gobernador aún no conocía la magnitud de los sucesos y le informó a Azula Barrera, que desde su despacho solo veía una pequeña manifestación a la que parecía estar arengando en los balcones del Palacio Municipal, el líder izquierdista Pinzón Saavedra. Azula Barrera le dijo).

Dona Bertha

—La situación es muy grave, acaba de morir Gaitán y el tumulto armado está cercando en estos momentos a Palacio, es preciso proceder sin vacilaciones. Toma el teléfono y utiliza todos los medios posibles, para que de las regiones conservadoras de Boyacá pueda venir gente armada como se pueda. El caso es muy apurado y nos encontramos en plena revolución.

(El gobernador Villarreal se alarmó y a los veinte minutos llamó a Palacio para informar que estaba en comunicación con el jefe de la Guarnición, coronel Carlos Bejarano, quien se había adelantado a dictar las medidas más urgentes. Agregó que estaba procediendo a llamar a los alcaldes y curas párrocos notificándolos sobre la gravedad de la situación e instándolos para que, a la mayor brevedad, utilizando todos los medios de transporte disponibles, remitieran la gente apresuradamente a Tunja. Informó que el ejército había incautado los vehículos de las ciudades y que estaba organizando el envío de voluntarios. Dijo que la manifestación liberal había sido disuelta y que como saldo, quedaban dos muertos en la plaza. El Presidente conversó con Villarreal y Bejarano, impartiéndoles nuevas instrucciones).

Azula Barrera

[…] El doctor Azula Barrera, me contó que en Bogotá la situación estaba gravísima, que la policía se había rebelado, que le habían prendido fuego a la ciudad en muchas partes y que la multitud había dado muerte al asesino del doctor Gaitán y habían arrastrado su cadáver hasta las puertas del Palacio Presidencial. Que el señor Presidente Ospina Pérez, quien estaba obrando con su serenidad acostumbrada, me pedía que si no necesitaba el ejército acantonado en Tunja se lo mandara a Bogotá a la mayor brevedad. Le contesté que el ejército no era necesario en Tunja y que inmediatamente me ocuparía de su envío a Bogotá.

Sin pérdida de tiempo averigüé por los medios de transporte con que podríamos contar. Se me informó que el tren del nordeste —que viajaba entre Sogamoso y Bogotá— había sido capturado por los amotinados en Chocontá y que parte de la carrilera se encontraba destruida. En cambio, la orden de requisición general de vehículos había producido ya sus efectos y en los patios de la policía en Tunja se encontraban disponibles más de cien automotores. Formaban una flota muy heterogénea ya que estaba compuesta por buses urbanos, camiones, volquetas de obras públicas y automotores particulares. Con este dato en la mano llamé a mi despacho al comandante de la Brigada coronel Carlos Bejarano Muñoz, a quien transmití la orden del señor Presidente de la República y a quien manifesté que contábamos con suficientes vehículos para el transporte del ejército. El batallón Bolívar tenía en sus cuarteles de Tunja unos quinientos hombres y el coronel estimó que solo se podían despachar trescientos cincuenta hombres para que el resto permaneciera custodiando el parque y los cuarteles y a la expectativa de cualquier emergencia. Inmediatamente el coronel Bejarano se retiró a su comando a dar las órdenes necesarias para la movilización de la tropa. Mientras tanto hice mover hacia los cuarteles del ejército los vehículos reunidos en la policía. A eso de las cuatro y media de la tarde salieron por las calles de Tunja, rumbo a Bogotá, en medio de los aplausos y aclamaciones de la gente, los vehículos cargados de tropas. Su comandante, el capitán Gabriel Zubieta, iba a la cabeza de sus soldados, satisfecho de la oportunidad que se le daba de servir a la República.

(Un torrencial aguacero caía en esos momentos sobre la ciudad. Los informes que llegaban a Palacio de la calle eran cada vez más alarmantes. A las cuatro de la tarde, anunciaron las radiodifusoras y confirmaron telefónicamente algunas personas, desde distintos sitios de la carrera séptima, que los tres tanques blindados con que contaba el Gobierno en esa emergencia se habían pasado a la revuelta y avanzaban hacia Palacio.

El Presidente recibió la noticia de que había caído defendiendo a Palacio el capitán Álvaro Ruiz Holguín, lo mismo que varios suboficiales y soldados).

José María Villarreal

—Su Excelencia, si la noticia de los tanques es cierta, difícilmente podremos resistir el ataque coordinado de los distintos frentes y de las nuevas unidades, aunque sigamos luchando heroicamente como lo haremos hasta el final. Por cualquier sitio en que lograran irrumpir los asaltantes protegidos por los tanques, la situación sería extraordinariamente grave por la gran superioridad numérica.

Frente a esta emergencia mi deber es informar a su Excelencia que en Palacio hay carros que pueden llevarlo a Techo con su esposa y algunas personas más. Allí hay un avión listo para viajar a Medellín, que es el sitio mejor, dada la adhesión de Antioquia a su gobierno y a su persona, desde donde su Excelencia puede seguir dirigiendo la contrarrevolución. (El Presidente quedó sumido en profundos pensamientos por la noticia. El mayor Iván Berrío, jefe de la Casa Militar quien con serenidad y valor, asumió, desde el primer momento, la defensa de Palacio agotando todos los recursos, en el pasillo se encuentra con Azula Barrera y le comenta la situación).

—La situación es muy grave. Más de diez mil amotinados se precipitan sobre Palacio. No tenemos sino un puñado de soldados para la defensa. Si no ocurre algo providencial, esto cae en el curso de un cuarto de hora. Acabo de informarme de que los tanques con que contaba el Gobierno se han pasado a la revuelta. Avanzan por la carrera séptima hacia Palacio, con la chusma subida sobre ellos agitando banderas rojas y dando vivas a la revolución. En estas circunstancias acabo de informar al Presidente, el Palacio no puede resistir el ataque por más de unos minutos, pues nuestras pocas fuerzas de Infantería, dispersas en las cuatro esquinas de la manzana y en otros sitios estratégicos, serán barridas por el fuego blindado de los tanques, sumado al de miles de amotinados que ya están combatiendo.

(Los dos siguen hasta el despacho de la Secretaría Jurídica y Azula Berrera le pregunta al militar).

Mayor Berrio

—¿Pero qué puede intentarse, antes de la caída de Palacio, para salvar la vida del Presidente, nuestra única bandera constitucional en este caos?

Azula Barrera

—Todo lo he previsto, tengo un avión listo para que el Presidente pueda viajar a Neiva o Medellín, a reorganizar el Gobierno legítimo. Los carros están esperando en el patio de la Casa Privada para partir a Techo. El problema está en que él no quiere aceptar la solución.

(Poco después el Presidente reúne a todos sus colaboradores, presentes en Palacio, para decirles).

Mayor Berrio

Parece que la situación es en extremo grave, según me informa el mayor Berrío, todavía es tiempo de que ustedes se salven, saliendo en los carros que están abajo y tomando la carrera octava y pueden disponer del avión que los espera en Techo. Si el Palacio cae, alguien debe quedar con vida para que relate más tarde lo que aquí ha sucedido. Los únicos que por ningún motivo debemos abandonar Palacio son las tropas, mi esposa y yo. Les agradezco mucho su colaboración pero no quiero que se sacrifiquen conmigo, permaneceré aquí hasta el final, muriendo si es preciso, con mi mujer al lado, en el mismo sitio que me señaló el pueblo de Colombia.

—En ningún caso señor Presidente, porque nosotros estamos decididos a permanecer a su lado y correr su suerte hasta el final. (Fue la respuesta de todos ellos, hombres y mujeres. Los ojos del Presidente parecieron nublarse, en ellos había emoción y agradecimiento).

[...] Quizás alguien pudiera pensar que debí abandonar el Palacio en esos momentos y situarme en un lugar donde no corriera peligro mi vida, pues mi muerte o mi prisión habrían producido la mayor anarquía y desconcierto en el país. Sin embargo, si abandono el Palacio con cualquier pretexto y en cualquier circunstancia, la desmoralización y el desaliento habrían cundido entre sus bravos defensores, cuyo mayor estímulo en la lucha consistía en mi presencia y la de mi esposa en el Palacio de Nariño y en nuestra firme resolución de resistir hasta el final, corriendo toda clase de riesgos.

Pensé que la paz de la República y la Jefatura Suprema de las Fuerzas Armadas imponían deberes y sacrificios ineludibles. En ese momento era el jefe civil y militar del país y de las Fuerzas Armadas. Además una autoridad y un prestigio que no están respaldados por el sacrificio y el riesgo de la propia vida, ni subsisten ni operan en las circunstancias excepcionales.

El dilema también era clarísimo. De un lado, la defensa del bien material de mi vida y la de los míos y del otro el cumplimiento de mi deber a cualquier precio. Ni mis convicciones de católico, ni la doctrina conservadora que profeso, ni el juramento constitucional admitían la menor vacilación...

(Se impartieron las órdenes para defender el edificio palmo a palmo. Todos, incluyendo las mujeres se alistaron para hacer uso de las distintas armas disponibles. El Presidente manifestó que ocuparía el escritorio Presidencial, porque deseaba, si el instante supremo había de llegar, morir en el sitio de sus actividades presidenciales.

En todos se vivía una nerviosa expectativa a la espera de que los carros de guerra abrieran sus bocas funestas y apuntaran sobre Palacio. Era el espectro del pesimismo que aumentaba las tribulaciones de las malas noticias. Eran minutos tras minutos como si el tiempo estuviera al encuentro de la muerte).

Ospina Pérez

La ciudad

Después de tirar en la calle el cadáver de Roa Sierra, alguien se lanzó sobre la puerta del Palacio Presidencial y le arrancó un fusil a un soldado. Con ese fusil hizo tres disparos contra las ventanas del segundo piso de Palacio, se rompieron los vidrios de una de las puertas y aparecieron unos dos o tres soldados y comenzaron a disparar sobre la multitud de la carrera séptima y salimos huyendo; eso fue una estampida de todos hasta la plaza de Bolívar.

Gabriel Muñoz Uribe

Sentimos angustia y teníamos la cara como de locura al no poder hacer algo, nada que hacer. La impotencia de los hombres, con los ojos desorbitados, echando babaza. Todos buscando la manera de vengarnos, de entrar a Palacio, eso era lo que queríamos. En ese momento, no había miedo, había coraje y resolución.

Luis Eduardo Ricaurte

Por instinto político me di cuenta de que esto iba a provocar una explosión popular de ira, violenta. Lo primero que hice, abandonando mi trabajo, fue dirigirme a las oficinas del partido, que quedaban en el edificio Mazuera, carrera séptima con calle once, solo encontré a un camarada a quien informé de lo ocurrido y le planteé inmediatamente que instalara unos parlantes hacia la calle. Porque la masa ya empezaba a subir por la carrera séptima hacia la plaza Bolívar, me senté a la máquina y escribí un manifiesto, anunciando el asesinato de Gaitán y acusando a la reacción de ese asesinato, e invitando al pueblo a que se dirigiera a Palacio. Esa fue la primera consigna política que se lanzó. Eran alrededor de las dos o las dos menos cuarto.

A las oficinas llegó la gente del partido, ante las noticias de la radio que empezaban a difundirse rápidamente. Había tremenda angustia en los rostros. Llegó el secretario de organización del Partido Comunista de esa época y planteó la tarea de salir a los barrios a hacer mítines. Califiqué de estúpida la orientación, no era necesario salir a los barrios, porque la gente de por sí ya se estaba movilizando ante las noticias de la radio. En consecuencia la tarea era operar en el centro de la ciudad con las masas que llegaban, mientras se iba a los barrios y se regresaba ya todo habría pasado seguramente.

Se discutió mucho y no se llegó a nada por la conmoción y porque todo el mundo hablaba. No estaba la dirección del partido propiamente, la mayoría de los compañeros estaban almorzando. Cada cual fue cogiendo su camino, algunos salían hacia la Gobernación, otros hacia Palacio. Todos decididos, con la idea de hacer una agitación de masas, pero sin una orientación clara. Esa es la realidad. Hay que tener en cuenta que la situación era muy especial, el partido estaba recién salido de su tremenda división en el Congreso de Bucaramanga, en el período que nosotros llamamos de «reconstrucción leninista» y en consecuencia era un partido bastante débil, con un antecedente muy grave en su contra: su aislamiento de las masas por su anterior posición frente a Gaitán. De manera que un partido bien débil, que apenas iniciaba su reconstrucción en Bogotá, y aislado tremendamente de las masas era muy poco lo que podía hacer, ante todo para orientar unas masas, con las cuales había peleado anteriormente, porque en las elecciones de 1946 el partido tuvo la posición conocida de no apoyar la candidatura gaitanista que lo enfrentó a los sectores populares de Bogotá. Esa fue una de las rectificaciones que hizo el Congreso de Bucaramanga.

Entonces eso explica que el partido no hubiera podido jugar un papel de importancia, ante todo en una conmoción tan tremenda como la que se presentó con la noticia del asesinato de Gaitán. En general, todas las fuerzas políticas sufrieron esta misma situación de desconcierto en el momento inicial. Luego vimos la gran movilización de masas, las calles de Bogotá se inundaron inmediatamente de verdaderos ríos humanos, la gente obedecía multitud de orientaciones o acordaban espontáneamente ir al Palacio Arzobispal, otros a la Gobernación, otros a la Jefatura de Seguridad.

Julio Posada

«Todos buscando la manera de vengarnos, de entrar a Palacio, eso era lo que queríamos. En ese momento, no había miedo, había coraje y resolución».

Hacia las dos y media ya comenzaban a llegar camionadas de gente de todas partes de la ciudad, pero nadie sabía qué iba a hacer, ni cómo iba a hacer. Todos enarbolaban banderas nacionales y banderas rojas y muchos con carteles: «Abajo la muerte del líder», imagínese eso, y la gente desfilaba unos para un lado y los otros para otro, hasta cuando comenzó el saqueo.

Desde la una y veinte cuando oí la noticia no sabía qué hacer. La fábrica donde trabajaba quedaba muy lejos, corro a la CTC y estaba cerrada. No había consignas en la CTC.

Hacia la una y treinta la plaza de Bolívar estaba congestionada. Nadie sabía qué hacer, entonces comienza la destrucción. Serían las dos de la tarde y el edificio de la Gobernación ya ardía en llamas.

Manuel Salazar

Vi, como a la una y media o una y veinte, que la gente corría, como si se hubiera desatado un viento o estuviera temblando, agitados, era una situación extraña. De pronto comenzaron los gritos: «¡Mataron a… Mataron…!», pero no se oía. Paré un momento, bajé la ventana y oí ¡Mataron a Gaitán! Entonces prendí el radio, ya había una gran vocifería en el noticiero Últimas Noticias de Rómulo Guzmán. Ahí comenzaron las voces espontáneas y de la propia emisora. Eso quedaba en la carrera séptima entre calles dieciséis y diecisiete en la acera occidental, frente a lo que era el hotel Granada. La información era espantosa. Muy pocas veces he tenido, sentido una emoción o un impacto tan tremendo, eso que dice uno que le corre tierra es exactamente lo mismo. Hay una cosa como la pérdida de la sangre, un empalidecimiento, un temblor, queda uno perplejo y no cree que eso sea así, uno cree que es una pesadilla…

Lo único que se me ocurrió fue devolverme hacia la Estación de la Sabana y guardar el carro, porque había amenazas; la gente estaba golpeando los carros que pasaban, ya se comenzaba a ver el forcejeo. Al devolverme por la calle trece, bajé hasta la calle dieciséis, el ambiente que se vivía era de gritos, de dolor, de perplejidad de la gente, pero no se adivinaba la dimensión que eso iba a tomar. Esto era como a la una y media, comencé a caminar hacia el centro, al subir encontraba uno gente que iba bajando y con ellos la bola de chismes iba corriendo: «Que colgaron a Laureano Gómez; que están colgando a Ospina Pérez, que el ejército se levantó, que la revolución». La gente espontáneamente iba contando. Eso parecía como un avispero porque todos iban en distintas direcciones. Donde había tiendas de radio se aglomeraba mucha gente.

Llegando a la Caracas y carrera trece, por los lados de San Victorino, comencé a ver los saqueos. Allí quedaban ferreterías y ya la gente las estaba saqueando, violentaban las rejas de hierro, entraban y salían armados. El pueblo se botaba a armarse no a robar. Pasando por la ferretería Vergara vi a unas treinta personas que, al resistir la reja de hierro, resolvieron romper a patadas los vidrios y un señor se cortó la cara, sin embargo todos se metieron y sacaban machetes, barretones y cosas para armarse. Fue lo primero que vi, no eran aún las dos de la tarde. Ya había tranvías incendiados, volcados; en la Gobernación estaban botando expedientes y escritorios por las ventanas. Aquel espectáculo, para una sociedad y para unas personas acostumbradas a cierta parsimonia de la ciudad, a cierta monotonía, era impresionante, era realmente la locura. Se veía mucho pueblo, mucha gente, clase media y pueblo. Mucho artesano tipo embolador y todos los moradores del barrio de La Concordia, Egipto y algo de La Perseverancia, pero obrero proletario yo no lo vi. Ellos aparecieron tal vez como a las cuatro de la tarde cuando salieron de las fábricas.

El primer tranvía que vi quemado fue en la calle quince con carrera novena, frente a la Gobernación. Al llegar a la Avenida Jiménez había una gran mancha de sangre —la sangre del doctor Gaitán— y mucha gente, particularmente mujeres y hombres humildes, empapando los pañuelos en su sangre. Ya no había huellas de Roa Sierra, ya la gente hablaba de que al asesino se lo habían llevado y lo habían descuartizado y que lo habían llevado a Palacio y lo habían entrado. Las leyendas y las contradicciones eran increíbles. Visto esto, la perplejidad era terrible. Yo tengo que ser honesto y decir que a mí políticamente no me pasó nada por la cabeza. La cosa era tan apabullante, tan aplastante que uno quedaba obnubilado, simplemente. ¡Mataron a Gaitán! pero en esa media hora larga de trayecto, porque yo caminaba sumamente rápido y en trechos corría, en ese momento sentía como una especie de vacío mental, la preocupación era ir a ver el lugar del suceso, pero no sé a qué. El impacto emocional era de tal naturaleza que uno quedaba vacío, todos los movimientos eran como mecánicos, como reflejos, con una angustia y un dolor espantosos. Más que todo, la carrera mía —visto retrospectivamente—, era como para ir a confirmar si lo que estaban diciendo era cierto, porque no lo podía creer. El despertar fue cuando llego y veo que realmente ahí estaba la sangre. Unos decían: «No ha muerto», otros decían, «No, murió inmediatamente», «No, que aquí lo recogieron en un taxi el doctor Orozco y el doctor Cruz». Yo indagué y me dijeron que estaba en la Clínica Central y como una flecha me fui, llegué acezando.

Luis Emiro Valencia

Pero aún antes de que la noticia de su muerte saliera a la calle, se agolpaban las multitudes alrededor del charco de sangre que manchaba la acera, y con lágrimas en el rostro, hombres, mujeres y niños empapaban en la sangre sus pañuelos y pedazos de papel. Vi cuando un hombre se quitaba la corbata, la teñía reverentemente en la sangre, la envolvía cuidadosamente, y la guardaba en el bolsillo, con el rostro desfigurado por los sollozos. La multitud cada vez más densa. Los tranvías que circulaban por la carrera séptima al norte y desde el sur, se detenían al llegar al sitio donde la turbulenta y ululante multitud situada unos pocos pies debajo de nosotros, y como un solo hombre los tranviarios y pasajeros comenzaron a abandonar los tranvías mientras más y más carros se amontonaban detrás. La calle era un enorme hormiguero de gente, de trabajadores que regresaban de sus casas después de almorzar y de otros millares de personas atraídas por las noticias terroríficas que se oían por la radio. Había unas cuantas personas bien vestidas y de apariencia próspera, pero la mayor parte de la multitud pertenecía a las clases trabajadoras, de alpargatas y con la clásica ruana; casi todos gritaban: «Abajo los conservadores, viva el liberalismo». Pilludos descalzos y sirvientas de los cafés, que para entonces habían corrido las cortinas protectoras metálicas, se abrían paso entre las multitudes procurando llegar cerca del sitio donde su ídolo se había estado desangrando. Alguien se presentó con una bandera colombiana de gran tamaño, que colocó con esmero sobre el sitio donde la sangre se secaba rápidamente. Alrededor se veía gente con la cabeza descubierta llorando y la mirada atónita. Entonces se presentaron unos pocos «jefes» con banderas, agitando los puños y gritando: «Esos godos mataron a nuestro conductor, a nuestro caudillo. Vamos al Palacio Presidencial y acabemos con el Presidente». Grupos pequeños se convertían en grupos grandes, algunos blandían machetes y otros empezaban a arrancar las

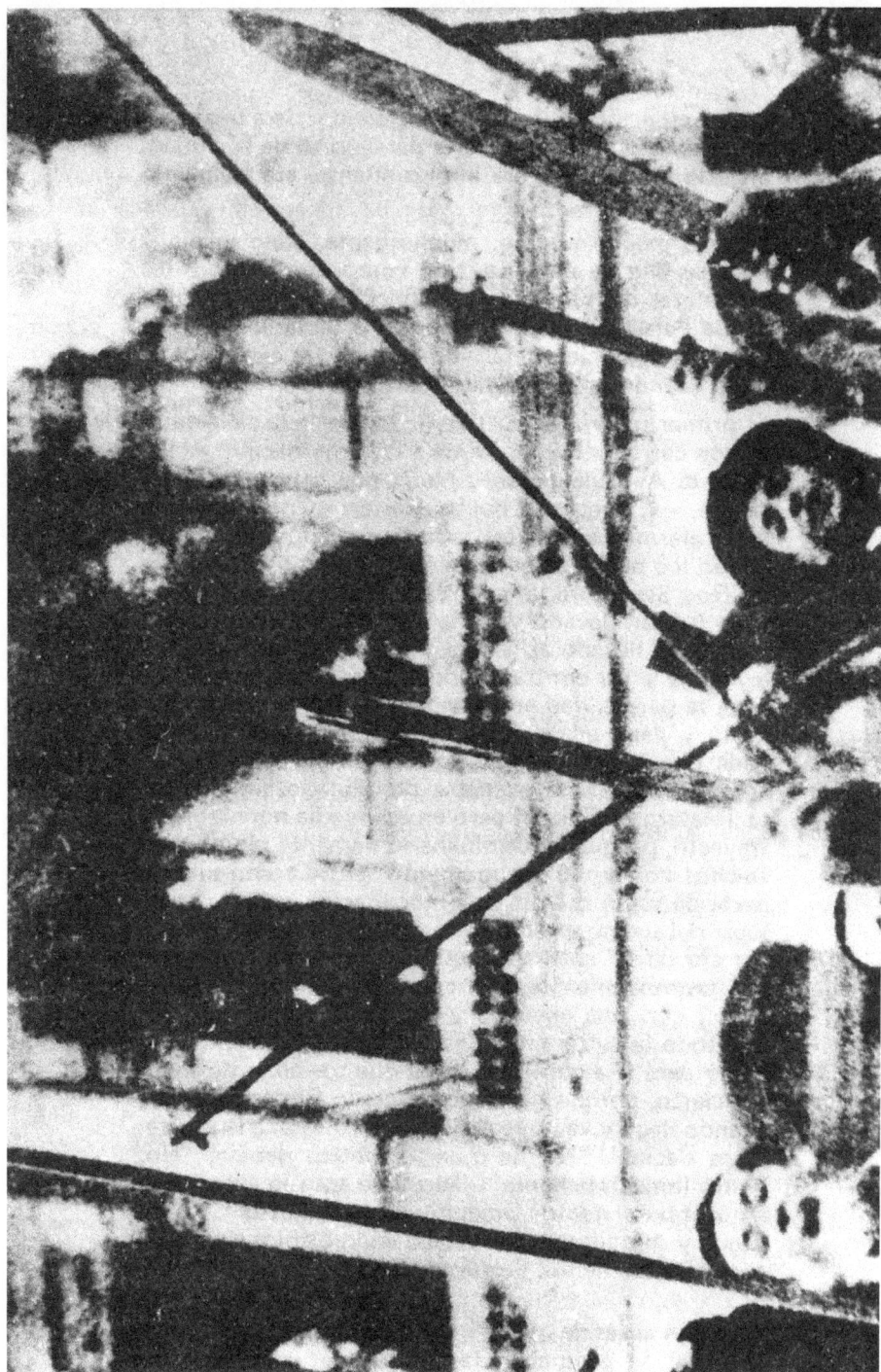

«...en la Gobernación estaban botando expedientes y escritorios por las ventanas...».

tablas y barandas de los tranvías para usarlas como armas. Algunos se treparon sobre las cubiertas y empezaron a lanzar arengas al populacho. Uno de ellos, miembro conocido del Congreso, situado sobre la cubierta de un tranvía, y exactamente a nuestro nivel, pidió nada menos que la cabeza del Presidente Ospina, como el digno castigo de tan abominable crimen. Muchos vivas y aplausos acogieron la propuesta. Cuando unos oradores descendían, otros no contentos con arrancar postes y tablas de los tranvías se juntaron para volcarlos y con terrible estruendo dos o tres carros se vinieron abajo, a unos pocos pasos de nosotros. Mirábamos horrorizados cuando momento por momento aumentaba la furia del populacho. Eran ya las dos de la tarde, y el administrador del restaurante temeroso de que la enfurecida plebe emprendiera su usual tarea de arrojar piedra, nos pidió que saliéramos del establecimiento. Alfonso y yo nos trasladamos a un almacén situado en el mismo piso, cuya ancha ventana daba sobre la amplia Avenida Jiménez de Quesada, al otro lado de la esquina donde habíamos estado mirando. Directamente enfrente de nosotros, alrededor de ciento cincuenta pies al otro lado de la calle, el Palacio de la Gobernación ocupaba casi la manzana entera. Vimos cuando unos hombres mal vestidos se lanzaban al edificio y unos instantes después aparecían en los balcones del segundo piso arrastrando sillas y mesas de escritorios. Entonces un continuo torrente humano se precipitó en el edificio. Desde cada uno de los muchos balcones se lanzaron a la calle muebles y utensilios que se estrellaban y rompían con golpes atronadores. Se echaron por los balcones máquinas de escribir, de contabilidad, teléfonos, archivos, y toda clase de muebles; toda esta gentuza se aglomeraba junto a los tranvías volcados que llenaban la calle y les prendían fuego. Un jeep que estaba estacionado en la amplia Avenida fue volcado e instantes después era un mar de llamas.

Nosotros, helados de terror vimos cuando los vándalos después de vaciar descaradamente y totalmente la Gobernación, empezaron a incendiar las piezas del edificio. Creíamos que se tomarían algunas medidas para terminar con la pesadilla que se realizaba en el breve espacio de una hora. En lugar de esto vimos que los llevaban en hombros los diferentes grupos mientras los demás aplaudían y gritaban: «Vivan los liberales» y el populacho respondía: «Vivan». Por espacio de una hora, hasta las tres de la tarde estuvimos contemplando lo que ocurría. Era una escena de la Revolución Francesa con trajes modernos; todo el mundo deseaba la destrucción. La docena de carros estacionados en la calle debajo de nosotros tenían las ventanas rotas, averiadas las cubiertas y los vidrios delanteros, y aún algunos de ellos ardían. La gente obedecía a los «salvadores» del liberalismo. Eran los peones sucios y sin bañar que al fin obtenían su venganza. Los que nada tienen desahogaban su envidia y su odio contra los que algo tienen. Parecía increíble que el incendio en la Gobernación, los tranvías y los automóviles en llamas, se produjera en el corazón de Bogotá, la orgullosa sede de la Conferencia Panamericana para la cual se habían gastado millones de millones de dólares y muchos meses de esmerada preparación, para hacerse digna del honor que se le concedía.

Natalie Bergson Carp

Inmediatamente salí a la calle, tomé un taxi y me dirigí a la División de la Policía con el fin de tomar medidas que fueran del caso, encontrando entre el escaso personal presente a esa hora una gran consternación y ofuscación, debido a que en ese tiempo existía una especie de discriminación entre el personal nuevo y antiguo de la policía, o sea, entre el personal conservador y liberal, personal que se conocía entre sí perfectamente hasta por los detalles más fútiles. Esta situación dio como consecuencia que entre los treinta agentes, liberales y conservadores, que estaban en ese momento en la División, estuvieran a punto de trabarse en verdadero combate; pues a mi llegada a la División ya estaban provistos de sus fusiles. Inmediatamente traté y logré calmar los ánimos y como primera medida dispuse que el teniente Castro saliera con unos veinte o veinticinco agentes bajo su mando, al lugar donde se decía habían herido al doctor Gaitán. El teniente Castro cumplió inmediatamente mi orden y alcanzó a llegar con el personal a la carrera séptima con la Avenida Jiménez, y se encontró en ese momento con el coronel Virgilio Barco, director de la policía nacional; el teniente Castro puso a órdenes del coronel Barco el personal con el fin de que este diera alguna orden sobre el particular, el coronel Barco le manifestó que permaneciera ahí, que él regresaría a dar las órdenes que considerara oportunas. El coronel Barco nunca regresó. El personal de la policía se vio atacado por una inmensa multitud que trató de desarmarlos y eliminarlos, y el teniente Castro con sus agentes se refugió en varios edificios cercanos como en las oficinas de *El Tiempo*.

Permanecí en la División en espera de que se presentara el nuevo personal que se encontraba franco de servicio o en sus respectivas casas almorzando, llegando solamente veinte agentes, entre ellos algunos suboficiales. Como a eso de las dos de la tarde se presentó el dragoneante Carlos Alberto Jiménez, recogedor del segundo turno de vigilancia y me entregó un revólver niquelado, cuyo calibre no recuerdo, informándome que con ese revólver habían disparado al doctor Gaitán, hiriéndolo de gravedad y que él, después de los disparos por encontrarse en lugar cercano, había intervenido desarmando al sujeto, a quien trató de salvarle la vida, conduciéndolo a una droguería cercana, pero que debido a la furia del pueblo se lo habían quitado a la fuerza y un grupo de emboladores había empezado a atacarlo. Con este informe verbal me trasladé al Juzgado Permanente del Centro y allí hice entrega del arma al juez de turno, doctor Pablo Navia Carvajal, quien recibió el revólver haciendo la anotación correspondiente. Hecho lo anterior regresé a la División, cuando un agente me informó que en la Clínica Central habían dado la noticia del fallecimiento del doctor Gaitán y que toda la gente que se encontraba agolpada a los alrededores de la Clínica marchaba hacia la División. Inmediatamente le di la orden al capitán Olmos para que colocara un servicio en la puerta del cuartel con el fin de impedir que nadie fuera a penetrar al interior y yo, dejando mi revólver de dotación en la guardia, me salí al encuentro del populacho con el propósito de disuadirlo sobre cualquier intento que tuvieran de penetrar a la División. No lo logré por cuanto a la cabeza de la multitud armada de revólveres, fusiles, machetes, venían unos agentes de policía de otras Divisiones, igualmente armados de fusiles, agentes que fueron los primeros en no atender mi orden. Yo volé a la puerta del cuartel y efectivamente el capitán Olmos con tres o cuatro agentes, trató de impedir la entrada del populacho sin éxito alguno, pues uno de los agentes le tendió el fusil con el fin de eliminarlo; el capitán se hizo a un lado y tomé el cañón del fusil y el agente no disparó. Recuerdo perfectamente que entre los que encabezaban a los revoltosos, venían tres sujetos con una edad aproximada de veinte a veinticinco años y que usaban boina vasca negra, hecho que me causó curiosidad y por este motivo le pregunté a uno de ellos que quiénes eran, contestándome que eran cubanos y que con el pueblo colombiano trataban de vengar la muerte del doctor Gaitán. Quise retener a uno de ellos, pero me fue imposible por el peligro que corría si se hubieran dado cuenta de mi intento y no pude por la misma confusión informarme de sus nombres ni demás datos que hubieran sido importantes para cualquier investigación. Los revoltosos penetraron al cuartel, rompieron las puertas de la sala de armas, saqueando lo que pudieron, salieron en dirección de la carrera tercera hacia la calle once, bajaban por la calle once.

Capitán Benicio Arce Vera

Sería la una y cuarto, la una y media o la una y veinte, cuando nosotros salimos del hotel para ir acercándonos allá, dar unas vueltas hasta que llegara la hora de la entrevista, que creo, como te dije, que era a las dos o dos y cuarto de la tarde. Nosotros a la una aproximadamente salimos para ir caminando y acercarnos a la oficina de Gaitán, cuando vemos que empieza a aparecer gente corriendo como desesperada en todas direcciones. Uno, dos, varios a la vez por acá, por allá, gritando, ¡Mataron a Gaitán! ¡Mataron a Gaitán! ¡Mataron a Gaitán! Era gente de la calle, gente del pueblo, divulgando velozmente la noticia. ¡Mataron a Gaitán! ¡Mataron a Gaitán! gente enardecida, gente indignada, gente que reflejaban una situación dramática, trágica, planteando lo que había ocurrido, una noticia que empezó a regarse como pólvora. A tal extremo, que nosotros que habíamos caminado como dos cuadras más y llegamos a un parquecito, vimos en ese momento que la gente empezaba a asumir algunas actitudes violentas. Ya en ese momento, alrededor de la una y media la gente estaba realizando actos de violencia. Nosotros cerca de la oficina de Gaitán seguimos caminando por la séptima y ya la gente se había introducido en algunas oficinas. Recuerdo un detalle: en los primeros minutos, al llegar a un parquecito, veo a un hombre tratando de romper una máquina de escribir que había sacado de algún sitio, pero aquel hombre furioso pasaba un trabajo terrible para romper con sus manos la máquina, y le digo: «Chico, dame», lo ayudé, cogí la máquina y la tiré hacia arriba y la dejé caer. Yo viendo aquel hombre desesperado no se me ocurrió otra cosa. Seguimos caminando y en la carrera séptima se veían también ya manifestaciones de violencia. Nosotros íbamos en dirección al parque donde estaba el edificio del Parlamento y reunida la Conferencia. Vamos por la carrera séptima creo, y veo gente rompiendo vidrieras y rompiendo cosas. Ya eso empieza a preocuparme, porque a todo esto ya en esa época tenía ideas muy claras y muy precisas de lo que es una revolución, qué cosas deben pasar en una revolución y qué cosas no deben pasar.

Empecé a ver manifestaciones de anarquía, a decir verdad, en la carrera séptima. Una gente rompiendo vidrieras. Se veía un estado de irritación muy grande en la masa. En esa carrera que siempre estaba llena de gente, la multitud se dedicó a romper vidrieras, a romper cosas. Yo estoy preocupado, me empiezo a preocupar por la situación, porque veo aquella situación anárquica que se está produciendo. Me pongo a pensar qué estarían haciendo los dirigentes del Partido Liberal, qué estarían haciendo y si no habría nadie que organizara aquello, me preguntaba.

Seguí caminando, esto sería entre la una y media y las dos menos cuarto, por la carrera séptima y llegamos a la esquina de la plaza en donde está el Parlamento. Allí había alguien en un balcón a la izquierda, hablando desde el balcón, unos pocos ahí reunidos, pero sobre todo mucha gente dispersa por todas partes en actitud de ira y de violencia absolutamente espontánea. En el parque había varias decenas de gente gritando furiosa, indignada y empiezan a romper los faroles del parque, les tiraban piedras, de manera que había que tener cuidado porque lo mismo te caía encima una piedra, que los cristales. Yo fui avanzando y llegué más o menos al medio del parque. A todo esto en los portales del Parlamento, había una hilera de policías recién lustrados, muy bien vestidos, bien organizados. Apenas aquellas decenas o cientos de gente, que estaban rompiendo bombillos y cosas, se acercaron al portal como un vendaval, el cordón de policías se deshizo parece que estaban desmoralizados, y en avalancha entran toda aquella gente al Palacio. Yo estoy en el medio del parque, las piedras volando en todas direcciones. Ellos entraron al Parlamento que tenía como tres o cuatro pisos. Nosotros no entramos propiamente en el Parlamento, sino que nos quedamos en el borde del edificio mirando aquella erupción, porque aquello fue una erupción de pueblo. Estábamos mirando y la gente subió y desde allá arriba empezó a tirar sillas, empezó a tirar escritorios, empezó a tirar todo, no se podía estar allí porque era un diluvio lo que venía de allá arriba. Y ya te digo, un hombre tratando de pronunciar un discurso en un balcón en una esquina, cerca del parque, pero nadie le hacía caso, aquello era un espectáculo increíble.

Nosotros decidimos ir a hacer contacto con los otros dos cubanos que no vivían en el hotel. Uno, Enrique Ovares y el otro, un compañero nuestro de la Revolución, el compañero Alfredo Guevara, que estaban en una casa de huéspedes no lejos del sitio donde nos encontrábamos. Nosotros fuimos allí a ponernos en contacto con ellos, ver qué pensaban de la situación y explicarles lo que estaba pasando. Llegamos a la casa de huéspedes, conversamos con ellos unos minutos, y en ese momento se ve como una gran procesión de gente, un río de gente que viene por una calle paralela más o menos a la carrera séptima. Van algunos ya con armas, hay algunos fusiles, otros con palos, hierros, todo el mundo con algo, porque el que agarraba un palo, un hierro, cualquier cosa, lo llevaba en la mano. Se veía una gran multitud por esa calle, parecía una procesión, como dije, por esa calle estrecha, larga, ya se puede decir de miles. Cuando veo aquella multitud no sé para dónde van, dicen que para una División de Policía, entonces yo voy y me uno a la multitud. Yo me incorporo en las primeras filas de esa multitud y voy para la División de Policía. Veo que hay una revolución andando, y decido sumarme como un hombre más, uno más. Yo desde luego no tenía ninguna duda que el pueblo estaba oprimido, que el pueblo que se estaba levantando tenía razón, que la muerte de Gaitán era un gran crimen y adopto partido. Hasta ese momento no había hecho nada, hasta que veo que la multitud está pasando delante de mí, después de haber visitado a los dos cubanos. Cuando veo la multitud en marcha, me sumo a ella. Puede decirse que ese es el momento en que yo me sumo a la multitud que está sublevada. Llegamos a la División de Policía, los policías están allí arriba parapetados, con sus fusiles apuntando, nadie sabía lo que iba a pasar. La multitud llega a la entrada, los policías franquean la entrada, nadie dispara.

Es una División que no está muy lejos del Parlamento. Yo veo que la multitud va para la División y estoy entre los primeros.

Aquellos están apuntando con sus fusiles pero no tiran. Doblamos la esquina y como a treinta metros está la entrada. La multitud como un río desbordado penetra por todas partes, recogiendo armas y recogiendo cosas. A todo esto había policías que se habían sumado, se veían policías con uniformes en la multitud. Esa División tiene un patio en el medio, y como dos pisos en la parte delantera. Yo no sé cuántas armas había, las pocas que habría disponibles las agarraron rápidamente. Algunos policías se quedaron con el arma y se sumaron. Yo entro en la sala de armas, pero no veo ningún fusil, realmente no veo ningún fusil. Sí había unas escopetas de gases lacrimógenos,

«…y en ese momento se ve como una gran procesión de gente, un río de gente que viene por una calle…».

con unas balas largas y gruesas. Yo lo único que pude agarrar fue una de esas escopetas de gases lacrimógenos. Me empiezo a poner mis cananas de balas de aquellas, me puse como veinte o treinta. Yo digo: «No tengo un fusil, pero por lo menos tengo algo que dispara», un escopetón con un cañón grande. Y digo: «Bueno, pero a todas estas yo estoy con un traje, zapatos de esos, no estoy vestido para una guerra». Encuentro una gorra sin visera, pum, y me pongo la gorra sin visera. Pero a todo esto tengo mis zapatos corrientes, no aptos para la guerra, pero además no estoy muy conforme con mi escopeta. Salgo al patio que está lleno de gente, la gente registrándolo todo, hay que imaginarse el cuadro, todo el mundo sube escaleras, baja, métese por aquí, por todas partes, mezclados civiles y policias. En parte policías que se han dejado desarmar, otros que están armados y que se han sumado. Subí rápido por una escalera a la segunda planta. Entro a un cuarto que resultó ser de oficiales de policía. Allí yo estoy buscando ropa, aparte que trataba de ver si aparecían más armas; me fui poniendo unas botas, pero no me servían. Llega un oficial, eso no se me olvida, que en medio de aquel caos terrible, me dice: «¡mis boticas sí que no!, ¡mis boticas sí que no!». Las boticas no me servían y yo le digo: «Sí señor, quédese con sus botas». Bajo al patio para enrolarme ya en algo, una escuadra o algo, y veo a un oficial de la policía que está organizando una escuadra. No tengo pretensiones de ser jefe, ni de dirigir nada, voy de soldado raso. Y llego con mi escopeta de gases lacrimógenos y mis balas y me pongo en fila. El oficial tenía un fusil y me ve cargado de balas de aquellas y con la escopeta y dice: «pero cómo, qué haces con eso», le digo: «es lo único que encontré», y me pide la escopeta. Parece que el hombre no estaba muy decidido a luchar, a pesar de que estaba organizando una escuadra. Me pide aquello y me da su fusil con unas doce o catorce balas, me lo da. Por cierto que cuando me da el fusil se tira un montón de gente, a querer coger el fusil y yo tuve que luchar duro para quedarme con el fusil y me quedé con el fusil y unas catorce balas más o menos, que es lo que tenía el oficial. A partir de ese momento ya estoy armado con un fusil, pero allí no hay ninguna organización, sino que la gente iba saliendo de la División sin orden alguno. De la misma manera que habían entrado, una muchedumbre estaba saliendo sin saber para dónde iba, se oían voces, que para Palacio, que para no sé dónde. Yo salgo de la División, me reúno a aquella multitud que dice que va no sé para dónde, sin ninguna dirección. Estoy viendo un gran desorden, una gran indisciplina, que no hay organización. Avanzamos como tres cuadras y allí veo a cuatro o cinco soldados que están poniendo orden en un cruce de calles. A todo esto, como había mucha gente de uniforme ya sumada a la multitud, yo me imagino que aquellos cuatro o cinco soldados están sumados a la multitud y que están poniendo orden, entonces voy y me pongo a ayudar a los soldados a poner orden. Ya me había conseguido mi uniforme, una gorra sin visera —que se había convertido en una boina— y un capote de policía, ese era mi uniforme. Entonces ayudo a los soldados a poner orden, como ellos decían «por aquí no», «por allí». Entonces yo creo que ellos eran soldados sublevados. Después he podido darme cuenta que aquellos no eran soldados sublevados, sino soldados de la Guardia Presidencial, que estaban allí con sus fusiles, pero no en actitud bélica, sino sobrepasados por todo aquel océano de pueblo, y que estaban tratando de poner orden. Yo en el primer momento me confundo y creo que son sublevados. ¿Por qué los soldados están poniendo orden? Porque en la calle por donde iba la multitud, de unos edificios donde había un colegio religioso, dispararon, del colegio de San Bartolomé. No sé quién disparaba, no puedo asegurar. Yo estaba incrédulo, no podía imaginarme que estuvieran disparando de un convento. Estaba incrédulo, parado ahí en la esquina. Ellos estaban tirando del convento y yo ahí parado incrédulo, al fin me tuve que cuidar. Parece que los soldados habían tratado de desviar, ignoro realmente cuál era la misión de los soldados. Ignoro realmente si no querían que se dirigieran a Palacio, o si fue el hecho de que se había iniciado la balacera en el colegio de San Bartolomé, donde ellos estaban desviando la multitud, que yo los ayudé, creyendo que era gente sublevada que estaba organizando aquello. Porque donde quiera que yo veía la posibilidad de alguien que quisiera organizar yo trataba de ayudarlo. En medio de la balacera aquella me coloco en una esquina. Allí, veo algunos estudiantes conocidos, que había visto en la Universidad que están con nosotros. Pasa un carro de los estudiantes con altoparlantes —llevaba varios cadáveres arriba— ellos iban agitando. No era una agitación organizada, sino de esas cosas que ocurren espontáneamente. Nosotros estaríamos como a dos o tres cuadras de la carrera séptima. En eso llegan noticias de que los estudiantes se habían tomado la radio y que estaban siendo atacados.

Fidel Castro

Yo trabajaba en la imprenta del partido, donde se editaba *Vanguardia del Pueblo,* en el taller y al mismo tiempo era celador. Al escuchar la noticia, sin pedir permiso ni consultar, nos botamos a la calle y el gentío se apoderó de los sectores céntricos. Atacaban a la policía que estaba de guardia, los apedreaban, los despojaban de sus armas. Llenaban de piedras los carritos recolectores de basura, se aprovisionaban de gasolina en galones para incendiar los edificios del centro. Era la locura. Cerca del centro había muchas bombas de gasolina. Con la multitud corrimos hacia la Capuchina donde quedaba la imprenta de *El Siglo,* que fue el primer blanco de los actos populares. Yo directamente no participé en los incendios, nosotros teníamos un fin único, que era buscar armas, hacernos a las armas. En el centro asaltamos la primera ferretería, que estaba ubicada en la calle catorce. Y sacamos destornilladores, machetes, cuchillos, escopetas, todo lo que nos sirviera como arma. Todavía se conseguían armas de cacería en las ferreterías. Luego nos fuimos hacia la Clínica Central y allí escuchamos las promesas de Echandía de tomar el poder, de marchar hacia Palacio, en un discurso que pronunció desde los balcones y que nadie escuchó.

Luego nos dirigimos a la División de Policía que estaba sobre la calle doce con carrera tercera, nuestro deseo era tomarla, para armarnos. ¡Cuál no fue la sorpresa, que al mirar hacia el segundo piso, de allí mismo, los policías asustados por la multitud que se les venía encima o quizá por ser gaitanistas uniformados, tiraban fusiles a la calle! Eran fusiles que caían del cielo.

Yo me aparqué de un fusil y de dos cartucheras con proyectiles y cogimos rumbo a la plaza de Bolívar y detrás de nosotros, cinco jinetes montados en sus caballos, ondeando banderas rojas, haciendo llamamientos a la población para que se sumara al movimiento. Eran de la policía montada, sus caballos corrían por la calle doce abajo, sonoro era el ruido de sus cascos detrás de la multitud.

Ya en la séptima vimos los incendios. Emboladores, carretilleros, gente sin temores en la vida, se quitaban las camisas, con sus manos hacían una bola de trapo, luego la empapaban de gasolina y le prendían fuego, denostaban y maldecían la tragedia, y con toda su fuerza y con furia lanzaban la bola de fuego que entraba directamente al zaguán del edificio y comenzaba el incendio en las construcciones de aquella época que eran de madera y por lo tanto fáciles presas para la candela, y a sus rostros volvía cierta tranquilidad.

Al instante regresaban a su rabia. Yo llevaba mi cartuchera a lado y lado, yo creo que disparamos, a mi juicio, unos cincuenta tiros. Y muy rápido disparábamos contra los edificios públicos, contra las iglesias, es decir, contra lo que nosotros creíamos hostil —el enemigo no se veía—, solo que frente a nosotros o corriendo con nosotros estaba la multitud gaitanista. Entonces disparábamos hacia el sitio donde nos disparaban, eran como blancos invisibles.

Carlos Hernández

En el Capitolio me encontré con Jorge Uribe Márquez y desde el punto donde cayó Uribe Uribe, hablamos él y yo; todas fueron llamadas a una venganza rotunda. El discurso de Uribe Márquez fue muy bueno, inmenso, y el mío estaba dirigido al clamor de la venganza. Nadie quería oír nada, querían hacer, ver a quién mataban, si era un soldado con mayor razón. El sentimiento era de venganza, de rencor, de rabia, la gente no quería sino matar, ver a quién mataba. Esa fue la causa de buena parte de la mortandad de ese día. Sin saber por qué, un momento primario, elemental, una fuerza compulsiva, casi sin ninguna justificación moral se hacía cualquier cosa. Cualquier movimiento se estimaba alevoso y era necesario atajarlo. Se creía que muchos conservadores se habían disfrazado metiéndose entre las filas liberales, había que descubrirlos; eso anarquizó muchísimo el movimiento. Eso acabó con todo orden en la lucha, había un descontrol absoluto, una anarquía total.

A mí nadie me escuchó ni tampoco a Uribe Márquez, nadie oía, eso era una locura. Recuerdo los rostros desaforados de la gente, los gestos de impotencia, las actitudes desafiantes en esa multitud formada casi exclusivamente por hombres, había muy pocas mujeres.

En el Capitolio tomamos algunas banderas de las que había como adornos para la Conferencia y comenzamos a pasearlas y a decir cosas. Había unas cuarenta o cincuenta personas, todavía poca gente. A Julio César Turbay yo lo vi sobre uno de los tranvías que tumbaron, él se subió a tratar de hablar pero no lo dejaron. Luego de estar un rato dentro del Capitolio, nos salimos a la plaza de Bolívar y nos subimos por la séptima. En esos momentos comenzaba el saqueo en la calle doce. Nos propusimos a impedir esos saqueos.

Ya empezó a llegar más gente pero sin organización. Nuestra intención era reconstruir filas y volver sobre Palacio, pero ya la plaza de Bolívar estaba copada. Subimos por la calle once hacia la calle séptima, para volver a bajar a Palacio, dos agustinos nos disparaban por detrás, con carabina. Entonces nos volvimos hacia el Palacio de Justicia y también nos recibieron a tiros, y al caer al piso para evitar el tiroteo, la mano ocupada con el revólver se me dislocó. Yo llevaba un revólver pequeño, muy fino y me tocó cambiarlo en ese momento con el arma de un policía, era un buen revólver, todavía lo tengo. Ese policía se dejó desarmar tranquilamente.

Estando cerca a La Catedral hubo un tiroteo y se me acabó la carga que tenía. Volvimos a la calle doce y ya había un montón de almacenes saqueados. Fue cuando comenzó el saqueo de un estanco que había en la carrera sexta entre calles trece y catorce. Repartían botellas de aguardiente a todo el mundo, yo creo haber tomado una de esas. Encontré a Roberto Marín que había trabajado de guardaespaldas, era un hombre grande, corpulento y nos fuimos en parejas a hacer lo que había que hacer: tratar de reunir la gente. Bajábamos por la calle once un grupo de unos ochenta, como a eso de las tres, cuando comenzó a llover.

Gabriel Muñoz Uribe

Oímos la noticia en el sitio donde trabajábamos, era una panadería en la calle sexta con carrera cuarta, enseguida todo el mundo se quitó la camisa de trabajo y salimos los gaitanistas. Inmediatamente fuimos a la División de la Policía que quedaba detrás del Palacio, allí les dieron fusiles y kepis a unos compañeros. Nosotros teníamos amigos gaitanistas en la policía, que golpeaban de noche en la panadería y nosotros les dábamos tinto y pan, por eso fuimos directamente a la División de la Policía. Armados nos abrimos para el Palacio de San Carlos, donde guardaban los implementos para la Conferencia Panamericana; cubiertos de plata, cucharas de plata, cosas de lujo. Nos metimos y todo eso volaba por las ventanas. Nosotros no íbamos a robar, era la ira en nosotros, todo lo tiramos a la calle.

Bajamos por la calle once y vimos cómo prendían fuego a los almacenes, empapaban trapos con gasolina y los tiraban y estallaba el incendio. Vimos los cadáveres tirados en medio de los andenes, de gente que había saqueado, abrazada a su carga. Seguimos por la carrera cuarta y llegamos a la cárcel de la carrera cuarta con calle cuarta. Cada cual actuaba por su propia cuenta. Personalmente a mí nadie me dirigía. Llegué y vi una ventana de hierro, cogí un tubo y con el tubo le di unas veinte veces a la ventana hasta que se fueron desplomando las varillas. Los otros hicieron lo mismo hasta que rompimos eso y se salieron los presos.

Alguien inició la idea de soltar los presos y nos fuimos a la cárcel. Los presos salieron por las ventanas, por donde pudieran. No había paredes para ellos. Yo no vi guardias, seguramente ellos se habían volado. Al entrar a la cárcel, nos sentimos contentos de ver que un tipo o un hombre que uno no conocía, saliera libre, tuviera su libertad, y saliera corriendo, todo contento. Nosotros no supimos qué hicieron ellos después.

Cuando salieron los presos de la cárcel, nos dijeron que nos subiéramos a una volqueta. En la volqueta, adelante iban los que llevaban sus fusiles, atrás los que llevábamos machetes, yo llevaba además una bayoneta que me habían dado. El fusil me quedaba muy grande y muy pesado y me lo cambiaron por una bayoneta; el machete lo había sacado de una ferretería. La volqueta se metió a la plaza de Bolívar cuando ya estaba tomada por el ejército. Antes me había dado por bajarme. Una corazonada. A todos los pasaron, no tuvieron escapatoria, los acribillaron en la camioneta. Me fui caminando y vi a un tipo tratando de romper un vidrio grande como una pared. Yo llegué y cerré el puño y con fuerza le di al vidrio y ¡tan! Se desplomó el vidrio en pedazos, era de un almacén de camisas, la gente se entró a sacar las camisas… Seguimos por la carrera séptima, estaba desplomándose un almacén y yo pasé y agarré tres camisas y salgo a la carrera séptima con calle once y se me viene un tipo con una peinilla y me grita: «Preste las camisas», yo se las tiré y él se las llevó, yo salvé la vida. Salimos a la carrera cuarta con calle sexta y entramos al Palacio Arzobispal, por insinuación de un compañero. Atravesamos varias puertas y no encontramos a nadie y nos dimos cuenta que eso ya estaba incendiado; cuando fuimos a salir nos sentimos inundados por el humo y no veíamos por dónde quedaban las puertas.

Volvimos a la panadería, pasamos a la cocina y comimos algo y volvimos a salir. Ya bajamos por la carrera cuarta con la calle séptima, y sentimos que desde la cúpula de la iglesia del Carmen, los curas disparaban a toda la gente que subía y bajaba.

Carlos Fernández

Ante la noticia de la muerte de Gaitán, salimos a la calle, como todos, a ver qué era eso. Y en ese momento, empecé a ver que la carrera sexta se nutría de gente de apariencia muy humilde, muy modesta, gente de los barrios, seguramente. Nosotros inmediatamente salimos a la calle y seguimos hacia la plaza del Capitolio, pero al congregarnos, ya comenzaba a salir humo de muchas ventanas de edificios públicos, particularmente en el Palacio de San Carlos que nos quedaba como a dos cuadras y media, ya humeaba. Empezaron a caer objetos que botaban desde adentro. Cuando llegamos a la plaza, el gentío era inmenso y no alcancé a verlo, pero supe que acababan de pasar por ahí arrastrando al que había asesinado a Gaitán. Una gran multitud empezó a aglomerarse frente a La Catedral y no recuerdo si en ese momento o después hicimos un recorrido y volvimos hacia ahí, exactamente no me ubico, pero en todo caso, yo estaba dentro de una masa de gente que miraba hacia La Catedral y decía que los curas estaban disparando con armas; desde las ventanas de los campanarios. La gente gritaba: ¡Candela! ¡Candela! ¡Hay que meterle candela a La Catedral! Por otra parte, inmediatamente sacamos a los diplomáticos que estaban reunidos en sus sesiones, fraguando sus acuerdos en el Capitolio, para evitarles riesgos y menguar el pánico que según dicen se apoderó de ellos en ese momento, con todo lo que estaba pasando. A partir de ahí, nos metimos en el torbellino humano, oíamos los llamamientos de la radio, unas voces que animaban la gente a armarse, a asaltar armerías. Creo haber visto un acto de saqueo a una armería, un almacén de venta de artículos de cacería. Por supuesto, las ventas de licores fueron igualmente asaltadas, pero en grande, ya era inevitable que uno se saliera de eso, porque estaba poseído también de ese gran paroxismo colectivo, que aumentaba, aumentaba y aumentaba.

Manuel Galich

Pero qué otro sentimiento podía albergar uno, en esos instantes de tanta oscuridad en la vida, sino la venganza. Venganza contra todo lo establecido, que siempre fue un obstáculo para el Jefe. Queríamos destruirlo todo con nuestras manos, con nuestro llanto, en fin con todo lo que supone una profunda actitud de venganza.

Luis Eduardo Ricaurte

Los dos grupos en que se había dividido la delegación interna, nos habíamos propuesto encontrarnos porque teníamos que atender dos comisiones distintas en el Congreso. Ese momento planeado del encuentro coincide con el instante en que empieza a circular la noticia del asesinato de Gaitán. Recuerdo verme caminando hacia la pensión en que vivía, ya estábamos juntos con Fidel y los otros participantes. Según íbamos caminando iba con nosotros avanzando la noticia. Se nos reforzaba toda esa impresión que había dejado el encuentro con una personalidad tan fuerte como la de Gaitán, porque ahora nos tocaba ver sus reflejos en el pueblo, en el momento trágico de su muerte. Porque según avanzábamos la gente se abrazaba en la calle, empezaban a llorar. Gente adulta, hombres fuertes, masculinos, empezaban a llorar, a abrazarse y decían: ¡Mataron a Gaitán! ¡Mataron a Gaitán! Se producían escenas de histeria. Gente que caía en el suelo. Era una noticia que corría en un tono trágico que después nos tocó saber que era pólvora lo que pasó. En el camino nos encontramos con algunos de los estudiantes colombianos y empezamos a evaluar la situación, pero era un momento de tanto nerviosismo, de tanta tensión que realmente no hubo condiciones para sacar conclusiones de nada. Nosotros seguimos y yo puedo decir que en unos cuarenta y cinco minutos —de ninguna manera más— aquella calma que ya los estudiantes nos habían dicho que era una ficción, realmente era una insurrección. Si no estaba ya organizado o nunca lo estuvo, o bueno, pero si no estaba ya en su momento más candente, ese momento insurreccional, quiere decir, que bastaron cuarenta y cinco minutos, para decirlo con prudencia, pero el ambiente de guerra, de venganza, de desesperación, de ruptura de todas las fórmulas de la normalidad social, o de apariencia de la normalidad social ya estaban ahí; estalló enseguida. Inmediatamente empezaron a formarse las manifestaciones, es decir, lo que primero era reacción individual, inmediatamente empezaron a formarse manifestaciones, agitaciones, más decididos, más serenos que los que estaban logrando agitar a los demás, crear un clima. Unas horas después era una insurrección, un estallido de violencia, no de insurrección organizada. Después voy a referirme a un pequeño nivel de organización.

Parados ahí frente a la pensión empezamos a planear, incluso llegamos a planear qué haríamos, puesto que no podíamos orientarnos nosotros ni nadie, ni siquiera teníamos dónde, era una evaluación muy primaria la que hacíamos de la situación y pensamos que el único modo de orientarnos era ir a la universidad y buscar, situarnos con los estudiantes a ver qué era, qué estaba pasando en este país, realmente era una situación desconocida, una violencia colectiva y creciente, la ciudad se amotinaba totalmente. Yo no quería utilizar la palabra motín en ese instante, en las primeras horas de la tarde, pero sí se lo aplicaría en la noche. En realidad, uno tenía la sensación de una insurrección popular organizada o que podía terminar organizada. Pasó una masa de gente en una dirección que después supe que era la División de Policía. Y Fidel inquieto, apasionado, nos dijo «me voy a incorporar»; quiso ver, seguir aquello, se alejó de nosotros y no lo vi más. Por la narración que él hace se puede ver todo lo demás que pasó, las cosas que vivió, que protagonizó, a través de su memoria. En lo que a mí concierne —y no porque a mí concierne, sino por no sentirme el líder de lo que pasó en Bogotá en esa parte tan céntrica de la ciudad— rápidamente empezaron los misterios para mí y también pareció cambiar totalmente la composición humana de la ciudad. Alguna gente, no sé, está bajando, bajando de lejos, no de la ciudad misma, porque era físicamente distinta. Yo sentía una creciente presencia india, inclusive eran más indígenas que nosotros, y además, yo creo que más pobres. Era como si la ciudad fuera invadida al mismo tiempo de la agitación que se estaba produciendo. Esto se iba haciendo más marcado al anochecer, porque ya era un infierno. Era un tiroteo en todas partes, un tiroteo que no se podría localizar. Al anochecer fue el saqueo. Esas características del motín y de saqueo no se hicieron esperar mucho, porque al anochecer definían la situación en esa parte de la ciudad. En las primeras horas, y ante el mismo carácter de la situación, estaba funcionando la radio e incluso estaba en manos de los estudiantes, pero eran órdenes de tipo liberal.

Nosotros estábamos en la pensión y digo yo, porque los demás se perdieron, no salieron. Bueno yo no tenía una decisión de participación, todo lo contrario, tenía una decisión de no participación. No entendía lo que estaba pasando, estaba solo, totalmente solo, me sentía totalmente desamparado, en medio de una situación incomprensible y sin contacto con los jóvenes que había conocido. Por eso yo en aquella situación no podía aspirar a eso. Pero necesitaba saber qué pasaba; salían, entraban, etc. Hasta una hora cuando empezó a anochecer, aparte que la dueña de la pensión planteó que era un riesgo salir y además quería tener cerrado por el nivel de los saqueos, el saqueo que ya se estaba produciendo. Esa señora aparte que estaba constantemente siguiendo la radio, tenía informaciones todo el día, pues la llamaba su hijo que era de la fuerza aérea. Él la llamaba desde un campamento de la fuerza aérea. Hubo un momento en que el dominio de la radio en realidad eran órdenes: «Hay que concentrarse en tal lugar», etc. Es decir, uno sentía un principio, una voluntad organizativa y alguna fuerza que yo desconozco cuál era, que se planteaba este sistema de órdenes. Pasó un momento en que eso desapareció. Desaparecieron las órdenes de la radio…

Alfredo Guevara

Yo integraba la delegación guatemalteca en la Conferencia Panamericana, estábamos reunidos en el Capitolio, cuando comenzamos a oír un gran bullicio, un gran tumulto en la calle, era una inmensa tormenta el pueblo bogotano. Salimos todos los delegados muy sorprendidos, a medio día en la plaza del Capitolio. El tumulto, por instantes, se veía crecer, se veía el gran oleaje, la gran marea. En el fondo de la plaza, vi pasar un muñeco que lo soltaban en el aire, me recordaba el tapiz de Goya del Pelele. Ese hombre era el asesino o el presunto asesino de Gaitán. Era un hombre que volaba por los aires, un linchado por la multitud.

No recuerdo si regresamos en algún coche de los mexicanos —tal vez no los habían quemado todos— que nos llevó a nuestra residencia de la delegación, en la calle ochenta y pico. Allí escuchamos la tormenta por la radio. Recuerdo mucho la voz de Jorge Zalamea desde la Radio Nacional que arengaba al pueblo. Oímos después los llamados desesperados de los que estaban en la radio, queriendo ordenar el caos, queriendo ordenar a la multitud para que tomara un sentido, una dirección. Oímos por la radio la marcha de los soldados que venían a desalojar a los que habían tomado la radio.

Luis Cardoza y Aragón

La protesta popular fue tan instantánea, que no era posible conseguir ningún vehículo, entonces me fui a pie hasta la plaza de Bolívar, y al pasar por la carrera trece, por las oficinas de *El Siglo,* vi cómo la gente iba empujando tambores de gasolina para incendiar el periódico conservador, eso fue en minutos después del asesinato de Gaitán. Es muy interesante, porque la gran provocación que habían montado los imperialistas yanquis y sus cómplices, era asesinar a Gaitán y acusar a los comunistas por el asesinato. Estaba claro que ellos esperaban una reacción popular contra los comunistas y evidentemente con las primeras noticias del asesinato de Gaitán, se difundió la declaración del general Marshall, acusando a los comunistas, cosa que repitió el señor Ospina Pérez poco después.

Pero las masas populares no se equivocaron en ningún momento, ni se dejaron engañar. En medio del levantamiento y de la protesta espontánea que se produjo, las masas atacaron los símbolos del poder, atacaron *El Siglo,* atacaron la Conferencia Panamericana y destruyeron muebles; atacaron el Ministerio de Gobierno, además de la Gobernación de Cundinamarca. Eso fue en el primer momento, luego viene todo ese proceso de anarquía.

Yo llegué a las oficinas del partido y con algunos miembros de la dirección tomamos algunas determinaciones, lanzamos la consigna de huelga general, y de protesta para exigir la renuncia o caída de Ospina Pérez. Desde luego fue una consigna que prendió, que se realizó, la huelga fue total en Bogotá y en todas las ciudades importantes de Colombia. Lo que pasó fue que los acontecimientos fueron más lejos. Sí hubo una huelga general. Una de las enseñanzas es que no había nada previsto, ni siquiera un vehículo para movilizarse, todo estaba parado. Entonces decidimos repartirnos la dirección del partido, en distintas zonas de la ciudad y a mí me enviaron a las oficinas de la CTC que eran en la calle catorce con carrera trece; otros camaradas fueron a la Clínica Central, cuando ya había fallecido Gaitán. El desarrollo de los acontecimientos fue tremendo. Los jefes liberales salen de la Clínica y anuncian que marchan a Palacio a exigir la renuncia de Ospina Pérez; esto lo dijeron en discursitos que pudieron pronunciar, porque en ese momento la gente no estaba en disposición de escuchar discursos. El famoso saqueo se inició para armarse; se asaltaron las ferreterías a machete, pero como se sabe, luego el saqueo se convirtió en esa orgía de robo y de borrachera. ¿Pero por qué? Porque las masas fueron engañadas por los liberales. La gente difundió la noticia de que Ospina Pérez renunciaba y los liberales iban a recibir el poder, entonces una gran cantidad de liberales, de gaitanistas, decidieron celebrar el triunfo. Entonces el saqueo se dirigió a los licores, cafés, ventas de licores para emborracharse por el triunfo liberal. Era la noticia que se había difundido por los jefes liberales. En medio de eso, la ilusión de las masas; apoyada en ciertos hechos se había producido la actitud de la policía, la cual no reprime a las masas, sino que espontáneamente algunos policías entregan sus fusiles a la gente, luego van a encontrarse en sus cuarteles por órdenes de sus jefes. Es el momento en que sale el ejército y las masas creen que el ejército tiene la misma actitud de la policía.

Gilberto Vieira

Llegué a la plaza de Bolívar y desde el atrio de La Catedral, me puse a observar y había una multitud tremenda que tiraba toda clase de objetos a la policía que estaba apostada en las escaleras del Capitolio. La policía estaba estrenando uniforme nuevo y unos cascos muy llamativos, plateados totalmente, absolutamente chillones, por lo de la Conferencia Panamericana. Hubo una pedrea tremenda. Los policías devolvían todos los guijarros, todos los objetos que les tiraban, pero llegó el momento en que era imposible para ellos devolver tanta cosa y se entraron al Capitolio. En ese momento se derribaron los primeros tranvías, no era muy difícil hacerlo. La multitud se apostaba a los lados del tranvía y comenzaba el vaivén hasta tumbarlo. Caían estruendosamente y luego venía el incendio. A esa hora comenzó a lloviznar.

Resulté luego por los lados de San Victorino, frente a la Capuchina, ya se escuchaban los disparos. Cerca había una dependencia oficial, un aparato de seguridad. En la esquina de la calle quince con la misma carrera trece, se arremolinaba la gente, pero ya cada uno sin saber para dónde ni qué quería, ni qué iba a hacer. Pasó un hombre de sombrero y gabardina que llevaba un sable en la mano y cogió a un individuo y comenzó a gritar: «A este hay que matarlo, es un godo», y el tipo se arrodillaba y pedía perdón y decía que por Dios no lo matara, que no lo asesinara. Mucha gente rodeó al hombre que estaba muerto del susto en el suelo, y no quise ver los resultados. Solo seguí escuchando a mis espaldas, sus gritos de auxilio. Sin saberlo, sin pensarlo estaba parado frente a *El Siglo*, un edificio de estilo español, con balcones. La gente comenzó a decir: «Este es *El Siglo*, esto hay que acabarlo, destruirlo, son los autores de la violencia, son los asesinos de Gaitán...». El periódico lo habían cerrado, las puertas las tenían totalmente aseguradas, pero existía el balcón a la calle. Y la gente exclamaba, hay que destruir esta mierda, acabarla. Como las puertas estaban cerradas, la gente comenzó a hacer una escalera humana, un tipo se paraba sobre los hombros de otro y, más o menos entre los dos o tres tipos, ya estaban arriba, rompieron los vidrios de las ventanas y se metieron. En un momento comenzaron a tirar cosas, máquinas de escribir, desde el segundo piso y ¡prann! Todo lo botaron a la calle y la gente no se robó un papel, se notaba un sentimiento de ira, de rabia tremenda, nadie quería coger objetos sino destruirlos. Tire, tire y tire lo que encontraban en las oficinas. Después de unos quince minutos o veinte, entonces incendiaron el edificio.

En esa locura —porque fue una locura— la gente cogía un bus o un carro cualquiera, se montaban varios armados con escopetas, incluso solo de cuchillos y le abrían una especie de escotilla en la capota y se subía alguien como si fuera un tanque, y luego lo llenaban con bultos de arena para protegerse y comenzaban, ya en un tono triunfante, a voz en grito: «Vamos a Palacio». Y hágale, a tomarse Palacio. La séptima quedó llena de vehículos y sus ocupantes fueron masacrados en sus carros tipo tanques.

Rodolfo Acosta

Más o menos a la una de la tarde estaba en el Capitolio, revisando la labor de los cronistas que debían cubrir las diferentes comisiones de la Conferencia Panamericana y a ver si estaban en sus puestos. Salí de esa labor en compañía de Rafael Bermúdez y nos dirigimos al periódico por la carrera octava y a esa hora ya venían grupos de gente gritando ¡Mataron al doctor Gaitán! Aceleramos el paso en vista de la gravedad de la noticia; cuando llegamos al periódico ya estaba en poder de la turba. Tratamos de buscar un teléfono en un café cercano para comunicarnos con la policía y con nuestros jefes, pero nos fue imposible. Poco después la policía con insignias rojas se sumó al tumulto que había en los alrededores de *El Siglo* y vimos cuál era la situación. Entré a mi casa que entonces quedaba a pocos pasos del periódico. Las llamas del incendio de *El Siglo* trataron de pasarse a las edificaciones vecinas, entre ellas a la mía. En vista de que podíamos correr peligro en la familia salimos, la turba se entró y nos saquearon más o menos lo que había en la casa.

Arturo Abella

Yo llegué a *El Siglo* a la una y diez minutos de la tarde. Entré por la puerta principal y apenas llegué a la portería el telefonista se me abalanzó y me dijo: «¡Mataron a Gaitán!». Yo me quedé aterrado y lo primero que hice

«La multitud se apostaba a los lados del tranvía y comenzaba el vaivén hasta tumbarlo. Caían estruendosamente y luego venía el incendio...».

como medida preventiva fue cerrar la puerta principal del periódico. Inmediatamente le dije al portero que llamara a la policía para avisarle del peligro que seguramente iba a correr el edificio. Luego me dirigí a la puerta de entrada de talleres que daba sobre la calle quince, la tranqué como pude y regresé. Pero la policía no llegaba. Volví a llamar y me dijeron que ya habían mandado un «piquete», el cual nunca apareció.

Cuando me dirigí nuevamente a los talleres, sentí un gran estrépito como si se tratara de una pared que se hubiera venido abajo. Las turbas acababan de derribar el portón que habíamos trancado con una gruesa varilla de hierro. Alcancé a divisar un montón de sujetos que gritaban como locos. Corrí a la escalera auxiliar que daba al almacén mientras el portero lo hacía también para salvar su vida. Ya en el segundo piso y oyendo más y más cerca los gritos de la turba, rompí los vidrios de las ventanas que daban sobre el tejado metálico de los talleres y a gatas y con mi pierna más coja que nunca fui en busca de un tejado. Estaba en esas cuando muy cerca de mí un proyectil taladró una teja. «Me localizaron», pensé sobrecogido de terror.

Yo digo que el ataque a *El Siglo* tuvo que ser premeditado. La turba no subió al segundo piso, ni pensó siquiera en detenerse a saquear las oficinas de la administración que estaban a la vista en primer término; sino que corrió directamente a los talleres, dando alaridos como estos: «Primero a los linotipos». «Échele gasolina al papel». «Candela, candela, candela». El feroz martilleo sobre las máquinas, acompañado por los gritos de salvajismo, era algo indescriptible que todavía me pone los pelos de punta. Me arrastré por los tejados hasta dar con una pared divisoria por la que cabalgué afanosamente hasta que di con el interior de una casa que resultó ser la de Arturo Abella, nuestro jefe de redacción. Me vieron llegar como una aparición y en el primer momento el estupor no les permitió decir una sola palabra. Repuestos de la sorpresa y cuando trataba de explicarles de dónde venía, oímos el estrépito de un derrumbe, luego invadió la casa una gran humareda y comprendimos que el edificio había empezado a ser pasto de las llamas. Casi enseguida tuvimos la confirmación al oír las detonaciones que producían las máquinas al lanzárseles canecas de gasolina y petróleo. A través de los visillos de los balcones vimos cómo las arrojaban sobre el edificio en llamas. Yo vi a un alto funcionario de la Contraloría, el señor Nassar Quiñones, quien gritaba y llevaba una escopeta, frente al edificio de *El Siglo*.

Vi también pasar corriendo a muchos saqueadores con máquinas de escribir y con cuanta cosa encontraban a la mano. Volví a ver a los incendiarios mientras arrojaban botellas llenas de gasolina contra los muros humeantes de la fachada de *El Siglo*.

El «Sordo» Farias

A su turno, el segundo secretario, Dick Rubotton, que también era secretario de la delegación americana a la Conferencia y quien vivía a unas pocas cuadras de la sede de la embajada, telefoneó para informar que Gaitán había muerto. Solicité a Dick que se trasladase a mi casa y juntos nos disponíamos a marchar en el carro de la embajada a nuestras oficinas en la ciudad. Al salir, dos sacerdotes católicos penetraron al jardín acompañando a un muchacho de ojos brillantes que a mi juicio, tendría doce o trece años. El muchacho era Gonzalo Ospina, hijo menor del Presidente. Los sacerdotes nos preguntaron si le daríamos protección. Les respondimos al punto que sí. Carol se encargó del joven Ospina. Ellos discurrieron a lo largo de la ancha Avenida Caracas, embanderada y con aire de fiesta; Dick y yo veíamos grupos de gente, muchos portando armas, que movían rápidamente su paso hacia la ciudad.

Nubes de humo negro se alzaban del edificio de *El Siglo*, periódico del Partido Conservador y de propiedad de Laureano Gómez, ministro de Relaciones Exteriores y Presidente de la Conferencia de los Estados Americanos. La muchedumbre en la plaza de San Victoriano era tan densa y en sus ojos ardían en tal grado la agresividad y la rapiña que resolvimos bajar del automóvil advirtiendo al chofer que tratase de regresar a la sede de la Embajada. La mayor parte de todos estos hombres y mujeres histéricos, que se habían reunido en la plaza, iban pobremente vestidos. Era la «Chusma» de Gaitán a la que especialmente había él dirigido sus arengas. Eran «el proletariado» de Rusia, los descamisados de la Argentina, «las masas» de Colombia, a quienes Gaitán había prometido que serían dueños de la tierra. Y ahora Gaitán había muerto. Un loco frenesí se había apoderado de sus partidarios. La mayoría de los ubicados en la plaza se habían armado, algunos con pistolas y rifles, y los demás con machetes relucientes, con hachas y largos tubos. Casi todo el mundo llevaba en sus manos un arma de cualquier clase. Sin embargo, en nadie podía advertir plan alguno de ataque.

«Gaitán había prometido que serían dueños de la tierra. Y ahora Gaitán había muerto...».

Estos corrían en una dirección, aquellos en otra y no faltaban quienes parecían dar vueltas ciegamente, en forma de semicírculo. Seguimos avanzando por entre una fila de almacenes de mercancías y de rancho, en momentos en que eran saqueados. Aquí sí no hubo histeria. El saqueo fue sistemático y organizado. En muchos casos, las pesadas cortinas de acero que, en América Latina, se emplean generalmente para protegerse de rateros y de revolucionarios, habían sido forzadas. La entrada era libre a ferreterías y quincallerías. Un pequeño grupo había tomado a su cargo los almacenes y pasaba el botín a los que aguardaban en la calle. Para todo mundo hubo un arma y licor en grandes cantidades. Casi todos estaban borrachos, y muchos blandían en alto sus machetes, gritando salvajemente. Dick y yo, ensayando velar nuestra apariencia de extranjeros dentro de una máscara de indiferencia, proseguimos nuestro itinerario, hasta las oficinas de la embajada, que ahora se hallaba a muy breve distancia. Estábamos ya dentro de un piso del edificio cuando vimos que una masa desenfrenada nos daba alcance, colmando totalmente la calle. Fue imposible marchar contra semejante corriente. Volteamos hacia la derecha, pero nos detuvimos al notar que esa calle también estaba bloqueada por una multitud que, aparentemente se nos acercaba. Retrocedimos, situándonos bien adelante del populacho que avanzaba, aligerando nuestros pasos. Me di cuenta de lo inútil que resultaba todo esfuerzo para llegar hasta la embajada, donde de todas maneras habríamos sido hechos prisioneros de la chusma. Decidí, entonces que debíamos enderezar rumbo hacia el Carrera Rojas, un edificio de departamentos, distante medio kilómetro, sobre la Avenida Caracas y en el cual habían sido alojados los más destacados miembros de la delegación americana. Sin dificultad alguna ganamos el edificio Carrera Rojas. Allí estaban varios delegados, inclusive el teniente general Millard F. Harmonn, de la Fuerza Aérea y el almirante Osborne Hardison. Poco a poco fueron penetrando otros delegados que habían sido sorprendidos en las calles o en el Club Anglo-americano, en la ciudad.

Me sorprendió que los teléfonos estuvieran trabajando normalmente. Llamé a casa y hablé con Carol. Todo estaba tranquilo allá. Le dije que iría tan pronto como me fuera posible. Luego llamé a las oficinas de la embajada y conversé con Norman Armour, asistente del Secretario de Estado y delegado a la Conferencia, quien se había encargado de la delegación y del grupo que allí se había refugiado. Norman me dijo que él y sus compañeros estaban realmente prisioneros en la embajada. Afuera las calles estaban colmadas de saqueadores y de amotinados y en muchos sitios habían estallado incendios. No había policía, ni bomberos, ni soldados. La ciudad se hallaba en manos de la chusma. Pedí a Norman que a toda costa, dispusiese el rescate de su grupo. Tuve éxito en una llamada al Palacio Presidencial pero solo para saber que sus moradores estaban en condiciones mucho peores que el grupo de la embajada. Aquellos, en verdad, se hallaban sitiados por un populacho hostil, que había intentado penetrar al Palacio y asesinar al Presidente. A duras penas, el Presidente se había escapado de ser asesinado, pocos minutos después de la muerte de Gaitán, cuando regresaba a Palacio, luego de haber asistido a una exposición ganadera, en las afueras de Bogotá.

Desde la terraza del edificio Carrera Rojas, donde buen número de americanos se encontraban a la sazón, podía contemplar cómo en una docena de puntos diferentes de la ciudad habían estallado incendios. Más tarde supe que alguno de estos edificios era el Ministerio de Gobierno. Otro fue una iglesia, que contaba con una edad varias veces secular. Otro el santuario de Bolívar, el Palacio de San Carlos, donde pocas noches antes el canciller Esguerra, había festejado con pompa a los jefes de las misiones extranjeras y a sus esposas.

¿Qué mano pudo llevar la tea incendiaria a la casa de Simón Bolívar? ¿Hubo acaso algún colombiano o algún latinoamericano tan depravado? ¿Qué enemigo de la libertad pudo descender tan bajo?

Cuando Dick y yo nos habíamos encaminado hacia el edificio Carrera Rojas, habíamos notado algo sobremanera intranquilizador, la policía armada y uniformada, se había sumado a los amotinados. Ahora, desde la terraza, podíamos ver cómo gran número de aquellos antiguos guardianes de la paz iban mezclados con los sediciosos. Policías y muchos civiles llevaban la bandera roja del Partido Liberal. Casi todos portaban rifles y pistolas. Un radio que habíamos puesto en la terraza, dio la noticia de que también el ejército se había alzado contra el Gobierno. Después se comprobó que tal noticia era falsa.

Desde la terraza del edificio Carrera Rojas, en la tarde del 9 de Abril la perspectiva sin embargo no era alentadora. Las estaciones de radio de Bogotá, lo mismo que en las ciudades de todo el país, habían sido capturadas por los liberales y comunistas. Locutores casi histéricos instaban a sus radioescuchas para que se sumaran a la revuelta contra el Presidente Ospina. Una estación local daba instrucciones para fabricación de cocteles Molotov. Agresiones especiales iban dirigidas con el ministro de Relaciones Exteriores y líder conservador, Laureano Gómez cuya vida pedían los locutores, speakers comunistas culpaban de la muerte de Gaitán a los Estados Unidos y a Laureano Gómez, y solamente gritaban que Gómez se había refugiado en la embajada norteamericana. Cuando escuchaba tales vociferaciones, llamé a Carol y le sugerí que dejase la residencia y se trasladara a un lugar menos peligroso. Estaba lista junto con los niños. Los dos más pequeños los había confiado a Billy Rubotton. En compañía de Grace Parrish, dejó a Noel, Juan y a Gonzalo Ospina. Después de mi llamada, Carol se trasladó a casa de Grace Parrish. Frank Wright, joven ingeniero petrolero de Texas, permaneció en la residencia para atender teléfonos y proteger aquélla. Pocos días más tarde, enviamos a nuestros dos niños mayores y a Gonzalo, hijo del Presidente, a la zona del Canal de Panamá, desde donde Lee, mayor de la Fuerza Aérea y hermano de Carol, escoltó a Gonzalo hasta Washington, conduciéndolo a la embajada de Colombia allí. Ninguna palabra se dijo entonces acerca del viaje de Gonzalo hasta que después la señora de Ospina lo relató para la historia. Solo contadísimas personas sabían dónde estaba Gonzalo; afortunadamente estas no lo contaron a nadie. Digo afortunadamente, porque mientras la ciudad estaba aún sin protección de ninguna clase, supimos que gente de mala traza, había estado donde nuestros vecinos preguntando por el paradero de Gonzalo.

Antes de abandonar el edificio Carrera Rojas, un senador gaitanista acompañado por una guardia armada de civiles, me buscó y enronquecido por sus gritos por la radio, me dijo desde afuera, en tono oratorio, que la Conferencia Panamericana no podría continuar mientras el Presidente Ospina permaneciera en el poder. Esta declaración la cablegrafié a Washington sin comentarios.

Las comunicaciones con el Departamento de Estado permanecieron bastante buenas. Tan pronto como iba obteniendo informe, telefoneaba a Carlos Warner a las oficinas de la embajada. A su vez, Warner las trasmitía al Departamento de Estado, por medio de un sistema especial que había instalado en la embajada para uso de nuestra delegación a la Conferencia. El secretario Bill Bielsnd en la embajada elaboró sus propios informes y los chequeó conmigo por teléfono, antes de remitirlos. El secretario Marshall también envió informes a Washington, valiéndose de nuestro sistema. En lo fino de los motines, el secretario de Estado Lovett habló por teléfono con Norman Armour, en las oficinas de la embajada. Desde Rhode Island un periódico interesado en reportear a Carol telefónicamente, pudo lograrlo, una vez que ella tornó a la sede de la embajada. Carol le refirió que todos los americanos estaban bien, como en verdad lo estaban, a pesar de que los colombianos caían en las calles de Bogotá, que había cobrado hasta entonces la apariencia de una ciudad europea bombardeada.

Willard Beaulac

Las emisoras

¡Pueblo liberal, por la venganza de Gaitán, A LA CARGA!

¡Pueblo liberal, por el triunfo de la revolución, A LA CARGA!

¡Pueblo liberal, por la conquista del poder, A LA CARGA!

¡Carajo! Ya me tomé esta vaina, yo soy el que voy a trasmitir y el que tenga algo para perifonear que me lo traiga por escrito. Señores, voy a transmitir una noticia importantísima. Desde la torre de la iglesia de San Ignacio los curas están disparando contra el pueblo. Sí señores, los curas, los hijos de Dios, los predicadores de la caridad, están asesinando al pueblo. Contra la reacción, a la calle, todos armados a la calle por un gobierno del pueblo para el pueblo y por el pueblo...

(Interrupción, gritos, algazara por pelearse el micrófono y una voz fuerte): ¡Los hermanos cristianos están disparando desde las ventanas del colegio de La Salle! ¡Pueblo, constituya una compañía y avance sobre el colegio de La Salle! Se previene a todos los hijos del pueblo que no pasen junto a las torres ni frente a las casas de los curas. Y ahora una noticia importantísima: el doctor Darío Echandía acaba en estos momentos de ocupar el Palacio de la Carrera y de encargarse del poder, custodiado, defendido y apoyado por el ejército. (Una voz: qué doctor Echandía ni qué pan caliente; este es un movimiento del pueblo contra la oligarquía...).

El movimiento es del Partido Liberal, el movimiento es liberal, es de izquierda. El Presidente de la República es el doctor Darío Echandía. Aquí pasamos el micrófono al doctor Jorge Zalamea Borda, eminente escritor y diplomático, quien nos trae información trascendental: «Con ustedes Jorge Zalamea Borda, para comunicarles que se acaba de recibir un radio de Nueva York avisando que el doctor Eduardo Santos salió ya en avión expreso hacia Bogotá, a tomar el poder y restablecer el orden constitucional en su calidad de Primer Designado. El movimiento del pueblo está triunfante y el régimen oprobioso de Mariano Ospina Pérez ha caído para siempre…».

Aló, aló… colombianos en el exterior, aló, aló colombianos en el exterior. Aló, aló colombianos en el exterior. A la una y treinta minutos del día 9 de Abril de 1948… ¡A la una y treinta minutos del 9 de Abril de 1948, al salir de su oficina situada en la carrera séptima, entre las calles catorce y quince, fue asesinado por un policía conservador, el doctor Jorge Eliécer Gaitán, por órdenes del Partido Conservador. Cuatro balazos por la espalda disparó el asesino mandado por el gobierno conservador, que asesinó a la una y treinta minutos, al salir de su oficina, al doctor Jorge Eliécer Gaitán, situada en las calles catorce y quince con carrera séptima…

Aló, aló, fuerzas liberales izquierdistas. Aló, aló fuerzas liberales izquierdistas de Colombia, se han levantado todas las divisiones de la policía en la capital de la República, a favor del movimiento revolucionario…

Ospina Pérez ha caído. El ejército y la policía nacional controlan la situación, comandadas por capitanes demócratas liberales…

¡Policía liberal del Tolima! ¡Policía liberal del Tolima! ¡Policía liberal del Tolima! por motivo de la irreparable desaparición del más ilustre hombre de Colombia, doctor Jorge Eliécer Gaitán, vilmente asesinado por los godos en el día de hoy, debe desencadenarse una revolución sin par en la historia del país…

Aquí nos apoderamos de la Radiodifusora Nacional y de las principales secciones del Gobierno. Un enorme pelotón del ejército y la policía, nos custodia. Apodérense del Gobierno sin temor, para derrocar este infame Gobierno. ¡Apodérense del poder! ¡Viva el Partido Liberal! ¡A la carga, a la carga, a la carga, policía liberal del Tolima!…

¡Aló, aló, aló compañeros, aló la revolución, aló el pueblo! Un destacamento de chulavitas del chafarote coronel Virgilio Barco, viene a asesinar a los estudiantes de la Radio Nacional. Pedimos a todos auxilio y advertimos que el ejército está con nosotros, que el ejército está con nosotros y que hay que respetar al ejército…

Habla Joaquín Tiverio Galvis: El pueblo entero de Colombia, en este momento de amargura de la democracia continental, en los mismos instantes que en la capital de Colombia se reúne una Conferencia y que su primordial fin es el de proteger los intereses democráticos, la dignidad de los habitantes del continente, las garantías de la democracia continental, en la misma época, tuvo el más horrendo, el más envilecedor de los atentados contra la democracia en Colombia...

El pueblo de Bogotá todo, con el pueblo de todas las capitales de los departamentos, con el pueblo de todas las pequeñas ciudades, con el pueblo de todos villorrios; el pueblo de las colinas, de las vertientes y de los páramos. Correr y agruparse, ya no se vence bajo la bandera de Colombia, sino bajo la bandera de las grandes mayorías populares, que hoy mismo asumen el poder en Colombia...

Si antes de seis horas, las mayorías democráticas de Colombia no han asumido el poder, es posible que mañana a pesar de que en estos momentos se han sumado al poder todas las fuerzas militares y las fuerzas de la policía nacional, que habitan en los grandes círculos municipales, si antes de seis horas, no se ha entregado la cabeza constitucional del régimen que ha presidido hasta hoy, para vergüenza de América, Mariano Ospina Pérez y su trinca de asesinos y de negociantes, repetimos, parodiando las frases elocuentes de José Acevedo y Gómez el 20 de julio de 1810: «Antes de doce horas la democracia y la libertad serán tratadas en Colombia como insurgentes». Aprovechemos estas horas. En estos mismos momentos, las fuerzas militares de la policía nacional invaden nuestras calles y regocijadamente fraternizan con el pueblo, pidiendo la inmediata entrega, la dimisión del gobierno dictatorial que ha llevado al calvario la democracia tradicional de Colombia. Quiero advertir a la ciudadanía colombiana que es necesario tener en cuenta que solamente pequeños grupos de la policía nacional y de su oficialidad habían sido convertidos en herramientas directas del asesino.

De Corinto, de Puerto Tejada, de todos los sitios del Cauca. Del oriente caucano, del sur, para manifestarles que la revolución del pueblo de la capital está triunfando, que está triunfante.

Habla ante el micrófono el liberal caucano Rómulo Guzmán, que está al servicio de la revolución liberal, que ha tomado todas las posiciones. Todos los funcionarios y empleados encontrarán armas para ponerlas al servicio del pueblo.

(Voces distantes y angustiadas): El ejército cala bayonetas, viene contra nosotros; pidan refuerzo.

Pedimos a los compañeros armados dirigirse a reforzar los cuadros universitarios que hacen guardia frente a la Radio Nacional porque estamos en grave peligro... (Este comunicado fue repetido varias veces hasta que se perdió entre la algarabía de palabras confusas).

—Destruyamos esto, destruyamos esto, porque esto, porque esto les va a servir a ellos...

—No, no la destruyan, defendemos esto porque nos sirve a nosotros... (Se perciben unos golpes en el receptor que parecen de martillo, luego otros que no se sabe si son producidos por estática o por detonaciones y luego silencio, hasta que se restablece la sinfonía).

[...] El capitán Phillips, el abogado capitán Phillips que hasta ayer no más acompañara a nuestro caudillo en la defensa del teniente Cortés y en la defensa del ejército, está aquí en nuestros estudios, es revolucionario como nosotros, ha organizado el batallón universitario y pasa al micrófono: (Arenga del capitán Phillips al ejército para que apoye el movimiento popular, noticias de nuevos incendios, anuncios sobre la adhesión del ejército al movimiento y otras llamadas desesperadas a reforzar la radio. Nuevas arengas, nuevos golpes, silencio absoluto).

La revolución popular ha triunfado. La presencia del general Marshall y de la delegación norteamericana para la IX Conferencia Panamericana, constituye un insulto para el pueblo colombiano. Es necesario arrojar del poder a los representantes del imperialismo yanqui; Marshall, de acuerdo con Mariano Ospina y Laureano Gómez, ordenó el asesinato de Gaitán...

Se informa al pueblo de Bogotá... que la policía nacional se ha organizado en milicias populares, con los distintivos de llevar una bandera roja, en la gorra...

En estos momentos es defendida la Radiodifusora Nacional, por la policía revolucionaria...

...Se unió a la revolución de Bogotá un destacamento que venía a apoderarse de la Radiodifusora Nacional, se unió a la revolución de Bogotá... (Se escucha una conversación confusa). ¡Viva la revolución! (Grita uno). ¡Viva el ejército!, ¡Viva! (Grita otro).

Todas las divisiones de la policía de la capital de la República, se acaban de unir al movimiento revolucionario...

Todas las divisiones de la policía nacional de la capital de la República, se acaban de unir al movimiento revolucionario...

Todas las divisiones de la policía nacional de la capital de la República, se acaban de unir al movimiento revolucionario. Habrá organizadores sindicales, todas las direcciones revolucionarias tengan presente que el distintivo es una cinta roja sobre la frente... Esas milicias civiles, acaban de rescatar un piquete del ejército, que venía a desalojarnos de la Radiodifusora Nacional...

¡Señores, señores! La noticia, la noticia sobre la Radiodifusora Nacional es la siguiente: Un pelotón del ejército, del ejército nacional mandado por tres distinguidos oficiales que venían por órdenes del Gobierno a desalojar al pueblo de la emisora nacional, inmediatamente se entró en conversaciones con la tropa y viendo que todo el ejército nacional está con nosotros, los oficiales del ejército, los tres oficiales del ejército, le dieron al pelotón órdenes de no disparar contra el pueblo y desplegarse a la revolución...

Se unieron a la revolución y salieron los soldados, los propios soldados gritando: «¡Viva el Partido Liberal! ¡Abajo el Gobierno conservador!». Fue indescriptible la emoción. En el ejército, prácticamente no hay un solo hombre que no esté con nosotros...

Liberales de Colombia: Casi sin palabras.... con la emoción que se anuda en mi garganta, ante la infausta noticia... del desaparecimiento del Jefe más grande de Colombia y de América. Yo como modesto soldado, como vocero del pueblo de Colombia que siente en este momento... la desaparición del gran Jefe, vengo a invitaros a que toméis las armas, que forméis batallones y a que marchemos esta noche al Palacio de los Presidentes, a vengar la sangre de Jorge Eliécer Gaitán. Quiero manifestaros el parte de que vengo de las barricadas de Bogotá; el pueblo en forma heroica, se apresura a poner la roja bandera y desde allí notificarle a la reacción conservadora, que la sangre de Gaitán servirá para crear una nueva época, de progreso y de bienestar para todos los colombianos. Señores liberales, quiero renovarles una invitación, para que la consigna no sea otra, a las armas liberales, a formar vuestro batallón. Al pueblo de Bogotá, quiero invitarlo a que se traslade... a San Francisco, en donde la policía en forma generosa le ha dado las armas al pueblo para que vengue al ilustre desaparecido.

¡Liberales! Aprovechemos este momento decisivo. En nuestras manos está el destino de Colombia y de América. Paso de vencedores...

La clínica

En la Clínica Central comienza a aglomerarse el pueblo. Centenares de mujeres, desgarradas y llorosas, intentan entrar a la Clínica. Gritan desesperadamente, como si cada una de ellas fuera la viuda del caudillo. Esta fue la primera impresión del dolor colectivo. No se trata de un sentimiento hechicero. Es algo espontáneo y natural, que surge ardientemente del corazón del pueblo.

En la Clínica reina la más dramática confusión. Los amigos de Gaitán, se miran atónitos, destruidos por la magnitud del golpe. Se oyen voces contradictorias. Voces de venganza, de retaliación, de concordia, de dolor. Nadie escucha lo que los otros dicen. Comienzan a llegar los dirigentes del liberalismo. Darío Echandía, pálido, mustio. Carlos Lleras Restrepo, Alfonso Araújo, Alberto Arango Tavera, Plinio Mendoza Neira y Julio Roberto Salazar Ferro se encuentran, desde los primeros instantes, en la Clínica.

Difícilmente pueden llegar a la sala de Rayos X, en la que tienen lugar de manera improvisada las primeras reuniones. Un médico —cuyo nombre desconozco— vestido de blanco, quiere poner orden. Pero en vano. Se dan, a gritos, opiniones contradictorias. Se habla de la revolución. Alguno insinúa que el nuevo movimiento debe adelantarse dentro de la Constitución. «El asesinato de Gaitán —contesta otro— nos ha puesto fuera de la Constitución. Hemos entrado en un período revolucionario. Nada de Constituciones». En medio de esa atroz confusión, un ciudadano, de campechana apariencia, vestido de negro, uno con ochenta de estatura, viril y descabellado, comenzó a dar grandes voces: «Han matado a Gaitán. El liberalismo no tiene hombres. Todos los que están reunidos aquí son unos eunucos. No son capaces de decretar la guerra contra los godos. Aquí lo que falta son pantalones». La voz de este liberal enardecido es bronca, agresiva, colérica. Alfonso Araújo trata de calmarlo. «Con ustedes es también la cosa... Araújo. Aquí no hay liberales. Es preciso ir a buscarlos a otra parte». En la calle comienza a crecer la marea popular. En el patio de la Clínica hay reunidas doscientas personas. Unos gritan: «A la calle, a tomarnos el Palacio». Otros se dejan llevar por el sentimiento de amargura, ante el espectáculo del caudillo caído. Absortos y mudos, rumian su dolor.

En una de las alcobas de la Clínica, en el piso bajo, se halla el cadáver de Gaitán, tendido sobre una cama metálica. El rostro con una ligera mueca de dolor, no de amargura. Pálido y demacrado. La cabeza envuelta en gasa. Idéntico a sí mismo. En verdad es Gaitán muerto. El súbito golpe que le tronchó la vida, no logró deformar ninguno de sus rasgos característicos. Esa imagen tan familiar en la política colombiana, que se hizo popular en millones de afiches, corresponde exactamente a la de ese hombre, que yace ahí, mudo e impotente. Los labios sellados para siempre.

No hay enseñanza filosófica parecida a la que da el cadáver de un hombre, que en vida fue ejemplo de vitalidad, de entusiasmo, de valor y de acción. Qué honda lección sobre la vanidad de las cosas humanas. Gaitán adelantó en su vida un esfuerzo prodigioso, logró levantarse sobre el nivel de sus conciudadanos. En treinta años de lucha, buscó afanosamente —como un iluminado— una meta ideal. Sobre todo en los últimos cuatro años de su existencia tumultuosa, viajó por completo sumergido en la acción. Conferencias, discursos, reuniones, viajes, manifestaciones. En Barranquilla, en Montería, en Medellín, en Chocó, en el Cauca. Dondequiera estaba presente. A su paso lo rodeaban las multitudes, en amplio cerco jubiloso. Muy pocos descansos tuvo en esa fragosa batalla. Seguramente en 1950, hubiera sido elegido Presidente de la República. Era esa la compensación adecuada y honrosa a sus afanes, la culminación de su carrera. El partido, poco a poco, se le fue entregando. Dentro de sus copartidarios no tenía ya enemigos decididos. Ya iba a alcanzar ese fruto de su ardua lucha sin tregua, cuando un disparo le destrozó el cerebro. Y el hombre ambicioso, vital, enérgico, se desplomó sobre el pavimento, sin tener conciencia de este último minuto, y toda su carrera ardorosamente elaborada, cayó abatida sobre ese charco de sangre suya.

Abelardo Forero Benavides

Alcancé a ver a Gaitán desnudo, el torso sobre una mesa de operaciones, yacente, con el rostro desfigurado del muerto; tenía un rictus en los labios de desagrado, como de amargura. Entonces lo vi muy cerca; los ojos ya estaban cerrados. Le pregunté al doctor Cruz: «¿Y esto cómo ha sido?».

—Los tres balazos eran mortales.

Don Francisco Gaitán Pardo le había quitado el reloj que se había parado precisamente en el momento en que murió: la una y cinco de la tarde. Me dijo: «Mira, qué curioso» y guardó el reloj.

Darío Samper

En esa tremenda fecha acababa de llegar yo a mi casa, en Chapinero, y me sentaba a la mesa, cuando recibí una primera llamada telefónica de alguna pariente mía, dándome cuenta de que acababan de asesinar a Gaitán. Sintonicé inmediatamente la radio y principié a informarme de la terrible situación que comenzaba a crearse. Para mí era sobremanera difícil tomar cualquier intervención, puesto que mi largo alejamiento de la política activa y el hecho de que yo no me hubiera afiliado al movimiento del doctor Gaitán, me habían privado de influencia sobre las masas liberales de Bogotá. Sin embargo, al darme cuenta de la gravedad de los hechos, comprendí que no podía vacilar y que debía trasladarme al centro de la ciudad para contribuir —en la medida en que me fuera dable— a evitar una catástrofe sin precedentes, el quebrantamiento de la paz nacional y de las instituciones y el sacrificio de muchas vidas. Tomé inmediatamente mi automóvil, recogí unas cuadras adelante a mi compañero de oficina, doctor Pedro Gómez Valderrama, y me trasladé al centro de la ciudad. Al llegar a la esquina de San Francisco, el automóvil fue detenido por la multitud. Ardía en esos momentos el edificio de la Gobernación de Cundinamarca y había un verdadero espectáculo de locura. Los rostros de todas las personas que rodeaban mi coche reflejaban el dolor y la cólera y se veían ya muchas armas en las manos del pueblo. Algunos copartidarios me reconocieron y se acercaron a hablarme. Yo abandoné entonces mi vehículo, recomendé calma y serenidad, y rodeado de un grupo logré entrar a mi oficina en el Banco de la República con el objeto de ponerme en comunicación con la Clínica Central. En esos momentos mi esposa me llamó por el teléfono para indicarme que habían llamado a mi casa a informar que el doctor Darío Echandía había salido para la Clínica y que esperaba encontrarse allí con algunos liberales, entre los cuales se incluía mi nombre. Entonces salí apresuradamente para la Clínica Central, en medio de una muchedumbre que iba engrosando por momentos. En la Clínica encontré ya al doctor Echandía, al doctor Plinio Mendoza Neira, al doctor Alfonso Araújo y a Julio Roberto Salazar Ferro y a muchas otras personas de todos los matices liberales. La exacerbación crecía por momentos ante la noticia ya conocida de que el doctor Gaitán acababa de expirar. Naturalmente se hacían las más disparatadas propuestas y de todos los sectores de la ciudad llegaban noticias de choques y violencias.

Carlos Lleras Restrepo

En la Clínica Central, que estaba ya colmada de gente, pude subir a la sala de operaciones en compañía del doctor Darío Echandía. Constatada la muerte del doctor Gaitán, asistí a una reunión que celebraban en alguna parte de la misma Clínica, algunos jefes liberales; puedo recordar a los doctores Echandía, Carlos Lleras Restrepo, Araújo y Salazar Ferro. En dicha junta oí que se planteó la necesidad de que ellos asumieran la dirección del liberalismo y de entrar en contacto con el Presidente de la República para solicitarle su dimisión. Luego me dirigí en compañía de los mencionados, más Gerardo Molina, hacia la carrera séptima, en donde inútilmente se trató de impedir los movimientos de saqueo. En este momento de absoluta anarquía, no era oída ni reconocida por el pueblo otra voz que la de Echandía.

Antonio García

Se escogió a Echandía porque era el hombre más popular después de Gaitán en el liberalismo. Él tenía un gran prestigio como hombre de izquierda; su comportamiento durante la República liberal había sido muy positivo, y se le ligaba a las reformas más importantes de esa administración. Sobre todo porque en el año 38 fue escogido por el pueblo como candidato para continuar la política de López Pumarejo. En el 38 todas las miradas convergieron hacia Echandía como candidato popular en oposición al candidato liberal burgués, el doctor Eduardo Santos, quien ganó la Presidencia. En el pueblo quedó una gran simpatía por Echandía. También porque se sabía que Echandía era gaitanista. Echandía fue el hombre del momento, y detrás de él nos fuimos a ver qué ocurría.

En la séptima con calle doce, hacia las tres de la tarde se supo que una delegación de dirigentes liberales iba para Palacio. Todos entendimos que esa delegación iba a pedir la renuncia a Ospina; ese fue el sentimiento general. Se daba por seguro el reemplazo de Ospina por Echandía. Entre las dos y las cuatro de la tarde aproximadamente, el movimiento tomó un carácter netamente político. No fue una revolución en el pleno sentido de la palabra, no se trataba de tomar el poder para las clases trabajadoras, nadie habló de eso, sino de cambiar el conservatismo por el liberalismo. Era lo que sentía la gente y Echandía fue la bandera. La asistencia a Palacio de estos señores la justificó la multitud como la condición o el requisito indispensable para salir del Gobierno de Ospina. A las cuatro de la tarde Ospina estaba caído en la opinión pública y solo le faltaba el golpe de gracia.

Gerardo Molina

¿Pero qué hacer? ¿Cuál era la manera de conducir esa situación? Surgieron dos tesis. Los unos eran partidarios de que se formara en el instante, una junta revolucionaria, con el propósito de iniciar un movimiento abiertamente dirigido contra el Presidente de la República. Y se proponía el nombre de Echandía, para encabezar esa junta. Los otros sostenían una solución menos drástica. Era preciso conducirse con cordura. Y la fórmula era esta: Solicitar al señor Ospina Pérez la renuncia del cargo. Una vez obtenida esa renuncia, se calmaría automáticamente el país. Pero la renuncia tenía que producirse dentro de la estabilidad constitucional. Ido Ospina Pérez, podía encargarse el doctor Echandía del poder, como ministro de Gobierno, hasta cuando llegara el señor Eduardo Santos.

Carlos Lleras Restrepo, sostuvo la necesidad de acomodar el criterio de todos los actos —aún en momentos decisivos de revolución— a la norma constitucional. Hay que pensar en el país. Los intereses del liberalismo, no se oponen a los intereses del país. Pero es indispensable obrar. Ante todo salir a la calle para encauzar a las masas.

Abelardo Forero Benavides

Después de varias horas, cuando el pueblo ya estaba en la calle, ya había saqueado los almacenes, había conseguido machetes, ya se había insurreccionado la policía, y se habían repartido armas entre la gente y se veían los pelotones de gente que pasaban por la Clínica Central exigiendo una orientación: «Queremos que salgan los jefes, que nos digan qué tenemos que hacer», algunos decían «Vamos a Palacio».

El capitán Phillips, se había insurreccionado, creo que tenía una parte del ejército movilizándola a Palacio.

Se veían dos tendencias muy marcadas en la discusión: Araújo, y otro grupo que estaba con él, sostenían la tesis de que había que restablecer la Unión Nacional, que lo que estaba ocurriendo en Bogotá era sumamente grave, que estaban destruyendo a Bogotá, que el pueblo estaba en una situación espantosa, que para imponer el orden y evitar los desastres era necesario restablecer la Unidad Nacional con el gobierno conservador.

Otros decían que el responsable de la muerte de Gaitán y de la violencia que vivía el país, era el gobierno de Ospina, que por lo tanto, había que exigirle la renuncia. Y otros, entre ellos Plinio Mendoza Neira y Arango Tavera, sostenían que era una bobería irle a pedir la renuncia al Gobierno, que lo que se debía era ir a conversar con los jefes militares y hacer el golpe de Estado. Yo naturalmente, estaba de acuerdo con ellos, pero triunfó la otra tesis y se fueron camino a Palacio, los dos primeros grupos; los que eran partidarios de restablecer la Unión Nacional, para acabar con el levantamiento del pueblo, con la insurgencia del pueblo, y los que eran partidarios, ingenuamente, de ir a Palacio a pedirle la renuncia a Ospina. Decían argumentos como este: «Al doctor Abadía Méndez en 1928 un grupo de notables en el Gun Club, lo hizo quitar el gabinete y lo obligó a nombrar un gabinete liberal».

Recuerdo que nosotros decíamos, no le pueden dar al 9 de Abril —que es un movimiento en que tiene participación el fascismo— el mismo tratamiento que se le da al 8 de Junio que fue prácticamente en la época de la Patria Boba. Al fascismo, no se le puede dar el mismo tratamiento. Araújo entonces decía: «No, nosotros hemos demostrado que por la violencia no se llega al poder, sino por la acción de las personalidades, a sombrerazos hemos tumbado gobiernos conservadores».

Yo no tenía ningún contacto con los militares, pero Arango Tavera había sido ministro de Hacienda y viceministro de Guerra, Plinio Mendoza también. Ellos tenían muchos amigos en el ejército y efectivamente había oficiales liberales. Gaitán tenía un gran respaldo en el ejército. Gaitán acababa de salir de unas audiencias defendiendo a un oficial del ejército. Poco antes de su muerte, oficiales del ejército y de la policía, le habían ofrecido dar el golpe con él, ante la violencia que había en el país.

El país vivía la Conferencia Panamericana y un espectáculo tremendo de dilapidación, en fin, pero también había una guerra del Gobierno contra el pueblo; en los pueblos estaban matando liberales. En el ejército había vacilación o por lo menos existían posibilidades de tener un factor del ejército. Eso era correcto y así lo consideraban Arango Tavera y Plinio Mendoza que conocían el ejército. Ellos eran partidarios de irse a hablar con los militares y se fueron. Ellos no fueron a Palacio sino que fueron a hablar con los militares. Echandía era la tesis de centro. La de derecha, la de reprimir al pueblo y unirse con los conservadores y restablecer la Unión Nacional, era la de Araújo; la del centro, era pedirle la renuncia a Ospina Pérez, que se retirara. La tesis de izquierda era trabajar con los militares y nosotros con los obreros para dar el golpe. Entonces yo me fui a hablar por la radio, estuve en la Radio Nacional, estuve en Onda Libre [...].

Diego Montaña Cuéllar

Echandía subió y me dijo que no fuera a comunicar la noticia de la muerte de Gaitán, hasta no ver qué resolvían, y después, al cabo del rato, se dio orden de informar al pueblo que estaba conglomerado en la puerta, en la calle. Se llamó inmediatamente al doctor Uribe Cualla, que era el de Medicina General, a que viniera a hacer el levantamiento del cadáver, pero él naturalmente, como se les echaba la culpa a los conservadores del crimen, dijo que no podía ir. No se consiguió en ese momento ningún ataúd, sino que se levantó el cadáver de Gaitán en sábanas de la mesa de cirugía. Son momentos en que siente uno la impresión del desconsuelo, la absoluta tragedia de la incapacidad tanto médica como humana, de revivir un cadáver. Tragedia total.

Yo anuncié la muerte en la puerta. Me subí en una mesa y le di la noticia al pueblo de que había muerto Gaitán y que habíamos sacado su cadáver por la puerta de atrás, que no existía. Esto último para calmar los ánimos, porque el pueblo parece que quería apoderarse del cadáver para salir a la ciudad y hacer desastres.

Había miles de personas, policías que entraban ya con su trapo rojo en la cabeza. La Casa Episcopal frente a la Clínica, ya estaba incendiada.

Yezid Trebert Orozco

La ciudad

Echandía trató de hablarle a la muchedumbre pidiéndole serenidad, pero su voz fue ahogada por una expresión de ira: «¡A Palacio!», «¡A Palacio!», era el grito que se oía en todas partes. Salimos a la calle sin haber tomado ninguna resolución concreta. Como un gran río, la multitud nos empujaba hacia la plaza de Bolívar agitando machetes y algunos fusiles tomados a la Policía. Se respiraba en el aire el humo de los incendios. Al llegar a la calle once, se oyeron nutridos disparos. Tuvimos que tendernos en el suelo. Retrocedimos entonces hacia la calle doce. Entramos en un salón de cine. Allí, desde un balcón, Echandía trató de hacerse oír de nuevo inútilmente. Los gritos reiterados, frenéticos «¡A Palacio!», «¡A Palacio!» acallaban a todo el que quisiera decir algo distinto.

Dentro del edificio, Alfonso Araújo, según creo, logró comunicarse con el Palacio Presidencial y habló con el doctor Camilo de Brigard Silva, quien le hizo creer que el Presidente quería entrevistarse con nosotros. Personalmente, yo consideraba que la renuncia del Presidente Ospina Pérez se hacía necesaria en aquel momento para que el país pudiera, sin feroces traumatismos, salvarse del caos y la disolución. Emprendimos, pues, la marcha hacia Palacio, dando un largo rodeo por la carrera quinta.

Plinio Mendoza Neira

Llegamos hasta la carrera séptima y tomamos hacia la plaza de Bolívar. Alfonso Araújo iba un poco adelante y lo llevaba del brazo una mujer que parecía una líder popular. Yo me encontré cerca de él avanzando por el atrio de La Catedral, en el momento en que comenzó el abaleo, con tiros que iban al cuerpo, no eran tiros al aire, uno veía caer la gente al lado de uno. Aquí la mujer que llevaba a Araújo del brazo recibió un tiro y cayó; Araújo no se agachó, siguió avanzando, hasta que llegó el momento en que tuvo que

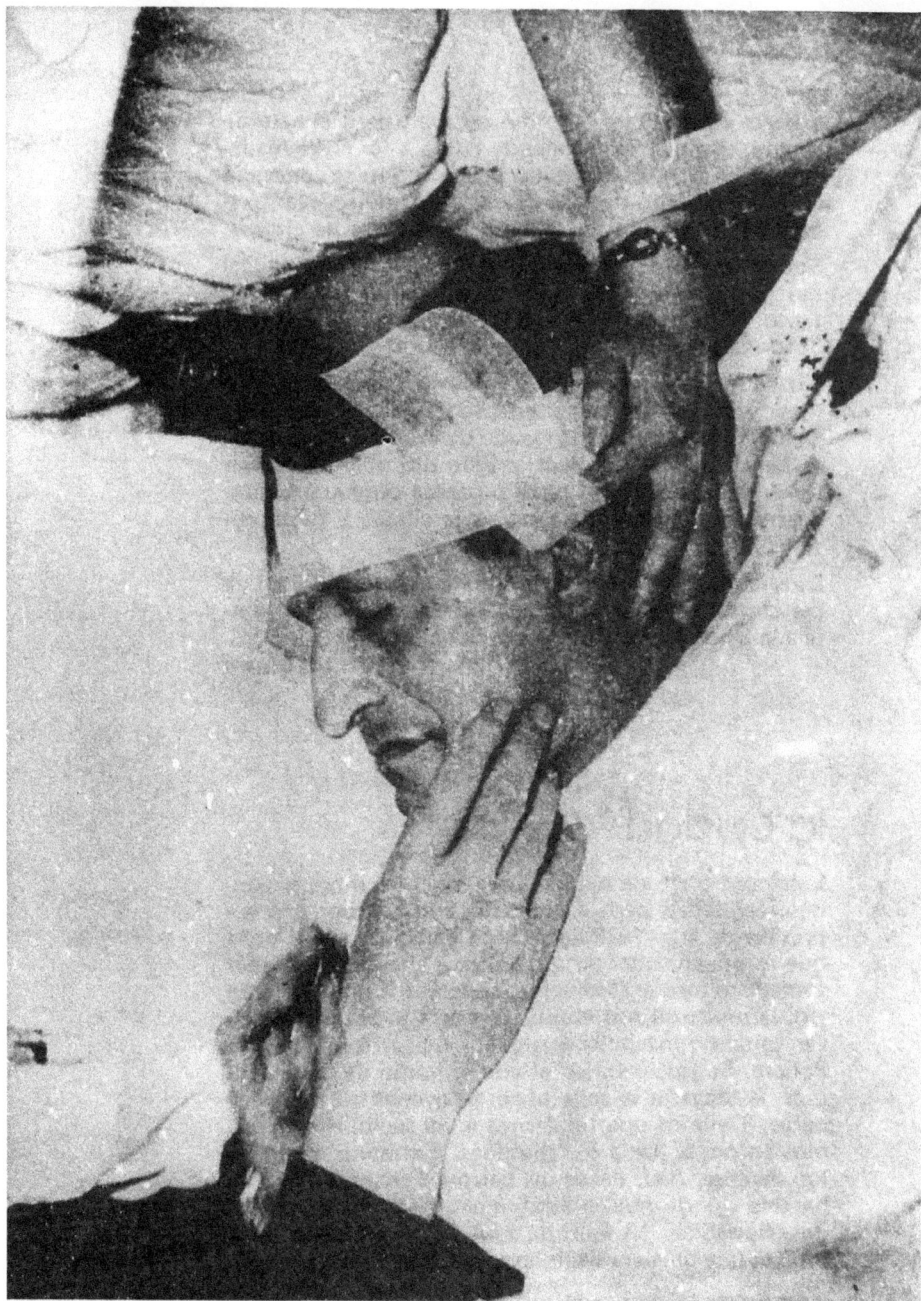

«Yo anuncié la muerte en la puerta. Me subí en una mesa y le di la noticia al pueblo de que había muerto Gaitán…».

replegarse, porque el fuego era muy intenso. Disparaban desde las bocacalles de la carrera séptima con la calle diez, junto al Capitolio, un poco más al sur, tal vez porque algunos alcanzaron a escapar subiendo la calle diez.

En ese momento todo mundo buscó refugio, yo no encontré porque eso era muy descampado y me vine pegado a la pared, más o menos a la altura de La Catedral. En ese momento sentí como un golpe en la sien y me di cuenta que estaba herido, inmediatamente quedé cubierto de sangre, porque esas heridas en la cara son tan espectaculares; yo creo que el marco de los anteojos que usaba me protegió muchísimo.

Volvimos todos hacia la calle doce, donde antes había tratado de hablar Echandía, pero nadie lo había escuchado, era tal la confusión. En ese momento pasaron en un carro con un hombre que había sido herido en la sien, el orificio de entrada de la bala se veía bien, la gente estaba enardecida y furiosa. Era entonces imposible seguir, se corrió la voz de que entráramos al Nuevo Teatro que quedaba en la mitad de la cuadra, entre doce y trece. Se entró todo el mundo, eso era una asamblea multitudinaria, pero hicieron pasar a algunas personas a un cuarto pequeño, ese teatro tenía comunicación con el Teatro Atenas y ahí decidieron que ellos se iban a Palacio por la carrera sexta. Así lo hicieron y finalmente llegaron a Palacio después de muchas dificultades, a eso de las seis de la tarde.

Se gastaron en ese recorrido tres horas, más o menos, porque el avance fue muy lento, luego vino la balacera en la plaza de Bolívar, luego el regreso, y el tratar de persuadir a la gente.

Subimos con Santiago Salazar Santos a una sastrería que había en un segundo piso para que hablara el doctor Lleras, pero no fue posible, tampoco pudo hacerse oír. Esa sastrería tres horas después estaba ardiendo, porque los incendios siguieron por todas partes. Esto debido a que los edificios eran muy viejos; las llamas pasaban de una construcción a otra.

Pedro Gómez Valderrama

En la calle catorce me encontré con el doctor Julio César Turbay que venía con un palo en la mano al frente de un grupo. Participaba activamente con la gente. Estaba yo viendo los incendios de los tranvías, que los incendiaron en todo el sector de la plaza de Bolívar y los tumbaron «patas arriba». Ya habían incendiado el Palacio de la Cancillería, el Palacio de la Gobernación ya estaba ardiendo, yo lo vi, vi cuando estaba ardiendo el Hotel Regina. La multitud estaba llenando las calles. Seguí más adelante y vi todos los incendios de la carrera séptima. Allí no había más qué hacer, y ya había francotiradores en las azoteas. Caía un aguacero tremendo que vino a salvar en parte la ciudad, porque el incendio de la carrera séptima era por cuadras enteras y la mayor parte de los incendios se produjo en los almacenes de los judíos, porque toda la séptima estaba ocupada. Inmigrantes judíos habían puesto sus comercios allí.

Me vi con Jorge Villaveces, con Jorge Padilla, con toda esa gente y comentábamos la cosa trágica y tremenda, eso de qué hacer, qué vamos a hacer, vamos a reunirnos, no sé qué.

Hubo muchos liberales que saqueaban y se llevaban las máquinas de escribir, las llevaban a los locales de la dirección liberal. Otros, los que se robaron una gran cantidad de ropa de los almacenes judíos se la llevaron para los lados del Circo y pusieron almacén. Después de varios días las damas encopetadas de Bogotá iban a comprar sus abrigos, en el mercado persa que se formó en la ciudad.

Darío Samper

Cuando llegué a la Clínica, serían las tres pasadas, ya estaba Gaitán muerto. Pregunté a Alfonso Bonilla y a Pedro Eliseo: «¿Qué ha pasado? No, están deliberando, se han ido para *El Tiempo,* para el Teatro Atenas, en fin».

En esas llegó un muchacho y me dijo: «A su cuñado lo acaban de matar», era Alfonso Araújo, «y el cadáver de su cuñado está tendido junto a la placa donde se conmemora la muerte del general Uribe; lo vi caer muerto». Le dije al tipo: «Camine, nos vamos a traer ese cadáver». Salí de la Clínica; eran como las cuatro; la situación había tomado características violentas, ardía toda la calle doce, le prendieron candela a la Nunciatura y al Ministerio de Gobierno; la balacera era con mucha intensidad. Por otra parte empezaban a entrar heridos en la Clínica Central. Recuerdo que cuando yo salía, entraba un tipo sin saco, con un machete en el brazo, echando sangre, tan pronto me conoció me dijo: «Doctor, mire, esta sangre es bendita, porque este machetazo me lo acaba de pegar un cura en la plaza de Bolívar». Bajé por la calle doce, por la séptima muy difícil de llegar al sitio donde estaba el cadáver de Araújo, trataba de bordear y era subir por la calle octava, en esos momentos de angustia, piensa uno, para traer el cadáver de Alfonso Araújo, me lo echo al hombro, pero me di cuenta de la magnitud de la tragedia porque alcancé a asomarme al espectáculo de la plaza de Bolívar; llegué hasta la carrera séptima con calle doce y vi cosas absolutamente inverosímiles, como un policía disparando contra la torre de La Catedral, porque en la torre de La Catedral había un cura; un muchachito de unos catorce años le servía de mampuesto al policía para disparar. Yo sí vi una figura, no digo que sea un cura, pero la gente decía que el cura estaba disparando a la multitud y caía la gente como en las películas, caía...

Va un tipo caminando, levanta las manos y ¡zas! queda muerto. Yo me fui, sin dar la espalda, muy poco a poco, cuando llegué a la esquina de la carrera octava, el tipo que me acompañaba se me había perdido y la balacera era tan grande que era absolutamente imposible que yo pudiera llegar al sitio donde me proponía. Entonces me devolví a la Clínica, con gran dificultad entré, como a las cinco de la tarde, la encontré plagada de muertos y de heridos; había por lo menos cuarenta o cincuenta muertos y muchos heridos; dos médicos hacían las curaciones de urgencias; unos llegaban borrachos y caían; a esos los sacaban los médicos y despejaban el lugar. Los incendios habían cobrado una inmensa intensidad. Yo me puse a pensar, ¿qué hago? Entonces decidí ponerme en comunicación con Tito Orozco que estaba en la Quinta División. Todavía no había llegado Adán Arriaga, pero logré ponerme en comunicación con Tito y me pegó, como quien dice, una vaciada. «¿Usted dónde está?». «Estoy aquí en la Clínica». «¿Y usted qué hace allá? ¿Por qué no está aquí?». Le dije: «¿Y usted qué está haciendo?», y me dijo: «Aquí estamos preparando las fuerzas con que nos vamos a tomar a Palacio». «¿Y cuáles fuerzas?», le dije. Me dijo: «Pues la policía». Le dije: «¿Y todos están borrachos? ¿Cuáles hombres tiene usted Tito?». Me dijo: «Aquí tengo por lo menos trescientos hombres». Le dije: «¿Qué armas?». Me dijo: «Estamos armados». «Sí, pero ¿con qué armas?»; me dijo: «Fusiles». Le dije: «¿Y si el ejército saca los tanques, o nos dispara con bazucas? ¿Qué va a hacer uno con fusiles?; a mí me parece insensato cualquier movimiento que se haga, mientras no sepamos si contamos o no con el ejército; podemos dar un golpe en veinte minutos con la policía ¿y después qué? Mientras no conozcamos cuál va a ser la actitud del ejército, cualquier movimiento me parece insensato y usted que es militar debe comprenderlo así». Entonces me colgó, se puso furioso, pero yo tenía toda la razón, era absolutamente insensato. Sin embargo me fui hasta la Octava División, que quedaba en la carrera sexta cerca de la Universidad Libre, a ver qué había. Encontré desorden, policías armados: «¿Ustedes qué han pensado?». «No, aquí esperando órdenes». «¿De quién? ¿Usted tiene algún movimiento coordinado con la Séptima División?». «No, no tenemos nada». Eso era el desbarajuste, y además con los policías borrachos y armados, era difícil, muy difícil que la acción armada tuviera éxito. Entonces yo me volví para el epicentro, la Clínica, porque yo pensé: «Aquí tiene que venir la gente a ver qué se hace».

Julio Ortiz Márquez

Traté de buscar a la guardia gaitanista, a los amigos gaitanistas, pero conocí a muy pocos en la calle. Como a las dos de la tarde fuimos a *El Tiempo*, allí me encontré con muchas personas que vivían la misma angustia. *El Tiempo* fue el primer lugar en donde se reunieron las personas porque, por esos días, ya el periódico del doctor Santos había reconocido la jefatura única de Gaitán y había cierto clima de entendimiento entre el movimiento gaitanista y las directivas de ese diario. Eso explica en parte por qué todos fuimos a dar a la edificación de la Avenida Jiménez con carrera séptima. Tratamos por todos los medios la comunicación con el público que aumentaba cada vez, pero todo fue imposible. Se trató de buscar altoparlantes, se trató de ver cómo se detenía la gente en las esquinas para dirigirles la palabra, pensamos hacer una acción coordinada entre todos, pero fue imposible. En muy poco tiempo se desató el huracán multitudinario y a poco andar empezaron a romper vitrinas, puertas de almacenes y a sacar especialmente licores, lo que fue el mayor descalabro del momento, porque al calor de la multitud, frente a esa efervescencia y a esa sed de venganza de la gente, se unía un factor desencadenante como era el alcohol. En fin nada se pudo hacer.

Desde la calle diecisiete con la carrera octava vi una gran multitud que se extendía, llenando la mitad de la plaza de Santander, que seguía por la calle de *El Tiempo* donde más o menos permanecía estacionaria, para el lado de la plaza de Bolívar había todavía más gente. Las inmediaciones de la Clínica Central estaban llenas de gente. El mayor flujo fue de los barrios orientales y de los barrios del sur, del norte venían más bien pocos. Esa gente ostentaba en lo alto machetes, espadas que no sé dónde habían conseguido, palos y muy pocas armas de fuego, fusiles. Era imposible que se estuvieran quietas como se les pedía o como trataba de pedírseles porque la multitud es necesariamente dinámica, tiende a la expansión, y la expansión de una multitud herida siempre es para la destrucción.

No habiendo cómo avanzar hacia Palacio, que era el objeto que estaba en mente de todos, habiendo sido detenida, replegada sobre sí misma, no le quedaba más remedio que la expansión lateral y esta eran los establecimientos de comercio, las ventas de licores y eso explica, no que hubiera un propósito deliberado de saqueo, sino que era una fuerza física, la expansión de la multitud, que no podía avanzar hacia el Palacio Presidencial para aprehender al Presidente, considerándolo como el símbolo del poder constituido, los obligó a expandirse lateralmente y fue lo que hizo ver que dentro había cosas que sustraer y entonces se dedicaron a eso.

Lo más parecido al rostro de la multitud fue lo que se pudo ver frente a *El Tiempo*. Personas con los brazos en alto, con palos, machetes, estoques, espadas, lo que habían podido conseguir. El rostro del 9 de Abril puede decirse que está en una fotografía que ha tenido mucha difusión y que es exactamente lo que estoy diciendo: media cuadra de gente —que es lo que sale en la fotografía— ostentando las armas que habían podido conseguir, furiosas en su aparente quietud.

Si hubiese habido una apertura hacia Palacio, si no se hubiera presentado el retroceso ante los disparos, no se habría realizado el saqueo, porque se habría cumplido un objetivo. Pero no cumplido su objetivo hasta las cinco de la tarde, la multitud tenía que abrirse campo a cualquier lado.

Luis Carlos Pérez

Desde las oficinas de la CTC en la calle, catorce con carrera séptima, yo vi el célebre problema de los tanques que desfilaban para defender a Palacio, pero desfilaban en medio de la aclamación y los aplausos de la gente convencida que el ejército estaba con el pueblo. Sobre los tanques se trepó una cantidad de gente que iba gritando, ¡Viva el Partido Liberal! Luego viene la realidad: los tanques se concentraban en la defensa de Palacio y comienza el tiroteo en la plaza de Bolívar. Fue algo tremendo.

Pero la lucha organizada fue pequeña, dirigida por el grupo de gente que tomó parte, liberales, algunos comunistas que consiguieron armas.

La gran masa estaba convencida de que había caído el Gobierno, además eso lo decían la Radio Nacional y Últimas Noticias. Todas las emisoras fueron tomadas por estudiantes, entre los cuales estaba nuestro amigo el poeta Gaitán Durán; comenzaron a difundir las cosas más fantásticas; la caída del Gobierno, la renuncia de Ospina Pérez, que en los faroles de la plaza de Bolívar habían ahorcado a Montalvo, y esas noticias eran lo que oía la gente y se oían en todo el país. La radio jugó un papel de gran acción agitadora, pero a la vez, desorientadora. Lo que desorientó a la gente fueron las noticias fantásticas que transmitían por la radio.

Los fieles de Gaitán, la vieja guardia, los tenientes, digamos más antiguos de Gaitán, entre ellos Jorge Villaveces, el jefe de la JEGA, nos recibieron muy bien, por la solidaridad que íbamos a prestarles.

Lo que interesaba era orientar una lucha y ¿qué oímos de Jorge Villaveces? Que lanzaba la consigna de envenenar el agua del acueducto, esas eran las cosas que se les ocurrían en medio de la desesperación. La gente estaba habituada al caudillismo, esperaban todo del caudillo. Ellos, al morir su caudillo, no pensaban que debían seguir adelante con un movimiento sino que había que vengarlo. Es un hecho bastante importante para entender el 9 de Abril. Las masas gaitanistas —especialmente los activistas del gaitanismo— buscaban vengar a su Jefe. Ellos creían que con la muerte de su Jefe desaparecía toda posibilidad de cambio; por eso vienen los incendios, los incendios no son un acto de vandalismo, son un acto de venganza y hay que mirar claramente qué fue lo que incendiaron; incendiaron los símbolos que ellos creyeron que habían acabado con la vida de su Jefe.

Gilberto Vieira

A estas alturas se cruzaban las oleadas de gente y las veía uno como una especie de rutas de hormigas, unas cogiendo hacia Palacio con barras, con palos, machetes, con lo que podían, muy pocas armas.

Los policías habían dado sus fusiles, casi ninguno tenía el arma, ellos simplemente se abrían la chaqueta o se volteaban la gorra y se ponían una cucarda roja arriba.

Cuando íbamos con el doctor Uribe Márquez cerca de donde mataron a Gaitán, ahí permanecía una situación de congestión de gente, como remolinos. En ese momento se oyeron los tanques y la ilusión de todos era enorme.

Al ver los tanques, encima de ellos venía gente con trapos rojos y un hombre con una bandera de Colombia. Los tanques pasaron rapidísimo y la gente vivaba al ejército, porque pensaban que iban a tumbar al Gobierno. Nosotros con el doctor Uribe Márquez quisimos dirigirnos a Palacio o a la plaza de Bolívar pero no se podía porque había mucha bala disparada por el ejército, había muchos muertos. También había algunos francotiradores; en la calle décima con carrera cuarta, en el piso, había un civil disparando, se sentía ya mucho tiroteo duro.

Visto esto, nos devolvimos y vimos pasar los tanques ya como en la calle dieciséis o Avenida Jiménez, eran como tres y se fueron hacia Palacio. En *El Tiempo* el doctor Uribe Márquez se acercó y habló con alguien y le dijeron que el doctor García Peña se estaba comunicando con Palacio y con el doctor Eduardo Santos, que él vendría a posesionarse de la Presidencia, porque Ospina sería derrocado o renunciaría y que iba a haber una junta militar que asumiría el poder mientras llegaba Eduardo Santos.

Lo más impresionante era ver cómo la gente cargaba objetos grandes, yo vi gente cargando neveras, también llevando radios, había mujeres del pueblo que llevaban tres o cuatro abrigos, tipo lumpen, vivanderas, gamines entre dieciocho y veintidós años, muy del pueblo, muy cetrino, muy mestizo, muy aindiado, pueblo, pueblo, no clase obrera. Muchas cosas las tiraban a la cuadra por no poder cargarlas y las negociaban, es increíble pero había permuta, había negocio en la calle. Cerca había una licorería y la gente destapaba las botellas y se las tomaba enteras.

Como a las cuatro o cuatro y media subimos a las oficinas de Últimas Noticias. No había orden ni locutor, no había sino unos empleados. En el segundo piso había un balcón y yo me asomé, aquello era el caos, eran imágenes como del apocalipsis.

El micrófono estaba abierto y el doctor Uribe Márquez se echó una proclama de unos cinco minutos. Hablaba, hizo la apología del mártir, una cosa muy romántica, sobre el caudillo, que había que vengarlo, que tomarse el poder, pero nada más que frases literarias, ningún orden. Entonces me tocó a mí y fue tan breve como lo que decía todo el mundo, ya que el que iba llegando iba hablando cosas retóricas, algunas bastante incendiarias, pero no más, aquí no había nada denso, nada ideológico. Yo recuerdo que me dirigí a mis compañeros de la Universidad Nacional, me imagino que ninguno estaba oyendo; que los convocaba en ese momento histórico a tomarse la Radio Nacional, a tomarse los cuarteles, a tomarse el poder; otra cosa formal, retórica. Esto demuestra que no había ninguna organización estudiantil porque no nos dirigíamos a nada concreto, a un grupo.

Terminada nuestra arenga nos quedamos unos diez minutos, eso era un río de gente. Entraba todo el mundo y despachaba su discurso y se sentía en paz con la historia y con la revolución; pero realmente esa radio no fue orientada en algún sentido que hubiera llevado a una conducción nacional de aquel proceso anárquico.

En esa subsede de la revuelta, que era Últimas Noticias, se oyó mucha información como lo de la Quinta División. Allí se presentó un señor con un fusil y dijo que en la Quinta División estaban dando armas, naturalmente su fusil no tenía munición.

Pasó un jeep que reconoció al doctor Uribe Márquez y nos llevó hasta la Quinta División, yo creo que llegamos cerca de las siete, seguía lloviendo.

Luis Emiro Valencia

Fue tan rápida la movilización de gente, que no caminaba sino corría. Ya llegando a Chapinero nos alcanzó el capitán Mario Serpa, quien comandaba un tanque de guerra, y al verlo grité: «¡Mi capitán!» y él me dio la mano y salté al tanque. Enseguida se llenó de gente el tanque. Creo que lo seguían uno o dos más, pues me alcanzaron una bandera y la iba agitando y no me di cuenta cuántos tanques nos seguían ni de la cantidad de gente que corría a la par con nosotros.

Al llegar al centro, ya estaban rompiendo vitrinas, robando y tomando trago todo mundo. En la calle diez con carrera séptima, de un tiro me rompieron el asta de la bandera que llevaba, y sin pérdida de tiempo me tiré a tierra lo mismo que todos los que iban encima del tanque. Recuerdo que de esa descarga murieron varios.

Yo como había sido militar, me arrastré hacia la carrera octava. Los tanques siguieron su marcha. Creo que iban para Palacio. Esa descarga no sé de dónde salió, pues nos cogió por sorpresa. Creo que venía como del lado de la calle diez, de la séptima para arriba o de esa esquina. Esa fue la última vez que vi al capitán Serpa.

Antonio Tuta

A las dos y media cae un aguacero salvaje, que dispersa a la gente, vuelve y se agrupa entre las tres y media o cuatro de la tarde. Los poquitos que sí luchamos con un poco de consecuencia, estábamos enfrascados en la plaza de Bolívar viendo cómo nos tomábamos el Palacio Presidencial.

Una cosa que obstaculizó la toma del Palacio, creo que no fue en sí el ejército, sino los curas de San Bartolomé, que desde la torre de San Ignacio y desde las ventanas de San Bartolomé, dirigidos por los jesuitas, fue mucho lo que dispararon, entonces nos fregaron en todas las tentativas que hicimos, no nos dejaron pasar la calle décima. Si no es por ese obstáculo nos metemos hasta el Palacio, así hubieran masacrado una inmensa masa. La mayoría de las comunidades religiosas tenían armas, y armas en cantidad.

Yo quiero relatar un hecho muy importante: el paso de los tanques, porque ahí se frustró en horas muy tempranas, ese ímpetu revolucionario que tenía el pueblo. Hasta las tres de la tarde se puede decir que la «revolución» estaba triunfando, a pesar del aguacero que fue un tremendo aliado del Gobierno. Nosotros nos habíamos tomado el convento de los Hermanos Cristianos, que dirigía la Escuela Apostólica, a espaldas de La Catedral. Ellos manejaban La Catedral a través de los coros y los acólitos. A las tres de la tarde nos tomamos el convento, centímetro a centímetro, y con poca resistencia. Cuando entró la masa, no encontró absolutamente ningún cura. Imagino que tendrían puertas secretas o alguna otra forma de evadirse, pero la cosa fue que no encontramos a nadie. Salimos triunfantes de la Escuela Apostólica. Nos encontramos que en la plaza de Bolívar había una resistencia fuerte de parte del ejército, del Palacio Presidencial hacia acá. Cuando venían, yo creo que alrededor de cinco o seis tanques, y a los tanques de una manera muy hábil sus conductores les pusieron banderas rojas, la masa que estaba en la calle deliraba de entusiasmo, se creía triunfante, porque pensaba que los tanques eran de la revolución, y además, porque los defensores del Palacio Presidencial eran los de la Guardia Presidencial y parece que con muy pocos efectivos. Entonces en la ilusión, el triunfo estaba al alcance de las manos. Como una media hora antes de llegar los tanques, estábamos desesperados por la toma del Palacio. Un camarada, viejo militante del Partido Comunista, Marcos Bernal y que por coincidencia era secretario del sindicato del cual era yo Presidente, dentro de la multitud nos encontramos, él sabía mucho de sabotaje y de cosas de esas, ideamos cómo tomarnos el Palacio Presidencial.

La mayoría de la tropa no estaba atrincherada sino apostada frente al Palacio, armados de fusiles y ametralladoras. El camarada Bernal me dijo: «Consigamos un camión cargado de gasolina y reguémosla calle abajo y como la calle es en declive, cuando consideremos que la gasolina ha llegado al Palacio Presidencial le prendemos candela y no queda uno solo. Y enseguida hacemos el ataque fácil». En esa congestión nos fue imposible conseguir la gasolina. Nosotros necesitábamos cantidad de gasolina, para prender candela a todo el sector. Fue un plan ilusorio, nada más.

El gran error estuvo en que no hubo un jefe y menos un jefe militar. Recuerdo —cuando estábamos disparando desde la calle once hacia la Escuela Apostólica— un policía que llevaba fusil y cayó herido, le alcanzó el fusil a otro voluntario que no sabía manejar el fusil, y mató a otro gaitanista que estaba cerca. Nosotros obrábamos por cuenta propia, no había nadie quien dirigiera. Entonces estábamos en la plaza de Bolívar bregando a conseguir la gasolina, resistiendo la balacera que venía, cuando aparecieron los tanques por la carrera séptima y la masa montada en ellos. Detrás de cada tanque venían unas doscientas a trescientas personas entusiasmadas, alegres, armadas de palos, de cuchillos y de machetes, marchaban convencidas hacia la toma del Palacio. Ya nos sentimos respaldados por los tanques. Al entrar el último tanque, yo me fui detrás bajo su sombra, tal vez por eso estoy vivo, eran como cuatro o cinco los tanques, en la carrera séptima con calle once comenzaron a disparar contra la masa. La mortandad fue salvaje, en medio de tantos gritos adoloridos, en medio de una angustia nefasta. La ilusión había sido descabezada. Ya no quedaban alientos para pensar en Palacio. Me boté acostado sobre el andén de una casa vieja donde funcionaba la funeraria Gaviria, y encima me cayó un señor grande, gordísimo, que en la angustia, recuerdo, que él se movía y me decía: «¡Quieto!, ¡Quieto!», para que no le dispararan. Cuando ya pasaron los tanques le dije: «Corramos», y el señor no contestó, había muerto encima de mí. Yo estaba bañado en sangre, di la vuelta y a cinco pasos entré a la funeraria. Y la funeraria era un cuadro macabro, muertos como un diablo, no. Los que estaban adentro sin mucho cuidado iban acomodando a los muertos en los cajones, unos quedaban con los pies salidos, porque el cajón era muy pequeño… Yo sudaba física muerte… En otros cajones se metían a la fuerza dos o tres muertos….

Manuel Salazar

Se veía por la calle diez y por la calle once, cómo bajaban de los barrios altos miles de personas, eso era importante. Ya venían con machetes y tubos, seguramente de los saqueos a las ferreterías.

Lo de los tanques, sí fue en principio un engaño para nosotros. El primer tanque llevaba en la torreta una bandera blanca, bandera de la paz. Todos creíamos que estaban a favor nuestro, cuando de pronto voltean la torre y empiezan a disparar. Muchos trataron de enfrentárseles con botellas de gasolina y hasta con machetes, eso fue salvaje. Un hombre se tiró con su machete, tratando de enfrentarse al tanque. El hombre quedó floreado por los tanques de atrás. La torreta buscaba víctimas.

Luis Eduardo Ricaurte

Un detalle que me parece a mi un tanto decisivo. Cuando ya la gente había regresado de la Clínica, y la población de los barrios se había lanzado sobre el centro de Bogotá, se formó una gigantesca manifestación que cubrió toda la carrera séptima y avanzaba hacia la plaza de Bolívar para llegar a Palacio. Cuando la multitud se asomaba a la esquina de la plaza de Bolívar, se dio la información de que llegaba un tanque amigo. Evidentemente de norte a sur por la carrera séptima, venían varios tanques con banderas rojas. Por las ilusiones que siempre han tenido las masas liberales en el ejército, inmediatamente pensaron que el ejército estaba con la protesta por el asesinato de Gaitán y le abrieron campo de honor a los tanques y rompieron en aplausos, y detrás de ellos se lanzaron las masas convencidas de que iban a tomarse el Palacio. Atravesaron la plaza de Bolívar y se metieron por la carrera séptima hacia Palacio, es decir, de la calle diez hacia el Palacio de la Carrera y cuando ya habían avanzado más de media cuadra, el primer tanque volteó la torreta y enfocó las ametralladoras contra la multitud, y las vació dejando en la carrera séptima un tendal de muertos. Eso parecía como si una multitud hubiera entrado a un inmenso almacén de vestidos y hubiera tirado los vestidos a la calle.

Los que estábamos en las oficinas del partido, nos bajamos inmediatamente con la consigna de continuar con la masa adelante y varios alcanzamos a llegar justamente a la esquina de Palacio, cuando inició el tableteo de la ametralladora. En ese momento vino la dispersión de la masa, la confusión, la desmoralización y la desbandada, todo el mundo se alzó como loco

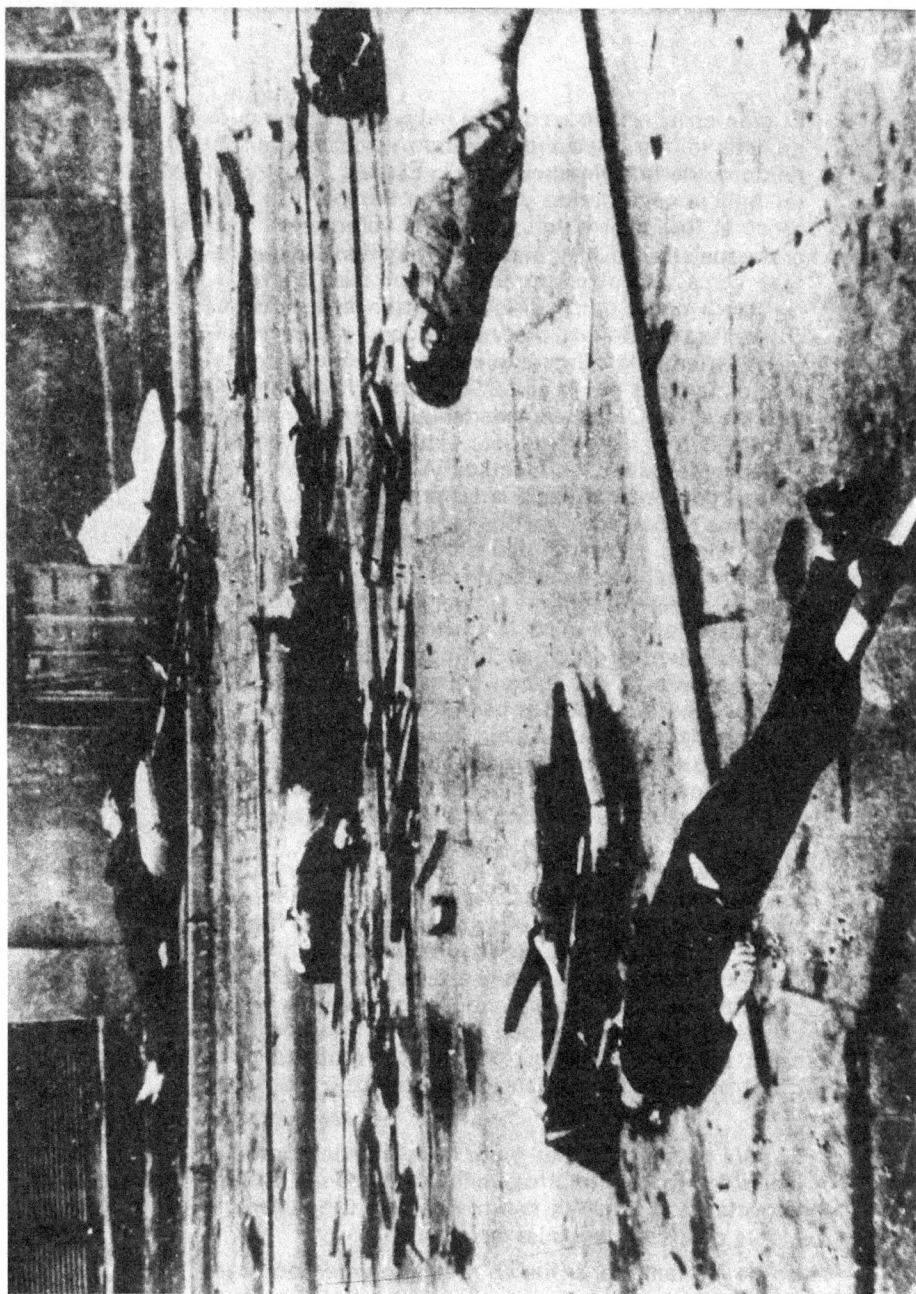

«La ilusión había sido descabezada».

a correr, entró a las ferreterías a armarse como pudiera; se veía la gente en las calles con machetes, con martillos, con destornilladores, con una hoz, por ejemplo, buscando algo para pelear sin saber a quién enfrentarse. El único enemigo era el Gobierno y el Gobierno en ese momento ya estaba protegido por los tanques más el batallón Guardia Presidencial. Entonces la masa se lanzó sobre todo lo que tuviera carácter oficial. Viene entonces, la quema de los edificios, la quema y volcamiento de los tranvías y se inicia la borrachera colectiva cuando la masa asalta las cigarrerías, empieza a tomar toda clase de licores, inclusive llegan momentos en que ni siquiera destapan las botellas, sino que las rompen contra algo, beben de la botella rota atolondrados por la angustia y la impotencia con una especie de necesidad de olvidar. Naturalmente esto creó la anarquía general en un gran sector de las masas. Sin embargo la lucha y la protesta en la calle siguió durante toda la tarde y parte de la noche, pese al tremendo aguacero que también vino a contribuir un tanto a la dispersión.

¿Dónde está el partido en esos momentos? Durante todo este tiempo, desaparecido dentro de la multitud; no fue posible ninguna coordinación, ninguna orientación, ninguna acción de tipo colectivo, cada cual se lanzó a la calle a vincularse a la multitud o meterse en ella y actuar prácticamente por el instinto. No se puede decir que hubo una orientación distinta a la consigna que se lanzó desde el balcón del edificio Mazuera: «¡Hacia el Palacio Presidencial!».

Julio Posada

Los tanques entraron callados por la carrera séptima. Algunos se subieron a las torrecillas y gritaban vivas a Gaitán y a la revolución; llegando a Palacio, los tanques se volvieron contra el pueblo. La confusión con los tanques se debió a que circuló en la calle el rumor de que el ejército se había puesto al servicio del gaitanismo.

Pero antes de la llegada de los tanques, realizamos un intento suicida: a mí me recorren escalofríos cada vez que recuerdo la cosa. Nosotros caminábamos por el atrio de La Catedral y el ejército estaba en el atrio del Capitolio y cerró la séptima completamente. Ellos ya estaban muy reforzados. Hacia las cuatro de la tarde, la multitud permanecía bajo el aguacero, mientras nosotros estábamos resueltos a irnos a Palacio pasara lo que pasara; fue cuando hubo la gran mortandad en el atrio de La Catedral. La gente se lanzó en volumen por la carrera séptima hacia el sur para ir a Palacio y desde el Capitolio nos hicieron una descarga cerrada, yo me salvé de milagro porque me tiré contra el suelo, al pie de La Catedral y muchos cayeron encima de mí. Pasaba una señora embarazada y cayó al suelo, ahí mismo abortó. Yo salía muy maltrecho, sin embargo me logré hacer de un cuchillo. Con el mismo volví hasta la calle catorce con la multitud.

El ejército se había posesionado de la carrera séptima y disparaba a lo que viera. Recuerdo a un hombre que estaba en la carrera octava con calle diez y le hicieron un disparo desde el atrio de La Catedral y allá cayó contra la alcaldía.

Yo bajé por la Jiménez al directorio liberal, en la calle quince con carrera diez, y traté de organizar algunos grupos, con el general Martínez Plata, y de lanzarlos a la calle a pelear. Las instrucciones que dimos eran simplemente ir a pelear, a bajar godos antigaitanistas.

No había ningún contacto con la dirección liberal, estábamos todos anarquizados completamente. Las órdenes eran las que yo daba y lo que cada cual hacía espontáneamente.

Gabriel Muñoz Uribe

Eran las tres y media de la tarde cuando el estrépito de los motores de tres tanques irrumpió por la calle más céntrica de la ciudad, la carrera séptima.

En columna de marcha, con el comandante de la misma fuera de cabina, las unidades motorizadas avanzaban sin hostigamiento por parte del pueblo y sí con el beneplácito de este. ¿Por qué?

Traían en las antenas de sus radios, banderines rojos. Su comandante saludaba a su paso a la muchedumbre y esta —confiada en que verdaderamente venían a apoyar al pueblo en armas— los recibía como si fuesen soldados que liberaban una posición tomada por el enemigo.

Muchos abordaron los tanques y fueron con ellos hasta la plaza de Bolívar. Pero allí cambió la situación tan bruscamente como las descargas cerradas de las ametralladoras y de los tanques que súbitamente se volvieron contra el pueblo. ¿Qué pasó?

La columna era comandada por el capitán Serpa. Este tenía adornado su casco de acero con una cinta roja. Hay tres o más versiones de lo que aconteció. ¿Era cierto que esa columna iba a apoyar la revuelta del pueblo amotinado por la muerte de su máximo líder y conductor?

Hay quienes afirman que sí lo era. Fue el único movimiento de tropas del Cantón Norte de la ciudad. Pues solamente la Guardia Presidencial había actuado en defensa del Palacio, sin ir su acción más allá de la distancia prudencial para una defensa bien concebida de su cometido.

Hubo un hecho en la marcha de la columna motorizada que cambió la situación, según las versiones sobre el particular. La muerte del capitán Serpa.

Hay quienes afirman que el disparo que recibió el oficial en la cabeza fue hecho por el segundo oficial comandante del tanque insignia de la columna. Versión que es desmentida por algunos sectores.

Otros aseguran que el tiro fatal fue el resultado de una descarga de la Guardia Presidencial, que en un comienzo hizo frente a la columna puesto que sabía cuál era la posición de esa columna y en acción defensiva disparó contra los tanques.

Hay quienes afirman que la muerte del capitán Serpa fue accidental. Que las banderas rojas izadas en las antenas de su columna motorizada eran para facilitar el avance de los tanques que en su interior transportaban a políticos hacia el Palacio.

Lo que sí es cierto es que al tomar posición defensiva los tanques y abrir fuego contra la muchedumbre que estaba en la plaza de Bolívar, centenares de personas quedaron tendidas en el pavimento.

Bajo la descarga de los tanques murieron incontables amotinados, mujeres y curiosos. Fue el sitio y el momento en que se produjeron más muertes durante el «Bogotazo».

Jaime Cortés Duran

Con el engaño de los tanques, sí se generalizó el pánico y se buscó la forma de organizamos, de ubicarnos en los distintos barrios, de buscar los dirigentes, en fin de hacer algo.

La plaza de mercado era espantosa porque ese era un fuerte gaitanista sincero, apasionado. Se veían esas mujeres y hombres desesperados con cuchillos y palos; la gritería de «¡A Palacio!», era el decir de todos.

En la radio estaban perifoneando, diciendo toda clase de cosas, que Montalvo estaba colgado, era la locura, había un desconcierto muy grande. Nosotros, que veníamos de la plaza de Bolívar, al escuchar esa serie de cosas por la radio sabíamos que no eran ciertas.

Yo alcancé a ir a la trece, había una radiodifusora, no recuerdo cuál, pero estaba incendiada, había micrófonos tirados en el suelo.

En todas partes la gente estaba en pie de batalla, pero sin organización, terminaba haciendo barbaridades; eso era la locura colectiva.

Más tarde me fui para el lado de Las Cruces, para ubicar a unos dirigentes y cuál no sería mi sorpresa, que habían soltado a todos los presos de la cárcel Distrital, la cárcel que precisamente había inaugurado Gaitán, cuando estuvo de Alcalde. En las puertas pusieron banderas rojas y banderas de luto.

En Las Cruces, vi a dos hombres con machetes romper todas las puertas que no tenían la bandera nacional enlutada. Ya estaba oscureciendo. Yo me les fui encima y les dije que para qué hacían, eso, que más bien hicieran algo efectivo. Uno de ellos se me vino encima a matarme, cuando en eso bajaba un compañero armado de fusil que me salvó la vida.

Toda la gente llevaba su machete, su fusil, su revólver, o varilla.

Había varias ferreterías por la carrera octava con la calle trece, lo mismo que obras en construcción, entonces la gente en minutos cortaba su varilla y repartía varilla al que pasaba, para hacer la revolución.

El Capitolio estaba en llamas, tenía uno que caminar con cuidado para no pisar los muertos. Las joyerías de la carrera sexta fueron saqueadas. Todo mundo hacía lo que podía. Recuerdo a una mujer con el brazo envuelto: más adelante la pararon los soldados y tenía el brazo lleno de relojes. En la carrera quinta, frente a la Quinta División, no encontré sino gente extraña. Los policías con fusiles y con orden de marchar sobre Palacio. Los de La Perseverancia seguro estaban en el centro, porque solo encontré gente extraña.

Sobre la Quinta División había más de trescientos hombres, que los estaban haciendo formar de cuatro en cuatro y no sé qué más cosas. Yo pensaba que ese no era el momento de ponerse a marchar, así que me fui otra vez para el centro.

De todas partes salía gente con machetes, cartucheras y una cantidad de cosas que quién sabe de dónde aparecieron.

Todos pensaban en vengar la sangre del Jefe, pero no había disciplina, no había organización. Varios de nosotros enfilamos hacia jefes como Jorge Uribe Márquez, Francisco de J. Chaux y otros personajes destacados, muy cercanos al Jefe. Pero todos enfilaron hacia Carlos Lleras. Cuando yo regresé al centro, ya estaban ellos en Palacio.

Yo estaba muy desubicado, anduve de un lado para otro, sin saber qué hacer. La mayoría de los compañeros del comité gaitanista estábamos en las mismas. En la tarde me ubiqué en la dirección liberal, allá estaban Álvaro Ayala y otros. Estaban metiendo mercancía, paños y montones de cosas. Todo el mundo cogía cosas y llenaron la dirección liberal de mercancías.

Álvaro Ayala, Jorge Villaveces y otros, daban órdenes a los distintos barrios de no ceder y continuar la lucha. Ahí nos encontramos los más caracterizados gaitanistas, los de barrio, los de la base, porque los grandes estaban en Palacio, pero no había comunicación con ellos. Se creía que los iban a secuestrar en palacio.

Armas sí se alcanzaron a repartir porque se saquearon algunas ferreterías. De la ferretería Vergara que quedaba en la carrera octava, con calle quince, la gente sacó cajas enteras de revólveres niquelados y las repartieron como comida.

Luis Eduardo Ricaurte

Con la pasada de los tanques hay un montón de muertos; la gente se siente frustrada, no hay organización, el saqueo está a la orden del día, todo el mundo no hace más que robar, gritos de histeria, las mujeres no roban casi; las mujeres pelean y los hombres roban.

Yo recuerdo gente que luchaba por llevarse un piano; y gente que robaba zapatos, aún sin tener en cuenta si eran del mismo pie y tener luego que botarlos porque eran zapatos de distinto pie; la gente se olvidaba hasta de la comida y todos atacaron los almacenes de lujo, por llevarse las botellas de whisky; uno veía gente que destapaba botellas de champaña y de whisky y tomaban como locos.

Es cierto que se escaparon dos mil presos, pero no porque los soltaron sino porque nadie atendía a nadie. Los gaitanistas salieron corriendo y detrás de ellos los presos; todo el mundo se iba a la revolución; los guardianes de las cárceles corrieron y los presos claro, hicieron su agosto. Recuerdo que vivía en la calle veintidós con carrera tercera y cuando subía para la casa, me encontré con unos presos que me preguntaban que dónde había mujeres, uno de ellos sacó una manotada de joyas y me dijo que era justo celebrarlo, y nada mejor que con una hermosa mujer, porque había estado cinco años preso. «Mire lo que tengo», sacó la manotada de joyas para pagarme. Y no solo presos, hubo mucha gente que hizo negocio con el 9 de Abril, tanto que yo no sé si estarían enterados, pero hubo gente que esperó que Gaitán cayera para barrer después las joyerías.

Lo único que sí es muy importante recalcar, es que el ejército no se preocupó en lo más mínimo por el comercio. A la una y treinta, ya había ejército custodiando el Banco de la República, y no disparó ni nada, tal vez su consigna era cuidar el Banco, dejar al pueblo que saqueara, se emborrachara e hiciera lo que quisiera, pero que no fuera a asaltar el Banco. A la una y treinta y cinco había ejército de la Guardia Presidencial, rodeando el Banco de la República, ellos no dispararon contra el pueblo.

La zona bancaria nadie intentó tocarla. Yo creo que a los diez minutos de caer Gaitán asesinado, ya el ejército tenía esa zona controlada, y no disparó.

Fue todo tan espontáneo, tan esporádico, que algunos camaradas de base, intentaron hacer alguna cosa, por ejemplo, querían paralizar a Bogotá cortando la energía. Un grupo de camaradas se montó en un camión y con unos tacos de dinamita se dirigieron a El Charquito, y la consigna era dinamitar la parte neurálgica de la hidroeléctrica para paralizar a Bogotá, pero no llegaron porque ya el ejército la había tomado y se regresaron en un camión destartalado que se varó como seis veces de aquí a Soacha, además nadie conocía El Charquito, ni sabían dónde iban a colocar las bombas.

Manuel Salazar

Llovió también esa tarde. Llovía y simultáneamente se veían los edificios y los ministerios en llamas; de un ministerio —me parece que el de Comunicaciones— recuerdo haber visto arrojar las máquinas de escribir por las ventanas, mientras estaba incendiándose; los tranvías estaban volcados. Tomé por la Avenida Jiménez de Quesada y estaba hecho un desastre de tranvías incendiados.

Hubo un lugar que no recuerdo exactamente donde era, serían las cinco o seis de la tarde, del cual tengo muy presente esta imagen: unos hombres llevaban una cama de hierro con un colchón, la llevaban corriendo, encima de esa cama iba un hombre con un boquete en el estómago, pero no lo llevaban a curar según me pareció, porque le daban vueltas por todos lados, y gritaban: «Miren lo que hacen los chulavitas, miren lo que hacen los chulavitas». Otra imagen es los policías desarmados y ebrios, que andaban circulando entre la gente, tranquilos, habían entregado las armas al pueblo. Ya la gente empezaba a armarse con todo lo que pudiera. Pero el que estaba metido en esa ola tremenda, no captaba que hubiera un objetivo preciso. Se necesitaba por ejemplo, asistir como espectador desentendido al periódico *El Siglo*, creo que era de Laureano Gómez, yo concurrí para ver si se quemaba o no se quemaba. Sí lo quemaron. En eso fue oscureciendo, no había luz en Bogotá, por lo menos en ese sector, pero sí se miraba por los incendios, gran problema porque nos habíamos alejado tanto del hotel. ¡Ah! porque yo para ver cómo era —como nunca había estado en eso— me entré a un saqueo, entré con la turba a una de esas tiendas con mis compatriotas. Yo saqué un puñalito, que después lo hice grabar, y otro compañero para llevarse un recuerdo, sacó un libro que se llamaba *Corazones sin rumbo*.

Manuel Galich

Hordas de trabajadores humildemente vestidos se apretujaban en las calles llevando casi todos una cintica roja como miembro del Partido Liberal y algunos con una adicional negra en señal de duelo. Como un solo hombre, iban armados con los implementos que habían saqueado y algunos con un maravilloso número de finos rifles que no podíamos imaginarnos de dónde habían salido. Supimos más tarde que varias divisiones de la policía, desleales al gobierno conservador, habían entregado sus armas a la plebe. Muchos estaban borrachos después de consumir los licores que llevaban en los brazos y los bolsillos, licores robados en los almacenes por donde habían pasado. Volvieron pedazos todas las ventanas y puertas de vidrio de los almacenes a donde llegaron.

A las cuatro de la tarde, antes de tres horas de haberse desencadenado esta horrorosa serie de acontecimientos, el pillaje y el saqueo estaban en pleno vigor. De todos los rincones de la ciudad, salían bandadas de cuerpos humanos, algunos listos con sacos y maletas para llevarse el fruto de sus robos. Hombres, mujeres y niños de las clases bajas en incesante torrente, salían de los almacenes cargados de bultos que escasamente podían llevar; una mujer se detuvo en la esquina llorando porque su maleta estaba demasiado pesada y no podía conseguir a nadie que la ayudara; iban con montones de camisas, cobertores, cargas de zapatos y de comestibles. Nos ofrecieron Corn Flakes —que los ladrones en su vida habían probado— al precio de quince centavos los dos paquetes, siendo así que mi sirvienta había comprado el día anterior a razón de seis centavos cada uno. Ollas a ocho y diez pesos las ofrecían. La carga era demasiado pesada y los rateros ansiaban vender pronto y quedar libres para volver a robar más. En medio de esta tremolina una persona conocida mía me mostró cinco camisas que había comprado por ocho pesos y cuyo precio normal era de doce pesos cada una: «Usted debiera sentirse avergonzado» le dije, «en modo alguno», me replicó, «porque, si no las compro yo, otros lo harán». Y fue así como los ciudadanos «respetables» ayudaron y fomentaron el criminal saqueo.

Fuimos al apartamento de un amigo que vivía en la vecindad a oír lo que decían por la radio. La Radiodifusora Nacional estaba callada, pero oímos voces por varias estaciones clandestinas anunciando el éxito de la gloriosa revolución, lanzando órdenes a diferentes sectores y apremiando a los ciudadanos a unir sus fuerzas para derribar al Gobierno y ayudar a los liberales a tomar el poder.

Hacia las siete de la noche aterrados y descorazonados volvimos a mi apartamento en medio de torrencial aguacero. Ni una sola tentativa vimos de reprimir esta orgía de pillaje y depredación. Los pocos agentes de policía que vimos, iban de bracete con los revolucionarios, y no columbramos ni a un solo soldado. Oíamos detonaciones por todas partes, pero no vimos bajas.

Aunque había corriente eléctrica en el centro de la ciudad, mi sector estaba con una sola esperma. Más tarde nos sentamos en medio de la oscuridad y miramos el firmamento iluminado con los resplandores de los numerosos incendios producidos en el centro de la ciudad. Tratamos de localizarlos. Esa noche dormí sobresaltadamente, despertándome cada quince minutos y llevando cuenta de los nuevos incendios en el cielo. Durante toda la noche desfiló por la calle un incesante río de saqueadores con su carga de radios, muebles, refrigeradores. Algunos habíanse aun robado camiones para transportar su botín. Y así acabó esa primera horrenda noche del 9 de Abril de 1948, en Bogotá, Colombia.

Natalie Bergson Carp

A las dos de la tarde comenzaron los incendios. Inicialmente parece que hubo cierto saboteo por parte del personal que había en la guardia, pero eso se contrarrestó a tiempo. Eso fue una cosa improvisada, trataban de impedir que salieran las máquinas. Los efectivos contando oficiales, no alcanzábamos a cincuenta. Había unos treinta hombres. Teníamos tres máquinas y un tanque, ese era el equipo nuestro.

El comandante Ramos nos reunió a todos, nos hizo ver la gravedad de lo que estaba sucediendo y nos pidió la mayor colaboración. Cuando se contrarrestó el pequeño saboteo, llamaron para que salieran las máquinas a la plaza de Bolívar, para apagar unos tranvías que se estaban incendiando. El comandante ordenó la salida de las máquinas, no pudimos subir por la calle décima, volteamos por la carrera once y llegamos a la calle dieciséis, subimos y pasamos por frente a Palacio. Esa calle estaba completamente sola, no se veía un alma, eran las tres de la tarde. Se asomaba por la puerta de Palacio una ametralladora, pero no había soldados en la puerta. Al llegar a la calle once y entrar a la plaza de Bolívar si encontramos soldados al mando de un oficial. Ellos nos abrieron paso para entrar las máquinas a la plaza. Cuando las máquinas entraron y nos bajamos con las mangueras para apagar los incendios, se produjo una batalla de piedra contra nosotros. Las piedras eran lanzadas por las personas que estaban en el atrio de La Catedral, frente a los soldados, con la calle diez de por medio. Cuando vieron las máquinas de bomberos, se alborotaron. Yo estaba haciendo una maniobra sobre la calle diez, donde ya salía humo, cuando me incrustaron a piedra. En esos momentos me llamó el capitán Miranda del ejército, y me dijo: «Por favor no me alborote esa gente, porque yo no tengo sino catorce soldados defendiendo a Palacio». Él tenía razón. La plaza se volvió un infierno cuando llegamos. «¡Me hace el favor de irse de aquí!». No pudimos subir por la calle diez porque estaba llena de gente. Entonces volvimos a coger la carrera séptima hacia el sur y pasamos frente a Palacio, bajando luego por la sexta para regresar a los cuarteles. Cuando llegamos, tratamos de llamar a la dirección de la policía, pero nadie contestó. Los teléfonos parecían descolgados porque no se sintió ninguna voz. En ningún momento dieron una orden. Mientras que nosotros estábamos atenidos a que la dirección nos diera órdenes. La operadora comunicaba, pero no funcionaban los teléfonos, estaban mudos. Se formó un comité de vivanderos en la plaza de mercado y vino una comisión a pedirnos que saliéramos con las máquinas a apagar los incendios. Salíamos en dos máquinas, pero no pudimos hacer nada porque nos cortaron las mangueras a puro machete y sin mangueras no se podían apagar las llamas. Un compañero resultó herido en la frente de un machetazo, posiblemente por la acción de los carniceros.

Nos regresamos al cuartel. No teníamos protección. La única arma que teníamos era un revólver de dotación que yo cargaba. En el cuartel conversamos con el comandante Ramos. Oyendo la Radio Nacional, yo le dije: «Podemos ir a la Radio Nacional a pedir protección, que le digan a la gente, que por favor nos dejen obrar». Dicho eso, cogimos el carro del comandante de bomberos y nos fuimos dando un rodeo. Llegamos. Eran como las cuatro de la tarde, pero no pudimos entrar por ningún lado. En vista de la impotencia, después de media hora, nos regresamos para el cuartel. Cogimos por la carrera quinta para ver cómo estaba la cosa. Todo estaba calmado, no se veía nada. Llegamos otra vez al cuartel y nos pusimos a oír radio y esperar órdenes. Llegó el comandante Sanmiguel París, oficial de guarnición, dijo que él estaba encerrado con toda la policía en la Quinta División, por los ataques que recibieron en la calle, y que tenía entendido que la Cuarta División la asaltaron los presos de la Picota y se habían robado armamento y uniformes.

A las seis de la tarde nos llamaron del Colegio de La Salle, que lo estaban incendiando. Inmediatamente cambiamos las mangueras y salimos. A la altura de la calle diez con carrera cuarta, había un chusmerío tremendo y le picaron las llantas a las máquinas. Nos dejaron en los rines. Nos tocó devolvernos otra vez para el cuerpo de bomberos. Esa fue nuestra última salida. En el cuartel pasamos la noche oyendo radio y a la expectativa de recibir alguna orden. Olvidé decir que antes de salir para La Salle, habíamos recibido noticias de que *El Siglo* se estaba incendiando. Salimos para *El Siglo* con una máquina, pero no se pudo hacer nada, la gente no dejaba. De eso se valieron más tarde, para decir que frente a *El Siglo* había una máquina echando gasolina para que se acabara de quemar el edificio del periódico.

El 9 de Abril no apagamos ningún incendio.

Armando Aljure

Volví a regresar como a las cinco de la tarde a la Biblioteca, la tropa estaba llegando y —tomando posición de combate— se tendían en las terrazas para atacar la Quinta División, es decir, los dos epicentros del combate en ese sector iban a ser, la Biblioteca Nacional, que desde ahí se dominaba y la Quinta División, entonces era para el fuego muy preciso. Había tiroteo. Los francotiradores en ese sector fueron tremendos, el famoso edificio de Panauto, el de la Caracas con veintiséis fue fuerte de francotiradores, la iglesia de Las Angustias, todas esas casas de la carrera trece, la calle veinticinco y la calle veintiséis, se llenaron de francotiradores. Lógico, había tres centros vitales de defensa o de ataque: Biblioteca Nacional y Archivo Nacional, Ministerio de Guerra y Radio Nacional. El que dominó la situación en Radio Nacional fue el capitán Carlos Amador; él llegó con una compañía de soldados a la Radiodifusora, y fue cuando la tomó. Estaba en poder de Zalamea y de un grupo de estudiantes.

Tomados ciertos sitios estratégicos por el ejército, como la Radio Nacional, la orientación intelectual se pierde, es decir hay una desconexión, comienza el motín, la asonada, y llega la muchedumbre que no se sabía de dónde venía ni para dónde iba; hay un fervor, pero no una formación política. Por eso yo creo que el 9 de Abril no fue preparado, porque entonces hubiera sido una cosa con centros estratégicos y puntos vitales y no hubiera sido ese desorden que se volvió después.

Cuando el movimiento realmente desaparece desde el punto de vista político, para convertirse en una orgía, es cuando el pueblo, eso es cierto, es la verdad, el pueblo entró a los almacenes, y la gente lo primero que hizo fue coger las botellas de whisky, de champaña o de brandy; eso sí yo lo alcancé a ver, se la bebían a pico de botella, esa gente salía en un perronón. Entonces ya qué revolución, ni qué nada. Era ponerse zapatos nuevos y cambiarse de camisa. La gente le achacaba a Gaitán ya muerto, que con su característico humor bogotano había dicho del 9 de Abril: «Mi pueblo está de compras».

«El 9 de Abril no apagamos ningún incendio…».

Con el saqueo, llegaron a casos donde confundieron todos los valores; por ejemplo, el incendio de un orfanato muy respetado porque era el único sitio, en ese entonces, dentro del concepto paternalista cristiano, para los niños. Sin embargo, no respetaron el hospicio que fue quemado en la calle dieciocho con carrera séptima; es decir, el mismo sentimiento religioso del pueblo, que ha sido siempre muy acendrado, en aquel momento se rompe totalmente, se acaba el respeto al cura, el respeto a la monja, el respeto a la Iglesia. El pueblo se desborda, pero no adquiere valores nuevos de ninguna clase.

Los barrios que participaron en el levantamiento son estrictamente populares, diga usted, son los barrios tradicionales de Bogotá. Se baja toda la gente de Egipto, barrio Belén hasta el Llano de la Mosca; barrio Girardot, del otro lado; todo el sector de La Perseverancia, un barrio que aún conserva lo popular, pero en ese tiempo era totalmente popular. Son los tres grandes focos de insurrección: la gente que viene de los barrios del norte, lo que es ahora la plaza del Siete de Agosto; el barrio de La Perseverancia; y los barrios castizos populares de Bogotá, como el barrio Egipto, como el barrio Belén, como el Llano de la Mosca, como el barrio Girardot.

Influye mucho todavía la antigua artesanía, plomeros, carpinteros, zapateros, artesanos. Mucho, mucho artesano.

Eduardo Umaña Luna

Al pasar frente a la librería El Mensajero, vimos un grupo que pretendía asaltar un pequeño local de artículos femeninos. Mi hermano Luis y yo, acompañados por un obrero, arriesgando nuestra integridad, impedimos al menos por aquel momento el asalto del almacén. Pasado este incidente, continuamos hacia la Radiodifusora Nacional, supongo yo que alrededor de las cuatro de la tarde. El atrio de la Radiodifusora Nacional se hallaba acordonado por una patrulla del ejército al mando de un oficial, quien por lo que vi, tenía el control absoluto de las entradas y salidas a la Radiodifusora. A dicho oficial se le dio desde adentro la orden de que nos dejase entrar con las personas señaladas por mí. Efectivamente entré a la radio con mi hermano y un par de estudiantes. En el salón donde se hallaban instalados los teléfonos encontré alrededor de quince a veinte personas. Los micrófonos se hallaban en poder de tres o cuatro individuos desconocidos, que tenían sobre la mesa un pequeño fusil o carabina, un machete y tal vez un revólver, armas con que se supone defendían los micrófonos. La gente que rodeaba a estos señores y que en su mayoría parecía ser estudiante, me pidió que me encargase de la dirección de la radio, propuesta que fue aceptada parcial-mente por quienes tenían los micrófonos, y dijeron más o menos: «El señor Zalamea puede organizar el trabajo de la radio, pero el control de los micró-fonos nos pertenece». Ante esta situación les dije a quienes habían propuesto mi dirección: «No podemos hacer nada útil mientras no establezcamos una conexión permanente con el exterior». Y aprovechando el ofrecimiento de algunas de aquellas personas, designé a cuatro o cinco para que regresaran al centro de la ciudad, y por medio de un servicio de estafetas nos informa-sen permanentemente lo que sucedía en Bogotá y muy especialmente de lo que decidieran los jefes liberales que debían hallarse en Palacio. La comisión salió en efecto y, quiero repetir aquí, que el oficial encargado del pelotón que custodiaba la radio, recibía y acataba las órdenes que se le daban desde adentro, pero que no hubo lugar a recibir ninguna de las informaciones que se habían solicitado. Entre tanto y habida cuenta del control que se tenía establecido sobre los micrófonos, deliberadamente me abstuve de decir por ellos nada que no hubiese escrito previamente, y de anunciar cada vez que leía esas breves frases que era Jorge Zalamea quien lo hacía. Esas frases eran incitaciones por ejemplo, a que el ejército no disparara contra el pueblo, a que el pueblo no permitiese que su movimiento degenerase en asaltos o en motines y anunciaban la presencia de los jefes liberales en Palacio y la espe-ranza que teníamos de que en breve tiempo fueran ellos mismos quienes diesen las consignas al pueblo. Como vine a saberlo después, de todo ello quedó prueba en grabaciones hechas unas veces por particulares, otras por misiones diplomáticas y otras acaso por el mismo Gobierno. Posiblemente habían transcurrido tres cuartos de hora desde mi llegada a la Radiodifusora Nacional, cuando fuerzas del ejército que calculo eran alrededor de ochenta hombres, llegaron con el propósito de recuperarla para el Gobierno. Como en el jardincillo de la Radio había un grupo de obreros y también una media docena de mujeres, por tratar de impedir un inútil derramamiento de san-gre, salí al atrio de la Radiodifusora y me dirigí a un oficial que estaba mon-tado a caballo y que parecía ser el jefe de aquella fuerza; le expliqué que dentro de la Radio no había más de veinte personas, todas ellas inermes y que creía deber elemental mío impedir que allí innecesariamente se sacrificase a alguien. Como en aquel momento se establece una discusión entre cuatro o cinco obreros y otros tantos soldados, me aparté del oficial para interponerme entre los soldados y obreros que se hallaban, repito, en el atrio de la Radiodifusora. En aquel momento, desde la avenida Caracas los soldados tendidos en el suelo comenzaron a disparar sobre la Radiodifusora con grave peligro, no solo para nosotros, como lo demostró la muerte y las heridas que allí alcanzaron a algunos de los protagonistas, sino contra los mismos soldados que se hallaban en el jardín y en el atrio de la Radiodifusora. Deslizándome por el suelo del atrio, volví al interior para decir a quienes allí estaban, cuan inútil sería negarnos a entregar la Radiodifusora a un centenar de soldados, cuando quienes estaban en poder de los micrófonos solo tenían las armas que ya dejé enumeradas. Cuando estaba en ello, entraron ya los soldados y yo salí de ahí acompañado por algunos estudiantes, por entre dos filas de soldados, lanzando vivas al Partido Liberal.

Jorge Zalamea

La situación nuestra era difícil porque había como diez o doce desarmados, y dos nada más con armas. Decidimos ir a apoyar a los estudiantes que estaban en la Radiodifusora Nacional. La multitud había seguido en una dirección, en otra, y en otra, cuando escuchamos el carro que dice que están atacando la Radiodifusora Nacional y nosotros nos proponemos ir a la Radiodifusora Nacional, que a decir verdad no sabíamos exactamente dónde estaba, íbamos a ayudar a los estudiantes. Agarramos la carrera séptima y vamos hacia el norte, como quien se dirige a la ermita de Monserrate. Yo no te puedo decir cuánto tiempo había pasado desde que yo me sumé a la multitud, entré a la División de Policía, cuando salimos, cuando ayudé a unos soldados que estaban poniendo orden, ni cuando la balacera del convento. El hecho es que nosotros decidimos ir a ayudar a los estudiantes y fuimos. Ya en la carrera séptima prácticamente hay una multitud atacando todo, atacaban los edificios, atacaban los comercios, empezaban ya a saquear también aquellos establecimientos. Nosotros vamos por esa calle. Hay gente que ha tomado, llegaban con una botella de un ron medio colorado que tienen ustedes los colombianos y decían: «Beba carajo de ahí». Imagínese, yo iba con mi fusil y el otro con su fusil y como quince desarmados por toda la carrera esa.

Había una situación confusa, nadie sabía lo que estaba pasando. Muchos policías se habían sublevado, incluso se decía que unidades militares se habían sublevado. En ese momento no se sabía cuál era la posición del ejército de Colombia, no se sabía. Gaitán tenia simpatía entre los militares, eso no se podía discutir, pero la confusión era muy grande. Nosotros vamos avanzando por la carrera séptima, no sé cuántas cuadras hemos avanzado, no sé si siete, ocho, diez o doce, tendría que ir por allá y recorrer todo aquello para averiguar.

En este momento había muchos lugares ardiendo, oficinas ardiendo. La multitud, cuando nosotros vamos por la carrera séptima, había atacado todos los establecimientos. En esas circunstancias llegamos a un lugar que más tarde me di cuenta que era el Ministerio de Guerra. Llegamos, yo recuerdo que yendo hacia el norte; era un lugar en que había un parque a la derecha y otro hacia la izquierda. Cuando llegamos allí, vemos que viene un batallón de soldados enfrente, vienen hacia el sur. Vienen con sus cascos alemanes, que eran los que usaban en esa época, no sé cuáles usen ahora; sus fusiles. Venía marchando todo un batallón con algunos tanques, vienen avanzando. Pero a todo esto nosotros no sabemos con quién está el ejército, si aquel ejército se ha sublevado, qué va a hacer aquel ejército. Nosotros como vemos el batallón que se acerca, tomamos la precaución de alejarnos unos veinte metros y nos parapetamos detrás de unos bancos a la expectativa de saber si aquella tropa era amiga o enemiga. Conmigo, te repito, había unos doce estudiantes, teníamos dos fusiles. Pero entonces el batallón no nos hace ningún caso y sigue marcialmente por la calle. Creo que detrás del batallón iban los tanques. Iban los soldados delante y detrás iban tres tanques. No nos hacen ningún caso y siguen de largo por la carrera séptima.

Para que se entienda lo que pasó hay que tener en cuenta las circunstancias. Se ha tomado una División de Policía, la policía se ha plegado, muchos se han sumado, hay una gran confusión, yo no tengo información, solo sabemos que están atacando la Radiodifusora y vamos para allá con los estudiantes. Cruzamos la calle y yo me quedo sin saber con quién está ese batallón, si con el pueblo o contra el pueblo, si sublevado o a favor del Gobierno, aunque en aquel momento realmente no había Gobierno. Cruzo la calle y vamos al otro parque que está frente a donde estaba el Ministerio de Guerra, yo no sabía que era el Ministerio de Guerra, que tiene un edificio no alto, como de uno o dos pisos. Hay una puerta y unos barrotes, unos cuantos militares y entonces yo que estoy con una fiebre revolucionaria también y que estoy tratando de que se sume la mayor cantidad de gente al movimiento revolucionario, me encaramo en un banco frente al Ministerio de Guerra y le hago una arenga a los militares que están allí, para que se sumen a la revolución. Todo el mundo oyó, nadie hizo nada y yo con mi fusil haciendo mi arenga sobre un banco. Termino mi arenga y sigo porque los estudiantes van para allá.

Al final del parque hay una guagua que está esperando, yo me doy cuenta de que esa guagua va para allá, hacia la Radiodifusora, los estudiantes la tenían. Entonces después que hago mi arenga voy donde la guagua que se iba y corremos para alcanzarla. El otro compañero armado que estaba conmigo se queda atrás, yo después no lo veo. Tomo la guagua, de manera que quedo yo con un fusil y un grupo de estudiantes que vamos a apoyar a los que están en la Radiodifusora Nacional. No sé cuántas cuadras caminamos, ocho o diez, en la guagua. A todo esto mi cartera que la llevaba, qué sé yo, con unos poquitos pesos, como no teníamos nada, se me pierde también. Alguien se llevó mi cartera, con lo poquito que tenía, me la quitaron. Vamos hacia la Radiodifusora, nos bajamos en una esquina, era una avenida, una calle con un paseo que daba a la Radiodifusora. En realidad desembocamos en la calle. No teníamos sino un fusil, el mío, para darle apoyo a los estudiantes que estaban en la Radiodifusora. Cuando llegamos a la avenida se arma una balacera descomunal, apenas asomamos nosotros nos empezaron a disparar no se sabe con cuántos fusiles. Nos pudimos parapetar detrás de unos bancos, de unas cosas allí y milagrosamente no nos mataron a todos. Pudimos salir otra vez a la esquina, seguimos el grupo de un hombre con un fusil y diez o doce desarmados. En ese momento no podíamos hacer nada por liberar la Radiodifusora Nacional y decidimos ir a la Universidad. Fuimos en dirección opuesta a la ermita. Lo que estaba en la Radiodifusora qué sé yo, era tal vez una compañía de soldados, imposible hacer nada y por eso nos vamos a la Universidad, a ver si había algo allí. A ver si había organización, si los estudiantes habían organizado algún puesto de mando o habían establecido alguna dirección.

Cuando llegamos a la Universidad no había nada organizado realmente. Noticias iban y venían de hechos y acontecimientos, sin armas todo el mundo. No lejos de la Universidad había una División de Policía, entonces decidimos ir a tomar la División de Policía, para que se armaran, contando solo con mi fusil y una cantidad de gente desarmada. Se suponía que yo era el que tenía que tomar la División porque era el único que tenía fusil. Nos dirigimos con una multitud de estudiantes a tomar la División de Policía, aquello realmente era un suicidio. Ya se había tomado una y pensamos en tomar la segunda para armar a toda aquella gente. Con tan buena suerte para nosotros, que cuando llegamos a la División de Policía ya estaba tomada. Se había sublevado. Es decir, fuimos a tomar una División de Policía, con mi fusil y unas cuantas decenas de estudiantes y cuando llegamos frente a la División de Policía, la División está sublevada y nos reciben amistosamente. En la División sublevada ya estaban policías y pueblo mezclados. Cuando llego me presento al jefe de la División que coincidió con ser el jefe de toda la policía sublevada.

Yo me le presento, le digo inmediatamente que soy estudiante, que soy cubano, que estamos en un congreso, en breves palabras le explico todo y el hombre me convierte en su ayudante. En ese momento, en la segunda División que vamos a tomar, me convierto en ayudante.

El jefe de la policía sublevada era un hombre más bien alto, no mucho pero alto, no podría describirlo bien; tenía un grado de comandante o coronel, no recuerdo. Yo me convierto en ayudante del jefe de la policía sublevada.

Decide entonces ir a la oficina del Partido Liberal. Lo que yo te estoy diciendo es exacto, riguroso, de las cosas increíbles que pasaron ese día. Yo me monto en el *jeep* con el jefe de la policía sublevada que se dirige a la sede del Partido Liberal. Yo digo menos mal, porque lo que a mí me preocupaba era la desorganización, el caos, no ver por ninguna parte ningún elemento de dirección y de organización, así que me alegro cuando veo al jefe de la policía que está sublevada; veo que está en contacto con el Partido Liberal. Veo que se va a dirigir allí y pienso que eso empieza a organizarse. Yo voy en el *jeep* de él, al lado suyo, a la oficina del Partido Liberal, llegamos y entramos. Yo creía que en ese momento yo estaba ayudando a organizar aquello que era tan caótico. Habíamos recorrido no sé cuántas cuadras. Las calles no eran de nadie. Confusión grande, yo te digo que hemos recorrido veinte cuadras cuando menos. Llegamos a la oficina y subimos. Acompañamos al hombre hasta la puerta. Él entra, yo no entro, me quedo afuera, él entra y se entrevista con dirigentes liberales que estaban allí, que no sé quiénes eran.

Vuelve otra vez para la División que está cerca de la Universidad en su *jeep*. Ya teníamos dos *jeeps*.

Está un tiempo en la División sublevada y decide otra vez, porque ya empieza a anochecer, ir para la oficina del Partido Liberal. Ya salimos en dos *jeeps*. Él iba en el de adelante y yo en el de atrás. Pero a todo esto, en el viaje anterior y en este, había multitud de gente porque todavía seguían conmigo un grupo de estudiantes desarmados. Se montaban aquí y allá, iban los dos *jeeps* llenos. En el segundo viaje que vamos a la oficina del Partido Liberal yo voy montado adelante, a la derecha en el *jeep* de escolta. En ese momento, repito, cada vez que arrancaba un carro se montaba todo el que estaba allí y las cosas eran rápidas. Rápido para aquí, rápido para allá y se montaba un montón de gente.

Cuando vamos por segunda vez a la oficina del Partido Liberal ocurre una cosa insólita y yo llevo a cabo un acto de quijotismo que es el siguiente: Ya está oscureciendo, el *jeep* donde iba el jefe de la policía sublevada adelante se para, tiene un defecto mecánico y se para; están allí tratando de arrancar y no arranca. Se baja y se queda a pie el jefe de la Policía y el otro *jeep* lleno de gente. Yo me disgusto con aquello, me bajo del *jeep*, les digo: «Ustedes todos son unos irresponsables» y yo me quedo a pie y le doy el puesto al jefe de la Policía. Yo me quedo en medio de la calle con dos o tres estudiantes más, en medio de la calle y sin contacto de ninguna clase. Estoy en una acera, parado junto a un muro largo. Esto ocurrió en una calle al lado nada menos que del Ministerio de Guerra, según comprendí luego. Es la segunda vez que me topo con el Ministerio de Guerra. Pasan unos segundos y en el muro se abre una puerta pequeña, tras la puerta pequeña veo una gorra de oficial y tres o cuatro tipos, varios fusiles con bayonetas. Yo le digo a los otros estudiantes: «Estos son enemigos». Les digo: «Crucemos a la calle de enfrente»; y aprovechando la oscuridad dejada por el resplandor de un auto que acababa de pasar, nosotros cruzamos a la acera de enfrente. Miramos, en realidad no sabíamos quiénes eran, yo sospeché que eran enemigos cuando se abrió la puertecita y vimos como a seis metros de nosotros, una gorra de oficial y como cuatro fusiles con bayonetas.

Cruzamos la calle, sospechamos que pudieran ser enemigos, pero en la inseguridad, no tiran, ellos no tiran. Nosotros seguimos por esa calle después de cruzar junto al Ministerio. En ese momento vemos a un hombre con un fusil ametralladora, no sabíamos si era amigo o enemigo, nos acercamos al hombre, le preguntamos quién era y él nos dice: «Soy de la Quinta División de Policía sublevada», y descubrimos que era amigo, era tropa amiga. Yo estuve dos veces en el Ministerio de Guerra: una por delante arengando y otra por el lado cuando le entrego el *jeep* al jefe de la policía. El oficial y los hombres que aparecieron por la pared no dispararon, ellos estaban también aparentemente confundidos, estaban a la expectativa. Nosotros cruzamos, vamos a la acera de enfrente y allí es donde yo voy a parar a la Quinta División de Policía. No te puedo decir con exactitud por dónde subimos, pero la impresión que yo tengo es que cruzamos la avenida, tomamos por una calle que hacía ángulo con ella, salimos derecho y en una esquina nos encontramos con el hombre que era un policía sublevado. En eso decidimos ir a la Quinta División y sumarnos. Yo había perdido el contacto con el jefe de la policía y decidí sumarme a la división que resultó ser la Quinta División. Ya esto es de noche. Todo lo que te he contado ha transcurrido entre la una y media y las seis y media de la noche.

La Quinta División tiene su entrada mirando hacia abajo, es la que está cerca del cerro y tiene su entrada al lado opuesto. Entro en la Quinta División, yo dondequiera que llegaba inmediatamente me identificaba, «Soy estudiante cubano, estamos en un congreso», y dondequiera me recibían bien, inmediatamente. Entonces entramos, yo estaba sin un centavo ni para tomar un café, quiero que sepas eso. Allí hay una gran cantidad de policías sublevados y un número de civiles, en total había unos cuatrocientos hombres armados, estaban organizándose.

Fidel Castro

El palacio

(Los minutos murieron sin la agonía necesaria, cuando al despacho de la secretaría general, donde estaba el Presidente impaciente, aparecieron el general Gustavo Matamoros y el teniente reservista Jaime Fonseca, avanzaron hasta el Presidente, presentándole el saludo de rigor).

—Señor Presidente, acabo de descender de uno de los tanques, después de pasar la más azarosa de las situaciones posibles. La parte céntrica se halla en poder de la chusma. Difícilmente he podido llegar hasta aquí. Al entrar a Palacio uno de los asaltantes me arrojó un machete por la espalda que pude esquivar. Considero el estado de cosas demasiado grave y es mi deber manifestárselo así, su Excelencia.

General Matamoros

—Está bien, bien, señor general, le agradezco mucho su informe. Creo que atravesamos un momento difícil. Pero nuestro deber es resistir hasta el final.

Ospina Pérez

—¿Qué ordena entonces, Excelencia?

General Matamoros

—Que vuelva usted a Cúcuta donde también tenemos problemas muy graves. Uno de los mayores peligros se encuentra en la frontera con Venezuela donde, según anuncian los radios, desde ese país ayudan a los revoltosos y se prepara una invasión en masa para auxiliarlos. Esta es una hora de sacrificio en que todos necesitamos ocupar un sitio de honor.

(El general asintió, manifestando al Presidente que dispondría inmediatamente su viaje a Cúcuta. Con ellos había entrado el mayor Berrío, quien informó al Presidente que el capitán Mario Serpa, comandante de uno de los tanques, estaba mortalmente herido y agonizaba en una de las piezas bajas del Palacio. El Presidente pidió al mayor Berrío que prestara al capitán Serpa todos los auxilios posibles. El capitán Serpa murió instantes después).

Ospina Pérez

[…] Supimos que los tanques marchaban sobre Palacio, a órdenes del capitán Serpa Cuesto. Pero la radio, decía que marchaban con el movimiento de la revolución, a tomarse Palacio. Le digo que creí eso en ese momento porque el papá de Serpa era el jefe gaitanista de Santander, y yo dispuse de unos hombres para abrir fuego contra los tanques, y unos suboficiales para varar esos tanques. Un tanque era fácil, en ese entonces, metiéndole un palo por entre la cremallera, o una botella fuerte, no muy gruesa, ahí quedan patinando; si se logra hacer, el tanque da un cabezazo y se estrella contra una casa o por lo menos queda en posición de no disparar directamente sobre uno. Yo di orden de que hicieran eso. Después supimos que a Serpa lo habían matado.

(Los tanques siguen su marcha lentamente y pasan por encima de los primeros cadáveres. De ellos queda simplemente el recuerdo de su desfiguración. El pueblo había pensado que esos tanques eran sus tanques. Terrible equivocación).

A la vez que se defendía a Palacio, fue preciso atender a los cuarteles del batallón Guardia Presidencial, donde se habían refugiado numerosos delegados de la Conferencia Panamericana y proteger otros delegados que, como el general Marshall, estaban en sus residencias particulares. Simultáneamente se defendieron el Capitolio Nacional; los bancos; los colegios de niñas; el Ministerio de Guerra; y se atendió la recuperación de las radiodifusoras que se hallaban en manos de los revolucionarios, especialmente la Radiodifusora Nacional, que contribuyeron decisivamente al levantamiento del pueblo y a la inestabilidad momentánea del Gobierno. Y el ministro de Correos, Dávila Tello, al llegar a Palacio, tomó la tarea de establecer los contactos telefónicos con las distintas autoridades civiles y militares de la capital y otras ciudades del país.

Tener aún en manos la red telefónica nacional, significaba un amplio espectro de información de lo que estaba pasando en el país. Información que muy sagazmente utilizaría posteriormente el Presidente de la República en sus conversaciones con la comisión liberal).

Capitán Ismael Hurtado

[…] Di orden a los teléfonos de larga distancia para que no diesen comunicaciones de carácter particular y los servicios se dedicaran exclusivamente a las comunicaciones oficiales de orden público. El ingeniero Catón Téllez, gerente de Telecomunicaciones, y todas las señoritas de larga distancia, tuvieron una actuación digna de destacarse, porque no escatimaron esfuerzo ni sacrificio por mantener expeditas las comunicaciones. Fue así como en breves momentos logré obtener una información de conjunto sobre la situación en la mayor parte de las ciudades del país en donde hay servicio de larga distancia. La única ciudad con la cual no pude establecer contacto fue con Ibagué, la capital de mi departamento, en donde la junta revolucionaria se apoderó desde el primer momento de las comunicaciones telefónicas; se me hizo saber allí que no se daría curso a ninguna comunicación. Poco después la junta revolucionaria solicitaba con apremio comunicación telefónica con la dirección liberal nacional; pero di orden de no pasar esa comunicación hasta que el servicio no estuviera bajo mi control. (Y en el conmutador el telefonista Carlos Arturo Torres, a quien lo había sorprendido la tragedia solitario al frente de su aparato, ya que sus compañeros no pudieron regresar después del almuerzo. Por sus oídos pasaron las comunicaciones más urgentes; las llamadas de auxilio, las del Estado Mayor; las de larga distancia de los gobernadores y de los comandantes de brigada; las de los amotinados que propalaban las noticias del éxito del levantamiento; los fantásticos rumores de la caída del gobierno conservador; era para reventar la cabeza de un hombre y desatar la guerra de nervios a quienes estaban en Palacio. Eran noticias entre ficción y realidad.

—La subversión se está replegando sobre los distintos sitios estratégicos de la ciudad, con el fin de coordinar fuerzas y dirigir el ataque final contra Palacio.

—Diga usted a esos asesinos que están en Palacio, que avanzamos con treinta mil hombres para destruirlos. Si continúan abaleando al pueblo, del Palacio Presidencial no quedará piedra sobre piedra.

—Yo soy un amigo del Gobierno, llamo para pedirle al Presidente que debe renunciar, antes de que nos liquiden a todos. La ciudad está en poder de la chusma liberal, y mientras no se le entregue el Gobierno, nuestras vidas, las de nuestras mujeres y las de nuestros hijos están en peligro. Es inútil resistir más... ¡Por favor!

—Llamo a nombre de un grupo de copartidarios, necesitamos que nos envíen un tanque de guerra, a fin de poder llegar a Palacio y compartir con ustedes la suerte de los defensores de la legitimidad.

—Les comunicamos que cuelgan de los faroles de la plaza de Bolívar, don Laureanito y Valencia y el cojo Montalvo, que ya está pagando en los infiernos su consigna de «a sangre y fuego». Pronto les llegará el farol a ustedes... Ya está alumbrando... en la plaza.

—¡Por Dios! envíenos una docena de soldados a nuestro barrio que está siendo asaltado por turbas de liberales. Nuestro barrio es un barrio decente, de familias distinguidas.

Y Carlos Arturo Torres, metido en su cabina de tablas, navegando en su profunda soledad que interrumpían voces desconocidas, discriminaba cada llamada, muchas de ellas las asumía para sí y las otras, las que creía importantes les daba su curso. Así, en medio de tantas voces, permaneció encerrado más de cincuenta horas).

Dávila Tello

[...] Los jefes liberales don Luis Cano y doctores Darío Echandía, Carlos Lleras Restrepo, Alfonso Araújo, y Plinio Mendoza Neira llegaron a Palacio entre ocho y nueve de la noche, previa audiencia pedida por ellos según lo informó al Presidente el doctor Camilo de Brigard y a la cual yo simplemente, por conducto de la persona que me transmitió la solicitud telefónica, contesté que no tenía ningún inconveniente en recibirlos y que daría la orden de que se les facilitara la entrada. Posteriormente llegaron algunos de sus otros compañeros. Con su llegada coincidió el recrudecimiento de los ataques en los alrededores del Palacio Presidencial.

Ospina Pérez

[...] Nos dijeron que el doctor Ospina nos mandó a llamar; meses después dijeron que no. Debió ser cierto. Nos llamó una persona acomedida, para hacer una diligencia que podía servir, para decir que Ospina quería hablar con nosotros. Parece que fue Camilo de Brigard Silva, con buena intención.

Darío Echandía

[...] Para fortuna de la Nación, el pueblo mismo se encargó de proclamar la jefatura del doctor Darío Echandía, a quien todo el mundo solicitaba que asumiera el control de la situación. Rodeados de grupos de gente delirante tratamos de deliberar, sin que nos fuera posible hacernos entender. En estos momentos el doctor Alfonso Araújo recibió una llamada telefónica hecha desde el Palacio de la Carrera por el señor Camilo de Brigard. El señor de Brigard había preguntado a Araújo quiénes se encontraban presentes en la Clínica y al escuchar nuestros nombres solicitó insistentemente que nos trasladáramos a Palacio a conferenciar con el Presidente. Araújo preguntó a de Brigard si esa llamada estaba autorizada por el Presidente de la República, recibiendo inmediatamente una respuesta afirmativa. Se ha dicho después que el señor Presidente ignoraba esa actitud del señor de Brigard, y yo no estoy en condiciones de negar o de admitir si eso sucedió así. Pero lo que sí me consta fue la conversación telefónica entre Araújo y de Brigard y la afirmación categórica que hizo este último, de que estaba autorizado por el Presidente para llamarnos a Palacio.

Lleras Restrepo

[...] El suscrito no formuló, ni tenía autorización, ni derecho para hacerlo, invitación alguna para que concurrieran a Palacio los caballeros liberales que allí se presentaron. Esta visita fue un gesto absolutamente espontáneo y desde luego, de destacado patriotismo del doctor Echandía y de sus compañeros, quienes en vista de la gravedad de la situación, resolvieron conferenciar con su Excelencia y ofrecerle la cooperación personal de ellos y de su partido.

Si mi memoria no me es infiel, fue el propio doctor Alfonso Araújo, quien solicitó por teléfono la tal entrevista y pidió que se otorgaran las garantías y se tomaran las precauciones necesarias, para que los comisionados de la dirección liberal pudieran llegar con toda seguridad al Palacio.

[...] Don Luis Cano me preguntó mi opinión, como él suele hacerlo con su amplia generosidad para oír pareceres, sobre lo que estaba ocurriendo. Yo le expresé mi pensamiento:

—Considero que el Gobierno está caído, y que la única persona capaz de dominar la situación en este momento es Darío Echandía, apoyado por el pueblo y por el ejército.

—Exactamente, esa es mi opinión —me dijo don Luis.

—¿Pero, será capaz de comprender eso el señor Ospina?

No recuerdo exactamente la respuesta de don Luis, y como yo no estoy bordando fantasía sino relatando hechos, ciñéndome estrictamente a la realidad, no quiero aventurarme en el camino de las suposiciones. Lo que sí recuerdo exactamente, fue que tanto don Luis Cano, como Jorge Padilla y como yo, estuvimos de acuerdo en que era urgente que alguien le pidiera eso al Presidente: la reasignación de sus poderes en Darío Echandía. Entonces yo opiné que la persona indicada para pedir eso al señor Ospina, en nombre de la patria, era don Luis Cano, ya que este patricio estaba de acuerdo con esa idea. Don Luis Cano sufría una dolorosa afección en una pierna que lo obligaba a caminar con gran dificultad. Conseguir un vehículo en esos momentos era imposible. Tratar de obtener comunicación con Palacio, tarea difícil. Contra todos estos inconvenientes, sabiendo que le exigía un sacrificio muy grande, yo le pedí a don Luis que se trasladara a pie a Palacio. Don Luis me objetó que él no había sido llamado allí; que en cualquier instante en que fuera llamado él iría a dar su parecer, pero que esperaba la llamada. ¡Una actitud muy típica de su generación!

—En estos momentos, don Luis —le dije—, no hay por qué esperar invitaciones —Jorge Padilla fue de mi misma idea y sobre este tema pronunció con su hermosa voz una pequeña arenga ante don Luis, don Gabriel, Luis Gabriel Cano y yo. Don Luis dijo entonces:

—Si ustedes me acompañan, yo voy, aunque les advierto que casi no puedo caminar.

Y apoyándose don Luis Cano en el brazo de Jorge Padilla, salimos los tres hacia Palacio. Yo estaba casi tan impedido como don Luis y no le podía prestar ninguna ayuda.

Al llegar a una esquina, un grupo de soldados, con sus fusiles y sus bayonetas caladas nos demostró con su actitud que no podíamos adelantar. Un obrero que iba a nuestro lado y que me reconoció, me dijo:

—Tienen la orden de disparar a quien se acerque.

Un oficial del ejército, con la pistola en la mano avanzó hacia nosotros y nos exigió retirarnos. Le explicamos entonces al oficial que don Luis Cano deseaba entrevistarse con el Presidente. El oficial después de reconocer al director de *El Espectador* nos pidió que lo esperáramos allí, mientras él iba a recibir órdenes, indicándonos que nos situáramos contra los muros, pues de los tejados vecinos estaban disparando los francotiradores a todo el que por allí se acercara.

En ese momento apareció en ese lugar el doctor Darío Echandía, seguido de un grupo de jefes liberales y de dirigentes obreros. Allí estaba Carlos Lleras Restrepo, Julio Roberto Salazar Ferro, Víctor Julio Silva, Alfonso Aragón Quintero, Plinio Mendoza Neira, Roberto París Gaitán, Alfonso Araújo y otros. Unas cincuenta personas seguían a distancia a los jefes políticos. El doctor Echandía se detuvo para exigir a los seguidores anónimos que lo dejaran seguir solo con el grupo de sus compañeros, porque no debía de ser un mitin el que iba a Palacio. Ese grupo del pueblo le obedeció, pero de allí salió un grito que le exigía: «Pida el retiro de Ospina».

El oficial regresó al cabo de un momento y reconociendo al doctor Echandía, preguntó cuántas personas iban a acompañarlo. Como yo sabía de sobra que no iba a ser recibido por el Presidente, manifesté mi intención de regresar, pero Julio Roberto Salazar Ferro me exigió: «Usted debe acompañarnos». Araújo, diciendo que él había sido llamado de Palacio, reclamó el derecho de escoger a las personas que podían pasar el cordón de soldados.

En fila india, prendidos contra los muros, guiados por el oficial del ejército que, pistola en mano y dando órdenes militares, iba anunciando nuestra presencia, traspasando cordones de soldados amenazantes, y oyendo silbar las balas sobre la ciudad, avanzamos hasta la carrera séptima por la calle octava. Allí el oficial nos hizo esperar un largo rato mientras comunicaba nuestra embajada a Palacio. Jorge Padilla se había quedado bastante atrasado. Un soldado se tendió sobre el pavimento listo a disparar. Padilla se había refugiado en un hueco media cuadra atrás, pero su estómago lo delataba. El soldado iba a disparar contra él confundiéndolo con un audaz francotirador. Julio Roberto Salazar Ferro dio un grito:

—¡Cuidado! ese es de los nuestros, y detuvo el disparo del soldado. Padilla salió de su escondite y se unió a nosotros.

El oficial, nuestro guía, volvió a decirnos que podíamos seguir. Frente al Palacio vimos nueve cadáveres tendidos; llovía intensamente: agua y plomo.

Camilo de Brigard Silva

[...] Salimos de la Clínica por entre una multitud enloquecida, y nos metimos en un teatro público lúgubre, que quedaba al frente del templo de Santo Domingo. De ahí nos dirigimos a Palacio, en fila india, contra las paredes porque estaban echando bala de lado y lado; los soldados se defendían porque los estaban matando los francotiradores. Y figúrese lo que le pasó a Jorge Padilla, lo confundieron con un francotirador y casi lo matan. Resulta que Jorge no sé por qué vainas, se quedó atrás y se metió en un portón, para defenderse de las balas. Y un soldado gritó: «Un francotirador». Le apuntaron y yo les dije: «No, quietos que es Jorge Padilla».

Cuando llegamos a Palacio encontramos muchos muertos a la entrada, pero parece que ya no estaba ahí el cadáver del tipo ese que mató a Gaitán. Seguramente la gente quiso entrarse a Palacio; y le echaron bala; también los francotiradores echaban bala, hasta que los bajaban.

En Palacio había gente armada y la guardia, pero, de pronto caía un soldado o un francotirador... y alcanzaron a bajar a tres. La puerta de Palacio estaba entreabierta, nos metimos y nos encontramos con los soldados que querían atajarnos y ponernos las bayonetas, hasta que un oficial les dijo: «Déjenlos entrar que vienen llamados por el Presidente».

Darío Echandía

[...] Volvimos a deliberar rápidamente. Algunos de los concurrentes solicitaban la constitución de una junta revolucionaria directora del movimiento; otros comprendimos que la constitución de una junta de ese carácter crearía automáticamente la protocolización de un Estado revolucionario con imprevisibles consecuencias. Mi opinión personal, como la de Echandía, Araújo y otros muchos liberales, fue la de que era conveniente y necesario establecer un inmediato contacto con el Gobierno para poner fin a los choques violentos que ya estaban causando innumerables víctimas y para tratar de buscar las fórmulas más adecuadas a fin de evitar que el país se precipitara a la anarquía.

Con ese espíritu y con esa intención, pero sin ningún otro propósito definido, abandonamos la Clínica para dirigirnos al Palacio de la Carrera. Inmediatamente nos vimos rodeados de una multitud enloquecida, armada de fusiles, machetes y cuchillos; el edificio del Ministerio de Gobierno estaba ardiendo furiosamente y las turbas saqueaban numerosos almacenes.

Tratamos de intervenir para restablecer el orden, sin que siquiera nos fuera posible hacernos oír porque el tumulto y la confusión eran indescriptibles. Descendimos por la calle doce para tomar la carrera séptima y pedimos repetidas veces a la gente que nos dejaran avanzar solos, pero sin resultado alguno. Al llegar a la esquina de Santo Domingo, el doctor Echandía quiso hablar a la multitud, sin lograr hacerse oír. Yo había seguido por la carrera séptima y entré a una de las casas situadas entre las calles once y doce, solicitando permiso a los propietarios para hablar desde uno de los balcones con el objeto de solicitar a la multitud que se serenara y nos dejara marchar solos a Palacio. Tampoco pude hacerme oír y volví a salir a la calle, dirigiéndome por la misma carrera séptima hacia Palacio. El doctor Araújo, junto con mi compañero de oficina, el doctor Gómez Valderrama, y algunas personas más se nos habían adelantado un poco. Cuando nos acercábamos a la esquina de la plaza de Bolívar resonó una descarga de fusilería y vimos caer algunas personas unos pocos pasos adelante de nosotros. Nos detuvimos para pedir de nuevo al pueblo que se devolviera y nos permitiera avanzar solos.

En estos momentos se reunió de nuevo con nosotros el doctor Araújo, cuya vida estuvo en inminente peligro porque él se hallaba en las primeras filas de la multitud; le acompañaba el doctor Gómez Valderrama, cuya frente sangraba copiosamente como consecuencia de la herida que le causó un trozo de piedra arrancado por las balas en la esquina de la plaza de Bolívar. Reunidos de nuevo con el doctor Echandía en la esquina de la calle doce, comprendimos que debíamos escapar de la presión de la multitud para poder deliberar un momento y conseguir el acceso a Palacio por calles más apartadas. Entonces entramos al Nuevo Teatro, en donde quedamos por algún tiempo materialmente bloqueados por la gente que se aglomeraba en las puertas. Ganamos un salón de la parte trasera y algunos minutos después, pasando por sobre unas paredes derruidas, logramos salir a la calle doce, cerca de la carrera sexta, y tomar el camino del sur. Junto al Palacio de Justicia, que ardía despidiendo un calor insoportable, encontramos a don Luis Cano, quien también por propia iniciativa se dirigía a Palacio, caminando trabajosamente, pues sufría de una grave afección en la pierna derecha. La multitud se concentraba cada vez más en la Calle Real y esto nos permitió avanzar casi solos, cambiando rápidamente algunas ideas sobre la situación.

A medida que nos acercábamos a Palacio, nuestro avance se iba haciendo más difícil y peligroso por la nerviosidad de las patrullas de soldados. Parece que sobre estas se habían hecho algunos disparos desde las ventanas y tejados y quizá por tal razón y por las órdenes recibidas para impedir el acceso de la gente a las inmediaciones de las residencias del Presidente, la tendencia de aquellas patrullas era la de disparar sobre cualquier grupo que avanzara. Afortunadamente, al llegar a la esquina de la calle octava con carrera sexta, pudimos dar aviso a un oficial, quien empezó a caminar delante de nosotros gritando a los soldados que no dispararan. Ese mismo oficial nos hizo formar en fila india y caminar pegados a las paredes. En la esquina de Palacio, los soldados disparaban sobre las casas en que se decía había francotiradores y pudimos ver regueros de sangre y cadáveres junto del tanque que cerraba la calle. Más adelante, en frente mismo de la puerta del Palacio Presidencial, un hombre agonizaba lanzando lastimeros quejidos. Se nos franqueó la puerta con algunas dificultades y se nos detuvo en el puesto de guardia, mientras se daba aviso al Presidente.

Lleras Restrepo

[…] Por la carrera séptima había intentado entrar la dirección liberal, pero no pudieron hacerlo porque había muchos tiros y retrocedieron hacia *El Tiempo,* pero se vinieron por la carrera quinta y sexta y me encontré con ellos.

«Queremos entrar a Palacio». Les dije: «Por supuesto, pero están echando bala. Yo los dejo pasar y los llevo hasta allá, pero con la responsabilidad de ustedes, pero si sucede algo no es culpa mía. Caminen pegaditos contra las paredes». Y los llevé hasta Palacio, aprovechando los quicios de las puertas. Yo llevé a la dirección liberal hasta Palacio, la hora exacta no la sé, en estos momentos no hay horas. Yo estaba recorriendo la carrera séptima cuando mataron al teniente Ruiz, al pataconcito Ruiz, fueron tiros que le mandaron de la torre de la División de la calle cuarta con carrera séptima.

Capitán Ismael Hurtado

[…] A las seis de la tarde aproximadamente penetramos a Palacio, después de llegar allí en difíciles condiciones.

Frente al patio principal un nuevo cordón de soldados defendían el paso con bayonetas caladas. Un oficial vino a nuestro encuentro y preguntó quiénes iban a seguir. Después de una ligera discusión, pasaron el doctor Echandía, don Luis Cano, Carlos Lleras, Plinio Mendoza Neira y Araújo.

Los demás pasamos al cuarto de guardia; comenzó la larga y monótona espera. Una monotonía rota cada cuarto de hora por una descarga de los francotiradores sobre el Palacio, y por las nutridas respuestas que les daba la guardia. A veces el tiroteo se hacía más nutrido y duraba cinco o diez minutos sin interrupción. A veces nos parecía que los atacantes se iban a tomar Palacio. Y en verdad lo hubieran podido hacer muy fácilmente.

(El ataque a Palacio había calmado en todos sus intentos. En el aire flotaba cierto sosiego, especialmente entre quienes estaban en Palacio, que lo respiraban ya con cierta tranquilidad. Los disparos desde los techos y azoteas eran intermitentes; las tropas que defendían a Palacio habían atenazado las manzanas a su alrededor y sobre sus fusiles y ametralladoras descansaba esa frágil esperanza. Mas lo importante era que el Gobierno sabía que desde Tunja había salido el refuerzo militar necesario para la defensa no solo de Palacio sino de la capital. Ahora en Palacio, esperaban que se iniciara la otra batalla, la política, porque militarmente estaban seguros. Y esa batalla había comenzado con el anuncio de la llegada de los dirigentes liberales. El Presidente, anticipándose a la situación, reúne, en un ángulo del salón en que se encontraba, a los ministros presentes).

Alejandro Vallejo

—Hay que suponer que ellos vienen a pedirme la dimisión. Quiero conocer el concepto de ustedes.

(Sus ministros, por lo menos los que estaban presentes, no eran hombres de pronunciamientos definitivos. Más bien navegaban entre las aguas planteadas por el Presidente).

Ospina Pérez

(Contrainterrogan, sin compromiso que sobre uno de ellos caiga la responsabilidad).
—¿Cuál es la opinión de su Excelencia?

Ministros

—Diré a la comisión que entremos a estudiar el momento y sus consecuencias por todos los aspectos; que en mi concepto el liberalismo debe cooperar en el sostenimiento de la legitimidad y a la defensa de la Nación y que no puede pretenderse que con la entrega de la legitimidad se sume un nuevo crimen político a los ya realizados. Puedo ofrecerles hasta la reconstrucción paritaria del gabinete, dejando para más tarde, cuando ya la situación esté más despejada, la distribución de las carteras y siendo yo tan solo quien designe las personas, pues aún ahora quiero ser fiel a mi programa de Gobierno y a las bases administrativas del día de mi posesión.

(El Presidente insistió en la idea de que moriría tranquilamente en su sillón Presidencial, antes que flaquear en la defensa de la legitimidad. Los ministros presentes aprobaron su determinación. Doña Bertha, con su revólver al cinto y con la expresión de una mujer elemental, franca y directa, terminó diciendo en un tono de convencimiento, al coger en sus manos el arma).

Ospina Pérez

—Si las turbas llegaran a asaltarnos, antes de que puedan tocarnos no desperdiciaré un solo proyectil.

(Evidentemente el ejemplo de doña Bertha era un acicate de valor para los hombres presentes. Había dado muestras de que no tenía temor a que su cuerpo colgara de uno de los faroles de la carrera séptima).

Doña Bertha

[...] Tal su desprecio por el peligro que me recordaba a aquella Leonor Especiel del Renacimiento, cuando le anunciaron el patíbulo, se limitó a decir a sus verdugos: «Solo les pido que me vistan de varón, para que al caer mi cuerpo no vaya a ofenderse mi pudor».

(Por las ventanas del despacho Presidencial vieron los incendios cuyo resplandor se proyectaba sobre las rejas de las ventanas en un cuadro rojo amarillento, en el lamento fúnebre de una vieja ciudad que se derrumbaba en sus cimientos.

Con la curiosidad del niño y el temor de hombres atrapados, contaron doce incendios en el centro de la ciudad: San Victorino, *El Siglo,* el costado norte de la plaza de Bolívar, el Hospicio, el Hotel Regina, la Gobernación, la Cancillería, la Nunciatura, el Palacio Arzobispal. Por sus ojos vieron ese trágico oscurecer de la noche que se abría de brazos a todas las posibles sorpresas.

Introducidos desde la puerta por el doctor Luis Javier Marino, entraron los miembros de la comisión liberal: Luis Cano, Darío Echandía, Carlos Lleras Restrepo, Plinio Mendoza Neira y Alfonso Araújo. Otros compañeros se quedaron en los salones del primer piso. Llegaron con sus rostros solemnes por la preocupación que los embargaba, llevando sobre sus hombros el peso de una misión histórica. Entraron al salón Presidencial acompañados de los ministros conservadores y Evaristo Sourdís anuncia el retiro de sus copartidarios. En el salón no quedan sino los dirigentes liberales y el Presidente, en un entreacto de silencio, preliminar del estudio entre los hombres. En la secretaría general comienza entonces la comida de los ministros conservadores).

Estrada Monsalve

[…] Recuerdo que no se quería permitir que al despacho del Presidente subieran más de dos o tres personas, lo cual, en un momento dado, nos llevó a manifestar que en el caso preferíamos retirarnos todos. Por fin se dio orden de que subiéramos y si no recuerdo mal, entramos al despacho Presidencial el doctor Darío Echandía, don Luis Cano, Alfonso Araújo, Plinio Mendoza Neira, Julio Roberto Salazar Ferro y yo. Al poco rato subieron también Jorge Padilla y dos o tres personas más. El Presidente nos recibió bastante sereno, pero consciente de la gravedad de la situación.

Lleras Restrepo

[…] Una vez en el despacho Presidencial nos sentamos alrededor de una mesa en el costado oriental del salón. Entró el Presidente Ospina. Estaba sereno. Con un cigarrillo en la mano izquierda, tomó asiento y nos dijo: «Estoy a sus órdenes». Se produjo un silencio tenso, incómodo. En realidad no habíamos acordado exactamente qué íbamos a pedirle. Al menos no sabía yo si los demás habían llegado a un acuerdo sobre el particular. En vista de que nadie iniciaba la conversación, decidí intervenir. Lo hice diciendo —no recuerdo en qué términos— que en vista de la gravedad de la situación, consideraba que lo indicado era entregar el Gobierno al ejército, que en aquel momento gozaba de la confianza y el aprecio del pueblo. Antes de que el

Presidente Ospina diera su opinión, todos mis compañeros se manifestaron abiertamente en desacuerdo con este punto de vista. Quedé desautorizado y aun arrepentido de haberme adelantado a hablar, pero seguí pensando, como lo pienso aún hoy en día, que aquella habría sido para el país y para el liberalismo la mejor solución. Se habrían evitado los trescientos mil muertos por diez años de violencia que siguieron a aquella fecha.

(La primera impresión expuesta por los visitantes al Presidente, es que la situación asumía momento a momento una extrema gravedad para la ciudad capital, para todos los habitantes y aún para el país entero.

Le relataron al Presidente varios de los episodios que habían contemplado en la marcha hacia Palacio, y a petición suya, el doctor Plinio Mendoza Neira, relató la forma en que se había producido el asesinato. Lleras Restrepo interrumpió la narración de Mendoza Neira para anotar que se estaba perdiendo demasiado tiempo y que era necesario actuar con prontitud. El silencio lo rompe Salazar Ferro quien pide a don Luis Cano que hable en nombre de los presentes).

Plinio Mendoza Neira

(Luis Cano en tono pausado manifiesta sus palabras).

—Señor Presidente, mis compañeros me han encontrado en la calle y me han invitado a venir a conferenciar con su Excelencia. Yo no he tenido tiempo, pues para cambiar ideas con ellos y no conozco sus pensamientos frente a esta emergencia. Por mi parte, su Excelencia sabe cómo lo admiro y respeto, y de que manera en *El Espectador* he venido defendiendo su administración, como tal vez ninguno de los órganos de la prensa conservadora lo ha hecho. Yo no podría, en consecuencia, hacer cosa distinta, en estos momentos, que la de ponerme a sus órdenes, como colombiano y como amigo. Creo sí, que debemos considerar patrióticamente alguna medida inmediata, rápida y efectiva, porque el tiempo apremia y no debemos esperar a que sea demasiado tarde.

Luis Cano

—¿Qué medida insinúan ustedes que debe tomarse?

(Nadie se atreve a hablar. Quizás no hay un absoluto acuerdo entre los dirigentes liberales, o están tanteando el terreno. El Presidente insiste en su pregunta y Luis Cano retoma la respuesta).

Ospina Pérez

—Yo le repito al señor Presidente que no venía preparado para esta entrevista. Por lo tanto mis compañeros tienen la palabra.

Luis Cano

—Señor Presidente cualquier medida que se tome llegará demasiado tarde. (Lo dijo con un marcado énfasis y seguro de sí mismo. Carlos Lleras Restrepo, pequeño de cuerpo, con la cabeza casi completamente despoblada de cabello, con su eterno cigarrillo entre los labios, dejando caer por descuido la ceniza sobre las solapas de su sobretodo. Este hombre nervioso, enérgico, inteligente, recordaba perfectamente, que tanto durante el recorrido que hicieron en las calles de la ciudad, como en los minutos de espera en el puesto de guardia, los dirigentes liberales habían intercambiado ideas sobre la situación y sobre lo que convendría hacer. Lleras Restrepo sabía a qué había ido a Palacio).

[…] Tanto durante nuestro recorrido como en los minutos de espera en el puesto de guardia, cambiamos rápidamente ideas sobre la situación y sobre lo que convendría hacer. En don Luis Cano era visible la preocupación por la suerte que pudiera correr el Presidente de la República y por las consecuencias que podrían sobrevenir para el país si el mandatario llegaba a ser víctima de la violencia popular. Todos estábamos de acuerdo en que era necesario convencer al Gobierno de que asumiera una conducta capaz de calmar la exacerbación popular y de poner término rápido y pacífico a los choques que, de prolongarse, sumirían al país en la guerra civil. La situación nos parecía tan grave y los antecedentes que habían ocasionado el rompimiento de la Unión Nacional tan frescos todavía, que fue general la opinión de que solo el retiro del Presidente podría tener suficiente eficacia para calmar las multitudes. Nos parecía, además, que ese camino, que dejaba a salvo los sistemas constitucionales, era por todos los aspectos preferible a que sobreviniera el derrocamiento violento del Gobierno, con lo cual el país habría entrado en un estado de anormalidad jurídica cuyo posterior desarrollo nadie podía prever siquiera. Puedo afirmar que eran estas preocupaciones de orden estrictamente patriótico las que nos movían a todos los que llegamos a Palacio y que todos estábamos de acuerdo en presentarlas simplemente como los puntos de vista de unos liberales preocupados por la suerte del país y no como una petición que nosotros pudiéramos formular al Presidente como representantes de la gente amotinada, ni como un *ultimatum* que la revolución hiciera por nuestro conducto al Gobierno. Y esa tenía que ser nuestra comisión, ya que nosotros no habíamos sido enviados por nadie a formularle condiciones al Gobierno y que tampoco ejercíamos jefatura política alguna, ni nos habíamos constituido en junta directora del movimiento popular, por el contrario, nos habíamos negado a aceptar el carácter de miembros de una junta revolucionaria, que algunas personas exaltadas quisieron que asumiéramos durante las deliberaciones.

(Alfonso Araújo se levanta de su silla, avanza unos pasos hacia los ventanales, mira la noche encendida por los incendios y se vuelve para dirigirse al Presidente con patetismo en sus ojos).

Lleras Restrepo

—Mire usted, señor Presidente, los incendios cubren la ciudad, oigan las ametralladoras del ejército. ¡Esto es una masacre horrible! ¡Es un asesinato colectivo! Lo que está sucediendo en la calle es algo espantoso.

El pueblo está siendo abaleado en una forma inmisericorde. Nosotros mismos hemos tenido que llegar casi arrastrándonos hasta aquí, entre docenas de cadáveres, viendo casos horribles de gente sacrificada por esta lucha absurda. Si el doctor Abadía Méndez estuvo a punto de caer de la Presidencia el ocho de junio de 1929, por la sola muerte del estudiante Gonzalo Bravo Pérez, no veo cómo pueda sostenerse unas horas más el actual Gobierno, señor Presidente.

Alfonso Araujo

—Esa masacre no la ha provocado el Gobierno. El ejército está cumpliendo con el deber elemental de defender la Constitución.

(Luis Cano es el hombre que concilia y aplaca los ánimos que comienzan a exacerbarse, temiendo una posible ruptura en las conversaciones, puesto que él había introducido las primeras propuestas liberales, y era él quien aparecía siendo momentáneamente el vocero del grupo visitante. Recomienda a sus compañeros más cordura y cordialidad en sus deliberaciones. Echandía en ese transcurrir es un hombre mudo, apoltronado en un cómodo sillón, su índice sobre las mejillas, observando a todos con una inmutable indiferencia, como si estuviera soñando o filosofando. Es un escéptico, para quien los libros, la experiencia intelectual largamente madurada, han destilado en su cerebro ciertos jugos que hicieron desaparecer de su rostro el entusiasmo y la pasión. Y es esta actitud del «Maestro» la que siempre confunde a sus interlocutores).

Ospina Pérez

—A mi modo de ver señores, el doctor Echandía es el único hombre capaz de contener las iras del pueblo, dado su inmenso prestigio, ratificado por aclamación de la multitud al conocerse la noticia de la muerte del doctor Gaitán.

Plinio Mendoza Neira

—Estoy de acuerdo con lo afirmado por el doctor Mendoza Neira. La situación es tan grave que ni siquiera la presencia de López o Santos en el Gobierno lograría dominarla, ya que sus nombres no despiertan el menor entusiasmo en las masas liberales. Únicamente el doctor Echandía puede hacerlo con eficacia. (Desde la noche misma, iluminada por largas llamaradas, como silbidos emergen los disparos de los francotiradores que están en las azoteas de los edificios. Una bala hace temblar los vidrios de los ventanales y busca refugio en uno de los muros. Los visitantes se levantan ansiosos por sus vidas y piden pasar a otra sala que les ofrezca mayor seguridad. El Presidente que maneja la situación con el puño de la mano, responde con aplomo).

Salazar Ferro

—Si ustedes así lo prefieren, no tengo ningún inconveniente. Pero por mi parte, yo me siento cómodo aquí. Desde este sillón, desde este mismo lugar en que estamos, he venido dirigiendo el Gobierno y es apenas natural que me sienta obligado a permanecer en el sitio de mis ocupaciones habituales. (Lleras Restrepo es quien se sobrepone al nerviosismo colectivo de sus compañeros y los invita a quedarse. Mendoza Neira gesticula con las manos).

Ospina Pérez

—Debe tomarse una medida rápida, pues se está perdiendo tiempo precioso y cada minuto que pasa aleja más la posibilidad de salvar al país.

(Sus compañeros asienten a sus palabras, pero ninguno se atreve a exponer abiertamente el objeto de su misión. Es el Presidente quien les tiende la mano para que clarifiquen las fórmulas que ellos ocultan entre sus pensamientos, pero que evidentemente se sienten en el aire).

Plinio Mendoza Neira

—¿Entonces ustedes lo que quieren es que el Presidente se retire del poder, no es eso?

(Lleras Restrepo recoge de inmediato la oportunidad, al levantarse de su silla, antes de que termine el Presidente, sin ocultar su euforia).

Ospina Pérez

—Este punto a mí me parece muy interesante y debemos entrar a considerarlo inmediatamente.

(Ospina Pérez ya estaba jugando con las cartas del tiempo. Poseía el tiempo y esperaba a que pasara, aunque angustiosamente. Porque conocía de antemano cual era la real situación de Bogotá y del país).

Lleras Restrepo

—A mí me parece muy interesante que consideremos este punto. Ustedes saben que yo nunca busqué esta posición; llevaba una vida tranquila con mi familia y solo por prestar un servicio a la patria acepté este cargo de tanta responsabilidad. Para mí, para mi esposa y para mis hijos, nada mejor que retirarme del poder e ir a establecerme en el extranjero y vivir allí una vida sin preocupaciones. Pero, pensemos, señores, en las consecuencias que esto acarrearía para el país: a mí me eligió el pueblo colombiano para regir sus destinos y al abandonar la Presidencia de la República mi nombre pasaría a la historia como traidor, arrojando el más horrible baldón a la memoria de mis antepasados. Por otra parte, sería declararme reo de un crimen que no he cometido. Debemos pensar lo que sucedería en los Departamentos; por lo menos seis de ellos marcharían a reconquistar el poder que se les había arrebatado. Tendríamos, pues, la guerra civil inevitable.

(Se rompe el encanto de una posible ilusión. Los rostros de los liberales se tornan lívidos de rabia, de impotencia. No tienen en sus manos sino las palabras. Salazar Ferro reacciona violentamente).

Ospina Pérez

—Es el Gobierno el causante de los sucesos que estamos viviendo. El asesinato del doctor Gaitán es la culminación de una ola de violencia desencadenada por el Gobierno en todo el país, que se expresa en la incorporación de conservadores en la policía, que han hecho del asesinato la ley que se aplica diariamente. Y todo amparado por el sectarismo criminal de los gobernadores en el oriente colombiano.

(Impasible lo escucha el Presidente, al terminar el violento alegato, y manejando como está manejando la situación, desvía la conversación al preguntar a Mendoza Neira más detalles de la muerte de Gaitán. Y vuelve a preguntar cómo los dirigentes liberales llegaron hasta Palacio. El tiempo sigue en lentos pasos de las manecillas. Echandía se anima un poco, su índice sobre la mejilla indica preocupación, signo de su deseo para que cambie el diálogo. Lleras Restrepo interrumpe de nuevo a Mendoza Neira para volver a insistir en la fórmula del retiro del Presidente).

Salazar Ferro

—Señor Presidente, el asunto de su retiro sigue siendo el punto más importante, yo creo que debemos definirlo.

Lleras Restrepo

—Y lo vamos a definir. Yo soy ante todo un hombre de fe y sé lo que es un juramento; he jurado defender la Constitución de Colombia y seré fiel a ese juramento, porque considero que en él, además de comprometerme con mi patria, he comprometido mi conciencia con Dios. Si he de salir vivo de este Palacio, no será sino cuando termine legalmente mi período. Mi opinión irrevocable es que la Constitución me obliga a permanecer en mi puesto, sin consideración alguna a los peligros que ello pueda acarrearme.

Ospina Pérez

—Todo esto es así, señor Presidente. Nuevamente le expreso la profunda admiración que por usted siento, y le recuerdo nuestra vieja amistad para que vea con cuánta sinceridad le hablo. Usted más que nadie, como gran patriota, comprende esta situación en que nos hallamos. Su punto de vista es profundamente respetable. Pero, señor Presidente, usted a los muchos servicios que le ha prestado a la República puede añadir uno, todavía mayor, que las futuras generaciones y la democracia colombiana tendrá que agradecerle eternamente, contribuyendo a salvar el país, pues con su separación del poder, facilitaría la terminación de la revuelta y se haría digno de la gratitud del pueblo colombiano.

(Ospina Pérez le respondió a Luis Cano en forma cordial pero enfática, consideraba que sus palabras eran plenamente sinceras y patrióticamente inspiradas, pero pensaba que él estaba profundamente equivocado al apreciar la situación en esos términos. El Presidente sentía un afecto entrañable por Luis Cano).

Luis Cano

—Pero no se equivoque usted. Mi separación del poder lejos de arreglar empeoraría la situación, provocando una sangrienta guerra civil en la República. Solo el Presidente Constitucional puede contener victoriosamente el motín. Además, no olvide que, en muchos Departamentos, como Boyacá, Antioquia, Caldas, Nariño, Huila, Santander, los conservadores están listos y resueltos a marchar sobre Bogotá. Aún suponiendo que Palacio caiga en estos momentos y que todos sus defensores perezcan, inclusive yo, la situación sería menos grave para el país que una deserción de mi parte. Al menos sobre mi cadáver, entre las ruinas de Palacio, podría pensarse en reconstruir la legalidad y salvar a Colombia de la anarquía. No se equivoque por eso, don Luis. Piense que, para la democracia colombiana y para las futuras generaciones, de las cuales usted me habla, vale más un Presidente muerto que un Presidente fugitivo.

Ospina Pérez

—¿Entonces, qué se propone hacer usted?

Luis Cano

—Seguir tomando todas las medidas indispensables para mantener el orden y dominar la situación, reunir el Consejo de Ministros a la mayor brevedad para decretar el estado de sitio y adoptar resoluciones políticas que estime convenientes dentro de los propósitos que han inspirado mi Gobierno desde el primer día, y que usted conoce ampliamente. Hay otro aspecto que también es fundamental y es el siguiente. Ustedes saben que soy católico convencido y que el posesionarme de la Presidencia de la República juré ante Dios cumplir la Constitución y las leyes.

Ese juramento me compromete en forma irrevocable y mi opinión es que la Constitución me obliga a permanecer en mi puesto sin consideración alguna a los peligros que ello pueda acarrearme.

Ospina Pérez

(Pocos minutos después Luis Cano salió del despacho Presidencial y dijo a varias personas que lo oyeron, entre ellas a doña Bertha.)

—Creo que es tiempo perdido seguir insistiendo ante el Presidente en su separación del poder, porque le acabo de oír esta frase: «Vale más un Presidente muerto que un Presidente fugitivo», y la dijo en un tono tal de convicción y de resolución que creo que nadie lo hará modificar sus propósitos.

Luis Cano

[...] Naturalmente el Presidente tenía en esos momentos informaciones de que nosotros carecíamos, sobre todo respecto de la situación creada en Antioquia y en algunos otros lugares del país, y tenía razón al pensar que si bien su retiro podría calmar el ánimo de los liberales en Bogotá y contener la revuelta, era bien posible que el conservatismo se negara a aceptar esa solución y se creara automáticamente un estado de guerra civil en la República. Más tarde, cuando yo estuve en posesión de informaciones más completas, comprendí que el Presidente había tenido razón al adoptar aquella actitud, y así se lo expresé a él en una reunión con los directorios políticos el 17 de abril y lo repetí después, públicamente, en el Senado de la República. Pero en la noche del 9 no podíamos ver los hechos con la misma claridad. Yo fui uno de los que se empeñaron con mayor insistencia en sostener la tesis que solo el retiro Presidencial podía dar suficiente satisfacción a la opinión pública.

Lleras Restrepo

[...] En Palacio estuvimos toda la noche, charlando con el Presidente. Fue una charla que duró toda la noche. Es evidente que don Luis Cano le dijo al doctor Ospina que la solución era que me encargara yo del mando. ¿A qué título? Era un golpe de cuartel, un golpe de Estado. Yo no era el Designado; el Designado era el doctor Santos, que estaba en Nueva York. Pero don Luis estaba convencido que la situación era de anarquía y de guerra civil, y que la solución era que yo me encargara del poder. El doctor Ospina estuvo muy sereno, nunca se salió de casillas, y dijo: «No. Si el retiro mío fuera la solución para el problema, pues lo haría inmediatamente, sin vacilar. Qué belleza no estar de Presidente en estas circunstancias; hasta lo haría por interés personal. Pero esa no es la solución, y lo que pasa es que vendría la guerra civil».

(Los dirigentes liberales siempre creyeron que el temperamento suave y las buenas maneras del Presidente eran expresión de un espíritu de bajas alturas y por naturaleza conciliador. Recordaban muchos de ellos, colegas suyos en el Senado, cuando lo veían sentado en su sillón, sonriente con su cabeza brillante, discreto, en aquellos días de los grandes debates parlamentarios, cuando la minoría conservadora lo contabilizaba como un simple voto, y antes de las votaciones, casi que por arte de magia había desaparecido. Pero ahora los papeles habían cambiado en la escena. El Presidente estudiaba meticulosamente cada uno de los gestos de los líderes liberales y en ellos encontraba la debilidad de hombres que no representaban las ansias de ese pueblo que se había levantado esa tarde contra el establecimiento, sin importar que su sangre fluyera por las calles. Los liberales eran hombres como el Presidente, creían en la legitimidad; en consecuencia, tanto él desde su punto de vista, como ellos con sus actitudes, la estaban defendiendo).

Darío Echandía

[...] Luego que el Presidente hubo oído el motivo de la visita de dichos señores a Palacio, salió a comunicarlo a los ministros que estaban allí. Desde ese momento pensé y así lo dije: «Estos señores están desempeñando un papel muy ruin y bajo. En vez de venir a ofrecer su apoyo al Gobierno para normalizar la situación, vienen a pedir el poder para ellos» —y agregué—: «Pero no creo que don Luis Cano, aun cuando los acompaña, pida el poder para él. Y el doctor Echandía no recibe el poder si no se lo ofrecen y se lo ponen en sus manos».

Los visitantes a que me he venido refiriendo, entraban al despacho del Presidente y conversaban con él algunas veces en términos más suaves y otras alterados. Ya cerca de las doce de la noche, viendo que nada conseguían, resolvieron salir para *El Tiempo,* donde habían dejado a sus demás compañeros y al general Ocampo junto al teléfono en espera de su triunfo; y quienes con sus llamadas constantes a Palacio indagaban para saber qué habían conseguido y animaban para obtener el poder, que era lo que se proponían. A esta hora, digo, salieron hasta la puerta de la carrera séptima para irse, pero como las balas no cesaban un instante, prefirieron regresar a la oficina del Presidente.

A duras penas saludé a estos señores. Estaba profundamente indignada por el motivo que los había traído hasta Palacio. Solo a don Luis Cano yo misma le ofrecí una taza de café con leche, en atención a que había ayudado al Presidente por medio de su periódico *El Espectador,* y a que estaba segura de que no pedía nada para él. Además por su salud, que era delicada. A los demás no permití que les ofrecieran nada.

El más desesperado de todos y que no hubiera vacilado un instante para llegar a su propósito, fue Carlos Lleras Restrepo. Pero no es cierto, como se ha dicho por la calle, que se hubiera atrevido a coger de las solapas al Presidente. En esos momentos Lleras aparecía como… junto al Presidente, tanto por su estatura como el papel que cada uno estaba desempeñando. Además para evitar cualquier desacato estaba el pequeño, pero valiente grupo de amigos, y no lo hubiéramos permitido sin darle su castigo.

Precisamente dentro del despacho Presidencial y a petición mía, se encontraba el mayor Iván Berrío y el señor Francisco Roa, dispuestos a defender la vida del Primer Mandatario y a evitar, al precio que costara, cualquier irrespeto que se pretendiera contra su persona o su dignidad de Presidente. Estos amigos fueron además, por dicha circunstancia, testigos presenciales de todo cuanto sucedió en el despacho Presidencial.

Al doctor Araújo lo convidé a sentarse cerca de mí y le dije:

—Dígale a Lleras Restrepo y a su grupo que el Presidente no renuncia, y que yo, su señora, les advierto que aquí no saldrá sino muerto. Que sepa también que tenemos cuatro hijos hombres que en el momento oportuno no están a su alcance, y que ellos sabrán vengar a su padre, pues así se lo he enseñado desde muy niños.

(Las conversaciones entre los dirigentes liberales y el Presidente se hicieron en forma intermitente porque este tenía que salir del despacho Presidencial, para atender por los teléfonos de otras oficinas las comunicaciones con las diferentes ciudades del país y con los puntos estratégicos de la capital.

El Presidente asumió la dirección de todo lo relacionado con el orden público tanto en lo civil como en lo militar, porque el ministro de Guerra, el doctor Fabio Lozano, le manifestó desde el primer momento, que dadas las circunstancias políticas y no obstante el hecho de que su liberalismo en nada coartaba su lealtad al jefe del Estado, consideraba que debía ser el Presidente quien impartiera las instrucciones definitivas sobre el desarrollo de las operaciones militares.

Las conversaciones llegaron entonces a un punto muerto. Los dirigentes liberales estaban encerrados en sus propios pensamientos sin que apareciera una luz de solución).

Doña Bertha

[...] Nada prometí, nada avancé ante los comisionados liberales, como no fuera mi propósito irrevocable de permanecer a todo trance en la Presidencia de la República y de buscar la solución patriótica aconsejable dentro de las circunstancias, una vez definida la situación militar en la capital del país. Y dentro de los propósitos iniciales de mi Gobierno, de procurar la paz de los colombianos y el entendimiento de los partidos.

Ospina Pérez

El tiempo

Poco rato después la ciudad ardía en distintos lugares y desde nuestras oficinas no era difícil observar cómo se alzaba trepidantemente, la siniestra columna de los incendios. Y como el crimen era un delito eminentemente político, la reacción fue inevitablemente política.

Muchos liberales que ya venían enardecidos por los sucesos de Santander y de Boyacá, y de otras partes, determinantes de aquella Manifestación del Silencio que hacía dos meses apenas los había congregado, clamaban venganza y proclamaban su resolución de resistir hasta alcanzar la posibilidad de obtener el Gobierno por la fuerza. Y claro está en medio de semejante confusión, todas las insensateces y las demasías parecían explicables. No solo las de la enloquecida multitud, que ya empezaba a destrozar vitrinas y saquear almacenes, sino la de ciertos personajes secundarios que se sentían próceres en trance de victoria, próximos a lograr altas jerarquías administrativas. Y era de ver en medio de la angustia y el dolor infinito que todo aquello nos causaba, la grotesca pretensión de muchos de asumir actitudes y constituir supuestas juntas de Gobierno.

Roberto García Peña

Después que ellos se fueron hacia Palacio, yo me fui a *El Tiempo*. Logré pasar porque en el *hall* del edificio había gran cantidad de gente, al fin subí y cuando Roberto García Peña me vio me hizo pasar a la casa del doctor Eduardo Santos, que estaba comunicada con el edificio. Ya en esa casa me encontré con Jaime Posada, Álvaro Esguerra, Enrique Santos, en fin, ahí había mucha gente que entraba y salía, en un momento estuvo Jorge Child. También pasaron la noche Regueros Peralta y Darío Samper, yo me fui con ellos en la mañana.

Esa noche la pasamos tratando de comunicarnos con Palacio para hablar con Carlos Lleras Restrepo porque corría el rumor de que estaban presos, Yo hablé con Carlos Lleras, me lo hicieron pasar, y yo le preguntaba si era cierto que estaban presos, y cómo iban las cosas, también le dije que teníamos gente suficiente para marchar sobre Palacio. Las conversaciones eran muy sobrias, naturalmente esas llamadas eran controladas.

Las comunicaciones con el norte de la ciudad estaban interrumpidas totalmente, parece que eso era deliberado, nadie se pudo comunicar con el norte.

Pedro Gómez Valderrama

Ante el aguacero tan violento me refugié con Jorge Regueros Peralta en las oficinas de *El Tiempo*. Allá fue mucho liberal a refugiarse. Como no había transporte, mientras se oían las noticias, entraban y salían otras personas.

— ¿Qué hay de Palacio?

— Que están en la conferencia con el Presidente.

Buscaban posiblemente un gobierno nacional.

Toda la gente liberal entraba a *El Tiempo* y salía, estaba todo abierto; los cuartos, las piezas, donde la prensa pudiera informarse, llamar por teléfono. Había un ajetreo extraordinario.

Darío Samper

Ya en la noche el alcohol de las tiendas saqueadas empezaba a hacer sus efectos estimuladores de la insania multitudinaria. Afuera estallan los disparos y la ciudad daba la desolada impresión de un sitio de guerra. Cada quien aportaba un poco de su locura a la locura general. Recordamos cuando un ciudadano se nos presentó cargado de dinamita en busca de órdenes para saber dónde colocarla. Hubo necesidad de acudir a toda suerte de engaños para hacerlo desistir de sus funestos propósitos. Otro llegó arma en mano en busca del director de *El Tiempo* para fusilarlo y fue preciso que amigos espontáneos le hicieran ver cómo ese ciudadano mantenía con el doctor Gaitán las más cordiales relaciones, como que hacía poco, inclusive, había sido publicada una fotografía de los dos en amable charla, pues en verdad desde hacía meses se había reanudado entre ellos una cordialísima relación de amistad. Fue preciso enseñarle al energúmeno el recorte del diario para calmarle el deseo homicida.

Pero claro que todo esto es la anécdota inevitable de ocasiones como la del 9 de Abril, en que todos los resortes de la moral y de la sindéresis desaparecen, al apremio de la desesperación ante lo irreversible. Y así toda la noche en vela, asediados por miles de personas que demandaban una dirección, una orden, una conducta, pero todas con el ánimo vehemente de que se procurara la conquista del poder. Avanzaba el alba, el violento aguacero que cayó sobre la ciudad y los mismos efectos etílicos parecían haber aplacado transitoriamente la violencia de las primeras reacciones. Sin embargo, desde muchos lugares continuaban los disparos y cada momento subía la fúnebre suma de los muertos.

Roberto García Peña

Esa noche la pasamos ahí; se oían bombas y disparos a cada rato. Llegó un hombre con casco de explorador, bombachos y botas a decirnos que era experto en fabricar bombas y que llevaba una en la caña de la bota. Nosotros no hallábamos qué hacer con el hombre y Enrique Santos le dijo que él tal vez sería más útil en la Quinta División. Más tarde llegó un militar uniformado de teniente, un tipo que lo habían retirado por mala conducta del ejército, que venía a ofrecerse también. Alguien le dijo que nosotros no teníamos control sobre la revolución.

Esa noche fue muy difícil, durante un rato funcionaron los telégrafos y se pasaron algunos despachos al exterior, fue cuando le avisaron a Eduardo Santos sobre la situación.

Se veía que era un desconcierto total. Lo que había no era una revolución, sino un levantamiento anárquico del pueblo, se apreciaban los resultados de esto. Pero no había coordinación ninguna, ni ensayo de coordinar nada tampoco. Lo único que hubo fue lo de la Quinta División.

Sí hablamos frecuentemente con la Quinta División. Yo era secretario en la Facultad de Derecho de Arriaga Andrade, entonces yo lo llamaba a ratos. Ellos sí estaban organizados, tenían gente y estaban armados esperando saber qué pasaba en Palacio, ellos estaban pendientes de eso. Todo estaba condicionado a lo de Palacio.

A posteriori se supo que el Presidente ya tenía información de todas las capitales de los Departamentos. Por ejemplo, sabía que ya de Tunja, Villarreal había despachado tropas para defender a Bogotá.

Entonces el Presidente tenía una seguridad mucho mayor para conversar.

Pedro Gómez Valderrama

Entonces se nos planteó a los comunistas el problema, ¿en dónde está la junta?, vamos a buscarla. Nos dedicamos a buscarla inútilmente, me fui con otros camaradas a *El Tiempo* y me dijeron que estaba reunida la junta, estuvimos unas horas así en *El Tiempo* y no había ninguna junta, sino un caos general, estaba lleno de gente. Desde *El Tiempo* sostuve varias conversaciones telefónicas con Adán Arriaga Andrade sobre la Quinta División, a ver qué se hacía. Entonces yo hablé con Arriaga a ver qué estaba haciendo y por qué no sacaban esos policías, Arriaga estaba más desorientado y borracho.

Los liberales no tenían en ese momento idea del golpe, había una situación política muy clara para ellos; el Designado a la Presidencia era Eduardo Santos, que estaba fuera del país. Entonces el plan de ellos y lo que oímos hablar en *El Tiempo* cuando fuimos a buscar la fantasmal junta revolucionaria que nunca existió, era convencer a Eduardo Santos que estaba en Nueva York que se viniera al país a asumir el Gobierno. Es más, esa noticia se difundió como un hecho, que viniera finalmente Santos para hacerse cargo del poder. Porque como se sabe los liberales habían ganado bajo la jefatura de Gaitán las elecciones parlamentarias, entonces el Designado era liberal; los conservadores no tenían fuerza parlamentaria. Los liberales no tenían el plan de gobierno militar en ese momento, creían en el gobierno liberal, creían que lo tenían en la mano con la renuncia de Ospina Pérez y el regreso de Santos desde Nueva York.

Gilberto Vieira

Desde la Quinta División de la Policía un grupo beligerante, en el que había muy distinguidos amigos nuestros, en quienes creemos recordar a Adán Arriaga, Gerardo Molina y otros, se mantenían en permanente contacto telefónico con nosotros en las oficinas de *El Tiempo* en espera de que les informáramos sobre los resultados de las conversaciones en Palacio. La ansiedad de quienes estaban al otro lado de la línea era evidente y vehemente, por ello resultaba dura la tarea de convencerlos de que había que esperar, que el arreglo era inminente, que todo lo que no fuera acercamiento constituía una locura absurda, *maxime* cuando Colombia no podía dar el espectáculo de un rompimiento de su vida constitucional en los precisos momentos en que Bogotá era sede de la Conferencia Interamericana.

Roberto García Peña

La clínica

A la una y cinco de la tarde se había parado el reloj de Gaitán, al caer este a tierra, en esos instantes supremos en que diestramente el asesino vaciaba el revólver sobre su cuerpo. Por instinto, ante la sorpresa y ante el brutal dolor, Gaitán cayó sobre sus manos y entonces cesaron de correr las manecillas del reloj y el tiempo por encanto de la muerte se detuvo. Su corazón aún latía cuando manos amigas levantaron su cuerpo. Ahora había dejado de latir en ese viejo edificio de dos pisos de la Clínica Central, que hacia la calle mostraba una decoración perfectamente sobria y la puerta de entrada daba la impresión de ser un laberinto de una antigua fortaleza, porque al abrirse una de sus dos alas se oía girar el rechinar áspero de pesados ruidos. Al subir al primer piso, a sus dos lados había un grupo de apartamentos sombríos, que nunca les penetraba la mano del sol ni en la mañana ni en la tarde, y al seguir hacia el piso alto que no tenía paredes en la parte de atrás para resguardarse de las inclemencias del tiempo, desde ese segundo piso se veía, como si fuera una letra E acostada sobre el patio, el cuarto en el cual habrá expirado Gaitán. Ahí se cumplió a media luz de espermas, con un frío desconocido y violento, la autopsia de su cadáver.

El doctor Gaitán murió instantáneamente y a consecuencia del impacto en el cráneo, en el cerebro, hemisferio izquierdo. El impacto del hemitórax derecho, que si mal no recuerdo penetró a la altura del noveno espacio inter-costal, cerca de la línea axilar, perforó la pared torácica, el hígado, el dia-fragma y vino a ser localizado en la región abdominal derecha. El impacto izquierdo habiendo dado sobre una de las costillas, desvió hacia la región de la columna vertebral y no fue hallado el proyectil, no obstante se buscó; se desistió por no despedazar más el cadáver del doctor Gaitán.

Creo que en un momento improvisado como lo fue la autopsia del doctor Gaitán, pudo haber alguna falla en cuanto a instrumental se refiere, pero con el instrumental que se dispuso fue posible perfectamente llevarla a cabo. En cuanto a las formalidades legales que un caso de esta clase exige no fue en ningún caso posible llenarlas, como sería la presencia de los médicos legistas. Las circunstancias especialísimas nos obligaron a que se levantara un acta firmada por algunas personalidades presentes, autorizando la ejecución de la autopsia y embalsamamiento que, entre otras cosas, fue un poco deficiente por no disponerse de los ingredientes necesarios para tales casos, y además influyó la poca iluminación de la Clínica por haberse cortado la luz.

Yezid Trebert Orozco

Sí se tomaron radiografías que estuvimos consultando en el momento de la autopsia para localizar y buscar los proyectiles. Recuerdo muy bien que un proyectil no pudo ser localizado ni menos extraído. Esto quizá pueda explicarse, por la pobreza de elementos de trabajo; por las condiciones del local, oscuridad, fue una operación ejecutada con velas, y la posibilidad de que dicho proyectil hubiese podido quedar incrustado en el cuerpo de alguna vértebra, incidencia no abordable por las placas radiográficas tomadas también en muy malas condiciones de trabajo.

Luis G. Forero Nougués

Me estuve en la Clínica. En un momento llegaron unos pocos borrachos a sacar el cadáver de Gaitán para tirarlo junto al de Roa Sierra. Con mucho trabajo pudimos disuadirlos. Entonces me dijo Pedro Eliseo Cruz: «Hay que hacerle autopsia a Jorge Eliécer; nosotros pensamos que la autopsia es prueba fundamental, no sabemos en qué posición estaba el asesino ni por dónde entraron los disparos, qué clase de arma fue la que disparó; si fue arma de dotación oficial». Le dije: «Pero la autopsia la tienen que hacer ustedes, porque llevar el cadáver a Medicina Legal, me parece difícil, en vista de la conmoción de orden público; asuman los médicos que están aquí las funciones de médicos legistas. Redactamos un acta, diciendo que debido al estado de turbación, ustedes asumen las funciones y procedan a hacer la autopsia». Entonces me dijo: «Redacta tú el acta», y redacté esa acta del principio hasta el fin, con Yezid Trebert Orozco y Alfonso Bonilla Naar, que eran los médicos que estaban con Pedro Eliseo.

Empezaron a practicar la autopsia y a mí me iban dictando, alcancé a ver en un momento dado a Jorge Eliécer, abierto; fue algo impresionante, no lo miré mucho, pero me iban dictando, salían y decían: «Bala tal, orificio tal, tantos centímetros, tal, tal, tal». Eso duró por lo menos tres horas, y firmamos todos los que estábamos presentes, los médicos, los testigos.

Julio Ortiz Márquez

El cadáver de Gaitán se encontraba extendido sobre la mesa de operaciones a las seis y dos minutos de la tarde rodeado por los doctores Pedro Eliseo Cruz, Yezid Trebert Orozco, Luis G. Forero Nougués, Raúl Bernet Córdova, Agustín Arango Sanín, Carlos M. Chaparro, Nicolás Collazos Rodríguez, Teófilo Moreno Corredor, Ángel Alberto Romero y Alfonso Bonilla Naar, vestidos de blusas blancas y con sus manos forradas en guantes de cirugía, en un profundo silencio que los había atrapado a todos en un cuarto sin posible escapatoria. Y ellos estaban rodeados por Julio Ortiz Márquez, Julio Enrique Santos Forero, Eudoro González de la Torre y Luis Eduardo del Castillo, testigos infortunados por las circunstancias. Se desnuda el cadáver y se descubre el cuerpo de un hombre de una musculatura fuerte, con su corazón intacto, sin las señales aviesas de ningún infarto. Se aplica con destreza el bisturí sobre el abdomen produciéndose sobre la carne una profunda incisión; se cortan las costillas que forman el arco del tórax; la cuchilla va separando las vísceras que se depositan sobre un charol de electro-plata grande; se examinan las vísceras para buscar las huellas que delataran el paso de un proyectil para encontrar las causas de la muerte. Se escucha la voz pausada, fría, del doctor Romero, quien va dictando la relación al doctor José Ignacio Cadena, funcionario del órgano judicial, para los efectos de la futura investigación, y el periodista Julio Enrique Santos Forero va escribiendo con sus dedos temblorosos en una vieja máquina de escribir. Los ojos curiosos de mujeres y niños miran el proceso de la autopsia. Los rostros infantiles impávidos se apostan sobre el apoyo de los postigos y las ventanas, para no perder las maniobras de los médicos sobre el cuerpo del caudillo. Ellos en su afán curioso rompen los vidrios y cándidamente piden que les den cabellos de la cabeza de Gaitán. Los médicos con paciencia inaudita lo hacen, para evitar el desbordamiento de los curiosos en ese instante de tanta trascendencia. El hígado es depositado sobre la mesa y tiene una herida de dos centímetros en el borde anterior del lóbulo derecho; la herida está a la altura del lecho vesicular, y lo ha perforado en toda su extensión, en un canal accesible a un dedo. El proyectil había recorrido su designio fatal de atrás hacia adelante y se había detenido en la estructura ósea del pecho, viéndose obligado a replegar su plomo en dirección casi vertical, para luego detenerse entre los intestinos y las últimas vértebras, a seis y medio centímetros de la columna vertebral, en el hemisferio derecho, en el noveno espacio intercostal de la espalda. El otro proyectil, de los dos que entraron por la espalda, no fue posible localizarlo aunque se logró establecer su paso a través de un largo trayecto que cogió el tórax izquierdo y se fue por la columna vertebral.

El reloj marcaba las ocho y media de la noche. Los médicos, después de descansar un poco, comenzaron la preparación del instrumental necesario para realizar la trepanación del cráneo. La luz de las espermas era ya tan escasa como la misma agonía que estaban viviendo los presentes; había que salir a conseguir espermas a la calle, costara lo que costara, para que los médicos pudieran volver a ver. Un hombre salió y no volvió; en una de las calles adyacentes a la Clínica, un machetazo que lo acechaba lo dejó sin vida. Otros salieron y volvieron con suerte en sus vidas y la luz en las manos. Después de dejar las tinieblas, el doctor Romero coge de nuevo el bisturí y practica una cortada regularmente profunda de uno a otro pabellón de ambas orejas, comprime el cuero cabelludo y este se repliega doblado sobre el rostro y el otro se pliega sobre la nuca, y el cráneo queda descubierto facilitándose la maniobra de trepanación. Sobre la mesa hay dos sierras bien afiladas. Se quería localizar el proyectil que había penetrado por el occipital y había dejado una herida de diecisiete por quince milímetros de circunferencia con esquirlas sueltas y un fragmento de proyectil. Se escucha la respiración golpeada de los médicos. Se procede a destapar la caja superior para no ir a afectar la disposición natural de las circunvalaciones. Una larga hora en que el tiempo no muestra su rostro y la espera no está al alcance de las manos. Levantado un casquete craneano en circunferencia, por las regiones frontal, parietal y occipital, se separa el cerebro de la base del cráneo y se deposita en un recipiente con alcohol y se encuentra una perforación en el hemisferio izquierdo de su pared intermedia interna, de una profundidad de cinco centímetros y en su interior se localiza un proyectil de arma de fuego; un proyectil achatado y deforme que produjo el impacto fatal.

Concluida la operación se dispuso la preparación del cadáver a base de formol y otras sustancias balsámicas; finalmente se venda el cráneo y se envuelve el cuerpo de Gaitán en lienzos, y se amortaja con una sábana de lino impecable.

Sobre la mesa se ve un largo cuerpo extendido horizontalmente, se abren las puertas y se encienden algunos cirios que no se sabe de dónde aparecieron. El tiempo en un viejo reloj queda detenido en las diez y media de la noche.

El doctor Pedro Eliseo Cruz me iba dictando los detalles de la operación. Escribí íntegramente tal diligencia. El doctor Pedro Pérez de Sotomayor, quien llegó cuando ya prácticamente la diligencia estaba terminada, hizo poner dos constancias: la relativa a que cualquiera de los disparos hallados en el cadáver eran mortales y, que él como funcionario la firmaba también. Pedí a los médicos que habían intervenido que no se retiraran de allí hasta que la saqué íntegramente en limpio y recuerdo que dos de los médicos que habían intervenido se ausentaron y no firmaron. Guardé los dos originales de la diligencia una vez firmados y salimos con el doctor Trebert Orozco hacia la Clínica Bogotá, cerca al entonces Ministerio de Justicia. El doctor Trebert Orozco había guardado dos proyectiles que se encontraron en el cadáver, uno de la herida en el cráneo y otro que se encontró dentro de las vísceras; el otro proyectil se buscó insistentemente dentro de las vísceras y no fue posible hallarlo.

Julio Enrique Santos Forero

Estuve toda la noche, en la Clínica. Era muy amigo, como lo soy todavía, de la viuda de Gaitán. Me pareció prudente estarme al lado del cadáver de Gaitán porque además no encontraba qué hacer, nada que hacer.

Como a las cuatro de la mañana, me dijo Amparo: «Julio, hay que conseguir un cajón, para llevar el cadáver de Jorge Eliécer a la casa o al hospital, pero de aquí tenemos que salir. No sé cuándo se haga el entierro».

Julio Ortiz Márquez

Yo tuve en mi poder por varios días, el corazón y el cerebro del doctor Gaitán.

Luis G. Forero Nougués

Retratos

Resulta que él compra un coche de bebé, antes de que yo naciera y paseaba el coche vacío por el corredor de la casa, está queriendo un ser que todavía no conoce. Lo que está queriendo es tener un hijo pero además no quería un hijo hombre, quería una hija, quería una prolongación de lo que fue la mamá.

Después de que nazco, él se pone a la tarea de hacer de mí la mujer más importante del país, ese era su sueño y me lo decía siempre: «Tú vas a ser la mujer más importante, porque vas a ser la mujer más culta». Entonces todo el tiempo lo planeaba en términos de formarme físicamente, intelectualmente, moralmente.

Se levantaba todos los días a las seis y media de la mañana y me levantaba a mí también, lloviera, tronara o lo que fuera; así se hubiera acostado a las cuatro de la mañana se levantaba a las seis y media, me despertaba a mí y, mientras él se afeitaba, yo me bañaba. Pero durante ese período se dedicaba a hablarme y me quedaron cosas muy en el fondo del alma. «Una niña no llora» era una de las frases que él pronunciaba permanentemente, «Hay que ser fuerte», «Hay que ser estoico». La fuerza de voluntad era para él lo más importante y lo que me reiteraba permanentemente. Después de eso me peinaba, me vestía, porque él era el que se ocupaba de comprarme la ropa con un gran esmero, le dedicaba muchísimo tiempo a que me hicieran los vestidos, a que me los bordaran y además siempre me vestía de blanco, le ponía muchísimo interés a cómo debía vestirme, cómo debía peinarme, es decir, la manera de arreglarme era muy importante.

Después salíamos al Parque Nacional a caminar y me enseñaba a respirar. Había que caminar muy rápido y respirar por la nariz y botar el aire por la boca, de la misma manera como él lo hacía cuando pronunciaba un discurso. Para mí era un esfuerzo terrible ir al Parque Nacional, porque no era caminar a un paso de paseo, sino a un paso de tremendo esfuerzo y al terminar había que tomar un vaso de leche, porque él se preocupaba mucho de lo que comía. Tomaba fitina, tomaba todas las cosas que le produjeran un alimento equilibrado, comía hígado. Tenía una máquina para hacerse ejercicios de vibración en el cerebro. Toda esa caminata tenía como objeto prepararse físicamente para la oratoria, respiraba profundo, se oxigenaba, trotaba. Después tenía que ir para el colegio y así estuviera el automóvil en la puerta de la casa, debía ir a pie, porque se trataba de domesticar el espíritu; siempre fuerza de voluntad. Si a mí me preguntan a qué asocio a Gaitán, diría que a la fuerza de voluntad y al hecho de trabajar esa fuerza de voluntad como trabajan los que impostan la voz o los que hacen escalas de música en el piano.

Eso era todos los días, de lunes a sábado, todos los días, levantarse a la misma hora, trotar, desayunar con cosas que alimentaran. El domingo también había una gran rutina, levantarse a la misma hora, perecear era un gran pecado y yo lo sentía como tal cuando niña. Era muy claro que existía el bien y el mal. Para él la vida era maniquea, no había matices, no había posibilidades de deslices. Él no bebía, era algo malo, era tremendamente disciplinado. Esparta en pleno siglo veinte. Entonces los domingos también había una disciplina, levantarse y nos recostábamos en la cama él y yo leyendo el periódico, pero yo tenía que leerlo para aprender, de manera que todo el tiempo era un proceso de aprendizaje. Después nos íbamos a visitar la tumba de mi abuela, a ponerle siempre azucenas, nunca otro tipo de flor y luego ir siempre a comer helados a la heladería Belalcázar y después a comer empanadas al *Tout va bien*. Por la tarde si había circo, circo de toros o de payasos, íbamos a uno u otro. Pero el domingo aunque descansaba, descansaba siempre con disciplina, repetía permanentemente lo mismo. Ese es el recuerdo que yo tengo, tremenda disciplina. Para aprender a nadar me botaba a la mitad de la piscina para que tomara agua y así aprendí a nadar. Me decía siempre: «Tú eres la mejor nadadora del país, tú serás la que más corras». Entonces claro, yo tenía que correr al máximo.

Cuentan los amigos que él hacía competencias de respiración debajo del agua; entonces los amigos sacaban la cabeza cuando él estaba dentro del agua, se volvían a meter, pero él no, era honesto hasta en las cosas más mínimas.

«...quería una hija, quería una prolongación de lo que fue la mamá...».

Tenía costumbres, por ejemplo él era el que preparaba la ensalada en la casa, porque la ensalada se preparaba con distintas normas.

Él no quería a mi abuelo y no lo quería porque mi abuelo fue poco solidario con él, en cuanto a no querer ayudarlo a que estudiara. Él le apagaba la luz en la casa y le decía: «No quiero doctores en la casa, quiero gente que traiga dinero». De manera que quien lo ayudó a estudiar fue la abuela, porque cuando le apagaban la luz, mi papá se tenía que ir a estudiar bajo los postes de la plaza de Bolívar. En una oportunidad estábamos mi papá y yo en el cuarto de él, leyendo *Jornada,* cuando llegó la muchacha y le dijo: «El doctor Eliécer Gaitán está abajo», entonces mi papá le dijo: «Él no es doctor, dígale al señor que siga». Mi abuelo era una persona que nunca iba a la casa, las relaciones con mi abuelo fueron malísimas, mientras que con mi abuela fueron supremamente cercanas, de un amor infinito, tanto que cuando ella murió mi papá se enfermó físicamente como nunca. Mi mamá cuenta que la única vez que lo vio acostado, bien enfermo, con fiebre, fue cuando murió la mamá. Creo que toda esta disciplina que mi papá tenía fue enseñada por ella. Tengo entendido que era una mujer muy disciplinada, muy estudiosa, muy sabia. De una sabiduría… la gente le consultaba cosas, porque ella daba consejos sabios.

En los discursos él la mencionaba muchísimo. Cuando termina el discurso de posesión como ministro de Educación dice: «Y si algo me faltara, ahí está lo primero, la sombra de quien fue mi todo, aquella humilde maestra de escuela que me enseñó que lo imposible no es sino lo difícil mirado por ojos donde no ha nacido la fe y ha muerto la esperanza». Ahí mismo él lo dice: «La que fue mi todo». De ella tengo la imagen de una persona con mucha sabiduría.

Mi mamá quería un hijo hombre, entonces compró azules los muebles antes de que yo naciera; cuando ella se fue unos días de vacaciones para Medellín, mi papá los mandó pintar rosados.

Para mí es significativo que hubiera paseado un coche vacío. Que además hubiera pedido a Roma toda la ropa para cuando yo naciera y era ropa para niñita y bajo ningún motivo quería tener un hijo hombre. Mi mamá cuenta que cuando nací no quiso volver a tener hijos, no quería tener sino una hija única. Extraño, ¿no?

Mi recuerdo es que desde que tengo conciencia todos los días fueron iguales, hubo cosas excepcionales. Pero por ejemplo, cuando nosotros salíamos al campo, que salíamos muchísimas veces a Mesitas del Colegio o a La Capilla, mi papá no dejaba que me durmiera: «Mira el paisaje, tienes que mirar el paisaje». Eso a esa edad es terrible, porque a esa edad el automóvil produce un sueño espantoso y para mí era una tortura montarme al automóvil porque mi papá no me dejaba dormir. Tengo recuerdos de los cuatro años, recuerdo un viaje en que yo estaba con sueño y mi papá decía: «No te puedes dormir, mira el paisaje». Llegábamos al lugar del veraneo y no se podía descansar. Había que bañarse en la piscina para aprender a nadar, pero nadar tragando agua.

Él salía todas las mañanas a caminar, pero cuando estaba en el campo caminaba mucho más largo. Cuenta Gloria Restrepo una prima mía, que en una oportunidad salimos los tres a caminar, mi papá, ella y yo. La caminada fue muy, muy, larga, había un sol y era un calor terrible y caminábamos. Algunas personas se unieron a la caminata pero quedaron regadas en el camino, como sucedía generalmente, había gente que se insolaba en esas caminatas. Gloria estaba con una ampolla terrible que le había salido en un pie y no se atrevía —porque era otra cosa, la gente no se atrevía a decirle a mi papá no, ni a protestarle— no se atrevía a decirle que tenía la ampolla y yo nunca me atrevía a decirle que estaba cansada, jamás me hubiera atrevido a decirle: «Ya no puedo más». «Tú sí puedes», era lo que me decía siempre. Cualquier cosa que mi mamá dijera: «Pero la niña está muy chiquita». «La niña sí puede», le contestaba.

Ese día ya íbamos llegando al pueblo y ella con unos deseos de tomarse una gaseosa porque se estaba muriendo y cuando ya íbamos a entrar al pueblo dice mi papá: «Devolvámonos porque si la gente descubre que estoy aquí esto se va a volver una manifestación». A devolverse sin tomarnos una gaseosa, nada. Siempre, siempre cualquier persona que te cuente lo que eran sus vacaciones, las vacaciones eran trotar, hacer esfuerzo físico. Hay una cosa muy curiosa, las siglas de él, Jorge Eliécer Gaitán Ayala, son JEGA, y jega quiere decir pueblo en griego. Inclusive hay una frase suya que dice: «Mi nombre es de lucha como mis iniciales lo pregonan». Él sabía quién era, uno lo sentía. Uno lo sentía. Uno sentía que él tenía un dominio sobre sí mismo tremendo, que yo creo que se lo debía a la mamá por las miles de referencias que hace a la disciplina.

Todos, absolutamente todos los discursos que van dirigidos a la juventud dicen que lo más importante es la disciplina, lo más importante es vencer lo invencible, eso lo repite permanentemente. Dice: «Yo amo la batalla». La única persona que le dijo no a mi papá y la única persona que le contradijo y la única persona que delante de él se atrevió a levantarse tarde fue mi mamá. Ella le decía no. No creo que hubiera habido un ser sobre la tierra al lado de él que le hubiera dicho no, no era posible, no recuerdo en toda mi existencia haber visto una persona con todo ese poderío. Incapaz mi papá de mentir, incapaz de hacer una cosa deshonesta, pero no de una manera suave, sino como un volcán: «Hay que ser honestos», pero como una tarea mesiánica, es un deber. «Tú no puedes tener debilidades», tenerlas es un pecado, según la imagen que tengo de mi papá.

Era muy fácil saber que había cosas magníficas y cosas negativísimas. Levantarse tarde era pecado. Cuando me levantaba tarde había una tragedia tal en mi casa que era motivo de escandalizarse. Las discusiones con mi mamá eran permanentes, porque mi mamá cuando llovía me mandaba en el carro con el chofer a escondidas. Mi papá armaba unas discusiones tremendas porque: «La niña tiene que aprender a caminar bajo la lluvia, bajo el frío, bajo el sol, la disciplina es lo más importante para el ser humano», lo repetía constantemente. «Una persona jamás puede quejarse, tiene que soportar el dolor». Él se hizo operar de apendicitis a sangre fría, no se dejó poner ni siquiera anestesia local. Lo operaron de los tabiques porque no tenía una respiración adecuada y para poder hablar como orador se hizo enderezar los tabiques. Parece que la operación es terrible, porque le meten a la persona unos tacos de gasa y cuando la sangre está coagulada tiran esos tacos, él no se dejó poner anestesia. Luego para tener un sonido adecuado en la voz, se hizo operar los dientes porque él los tenía volados y el sonido de la voz era distinto y tampoco se dejó poner anestesia.

Es una disciplina militante, una disciplina estudiada, es vencerse a sí mismo. Vencer lo invencible sería su lema. «Yo amo la lucha, yo amo la batalla».

Mi papá dormía en un cuarto separado del de mi mamá, en una cama que es muy estrecha, que uno ve que no era una cama para estar en reposo. Si él estaba leyendo se sentaba en una silla roja que hay en la biblioteca y se estaba principalmente en esa biblioteca, o bien escuchaba música, pero al escuchar música había todo un ritual. No se podía hablar cuando escuchaba música clásica, había que oír la música y no era una actividad frívola; se apagaban las luces para poder escuchar la música. Ese es el recuerdo que tengo, aunque mi mamá cuenta por ejemplo que a mi papá le encantaban los chistes, que le gustaba mucho charlar con los amigos, que era muy ameno. Pero conmigo no era ameno. Si estábamos escuchando música teníamos que sentarnos, apagar la luz y escuchar música. Los únicos momentos en que bajaba la disciplina eran las tardes de los Viernes Culturales porque él descansaba físicamente.

Un discurso para él representaba un desgaste físico tremendo, tanto que la camisa se le empapaba de sudor, parecía que la hubiera lavado. Mi papá contaba que él entraba en éxtasis cuando estaba haciendo un discurso y que al final era incapaz de decir qué había dicho. Entraba en trance cuando hablaba. Pero antes de eso se preparaba físicamente. Primero no iba a trabajar nunca los viernes por la tarde y entonces jugaba conmigo. Jugaba a las muñecas conmigo, yo las sentaba en fila y entonces él les hacía discursos. O jugábamos al tenis con besos, que era el juego que a mí más me gustaba. Él botaba un beso y yo lo respondía con una simulada raqueta de tenis y después le devolvía el beso y él se lo metía entre el bolsillo. Él volvía y servía un beso y me lo comía, en fin. Esos eran los únicos momentos de descanso.

Los domingos colgaba una hamaca en dos sauces que él había sembrado en el patio, se ponía un sombrero de esos costeños y leía. Su descanso era leer.

Yo no recuerdo un hecho inesperado, no. Bueno, a veces, por ejemplo, como a él le gustaba tanto comprarme la ropa, a veces llegaba a las once de la noche para medirme sombreros, los sombreros que me había comprado, la ropa que me había comprado. Pero era una vida muy repetitiva, muy disciplinada. No sé qué hubiera producido eso de haber vivido hasta adulta con él. Yo era la mejor de mi clase, tener una mala nota hubiera sido una herejía, era la mejor deportista, era la que mejor corría. Pero era que no se concebía que no lo hubiera hecho así.

Los amigos políticos no eran los amigos personales; mi casa parecía el consulado de los republicanos españoles. Ellos pasaban la Navidad allá, el Año Nuevo, mi papá les comenzó a buscar los primeros puestos, de manera que recuerdo a los españoles permanentemente en mi casa.

Uno de los amigos íntimos de mi papá era un señor Merizalde que le decían Medula, no tengo ni idea qué hacía en la vida, creo que no hacía política. También un Uribe Izquierdo, que era el director del Teatro Municipal. La gente que dice que era íntima de mi papá no siempre fue íntima, porque necesariamente los partidarios de él políticamente, no eran sus amigos. Alberto Lleras fue muy buen amigo de él en una época. Los gaitanistas de la clase A no eran sus amigos. Eran sus compañeros de lucha. Los de la JEGA y otros que no recuerdo, eran los gaitanistas de la clase A.

De manera que hay una separación entre sus amigos políticos y sus amigos personales. Muchos de sus amigos personales hacían parte de la oligarquía colombiana. A mi papá le gustaban mucho los buenos modales, muchísimo, para él eran una cosa importante. El sentido plástico frente a la vida, él dudó mucho entre ser escultor o abogado. Pintaba, hay cuadros pintados por él en manos de la familia Gaitán, buenos cuadros, no son de genio, pero tanto que cuando vi el *Moisés* de Miguel Ángel pensé en Gaitán. Mi papá fue a buscar el *Moisés* de Miguel Ángel cuando fue a Italia. Toda la oficina la tenía decorada con esculturas de grandes escultores griegos e italianos. Tenía un gran sentido plástico, un sentido de la estética. Cada vez que pasábamos frente a un cuadro me preguntaba: «¿De quién es este cuadro?». Hay un cuadro de Rembrandt que a mí se me ha quedado como una especie de inhibición porque nunca recuerdo su nombre. Mi papá me preguntaba «Este cuadro ¿de quién es?» y nunca me acordaba que era de Rembrandt. Todo el tiempo me estaba preguntando cosas como cuál era la capital de tal país, qué obras escribió fulano de tal y qué pintó tal persona, y me enseñaba además poesías. Me compraba libros en francés, en inglés, en alemán y en italiano, para cuando yo supiera esos idiomas. De manera que era permanentemente enseñándome cosas. Pero no solamente a mí, lo que te estoy contando te lo podría decir cualquier persona que hubiera estado cerca. Con mi mamá era terriblemente crítico, que no se vista así, que no se peine así, que ese sombrero no me gusta, que está mal maquillada, que está mal peinada, que esos zapatos están feos. Mi mamá le decía: «Critique con el remedio en la mano». Mi mamá es una mujer con mucho carácter y solamente una mujer así podía resistirse el ciclón que era mi papá. Él podía a una persona común y corriente aplastarla, porque era un hombre genial y además trataba de que la otra persona a su lado fuera excepcional. Creo que a la única persona que él nunca tuvo qué criticarle fue a la mamá. Creo que la figura de la mamá fue importantísima; basta ver las cartas, oír lo que cuenta mi mamá de lo que él decía de la mamá, además en su mesa de noche lo que tenía era una fotografía de él junto con la mamá. En su escritorio tenía una fotografía de la mamá, siempre con violetas. Además las azucenas en la tumba de la abuela. Cosa curiosa, los hermanos de mi papá, después de que él murió, siguieron poniéndole azucenas a mi abuela. Yo lo hago esporádicamente, sin embargo después de tantos años, yo me siento culpable cuando no le llevo azucenas. Es una cosa que tiene mucho que ver con la religión. Esas son las bases religiosas o místicas de cualquier cosa, mística frente a la política, frente a una causa, un místico.

Si oigo el Himno Nacional se me derraman siempre las lágrimas porque eso es mi papá, la bandera nacional es Gaitán, el escudo de Colombia es Gaitán, el mapa de Colombia es Gaitán. Porque cuando llegaba con él al Circo de Santamaría, el Circo entero se paraba. La banda de música que estaba tocando otra cosa, paraba y tocaba «Vamos a la carga con Gaitán» y después el Himno Nacional. Si llegábamos a un restaurante se paraba el restaurante todo, no sé si en efecto se paraba todo el mundo, pero esa es la imagen que tengo de niña, se paraba el restaurante, la gente comenzaba a aplaudir. Si era por ejemplo el hotel Granada, la orquesta comenzaba a tocar «Vamos a la carga con Gaitán» y después el Himno Nacional. Si nosotros llegábamos al cine, que mi papá adoraba el cine, entonces la gente se paraba y comenzaba a cantar y a sacar pañuelos. De manera que para mí ir al fútbol es pensar en Gaitán, porque cuando veo multitudes para mí es recordar lo que fue mi infancia.

El 9 de Abril yo estaba en el Mary Maunt, que era un colegio de la oligarquía... La cosa fue así, yo me había educado hasta ese momento en el Santa Clara, que era un colegio de clase media, gente de distintos estratos sociales. Entonces mi mamá, que quería que yo aprendiera inglés, me pasó al Mary Maunt, que se abrió en 1948, y ese sí era el colegio de la gente distinguida. Entonces esas niñitas odiándome, comenzaron a derramarme el tintero sobre el delantal, a tacharme los cuadernos, a tajarme los lápices de colores y yo llegaba siempre a la casa llorando porque me perseguían mucho, entonces mi papá decía: «Me gusta mucho porque en la vida hay que superar esas cosas y hay que aprender a luchar, hay que aprender a sufrir». Todas esas cosas muy típicas de él. Pero el 8 de abril, justamente en vísperas de la defensa del teniente Cortés, él estaba descansando en la casa como hacía siempre que tenía que hablar en público, yo llegué llorando porque una niña Samper me dijo que ojalá mataran a mi papá. Yo llegué deshecha y ya fue terrible la cuestión que ese 8 de abril a mí me cambiaron de colegio y me pasaron al Santa Clara, de manera que el 9 de Abril, yo estaba poniendo al día los cuadernos, porque había ingresado nuevamente al colegio de Santa Clara.

No tengo mucha conciencia de lo que fue el 9 de Abril, porque a mí me lo ocultaron mucho, a mí me dijeron que mi papá había tenido un accidente. Llegué a la casa, yo medio sabía pero me lo escondían. Una señora que no recuerdo quién es, me dijo que rezara para que mi papá se salvara, mi papá era ateo pero yo era muy religiosa, pero no me sentí... me pareció tan idiota en ese momento rezar por mi papá, cómo podía uno rezar por un Dios. Yo podía rezar por cualquier persona, pero rezar por el alma de mi papá me parecía absurdo.

Sí, yo recuerdo cuando llegaron por mí al colegio, todas las niñas estaban en ese momento ya en fila, entonces a mí, con el pretexto de que tenía que poner los cuadernos al día, me llevaron a una clase para que yo no me enterara de nada, mientras a las demás las mandaban a la casa. Una tía mía fue a buscarme, me acuerdo de detalles. Yo había aprendido a hacer unas tortugas con la cáscara de las nueces; unas amigas me habían llevado unas cáscaras de nueces para que yo les hiciera las tortugas. Una madre llamada María Virgilia, me cogió de la mano muy fuerte para llevarme al carro donde me iban a recoger, entonces todas las nueces se cayeron. Mi recuerdo más dramático, más vívido del 9 de Abril, son las nueces rodando por las escaleras.

Gloria Gaitán

La ciudad

A las ocho o nueve de la noche pensábamos volver a nuestro hotel, imposible, porque ya en las bocacalles había una tirazón espantosa; nos pusimos para pasar una bocacalle, recuerdo muy bien; nosotros decíamos «vamos a pasar uno por uno», espaciado, corríamos a la bocacalle y efectivamente, más de uno vio que la bala le tocaba cerca de los calcañales, al que había pasado antes que yo, esperaba un poquito y ¡runnnnn! y el otro y un buen trayecto. Y así pasamos pero el peligro no era ese, sino ponerle el pie encima a algún muerto, y correr entre los muertos es difícil, yo no lo sabía hacer, pero ese día lo hice. ¡Porque había que saltar!

Al fin logramos reencauzarnos por la Avenida Jiménez de Quesada, buscando de nuevo la carrera sexta para entrar en el hotel y yo que voy avanzando cuando una mujer alta, en esa semioscuridad, aparece con una expresión en su rostro, como de enajenación, me pone una bayoneta en el pecho y me dice muy decidida: «Por aquí no pasa nadie», así, con un llanto adolorido, histérico. Con otras mujeres tenían rodeado de pétalos de flores, la acera donde había caído Gaitán, y habían puesto esas flores en un altar, que lo cuidaban las mujeres armadas y borrachas, seguramente, no me consta, pero creo que como vigilancia para impedir que nadie pusiera los pies en la sangre del líder. Enseguida salí corriendo y en la carrera vi hombres botados en las calles, sangrándose, por supuesto, porque nadie los recogía, muriéndose bajo la lluvia, a las seis de la tarde, en una ciudad ya incendiada.

Recuerdo a alguien que estaba quitándose los pantalones y poniéndoselos, o gente muy humilde llevando un fardo y del fardo se le iban cayendo cosas y, entre las cosas que se caían, uno veía corbaticas blancas de frac; en fin cosas así tremendas. Al fin logramos llegar al hotel Buenos Aires, no había ni un militar en la calle. De pronto oí, porque nuestro dormitorio por un azar no afortunado, para el caso desafortunado, nuestro dormitorio daba directamente al balcón de la calle, sobre la carrera sexta, cuando oímos una mujer que gritaba: «¡Hijos de puta no lo maten!» y salimos inmediatamente. Eran unos individuos que habían andado rompiendo los asientos de un automóvil para prenderle fuego, porque eso era un espectáculo muy frecuente, automóviles ardiendo. Ellos vieron venir a un hombre que tenía toda la facha de un campesino, y tal era la confusión que parece ser, eso quisimos nosotros interpretar, no estoy seguro, le habían encontrado una bandera azul debajo de la camisa, lo habían tomado por godo y el hombre venía con una mujer y un niño y lo tenían contra la pared. La mujer era la que gritaba: «¡No lo maten! ¡Hijos de puta, no lo maten!». No pudimos dormir, por supuesto. ¡Ah! lo importantísimo es que justamente en ese momento hace su aparición el ejército. Nosotros lo vimos bajar, más tarde, un poco más tarde, y ya se fueron ubicando en las esquinas de la cuadra, bloqueando todo y después supimos que bloquearon toda la zona.

Manuel Galich

Francamente yo comprendí que estaba en medio de un motín desorganizado y que tenía la convicción rápidamente de que se estaba produciendo un enfrentamiento clasista sobre la base de venganza, de odio y no un proceso de revolución. Simplemente las capas más desposeídas de la población en un momento de caos, de desorden, de descontrol estaban saqueando la ciudad y vengándose y satisfaciendo necesidades. Nosotros tuvimos momentos muy difíciles en esa casa, en esta pensión, porque yo no sé si era abajo o era parte del edificio, es decir, a un lado había una papelería y entonces… la gente estaba especulando sobre lo que pasaba, buscando noticias, etc. Otros estaban desconcertados con la situación. Empezó el saqueo a la papelería. Yo pensé que en ese estado de desamparo que estaba y de miedo también, que si aquella gente terminaba el saqueo con un incendio como lo iban terminando todo, en fin todos nosotros íbamos a morir allí achicharrados, no tendríamos ningún refugio. Yo bajé, me estuve con aquella gente y logré que no quemaran las cosas, sobre la base de ayuda. Casi estoy seguro, pude comprobar claramente, que no se trataba de la población de esa parte de Bogotá, ni de personas que tuvieran un nivel de vida o instrucción que les permitiera saber qué es un sacapuntas, qué era una regla, en fin no sabían qué era nada y entonces tomaron los objetos y los asesoré diciéndoles lo que sí, lo que no, lo que tenía algún valor, etcétera. Me preguntaban por lo que desconocían. Yo no sé si el hacer eso —y al mismo tiempo decirles que no quemaran nada— se creó un clima de comunicación, de solidaridad, que respetaban, no quemaban nada. Bajaron una muchacha y un joven, era un matrimonio europeo que había venido a América, según nos habían dicho antes, huyéndole a un continente que estaba en guerra. Pero él bajó con una corbata que se usaba en la época de muchos colorines y entonces uno de los saqueadores levantó la corbata para desanudársela pero, en vez de eso, cortó con un machete el nudo, quedó su corbata, su pedazo de corbata, el hombre se horrorizó y se regresó. Ahí me quedé con la tarea de luchar con aquello, hasta que allí no quedó nada; se fue todo el mundo y siguieron los saqueos. A todas estas el tiroteo era inmenso y empezó una lucha por apagar los fuegos. Y se produjo un fenómeno extrañísimo de francotiradores. Ya en este instante en que los tiroteos parecían localizados, es decir, que le tiraban a la gente que luchaba por apagar los incendios, no había condiciones para estar no abajo ni afuera, aparte de que no deseábamos normalmente estar. Entonces se logró cerrar aquello, y ya permanecí dentro de la pensión, pero los tiros no cesaban, por todas partes se veían los resplandores. Es una pensión no sé si existe, no sé si tú la conoces, es una pensión que era como un gran caserón, que por dentro tenía una área como si fueran pasillos abiertos, entonces en la oscuridad con todo apagado, la señora dijo que no se encendiera ninguna luz. Yo sentía que casi con un mecanismo alrededor, se sentían balazos en una área que parecía como si fuera en el mismo edificio, el nuestro que se estaba quemando. Entonces con mínimo cuidado estuve mirando así unas horas, me di cuenta que al poco tiempo se abría una ventana o postigo y tiraban en la dirección, sacaban y tiraban en dirección a un lugar donde había fuego.

Fue una cosa de suma pasión, tremenda porque la ciudad realmente fue reducida a cenizas. Había una expresión de odio contra el centro de la ciudad por lo menos. Así pasamos prácticamente toda la noche, y al amanecer fue ya de una relativa calma, sin que hubieran desaparecido los tiroteos, pero es como si el centro de las acciones o de los repliegues que ya estaban reducidas a pequeños focos, probablemente, no porque lo viera sino porque lo sentía, se hubiera alejado de nuestro ámbito, de ese sector.

Los saqueadores yo diría que eran como niños frente a objetos extraños, eran como descubrimientos. Eran rostros ávidos. Antes dije que yo sentía en todo esto odio o venganza, pero eso era la gente en la calle, ya cuando se enfrentaban había como una transformación, cuando se enfrentaban al proceso mismo del saqueo era como tocar cosas misteriosas y como en estado de desesperación, de rapidez, como si supieran que venía una represión sobre ellos, queriendo terminar rápido lo que estaban haciendo. No sentía maldad, no era la delincuencia, no eran delincuentes, no eran profesionales, era un estallido, un descontrol. Es una deducción, pero eran los rostros del pueblo simplemente, la gente más o menos. No sentía yo ninguna diferencia. Por ejemplo ahí en la pensión, eran unos explotadores, había un señor que era como el portero, que dormía contra la puerta, en las noches anteriores como esa noche, es decir, dormía contra la puerta y si iban llegando los huéspedes él tenía que despertarse y abrir. A las cinco de la mañana estaba limpiando de rodillas el piso. Es decir, ese tipo de gente similar a él, era la que estaba haciendo eso. En realidad eran humillados. Ahora en la calle, armado pero no armado con arma de fuego, ahí se sentía la violencia, una avidez violenta. Pero ese es un momento que me tocó vivir de cerca, de sus rostros y de ellos, es como si se redujeran a niños, a niños tratando de ver qué sacar de un lugar tan extraño que habían encontrado, como era una papelería.

Amanece ya cambiando totalmente el clima, totalmente no porque se sentía todavía con intervalos, un balazo, pero no un balazo suelto sino varias ráfagas, ya todo iba alejándose de nosotros. Ahora desde luego, lo que teníamos a la vista era una ciudad en quema, muchos fuegos todavía, unos produciéndose y otros amainando. Por lo tanto la acción para acabar con el fuego la hacían con más libertad, pero sin que cesaran los francotiradores en esa acción y el gran miedo de la gente era que les tiraran desde lugares inesperados.

Alfredo Guevara

Llegamos a San Victorino con el ánimo de organizar algunas personas, pero nos encontramos con un desastre, la gente estaba cargada con los artículos de los almacenes. Vimos a un hombre jadeante, cargando sombreros. No había luz.

Me fui por toda la carrera doce tratando de llegar a la casa, hice ese recorrido como en una hora, bajar de la doce, coger la calle sexta. Allí encontré luego un *jeep* con dos hombres que le quitaban a machete las cosas a los que traían objetos robados, les cercenaban los brazos, lo que fuera.

Yo subí por la sexta hasta la octava, cogí hacia el sur, pero al llegar a la calle tercera, la guardia estaba cerrando el paso, entonces me bajé hasta la carrera trece, di una vuelta y por la calle primera, subí hasta la carrera séptima. En la esquina había unos siete u ocho muertos; como pude me escapé y llegué a la casa. Llegué cargado de miedo por el peligro que había vivido. No dormí esa noche. Estaba en un estado de vacío, de sentirme poca cosa, de poca estima del yo personal, porque ese día yo había desaparecido, ya no estaba viviendo, por eso intentaba dormir en forma desesperada como para volver a la vida. Eso era una especie de guayabo posterior al peligro, guayabo de miedo, miedo de mis propios movimientos, de abrir los ojos al otro día.

Gabriel Muñoz Uribe

Llegando la noche, nuevamente la gente empezó a aglutinarse en torno a la casa del partido, a tratar de encontrar una orientación. La gente entraba y salía y discutía. Lo único que recuerdo es que alguien dio la información de que en la esquina del Capitolio, había una camarada herida y otro camarada, y se nombró una comisión de voluntarios integrada por Zapata Olivella, el camarada Velásquez —un zapatero muy antiguo— y yo. Fuimos a buscar a los camaradas heridos, pero era imposible en medio de semejante tendal de muertos, uno los pisaba o tenía que saltar sobre ellos. Tuvimos que refugiarnos en alguna funeraria, porque empezó el tiroteo de todos los edificios, especialmente de los curas en el colegio de San Bartolomé; en el propio Capitolio había algunos elementos del Gobierno. Tuvimos que estar bastante tiempo en la funeraria, excepto Zapata Olivella que alcanzó a recoger un herido y llevarlo al hospital. Regresamos más tarde, saliendo con dificultad de la funeraria, a las oficinas del partido, en el momento en que el edificio Mazuera se incendiaba. La gente del partido acordó inmediatamente irse hacia la imprenta en la carrera dieciséis, para coordinar alguna actividad. En la imprenta se hizo una discusión y se nombraron una serie de comisiones con diferentes objetivos, yo fui nombrado con el camarada Carlos Arturo Aguirre y otros compañeros para ir a las oficinas de la CTC.

De la imprenta salimos a las once de la noche, aproximadamente, en medio de las llamas en multitud de edificios. Bajando, tal vez por la calle dieciséis, nosotros que acabamos de pasar y uno de los paredones del edificio cayó, y casi nos coge. Llegamos al parque Santander y vimos la inmensa cantidad de edificios por la séptima y por las calles adyacentes, ardiendo.

Julio Posada

Por la noche no había luz en Bogotá. Estaba la ciudad iluminada pero por los incendios. Buscamos a los amigos, a los camaradas, para intercambiar informaciones. El afán nuestro en la tarde, era entrar a la plaza de Bolívar, porque allí quedaba la casa del partido, para buscar una orientación y ver dónde nos reuníamos. A eso de las ocho de la noche, la situación era confusa, la borrachera general.

La gente se dedicaba al saqueo para llevar a sus casas, y otros que intentaban inútilmente penetrar a la plaza de Bolívar, caían ametrallados. A eso de las diez de la noche, con Renato Arango y Aníbal Pineda, tratamos de llegar a la plaza, dando bala a lo loco. Dábamos bala a las torres porque de allí disparaban, no veíamos a quién disparar. Nos consta que salía mucho plomo de La Catedral y de la iglesia de Santa Bárbara.

La imagen que tengo de esa noche, es que los pocos que quedábamos con un sentido revolucionario no encontrábamos apoyo en nadie. Solo gente borracha, con machete en la mano; no había nada que incendiar, todo en llamas, no se veía sobre la ciudad sino fuego; todo estaba rodeado por el ejército, vigilaban la zona bancaria.

Con Renato hicimos varios esfuerzos por meternos a la casa del partido. Pero la casa del partido estaba ardiendo. Nos fuimos arrastrando, nos devolvimos. Las ametralladoras daban candela a ras de piso. Alcanzamos a ver que la bandera del partido aún ondeaba sobre los balcones.

Nos fuimos para la CTC, encontramos a Carlos Arturo Aguirre, un confederal, recibimos la primera orientación del partido. Eso fue bueno de los camaradas, que al darse cuenta que el movimiento cambiaba de rumbo, iban a parar a la CTC.

Se citaba a una reunión en la imprenta del partido a la una de la mañana. Allí nos encontramos todos los del partido. Muchos, muchos de la dirección central estaban en una conferencia en *El Tiempo*. La consigna que se impartió esa noche, fue huelga general, lanzar propaganda. Poner a funcionar la imprenta a esa hora era imposible. La gente estaba loca en la calle. Lo hicimos como aprendices, montamos los tipos. Se echaron los primeros volantes. Ese día estaba funcionando la ley marcial desde las seis de la tarde.

Se paró el secretario de la organización, Jaime Barrios. Lo primero que se debatió, partiendo de los informes que cada uno daba sobre lo visto en la calle, era que había que salvar los archivos de la casa del partido. Barrios me propuso a mí enseguida. Yo dije: «Eso es imposible, pero sí así lo determinan yo voy». Les explicamos que la casa estaba en llamas, que a sus alrededores caía una lluvia de bala. Sometieron a votación la propuesta. Se paró Filiberto Barrero y dijo: «Eso es un suicidio… Eso es sacrificar camaradas inútilmente». Derrotó la tesis de Jaime Barrios. La orientación fue entonces reunir las células donde funcionaran; aplacar el vandalismo; tratar de controlar la locura colectiva; evitar esa borrachera colectiva que había degenerado el movimiento en la anarquía.

Carlos Hernández

El ejército en la noche comenzó a reprimir sin compasión, tratando de impedir los saqueos. Yo recuerdo sobre todo que había mucho pastuso. Por la carrera séptima entre diecisiete y dieciocho saquearon un almacén grandísimo, y cuando yo pasaba se entró un hombre y no sé cómo salió con una nevera grande, grandísima. Un soldado de esos pastusos le gritó: «Coja una más chiquita» y ¡pum! le disparó y quedó el hombre tendido con la nevera encima.

Por la carrera quinta con veinticuatro, estaba un hombre que seguramente había asaltado la Casa Arzobispal. Estaba envuelto en cortinas moradas de flecos que lo cubrían hasta las piernas, sentado sobre el andén y rodeado de copones, los cuales escogía para beber de un solo sorbo su contenido y en la cabeza tenía puesta una mitra. El hombre parecía esa noche un almacén religioso, mientras sobre la ciudad llovía sin descanso. Cuando pasé cerca, él amigablemente me tendió un copón y lo llenó, no de vino sino de brandy, luego me gritó: «Compañero, no se moje». Yo tomé el trago para desterrar el frío. En las manos tenía una pila de sombreros y me tiró uno. Yo me puse el sombrero y seguí como un autómata. Días después me contaron que a ese hombre, lo había bajado el ejército en el mismo sitio, envuelto en sus cortinas moradas de flecos y bebiendo enloquecido de los copones. Después me fui para mi casa a ver a mi mamá, la encontré llorando desesperada. Ella era una gran gaitanista, pero no solo ella, la mayoría de las mujeres eran gaitanistas. Era terrible ver que con toda esa fe y ese entusiasmo que ella cargaba, tenía que aceptar la muerte del Jefe.

Luis Eduardo Ricaurte

La noche del 9 de Abril, noche roja de Bogotá. A las cinco de la tarde el ejército se toma la plaza de Bolívar; a las seis comienza a avanzar por la carrera séptima disparando, matando a diestra y siniestra; a las siete de la noche llega a la carrera séptima con calle diecisiete, donde el saqueo fue violento. Nosotros estábamos tratando de entrar a la casa de Alfonso López, a ver si podíamos hacer algún contacto, cuando atacó el ejército; a las siete y media comenzó a avanzar poco a poco, iban tomando con mucha precaución, cuadra por cuadra, iban desalojando a los borrachines porque ya no era el pueblo revolucionario, y lo que había en los almacenes era ya muy poco. Eso sí fue salvaje, porque el saqueo violento fue de las tres y media a las cinco y media, en dos horas desapareció el comercio de Bogotá. A las seis y media de la tarde o siete de la noche, todo el mundo quería llevarse lo poco que quedaba, la gente que vivía en los barrios apartados, tratando de conseguir transporte para llevarse lo que había conseguido, un mueble, los otros el piano, una nevera, zapatos, cortes de paño. A las siete y media frente al Teatro Metro, se oía el sonido de los machetes al rastrillarse contra el suelo, unos contra otros; la gente gritaba y no sabía con quién pelear, solo que buscaba su enemigo. A las nueve de la noche, el ejército ya había desalojado la carrera séptima que era el punto neurálgico de Bogotá; desocupando la carrera séptima desocupaban a Bogotá. A las diez llegaron hasta el parque de San Diego, no avanzaron más. Hasta ahí llegó el ejército y se tomó la ciudad.

En la noche la cosa estaba perdida, nadie atendía órdenes, no había con quién organizar. Le iba a hablar uno a un compañero que no conocía y uno temía que le dieran un machetazo, o lo hirieran con cuchillo.

Es que había gente infiltrada en el movimiento y caras que uno nunca había visto, incitando al pueblo, no hacia la acción armada y definida, sino al saqueo, al incendio del tranvía. Ellos no peleaban pero sí guiaban las masas, era gente advenediza que decía: «Tumben ese tranvía, ataquen el otro»,

«Incendien ese carro», «Miren, ese edificio no arde», y la gente aceptaba. Pero cuando ya se trataba de dar consignas y reflexiones, la gente no aceptaba y si uno iba a hacer hincapié lo asesinaban. Nosotros los que estábamos por la calle no sabíamos lo que estaba sucediendo, sino lo que estábamos viendo, porque no estábamos oyendo radio.

Por la noche, como a las diez, me fui a La Perseverancia, pero sus habitantes estaban en la batalla. Nadie sabía dónde estaba nadie.

Unos subían con mercancías y los otros peleaban, se oía el tiroteo en el colegio de La Merced y la batalla duró como hasta la medianoche, cuando el colegio recibió protección del ejército.

Los curas de San Bartolomé eran enemigos de los de La Perseverancia por cuestiones ideológicas, y los de La Perseverancia veían a los curas como enemigos y hubo una gran influencia de los curas por tratar de desalojar a los de ese barrio. Entre otras cosas, a La Perseverancia lo tenían catalogado en esa época, como un barrio de hampones de la peor clase social, y eso era cierto. Vivía mucho ladrón, como en todos los barrios, pero con una característica que ha tenido La Perseverancia a través de toda su historia: que son unidos. Usted llega y pega un grito en la treinta y dos con la quinta, y a la media hora lo saben todos, el barrio está en guardia, y todavía son así.

Esa noche roja, fue un sangrío espantoso, se mataban unos con otros, sin saber por qué ni cómo. Yo creo que ya se habían olvidado hasta de la muerte de Gaitán, y se mataban porque sí, el uno por quitarle un saco de arroz al otro, sin tener en cuenta si era gaitanista o compañero, entonces fue un sangrío espantoso.

Hay una cosa muy importante que le hacen a los dos principales hoteles de Bogotá: el Ritz y el Regina. Eso tal vez sí tuvo un carácter político porque en el Regina y en el Ritz estaban hospedados gran cantidad de los delegados a la Panamericana. A las nueve de la noche, cuando aún no había llegado el ejército al parque de Santander, se organiza un ataque a los dos hoteles no había nadie que los protegiera, pero ya se habían marchado la mayoría de los huéspedes. Los dos hoteles fueron destruidos, y hubo una cosa muy aberrante: cogieron muchas mujeres que eran huéspedes y las violaron a la entrada. Yo vi a una señora que fue violada como por veinte tipos, sobre los vidrios rotos dispersos en la calle. Ambos hoteles fueron destruidos e incendiados. Todavía a los quince días, esa zona era impasable porque se sentía el olor nauseabundo de los cadáveres que habían quedado debajo de las ruinas.

Manuel Salazar

Frecuentemente hablé por teléfono con Norman Armour, durante la noche del 9 de Abril. Para cambiar informaciones, discutimos principalmente tres asuntos. Antes que todo, hablamos de la posible necesidad de abandonar las oficinas de la Embajada. En las vecindades el fuego crecía con violencia hasta invadir el primer piso donde comienzan las oficinas.

El plan era, en caso de incendiarse la Embajada, evacuar ordenadamente el personal de esta a las oficinas de la delegación que está instalada en el último piso del edificio directamente frontero a la calle. Todo movimiento implicaba su propio riesgo, porque los amotinados y saqueadores eran muertos en las calles que era preciso atravesar.

Por tres ocasiones, Norman reunió la sitiada guarnición de americanos a fin de prepararlos para la evacuación, y otras tantas veces se dispersaron en la esperanza de que la Embajada aún podría salvarse de las llamas. El personal salió repetidamente a la calle, provisto de extinguidores de incendio. Así logró limitar el fuego del primer piso.

El segundo asunto que Norman y yo discutimos fue lo que nuestra gente debería hacer si la multitud intentaba irrumpir en la Embajada. Con los gritos comunistas que en las radios hacían responsables al secretario Marshall de la muerte de Gaitán, al mismo tiempo que de Laureano Gómez vociferaban que se había refugiado en la embajada americana, el ataque a esta se hacía cada vez más inminente. En conclusión se resolvió que la escalera principal que daba acceso a las oficinas de la Embajada, debería ser convertida en barricada, no omitiendo ningún esfuerzo para detener los probables invasores, pero que si tal empeño fracasaba, los americanos debían defenderse hasta el límite máximo posible. Felizmente la invasión no se llevó a cabo. Las oficinas de la empresa aérea Avianca fueron invadidas y saqueadas; los amotinados subieron las escaleras que conducían a la sala de trabajo de la Embajada, en el tercer piso, pero de allí no pasaron adelante. Un hombre gritó en su estilo, pero prontamente retrocedió, mostrando una docena de machetes que portaba consigo.

«…iban tomando con mucha precaución, cuadra por cuadra…».

El tercer asunto que hablé con Norman fue la posibilidad de evacuar, seguramente por entre las calles, el personal tanto de la Embajada como de la delegación. Rápidamente me puse en contacto con el ministro de Guerra y se me prometió que nuestros hombres serían sacados de la zona de peligro, a la primera oportunidad. ¡Ah! pasó que este ofrecimiento sinceramente no fue muy halagador para nuestro personal haberse fiado a él, porque luego se supo que el militar brilló por su ausencia y manifiesta inactividad.

En realidad, algunos soldados fueron vistos en marcha sobre la Avenida Caracas, hacia la ciudad, pero no en los alrededores de la Embajada; tan cierto fue, que en la mañana del diez de abril, el área urbana de Bogotá todavía se hallaba en poder de la chusma. Con todo, poco más o menos a las once de la mañana del mismo día, tanques del ejército colombiano que conducían soldados colombianos y algunos miembros de la misión militar de los Estados Unidos en Colombia, llegaron a las oficinas de la Embajada. Con excepción del personal necesario para mantener las comunicaciones, el resto fue evacuado de la zona de peligro.

Una cosa que impresionó vivamente a todo el mundo, desde los comienzos del motín, fue la prudencia del secretario Marshall. Este se encontraba en su residencia, lejos del centro de la ciudad, cuando Gaitán fue asesinado.

Allí permaneció hasta el día siguiente, cuando salió para atender una entrevista con los presidentes de las delegaciones a la Conferencia, que había concertado en la casa del jefe de la delegación de Honduras, a poca distancia de la residencia del embajador americano, en Chapinero. Transcurridas algunas horas después de la muerte de Gaitán, el Gobierno colombiano hubo de enviar un pelotón de soldados a la residencia del secretario, para brindarle protección. El secretario —viejo veterano— asumió personalmente el comando, los dirigió y cuidó de su mantenimiento y confort.

Willar Beaulac

Hacia las cinco de la tarde regresé a *El Espectador*. Comenzó la noche y vimos entonces el desfile de gente con cargamentos del saqueo, subiendo precisamente por esa callecita quince, callecita angosta, que era la puerta de *El Espectador*. Más tarde nos subimos por esas escaleras de cemento, el edificio estaba en obra negra, al noveno piso, con Guillermo Cano, José Aguilar, Darío Bautista a tratar de hacer inventario de los incendios.

Felipe González Toledo

Recuerdo que nosotros nos subimos al tejado para mirar los incendios, se veía una bola roja de fuego, estaba incendiada casi toda la carrera séptima hasta la Avenida Jiménez. Estuvimos con los otros muchachos un buen rato en el techo y luego duramos una hora para bajarnos por la balacera tan terrible.

Roberto Gómez

Los presos, muertos de hambre, fueron los que asaltaron todos los almacenes de comestibles y se comieron todo lo que encontraron. Se bebieron todo el licor; por supuesto a las ocho de la noche eso era una embriaguez terrible. Se decapitaban por una bandeja, en las platerías que quedaban por la carrera sexta con calles once y doce. Eso me lo contó Espinel, que resistió toda la noche y no se dejó robar el almacén. Pero sí vio cómo se mataban por una bandeja de plata grandísima, la cogía uno y se le venían encima los otros y le bajaban la cabeza, por esa bandeja hubo cuatro decapitados.

Eliseo Gómez

En el almacén Ley que quedaba sobre la séptima con once y doce, se metió mucha gente para favorecerse de la bala y cerraron las cortinas. Tarde en la noche quien por imprudencia salía a la calle, lo bajaban. Mi hermana trabajaba en la plaza de Bolívar, en la calle once, abajo de la carrera octava, en el almacén de un italiano que tenía su casa en el mismo almacén.

El señor viendo el tiroteo no dejó salir a sus empleados, los hizo quedar en su casa y allí se hospedó mi hermana. Ella veía la cantidad de muertos que se amontonaban sobre las vitrinas de unos almacenes que estaban en la plaza de Bolívar con la carrera octava. Unos sobre otros amontonados. ¡Cómo había de muertos! En la madrugada llegaron los soldados en camiones y se los llevaron. Mi hermana escuchaba los gritos de los heridos y así entre gritos los montaron en los camiones con los muertos.

Carmen de Gómez

Las emisoras

Habla el doctor Carlos H. Pareja. Les pido a los obreros, por quienes tanto he trabajado a lo largo de mi vida profesional, adhieran a este movimiento liberal del pueblo en busca de un gobierno liberal. Les comunico que se ha constituido la Junta Revolucionaria de Gobierno presidida por el doctor Darío Echandía y con un comité ejecutivo compuesto por los doctores Gerardo Molina, Restrepo Piedrahíta, Adán Arriaga Andrade y Carlos H. Pareja. Voy a leer enseguida el primer decreto por el cual se nombra a Últimas Noticias como su órgano oficial de difusión...

Esta es Últimas Noticias. Habla aquí el doctor Carlos H. Pareja: me dirijo a todos los diputados liberales de la República. Amigos, habla aquí Carlos H. Pareja para pedirles firmeza en el movimiento revolucionario. Estamos triunfantes. Los órganos conservadores han caído. Los jefes conservadores deben caer también. La vida de Gaitán vale muchas vidas conservadoras, pero no es necesario matar simplemente chulavitas, tienen que caer los grandes: los que crearon el ambiente propicio al asesinato; los que preparaban el asesinato del Jefe desde los curules parlamentarios, excitando al pueblo a sangre y fuego. El pueblo ahora les hará justicia...

El Comité Ejecutivo de la Junta Revolucionaria de Gobierno, ha quedado constituido por los siguientes ciudadanos liberales: Doctor Adán Arriaga Andrade, doctor Gerardo Molina; doctor Jorge Zalamea; don Rómulo Guzmán y Carlos Restrepo Piedrahíta.

Primer Decreto del Comité Ejecutivo de la Junta Central Revolucionaria de Gobierno:

El Comité Ejecutivo de la Junta Central Revolucionaria de Gobierno decreta: Constitúyase Últimas Noticias, en el órgano oficial de difusión, al servicio del Comité Ejecutivo de la Junta Central Revolucionaria de Gobierno y del movimiento liberal que se desarrolla en el país...

Firmado por todo el Comité Ejecutivo de la Junta Central Revolucionaria de Gobierno...

El Comité de la Junta Central Revolucionaria de Gobierno, decreta:

Constitúyase el siguiente comando de Policía, a cuyas órdenes deben ponerse a discreción, todas las fuerzas policivas de la ciudad: comandante, Sanmiguel París, comandante Benicio Arce Vera, comandante Alberto Lara, capitán Tito Orozco, teniente Jesús Jiménez, teniente Antonio Soto Grajales, teniente Jorge Borda.

Este comando ha organizado y distribuido todas las fuerzas de policía adictas al movimiento revolucionario y se les ordena mantenerse en contacto entre sí y con esta Junta, que es el Comité Ejecutivo de la Junta Central Revolucionaria de Gobierno...

El comando de la dirección de la policía nacional al servicio de la Junta Central Revolucionaria de Gobierno, ordena:

A todas las plazas, estar listas para tomar sus sitios en el momento en que les imparta la orden...

Firmado por todo el comando de la policía, de todas las fuerzas de policía que operan con el movimiento liberal revolucionario...

Todos los trabajadores, todos los dirigentes liberales, sindicales, deben aglutinarse enseguida en grupos de policía cívica, que ayuden a garantizar el orden en la capital de la República...

A los liberales se les hace saber que en la actualidad no existe en Colombia ninguna dirección nacional liberal. Como mentirosamente lo informa la Radio Nacional; sino la Junta Nacional Revolucionaria la cual, en ningún momento, ha ordenado la terminación de nuestra lucha. Esta Junta Nacional... se originó laborando activamente y poco a poco han ingresado al movimiento multitud de oficiales que al principio estaban completamente bloqueados, en distintas partes del país, pero que en forma secreta se han trasladado a Bogotá, a poner sus conocimientos militares a órdenes de la Junta de la Revolución.

Liberales... No desmayar... No vacilar... El triunfo es nuestro. Pueblo liberal y revolucionario, por la reconquista y el poder, ¡a la carga!... Cumplir estrictamente. Toda la población de Bogotá, amiga de este movimiento, es decir, la casi totalidad de Bogotá, debe permanecer concentrada en las calles. Orden que damos enseguida para trabajadores, estudiantes, clases medias...

Todo el pueblo de Bogotá, debe por tanto permanecer en pie esta noche y en contacto con sus directivas sindicales y con las directivas del movimiento...

Escuchan ustedes a Últimas Noticias, que por decreto que hace una hora dictó la Junta Central Revolucionaria de Gobierno que funciona en Bogotá, ha sido constituido órgano oficial de difusión del movimiento revolucionario.

Están ustedes escuchando, al doctor Gerardo Molina en persona, quien como presidente del Comité Ejecutivo de la Junta Central Revolucionaria de Gobierno, está dirigiéndose al liberalismo de todo el país, comunicándoles los decretos imperativos que ha dictado la Junta Central Revolucionaria... Al mismo tiempo le informo a la opinión nacional, que el movimiento revolucionario controla todas las comunicaciones. Que es dueña de las calles de Bogotá y de las principales ciudades del país.

Compañeros de Colombia. La reconquista popular del poder se ha iniciado...

Informo también que el total de los países democráticos del continente miran con profunda simpatía nuestro movimiento.

Contamos con el respaldo de los países que se inspiran en las ideas de rehabilitación democrática, que presiden nuestra organización y nuestro movimiento de luchas...

...No es cierto que el ejército esté con el gobierno conservador. Podemos informar que a pesar de la orden dada desde Palacio para que la motorización del ejército abaleara y masacrara al pueblo liberal de Bogotá, el ejército se rebeló y está de parte de la revolución. En este momento, Bogotá está en llamas y en poder del pueblo liberal, del ejército liberal y de la policía liberal...

...Continúan ustedes escuchando Últimas Noticias, órgano oficial de difusión del movimiento revolucionario en Bogotá y escuchan al doctor Gerardo Molina, presidente del Comité Ejecutivo de la Junta Central Revolucionaria de Gobierno, impartiéndoles las órdenes, mediante decretos, a todos los liberales del país...

...Enseguida será leído otro decreto que constituye el Comité Directivo de la policía que está a las órdenes de este movimiento, pero mientras se lee ese decreto, me permito avisarles a toda la opinión nacional, que el cadáver del doctor Jorge Eliécer Gaitán será embalsamado y que continuará como símbolo de este movimiento, por lo cual será sepultado, una vez que sea sepultado el Partido Conservador que ha llegado ya a su decadencia...

¡Pueblo liberal de Colombia! ¡El gobierno conservador ha caído! ¡El doctor Gaitán empieza a ser vengado!...

¡Aló, aló, fuerzas revolucionarias izquierdistas de Colombia! ¡La revolución acaba de triunfar en Cali y en Medellín!

¡Aló, aló, fuerzas revolucionarias izquierdistas de Colombia! ¡La revolución acaba de derrotar el régimen conservador en Medellín y en Colombia y se ha apoderado de las dos gobernaciones respectivamente en Medellín y en Cali!...

¡Aló, aló, fuerzas revolucionarias de Colombia! Acaba de triunfar la revolución en Barranquilla. Acaba de triunfar la revolución en Barranquilla. Acaban de tomarse la Gobernación de Barranquilla las fuerzas revolucionarias izquierdistas, en la capital del Atlántico...

Todos los demócratas de Colombia, se han apoderado del control de la República.

¡Viva la revolución popular izquierdista colombiana!...

Un liberal de Boyacá se dirige al pueblo boyacense, que ha sido la primera víctima de la consigna de a sangre y fuego, para dirigirse al pueblo de Boyacá, con entusiasmo patriótico por el triunfo de la revolución, actualmente victoriosa en las calles de Bogotá...

Liberales de Boyacá, os habla Hernán Villamarín, diputado actualmente a la Asamblea, víctima también de los conservadores en Boyacá. Gaitán, invaluable figura del liberalismo, hombre que como líder supo dar su sangre por el partido, pero que como un líder no se irá a quedar en la penumbra del misterio, sino que tendremos que vengar a nuestro Jefe...

Tendremos que ir esta misma noche al Capitolio Nacional, como estamos nosotros organizándolo así y esta misma noche, tendremos nosotros el gobierno nacional en nuestro poder.

Liberales de Chispa y liberales del Cocuy, únicos pueblos de mi provincia, yo quiero que se levanten, que den la voz de alerta a todas las provincias de García Rovira, que se comuniquen con los de Santander, que armen, armen a todos los hombres del campo. Que se lancen sobre las plazas, consigan dinero... y marchen a la revolución... yo posiblemente dentro de muy poco estaré con ustedes, compañeros de Boyacá, más entusiasmo por la revolución. ¡La Revolución está ya! Es un hecho. Ya en Bogotá está…

…Doctor Héctor Rodríguez, doctor Héctor Rodríguez. Héctor José Rodríguez, se le espera en la Radio Nacional, con informe sobre el movimiento en la capital…

…Pasa liberal, pasa liberal, pasa liberal. Comunicar personalmente a Radiodifusora Nacional, todos los últimos acontecimientos… ¡Liberales de Sogamoso. Liberales de Moniquirá, sobre Tunja! A defender a los liberales, salvar la vida de los liberales de esa ciudad, deben estar siendo víctimas de la violencia de los chulavitas y de la policía del régimen nefasto de Villareal.

¡Aló, aló, fuerzas revolucionarias! ¡Aló, aló, fuerzas revolucionarias de la República de Colombia! ¡Aló, aló, fuerzas revolucionarias izquierdistas populares de la República de Colombia! La consigna es: ¡Revolución ordenada! ¡Organización! La consigna es revolución ordenada, organización…

El ejército es del pueblo armado. El ejército es del mismo pueblo. Los estudiantes tienen su jefe reconocido. Los trabajadores tienen su jefe. La revolución colombiana es de izquierda. La revolución es de izquierda. El pueblo manda en Colombia por primera vez en la historia. El pueblo manda en Colombia por primera vez en la historia. La revolución colombiana es la más grande del mundo. La revolución colombiana es la más grande del mundo. La revolución colombiana es la más grande del mundo. La revolución colombiana es la más grande del mundo… Ha comenzado la verdadera revolución de izquierda en América. Ha comenzado la verdadera revolución en América…

Organice las milicias revolucionarias. Doctor Mario Mesa en Boyacá. Mario Mesa, Mario Mesa, Mario Mesa, en Boyacá. Organice las milicias revolucionarias…

Nuevamente las vías liberales se abren, que desde 1930 instauraron en Colombia un régimen de progreso y bienestar colectivo…

Pero es necesario liberales, que vayáis hacia Palacio; porque allí están las armas de la patria, las armas del pueblo, están asesinando a los liberales. Por eso yo os invito, porque vengo de allí, a que todos los liberales, todos los que tengan armas, se trasladen allí. Porque de nosotros depende en estos momentos el destino de América… Revolucionarios, no permitiré el aterrizaje de ningún avión del Gobierno. Los aviones del Gobierno son nuestros enemigos. No hay que dejarlos aterrizar...

Empleados liberales revolucionarios de hangares y aeródromos de la República, todas las armas que estén en nuestro poder, hay que entregarlas a quienes tengan grado en la población, guarnición capital... al primer militar, a la primera autoridad militar... desde que sea amiga de la causa revolucionaria, hay que entregarle todas las armas que poseáis. Ellas sirven para la defensa de nuestros hogares y para lograr la victoria definitiva de la revolución...

¡No se pueden esconder las armas, hay que entregarlas!...

Los obreros de Barrancabermeja. Adelante...

¡Recibido perfectamente! ¡Muy claro!...

Vamos a leerles nosotros un boletín que recibimos de un radio afiliado a nosotros también, ¿no? Adelante (mucho ruido)...

Revolucionarios, al servicio de los revolucionarios de Colombia. Aló, aló, aló. Vamos a leer último boletín. Vamos a leer último boletín: La orden del pueblo, al servicio de la revolución, hablando para los revolucionarios de Colombia, desde un lugar de Colombia, que a nadie le interesa localizar, no al gobierno de Mariano, si puede...

Revolucionarios, no desmayéis, estáis listos. Dormid vestidos y con el arma entre las piernas. En esta guerra que Mariano y Laureano han desatado sobre nuestra querida patria no existe cuartel...

No hay más que derrota para el vencido. ¡No esperar del vencedor ninguna misericordia! ¡Oídlo bien! Revolucionarios: no hay que esperar del vencido ninguna misericordia. No hay más que derrota para el vencido. En el supuesto de que los conservadores triunfaran, los liberales tendríamos que andar por los montes. Dejar nuestras mujeres, nuestros hijos, nuestras madres a la muerte de los cavernarios conservadores...

Llamamos una vez más la atención hacia las organizaciones sindicales, sobre el Decreto del Comité Ejecutivo, se les ordena la inmediata constitución de una policía sindical de carácter cívico, que entre inmediatamente en funciones para garantizar el orden en la capital de la República...

Gustavo Rodríguez Jiménez de Sogamoso. Organice las milicias y marche sobre Tunja. Marche, únase con liberales de Duitama, Belén y Santa Rosa. Los sindicatos deben organizarse militarmente...

Los sindicatos deben organizarse militarmente…

Aló, aló fuerzas revolucionarias populares de izquierda. Aló, aló fuerzas revolucionarias. Aló, aló fuerzas revolucionarias… Las consignas son las siguientes: revolución ordenada, revolución ordenada. Organización. Nada de bandalaje, nada de pillaje… El pueblo tiene sus jefes natos que deben ponerse a la cabeza del pueblo y organizarlo…

El ejército es del pueblo armado. El ejército es del pueblo armado. Defendiéndolo, los trabajadores tienen sus jefes. Los trabajadores tienen sus jefes natos. La revolución colombiana es de izquierda. La revolución colombiana es de izquierda. El pueblo manda en Colombia por primera vez en la historia. El pueblo manda….

Con ustedes la Junta Revolucionaria de Gobierno. Ordenamos a los compañeros del Charquito tomar por su cuenta la planta eléctrica y mantener continuamente el servicio de energía. Cuídense de saboteadores y estén vigilantes sobre las máquinas. De Soacha un batallón del pueblo marcha a reforzar la revolución en Bogotá. Arde el Palacio de la Carrera, arden varios ministerios y la furia del pueblo hambriento y asesinado no se contentará sino con la cabeza total del Gobierno que está cayendo minuto a minuto, ya que el doctor Darío Echandía se posesionó de la Presidencia y el doctor Santos vuela desde Nueva York a ocupar la primera designatura y a establecer el orden legal. Advertimos al pueblo que no puede asaltar sino a las ferreterías para proveerse de armas. Todo el pueblo debe estar en la calle vigilante y no retirarse mientras la revolución no haya triunfado. Si esta noche no nos apoderamos del poder, mañana las retaliaciones caerán sobre nosotros y sobre nuestros hijos. Necesitamos refuerzos para la Radio Nacional a fin que permanezca en poder del comando revolucionario de la Universidad. Nuestros compañeros de la Radio están siendo asesinados y necesitamos liberales corajudos en la calle, porque desde la cama no podemos triunfar. Tenemos que aplastar la reacción. Todo el país es hoy revolucionario. Los teléfonos nos pertenecen. El mismo gerente doctor Luis Carlos Álvarez organiza los teléfonos para nosotros. El telégrafo y los correos son nuestros. La Marconi está en manos del pueblo y nos estamos comunicando con todos los departamentos de donde tenemos noticias confirmadas de nuestro triunfo…

Aquí Radio Santa Fe, tomada por los obreros. Todas las máquinas están en nuestro poder. Comunicamos a nuestros compañeros que somos dueños y señores de todos los aparatos. Estén seguros los compañeros de otros altoparlantes de que estos no los vamos a aflojar así no más. El pueblo manda en estos barrios del sur y aquí no se mete nadie porque nosotros estamos listos a coger el poder. Se acabó el régimen de la matanza y del hambre. Se acabó la vaina y por lo menos tendremos con qué comprar el pan y la ropita pa' los hijos...

—Déjame, compañero, que necesito pasar un mensaje urgente.

—Léelo, pues.

Con ustedes los barrios del sur, aquí con la Radio que a sangre y fuego ya es nuestra. Pueblo, ahora más que nunca la consigna es «A la carga». A la carga hasta que el cadáver de Gaitán reemplace al de Ospina en el Palacio de Nariño. Necesitamos armas a cualquier precio y cualesquiera que sean: machetes, palos, cuchillas, escopetas, todo lo demás. Tenemos dinamita. La dinamita brota de todas partes. En los departamentos la revolución ha triunfado y no podemos dejarla perecer en Bogotá. El ejército y la policía están con nosotros y hay que respetarla...

Aquí Onda Libre. Los periodistas con ustedes transmitiendo para Colombia la verdad más exacta sobre la revolución. En nuestros estudios estamos sin novedad. La revolución triunfa. Nuestros oyentes se podrán convencer de ello, porque no de otra manera pudiéramos estar aquí diciéndole la verdad al pueblo...

Acaba de pasar un tanque del ejército, hacia el sur, sin disparar un tiro, parece amigo. La Gobernación arde terriblemente. Toda la policía nacional está con nosotros.

El cuartel de la Revolución es la Quinta División de policía en el barrio de La Perseverancia y todo agente revolucionario puede dirigirse allí a alistarse, a recibir armas e instrucciones.

Aquí Onda Libre, los periodistas con ustedes, diciéndoles la verdad exacta sobre este grandioso movimiento del pueblo. Repetimos que la policía nacional se ha sumado al movimiento popular, que la Quinta División es el cuartel general de la Revolución y que hacia él deben encaminarse todos los agentes revolucionarios a recibir órdenes y equipos.

Onda Libre transmitiendo desde su refugio secreto, y con numeroso equipo de redactores que nos traen a cada momento de la calle los informes verídicos sobre la gloriosa jornada de liberación nacional...

Anunciamos a los familiares de la señorita X que no irá esta noche a su casa, por considerarlo arriesgado, que se quedará en casa de unos amigos y que se encuentra perfectamente bien...

Habla la Radiodifusora Nacional nuevamente en poder del Gobierno, después de haber estado por algunas horas en manos de la sedición. Comunicamos que en la tarde de hoy y en el primer tramo de esta noche se han presentado en la ciudad algunos disturbios que las fuerzas armadas han dominado completamente. Vamos a leer enseguida un comunicado oficial un meen... saaje del Gobierno:

Que el Gobierno lamenta el villano asesinato de que ha sido víctima el doctor Jorge Eliécer Gaitán y que estuvo a punto de ponerlo al borde del sepulcro...

Avisamos al público que algunas radios están transmitiendo noticias falsas sobre los acontecimientos y que no se debe prestar atención a ellos porque la verdad es que el Gobierno controla la situación y que todas las fuerzas armadas se han dirigido al Excelentísimo señor Presidente de la República dando parte que en el resto del país la normalidad es completa. Igualmente informamos que los doctores Gómez, Montalvo y Estrada Monsalve y demás miembros del gabinete gozan de completa salud y que todos los miembros del despacho ejecutivo se encuentran actualmente reunidos con el señor Presidente de la República...

Aquí la Voz del Pueblo desde su refugio secreto, informando al pueblo sobre la verdad de la revolución. La revolución ha triunfado. El movimiento por la liberación nacional es gigantesco. El ejército y la policía están con nosotros. Solamente algunos grupos de chulavitas armados por el coronel Barco disparan sobre el pueblo inerme, pero pronto serán batidos porque el pueblo tiene armas y ya pudieron ustedes oír en las primeras horas de esta noche, y desde Últimas Noticias, cómo la revolución tenía allí hombres armados para acudir a reforzar los flancos débiles...

Aló, aló revolucionarios de Colombia. Aquí la estación número cien con las últimas noticias. Aquí la estación número cien con las últimas noticias. Enseguida vamos a transmitir un boletín. ¡Un boletín de última hora! En cadena, en cadena, con la estación número dos, la número once y la diez...

La Voz del Pueblo, al servicio de la revolución, hablando para los liberales y demás amantes de la libertad en Colombia, desde sus estudios situados en cualquier parte del extenso país de Colombia.

Las noticias de última hora, son supremamente favorables a la revolución. No obstante que no hemos podido establecer contacto directo con Barrancabermeja, otras radiodifusoras clandestinas nos han hecho saber que la moral del obrerismo de ese puerto, lo mismo que el del campamento de Casabe, es excelente.

Que ese núcleo rebelde de hombres amantes de la libertad, prefieren antes volar con la refinería, barcos y demás cosas útiles del Gobierno, antes que rendirse. Dicen que solamente se entregan, si renuncia Mariano Ospina Pérez…

Aló, aló, el doctor X, llamamos a nuestro comandante el capitán X. Sírvase informarnos sobre sus condiciones actuales y demás…

Aquí el capitán X con ustedes. Oigo perfectamente. Y espero que me estén oyendo. En estos barrios inmensa multitud de compañeros se lanzan a la calle y acabo de ver policías y soldados fraternizados con la revolución. Aquí en este puesto estamos en contacto con el comando revolucionario del Tolima quien nos informa que Ibagué ha caído. Todos nuestros amigos deben tener cuidado porque las radios godas de Medellín, las radios capitalistas de la montaña, están desfigurando con noticias falsas la verdad del movimiento, porque quieren defender con mentiras lo que han perdido por las armas. El obrerismo antioqueño está en pie defendiendo con sangre sus reivindicaciones sociales…

Han oído ustedes al doctor X, al frente de nuestro transmisor portátil en uno de los barrios de la ciudad. Aquí la Voz del Pueblo llamando a nuestro compañero Jiménez quien debe encontrarse en estos momentos con su transmisor portátil en Usaquén. El compañero Jiménez, conteste, conteste…

Aquí Usaquén, el compañero Jiménez, sin novedad. En Usaquén, todo bien. Hemos aplastado la reacción, A y B en sus puestos perfectamente. Avisen si necesitan refuerzos…

La voz del Pueblo informando a todo el país la verdad de este movimiento de la democracia colombiana. Estamos cambiando frecuencias para burlar saboteo. Bien, compañero Jiménez, lo hemos oído perfectamente…

Con ustedes Ecos del Combeima en Ibagué, para anunciarles el triunfo de la revolución en todo el Tolima. Va a pasar el micrófono el glorioso ciego Santofimio. Con ustedes el ciego Santofimio:

En estos momentos quisiera maldecir la naturaleza y encontrarme con el fusil en la mano en la trinchera sagrada donde el pueblo está ganando su libertad…

Madrecitas de mi patria. Madrecitas del continente. Hablan vuestros hijos que en estos momentos combaten con sus compañeros del pueblo para conseguiros pan, vestidos, techo. Somos vuestros hijos combatiendo por vosotras, por nuestros padres, por nuestros hermanos, por nuestros hogares. Nosotros sufrimos con vosotras, sufrimos mucho, estamos en la línea del fuego aplastando la reacción, pero no importa que muramos. No nos lloréis. Llorad por los que quedan, acompañándose en la hora del dolor, en esta hora del dolor, pero también de alegría porque es la hora del pueblo. Madrecitas de Colombia y del continente, estad con nosotros. Si vosotras lloráis, nosotros también lloramos. Pero es un llanto en las trincheras, un llanto de alegría, porque si morimos es por aplastar la godarria traicionera y reaccionaria, el régimen inicuo del asesinato y del hambre…

La Quinta División

Ese día a la una de la tarde habíamos terminado de almorzar, estábamos haciendo sobremesa, una prima nos acompañaba, cuando yo subí y les dije: «Un momento, voy a poner el radio». Me gusta poner las noticias, cuando, «¡Oigan!». «¡Oigan lo que dicen, subió Tito!». «¿Cómo, que mataron a Gaitán? Me voy», me dijo. «¿Pero cómo te vas a ir, no dicen que le están dando piedra a esa policía? ¡Te matan! ¡Te rompen el carro!». El chofer que él tenía vivía más bien cerca y le dejó el *jeep* en la casa. Tito dijo: «Yo me voy, yo me voy». Le dije: «Bueno si te vas, no te pongas la gorra porque si la gente está enfurecida con la policía...». Porque para mejor componer la cosa y desviar la cuestión hacia el odio de la policía, dijeron que un policía había matado a Gaitán. Eso era mentira claro está. Él se quitó la gorra, se quitó la casaca, el uniforme lo llevaba debajo, se puso encima un saco de civil y se fue para el cuartel, porque tenía que estar allá. Todos los oficiales, suboficiales, agentes llegaron a concentrarse. En un momento había más de tres mil hombres, y yo toda angustiada en la casa, me preguntaba qué pasaría. Desde el colegio de San Bartolomé, desde esa terraza fue mucha la gente que mataron.

Decían que los curas eran los que disparaban; a la Quinta División llevaban muchos heridos. Francotiradores, quién sabe de dónde saldrían pero disparaban desde la terraza de San Bartolomé.

Edelmira viuda de Orozco

En la Novena División nos tomó por sorpresa el aviso en forma total, súbitamente, la gente vociferante en las calles y el personal que estaba desconcertado, no sabía qué hacer.

Yo estuve al lado del comandante de esa División. Lo cierto es que no se encontraban los superiores o ninguno daba órdenes especiales. Nada absolutamente. Estaban perdidos los oficiales. Con el único que me encontré, no recuerdo cuál fue, la única respuesta que me dio, inaceptable desde todo punto de vista, fue que si había que disparar contra la gente que se disparara, que si se iban a tomar los cuarteles, entonces había que disparar. La policía no podía disparar contra la gente. Esta policía no estaba hecha para eso, de ninguna manera. Inclusive yo considero que los que estaban por fuera de los cuarteles eran muy pocos, aquellos que se vieron en las fotografías, el resto se mantenían en los cuarteles, esperando órdenes. Como desapareció el coordinador más importante, el comandante de la Guarnición, entonces todos trataron de recogerse a los sitios donde se mantenía el mando, porque infortunadamente, en muchas Divisiones, los oficiales superiores trataron de retirarse de las Divisiones hacia sus hogares. Eso sucedió en la Novena División. En la Novena División me dejaron al mando y el capitán que era el encargado se fue diciendo que él tenía mujer e hijos que defender. Entonces tuvimos que asumir la responsabilidad. Después, a las tres y media más o menos, sin saber qué hacer, sin órdenes de nadie, absolutamente sin órdenes superiores que coordinaran, resolvimos venirnos para la Quinta División que era o parecía ser la única División que tenía un mando. Nos tuvimos que venir a pie. Éramos unos ciento cincuenta; la mayoría resolvió quedarse en el cuartel o retirarse hacia sus casas. Sin embargo se dejó personal custodiando el cuartel impidiendo que penetraran en él. Armamento no había casi nada. Después nos retiramos por toda la carrera trece y en la calle cuarenta y tres fuimos atacados por grupos de particulares, pero seguimos. Nos subimos por la calle treinta y cuatro a la carrera quinta. En la carrera quinta para sorpresa nuestra, fuimos recibidos con descargas desde el colegio de San Bartolomé, por civiles. No sé, eso no lo podría describir, en la precipitación que da un ataque de esos y tomados por sorpresa, en realidad no pudimos localizar quiénes eran los francotiradores.

Primero tratamos de llegar a la División y se puso el personal a órdenes del capitán Tito Orozco. Había bastante desorganización, había heridos.

Al atardecer, en los corredores se encontraba gente muerta, lo mismo que en la calle treinta y una con carrera quinta.

Teniente Luis Eduardo Aldana

En la Escuela funcionaba la sección de radio y por consiguiente se había facilitado captar noticias del centro. Un muchacho transmitía, venía y decía:

«¡Mataron a Gaitán!», después: «¡Que llegó la policía!», después: «¡Que está levantándose el pueblo!», que no sé qué. Mientras tanto órdenes de la dirección de policía, un tanto confusas, pienso yo, porque a mí me llamó la subdirección y me dijo: «Acaban de matar a Gaitán; su gente fórmela, tome nota de cuántos hombres hay en la Escuela y espere órdenes, esté en contacto permanente. Ponga hombres en el teléfono, en la radio y la portería».

Decidí mandar una sección de carabineros al Palacio de la policía, armados de fusil y a caballo. A la media hora regresaron, no podían pasar porque en el barrio Santander encontraron unos grupos grandes notoriamente levantados, había disparos, movilización. Preguntaban qué se debía hacer con esa gente, atropellarlos o qué. Diga usted, eran quinientas personas en contra de la policía. A causa de la noticia que daba la radio, que un agente de la policía había matado a Gaitán.

Yo seguí en la Escuela hasta las seis de la tarde. Se dio la orden de que armara el grupo y lo tuviera listo para salir. Sabíamos que el grupo de carabineros no había podido cumplir la orden porque no encontraron forma de llegar al Palacio de la policía, todo estaba totalmente en contra y había que hacer una de dos: o se asesinaba un poco de gente para abrirse paso, o se tomaban medidas diferentes.

Hablando con Alfonso Ahumada yo recibí órdenes de que estuviera listo. Yo todo pensé, menos que el grupo se fuera a sublevar, o una buena parte del grupo. Los dejé formados con sus fusiles y el armamento que se debía tener para el caso que tuvieran que salir a cumplir órdenes. Los dejé para ir al teléfono a informar y pedir instrucciones y ver qué otra cosa disponía la dirección. Cuando estaba en esas, salí a la portería de la Escuela; apenas tenía mi revólver y mi cinturón, vino un carabinero y me avisó: «Mi capitán, una parte del grupo viene en un camión y se va a volar a favor del pueblo». Eran unos cuarenta hombres, decían que iban a proceder de acuerdo a lo que habían oído por la radio. Yo salí a pie. El camión por lo rápido se volcó y los derramó a los piscos. No hubo heridos. Los vació. Yo presencié cuando se estaban parando. Ordené a esos muchachos volver a sus instalaciones en una orden que me salió normal. Con el camión tirado, los tipos atortolados obedecieron la orden y se devolvieron. El camión lo levantamos y lo llevamos a la parte de atrás de la Escuela. Pero después la gente convenció a dos o tres oficiales yo no sé con qué intención, que habían empezado las cosas en la Quinta División.

En todo caso yo volví a ver de mi gente y tenía a todo el grupo formado con dos o tres oficiales. Entonces les dije: «¿Qué quiere decir esto?». «Que nos vamos a la calle». «Pero bueno —dije—, ¿a órdenes de quién?, ¿por cuenta de quién?». «No. Nos vamos a la calle porque aquí no hay nada que hacer». La rebelión, pensé; ya no hay mando aquí. Pero, pensé, la gente está desinformada, no sabe sino lo que oye en la radio, que el Gobierno se cayó, que no sé qué. Yo dije, esta gente va sin rumbo. ¿Cuál debe ser mi conducta?, ¿qué me quedo yo haciendo aquí? Cuando uno de ellos dijo: «Capitán nosotros necesitamos que usted nos acompañe. La policía se está reuniendo en tal parte y se están haciendo dispositivos para tomar medidas en Bogotá». Pero eso no era cierto. Eso era lo que decía la radio. En cuestión de segundos tenía que tomar una decisión. Yo soy el comandante y ahora se va esta gente y qué hago yo aquí, debo seguir buscando alguna forma de impedir que sigan cometiendo locuras. Voy a convencerme hasta qué punto. Nos fuimos a pie hasta la Décima División; en realidad había mucha gente gritando vivas y abajos pero ya se había calmado algo. En el término de tres horas había más o menos una situación definida, yo llegué y me instalé en la Doceava División, la gente estaba formada. En la Doceava División pensamos: esto es una locura, hay una intransigencia y unos deseos de acabar con lo que hay en el país. Esta situación está oscura, lo he comentado con la subdirección pero las órdenes nada, parecía que daban una orden y la cambiaban. Nosotros estábamos en todo el centro viéndolo todo y no se veían policías para un remedio. Por lo que se dijo que un policía había matado a Gaitán. Por eso estaban acuartelados, además en esa época los policías generalmente solo cargaban bolillo. Así que con esa arma solo les quedaba irse para su guarnición.

Eso desconcertó y yo creo que eso lo previeron los que mataron a Gaitán, lo mismo que las borracheras del pueblo. Había un desconcierto total y después los saqueos.

Qué se va a hacer con esa gente que yo llevaba, íbamos unos ochenta, el escuadrón eran unos ciento ochenta, pero unos estaban en vacaciones, otros almorzando. Fui a la Quinta División y allí me reuní con el capitán Tito Orozco esa noche. En la Quinta División había gente en la calle que estaba tomando medidas para garantizar la seguridad. Entramos y nos instalamos.

Tomamos posesión del patio. Había no menos de quinientas personas. Tito Orozco estaba en el comando, él era el de mayor graduación entre los oficiales. Lo saludé, le dije: «Me cuentas qué piensas hacer». Estaba Arriaga Andrade que sí hablaba con la dirección liberal. Seguro estaba listo para explotar al lado positivo de la situación que se presentara. Tito me dijo: «La situación es totalmente anárquica, estamos viendo qué servicios podemos prestar para que esto no se disuelva. Para que esto no se acabe». El ambiente de la Quinta era politizado pero organizado. La gente respondía bien, se pedía formación y obedecían. La disciplina estaba bien.

Capitán Alcides Reyes

Cuando llegué al cuartel ya había civiles adentro. Ya eso estaba todo desorganizado y yo quedé nulo, yo quedé loco. Los superiores no daban órdenes, no hacían nada. Estaba todo el mundo congestionado. El capitán Orozco bregaba por organizar al personal, que no se confundiera con los civiles, que guardáramos orden. Pero fue tanta la bulla y tanta la pelotera que se armó que prácticamente para mi conciencia, el hombre quedó, fue desmoralizado, porque no logró organizar el personal, no logró ponerlo en orden. Entonces ya se supo que todos los cuarteles de la policía se los había tomado el pueblo.

Al entrar a la Quinta División estaba la guardia común y corriente y luego seguían dos escaleras: una que subía al casino de oficiales y por la derecha había otra escalera que entraba a los dormitorios, que quedaban todos en el segundo piso. Un patio y luego unas pesebreras porque había un pelotón de carabineros. Cuando ya se vio el desorden con otros compañeros nos fuimos a las pesebreras atrás. Yo estaba muchacho, tenía veintiséis años y allá atrás en las pesebreras nos pusimos a comentar la situación. Hacíamos viajes a la guardia y esperábamos a ver si nos daban orden de salir a la calle, a que nos organizaran y que saliéramos a atacar a la calle a tomarnos la presidencia o algo. Pero no logró el capitán Tito Orozco ordenar ese personal; él era muy valiente, pero aún así no logró organizar. Ya iban siendo como las cinco de la tarde. A esa hora no cabía un alma más en ese cuartel. Eso, subían y bajaban.

Recuerdo que un tipo que era muy antiguo de la policía, estando yo abajo, cerca de la guardia, lo oí cuando dijo: «Arriba hay dos chulavitas y hay que pasarlos al papayo». A mí me dio dolor porque eran dos muchachos, los hombres estaban callados que temblaban. Él se subió por una escalera y yo por la otra, encontré arriba a los dos muchachos, que yo sabía dónde estaban y llegué y les dije: «Vuélense por esta ventana, dejen el fusil, pero corran que les restan segundos de vida». Los muchachos se volaron hasta en pantaloncillos hacia el lado de La Perseverancia, cuando el otro ya llegó y me preguntó por ellos, yo le dije que no sabía y el tipo me miró con desconfianza porque sospechó, me hizo dar susto.

De ahí peor me vino una desmoralización, ya no hallaba qué hacer, me provocaba salirme pero solo no podía y uniformado menos. Seguimos esperando a ver si daban orden de salir, porque uno pensaba que de todas maneras nos mataban encerrados. Luego, como a las seis de la tarde, comenzaron a darnos noticias por la radio de que el personal que estaba en el cuartel se rindiera porque el cuartel sería bombardeado. La amenaza era del Gobierno, decían: «Se le ruega al personal que está acantonado en la Quinta División entregar las armas o dentro de breves minutos será bombardeado ese cuartel». Yo creo que no menos de dos mil agentes se reunieron, con el personal civil. Muchos civiles se uniformaron. Había un almacén grande de armamento. Luego, cuando los civiles prácticamente se tomaron el cuartel pues se repartían las armas que había. Esos se daban revólveres nuevecitos, sin tocar. Revólveres, eso sí, no había sino armas pequeñas y viejos fusiles Máuser, checoslovacos.

Después de las seis de la tarde todo el mundo se limitaba a esperar la orden. Alcancé a oír al capitán Tito Orozco que dijo: «Esperemos a ver qué órdenes nos dan». No sé con quién se estaría comunicando él. Ya después de las ocho de la noche fue cuando se destacó un grupo y el capitán dijo: «Hay que custodiar el cuartel, porque el ejército nos puede atacar». Ya se nombró una patrulla para la carretera de circunvalación, por la ladera. Salió la patrulla, salimos y nos turnábamos unas dos horas y regresábamos y salían otros. Entre nosotros iban civiles, que sabíamos que eran civiles. Iba en la patrulla un joven alto de cuerpo de unos veintidós o veintitrés años, yo sabía que era civil, pero era muy impulsivo y él ayudaba a organizar, veía que cometía uno un error y él corregía, que de esa manera no, trataba de ayudar a organizar. Yo lo observaba detenidamente, veía la capacidad, el arrojo que tenía para las cosas, sin nunca jamás saber quién era.

A las once de la noche eran más frecuentes las arengas del Gobierno contra nosotros, nos declararon subversivos, que debíamos entregar las armas porque en breves minutos bombardeaban el cuartel y claro, nosotros no podíamos esperar cosa distinta. Nosotros sí esperábamos que nos bombardearan porque qué hacíamos ahí encerrados. Ya sabíamos que el ejército había tomado suficiente actividad. Ya se sabía todo lo que había ocurrido en la calle. El ejército recorrió y varias veces pasó frente al cuartel e hizo disparos al cuartel, pero rápido, a gran velocidad, pasaron carros blindados. Lo que más nos atortolaba eran las arengas de bombardear el cuartel y realmente llegó el momento en que ya no pensábamos en vivir, sino en que nos bombardearan. Nosotros resolvimos: «Que nos bombardeen, pero nosotros no salimos de aquí, porque nos vamos a la cárcel».

Miguel Ángel Cubillos Castro

Era un camino difícil, pero al fin logré llegar a Últimas Noticias, más o menos a las siete u ocho de la noche. Bogotá estaba iluminada por los incendios, en Sans-Façon, de donde yo acababa de salir ya había una columna de humo en el colegio, en La Salle, la Nunciatura, *El Siglo,* que estaba en la carrera trece, todos eran una serie de incendios que iluminaban a Bogotá; un cielo candelo de los fogonazos, de los incendios y de algunos balazos, pero de francotiradores o de asaltantes de almacenes y de joyerías. El espectáculo en sí era deprimente porque lo que yo iba a buscar, era ver cómo se podía utilizar la efervescencia popular de acuerdo con los jefes liberales, ver cómo se podía tumbar al Gobierno, pero ya lo que encontraba era un poco de gente preocupada en asaltar joyerías, en sacar jotos de ropa, de vestidos, a veces no podían con la carga que llevaban a las espaldas, una cosa muy preocupante. Cuando llegué a Últimas Noticias, en el segundo piso, era eso un ir y venir de gente, liberales y comunistas y líderes sindicales pero todos eran gente seria, preocupada; «a ver qué vamos a hacer». Entonces entre los que estábamos, recuerdo me encontré con Gerardo Molina, Diego Montaña Cuéllar, con Carlos Restrepo Piedrahíta, con Jorge Zalamea, con José Mar, todos en la misma investigación: «¿Qué vamos a hacer, qué podemos hacer?». Entonces en uno de los saloncitos mientras entraba y salía la gente dijimos: «En primer lugar hay que frenar este saqueo. No por el sentido de la defensa de la propiedad, sino porque si vamos a hacer una revolución, si vamos a tumbar el Gobierno, lo primero que tenemos que hacer es que no se emborrache la tropa, que se preocupe no por robar, sino por otras cosas».

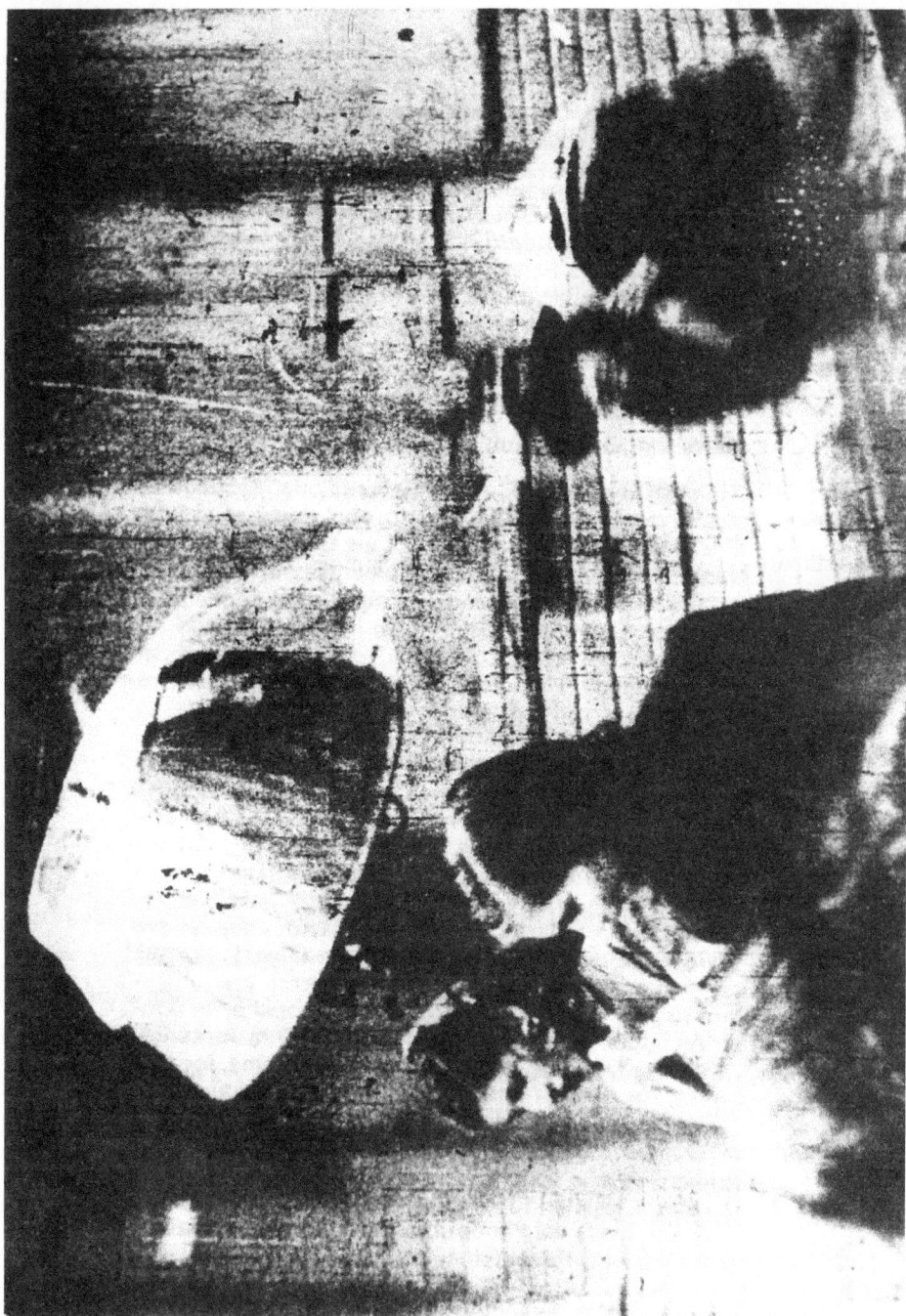

«…ya lo que encontraba era un poco de gente preocupada en asaltar joyerías, en sacar jotos de ropa, de vestidos…».

¿Dónde están los jefes del Partido Liberal? Vamos y nos comunicamos con *El Tiempo*. Allí no había nada, que habían salido desde las cuatro de la tarde o cinco de la tarde para Palacio, de Palacio nada, entonces alguno dijo: «En la Quinta División hay un destacamento de la policía que está con la revolución». Entonces dijimos: «Vamos a ver qué hay en la Quinta División».

Las informaciones eran todas contradictorias, pero mientras tanto nos reunimos Diego, Gerardo, Zalamea y Carlos Restrepo, dijimos: «¡Constituyamos una Junta Revolucionaria; que haya alguna dirección porque no sabemos quién es el jefe, si Echandía o Carlos Lleras o Luis Cano o Araújo!». Nadie sabía de nadie. En ese momento nosotros no sabíamos qué estaba pasando en Palacio, ni dónde estaban ellos. Los que estábamos en Últimas Noticias no sabíamos con quién contar de los jefes liberales, ni dónde estaban. Pero veíamos al populacho y veíamos la gente y a todo el mundo aguardando órdenes, se habían cansado cuatro horas de aguardar órdenes para hacer algo efectivo y se dedicaron a emborracharse y a robar. Dijimos: «Lo primero, vamos hasta la Quinta División, pero constituyamos una Junta Revolucionaria», y efectivamente, los que estábamos ahí, no era por elección popular, todos queríamos estar actuando en ese grupo. «¡Que hable, que hable!», entonces hablé por Últimas Noticias por micrófono. Después me sirvió esa alocución en el Consejo de Guerra, porque en los periódicos extranjeros anunciaron que un exministro de Trabajo, había hablado esa noche, en donde decíamos que se acababa de constituir la Junta Revolucionaria, compuesta por Gerardo Molina, los presentes, los que veíamos [...]. Como me pasaron el micrófono, dije: «La Junta Revolucionaria anuncia que en la Quinta División vamos a distribuir las armas; en primer lugar: a todo el que se capture con atados en la cabeza, asaltando o robando, llevarlo a la Quinta División, cerca del Panóptico, para inmediatamente seguirle Consejo Revolucionario».

Adán Arriaga Andrade

La explicación que doy es, por un lado, que la ausencia de jefes y el no retorno de los comisionados de Palacio, desmoralizó a la gente, que se quedó sin directores. En segundo lugar, la presencia de muchos maleantes en las calles, muchos presos se salieron de la cárcel y se sumaron al movimiento. Ocurrió algo de lo que yo estoy seguro, que era una política seguramente decretada por no sé quién del Gobierno para dejar desguarnecida a Bogotá. Bogotá quedó en poder de los elementos que andaban en la calle, no había protección de los almacenes ni de nada. El Gobierno quería desviar el movimiento hacia el pillaje, a aquellas energías que al comienzo iban contra el Gobierno darles un cauce distinto. La gente acabó desmoralizándose. Claro que tratábamos de hacer algo ante semejante desorientación. Las radiodifusoras estaban tomadas por la gente, por los estudiantes, que daban consignas, unas acertadas, otras muy desacertadas como que estaban colgando los cadáveres de Laureano, Valencia y Montalvo. Eso produjo resultados muy negativos. Algunos fuimos a dar a la Radiodifusora que tenía una gran sintonía. Últimas Noticias. Llegamos a ver qué hacíamos y solamente pensábamos hacer algo a base de impedir aquellos desmanes que estaban ocurriendo en la calle. Hablamos de crear una Junta de Gobierno que mantuviera la moral de la gente; otros, como Arriaga Andrade, se fueron para la Quinta División de la Policía, que era leal al movimiento popular. Los que quedamos en Últimas Noticias elaboramos alguna táctica: sí se podía hacer algo, si el pueblo oía, pero qué iba a oír. Digamos algunas consignas referentes al mantenimiento de la moral, vigilar los aeropuertos... pero ya todo era prácticamente inútil, porque la gente no escuchaba. Seguimos ilusionados con los resultados de la conferencia de Palacio. Las llamadas que se hicieron a Palacio fueron negativas: «Aún no hay nada, no hay nada». Eran las siete u ocho de la noche. Caía un aguacero feroz; se fue la luz, la quitaron; la séptima quedó oscura, esto contribuyó a la anarquía general. Nosotros seguimos en Últimas Noticias hasta que supimos que venían a tomarse la Radiodifusora. La tomó el ejército. Después alcanzamos a salir tratando de irnos a la Quinta División. Pero fue imposible por el desastre o anarquía que había. Sobre todo porque aparecieron los francotiradores disparando desde varias azoteas. A su vez, el ejército —pasado el susto inicial— estaba actuando, disparando.

Gerardo Molina

Yo encontré a los comunistas el 9 de Abril en Bogotá, en todas partes; armaron en San Francisco un camión con altoparlantes, se iban dirigiendo con muy buen criterio a la masa. Luego fueron hacia abajo en la Avenida Colón, allá frente a la estación de la Sabana, hicieron manifestaciones, todavía allá sacaron unos boletines que salían de Puente Aranda. Me los encontré en la CTC, dirigiendo a la gente. Ellos hicieron hasta donde pudieron, lo hicieron muy bien, pero no se veía cómo cambiar la estructura de ese 9 de Abril tan terrible y bien planeada; quedaron ahogados y yo estuve en la profundidad de los acontecimientos, pero yo estuve diciéndoles a todos, a la gente. Yo necesito hablarles para una sola consigna; cada departamento organice diez mil hombres y los manda hasta Bogotá, creo que esa es la consigna del momento.

Yo tenía fama en el Partido Comunista de organizador, entonces intenté hablar en el parque Santander, nadie me oyó. Intenté hablar en el alto del Palacio de Correos y nadie me puso bolas, entonces gritaba pero seguía la gente allá gritando, ya estaban borrachos.

Le dije a Jorge Zalamea, como a las siete de la noche, «pero es que hay que hacer esto, ustedes tienen la Radiodifusora de Rómulo Guzmán, le dije, ustedes han estado diciendo tonterías, verborrea; digan esto, digan que cada departamento debe mandar diez mil hombres a Bogotá y nos tomamos la ciudad». Jorge me dijo: «Yo estoy de acuerdo contigo, camina, vamos». Cuando subimos ya la emisora estaba en poder del ejército. En ese momento no hubo manera de hablar.

Luis Vidales

Nuevamente a pie y por la carrera séptima me dirigí hacia *El Tiempo*. La confusión que allí reinaba me hizo comprender inmediatamente que no era aquel sitio desde el cual pudiera hacerse nada para impedir lo que ya comenzaba a ser una tragedia. Salí entonces de aquel periódico y en la Avenida Jiménez me encontré con algunos amigos, entre ellos, Gerardo Molina, Uribe Márquez y Adán Arriaga Andrade, con los cuales conversamos brevemente sobre la situación, la cual a mi entender, era más o menos esta: la concentración de jefes liberales en Palacio había dejado al pueblo sin dirección; la concentración de fuerzas militares hecha por el Gobierno en torno de los centros de interés político, había dejado a la ciudad desguarnecida; finalmente los excesos de personas a las cuales era imposible definir como comunistas, liberales, agentes provocadores, conservadoras o simplemente maleantes, podían hacer muy fácilmente que un movimiento de claro origen político, degenerase en un motín anárquico. Estuvimos todos de acuerdo en la necesidad muy urgente de establecer siquiera una ficción de autoridad para el pueblo liberal, y decidimos constituir una especie de Junta Provisional

Liberal, que desde alguna radiodifusora dictase las consignas que nosotros creíamos susceptibles de influir sobre el pueblo y de encauzarlo mientras la interminable conferencia de Palacio le restituía a sus jefes autorizados. Esa radiodifusora resultó ser entonces Últimas Noticias, a donde nos trasladamos para dar lectura a una serie de resoluciones, combatiendo el saqueo y estableciendo —así fuese en una simple ficción de autoridad— las más graves sanciones para quienes incurriesen en delitos de violencia contra las personas o la propiedad. Estas resoluciones fueron escuchadas, supongo yo, por centenares de miles de colombianos. Como allí mismo algunos miembros de la policía nos manifestaron que esta estaba a nuestras órdenes, discutimos la conveniencia de aprovechar esas fuerzas para establecer el orden en el centro de la ciudad que había sido abandonado por el Gobierno. Propuse yo entonces que se hiciese una concentración de policía en la plaza de San Francisco para desde ella establecer los destacamentos que controlaran el sector más importante de la ciudad. Pero se me dijo que por razones tácticas la concentración no debía hacerse en San Francisco sino en San Diego. Acepté esas razones y recibí la comisión de mis compañeros de establecer contactos con los jefes liberales que se hallaban en Palacio, quedando todos citados para las nueve de la noche en San Diego, en donde se nos había dicho que estarían reunidas las fuerzas de policía que nosotros pretendíamos emplear para el restablecimiento del orden en el centro de la ciudad. Para tratar de cumplir la comisión que se me había dado, fui entonces a *El Liberal,* en donde se me manifestó la imposibilidad absoluta de entrar en contacto con los liberales que se hallaban en Palacio. Vine entonces a percatarme de que la conferencia que yo creía que se había iniciado alrededor de las cuatro de la tarde, solo comenzaba a realizarse a aquellas horas que debían ser ya entre las ocho y ocho y media; resolví entonces concurrir a la cita de San Diego hacia donde me dirigí por la carrera sexta, en compañía de mi hijo Alberto y mi hermano Luis. En San Diego no había nadie. No se había cumplido la cita ni de mis amigos ni de las fuerzas de policía.

A eso de las diez de la noche en compañía del doctor Álvaro García Herrera salí de la casa donde descansaba para ir nuevamente a *El Liberal,* en donde se me informó que algunos de mis amigos se hallaban en la Quinta División de Policía en donde me esperaban; fue allí en donde permanecí durante toda la noche del 9 de Abril, en frecuente comunicación con el

Palacio Presidencial para pedir a los doctores Darío Echandía y Carlos Lleras las instrucciones que consideraban oportunas darme.

Jorge Zalamea

Ya la ira del comienzo, el entusiasmo, la decisión de morir y tomar Palacio, incluso la nueva ola de los saqueos como a las tres, ya habían cambiado, había una actitud ahora como de tristeza, como de pesadumbre, de dolor, la atmósfera era distinta. No había la energía del primer momento.

En la Quinta División, en el segundo piso estaba el doctor Adán Arriaga Andrade, inclusive en un escritorio. Me imagino que esas eran las oficinas de la comandancia, con teléfono y tal. Yo recuerdo que él vivía como colgado al teléfono, hacía llamadas indudablemente a *El Tiempo* y a Palacio.

Luis Emiro Valencia

Había desconcierto completo, en una forma bastante alocada y no había cómo alimentarnos, no había suficientes platos, nos repartían la comida en hojas de plátano, que no sé de dónde las sacaron; comenzaron a atascarse los sanitarios por el exceso de gente. La oficialidad trató de mantenerse en los casinos, pero hubo casos de cierta debilidad; el capitán Salamanca se puso a llorar. En ese momento trataba la policía de ponerse al lado de la gente, y enfrentándose al Gobierno se proponía avanzar a tomar el Palacio, había ira contra el Gobierno. Esa situación era encontrada, porque se creía que la policía había sido la autora del asesinato.

La policía quería estar con el pueblo y a la vez no podía, tenía que mantener esa disciplina para impedir que tomaran los cuarteles y a la vez no querían disparar contra la gente. Total, que se entraron a la Quinta División. Allí sí había buen armamento. En la noche, la zozobra de lo que pudiera ocurrir, la incertidumbre, noticias de nadie, no se lograba comunicación con ninguna parte, y tiroteos alrededor del cuartel; después la comunicación del ejército que iba a bombardear la Quinta División.

Teniente Luis Eduardo Aldana

Era una cosa improvisada, pero tratando de mostrar alguna cabeza. Salimos a gatas porque estaban los fuegos cruzados, entonces salimos para la Quinta División, cada uno por su lado; no hacia *El Tiempo* porque por ese lado era imposible con las balas cruzadas sin objeto. Planeábamos reunirnos nuevamente en la Quinta División. La llegada debió ser como a las nueve de la noche, tardamos más o menos una hora en llegar cada uno. En la Quinta División efectivamente estaban reunidos ya, una serie de oficiales de la policía. Nos hicimos reconocer por Tito Orozco que era el comandante de la Quinta División. Inmediatamente nos dijo que había un grupo de oficiales que también estaban interesados en poner alguna dirección al movimiento para la toma del poder. Esos oficiales eran todos de Bogotá. La primera cosa que charlamos con los oficiales fue sobre la primera versión que circuló cuando mataron a Gaitán, que lo había matado la policía. La primera reacción de la multitud fue contra la policía y masacraron a unos cuantos. De manera que para defenderse, los policías empezaron a echar vivas a Gaitán, al Partido Liberal, inclusive los policías chulavitas, por un instinto de defensa frente a la multitud. Eso explica mucho la concentración de tropa en la Quinta División. Allá llegaban no solo para atacar al Gobierno sino también para defenderse. Eso algunas veces se olvida.

La Quinta División era más al norte y tenía mayor dominio sobre la ciudad. Allí fue llegando todo el mundo. Nos dijeron que había hombres dispuestos. Entonces nosotros dijimos que habíamos constituido una Junta Revolucionaria y que íbamos a ver qué se podía hacer, cómo nos comunicábamos con los jefes liberales.

Algunos decían que estaban en Palacio. Eran noticias contradictorias. Algunos decían que allá estaban todos: Echandía, Carlos Lleras, Arango, todo el partido en Palacio. Esto agravaba la situación. Tratamos de dar algunas órdenes y de organizamos, impedimos que se entregaran balas y armas a cualquiera. «Tenemos que ir a Palacio pero con alguna organización». Mientras tanto llegaron los obreros ferroviarios a ponerse a las órdenes de la Junta Revolucionaria y a decir: «Nosotros ya nos robamos un poco de dinamita y estamos haciendo bombas». Yo les pedí que llevaran todo eso a la Quinta División. Ellos fabricaban las bombas y nosotros las almacenábamos debajo de los catres. Por cierto que parecía una cosa jocosa, pero era el fervor revolucionario. Poníamos las bombas en los cuartos que daban a la calle, debajo de los catres, no en los recintos más profundos, de manera que cuando pasó el ejército echando bala al otro día, de milagro no saltamos todos con el polvorín ese que teníamos debajo de nuestras propias camas, frente a la carrera quinta. Pero en todo caso era una forma de empezar a organizamos. Sobre todo que éramos gente sin conocimientos tácticos ni nada, claro que los militares sí, pero nosotros no.

Adán Arriaga Andrade

Tito Orozco mantuvo al personal acuartelado, inclusive no lo dejó salir. Nosotros hicimos un acto simbólico, que fue el de renunciar al cargo. Claro que no era de trascendencia, porque no había superiores ante quienes hacerlo formalmente, ni legalmente, pero ya pretendíamos situarnos más hacia el lado del pueblo. Entonces resolvimos hacer un acta, que no sé a dónde iría a parar, en la cual renunciamos al cargo. A partir de ese momento ya se usaron unas divisas verde y rojo, unas cintas, y se tomó decididamente el lado a favor del pueblo, que trataba de llegar a Palacio. Mientras tanto estuvimos en el cuartel. Yo le pedí a Tito Orozco que avanzáramos sobre el Palacio y para mi sorpresa él me dijo que estaba demasiado joven, que eso no se podía hacer así, en esa forma. Yo le dije: «Yo tengo personal de confianza, yo puedo perfectamente avanzar». Pero él me quitó el mando, prácticamente. Me dijo: «Entrégueme el mando y el personal. Usted no va a seguir con el personal hacia donde quiere». Porque yo quería seguir hacia Palacio. Entonces, sin el mando no había nada que hacer. Estuve un rato afuera en el corredor, en el primer piso. Entonces insistí, Tito Orozco se puso furioso por mi insistencia, y resolvió enviarme a que tomara, con el personal de confianza que decía yo tener, el Museo que estaba frente a la Escuela Militar. Yo creí que eso en verdad estaba solo y que había que protegerlo. Al llegar lo encontré lleno de ejército. Afortunadamente estaba un sargento amigo mío, con el cual pude hablar en ese momento, pues seguramente matan a todo el personal que llevaba, porque el ejército estaba parapetado con ametralladoras. Seguramente él no sabía, de todas maneras meterme frente de la Escuela Militar, tomar esa posición del Museo era casi la muerte. Regresé y le dije: «Capitán Orozco, usted nos mandó a que nos mataran». Sin embargo me mantuve en la División.

Yo estaba en la calle veintiséis con la carrera quinta, cuando llegó Adán Arriaga y en ese momento hubo un tiroteo, estaban disparando desde el parque y desde la Escuela Militar. A Adán Arriaga le dio una especie de pánico, no miedo solamente, sino pánico, se le desorbitaron los ojos y hubo necesidad de defenderlo para evitar que fuera herido, perdió el instinto de conservación, no se tendió, se quedó como una estatua; tuvimos que llevarlo arrastrando un poco y luego caminando hasta la División. No es que él quisiera hablar, eso no es cierto, se le obligó a hablar, quería eludir toda responsabilidad, ni tampoco considero yo que él asumiera jefatura de ninguna clase. El caso era que la gente necesitaba que alguien les hablara y ojalá fuera político. Y entonces se lo impulsó a él para que hablara.

Al capitán Salamanca, se le puso un centinela de vista para evitar cualquier barbaridad; por la depresión se temía que se suicidara, o se enloqueciera. El personal se mantuvo en guardia, solamente salían las patrullas para proteger el cuartel, y al personal civil que había entrado de la calle, se le mantenía separado, no mezclado. Inclusive después se resolvió más bien que salieran, que no estuvieran allí y los oficiales en su mayoría la pasaban en el casino, jugando allí parqués, dominó y oyendo noticias, sin ninguna beligerancia, sino esperando que se diera una orden. Estaban listos y dispuestos a avanzar si era necesario.

Teniente Luis Eduardo Aldana

Acordamos mantener una línea de comunicación con Palacio. Una de las primeras medidas fue mandar un destacamento que se tomara la Central de Teléfonos en las Nieves. Eso pudo perjudicar el éxito de la posible revolución del 9 de Abril.

El gerente de la telefónica se dejó apresar, un señor Álvarez, liberal; apenas le insinuaron en nombre nuestro la rendición, cedió y puso a nuestras órdenes la Central Telefónica. Con piquetes de policía pudimos mantener la línea de comunicación con Palacio. Decía que nos perjudicó, porque de Palacio nos informaban: «No vayan a hacer nada, que esto está marchando». La comunicación permitió que desde Palacio mantuvieran un control de prudencia, frente a una Junta que lo único que deseaba era actuar. Nosotros nos comunicamos con todos ellos: con Carlos Lleras, Echandía, Arango, Luis Cano. Ellos llamaban para conversar.

Hubo algunos episodios hasta ridículos pero que muestran el control que llegamos a tener en la ciudad. Yo estaba en la Quinta —otros se dispersaron y se fueron— con Jorge Zalamea y Tito Orozco, prácticamente asumimos las funciones directivas; en un momento de fatiga estaba yo adormilado cuando me sacudió Tito y me dijo: «Te llaman de Palacio». Yo pasé al teléfono. Al otro extremo estaba el ministro de Guerra Fabio Lozano y Lozano, amigo mío, liberal, le dije: «¿Qué tal ministro?». Él me respondió: «Hay una señora de los diplomáticos que está sumamente preocupada porque dejó a un niñito en la cuna, en las Residencias El Nogal, con un tetero eléctrico y está desesperada porque quiere ir allá, ¿cómo hacemos?». El ministro de Guerra hablando con un revolucionario; yo le dije: «Señor ministro, si usted me la trae hasta la Avenida Jiménez, yo se la llevo hasta El Nogal. Usted me la trae en una patrulla hasta la Jiménez y yo se la recibo». Como a la hora llegó la señora diplomática en un *jeep* y se la entregaron a la policía.

En Palacio estaban convencidos de que nosotros teníamos un control muy fuerte. Todo era adivinar. Nadie sabía nada de lo que pasaba, pero de todas maneras todos los jefes liberales estaban metidos en Palacio; lo que fue tremendo desde el punto de vista nuestro, esa fue para mí la peor de las equivocaciones del Partido Liberal. Si el Partido Liberal —como sucede en la historia de todos los asaltos de todas las fortalezas— mandara a un mensajero a poner condiciones o a pedir la paz aunque sea, pero uno solo, y se quedara el partido por fuera, entonces la situación sería muy distinta, pero no con todos los liberales metidos, eso era una barbaridad. Yo creo que hubo mucha ingenuidad, creyeron que con solo verlos se iba a entregar Ospina, pero él maniobró sabiamente, la cosa la manejaron desde el punto de vista de ellos de una manera admirable y valerosa. Sin embargo los liberales no hicieron sino meterse todos en la ratonera, era una barbaridad…

Entre nueve y diez en Palacio no sabían qué estaba pasando y en realidad nosotros teníamos más fuerzas que el Gobierno mismo. Pero de Palacio recibíamos a cada rato las admoniciones, nos llamaban para decirnos: «En estos momentos estamos arreglando con Ospina, aguárdenos no vayan a hacer una bestialidad». En nosotros había una especie de indecisión y de sentido jerárquico que no debe haber en una revolución; queríamos actuar, pero nos faltó la personalidad suficiente como para decir: «Aunque nos maten, aunque pase lo que pase, nosotros vamos a actuar», pero para eso hubiéramos necesitado, tal vez, una preparación revolucionaria distinta. Teníamos el deseo de actuar, tuvimos el coraje de meternos en la ratonera y asumir las responsabilidades. Aquella fue una noche de permanentes contactos con Palacio para decirnos que cuidado, que no hagan nada; mientras tanto nosotros nos preparábamos para una posible marcha sobre Palacio que no iba a suceder.

El plan inicial era marchar sobre Palacio, pero más tarde, con toda la dirección liberal allá, no nos atrevimos. Hay que ponerse en la cabeza de cualquiera de nosotros que sin estar preparados para eso, llegar a asumir la responsabilidad de un asesinato en masa de la dirección liberal. Uno ya sabe cómo pasan las cosas y reflexiona de distinta manera. Pero en ese momento uno trata de adivinar si la dirección estará allá, o no, si estarán presos o tendrán acorralado a Ospina; todo era adivinando, no había información, todo era un gran desorden.

Tito Orozco daba las órdenes de tipo militar, organizando a la gente, haciendo cierta selección porque no todo el personal era de confiar. Estaban allí pero uno no sabía en qué estaban y cuándo podrían volver las armas contra uno, entonces la situación era muy grave, confusa. Cuando nosotros llegamos a la Quinta División, estaban repartiendo armamento a todo el que pasaba por la calle. Nosotros impedimos eso, ordenando que el armamento se le entregara primero a la tropa, al que sabía cómo manejarlo, porque mucho civil coge eso y se encarta, o lo dirige contra uno. Eso fue durante la noche, en la que se trató de poner orden, pero fue una noche llena de rumores, de indecisión, de llamadas de Palacio...

Adán Arriaga Andrade

Llegué a la Quinta División. Hay un patio grande en el centro donde están organizando a la gente, inmediatamente me pongo en la fila y me organizo allí con ellos. Más que organizar unidades lo que hacían era pasar revista para contar los hombres que había. Nos asignaron distintos lugares en la defensa de la División, a mí me tocó como en un segundo piso. Había un dormitorio allí y yo, junto con otros policías, estuve defendiendo el piso. Cada cierto tiempo, media hora, cada tres cuartos de hora, cada hora, más o menos, nos llamaban a pasar revista en el patio, después todo el mundo regresaba a sus puestos; sin embargo, no se sabía lo que estaba pasando. Esa confusión duró casi hasta el otro día.

¿Qué ocurría en la calle mientras tanto? Había mucha gente, parecían hormigas cargando, había personas que cargaba un refrigerador en la espalda, cargaban un piano... La realidad es que desgraciadamente, ya sea por la falta de organización, por un problema de cultura, por una situación de pobreza muy grande, por lo que fuera, mucha gente del pueblo en aquella situación, cargó con todo lo que había. Yo lo veía desde la División; por las calles pasaba gente y gente cargando cosas, aunque había ya oscurecido; lo cierto es que se produjo el saqueo de la ciudad, eso no se puede negar.

Yo estaba muy preocupado de ver que la gente, en vez de estar encaminada a buscar una decisión política de la situación, mucha gente sin dirección se dedicó a saquear y saqueó. Por la misma calle donde estábamos nosotros —allí en la Quinta División— pasaba gente con un piano arriba, con un refrigerador, con muebles, con todo, esa es la verdad.

Yo veo aquella fuerza grande de cuatrocientos a quinientos hombres armados, acuartelados a la defensiva, entonces, voy y pido una entrevista con el jefe de la guarnición, había varios oficiales y le digo: «Toda la experiencia histórica demuestra que una fuerza que se acuartela está perdida». En la propia experiencia cubana, en las luchas armadas en Cuba, toda tropa que se acuarteló estaba perdida. Yo le propongo que saque esa tropa a la calle y le asigne una misión de ataque, a tomar objetivos contra el Gobierno. Le razono, le discuto y le propongo que saque la tropa al ataque, que es una tropa fuerte, que atacando podía realizar acciones decisivas y que en tanto estuviera ahí, acuartelada, estaría perdida. Él tuvo la amabilidad de escucharme, pero no tomó ninguna decisión, entonces, yo me fui para mi puesto. Creo que más de una vez insistí en la idea de que a aquella hora sacaran la tropa a la calle y la lanzaran a la toma de Palacio, la lanzaran a tomar objetivos, que una tropa revolucionaria acuartelada estaba perdida. Yo tenía algunas ideas militares que surgían de todos los estudios que había hecho de la historia, de situaciones revolucionarias, de los movimientos que se produjeron durante la Revolución Francesa, de la toma de la Bastilla y cuando los barrios se movían y atacaban; de la propia experiencia de Cuba, y vi con toda claridad que aquello era una locura. ¿Qué ocurría? Estaban esperando un ataque de las fuerzas del Gobierno. Aparentemente el ejército había tomado posición, se había puesto del lado del Gobierno y la policía estaba esperando un ataque del ejército.

Nos pasamos toda la noche esperando el ataque del ejército. Esa fue la impresión que yo tuve. Efectivamente pasaron algunos tanques. «¡Ya viene el ataque!». Ese grito se repetía cada quince minutos. «¡Ya viene el ataque!» y todo el mundo parapetado en las ventanas. Dos o tres veces pasaron unos tanques, se les lanzaron unos tiros a los tanques y los tanques tiraron al

«...lo cierto es que se produjo el saqueo de la ciudad...».

edificio con ametralladora, como tres veces pasaron tanques por el frente de la División y nos pasamos toda la noche esperando el ataque del ejército. Yo hice varios intentos en vano por convencer al oficial de salir a la calle.

En ese momento yo tengo dudas, ya eran las doce o una de la madrugada. Ahí sucedieron algunos incidentes que no se me olvidan. Los liberales llamaban godos a los otros, yo recuerdo que ahí descubren a un policía y lo maltratan, a mí no me gustó aquello, que agarraran a aquel hombre y le dieran unos cuantos golpes en el mismo piso donde yo estaba, me disgustó. Decían: «¡Este es godo, este es godo!», «¡Este estaba en la policía de la Conferencia, miren las mediecitas», y le sacaban las mediecitas. «Mediecitas nuevas», decían. «Le han dado las mediecitas nuevas», eran las medias y la ropa que le habían dado a la policía que había estado cuidando la Conferencia. Lo acusaron de godo y le dieron unos cuantos golpes. Yo te confieso que eso me dio mala impresión. Y seguimos toda la noche esperando el ataque.

En este momento me acuerdo de Cuba, me acuerdo de mi familia, me acuerdo de todo el mundo y me veo solito allí, porque yo estoy solito en esa División, con mi fusil y las pocas balas que tenía y me digo: «¿Qué hago aquí? He perdido contacto con todo el mundo, con los estudiantes, con el jefe de la policía, estoy aquí en una ratonera, esto está equivocado de pies a cabeza, esto es un disparate estar aquí esperando un ataque, en vez de salir al ataque con esta fuerza a realizar acciones decisivas». Me pongo a pensar si yo debía quedarme y por qué me quedaba. Entonces decido quedarme. Era fácil entregarle el fusil a alguno de los que estaban desarmados. Yo en ese momento tengo un pensamiento internacionalista y me pongo a razonar y digo: «Bueno el pueblo aquí es igual que el pueblo de Cuba, el pueblo es el mismo en todas partes, este es un pueblo oprimido, un pueblo explotado». Yo tenía que persuadirme a mí mismo, y digo: «Le han asesinado al dirigente principal, esta sublevación es absolutamente justa, yo voy a morir aquí, pero me quedo». Tomé la decisión sabiendo que aquello era un disparate militar, que aquella gente estaba perdida, que yo estaba solo, que no era el pueblo cubano, que era el pueblo colombiano y razoné que los pueblos eran iguales en todas partes, que su causa era justa y que mi deber era quedarme y me quedé toda la noche esperando el ataque hasta el amanecer.

Fidel Castro

LOS
OTROS DÍAS

10 de abril
El palacio

[…] Fue una noche agotadora. Durante horas, y a intervalos, el Presidente Ospina cambiaba ideas con los jefes liberales examinando la gravedad del momento y disertando sobre la mejor solución para la situación creada. El Presidente salía con frecuencia a los salones contiguos dejándonos solos por largo rato. A través de las ventanas se veía, en la noche lluviosa el vasto resplandor de los incendios. En una de las prolongadas ausencias del Presidente, sonó el teléfono en el despacho presidencial y yo contesté. Era mi hija Elvira que llamaba para informarme que la Radiodifusora Nacional estaba dando cada cinco minutos la noticia de que nos hallábamos en Palacio ofreciéndole al Presidente nuestro respaldo incondicional. Prendimos un receptor de radio que había en el salón y pudimos comprobar la veracidad de la información que acabábamos de recibir. Reaccionamos indignados.

(Al entrar el Presidente al despacho, después de una de las frecuentes salidas a informarse sobre la situación de orden público, lo recibieron los dirigentes liberales con una notoria agitación y Carlos Lleras Restrepo le dijo bastante perturbado, casi sin contenerse, furibundo).

Plinio Mendoza Neira

—¿Señor Presidente, usted lo que quiere es que nos asesine el pueblo a la salida de Palacio?

Lleras Restrepo

(Sorprendido).
    —¿Por qué esta afirmación?

Ospina Pérez

—Porque nos informaron nuestros amigos por teléfono que la Radiodifusora Nacional acaba de leer un comunicado suyo, diciendo que nosotros hemos venido a Palacio a ofrecerle apoyo al Gobierno.

(El Presidente confesó que no tenía idea de esta situación e inmediatamente llamó al secretario de la Presidencia, doctor Rafael Azula Barrera y frente a los liberales le preguntó si él había mandado un comunicado en ese sentido a la radio).

Lleras Restrepo

(Con serenidad, contestó).
   —Yo no sé, eso no es cierto, aquí no ha habido ningún comunicado.
   […] Hoy se puede contar la verdadera historia. Continuaba la presión de los jefes liberales y las discusiones cuando me llamaron unos muchachos que acababan de recapturar la Radio Nacional. Yo les pedí que trasmitieran la noticia de que acababa de llegar a Palacio la plana mayor del Partido Liberal, a ofrecer su respaldo a la legalidad para salvar la legitimidad de Colombia… mi actitud salvó un poco la noche.

(El Presidente ordenó que se trasmitiera una rectificación y comisionó al doctor Alfonso Araújo para que vigilara cualquier comunicación de la Radiodifusora Nacional relacionada con la presencia de los liberales en Palacio. Las comunicaciones de Palacio estaban interrumpidas y todo mensaje de Palacio tenía que ser enviado por escrito a la Radiodifusora Nacional, única emisora en poder del Gobierno. El Presidente salió del despacho presidencial para dejar solos a los dirigentes liberales que elaboraban el mensaje de rectificación).

Azula Barrera

[…] Esa rectificación fue inmediatamente escrita por nosotros en la máquina del despacho presidencial y entregada a la secretaría de la presidencia; pero entiendo que jamás fue transmitida.

Lleras Restrepo

[...] Lleras pidió rectificar y yo pasé el comunicado de rectificación. Si se hubiera sabido la verdad, eso hubiera sido tremendo. Claro que ellos no podían salir de Palacio, corrían el peligro de que los mataran. Los liberales fueron a pedir el poder y quedaron como rehenes prácticamente.

Azula Barrera

[...] Los dejé solos nuevamente y a mi regreso me entregaron por escrito una hoja de papel cuyo contenido deseaban se transmitiera por la Radiodifusora. He lamentado no encontrar entre mis papeles la copia textual de esa comunicación, que yo guardé en ese momento, porque me di cuenta de su importancia para la historia política, pero sí recuerdo sus términos que eran poco más o menos esto: «Comunicamos a nuestros copartidarios y amigos y al pueblo liberal en general, que nos encontramos en Palacio conferenciando con el señor Presidente sobre la gravedad de la situación y sobre la manera de solucionar a la mayor brevedad. Confiamos en que podemos darles más tarde noticias satisfactorias. Cualquier información distinta de la presente es inexacta».

Ordené inmediatamente que se transmitiera la comunicación de los señores liberales pero no podría asegurar el momento en que ello logró hacerse porque no se podía transmitir directamente desde Palacio. Solo se pudo lograr en la noche del 11 de abril, cuando pronuncié la alocución a los colombianos.

(Se convencen los dirigentes liberales de que la dimisión del Presidente es imposible, la guerra de nervios aumenta. Ellos se han estrellado contra la impavidez del Presidente que a cada instante los neutraliza cambiando el giro de las conversaciones, saliendo de la oficina presidencial a buscar nuevas informaciones, o simplemente dejándolos en la más absoluta soledad para que ellos divaguen libremente en medio de cuatro paredes, mientras la ciudad sigue ardiendo y los hombres del pueblo cayendo hasta encontrar la muerte. Surge otra forma de presión que los liberales utilizan en sus conversaciones con el Presidente, aunque ellos mismos no crean en su efectividad: las conversaciones que algunos de ellos han sostenido con el doctor Adán Arriaga Andrade, quien les comunica que sigue a la espera de órdenes de la dirección liberal y que los hombres acuartelados en la Quinta División están ansiosos de actuar, de marchar sobre Palacio. Pero el Gobierno ya tiene noticias de que los refuerzos de Tunja han llegado a los cuarteles del Estado

Mayor en San Diego y esta es una buena nueva que refresca los ánimos y da mayor seguridad a los defensores de Palacio. Eran las primeras horas del 10 de abril. La tensión que se vivía en Palacio se transmitía por el teléfono).

Ospina Pérez

[...] Recuerdo que a una de esas llamadas, hecha ya bien entrada la madrugada del 10, respondí informando que todavía no había solución de ninguna clase, que nosotros insistíamos en buscar la que juzgábamos adecuada, pero que no queríamos en manera alguna que pudiera decirse más tarde, que por consideración con nosotros el pueblo liberal de Bogotá había quedado inmovilizado en su acción; por lo tanto, si afuera estimaban que debían asumir una conducta distinta a la de expectativa que nosotros aconsejábamos, no tenían para qué tomar en cuenta los peligros que nosotros pudiéramos correr por encontrarnos en Palacio. Se ha dicho después, por algunos, que nosotros sacrificamos el éxito de una insurrección. Evidentemente nosotros no aconsejábamos la insurrección, ni estimamos nunca que ese fuera el camino conveniente para el liberalismo ni para la República; pero quienes afuera estaban en contacto con la gente, adoptaron por su propia voluntad de decisión de esperar el resultado de nuestras gestiones y no por orden nuestra.

Carlos Lleras

[...] Vivimos todo el tiempo una confusión enorme, no se sabía, en realidad qué unidades del ejército podían estar o no de acuerdo con nosotros en defender a Palacio, es decir, defender la autoridad. Esa noche pasó un carro con un mayor del ejército, y nos informó que en la Quinta División de policía por la carrera quinta, detrás del Circo, se había reunido una cantidad de gente armada, más de mil hombres armados que nos atacarían, para tomarse a Palacio esa noche. Yo le dije al mayor: «¿Qué órdenes hay? ¿Qué se sabe?». Me dijo: «Lo único que se sabe es que al amanecer los atacan a ustedes, hay más de mil hombres armados y se cree que hay unos cinco mil que atacan». «¿Qué orden hay?», le dije. «Yo no puedo dar ninguna orden ¿Tiene alguna munición?». Le contesté que no, entonces él me dio una caja de munición y siguió.

Ante esa situación me volví hacia la parte de Palacio, reuní los capitanes, les dije lo que me habían dicho y pregunté: «¿Ustedes qué opinan?». «No, pues, no podemos más que trancar, no tenemos más que hacer».

Capitán Ismael Hurtado

[…] El viaje a Bogotá fue un poco lento debido a que la carretera estaba llena de peligros; los francotiradores eran numerosos en la región de Santa Rosita donde un puente había sido dinamitado. Pero en las primeras horas de la noche del mismo 9 de Abril, el capitán Zubieta se presentó con su tropa en el Ministerio de Guerra en Bogotá, de acuerdo con las instrucciones que había recibido.

Cumplida su misión, el capitán Zubieta hizo regresar a Tunja el equipo de transporte que era esperado para despachar el primer contingente de reservistas que salió de Tunja al día siguiente 10 de abril, al mando del capitán Olivo Torres Mojica. Pero ya no venían trescientos cincuenta hombres sino quinientos, porque la capacidad de transporte había aumentado. El capitán Torres tuvo que superar grandes dificultades ya que los reservistas venían sin armas, protegidos solamente por veinticinco soldados regulares provistos de fusiles, pero su patriotismo y su pericia militar le permitió coronar su delicada tarea y llegar con sus hombres al Ministerio de Guerra.

Al amanecer del 10 sonó el teléfono directo. Era el señor Presidente que personalmente me llamaba para manifestarme su gratitud y la del Gobierno por la ayuda recibida. Me dijo que el ejército enviado de Tunja había llegado muy oportunamente. Aproveché para darle un breve informe sobre el orden público en el Departamento. Le informé que el conservatismo boyacense había respondido de inmediato y con decisión, y que en forma rapidísima se estaba concentrando en tres puntos estratégicos sobre la carretera central del norte. Que por medio de una emisora instalada en el Seminario Conciliar de Tunja, me había comunicado con el gobernador del Norte de Santander, general Gustavo Matamoros, con el objeto de coordinar nuestra acción, especialmente sobre la carretera central. Que la situación en aquel Departamento era satisfactoria lo mismo que en García Rovira. Que por consiguiente desde Cúcuta hasta Chocontá había desaparecido todo obstáculo para que la gente de todas esas regiones pudiera marchar hacia la capital de la República. Que ese mismo día le despacharía un primer contingente de reservistas y que le seguiría despachando todos los que fueran necesarios. Con el mismo objeto me llamaron enseguida la señora de Ospina Pérez, el ministro de Gobierno, doctor Eduardo Zuleta Ángel, el doctor Joaquín Estrada Monsalve y algunas otras personas que se encontraban en esos momentos en el Palacio Presidencial.

(Ahora el Presidente está tan tranquilo que su rostro indiferente esconde su verdadero estado de ánimo. Se pasa la mano sobre la frente, en un característico gesto suyo que muestra su espíritu imperturbable. Es la una de la mañana en Palacio. En una de las muchas conversaciones que tiene con sus colaboradores, el Presidente informa a Estrada Monsalve el curso de las negociaciones con los dirigentes liberales: «Hemos estado estudiando la situación», dice simplemente. Y se traslada a otra de las oficinas.

Después del incidente de la transmisión de la radio y luego de escribir la constancia, los liberales se calman y la prevención cede a la cortesía diplomática. Las aceitunas se saborean con whisky, una agradable mezcla que caracteriza la propia situación en que ya han bajado un poco los ánimos y tanto los liberales como los conservadores, pasan de mano en mano, en una bandeja de plata, las colaciones de coco. El Presidente para seguir «estudiando la situación» ha ofrecido que va a llamar a los ministros conservadores ausentes. Desea convenir en reunión de su gabinete la búsqueda de fórmulas más viables. Entonces da la orden de localizar a sus colaboradores. Los tiroteos esporádicos rompen esa quietud sospechosa de la noche, y los incendios con sus resplandores en llamaradas que aún se levantan, descubren la ciudad que ya está humeando por los techos de casas y edificios, pero de nuevo las conversaciones se vuelven tensas.

Se reúne de nuevo un grupo alrededor del Presidente. Llega Zuleta Ángel, ministro de Gobierno, y se dirige al Presidente en un tono de preocupación. Zuleta Ángel siempre fue un puente que se tendió entre liberales y conservadores. Era calificado por los propios conservadores como un blando políticamente, incluso más liberal que conservador).

José María Villarreal

—Señor Presidente, estos señores se van y quieren que usted les diga algo definitivo. Si se les necesita o no.

Zuleta Ángel

—Yo no puedo impedir que se vayan.

(Los dirigentes liberales están deseosos de salir. El más deseoso es Lleras Restrepo quien ha expresado su preocupación por los incendios que hay en las dos esquinas de la casa donde vive su señora madre).

Ospina Pérez

(Ahora es Camilo de Brigard, que llega a donde el Presidente, más expresivo y persuasivo le dice).

—Estos señores se sienten desatendidos. Entre, Excelencia y dígales alguna cosa... Esta es ya una cuestión de cortesía.

Camilo de Brigard

—El ejército ha librado la batalla militar, y yo estoy atendiendo ahora la batalla política. No es indecisión, sino que es preciso esperar a que los hechos se esclarezcan definitivamente y a que pueda conocer el pensamiento de los demás ministros.

(Una noticia recorre los salones de Palacio, los dirigentes liberales han decidido irse, abandonar las conversaciones en ese punto muerto, donde no se han encontrado aún los resquicios de un posible acuerdo. El Presidente no vacila. Con un gesto de imperturbable cortesía, calculador y frío, les da la mano, les agradece la visita y los despide en la puerta de su despacho.

El rostro de los dirigentes liberales se ha descompuesto. En ellos había una esperanza de que su anuncio de abandonar el Palacio condujera al ablandamiento del Presidente. Pero ocurrió lo contrario. Era evidente. No eran hombres que decidieran en esos momentos de espera y desconcierto. Acompañados de Zuleta Ángel y de Estrada Monsalve salen hasta la puerta y bajando las escaleras, Zuleta Ángel, viejo amigo de Darío Echandía, lo toma de un brazo y en tono amistoso le dice casi al oído).

Ospina Pérez

—No se vayan. Es peligroso transitar a estas horas por las calles. Piensa lo que sería un insuceso, no solo personalmente para mí, por lo que te estimo, sino para la República.

Zuleta Ángel

—A mí me parece un error que se vayan ahora. Dejen siquiera que amanezca. (En este instante entra el teniente Jaime Carvajal y agitadamente los hace reflexionar).

Estrada Monsalve

—Es peligroso salir ahora. En un carro blindado despaché hace poco una comisión y acaban de atacarlos en la carrera sexta, dándole muerte a uno de los viajeros.

(Los dirigentes liberales regresan al despacho presidencial pensando en sus vidas. Al subir las escaleras, Salazar Ferro expresa otras preocupaciones).

Teniente Jaime Carvajal

—No solo los muertos. ¿No han pensado ustedes que hoy a las diez de la mañana ya pueden estar quebrados los bancos, pues quién va a dejar en ellos su dinero para que los incendien y los saqueen? Piensen que esto es muy grave.

Salazar Ferro

[…] Como a las tres de la mañana, veo que viene un grupo de hombres, había neblina porque había llovido, o tal vez por el calor de los incendios, veo el grupo de gente, le di el alto y siguieron avanzando, entonces ordené abrir fuego. En el primer momento me confié, porque el ala izquierda mía debía estar tapada y cubierta por este famoso capitán que se había ido sin decir una palabra, pero por malicia al ver que seguían avanzando, abrí fuego. Sí resultó un grupo que venía a tomarse Palacio. Al ver que las carreras quinta y sexta y la Avenida Jiménez estaban desocupadas, que no había tropa, se reunieron y marchaban ya unos quince. Ese es el sistema de atacar de las tropas, poco a poco, con fraccionamiento, pocos hombres. Pensé que se nos venían encima los de la Quinta que nos iban a atacar, y era de prever que nos atacaban por la parte mía, y yo le mandé a comunicar a Román que sabía que estaba más cerca: «Estoy recibiendo ataque». Pero estos hombres no avanzaron más, se perdieron, se regresaron para los cerros y la Avenida Jiménez. Nos quedamos sin dormir, todos alerta y con el dedo en el gatillo. No hubo más ataque ni nada.

Los planes que se tenían para la defensa de Palacio se apoyaban en el emplazamiento de las ametralladoras pesadas para tener una gran cantidad de fuego. Porque el combate en localidades, en las ciudades, no puede obedecer, en realidad, a ninguna regla militar. Uno no sabe de qué puerta o de qué ventana, o de qué torre le pueden disparar. Entonces, básicamente se pone un esqueleto de posición, marcado por las ametralladoras pesadas, para tener una gran cantidad de fuego en un momento dado, en que de un lugar norte, sur, este u oeste, vengan unos tiros. Se responde con una buena ráfaga, más que todo por asunto de moral. Posteriormente se emplazan, ya en sitios donde uno ve, si por el norte vienen más ataques, están las ametralladoras pesadas en condiciones de disparar hacia allá, hacia cualquier lado, pero vienen los fusiles ametralladoras que van a cubrir determinados huecos, digamos así, y cordones de soldados para formar las esquinas e ir ensanchando ese posible cerco que le hagan a uno. Ese es el plan en líneas generales.

Un hombre que va con un fusil, una pistola y siente una ráfaga, un tableteo de esos, ya se tranca, entonces se van poniendo fusiles-ametralladoras y soldados. En el primer momento ese esqueleto lo forman las ametralladoras pesadas y se dispersa así no se tenga un punto fijo, un blanco verdadero, es cuestión de moral. Los soldados también se sienten muy bien apoyados, cogen moral. El primer momento de sentir tiros es miedoso, el que diga que no siente miedo está mintiendo. Y en las localidades hay una cosa que es muy cierta y es que uno siente el tiro, viene el tiro de la derecha, viene el eco, el ruido, pero no sabe quién lo está disparando ni de dónde; uno ve puertas, ventanas, tejados y demás, una cosa es cuando uno está en campo abierto siente el tiro y puede ver un movimiento o ve una colina que puede estar ocupada.

Algunos de estos planes se cumplieron este día. Hubo disparos de fusiles-ametralladoras, después tuvimos más de estas armas porque en las Divisiones de policía de la carrera séptima con octava encontramos algunos, y se pudieron coger y disparar porque había un poco de munición.

(A las tres de la mañana los dirigentes liberales, sintieron nuevamente deseos de abandonar Palacio, presionados insistentemente por las llamadas telefónicas desde *El Tiempo* y de la Quinta División de policía y manifestaron al Presidente sus deseos de retirarse y le solicitaron les diera la debida protección para sus vidas).

Capitán Ismael Hurtado

[...] Les expresé que no sabía lo que podría ocurrir en el trayecto de Palacio a sus lugares de destino y no quería que más tarde se dijera que yo había tenido la menor responsabilidad directa o indirectamente, en lo que pudiera ocurrirles. Pero llamé inmediatamente al general Sanjuán, secretario general del Ministerio de Guerra y quien había permanecido en Palacio desde las primeras horas de los sucesos y delante de los notables visitantes, le di orden de que les prestara toda la protección para el regreso al sitio o sitios que ellos indicaran, en el momento en que lo creyeran oportuno y seguro.

Creo recordar también con precisión que el señor general Miguel Sanjuán, les advirtió que a esas horas y en tales circunstancias era casi imposible protegerlos en la forma que él consideraba necesario y que juzgaba lo más prudente que permanecieran en Palacio hasta el amanecer.

Quienes hayan dicho o pretendido decir que yo retuve a los jefes liberales en Palacio, para protegerme con su presencia del ataque de la turba, combinado con el de la Quinta División de Policía, faltan gravemente a la verdad. Ni en ese momento, ni en ningún otro de mi gobierno, entró en mis cálculos proteger mi vida o la de los míos con la vida de los demás; el pueblo colombiano y los jefes liberales y las fuerzas armadas con cuya adhesión y simpatía me he honrado y me honraré siempre, lo saben de sobra.

(A los doctores Laureano Gómez y Luis Ignacio Andrade se les anuncia que los dirigentes liberales desean abandonar Palacio. Mas estos de nuevo regresan al despacho presidencial. Comienza a clarear y la ciudad se siente despojada de su neblina por el humo de los incendios que aún subsisten con alguna regularidad. Los camiones del ejército recogen cien cadáveres en las calles adyacentes a Palacio: todos tienen una herida en el entrecejo. Estrada Monsalve observa por las vidrieras de la ventana esa mañana opaca y sabanera y exclama ante un grupo de sus amigos).

Ospina Pérez

—Miren ustedes cómo es de misteriosa aún la poesía más simple. Apenas ahora vengo a comprender el verso de Hugo: «El alba está pálida de haber sido la noche».

(A la ciudad la acechan nuevos sobresaltos. Mientras entre siete y siete y media de la mañana, los camiones del ejército en un ritual sin medida recogen los muertos o los heridos de las calles para irlos hacinando en las bóvedas del cementerio o en las fosas comunes que comienzan a abrirse, el Presidente baja a sus habitaciones particulares, se afeita y toma un baño para recuperarse del desgaste físico y moral a que ha estado sometido durante más de veinte horas. Se le anuncia por el teléfono de una de las secretarias que el doctor Laureano Gómez lo había estado llamando desde el Ministerio de Guerra, solicitando una audiencia para los generales de la República, reunidos con él en su despacho, que necesitaban hablar con él asuntos de excepcional importancia y urgencia. El Presidente manda contestar desde su teléfono que podían avisar al doctor Gómez y por su conducto a los generales, que con mucho gusto concedería la audiencia que se le pedía, transcurrida la próxima media hora.

Mientras tanto los ministros y personal reunidos en Palacio desayunan. Durante el desayuno se les informa que las empresas de aviación Avianca y Lansa, se han puesto a órdenes del Gobierno para la traída de tropas).

Estrada Monsalve

[...] El reloj del Ministerio de Guerra daba en ese momento las cinco de la mañana. Sobre la ciudad se extendía una espesa bruma, rasgada allá a lo lejos por el resplandor de los incendios. Un silencio de muerte interrumpido por el tablear de las ametralladoras y por el retumbar de los fusiles, cubría plazas y calles. Los soldados apostados en sitios estratégicos, llevaban en sus rostros huellas de una prolongada y dura vigilia; ateridos de frío permanecían con el fusil alerta en espera de una orden de mando.

En los pasillos del viejo caserón de San Diego, generales y oficiales comentaban en voz baja los últimos rumores o impartían órdenes vagas e imprecisas. Se podía notar un ambiente de desconcierto e indecisión. En camiones descubiertos, minutos antes del amanecer, habían llegado los pri-

meros refuerzos enviados a marchas forzadas desde Tunja por el gobernador Villarreal y por el comandante de la guarnición, coronel Bejarano.

«No tenemos gente» fue la frase que durante toda la noche del viernes
se escuchara como una explicación a la inactividad del ejército. Impaciente-
mente se esperaban órdenes concretas y precisas del jefe del Estado Mayor,
teniente general Germán Ocampo, para desalojar por lo menos a los francotiradores que tranquilamente se habían instalado en las azoteas de los
edificios situados en las goteras del Ministerio de Guerra y en los árboles
del parque de la Independencia, del Centenario, y durante toda la noche del
viernes habían mantenido un fuego constante contra los soldados. Era notoria la falta de un ministro de Guerra.

Los ministros de Obras Públicas, Luis Ignacio Andrade —llegado el vier-
nes a las nueve de la noche en una ambulancia de la clínica Marly— y el de
Higiene, Anzola Cubides, hacían esfuerzos para desarrollar, con el Estado
Mayor, una labor eficaz que resolviera en parte la inactividad del ejército.

A las cinco en punto del sábado 10 de abril, un tanque penetró al patio principal del Ministerio de Guerra. Por la escotilla apareció al poco rato un hombre
corpulento que forcejeaba por salir ayudado por un soldado. Al pie del carro
blindado lo esperaba el ministro de Obras. Apoyado en su bastón subió a largos pasos las escaleras, avanzó con serenidad y prontitud por entre oficiales y
soldados contestando brevemente los saludos que le dirigían, y luego, seguido
de varios generales, penetró al despacho del ministro de Guerra.

Las puertas se cerraron tras él para luego dar paso a un ordenanza que
salió apresuradamente regresando minutos más tarde con un revólver
treinta y ocho largo y una caja de cápsulas.

Minutos más tarde los generales de la República, concentrados en el Ministerio de Guerra, recibieron órdenes terminantes de comparecer ante el personaje que acababa de apoderarse del despacho del ministro de Guerra. Uno
a uno fueron entrando un poco nerviosos los generales Germán Ocampo,
Miguel Sanjuán, Mora Angueira, Carlos Vanegas, Silva Plazas, Sánchez
Amaya, Bayona Posada y Gustavo Matamoros, así como varios coroneles.

El canciller de la República, porque no era otro el personaje que acababa
de llegar, descolgó el teléfono, llamó a Palacio, saludó brevemente al jefe del
Estado y le informó que se hallaba reunido con los altos oficiales del ejército.
La conversación fue breve y luego se inició la conferencia.

A través de bastidores alcanzaba a percibir la voz firme del doctor Laureano Gómez que formulaba cortas pero certeras preguntas al jefe del Estado Mayor, preguntas que eran contestadas por este o por cualquier otro general, cuando no por todos al tiempo. Minutos más tarde oíase únicamente al canciller. Pero antes de terminar la conferencia descolgó nuevamente el teléfono; habló por segunda vez con Palacio, y por último vino a formular una propuesta para resolver el impase; el doctor Gómez era partidario de la constitución de una junta militar de gobierno, presidida por el doctor Ospina Pérez que se encargara de controlar rápidamente la situación general del país y dominar la revolución, desencadenada ya en varias ciudades.

Una hora más tarde de iniciada la conferencia los generales abandonaron el despacho del ministro de Guerra y se preparaban para dirigirse a Palacio. Un convoy integrado por tanques, camiones atestados de soldados, automóviles, salió un cuarto de hora después hacia el Palacio de Nariño. Eran los siete generales que se dirigían a conferenciar con el Presidente Ospina.

(El Presidente recibe a los generales en las oficinas de la Secretaría Técnica, pues los dirigentes liberales continúan en el despacho presidencial. A la reunión asistieron los generales German Ocampo, Carlos Vanegas Montero, Rafael Sánchez Amaya, Ricardo Bayona Posada, Mora Angueira y Julio Londoño, en cuyo nombre se había solicitado la entrevista. También lo hicieron el general Sanjuán y el jefe de la Casa Militar, mayor Iván Berrío. Entre los generales y el Presidente se cruzaron los saludos reglamentarios.

Los dirigentes liberales por información de Camilo de Brigard supieron de la visita de los generales. En dos salones casi continuos, resultaron sesionando dos conferencias privadas: el Presidente y sus generales y el liberalismo con su jefe Darío Echandía. Dos conferencias definitivas, quizá la hora de las soluciones se estaba acercando. Entre los dirigentes liberales había cierta expectativa, no eran ellos los únicos interlocutores del Presidente. Había otra fuerza en pugna: los siete generales).

Alberto Garavito Acosta

—Señores generales, estoy a sus órdenes.

(Es el teniente general Germán Ocampo, de cincuenta años, nacido en Manizales, el más alto oficial del ejército colombiano, a quien como comandante de la Brigada de Institutos Militares le había correspondido organizar los consejos de guerra verbales que juzgaron a los militares acusados por el golpe de Pasto, hombre militar, sereno y enérgico, quien abrió la puerta del diálogo).

Ospina Pérez

—Señor Presidente, la situación es sumamente delicada.

General Ocampo

—Tengo la impresión de que hemos ganado bastante en esta batalla de la noche.

Ospina Pérez

—Quizás no tanto como pudiera creerse, Excelencia, porque tenemos todavía peligros muy graves. Parece que en estos momentos se piensa avanzar hacia el Capitolio con el cadáver del doctor Gaitán, marchando su señora y su hija a la cabeza del desfile seguidas de una gran multitud, entre ellas numerosas mujeres del pueblo que vendrán acompañando el cadáver. Nosotros consideramos que esto creará nuevos y graves hechos en la capital y en el país en general, ya que ese avance de la masa popular sobre el Capitolio que seguramente estaría combinado con el ataque de la Quinta División de policía, solo podría contenerse mediante un choque excepcionalmente sangriento entre el ejército y el pueblo, de consecuencias imprevisibles. De otro lado, es evidente que si no se impide la traída del cadáver del doctor Gaitán al Capitolio en estas circunstancias, la situación de defensa de la ciudad y del Palacio mismo será extremadamente precarias.

General Ocampo

—¿Cuál creen ustedes que sería la solución ante esta situación?

(Los altos mandos esa tarde y esa noche simplemente estuvieron a la espera. Movilizaron sus fuerzas con cierto desgano, pero evidentemente en ellos había la esperanza de ser, en cierto momento, y en determinadas circunstancias, la voz cantante que abriera nuevos rumbos de solución al conflicto).

Ospina Pérez

—Nosotros estamos listos a prestar toda nuestra colaboración para hacer frente a los acontecimientos, pero creemos que ello debería hacerse asumiendo a la vez toda la responsabilidad para poder actuar con la mayor seguridad y eficacia.

General Ocampo

[...] Nosotros no teníamos para qué ir a tomar el poder, porque ya lo teníamos en nuestras manos, desde luego que el ejército era la única fuerza organizada en la República.

General Sánchez Amaya

—¿En qué forma, señor general?

Ospina Pérez

—Mediante la constitución de una Junta Militar, señor Presidente.

General Ocampo

—¿Una Junta Militar? ¿Y cómo quedaría el Presidente de la República en esa Junta?

Ospina Pérez

—Señor Presidente, a su Excelencia, a su esposa y a los suyos se les daría la más absoluta protección.

General Sánchez Amaya

[...] Se pensó, por ejemplo, en constituir una Junta Militar, inclusive por decreto del señor Presidente, para que asumiera temporalmente el Gobierno, o mejor, la responsabilidad de este y procediera a aplicar las medidas necesarias al restablecimiento del orden público.

General Vanegas

—No se trata de protección para mí y para mi esposa, porque nosotros estamos listos a sacrificarlo todo aquí, como es nuestro deber. Lo fundamental es la protección de la patria. Yo considero que esa solución no es posible, porque no sería constitucional y yo estoy decidido a mantenerme a todo trance dentro de la Constitución, como única norma para preservar el indispensable prestigio de las autoridades ante propios y extraños, porque de otro lado, yo no abandonaré por ningún motivo en estos momentos de peligro, el puesto supremo de responsabilidad que me ha dado la República. ¿Quieren ustedes, señores generales, que estudiemos la posibilidad de un gabinete militar?

Ospina Pérez

Señor Presidente, no creemos que esa sea la solución. En primer lugar porque dispersados nosotros en las distintas carteras, cuyo manejo no conocemos, lejos de favorecer la posición del Gobierno, podríamos complicarlo más en las presentes y difíciles circunstancias. En segundo lugar, porque si todos los jefes de más alta categoría, como sería lógico ocupamos los Ministerios, no quedaría quien comandara las fuerzas militares en este momento tan complejo y decisivo.

Otro general

[...] El doctor Gómez nos reunió a nosotros en su residencia transitoria del Ministerio de Guerra y demostrando una profunda preocupación por el desarrollo de los sucesos del 9 de Abril nos dijo que la única garantía para el país estaba en el ejército, siempre que asumiera inmediatamente su defensa. Se habló allí de la posibilidad de un Ministerio Militar, pero nosotros nos opusimos a esa fórmula, alegando, entre otras razones, que los militares no estamos preparados para esa tarea y por consiguiente era el camino menos indicado.

(Excelente oportunidad que aprovechó el Presidente. Los siete generales no sostuvieron sus ambiciones, les faltó mando).

General Vanegas

—Ante tal estado de cosas, a mí me corresponde permanecer en mi puesto y seguir actuando como Presidente de la República y para continuar buscando las soluciones que considere más aconsejables dentro de las posibilidades que ofrezcan las fuerzas políticas del país, con la seguridad de que contaré en todo momento con la eficaz colaboración de ustedes y con la lealtad de las fuerzas militares.

Ospina Pérez

—¿Cuál será su actitud personal ante las presentes circunstancias?

General Sánchez Amaya

—Morir aquí, señor general, si llegara el caso, porque prefiero eso a morir como un Presidente fugitivo, de cualquier terrible y dolorosa enfermedad.

Ospina Pérez

—Señor Presidente, nosotros también estamos dispuestos a morir a su lado si fuere preciso. Esperamos sus órdenes.

General Sánchez Amaya

—Señores generales, la lealtad de ustedes ha sido siempre la salvaguardia de este país y lo es en este día más que en ningún otro. Cada uno de ustedes puede ir, en consecuencia, a ocupar su respectivo puesto de mando, con excepción del general Ocampo, a quien le pido permanecer en Palacio. (El Presidente había advertido, cuando empezó a hablar con los generales que por ningún motivo se le llamara, salvo el caso de lograrse una comunicación telefónica con Ibagué. Se hallaba preocupado por el desarrollo de los sucesos en el Tolima, en donde una radiodifusora desde la capital del Departamento agitaba violentamente los ánimos e incitaba al levantamiento. Al Presidente se le avisó que estaba lista la comunicación con Ibagué. Se levantó inmediatamente para ir a atenderla. Al salir a los pasillos, en dirección al teléfono de larga distancia, uno de los altos jefes militares le dijo…).

Ospina Pérez

—Señor Presidente, sabemos que está aquí el doctor Echandía y desearíamos hablar con él, si su Excelencia no tiene inconveniente para ello.

Otro militar

—Absolutamente ninguno, señor general, pueden hacerlo.

(El Presidente tomó el teléfono e impartió órdenes terminantes de que la radiodifusora revolucionaria fuera silenciada en cualquier forma. Doña Bertha después de atender el desayuno para sus invitados forzosos, volvió a subir y encontró al Presidente en la oficina de la Secretaría privada, rodeado por los ministros y los secretarios de la Presidencia, doctores Estrada Monsalve, Sourdís, Bernal, Dávila, Azula, Moncayo y Guzmán Cabal).

Ospina Pérez

(El Presidente se dirige a ella)
— Los generales han venido a proponerme una Junta Militar.

(Doña Bertha recordó el golpe de Estado en Venezuela, al cual lo siguió un gobierno de Junta Militar).

Ospina Pérez

— ¿Y... usted?

Doña Bertha

— Yo quedo por fuera.

Ospina Pérez

— Esto me parece una falta de lealtad.

Doña Bertha

— No, no es cosa de ellos. Se lo insinuó el doctor Gómez.

Ospina Pérez

— ¿Usted comprobó esto?

Doña Bertha

— Sí.

Ospina Pérez

— A pesar de eso, es una deslealtad, pues si a usted le dicen, tírese por ese balcón... ¿usted lo hace? ¡Es una deslealtad de los generales venir a proponerle semejante solución!

Doña Bertha

[...] El Presidente habló con los generales que Laureano y algunos liberales importantes habían mandado del Ministerio de Guerra, diciéndoles que los esperaba en Palacio para hacer una Junta Militar; al fin y al cabo, ellos estaban pensando que esa era la solución, de buena fe. Ahora, la conducta del doctor Ospina fue correcta, resistió las presiones, estuvo sereno y en ningún momento se enfureció.

Habló con los generales y debió decirles que no era cierto lo de la Junta y que designaría inmediatamente un gabinete paritario, nombrándome ministro de Gobierno y al general Ocampo, el de más alta graduación, ministro de Guerra.

Los generales manifestaron luego que querían hablar conmigo, y les dije que sí. Me preguntaron sobre la situación y yo les dije que en ningún momento podría tratarse de dar un golpe de cuartel. «¿Que ustedes vienen a eso?», les dije. «Yo sé que no vienen a eso».

Entonces me dijeron que vinieron aquí pero para ponerse a órdenes del Presidente.

Darío Echandía

[...] Echandía volvió a los diez minutos visiblemente contrariado. «Estos tipos, los militares, lo que quieren es tomarse el poder». Yo intervine por segunda vez en la noche. Insistía en que la solución militar no era la peor: quizás era la única posible. Analicé la composición política de los altos mandos; señalé que en su mayor parte se trataba de militares de formación democrática, capaces de tranquilizar el país y luego convocar a unas elecciones libres, con más garantías de las que podía darle al Partido Liberal un Presidente conservador. Sin embargo, una vez más la solución militar, con argumentos desde luego respetables (la tradición civilista del país) pero poco pragmáticos, fue descartada. En dos o tres oportunidades las posibilidades de un acuerdo parecieron eclipsarse. Llegamos a levantarnos inclusive de las sillas anunciando que no nos quedaba otra alternativa que ponernos al frente del pueblo liberal. Pero estos anuncios eran seguidos de una nueva Concesión del Presidente Ospina.

Plinio Mendoza Neira

[...] En nuestra conferencia con el doctor Echandía, rechazó a su turno la fórmula de los militares y dijo que el país no podía quebrar, por obra de la precipitación o de cualquier circunstancia, su tradición eminentemente democrática y civilista, consignada en la carta constitucional.

(En el momento mismo en que el Presidente regresó de su conversación telefónica con Ibagué, atendió a la despedida de los generales y pasó al salón de la Secretaría acompañado del general Ocampo. Los jefes liberales se encontraban en el salón, listos nuevamente a retirarse.

Hasta ese momento no existía el menor ofrecimiento político del Presidente a la comisión liberal. Era esta su tercera decisión de abandonar Palacio).

General Vanegas

[…] Durante las conversaciones con los jefes liberales y con los ministros conservadores y en los intervalos que me dejaban las preocupaciones de carácter militar, yo había venido meditando intensamente y aún comentando con algunos de mis colaboradores, las posibles soluciones que se abrirían al paso de los acontecimientos y dentro de los cuales tendría necesariamente que orientar la dirección del país.

Es evidente que aquellas no podían ser otras que las siguientes:

Una solución militar a base de un gabinete compuesto por altos jefes del ejército; la constitución de un gabinete homogéneamente conservador, o el regreso al Ministerio de Unión Nacional, pues la de una Junta Militar había sido categóricamente Quintero y Educación con Fabio Lozano y Lozano y, a los segundos. Hacienda y Crédito Público con José María Bernal; Trabajo con Evaristo Sourdís; Comercio e Industria con Guillermo Salamanca, Correos con José Vicente Dávila Tello y Obras Públicas con Luis Ignacio Andrade.

(El Presidente esgrimiendo sus apuntes hechos a lápiz en una pequeña hoja de papel, pidió enseguida que lo comunicaran con el doctor Laureano Gómez que continuaba en el Ministerio de Guerra. Esta era la segunda conversación telefónica entre los dos jefes conservadores).

Ospina Pérez

[…] Le manifesté el propósito de dar solución política al grave problema que vivíamos y le dije que quería solicitarle me siguiera acompañando en el Ministerio de Relaciones Exteriores. Le di a continuación la nómina de los otros ministros. El doctor Gómez me preguntó en qué forma quedaría constituido el gabinete en el caso de no aceptar él. Insisto ante el doctor Gómez en que su presencia en el gabinete era esencial para el Gobierno y para el país pero si él no creía posible acompañarme entonces el gabinete quedaría en la forma que acabo de leerle con la sola modificación de que el doctor Eduardo Zuleta Ángel sería nombrado ministro de Relaciones Exteriores.

Ospina Pérez

—Haga lo segundo, Presidente, aunque no creo que eso resuelva la situación.

[…] La insinuación más mínima de quedar en el Ministerio de Relaciones Exteriores, ni en el Gobierno, no salió de los labios del Presidente cuando llamaron por teléfono en la madrugada del 10 de abril, a mi llegada al Ministerio de Guerra. Pronto me dijo que tal vez había la posibilidad de reconstruir un gabinete de Unión Nacional y que la condición indispensable para ello sería que los conservadores que formaran parte de él fueran «muy desteñidos» y los liberales muy caracterizados. La única interpretación que esas palabras podían tener —y fue la que le di— es que había resuelto prescindir de mi nombre…

Mi punto de vista muy neto, muy insistente, fue que era equivocación sustantiva y funesta negociar con los liberales, porque el golpe era comunista y los liberales que estaban en Palacio no tenían sobre quienes estaban incendiando la ciudad, el menor influjo. Sostuve enérgicamente que en caso de insurrección comunista solo el ejército puede salvar a la sociedad. A mi llegada al Ministerio encontré que los generales estaban inertes. Mi preocupación fue que actuasen. Las noticias sobre la situación militar, por decirlo así, que había en el Ministerio eran las siguientes: el fuerte aguacero de la noche había disuelto la masa de las turbas. Los grupos que quedaban estaban completamente borrachos y sin jefes. Si en esas horas de la madrugada hubieran emplazado ametralladoras, cañones y tanques en sitios estratégicos, al clarear el día la ciudad estaría dominada y terminados los nuevos incendios. Esto solo podía hacerlo el ejército. En tratar de lograrlo me empeñé con el afán más vivo. No podía creer en la ética, la conveniencia, ni la eficacia de las conversaciones de Palacio.

Un rato después el Presidente me dijo que los liberales se habían retirado del Palacio y que él había quedado de comunicar a Echandía la nómina del nuevo gabinete quien consultaría con sus amigos. Luego me llamó para leerme la nómina de los ministros, encabezada por Echandía y en la que Zuleta ocupaba mi lugar. Me preguntó que cómo me parecía y respondí que sumamente bien, especialmente por la prescindencia de mi nombre. Situado el asunto en el terreno de mi nombre, yo no podía responder de otra manera. Fui destituido en la madrugada del 9 de Abril, como primer bocado para las fieras.

Mi tesis nítida, insistente, fue que no se les permitiera salir de Palacio (a los jefes liberales) para que en caso de que el nuevo asalto fuera triunfante, padecieran la suerte común. Mis sugestiones fueron rechazadas repetidamente. Al amanecer se me dijo que la solución era «un gabinete de Unión Nacional con conservadores desteñidos y liberales fuertes». Con esas precisas palabras se me notificó la destitución. Entonces dejé de hablar de los rehenes, porque comprendí que era otro el juego. Mi nombre y la cartera que desempeñaba fueron cartas vitales.

(El diálogo era cordial, en ningún momento parecía establecerse discusión entre los dos jefes conservadores, sin embargo, a través del hilo telefónico había comenzado a configurarse la división conservadora, al derrumbarse en ese instante la ascendencia política del doctor Laureano Gómez sobre el Presidente. Quizás, el propio Laureano Gómez evocara al escuchar la voz del Presidente, aquella sorpresa desagradable que tuvo en Cartagena en sus vacaciones de diciembre pasado, al frente de su casa, al ver brillando por sus lomos bajo un sol calcinante, un grupo de tiburones muertos que comenzaban a descomponerse. Esa visión terrible y confusamente simbólica se hacía ahora palpable con la aparición de las «fieras» liberales, y la conciliación del Presidente al no escuchar la voz del indiscutido jefe del conservatismo colombiano.

El Presidente, tranquilo al sentir que ya no tenía ataduras políticas para terminar lo que sería su solución, llamó a sus colaboradores).

Laureano Gómez

—El doctor Gómez no acepta. Parece que no está conforme con la solución. Cuando le leí la lista del gabinete en la cual aparecía su nombre, me preguntó qué me proponía hacer en el caso de no aceptar. Yo le expresé entonces que nombraría a Zuleta. El doctor Gómez me respondió tranquilamente: «Haga lo segundo. Presidente. Aunque no creo que esto resuelva la situación».

Ospina Pérez

[...] El doctor Gómez había llamado a Palacio para que el ejército le mandara un tanque y poder estar con el Presidente. Doña Bertha se opuso a
que viniera. Ella dio como argumento que los dos jefes conservadores no
podían estar en el mismo sitio, corriendo la misma suerte. Que en caso de
que mataran a Ospina quedaría Laureano dirigiendo el partido. Esta ha sido
la versión publicada.

La otra, la no publicada, es que la presencia de Laureano Gómez en Palacio impediría el establecimiento del gobierno de Unión Nacional. Era tal el
odio del doctor Laureano Gómez al liberalismo que se hubiera interpuesto
a cualquier fórmula en que este estuviera. Era además, lógico, si lo primero que pedían los liberales era la cabeza de Laureano. Entonces el doctor
Ospina y doña Bertha, en forma por demás inteligente, sacaron la excusa que
los dos, Ospina y Laureano, no debían estar en el mismo sitio. Por eso desde
Palacio se impidió la llegada de Laureano.

Ospina estuvo resuelto a que si Laureano acepta, él lo hubiera nombrado. Cierto que eso hubiera cambiado totalmente la situación, pero Ospina
tenía los dos ministerios. Laureano definió eso diciéndole que nombrara al
segundo, aunque él personalmente no creía que le resultara al Presidente.

(Hacia las doce el Presidente llamó a Echandía al periódico *El Tiempo,* para
comunicarle de acuerdo a lo convenido la lista total del gabinete. Echandía
aceptó el nombramiento de ministro de Gobierno sin objeción alguna y de
inmediato se dirigió a Palacio. Pasaron varios minutos y el nuevo ministro de Gobierno entró a la Secretaría General, donde el acta de posesión ya
estaba extendida. Firmó el documento y de brazo del Presidente comentó en
su ya conocido tono filosófico).

Azula Barrera

—Vamos a ver qué pasa. De lo que se trata ahora es de establecer las reglas
de juego.

(Luego se encerró por espacio de varias horas en la Secretaría Económica
y puso a funcionar toda su inteligencia para redactar la alocución, que se
proponía dirigir al país, comunicando su ingreso al gabinete como ministro
de Gobierno. Era este un momento definitivo en su carrera política. Echandía había conservado incólume un prestigio y autoridad dentro del partido,

aunque se hallara dentro o fuera del gobierno liberal; de candidato en potencia o candidato derrotado; en el gobierno conservador de Unión Nacional y
en la oposición. Ninguna de las corrientes liberales que predominaron en la
República liberal pudo desestimarlo, combatirlo o prescindir de él. Era un
hombre que siempre seguía a flote. Sobre él llegaban a acuerdos Santos y
López o la seguidilla de sus hombres, es decir, santistas y lopistas. Y cuando
Gaitán se convirtió en jefe único del liberalismo, al recuperar en las plazas la
esperanza para el pueblo liberal y cuando con esta gesta le llegó la hora, tan
largamente madurada y ambicionada por el caudillo, lo primero que hizo
fue invocar la autoridad de Echandía para que con esa autoridad lo acompañara en los aspectos más sobresalientes de su actuación política: la colaboración y la anticolaboración con el gobierno de Ospina Pérez. Ahora al dejar
que su mano continuara escribiendo su alocución, el «maestro» dejó de pensar en los cinco mil volúmenes solemnemente organizados en su biblioteca,
para meterse de lleno en ese río turbio de la política que estaba viviendo).

Darío Echandía

El Tiempo

Demacrados, exhaustos por el insomnio y las tremendas emociones de las veinte horas transcurridas desde el crimen, con el sistema nervioso hecho pedazos, llegaron hasta *El Tiempo*. Las aclamaciones de un grupo de gente apostada en las cercanías del periódico, anunciaron la presencia de Echandía y sus compañeros. La escolta se detuvo, respetuosa, a la entrada.

En las oficinas de la *Revista de América* (antigua residencia privada del expresidente Santos, contigua al edificio de *El Tiempo*) se inició la reunión. Pese a los esfuerzos de los policías que se hallaban en el interior del edificio, de las instrucciones de los empleados y colaboradores del periódico, las oficinas se vieron literalmente colmadas de gente. Caras nuevas, caras conocidas, veteranos de la guerra de los mil días, exfuncionarios, linotipistas, elementos sindicales. Por momentos llegaba alguien dando cuenta del saqueo, de los incendios de la rebelión, de las noticias transmitidas por la radio de Caracas, de las bolas y rumores que corrían veloces por la ciudad. Con todo, los huéspedes de la noche anterior habían desaparecido y había allí otros diferentes. Echandía, en medio de esta asamblea popular, puso orden al debate. Y fue pidiendo opiniones a los principales asistentes. Se analizó la situación con serenidad, en forma objetiva. El pueblo colombiano no podía ser lanzado a una masacre. El liberalismo no podía, sin dejar de serlo, solidarizarse con un movimiento subversivo, o encabezarlo. Cualquier solución debería ser hallada dentro de las vías constitucionales. No era posible esperar a que el Presidente cambiara de parecer, en tanto que avanzaba la destrucción y se precipitaba el caos.

Ni era posible, tampoco, dejar al Gobierno impotente, en situación de caer víctima de un golpe de fuerza que destruyera por su base su fisonomía civil y democrática. El liberalismo estaba en el deber de prestar su concurso para evitarle a la República tamañas desventuras. Se objetó que tal decisión podría ser mal interpretada por el pueblo y que Echandía, el caudillo más popular del partido en ese momento, y a quien todo el mundo señaló, instintivamente, como el sucesor del jefe desaparecido, se exponía a perder su vasto prestigio multitudinario y a dejar al liberalismo sin conductor visible, en circunstancias tan críticas.

Hernando Téllez

El ejército controla todas las calles. Hace minuciosas requisas a los transeúntes. A lo largo de la carrera catorce, la gente tiene que marchar con los brazos en alto. Se ven los muros humeantes de *El Siglo,* la Avenida de Colón, San Victorino, ofrecen un espectáculo sombrío de destrucción y catástrofe. Sobre el pavimento existen hacinamientos de objetos destruidos. Sobre las calles húmedas, docenas de muertos.

De vez en cuando se oyen disparos. Modestas mujeres, recogen afanosamente entre los escombros algunos objetos. La multitud —impresionada— desfila en el silencio.

En *El Tiempo* se encuentran los comisionados liberales. Pálidos, exhaustos, Plinio Mendoza Neira, Echandía, Carlos Lleras Restrepo, Salazar Ferro, Jorge Zalamea, Roberto García Peña. El señor Presidente ha ofrecido una solución, después de varias horas de entrevistas. Nombrar un gabinete con participación liberal, con el doctor Darío Echandía como ministro de Gobierno. Los comisionados informan que en manera alguna ellos se han comprometido a aceptar o a rechazar esa fórmula y desean consultarla. Ante todo consultarla con los dirigentes del gaitanismo, es decir, con los amigos más estrechamente ligados al movimiento del doctor Gaitán. La presencia del doctor Echandía no tendría significación alguna sin la colaboración estrecha del liberalismo. Hay que identificar, en un solo acto, al pueblo, a los dirigentes, y al doctor Echandía. He ahí la importancia del servicio que en ese momento prestaron los dirigentes populares, estrechamente ligados a Gaitán, en quienes el pueblo ve a sus más sinceros amigos. Está presente, entre otros, Jorge Villaveces. Se inicia la discusión.

Abelardo Forero Benavides

«El ejército controla todas las calles. Hace minuciosas requisas a los transeúntes. A lo largo de la carrera catorce, la gente tiene que marchar con los brazos en alto».

Salimos de Palacio como a las siete de la mañana y nos dirigimos a *El Tiempo.*
La salida nuestra fue tremenda y nos tocó ver escenarios impresionantes,
pianos y todo eso regado por las calles, a consecuencia de los saqueos. Por
fortuna llovió. Entre otras cosas, hacía veinticuatro horas que no comíamos,
y desayunamos en *El Tiempo* con unos bocadillos veleños que se levantó yo
no sé quién, porque no se encontraba nada más, ni un pan.

Darío Echandía

En estas condiciones, abandonamos el Palacio Presidencial, cerca de las
nueve de la mañana, y custodiados por un pequeño pelotón de soldados
nos dirigimos a las oficinas de *El Tiempo,* donde nos estaban esperando
muchos liberales que habían pasado la noche en la mayor expectativa. Allí
se abrió una especie de cabildo público sobre la situación, y se discutió
si se debía autorizar o no al doctor Echandía para aceptar el Ministerio.
Hubo mucha diversidad de opiniones y yo recuerdo haber expuesto mi
pensamiento más o menos en la forma siguiente «He sido partidario del
retiro del Presidente; pero este ha tomado ya la decisión de no retirarse y
debemos proceder sobre esa base real. En tales condiciones, solo quedan
abiertos dos caminos: o se acepta la constitución de un nuevo gobierno de
Unión Nacional, o se afronta una situación de rebeldía, que en mi concepto,
es totalmente inconveniente para el país y para el liberalismo, porque aún
triunfando, habría quedado roto el orden constitucional del país». Por lo
demás, agregué «yo no estoy dispuesto a cooperar en nada que pueda conducir al sacrificio de miles de vidas inocentes ni al quebrantamiento de las
instituciones. Por ello opto por la aceptación del gobierno de Unión Nacional y por el desarrollo de una labor inmediata tendiente a pacificar el país
y a conservar vivo el imperio de la constitución».

Carlos Lleras Restrepo

«Soy liberal —dice Carlos Lleras— y por serlo, soy partidario de las soluciones liberales. No podemos ir a la revolución y al golpe de Estado. Hemos
procurando buscar otras fórmulas y con todo valor las hemos examinado en
presencia del señor Presidente de la República. El Presidente nos ha dicho:
Si yo considerara que mi renuncia podría llegar a ser una contribución a la
pacificación del país, con mucho gusto renunciaría. Porque desde un punto

de vista personal, de conveniencia propia, eso es lo que más me agradaría. Pero no veo que esa sea una solución afortunada, porque hay departamentos donde existen gobernadores conservadores y al tener noticia de mi retiro, se puede producir la revuelta y desencadenarse la guerra civil. Hay que buscar otras fórmulas».

«Sentada la decisión de que el Presidente no se retira —añadió Carlos Lleras—, ¿cuál es nuestro deber de liberales? ¿Permitir que se abalee al pueblo, desorganizado y sin armas? ¿Permitir que hoy haya una matanza en masa, en las calles de la ciudad? Nuestro deber de liberales es otro. Y también nuestro deber de patriotas. Porque no se pueden olvidar en estos instantes, los intereses del país. Coinciden por fortuna con los del liberalismo».

Jorge Villaveces apoyó la tesis de Carlos Lleras Restrepo y estuvo de acuerdo en que el liberalismo debería encontrar soluciones pacíficas y no de violencia. Darío Echandía preguntó:

—¿Qué opina José Mar?… Necesitamos oír a José Mar.

—El liberalismo, dijo José Mar, tendrá confianza en cualquier solución que patrocine Echandía.

No habiéndose levantado ninguna voz contra la decisión de que Echandía aceptara el Ministerio, quedó aprobada la colaboración.

Abelardo Forero Benavides

La discusión en *El Tiempo* estuvo muy interesante; fue más o menos por el estilo de la Clínica; se nos justificó el único camino. Zalamea le dijo a Echandía, me acuerdo muy bien, que era el paso más grave que él podía aceptar en su vida y que podía dar el Partido Liberal, porque a él lo iban a poner a reprimir el pueblo liberal, que este era un gobierno fascista y que él iba a ser instrumento del fascismo para reprimir al pueblo. Dijo Zalamea: «Este es un gobierno militar con careta civil y usted va a ser la careta». Ellos no discutieron mucho, estaban muy cansados y además ya habían decidido, dijeron, ¿pero qué otra fórmula hay? Preguntaba Carlos Lleras, «¿pero qué otra fórmula hay? Claro que es mala pero ¿qué otra fórmula hay?». Yo le dije: «Pues la huelga general que existe en todo el país. Si mantenemos la huelga general, el gobierno se cae en ocho días, no se puede mover un barril de gasolina, porque en Barrancabermeja la refinería y la producción de petróleo siguen controlados por los trabajadores y por la Junta Revolucionaria de

Gobierno». Entonces Carlos Lleras pidió la palabra y dijo: «Lo que afirma el doctor Montaña Cuéllar puede ser verdad, pero, en ese caso, la caída del gobierno significaría el triunfo de una revolución y el Partido Liberal no es revolucionario».

Ante tal situación, Jorge Zalamea y yo nos retiramos.

Diego Montaña Cuéllar

De lo que se trataba era que se acabara la guerra civil, los muertos. Claro que en el Partido Liberal, con ese sentido de la realidad que lo caracteriza, muchos empezaron a decir que en lugar de tomarnos el poder, lo habíamos entregado. Lo que es el poder... el poder son los fusiles. Era cierto que había unos policías echando bala, pero la gente estaba llegando de todas partes. Es que la ciudad estaba desguarnecida, yo no sé por qué diablos. Es una cosa inexplicable, que demuestra hasta cierto punto la absoluta inocencia del Gobierno, pues si él hubiera sospechado que iban a matar a Gaitán, habría tomado precauciones... En Bogotá solo había trescientos hombres armados. Y además la POPOL se insurreccionó ese día...

Darío Echandía

En el despacho privado del señor Eduardo Santos, ya rodeado de un grupo más pequeño, sobre una hoja de papel de seda azul, el jefe del liberalismo fue escribiendo, a medida que el Primer Magistrado se los dictaba, los nombres que había escogido para el nuevo gabinete.

Los circunstantes, en silencio, trataban de leer por encima del hombro de Echandía, en torno al sencillo escritorio de nogal. Con el rostro surcado de profundas arrugas, el pelo revuelto como nunca, el auricular en la mano izquierda y la pluma fuente en la derecha, el hombre que había echado sobre sí tan incalculable responsabilidad histórica, iba contestando lentamente: «Sí señor, sí señor Presidente», tan pronto como terminaba de escribir un nombre sobre la leve hoja de papel.

Hernando Téllez

En esos momentos comunicaron de Palacio la nómina ministerial y el doctor Echandía avisó que aceptaba y que iría a posesionarse inmediatamente. Antes de partir, y en medio de un ambiente en que era ya general la idea de que el deber del liberalismo era el de contribuir a la conservación de la paz, del régimen civil y de las instituciones democráticas, el doctor Echandía constituyó la dirección provisional del liberalismo, porque se daba cuenta de que era necesario que una autoridad actuara inmediatamente sobre el partido y pudiera tener la personería de este ante el Gobierno. Sin más demora, instalamos la dirección que me designó inmediatamente presidente, y comenzamos a escribir, con el doctor Plinio Mendoza Neira y el doctor Alberto Arango Tavera, las primeras comunicaciones avisando al partido la solución adoptada y haciendo un llamamiento al restablecimiento de la paz y de la serenidad. Un poco después empezamos a despachar a los barrios de la ciudad y a las divisiones de policía las primeras comisiones de pacificación, mientras el doctor Echandía se posesionaba en Palacio.

Carlos Lleras Restrepo

La ciudad

A eso de las doce de la noche, llegamos a las oficinas de la CTC con la consigna de esperar un contacto de compañeros dirigentes sindicales que estaban con Arriaga Andrade en la Quinta División de la Policía. Quedaron de mandarnos un camión con personas y con armas, para salir en coordinación con compañeros que estaban en otras actividades. Esperamos que llegara la comisión, pero no llegaba ni contacto, ni ninguna comisión de la famosa Quinta División de Policía.

Mientras tanto, a medida que avanzaba el día del 10 de abril, a las dos de la madrugada el ejército se iba apoderando de la ciudad. Nosotros quedamos bloqueados dentro de las oficinas de la Confederación. A las cinco y media de la mañana, salimos a ver qué camino tomábamos y encontramos la ciudad totalmente desolada, únicamente la tropa apostada en cada una de las esquinas.

Julio Posada

A las cuatro de la mañana, la cosa era tremenda porque se veía arder Bogotá; San Victorino estaba en llamas. Cuando salimos de la Clínica no podíamos casi caminar por encima de los cadáveres, el espacio de la Clínica era muy pequeño y eso estaba absolutamente atestado de cadáveres; de manera que uno tenía que salir caminando con mucho cuidado para no pisar a ninguno. Bajamos por la calle doce, los francotiradores, los incendios, nos íbamos parapetando y cuando llegamos a la carrera séptima encontramos otra carrera séptima. La carrera séptima era una callecita como la octava y estaba quemada de lado a lado; parecía una plaza desolada, había un olor nauseabundo de gente quemada, un olor a carne asada y los cadáveres por todas partes, cantidad de muertos y heridos. Cuando llegamos al parque de Santander me encontré con un hombre: «¿Doctor, usted por qué anda desarmado, dónde va?». Le expliqué, y me dijo: «Yo ya me voy a acostar, pero mire, tenga este fusil», estaba armado. «Tenga este fusil», y yo como un autómata cogí el fusil, y empezamos a caminar con Alberto por la calle diecisiete de para arriba y luego el momento en que me dijo como el tuerto López, «pero ¿qué hago con este fusil?, yo qué hago con este fusil, para qué me sirve?». Entonces lo dejé en el teatro Apolo. Faltaba un cuarto para las seis de la mañana y seguimos por la carrera quinta, abandonamos la séptima porque era muy peligrosa, no se podía andar, mucho francotirador, mucho cadáver, subimos por la calle diecisiete y tomamos la carrera quinta con el propósito de bajar a la calle veintiséis y conseguir un ataúd. Cuando llegamos a la calle veintidós, ya venían todas las fuerzas del ejército que mandaba Villarreal, de Boyacá, serían por lo menos unos dos mil o tres mil hombres armados, bien armados, con ametralladoras, con bazucas, no sé si tanques, posiblemente después venían tanques; y apenas llegamos a la calle veintidós, inmediatamente ellos nos tendieron los fusiles; nos pusieron manos en alto, los soldados viendo que éramos unos ciudadanos no nos hicieron nada, sólo nos requisaron. Pero sí nos dimos cuenta de la magnitud de las fuerzas del ejército en esos momentos.

Cuando llegué a la calle veintiséis, oímos por la radio que habían llegado con un cajón y que el cadáver de Jorge Eliécer Gaitán lo estaban conduciendo hacia su casa. Me fui para la casa de Gaitán.

Julio Ortiz Márquez

En la madrugada salí para la casa del Jefe. Salí por la quinta y en el colegio de San Bartolomé estaban dando bala. Yo bajé, creo, por la treinta y dos; los tiroteos eran tremendos. Tenía que caminar uno con los brazos en alto. De camino un marino me quitó una chapa del ejército que yo usaba. En la casa del Jefe vi a Roberto París Gaitán, Jorge Villaveces, Antonio García, Hernando Restrepo Botero, pero desafortunadamente lo que hacían eran cuentas de los puestos, ministerios, gobernaciones, ya estaban calculando. ¡Eran los mismos nuestros! Lo único que me emocionó fue que Jorge Villaveces ordenó una guardia, y puso a esos personajes a rendirle honores al cadáver del Jefe, y puso turnos de seis para cambiarlos cada hora. Yo no quise ver el cadáver del Jefe.

Luis Eduardo Ricaurte

«...encontramos la ciudad totalmente desolada, únicamente la tropa apostada en cada una de las esquinas».

A las seis de la mañana se respiraba mayor calma pero se oían disparos. Salimos con más confianza. Primero fuimos a la plaza de mercado, luego con la máquina me situé en la calle once con carrera séptima. Había un poco de soldados, estaba quemado el almacén Mazuera que era bastante grande. Había muchos muertos en las calles, tocaba pasar con cuidado con las máquinas para no aplastarlos, pero no podíamos bajarnos por la cantidad de tiros, era una cosa bárbara. Se sentía un ruido como de un petardo que hacía shshsh y estallaba, pero no se veía nada. También fui a la calle con carrera cuarta tratando de apagar los conventos.

De pronto vimos un Cristo con articulaciones en las manos y en los pies, de tamaño de un hombre, que estaba tirado en la calle. Todo el mundo lo estaba pisoteando, yo me bajé de la máquina y rápidamente lo recogí y lo puse sentado sobre un escaño del andén. Se estaban quemando tres conventos.

Esa mañana también estuvimos apagando la joyería Klim y la droguería Granada. La joyería quedaba en la calle doce con carrera octava y novena. Nosotros dejamos intacto eso, posteriormente apareció saqueada y por la calle no había sino bomberos y soldados.

En el cuerpo de bomberos era tradicional que siempre de regreso de un incendio, se formaba el personal y se requisaba. El 9 de Abril en una de las salidas, cuando se estaba requisando el personal, a un bombero se le encontró un poco de joyas y ahí mismo se descuarteló. El cuerpo era muy estricto.

En la carrera séptima con calle doce arriba, no pudimos apagar la Nunciatura Apostólica, porque no había nada que hacer, estaba totalmente incendiada. Luego de apagar la joyería Klim y la droguería Granada fuimos a *Cromos* que quedaba en la carrera sexta entre calles doce y trece. No pudimos apagarlo, había muchos materiales inflamables y el equipo nuestro era muy exiguo. En realidad, lo que podíamos hacer era tratar de que los incendios no se propagaran. A *Cromos* volvimos por la noche, se estaba propagando el fuego por toda esa zona hasta un colegio y logramos controlar esto. A las seis de la tarde salimos al Palacio de Justicia en la carrera sexta calle once. Yo entré a tratar de controlar el incendio. El Palacio de Justicia estaba quemado hasta el tercer piso. Nosotros lo apagamos totalmente esa noche. Terminamos como a las nueve de la noche. Al salir regresamos al almacén Mazuera que estaba cogiendo una fuerza tremenda. Ahí nos amaneció. El

Mazuera se quemó totalmente. Cuando llegamos eso era pavoroso. Arriba quedaban las oficinas del Partido Comunista. Al otro día la plaza de Bolívar amaneció regada de folletos y propaganda comunista. Los edificios que quedaban del Mazuera para abajo sí se salvaron; la Tesorería Municipal y un poco de almacenes, pero el Mazuera se quemó totalmente.

Estando yo en el Mazuera se me acercó un oficial del ejército y me quitó el revólver que yo tenía. Le hice ver que era la única arma que tenía para defender al personal, pero de todas formas se lo llevó. A la media hora regresó y me lo devolvió. Esto todo fue el 10.

Armando Aljure

El 10 de abril vimos el cadáver de un hombre en la calle, tirado, que permaneció todo el día, o por dos días más que estuve en el hotel Buenos Aires. No era el hombre que vimos matar el día anterior sino otro que estaba más a la izquierda. En la mañana amaneció el ejército con el aparataje militar, muy Segunda Guerra Mundial por supuesto con sus cascos. Por primera vez miraba ese ejército así: recordaba un poco las escenas nazis. Atrás del hotel Buenos Aires, a cierta distancia del Camarín del Carmen y desde ahí, un francotirador estaba tirando y los soldados de aquella esquina respondían. Lo silenciaron. Lo cierto es que a ese hombre lo liquidaron en el círculo militar. Se cerró el círculo de tal manera que no pasaba nadie y en el hotel Buenos Aires comenzó a crearse problema de abastecimiento de comida y racionamiento.

Manuel Galich

Al otro día nos vinimos temprano y había mucha tropa por la calle veinticuatro. El almacén de la Panamericana estaba prendido, debió ser a la madrugada que le prendieron candela. Ese almacén quedaba al frente de la Biblioteca Nacional. Estaban sacando colchones, almohadas, cobijas, tiraban para la calle. Eso era una casa y todo lo sacaron hecho pedazos. Ahí estaban los soldados pero esos no eran de acá, porque traían unas camiseticas de tierra caliente y estaban muertos de frío. Ellos venían como de Nariño. El cuartel general lo pusieron en la Biblioteca. En los dos patios pusieron unos calderos, montaron una cocina, ahí hacían sopa y en unos camiones les traían fruta y arroz. Ellos dormían en los corredores de la Biblioteca.

Une vez que ellos se instalaron ahí, llegamos y el director estaba en la terraza. Subimos a la dirección porque allá nos iban a dar salvoconducto para que volviéramos al otro día o por la tarde, porque nos iban a dar la prima de la Panamericana. Volvimos, nos dieron los cheques pero los bancos estaban completamente cerrados. El director ordenó que nos fuéramos, porque ahí estaba la tropa y nos dijo que por la Radio Nacional nos avisarían cuándo debíamos regresar y cerraron la Biblioteca.

Los oficiales se instalaron en la oficina de la dirección. Rompieron un vidrio enorme que daba al parque y ahí pusieron una ametralladora. Ellos miraban a la gente que subía y bajaba. Porque en el parque dejaron una cantidad de cosas robadas, hasta muebles. Los soldados les daban el grito de alto y entonces ellos soltaban y a correr se dijo.

La Biblioteca se volvió como un cuartel, como una especie de retén. Porque ellos cuidaban por el lado del parque y por el lado de la calle veinticuatro.

Me acuerdo tanto que unos hombres subieron con unas cajas de licor, inmediatamente los soldados les hicieron el alto y ellos dejaron las cajas en el suelo y se fueron. Los soldados las abrieron y rompieron todas las botellas con licor. Corría el trago por la calle veinticuatro. Los soldados eran en su mayoría jóvenes.

María Dolores Rey

Hay un detalle para mí intrascendental, pero sumamente significativo, que cuando avanzamos por la Avenida Caracas el sábado en la mañana, de la calle trece hacia el norte, buscando salida del infierno en que nos habíamos metido, encontramos en el camino los cerros de mierda, cerros de tamaño increíble, que eran pruebas elocuentísimas de la indigestión del pueblo, se pusieron a comer y a beber y ya entrada la madrugada del sábado los cogió la tropa, irresponsables, estúpidos, perdido completamente el instinto de conservación.

Nos metimos entre dos aguas, porque de una parte venía la tropa avanzando y disparando, matando a lo que daba el tejo y de otra parte, los borrachos, armados algunos con revólveres que nos decían: «¡No corran cobardes...!». Y entre sus gritos vociferantes esperaban impasibles la muerte. Nos refugiamos en la clínica Peña, con el pretexto periodístico.

Luego sobrevino la cosa de los francotiradores, que crearon en la ciudad un permanente estado de alarma, al cual uno se acostumbra al escuchar los sonidos intermitentes de los disparos.

Apareció un papel que yo nunca supe si era un recibo. Parece que era un recibo de consignación de unos pesos, como requisito para obtener el pase de chofer. Ese papel llegó a manos de un oficial de policía, el mayor Sanmiguel, a quien me encontré al regreso, solo, del Palacio de Nariño hacia *El Espectador* y como no había nada que hacer nos dedicamos a las conjeturas sobre la única pista que teníamos a mano: el asesino se llamaba Juan Roa. Lo atestiguaba el recibo que habían encontrado en sus bolsillos. El dactiloscopista de la permanente de la calle doce, en la apresurada diligencia del levantamiento del cadáver frente a Palacio, le había tomado las huellas dactilares. La oficina de cedulación era en una dependencia municipal, en la calle veintiuna con carrera novena, allá funcionaba la oficina con un empleado de nombre Manuel Valero, era el secretario y él tenía un tarjetero, con fotos y huellas del pulgar derecho y algunas referencias personales: nombre, datos mínimos de filiación y como era mi amigo me dijo: «Tengo unos quince o veinte Juanes Roas», y le dije: «¿Me prestas las tarjetas?». Mandé a Alfonso Cuaque y él le entregó las tarjetas y las trajo, me puse a hacer una selección; por edad, yo le calculaba unos veinticinco años, más o menos al hombre; estatura uno con sesenta centímetros, un metro con sesenta y dos centímetros, y alguna otra característica. Entonces empecé a encontrar Juan Roa Sierra no sé qué, Juan Manuel, Juan José y así fui eliminándolos, por edad no podían ser y me fue quedando la lista reducida a unos cinco o seis tipos. Hasta allí llegaban mis deducciones. Pero resulta que el cadáver del asesino, después de la mortandad del día anterior que hubo en la noche, lo recogieron con otros muchos cadáveres y al cementerio fue a dar con sus huesos y lo pusieron en unas filas en la galería oriental, en un corredor larguísimo de cuatrocientos metros que daba sobre los durmientes del ferrocarril. Manuel Ache, un fotógrafo, me dijo que él había descubierto el cadáver de Roa Sierra, por las dos corbatas que tenía anudadas al cuello, y mientras tanto yo trataba de comunicarme con el dactiloscopista, el hombre que tenía las huellas, es decir la clave para la identificación definitiva, el hombre vivía en un barrio del sur y nadie sabía de él, ¡y sálvese quien pueda!

Felipe González Toledo

El sábado por la mañana, 10 de abril, paseábamos por las calles a las ocho, helados de espanto por lo que veíamos. A solo dos cuadras de mi casa habían quedado completamente destruidas una droguería y una tienda de comestibles. Los estantes desprendidos de las paredes, y las vitrinas volcadas. Enfrente de un almacén de rancho y licores se arremolinaba el populacho y se subían los unos encima de los otros, en su intento por romper las pesadas verjas de hierro que protegían puertas y ventanas. Cuanto más nos aproximábamos al centro, tanto peor era la destrucción.

Llegamos a la carrera séptima con la calle veintitrés. No había intacto un solo almacén. Habían roto todas las puertas y ventanas, destruido los mobiliarios y utensilios y robado toda la mercancía. Y esto desde la calle veinticinco hasta la diecinueve, donde hubimos de detenernos bruscamente. Desde ese punto en adelante, nada quedaba sino los cascarones sombríos, ennegrecidos y aún ardiendo, de lo que solo veinticuatro horas antes había estado alineado con algunos de los más primorosos almacenes de Bogotá. Maniquíes rotos y desnudos yacían por las calles en posición grotesca. Uno de ellos colgaba en la mitad de la calle, suspendido de los cables del tranvía, con el letrero de «Viva el liberalismo» puesto sobre la nuca, desnudo y mutilado. Otro había caído con la cabeza monda y lironda contra el muro de un almacén destruido y parecía estar llorando. Contemplé las humeantes ruinas de los edificios que se habían desplomado y que llenaban la estrecha calle, los pedazos de cielo tétrico, visible a través del esqueleto de los muros sin techo que aún permanecían en pie; los ennegrecidos cascarones de los tranvías que habían sido detenidos allí la tarde anterior. Y vi solamente ruina, devastación y desolación. Cuando aún permanecíamos ahí se desplomaron varios de los muros, y hubimos de retroceder precipitadamente para no ser aplastados. Me pareció que esto no era Bogotá, sino la película del bombardeo de Londres o Varsovia.

En un almacén deshecho vi yacente el cuerpo de un judío joven, quien había sobrevivido durante toda la guerra de Polonia. Había llegado a Colombia solo cuatro meses antes. Al realizar el vano intento de salvar el almacén de la tía, que lo había traído a América, había sido asesinado por los saqueadores.

Ya para entonces el ejército tenía una pequeña fuerza para controlar la situación. Estacionados en diferentes esquinas les vimos retirar unos pocos artículos que la gente había saqueado o cogido dentro las ruinas de los almacenes. Entre tanto los verdaderos ladrones iban escurriéndose por las calles con el producto de sus robos. Podíamos oír en la vecindad el continuo tiroteo. Se estaban formando colas de gente frente a las tiendas modestas de comestibles en calles secundarias, tiendas que el populacho había pasado por alto en su rapacidad y odio. Se permitía que uno por uno entrara a efectuar compras limitadas de los artículos ya casi consumidos. Luego aparecieron más y más soldados en camiones y jeeps, listos, apuntando con sus rifles y ordenando levantar las manos a medida que se aproximaban. Al mero sonido de un carro, todo el mundo instintivamente levantaba las manos. Los pocos carros particulares que circulaban llevaban grandes cruces rojas pintadas en sábanas blancas que colgaban de las capotas. Cada carro llevaba dos o más soldados y casi todas las ventanas aparecían destrozadas o con muestras de combate.

A intervalos regulares oíamos fuego de rifle y ametralladora, que continuó toda la noche.

Natalie Bergson Carp

En el trayecto nos tocó ir acostados en la parte de atrás del camión con los soldados. Ellos nos iban explicando en dónde estaban los francotiradores. Se veía la ciudad más extraña, algo completamente surrealista, porque mirábamos hacia arriba y veíamos los techos y más abajo los incendios. La ciudad estaba completamente sola porque había toque de queda como desde las cinco de la tarde.

Pedro Gómez Valderrama

Yo fui testigo de la toma de la Estación de los Ferrocarriles por el Sindicato de Ferroviarios. Y la tomó con sentido político y con sentido constructivo. Ellos tenían grandes existencias de dinamita y la dinamita que estaba en la Estación de Ferrocarriles se trasladó, con la intervención de Manolo Lorenzo, se trasladó a una casa del barrio Ricaurte. Después esa dinamita sirvió para muchas otras cosas, inclusive para un combate que hubo en el barrio Ricaurte contra los curas que estaban atrincherados en la iglesia del barrio y fueron desalojados el 10 de abril con dinamita sacada de los Ferrocarriles.

Había un dirigente ferroviario en esa época, cuyo nombre no recuerdo, que era un tipo extraordinario. Se levantó una ametralladora y el hombre andaba con la ametralladora y sacamos esa dinamita de la Estación en una camioneta con señales de la Cruz Roja, que ayudamos a pintar para poder atravesar la avenida Jiménez, que estaba controlada por el ejército. Manolo Lorenzo se vino dentro de la camioneta para, si la trancaban, aparecer él como herido o como muerto, en fin, y esa dinamita se sacó. Y en eso intervino mucha gente del Sindicato Ferroviario. Personajes anónimos.

David Rosental

La Quinta División

En la mañana llegó Marín y nos vinimos; cogimos un carro que traía montones de balas de fusil regadas y las llevamos a la Quinta División, Allí las entregamos tal vez al teniente Aldana. Eso ya estaba tranquilo. Yo había escuchado las noticias de la reunión de Palacio, que hablaban de Lleras Restrepo, Echandía. De Plinio se decía que no estaba por ninguna parte, corría el rumor de que se había ido para Venezuela.

Después de entregar las armas nos quedamos en la Quinta División. Los policías estaban dispuestos a lo que fuera, con arrojo, con valor. Revisaban sus armas, calzaban sus fusiles. Todo el día nos quedamos hasta, las diez de la noche.

Nosotros no oíamos noticias, estábamos incomunicados. A las diez de la noche un capitán nos recogió a Marín y a mí y nos llevó por toda la carrera sexta hasta la calle once; al llegar a la sexta esquivó los militares, subió por la tercera para volver a bajar por la séptima y dejarme en mi casa.

La ciudad estaba completamente desolada, dondequiera que uno se detuviera era para ver un saqueo. La gente estaba buscando comida, lo que encontraba se lo llevaba. Esa noche sí tuve un sueño profundo.

Gabriel Muñoz Uribe

A las cinco o seis de la mañana nos dijeron por la misma línea de Palacio que ya habían llegado a un acuerdo, que era nombrar a Echandía ministro de Gobierno y que esa era la solución del problema. No sé si el doctor Echandía se acuerda, pero yo hablé con él, seguramente me llamó para que yo no creyera que eran bolas. Me dijo que habían acordado que él aceptara el Ministerio de Gobierno, y declarar el estado de sitio, que esa era la legalidad. Él me dijo: «¿Y usted qué va a hacer?». Él era la ley y yo era la subversión. Le pregunté: «¿Y usted?». En adelante nuestra preocupación era personal: «¿Dónde vamos a meternos ahora nosotros que hemos estado en plan revolucionario, convicto y confeso, radiodifundido y todo?». Entonces a escondernos de la legalidad de Echandía, Ospina estaba otra vez en el poder aunque lo habíamos tenido hasta cierto punto acorralado. Entonces cada uno se preocupó de ir a esconderse a donde pudiera. La policía no podía huir, a ellos les tocaba entregarse, la Quinta División tenía que entregarse.

Pero el problema mío era salir de la Quinta División, escaparme. Desde el momento en que entró el liberalismo al Gobierno, yo era un rehén de la policía y de los oficiales. Nosotros éramos rehenes desde que se arregló la cosa. Sabían que les iban a seguir Consejo de Guerra a ellos y a nosotros. Pero era mejor tener a un exministro con ellos para que corriéramos la misma suerte. Porque éramos garantía para ellos. Jorge Zalamea era un intelectual y exsecretario del presidente López. Por eso nosotros tuvimos que salir fugados de la Quinta División. Empezó todo el mundo a pensar en la entrega y a prepararse y nos escapamos, esta vez, de nuestros propios compañeros y cómplices, mejor dicho. Ya pasaban los tanques con tropas de Tunja por frente de la Quinta División con los cañones apuntándonos y nosotros tendidos, viendo en el suelo los cañones apuntándonos y nosotros con las bombas de dinamita al pie, debajo de la cama, como para estallar todos juntos. Pero ya pensaba todo el mundo en la entrega, y nosotros en escapar de nuestros cómplices, nosotros inermes y ellos armados.

En la mañana vino un aguacero tremendo. Yo me fui por un garaje, vi a un oficial y le dije muy alteradamente: «Déjeme salir», y él me abrió y salí corriendo entre el agua y el pantano, empecé a dar vueltas por las callecitas de la cuarta. Esa fue la fuga de la Quinta División. Lo mismo debió hacer Jorge y los demás. Después me fui y dormí unas horas en la casa.

Adán Arriaga Andrade

La única División que hizo cierta resistencia y que trató de organizar algo fue la Quinta División de Policía. Con esa División, junto a los habitantes de La Perseverancia tratamos de organizar el 10 de abril una toma de la ciudad. Había mucha gente, yo creo que unas diez mil personas, pero la policía era cobarde, le tenía mucho miedo al ejército, se consideraba en un factor de desproporción en armas y en todo. Mientras al pueblo lo organizamos en la calle con machetes, escopetas, inclusive robadas el día anterior, para hacer la marcha sobre el centro de la ciudad, la policía permaneció dentro del cuartel. Habría unas diez mil personas. La marcha se comenzó a organizar desde las cinco de la mañana. La pretensión era absoluta, tomarnos la ciudad de Bogotá. Tendríamos unos mil fusiles, y el resto eran machetes, cuchillos y otras armas.

Comenzamos a organizar el desfile en la calle veintisiete, a todo lo largo de la carrera quinta, y más o menos de seis en fondo, con escuadrones de veinte que los comandaba un individuo, que fue el más entusiasta, porque no fue ni siquiera el más preparado, daba más o menos hasta la calle veinticuatro.

En ese momento el pueblo se siente engañado. Ya las radiodifusoras empezaban a transmitir que el señor Echandía tendría participación del Gobierno y en ese momento como la masa gaitanista consideraba a Darío Echandía y a Eduardo Santos como antigaitanistas y enemigos de Gaitán, la masa gaitanista más consecuente se consideró traicionada; la masa gaitanista no se conformaba sino con la muerte del Presidente.

Serían las diez de la mañana del 10 y no lográbamos organizarnos. Los que no estaban enguayabados estaban trasnochados por haber saqueado; la noche del 9 de Abril nadie durmió. A las diez de la mañana alguien gritó: «¡Vienen los tanques!». Se acabó la policía. Vino la desbandada, y la gente corría a guarecerse entre los matorrales y los sembrados de papa y unos dispararon, otros no, se acabó la revolución, pasaron los tanques, quedaron al frente de la policía unos veinte muertos. Los tanques dispararon, dispersaron el desfile y siguieron, no se tomaron el cuartel ni nada. Yo recuerdo que los policías botaban la gorra, botaban el chopo y corrían para los potreros a pagar escondederos a peso.

Manuel Salazar

Entonces allí ya no siguió sino una psicosis, una cosa de esperar el momento en que nos bombardearan. Ya cuando aclaró el día cruzaban aviones en picada. Se veía cerca al cuartel y luego levantaban y seguían los comunicados.

El capitán Tito Orozco si dijo: «Bueno, que nos maten aquí, que nos bombardeen, pero no nos vamos a entregar porque nos vamos todos para la cárcel».

Como a las ocho de la mañana comenzaron los rumores de que Darío Echandía se había tomado el poder. A medio día dieron la noticia de que lo habían nombrado ministro de Gobierno. Todos los rostros eran de horror, todos nos mirábamos unos a otros con cara de horror.

Nosotros visitábamos mucho al capitán, y él se limitó a decirnos que esperáramos las órdenes, que estaba comunicándose con unos generales, nunca supimos cuáles generales. Entonces fue peor la desmoralización en el personal. Se convirtió eso como en una tristeza, en caras tristes, en caras de lamento. Resueltos, todo lo que se comentaba desde las seis de la mañana, que nos bombardearan, que nos mataran, pero que a la cárcel no íbamos. Ya sabíamos que el Gobierno estaba completamente organizado y que ya no se podía hacer nada, de eso sí estábamos convencidos, que el ejército había tomado todo por su cuenta y no había manera de hacer nada.

Todavía había mucho personal civil. Por la tarde se fue el personal civil, ya salieron y no volvieron a entrar civiles.

Eran las ocho de la mañana del día 10, se sintieron disparos y los captamos que salían del colegio de San Bartolomé de la Merced. Se nombró una patrulla para que fuéramos a inspeccionar qué pasaba en aquel colegio, por qué se nos atacaba. Nos fuimos, entre esos iba el muchacho que le cuento que era alto de cuerpo; él no se perdía una patrulla y yo era de buenas porque siempre me tocaba con él. Nos fuimos por la carrera quinta hacia el norte, llegamos al puesto de salud, y luego volteamos a la derecha a subir y llegamos hasta el patio del colegio, sí llegamos hacia el patio pero no encontramos a nadie; como no vimos a nadie nos regresamos ya no por la quinta sino por la parte más arriba de la carrera, por unas calles difíciles. Cuando íbamos de regreso a unas tres o cuatro cuadras del colegio, nos agarraron a plomo del colegio pero sin saber quién era. Claro que nos parapetamos en unas paredes y mirábamos, pero ya no quisimos regresar porque considerábamos que estábamos ventajeados, que nos hacían blanco. No nos regresamos sino que llegamos al cuartel.

Pero allí no dábamos parte porque a quién le dábamos parte de que habíamos ido y no habíamos encontrado nada y que posteriormente nos habían dado plomo. Yo sí insinué que no nos devolviéramos porque nos mataban, porque ellos sí nos estaban viendo. El muchacho alto sí quería que nos regresáramos al colegio. Pero yo como había sido reservista sí veía que era un peligro. Regresamos al cuartel como a las cuatro de la mañana.

Estuvimos en el patio, se hacía de comer y nos repartíamos, se acabaron los superiores, se acabaron los jefes, ya todo mundo era igual y allí lo que se podía cocinar todo mundo iba y comía. Eso era bueno, me caía bien, porque había comandantes humillantes y allí les tocó hacer cola para coger un plato.

Pasó el día 10 de abril, se fueron los civiles. La noche llegó bajo la pesadilla de que nos bombardearan, que nos atacaban.

Miguel Ángel Cubillos Castro

Los hombres que encontramos en la Quinta División estaban borrachos en su mayoría. Nos recibieron a Julio Roberto Salazar Ferro y a mí, con gritos de «traidores» y otros insultos. Era imposible argumentarles. Terminé insultándolos también; su insurrección no había pasado de ser una vociferante borrachera, y ahora continuaban allí agitando armas y sin darse cuenta siquiera de que estaban rodeados por tanques del ejército. Cuando bajaba la escalera para abandonar el cuartel de policía, dos muchachos de veinte años, cada uno de los cuales tenía un fusil en la mano, se acercaron para hablarme. Uno de ellos vestido con una chompa de cuero negra y un acento antillano, me dijo: «Ustedes tienen razón, toda la razón. Nosotros acompañamos anoche al pueblo en su lucha pero este, sin dirección ni control de nadie, se dedicó a beber y a robar y perdió su oportunidad. Ya sería suicida cualquier resistencia». Años más tarde, y por pura casualidad, reconocí al muchacho de la chompa de cuero negra por una fotografía que se publicó en una revista de Caracas y que había sido tomada el 3 de abril en el parque Santander. Era Fidel Castro.

Plinio Mendoza Neira

Cuando yo miro el terreno, porque siempre he tenido algunas ideas de tipo militar, resultado fundamentalmente del estudio de la historia de las guerras y todo eso, yo veo que aquello está perdido. Porque la División está en una falda, detrás está una loma y detrás la loma de Monserrate. Yo hablo con el comandante otra vez y le digo que en esa posición si le hacen un ataque desde arriba a la fortaleza están perdidos y que hay que proteger las alturas que están detrás de eso. Le pido una patrulla, le digo que si me da la misión yo le protejo las alturas. Él me da una patrulla, no muy numerosa, como siete u ocho, me dio una escuadra el jefe de la policía.

Yo no sé si te voy a contar todas las anécdotas. Pero entonces voy con mi patrulla, tomo posesión de las lomas entre la División y el cerro de Monserrate. Realmente la misión mía era tomar la altura, yo esperaba un ataque. Me lo paso el día 10, patrullando las alturas que están entre el cerro de Monserrate y la División de Policía.

Pasaron distintas cosas. Recuerdo que voy un poco hacia el sur haciendo un recorrido para ver si venía una tropa enemiga en aquella dirección. Recuerdo que en un momento dado veo un carro que está doblando un camino, un carro que dobla una esquina. Le digo que se pare, no se para, sigue, no me fío, corro y me encaramo en una alturita que estaba en la curva para ver. El tipo después que hace la curva se escucha un ruido fuerte, choca el carro, se tira, yo le doy el alto, le digo: «¡Párate! ¡Párate!», no se para, no le tiré porque me di cuenta que era un hombre que no estaba, armado, pero yo me imaginé que era un espía, me imaginé que estaba espiando por ahí. Había varios bohíos por aquella loma, todo el mundo tenía vino, víveres, tenían de todo, el día anterior se habían abastecido. Todo el mundo muy amable, brindaban comida, vino, brindaban todo. Muy amables todos los campesinos que estaban en los altos por donde yo estaba patrullando. En esa época había muy pocas casas, yo diría que allí había en total de catorce o quince bohíos aislados. Yo visité distintos bohíos de los campesinos. ¿Tú sabes lo que estaba haciendo el hombre que yo creía que era un espía? Tú no me lo crees, eso no me lo vas a creer ni tú ni nadie, porque yo después averigüé con los vecinos, pregunté si habían visto al hombre por ahí. La ciudad ardía, estaba ardiendo, era humo por todas partes, se sentían disparos por todas partes. El hombre el día 10, había salido con dos prostitutas de la ciudad y se había ido para aquellas lomas, con la ciudad ardiendo, había ido allí con dos prostitutas, sencillamente el hombre se estaba divirtiendo. Eso me dijeron los campesinos. «Está culeando, culeando aquí con dos prostitutas». ¡Nunca había oído esa palabra! Yo averigüé, un tipo loco, tú te imaginas la ciudad ardiendo, la guerra andando y él con dos prostitutas por las afueras de Bogotá, el hombre que yo creía que era un espía.

Después pasaron tres aviones, sobre la posición que nosotros teníamos, la patrulla, no sabíamos con quién estaban los aviones. Siempre había la esperanza, sin saber si los aviones estaban con la revolución o con el Gobierno. Los tres aviones dieron vueltas y más vueltas por allí y nada.

Allí estuvimos todo el día. Hice algunos disparos, no sé si vale la pena decir, contra el Ministerio de Guerra. Desde mi posición veía el Ministerio de Guerra, e hice unos cuatro o cinco disparos ya a las tres de la tarde o a las cuatro. Ya a esa hora ni llegaba ejército ni llegaba tropa. No se apareció ninguna tropa enemiga por todas las alturas aquellas, en el día entero que estuvimos allí. Yo hice algunos disparos contra un edificio, que imaginé que era el Ministerio de Guerra. Era el único objetivo que estaba al alcance de mi fusil. En un momento tuvimos un conflicto serio, el único serio. Eran como las cuatro de la tarde cuando de repente vemos unos hombres, una patrulla con fusil-ametralladora y yo pregunto qué está pasando. Ellos, dicen que están atacando la Quinta División. Entonces yo les exhorto a que no se vayan, que no abandonen, que vamos para allá, que no pueden dejar a la gente abando- nada. Los tipos hicieron así con su fusil-ametralladora apuntando hacia noso- tros y se encararon. No pude pararlos porque mientras yo estaba discutieron con ellos, diciéndoles que no se fueran, que regresaran, ellos súbitamente se encararon, casi nos disparan, casi nos matan. Yo les persuadía, mientras ellos estaban llenos de pánico resueltos a irse, se encararon y se fueron.

Yo voy a la División con la patrulla, como decían ellos que la estaban ata- cando, regreso a la División y no están atacándola, falso. Por el contrario, ha salido una patrulla de la División que va hacia un edificio, creo que era una iglesia donde se habían parapetado unos tiradores. Hay una gente para- petada y sale una patrulla que va a combatir contra una gente que está para- petada en una torre. Yo fui con ellos, atravesamos unas calles muy pobres. Primero que nada nos encontramos con una serie de fábricas de ladrillo que había por ahí, hornos, tejares. Me encuentro un niño que recuerdo que se acerca a mí, el padre había muerto por una bala perdida y el niño me habla con una voz desgarrada, como pidiéndome ayuda, decía: «¡Han matado a mi papá!». «¡Han matado a mi papá!» y lloraba, era un niño como de seis o siete años. Allí en una de las calles tenían al hombre tendido, un civil que había muerto.

Fuimos hasta las torres, cesaron los disparos y luego volvimos a la Divi- sión. Paso la segunda noche en la División, la noche del 10 al 11.

Fidel Castro

11 de abril
Las emisoras

Aquí la Radio Nacional. Al micrófono, el doctor Montaña Cuéllar. «Quiero hacer saber a los dirigentes de la Unión Sindical Obrera de Barrancabermeja, que he estado conversando con el doctor Darío Echandía, jefe del liberalismo y actual ministro de Gobierno, y con el señor general Ocampo, ministro de Guerra, quienes se encuentran presentes conmigo en los transmisores de la Radiodifusora Nacional, y puedo asegurarles en su nombre, que el ejército no tiene ninguna instrucción de atacar a los obreros que se encuentran en paro de actividades y que por el contrario tiene órdenes de permanecer en su sitio, mientras los trabajadores se mantengan en la pacífica actitud que han observado. Las noticias divulgadas por aviadores, mediante hojas volantes, carecen de fundamento y así lo ha hecho saber el ministro de Guerra, con orden que se abstengan de repetir dicha propaganda. Por tanto, encarezco a los trabajadores petroleros de Barrancabermeja, que tantas y repetidas pruebas han dado de su celo por la defensa de los intereses nacionales vinculados a la Concesión de Mares, se abstengan de todo acto que pueda causar daño a las instalaciones o maquinaria que como ellos saben, constituye patrimonio de la nación que los colombianos debemos proteger y resguardar...

El doctor Diego Montaña Cuéllar, acaba de dirigirse a los obreros y trabajadores de Barrancabermeja...

Estas son las estaciones de la Radiodifusora Nacional...

—El ministro de Gobierno, señor Echandía, hace saber a todas las organizaciones obreras y sindicales del país, que en este momento acaba de concluir una reunión a la que asistieron la dirección nacional provisional del liberalismo, el presidente de la Confederación de Trabajadores Colombianos (CTC) y varios líderes y dirigentes sindicales, reunión en la cual, de común acuerdo se determinó suspender en todo el país el paro de actividades obreras que se venía realizando.

A este acuerdo se ha llegado después de considerar amplia y detenidamente las conveniencias nacionales. Las del liberalismo y la mejor garantía de los derechos e intereses de los obreros. Darío Echandía hace estas declaraciones, comisionado por los asistentes a la reunión en que se llegó a la determinación antes dicha. Y autorizado para ello, por quienes tomaron parte en las deliberaciones...

Por su parte, la Confederación de Trabajadores de Colombia (CTC) y la Federación Nacional de Ferrovías, expidieron una resolución por medio de la cual, teniendo en cuenta que desde el viernes de la semana pasada todo el pueblo trabajador se hallaba constituido en paro general como protesta por el asesinato del doctor Jorge Eliécer Gaitán, jefe del liberalismo e insignia de la democracia, el pueblo liberal y sus organizadores sindicales respaldan íntegramente al doctor Darío Echandía, lo señalan como un exponente y garantía de la tranquilidad social. Se resolvió:

—Ordenar el regreso al trabajo de todos los trabajadores y contribuir así a la normalidad jurídica y social de la República.

—Solicitar de todos los trabajadores el rendimiento máximo de su capacidad laboral, para adelantar el progreso y el orden del país, constituyendo a los trabajadores en guardianes de la normalidad nacional y pidiéndoles que sean inflexibles con quienes, de cualquier manera, traten de sabotear las actividades nacionales con premeditados fines antisociales y la regresión política.

En la misma resolución se informa al país, que desde la una de la mañana del día dieciséis de los corrientes, todos los centros ferroviarios y fabriles deberán estar en pleno funcionamiento...

Este documento concluye con un llamamiento a los obreros, para que como un homenaje al gran dirigente desaparecido, colaboren tesoneramente al restablecimiento inmediato de la tranquilidad social y jurídica y el progreso económico de la República [...].

Las noticias llegadas del Departamento del Valle demuestran que la normalidad se ha restablecido en la totalidad de los municipios, inclusive en los ocho a que se refirió el boletín de ayer y que estaban en condiciones irregulares.

Por medio del decreto, que se leerá dentro de breves minutos, el Gobierno creó una junta informadora de daños y perjuicios, integrada por el señor

Ministro de Hacienda, el Alcalde de Bogotá y sendos representantes de la banca, del comercio y de las compañías de seguros.

El objeto de esta junta es levantar una información completa y detallada sobre las personas afectadas de los sucesos de la semana pasada, sobre la cuantía de los daños sufridos, y en general sobre todos los demás factores que permitan apreciarlo...

El doctor Alfonso Araújo, director de la Radiodifusora Nacional, acaba de leer un boletín informativo sobre la situación general del país...

Decreto número 1242 de 1948, abril 11; por el cual se honra a la memoria de distinguidos oficiales del ejército. El Presidente de la República de Colombia, en uso de sus facultades legales y considerando, que el capitán Mario Serpa y los tenientes Álvaro Ruiz Holguín y Gustavo Silva, rindieron sus vidas por la patria en defensa de sus instituciones. Que el capitán Serpa y los tenientes Ruiz Holguín y Silva, a lo largo de la carrera militar, se distinguieron por su decoro, compañerismo, valor y lealtad, virtudes estas que constituyen la personalidad del auténtico soldado colombiano, decreta:

Artículo primero: El Gobierno nacional, honra la memoria del capitán Mario Serpa y de los tenientes Álvaro Ruiz Holguín y Gustavo Silva; presenta sus nombres al respeto de la Nación entera como ejemplo de pundonor militar y lamenta que al ejército en esta hora de prueba para nuestra democracia, se le ha privado de tan valiosas unidades...

Artículo segundo: Los gastos de las exequias del capitán Mario Serpa y los tenientes Álvaro Ruiz Holguín y Gustavo Silva, serán por cuenta del Estado y en ellas se les rendirán los honores militares correspondientes a su jerarquía...

Artículo tercero: Sendos ejemplares autógrafos de este decreto, serán puestos en manos de los familiares de los extintos, por comisiones designadas entre sus compañeros de armas.

Comuníquese y publíquese. Dado en Bogotá, a 11 de abril de 1948. Mariano Ospina Pérez. El ministro de Gobierno, Darío Echandía. El ministro de Hacienda y Crédito Público, José María Bernal. El ministro de Guerra, teniente general Germán Ocampo...

Después de haber sido consolidada en forma total, la tranquilidad en todo el país, estamos en capacidad de informar que desde las ocho de la mañana de hoy, han quedado restablecidas todas las actividades en la ciudad y que dentro de la más absoluta tranquilidad, el tránsito se sucede normalmente por todas las calles...

El ejército ha tomado bajo su control la vigilancia de la capital, ordenando el tránsito de peatones y vehículos, especialmente de aquellos que cumplen la distribución de víveres que están entrando a la ciudad y asegurando a la ciudadanía la más estricta vigilancia, para evitar la especulación...

Desde el Palacio de la Carrera, la Radiodifusora Nacional está presentando un nuevo boletín de noticias...

—Continúan llegando a la Presidencia de la República numerosos mensajes, tanto del interior como del exterior, en los que se expresa al gobierno nacional, aplausos y adhesión por las medidas adoptadas para restablecer el orden en todo el territorio del país y se aplaude entusiastamente el restablecimiento de la tranquilidad...

A continuación informamos sobre algunos de los referidos mensajes. El doctor Víctor Raúl Haya de la Torre, distinguido hombre público y jefe del Partido Aprista Peruano, se ha dirigido al presidente Ospina Pérez en los términos:

—Nueva York. Excelentísimo presidente Ospina Pérez. Bogotá: En estos momentos dolorosos, para Colombia y América, exprésole señor Presidente, profunda simpatía y solidaridad, ratificando mi confianza, en egregios ejemplos democráticos que siempre supo ofrecer gran pueblo colombiano, en horas decisivas.

Cordialmente, Haya de la Torre...

Figuran entre otros, los siguientes mensajes enviados al gobierno nacional por funcionarios colombianos en el exterior:

—El señor Embajador en Washington, dice en comunicación acabada de llegar: Washington. Presidente Ospina. Bogotá.

En su Excelencia, habló la patria, la que fue concebida en el dolor, sostenida con el sacrificio y esclarecida con la virtud de sus próceres, entre quienes figuran los que dejaron a su Excelencia un nombre que en el momento de la prueba definitiva, no se deslustra, sino que se exalta, para honra y restauración de Colombia martirizada.

Compatriota y amigo, Gonzalo Restrepo Jaramillo. Embajador de Colombia.

La Quinta División

El 11 de abril sabíamos que estábamos manos abajo, humillados. Nos dijo el capitán Tito Orozco: «En estos momentos va a venir una comisión de generales al cuartel a convencerse —porque yo los tengo convencidos— que la gente que está aquí no ofrece ningún peligro. Ellos vienen, acaban de nombrar de director de la policía nacional al coronel Régulo Gaitán y ministro de Gobierno al doctor Darío Echandía. Él va a venir y con él el teniente general Germán Ocampo, el general Vanegas para hablar con ustedes. Ellos están intercediendo con el Presidente para que no se tomen represalias contra ustedes y que vengan y se convenzan de que es un personal que no ofrece ningún peligro y que estamos dispuestos a seguir en la policía como íbamos».

Habló el capitán Tito Orozco y nosotros nos silenciamos, nos conformamos con que no nos maten ni nos lleven a la cárcel. Eso sí, algunos compañeros de más antigüedad le dijeron: «Mi capitán, pero es mejor que nos maten y no que nos saquen de aquí para la cárcel». El capitán dijo: «No, no. Es que no nos va a suceder nada, incluso prometen que no nos van a botar, ni van a tomar ninguna represalia contra nosotros, no tenemos nada que temer, esperemos a que lleguen».

Evidentemente alrededor de las once de la mañana llegaron. Llegó el teniente general Ocampo, llegó el general Vanegas, llegó el doctor Darío Echandía y llegó Régulo Gaitán. Entraron al cuartel, tranquilamente, sin armas, sin tono de arenga ni nada, muy formales. Todos estábamos en el patio, el capitán Orozco nos formó, le dio parte común y corriente a Régulo Gaitán, luego él le trasmitió al doctor Darío Echandía. El primero que nos habló fue el doctor Echandía. Él nos dijo en palabras muy textuales: «Señores agentes de la policía nacional, yo recorrí toda la Europa pasada la Segunda Guerra Mundial y nunca vi destrozos tan graves, tan tristes y tan amargos como los que acabo de ver aquí en Bogotá. Por lo tanto, viendo este desorden y esta calamidad, me he visto obligado a aceptar el Ministerio de Gobierno para lograr poner el país en calma. Les prometo a ustedes señores agentes de la policía nacional, que mientras yo esté frente al Ministerio no permitiré que se cometan represalias contra ustedes. Serán respetados y conservarán sus puestos». Cuando él nos habló así, tomó la palabra el general Vanegas y dijo: «Soldados, yo soy un soldado compañero de ustedes, y les pido calma, les pido que atiendan aquí al coronel Régulo Gaitán que les va a hablar, les va a tomar un juramento».

Enseguida tomó la palabra el coronel Régulo Gaitán y nos dijo: «Señores, para probar que ustedes son leales al Gobierno voy a tomarles un juramento. ¿Ustedes juran fielmente a Dios nuestro Señor reconocer al Presidente legítimamente constituido, doctor Mariano Ospina Pérez?». ¡Esa fue nuestra condena, porque ninguno dijimos nada! Todos quedamos en silencio, ninguno dijo nada.

Allá un capitán que no recuerdo quién era, no Tito Orozco porque él permaneció sereno, ¡qué hombre tan sereno, tan tranquilo! Él permaneció callado con los generales. Pero hubo un capitán que nos hacía señas que dijéramos que sí, nos hacía entender que hipócritamente dijéramos que sí, pero ninguno dijimos nada.

Ya había bajado mucho el personal. Había unas mil personas, tal vez no se completaban. El patio era inmenso. Nosotros no dijimos nada. El coronel Régulo Gaitán tres veces repitió la frase, por último dijo: «¿Señores, prometéis a Dios y a la patria cumplir con vuestros deberes tal como debéis?». Allí sí contestamos que sí. Pero lo que le desagradó a él y lo que nos condenó a nosotros, fue no haber contestado que sí reconocíamos a Ospina Pérez como Presidente. Ese fue el error nuestro o si no hasta hubiéramos quedado reencauchados, seguro que sí, en la policía. Después del juramento el coronel Régulo Gaitán, cargó la cabeza sobre el hombro e hizo una mueca, y dijo: «De todas maneras les dejo de comandante al mayor Polanía Puyo. Él queda de comandante y ustedes estarán atentos a sus órdenes». Salieron el ministro Echandía y los generales.

Miguel Ángel Cubillos Castro

La Ciudad

Mi papá dijo que fuéramos a buscar comida a Bosa, donde vivía mi abuelo; nos fuimos y aprovechamos de paso para ir a la carrera décima con calle novena, él tenía un almacén de calzado, lógicamente eso lo saquearon y no quedó un zapato.

La carrera séptima presentaba el aspecto de una ciudad bombardeada porque como eran construcciones viejas, con la lluvia los escombros cayeron sobre la carrera séptima. Estaba prácticamente obstruido el paso desde la calle veintidós como hasta la calle diecisiete o dieciocho. En ese recorrido uno veía a los polacos llorando.

Exactamente en la calle dieciocho con carrera séptima existió una cosa que se llamaba El Hospicio. Había una capilla, era un edificio de toda la manzana, de tipo colonial. La iglesia la destruyeron totalmente y había una plazoletica frente a la iglesia y los lustrabotas tenían sus sillas para que la gente fuera. Me acuerdo que había un santo, un Cristo que lo sentaron sobre el andén, le quitaron la ropa y le cruzaron, las piernas. Estaba cruzado de piernas. Era un Cristo de tamaño natural, desnudo, triste.

Nosotros seguimos por la carrera séptima y bajamos por la calle dieciséis, bajamos y cogimos la carrera octava y ya había ejército, el que habían traído de tierra caliente; calentarnos con manga corta aguantando frío y en los barrios les ofrecían tinto pero ellos no recibían nada porque tenían esa orden.

Íbamos por la carrera octava entre quince y dieciséis y por ahí quedaba el Banco de la República, eso lo custodiaron y tenían apostados dos soldados sobre la carrera octava y a todo el que pasaba cerca le tiraban. Por simple preservación uno se iba recostado contra la pared. Yo iba con mi papá y él iba como a un paso muy rápido y él me decía: «No se arrime, no sea pendejo». Yo le decía: «Yo no voy a poner el pecho para que me maten». Él me dice: «Pues váyase usted adelante que lo maten a usted, no pasa nada si lo matan a usted pues yo soy el que respondo por la casa», me dice eso el viejo.

«Fui para llevar una estadística, se calculaban más de tres mil muertos...».

Seguimos, bajamos y por la calle trece con carrera octava y novena, costado oriental, quedaba Carvajal, y sobre el andén había un sombrero que se veía que era de un hombre del pueblo, el sombrero estaba todo agujereado y al pie del sombrero toda la masa encefálica, impresionante.

Nosotros seguimos, se oía de lejos, después de Muzu que quedaba el retén de Bogotá, se oía el tableteo de las ametralladoras, de los fusiles, los morteros y se veía el humo todavía, como se veía el 9 de Abril; uno miraba el cielo y se veía rojo por los incendios, se veía un cielo rojo.

Después vino el regreso por la tarde. Entramos por el cementerio y se veían esos pasadizos llenos de cadáveres. Eso realmente era impresionante, porque después de dos o tres días a la gente que murió en diferentes partes la fueron recogiendo y la llevaron al cementerio. Los pasadizos estaban llenos, llenos.

Empezaban a descomponerse los cadáveres, se inflaban mucho y vi por lo menos tres o cuatro mujeres con sus hijos de brazos, su pañolón, muertas con la criatura, y particularmente todos tenían despedazada la cabeza, la gran mayoría; los cuerpos estaban más o menos.

Se hizo una fosa común. Un muchacho se untó hasta el alma cogiendo los muertos para echarlos en la fosa común.

En esos tres días no hubo contacto con ninguna dirección. Con los otros gaitanistas se trataba de ordenar las cosas, pero nadie escuchaba nada. La noticia de los arreglos de Palacio cayó muy mal, se consideró como una traición. Se pensó que se habían vendido. Se controló la situación pero haciendo uso de las armas. A partir del 11 surgió una lucha entre el directorio gaitanista y Carlos Lleras, contra los que se vendieron en Palacio, contra los que traicionaron a Gaitán. Esa batalla entre el antiguo directorio nuestro y el nuevo movimiento de Carlos Lleras se hizo a través de hojas volantes, discursos en Últimas Noticias. Eso duró casi todo el mes siguiente.

Nosotros nos pusimos a organizarnos nuevamente en el sentido político, pero siempre contra la dirección liberal. Conservando y unificando el antiguo gaitanismo se logró hacer algo. Carlos Lleras tuvo que llamar, casi humillándose, a Jorge Márquez, a Restrepo Gaviria y a otros. Más tarde, la antigua dirección gaitanista desapareció del mapa.

Gabriel Muñoz Uribe

Cuando yo supe por Manuel Ache que el cadáver de las dos corbatas estaba en la galería oriental del cementerio, hacia la mitad, me fui a recorrer el cementerio y encontré al hombre de las dos corbatas con su jirón de calzoncillos entre las piernas. Muchos de los muertos estaban vestidos. Pero este era identificable porque estaba desnudo y con las dos corbatas. Todavía no había mucha gente identificando a los muertos esa mañana. Me encaminé hacia el cadáver, yo iba armado de un poquito de tinta de imprenta, que llevaba en una caja de fósforos y en cualquier parte le tomé la huella del pulgar derecho al hombre. Porque yo tenía las huellas de los pulgares derechos de unos pocos Juanes Roa, reducidos a media docena.

Bueno, la dactiloscopia necesita de un poco de observación y como se trataba de una sola huella me puse a comparar con el auxilio de una lupa, obra de diez minutos, y dije emocionado: «¡Carajo, este es!». Esto coincidió con que el dactiloscopista que había asistido al levantamiento del cadáver, apareció con la necrodactilia y era el mismo hombre. Y en la primera edición de *El Espectador* del día lunes, se publicó el retrato de Roa Sierra tomado de la cédula, el único retrato nítido que existe de él.

Felipe González Toledo

El agregado militar de nuestra delegación diplomática entró al hotel a buscarnos a nosotros, principalmente a mí, porque me conocía; habíamos sido miembros de la delegación de Guatemala el año anterior, en Río de Janeiro, cuando el Tratado de Río de Janeiro, venía a sacarnos en un tanque del ejército colombiano. Yo agradecí este gesto y dije: «Qué bueno es el ejército colombiano, nos viene a rescatar». Nos metieron en el tanque y recorrimos gran parte de Bogotá y por las mirillas —yo había estado en Londres tres años antes, a raíz de los bombardeos alemanes, de la Segunda Guerra Mundial y tenía muy viva la imagen de los escombros de Londres por los bombardeos alemanes— inmediatamente asocié Bogotá a este momento.

Me dio la impresión de haber sido bombardeada. Nos llevaron al edificio Carrera Rojas, luego nos transbordaron a automóviles y directamente al aeropuerto de Techo. Comencé a pensar: ¿Y eso qué es? No nos llevaron con los pasajeros. Cuando me di cuenta estaba metido en un avión militar norteamericano y cuando llegué a sentir cerca la tierra, habíamos aterrizado en Fort Plaiton, en Panamá. Allí estuvimos quince días presos, nunca

«...tenía muy viva la imagen de los escombros de Londres por los bombardeos alemanes— inmediatamente asocié Bogotá a este momento».

nos interrogaron, no nos trataron mal, bien tampoco, por supuesto. A los quince días más o menos nos depositaron fuera de la zona y nos mandaron a nuestro destino y así terminó la aventura del Bogotazo para mí. Lo que sí alcancé a recoger el 10 de abril fueron unas hojas, después aparecieron, en que aludían a los comunistas o estudiantes y comunistas, no me acuerdo muy bien... se repartió como hoja suelta, eso sí atacando a los estudiantes de la conferencia, culpándolos de haber realizado la conferencia estudiantil para promover los disturbios del 9 de Abril.

Manuel Galich

El diez es un día largo, en que no sabemos qué hacer, estamos en el lado medio de la ciudad. Ese día yo no salí, salí allí en un círculo muy cerrado y con mucho cuidado, con la esperanza que aparecieran los otros cubanos; porque los dos mexicanos y Ovares eran tres personas que se habían reducido a unos montoncitos en rincones, no hacían nada, estaban en cuerpo ahí, apretujados, sin hablar. Era una situación así y yo no tenía iniciativas, no tenía experiencia, no tenía claridad en lo que debía hacer. Es decir, con la aparición de Fidel fue, yo no sé cómo había llegado pero había logrado llegar a la Embajada cubana, hasta el Consulado cubano.

Mira, Fidel viene en un carro de un funcionario de la Embajada. Venía un camarógrafo que se empeñó en tomarnos en película, nos filmó, probablemente nos fotografió, no lo recuerdo, pero nos filmó ahí entre las ruinas. Fuimos a distintos lugares, pero siempre en el área que estaba más calmada. Ese camarógrafo hizo un fraude porque compró en ochenta dólares su película a un aficionado que filmó durante los acontecimientos. La montó con estas filmaciones que él hizo de nosotros y lo convirtió en un reportaje que vendió en Cuba y fue un acontecimiento. Yo, setenta y dos horas después estaba viendo la visión misma de Bogotá en ruinas en una película. La película existe, pero le faltan partes y es de suponer que este camarógrafo que se fue de Cuba, porque después se descubrió incluso que era un agente de Batista, un agente de la dictadura, probablemente se voló, pero en ningún archivo aparecen los fragmentos que yo recuerdo haber visto.

Ya te dije antes, porque no era más que la ratificación de una ciudad desolada y en ruinas. Es como si por aquella ciudad limpia, cuidadita, repintada, en calma, con sus librerías, sus cosas; todo preparado para lucir bien, hubiera pasado un terremoto y un temporal al mismo tiempo sobre ella. Una tristeza inmensa, una desolación total en su ciudad. Es decir, escombros en su suciedad. Somos Fidel, Del Pino y yo los que hacemos esto. Salimos de la pensión San José y vamos al hotel de Fidel, donde cambiamos a la izquierda, pero parece mentira que después de tantos años yo diga a la izquierda y entonces, no sé si en línea recta o bien, en otra forma, pero no es mucha la distancia, encontramos una calle un poquito más ancha, que antes de llegar al hotel. Y ya están sacando otra vez el periódico. Es decir, en ese momento está saliendo otra vez el periódico. Empieza incluso a sacar ejemplares. Entonces nosotros vamos a atravesar la calle, que es ancha, pero que es relativamente más ancha la calle por la que íbamos; en una calle hay como la torre de una iglesia, de un convento o de un edificio tipo iglesia; desde esa torre tiran. Ese día que puede ser el once —yo creo que tiene que ser el once o tal vez el mismo diez por la tarde, no estoy seguro—, se acordona la gente para advertirle a la demás que viene que están tirando, todavía están tirando, porque yo los veo físicamente, yo veo la torre, alcanzo a ver la torre desde donde están tirando pero no veo personas. Todo el mundo dice que son curas los que están tirando. Nosotros logramos pasar hacia el hotel corriendo además, pero no sé cómo era que advertían a la gente. Había como un sistema de autoprotección de los transeúntes. Fuimos al hotel a recoger algo de Fidel, creo que las maletas, él estaba interesado en algo particular. Aparecieron las maletas, unas maletas rectangulares, pero de esas de tipo muy angular, grande. Y salimos de aquel lugar.

Alfredo Guevara

Al amanecer del once se está hablando mucho de que hay un acuerdo, se empieza a hablar de que hay un acuerdo entre el Gobierno y las fuerzas de la oposición. Yo recuerdo que tenía mi fusil y además tenía una espada, un sable. Yo no sé de dónde lo saqué. Me quedaban unas nueve balas y un sable. Mi capote de policía, mi boina tipo miliciano, que era una gorra sin visera, y la espada.

Se empieza a hablar, se produce un relajamiento y se habló a toda la tropa de un acuerdo que se había producido con el Gobierno, que se iba a llegar a la paz. Pedían que los policías se quedaran acuartelados, que los fusiles se entregaran, que los civiles volvieran a sus residencias. A mí todo el mundo me había tratado muy bien desde que llegué, no sé, tal vez con cierta admiración de ver al cubano allí, de verlo entre ellos con la disposición de luchar, todo eso les hizo buena impresión. En el momento de despedirnos en la mañana, yo quería llevarme un recuerdo de todo eso, el sable quizá, pero me dijeron que no, ni siquiera eso. Eso no fue un arreglo, fue una gran traición, en mi opinión se traicionó al pueblo. Se le habló a la gente de un arreglo, no había tal arreglo. Yo entrego mi fusil el día once como al mediodía. El otro cubano me lo encuentro que llega por ahí, había pasado una serie de vicisitudes, de milagro no lo habían matado, había ido a parar a la misma División. Como a mediodía, fuimos caminando para el hotel, otra vez fuimos caminando tan tranquilos, porque se había producido la paz, un acuerdo nacional. Cuando nosotros vamos hacia el hotel, sin embargo, veíamos que seguían los disparos en muchos sitios. Pudimos ver cómo a muchos revolucionarios que se habían quedado aislados, los fueron cazando uno a uno, francotiradores que se quedaron aislados. Se metían en una torre y se veía al ejército cazando uno por uno a los francotiradores que se quedaron aislados, mataron a muchos combatientes. En mi opinión, el arreglo que se hizo no fue sobre bases justas o de garantías a la gente, sino realmente lo que ocurrió fue que después que se hizo el arreglo, después que depusieron las armas, empezaron a cazar a los revolucionarios por toda la ciudad. Cuando nosotros llegamos al hotel es cuando nos damos cuenta de que nos están acusando a nosotros los cubanos, dicen: «Pero ustedes ¿qué hacen aquí? Todo el mundo los anda buscando», dicen: «¿Ustedes son los cubanos?». Ya los cubanos éramos famosos en ese momento, cuando llegamos al hotel. Había conservadores también en el hotel y se nos buscaba como los responsables de todo aquello. Nosotros sin un centavo, sin conocer una sola dirección, fíjate en la situación nuestra, sin un centavo y sin conocer una sola dirección en Bogotá. Eran como las dos de la tarde o las tres.

Salimos a la calle, estuvimos viendo cómo se producían algunos combates de francotiradores contra el ejército y fuimos para la casa donde estaban Ovares, que era el presidente de la FEU, y Guevara. Vamos allí, ellos habían permanecido en la casa de huéspedes. Nos reciben bien los dueños de la casa y nos prometen albergarnos allí porque a las seis de la tarde era el toque de queda. A todo esto yo había llegado allí con el apasionamiento de todo lo que había visto, estaba un poco exaltado. Primero el asesinato de Gaitán, después todos los combates, el pueblo sublevado, toda la tragedia que había ocurrido, el acuerdo y la traición. Pero da la casualidad de que el dueño de la casa de huéspedes donde estaban los otros dos cubanos —donde ya habíamos acordado que nos quedábamos los cuatro y nos daban comida, nos daban albergue— era conservador. Nosotros no habíamos dicho nada, ya cuando llegamos ahí íbamos vestidos de civil, desarmados, y entonces el hombre empieza a decir horrores de Gaitán y de los liberales. Yo pierdo la paciencia y cometo el error, después de las cinco y media de la tarde, a pocos minutos del toque de queda, le digo que estaba equivocado, que esa gente estaba oprimida, que eran luchadores, que su causa era la causa justa, que habían luchado. Me exalto y contradigo al hombre, y defiendo a la gente que estaba atacando. El hombre dice entonces que no nos podíamos quedar allí. Éramos realmente inmaduros para cometer el error de entablar una polémica con el dueño de la casa, eran las seis menos veinticinco de la tarde y el hombre decide que teníamos que irnos. Irnos era la muerte. Salimos de la casa, caminamos, nos acercamos a un hotel que era donde se alojaba mucha delegación, que está cerca del centro, el hotel más importante, un hotel blanco que estaba cerca del centro. Yo creo que era el Granada, uno de los dos hoteles. Faltaban cinco minutos para el toque de queda, cuando va saliendo la máquina de uno de los argentinos que nosotros habíamos conocido en la organización del Congreso, Iglesias se llamaba el argentino, está saliendo en un carro diplomático uno de los que había estado en la Conferencia Panamericana. A todo esto estaban buscando a los cubanos por todos lados.

Paramos el automóvil de Iglesias y le dijimos la situación en que estábamos, el toque de queda y tal, y él dijo «¡Monten!». Y nos montamos en la máquina diplomática en donde estaba Iglesias. Nos recibe diciendo: «En qué lío os habéis metido, en qué lío os habéis metido». Esas son las palabras con que nos recibe Iglesias: «Qué lío, suban, yo los llevo al Consulado de Cuba». Fue donde nos llevó esa noche. Él nos llevó al Consulado. A todo esto nosotros éramos enemigos del Gobierno de Cuba y nos llevaron al Consulado de Cuba. Para que tú veas lo que son las paradojas de la historia. Dan las seis, toque de queda, todo el mundo armado hasta los dientes, registro a todos los carros. Decían: «¿Diplomático? ¡Pase! ¿Diplomático? ¡Pase!». Llegamos como a las seis y diez al Consulado cubano. En el Consulado cubano éramos famosos ya, porque estaba todo el mundo buscando a los cubanos

«...se veía al ejército cazando uno por uno a los francotiradores que se quedaron aislados, mataron a muchos combatientes...».

y nos recibieron de lo más bien. ¿Sabe quién era el cónsul? Un señor de unos sesenta y cinco años de edad, se veía un hombre muy noble, la señora se veía una señora muy afectuosa también. Nos reciben. Ese hombre era hermano de quien después fue jefe del ejército de Batista. Tabernilla se llamaba el cónsul, pero el hombre más bondadoso que te puedas imaginar. Era hermano de un viejo militar, que había estado con Batista antes, y que después fue el jefe del ejército de Batista y un gran esbirro, fue el jefe del ejército de Batista durante nuestra guerra, y quien me recibe entonces es su hermano Tabernilla, hombre de carrera diplomática, de muchos años, pero sobre todo un hombre muy bondadoso. Esto es el día 11 por la noche.

Ante los acontecimientos ocurridos, el Gobierno de Cuba había enviado un avión militar, había unos militares allí, comandantes, capitanes, pilotos, están allí. Creo que había dos aviones, uno que había ido a buscar unos toros a Colombia para una corrida, unos toros de lidia y otro avión militar que había ido con esa tripulación ante los acontecimientos porque había una delegación cubana en la Panamericana. Estábamos ahí cuando se produce un tiroteo fuerte, fuera del edificio, nosotros que llevábamos cuarenta y ocho horas oyendo tiros por todas partes, vamos también a ver qué está pasando allí. Los militares decían: «No, no, los civiles no». Aquellos militares nunca habían escuchado un tiro en su vida y con gran prepotencia, no querían que viéramos qué era el tiroteo que se armó allí frente al Consulado. El hecho es que el cónsul nos dio toda la protección y nos recibieron y nos atendieron. Nosotros le dijimos de los dos cubanos, que había otros dos cubanos, ellos fueron en su automóvil diplomático a la casa de huéspedes donde estaban los otros dos cubanos, los buscaron y los juntaron con nosotros. Yo tendría que preguntarle a Alfredo Guevara a qué hora fue eso si fue por la noche o si al otro día por la mañana. Ya estábamos los cuatro, hicieron los trámites; en el avión que había ido a buscar los toros regresamos a Cuba el día 12. Hizo escala en Barranquilla el avión.

Nosotros cuando regresamos llevábamos toda la literatura, la Oración por la Paz, todos los materiales que nos había dado Gaitán, los habíamos conservado, porque los habían recogido en el hotel antes de irnos. Al anochecer llegamos a Cuba después de hacer escala en Barranquilla.

Así termina toda una sucesión de cosas casi milagrosas que pasaron allá. Pero sobre todo, como nosotros a las seis menos cinco minutos entramos al hotel Granada, de no ser así estábamos muertos, porque si a nosotros nos agarran allí nos echan la culpa de todo. El Gobierno estaba buscando la mentira de que aquello era una conspiración comunista y de extranjeros. Si nos agarran a nosotros nos hacen picadillo y nos echan la culpa de todo. La gran verdad es que nosotros no tuvimos nada que ver con aquello y lo que hicimos, como jóvenes estudiantes, como gente idealista, como gente quijotesca, que nos sumamos a la sublevación del pueblo y los incidentes fundamentales que viví son los que te he contado en esta entrevista.

Fidel Castro

12 de abril
Retratos

Me llamo como ha quedado dicho. Encarnación viuda de Roa, tengo cincuenta y dos años de edad, natural de Bogotá, de profesión oficios domésticos, sé leer y escribir, tengo tarjeta de identidad personal pero no la traje ni recuerdo su número, soy madre legítima de Juan Roa Sierra, quien he visto aparece como sindicado en estas diligencias y sin más generales de ley.

Estaba yo en el corredor de la casa mía y en la pieza siguiente, el señor Díaz tenía su radiecito puesto, yo estaba sentada componiendo una pieza de ropa, un vestido negro para ponérmele luto por la muerte del doctor Gaitán, cuando oí por la radio que el reo del doctor Gaitán era Juan Roa Sierra, es decir que el matador era mi hijo Juan. Inmediatamente me paré de ese asiento, en un golpe de angustia terrible; suspendí la costura, puse todo en mi alcoba, salí y me dirigí a donde el hijo, Vicente Roa. Me estuve sentada y quieta sin decirle nada a la familia. Cuando llegó el hijo Vicente del trabajo, lo llamé para afuera y con disimulo, para que no se enterara la familia, le dije: «¡Por Dios Santísimo Vicente! acabo de oír por la radio que quien mató al doctor Gaitán fue Juan Roa». Este hijo se sorprendió y dijo: «Qué va a ser mamá, esos son cosas de su mercé que oyó mal, sugestiones». Se quedó tranquilo, almorzó y se recostó. Por la tarde llegó Eduardo Roa Sierra, mi otro hijo, que vino a verme, él no vive conmigo, fue a mi casa y no me encontró, se dirigió entonces a donde mi hijo Vicente. Cuando llegó Eduardo, con sigilo le hice una señita, lo llamé al lado del inodoro y le dije: «Estoy aquí en una angustia que me muero, Eduardo. Sabe que por el radio del señor Díaz acabo de oír que quien mató al doctor Jorge Eliécer Gaitán, fue Juan?». Me dice entonces Eduardo: «¿Qué va a ser mamá?». Le dije que se fuera a donde Luis, mi otro hijo, a preguntarle si él había escuchado noticias del radio y si él se había enterado de algo, no fuera que yo hubiera oído mal. Eduardo se fue para donde Luis Roa Sierra y le dijo a Luis lo que yo le había acabado de decir. Me dijo Eduardo, que Luis no le había creído, que él no había oído nada; que Luis le dijo: «No seas bobo; si nosotros nunca le hemos dado un pastoreo a una persona, mucho menos ir a hacer una cosa de esas. Esas son cosas de mi mamá. No te creas que eso haya sucedido». Entonces se devolvió Eduardo en dirección a la casa de Vicente. Por el camino me parece, no tengo la seguridad, compró el periódico a ver si se enteraba de algo y dice Eduardo, que cuando abrió el periódico y se puso a leerlo, vio que estaba el retrato y aparecía el nombre de Juan Roa Sierra. Eduardo dice que leyó un trocito y se llenó de angustia el alma, entonces se dirigió a donde mi hijo Vicente. Serían como las cinco de la tarde, Eduardo me llamó con disimulo, haciéndome una seña afuera y con disimulo que no vieran los de la casa, me dijo: «Cómo le parece mamá, mire esto; lea su mercé». Yo le dije: «Lea usted porque a mí la vista no me sirve». Él leyó un pedacito y se echó el periódico al bolsillo y me dijo: «¡Ay!, mamá, ¿qué hacemos en este caso?». Yo le dije que se convenciera de que yo lo había oído por radio y que no eran sugestiones mías. Luego llamamos a Vicente y llamándolo para afuerita, nos pusimos a mirar el periódico los tres; llenos de ansiedad de mirar de arriba a abajo el periódico, Vicente se entró para la alcoba, sin atravesar palabra, yo me devolví para la casa a sacar unas piecitas de ropa, por si acaso no podía volver a entrar a esa casa, y las dejé en donde mi nuera, la mujer de Vicente. A las seis de la tarde, le dije a Eduardo que nos fuéramos para donde Luis a que viera el periódico; despidiéndome, ocultando mi terror de la familia de Vicente, me fui. Llegamos a donde Luis, mi otro hijo y Eduardo se dirigió a él, ajustó la puerta de la alcoba con mucho cuidado para que Margarita la esposa no se diera por enterada y yo me quedé en el patio, a mostrarle el periódico a Luis. Luego los vi que estaban en la angustia más terrible, me entré a llorar y toda la noche me la pasé en la alcoba llorando a gritos, sin saber qué camino coger. Sueño no tenía. Nosotros decíamos que nos iban a asesinar tan pronto la gente supiera que había sido Juan. A media noche, en la zozobra que ya había invadido a todos en la casa de Luis, dijo Luis con toda decisión que no había más remedio sino presentarnos todos ante la autoridad. Le dije a Luis que mandáramos a la casa por mi tarjeta, por unas recetas que tengo del doctor Jorge Cavalier desde 1939, él es mi médico; por unas recetas del doctor Ricardo Samper, quien ha sido el médico que ha visto a mi hijo Gabriel Roa en el asilo de Sibaté. Yo mandé a una muchacha que me trajera todo, porque no me atrevía a entrar a mi casa; yo le di las señas en dónde podía encontrar esas cosas. Ella me trajo un paquete en un talego de papel como de seda, los papeles que había dentro del cajón. Escogí las recetas del doctor Cavalier y las del doctor Ricardo Samper y los papeles restantes los puse en un taleguito entre mi ropa, esto lo hice con el fin de que vieran que soy una señora que no tengo salud, que vivo padeciendo mi enfermedad, y el pesar, el dolor de ver a mi hijo Gabriel en el asilo, que diariamente me amarga. Tenía que presentar esos papeles para que no fuera a creer la autoridad que yo soy una persona de malos procederes. En las horas de la mañana del domingo, Luis, angustiado; resolvió que nos fuéramos a presentar, pero ¿a dónde? En las horas de la mañana nos pusimos a pensar qué íbamos a hacer. A las diez de la mañana, dijo Luis que nos tocaría huir cada uno por su parte, que cada uno corriera su suerte, porque no podíamos estar por ahí a la vista del mundo, no fuera que nos conocieran y nos pudieran asesinar. Y nosotros indefensos, pagando como familia la culpa ajena. Vino entonces la muchacha de Eduardo, de nombre Julia, querida de él, y llevó mis maleticas para la pieza de Eduardo; y nosotros nos salimos de la casa de Luis a coger camino para un lado y otro, huyendo de que nos encontraran, los bochinches estaban un poquito más en calma. Ahora hemos presentado ante las autoridades nuestras declaraciones, para que hagan de nosotros lo que tengan conveniente… Señor contraje matrimonio en 1913 en la iglesia del barrio Egipto, con Rafael Roa, natural de Bogotá. De este matrimonio hubo catorce hijos que son: los dos mayores Rafael Roa y Luis Roa, los tuve antes del matrimonio, pero de mi mismo esposo; enseguida tuvimos a Gabriel Roa, después Amelita Roa, fallecida ya; luego María del Carmen Roa que también murió; María Luisa Roa que también murió, Cecilia Roa que también murió; Leonor Roa, muerta igualmente, y otra de nombre Leonor, que nació después de la primera Leonor y a la cual se le puso este mismo nombre; Vicente Roa, Eduardo Roa y José Roa, Juan Roa y otro que murió chiquito, junto con José ya citado. Todos nacieron en Bogotá. Murieron seis niñas y dos niños; quedaron seis varones que los educamos en la escuela pública; ninguno estuvo en el colegio, creo que a cada uno se le dieron unos tres años de escuela pública, el adelanto que ellos tuvieron en la vida después ha sido por ellos mismos, porque mi esfuerzo no alcanzó a más; éramos muy pobres y nuestro sustento no dependía sino del trabajo de mi esposo.

Mi esposo murió en 1927 en esta ciudad; él era cantero en trabajo de talla y fue el que hizo el frontis del Palacio de Justicia, menos las monas, y vino a morir como de los bronquios, enfermedad causada por el trabajo a que se dedicaba; también trabajó en el Capitolio, en San Francisco hizo trabajos de talla, por contrato. Mi esposo no padeció enfermedad mental alguna, pero le gustaba emborracharse con mucha frecuencia.

El hijo mayor, Rafael, lo mismo que Luis y Gabriel aprendieron la cantera, en talla, en el mismo arte que sabía el padre. Heredaron el oficio. Después viendo que este arte les acababa la vida muy pronto, tomé interés, después de muerto el padre, en que aprendieran otras artes, como la albañilería, embaldosinería; luego manejaron unas bombas de gasolina de los señores Rafael Madriñán y el señor Mejía. Más adelante comenzaron a aprender el choferismo, manejaban carros de familias honorables. Gabriel compró un carrito. Por último manejó un carro de las fábricas de La Popular; de ahí se trasladó cansado del cerebro al asilo de Sibaté, en donde se encuentra recluido desde hace ocho años, reposando sus dolores de cabeza.

Yo les quité la idea de ser canteros; siguió Rafael con el baldosín y por último hoy en día le provocó trabajar en el matadero en cerdos y corderos, oficio del cual es muy diestro. Luis estuvo trabajando en la legación alemana durante cinco años, en calidad de chofer; Vicente trabajó en albañilería y pintura, fue lo primero que aprendió, después le dio por aprender a ser chofer; el primer carro que manejó fue del Capellán del Hospital de San José, luego trabajó como chofer de los Taxis Rojos; después pasó a la empresa Gran Tax y ahorita mismo está manejando un carro no sé de qué empresa. Eduardo ha trabajado en albañilería, después en una finca un poco de tiempo y ahora le provocó ser chofer y manejar carros particulares, o un carro de una empresa, pero que tiene su dueño particular. Juan sabe la albañilería, luego aprendió donde los señores Mejía la vulcanización, trabajó también en baldosín.

Juan trabajó en la legación alemana, más o menos, como un año en calidad de portero. Allá se enfermó grandemente del apéndice y el doctor Jorge Cavalier lo operó de caridad. Tengo la cabeza como perdida por todas estas cosas. A ellos los suspendieron el día que la legación alemana tuvo que regresar a su patria; pero Juan duró menos tiempo al servicio de dicha legación que Luis. Luis fue padrino de matrimonio de un joven Víctor que estaba empleado allá, y una vez que estaban sin chofer en la legación, fue Víctor a preguntarme cuál de los hijos sabía manejar, para que le fuera a manejar el carro al señor Ministro, entonces Luis se fue a la legación a recibir el puesto de chofer. Pasó algún tiempo en que estaba Luis como chofer y necesitaron de un portero y Luis llevó a Juan para ese puesto. Yo le daba la comida, dormía allá y le veía la ropa; había veces que le daba veinte centavos o así como tuviera, para sus gastos, para los cigarrillos.

El viernes 9 de Abril salió como a las nueve de la mañana. Salió vestido de paño, un color como negrito a rayitas, zapatos carmelitos, la camisa tuvo que ser blanca o azul, ya que no tenía más; el sombrero era gris oscuro de fieltro. No se afeitó ese día, pero estaba sin barba; él se afeitaba cada tercer día, con una maquinita pequeña como limpiándose la cara. Él tenía un anillo de un metal blanco, anchito, me parece que con una herradura y —tengo la idea— que con una calavera. Cuando él compró ese anillo, le pregunté para qué había comprado eso tan ancho, y me dijo que para la buena suerte. Estaba muy fregado, ahorita mismo estaba recibiendo las clases de choferismo para buscar un porvenir. A él le gustaba estar arregladito, bañado, con sus vestidos limpios, bien planchados, con su camisa limpia; presentaba un buen aspecto en su vestir, asistía a la calle bien peinado. Era más bien imberbe, la barba era muy rala, muy escasa.

Juan más o menos tenía un metro con sesenta centímetros de alto, era moreno pálido; de complexión regular, es decir, no muy gordo, ni muy flaco, ni delgado así mucho, no; un poquito carilargo, un poquito cachetoncito; ojos regulares de color carmelito oscuro, nariz recta y de base recta; boca grande, labios gruesos; dentadura blanca de dientes regulares de tamaño y parejos; el pelo liso de color negro; tenía una cicatriz en uno de los pies, en el izquierdo creo; en la cara no tenía ninguna seña particular; los miembros eran proporcionados.

A él le gustaba asistir a las conferencias del doctor Gaitán. Asistía con frecuencia. Yo al doctor Gaitán lo conocí únicamente en retrato. Hace como ocho meses venía notando cosas raras en Juan, como por ejemplo, el creerse Santander o un personaje así como Santander; había abandonado un poco el trabajo con la idea de mejorarse, o hacerse a mayor posición; también notaba que a veces reía solo y se quedaba como pensativo, con sus propios pensamientos. Fui a donde un señor que es como adivino, y en mi presencia le examinó a Juan una de las manos y recuerdo que le dijo que él debía trabajar como en mecánica, pero no como obrero sino como director; que él viajaría, que se casaría y quedaría viudo, que su mes favorito era el de febrero y otras cosas que cayeron en el olvido de mi memoria. Lo acompañé por darle gusto y buscarle —de acuerdo con sus deseos— una orientación en su vida, un porvenir como ya lo dije. No era aficionado a las bebidas alcohólicas ni a las drogas, pues las drogas que tomaba eran recetadas por médicos, especialmente cuando tenía dolores de hígado. Hubo una época en que estuvo separado de mí; solamente hacía cinco meses que vivía a mi lado, pues antes de eso vivía con la señora María de Jesús Forero de Salamanca. Vivió con ella como tres o cuatro años, hacían vida como de casados, pues el marido de ella se fue de esa casa.

Nunca lo vi discutir sobre política ni de otro motivo, ni me pareció que se acalorara por asuntos políticos. Supe que estaba afiliado al Rosacrucismo, una cosa que yo no sé qué es, pero ni a mí, ni en mi presencia hablaba de eso, porque él sabía que a mí me disgustaba que se preocupara por cosas que no fueran de su trabajo.

Era más bien desobediente y le gustaba seguir su propia voluntad. Nunca le vi arma, ni vi que a mi casa fuera nadie a ofrecérsela.

Encarnación Sierra viuda de Roa

Me llamo Luis Alberto Roa Sierra, soy chofer de profesión, hermano de Juan Roa, presunto sindicado de esta diligencia y sin más generales de ley.

Dejamos de vernos, no recuerdo qué espacio de tiempo, tal vez unos dos o tres años, hace unos cinco meses se acercó Juan, mi hermano, a casa y me dijo que quería cambiar de profesión, que no estaba trabajando, que quería aprender a manejar, a ser chofer, yo le aplaudí la idea y le dije: «Hombre, ahorita mismo no estoy en condiciones de facilitarle plata», porque entre paréntesis, yo le ayudaba a todos los hermanos para que aprendieran a manejar y se defendieran; estuvo en la casa conmigo trabajando, unas dos o tres semanas. Un día se fue, es decir, le pagué yo su jornal como se le paga a cualquier otra persona extraña y no lo volví a ver. Antes de que pase un detalle, mi hermano estuvo trabajando en la legación alemana en calidad de muchacho de las oficinas, pero no puedo decir si era partidario de los nazis o no. Él era un muchacho tan ingenuo, tan corto en su espíritu, que no le conocí nada sobre participación en disturbios habidos ahora en la Conferencia Panamericana, no me consta nada. Quiero aclarar que yo también trabajé en la legación alemana, como desde 1935 hasta el día que los alemanes se fueron de Colombia.

Juan vestía medianamente, no con un vestido vulgar, pero tampoco digamos un gentleman; vivía siempre calzado y vestido de paño. Recuerdo haberlo visto con un vestido gris claro, de paño, creo que liso; lo vi en otra época con un vestido de paño, tal vez del mismo color, pero más oscuro; en el último tiempo que lo vi, vestía un sombrero gris claro, zapatos negros. Usaba corbata de una calidad mediana, más bien de calidad insignificante, es decir que no llama la atención mirarla en la persona que la lleva puesta. En cuanto a los sentimientos de este hermano, le manifestaré lo siguiente: Juan Roa Sierra era un muchacho más o menos cordial, creo que en ningún lugar de la policía tienen su nombre por delito de alguna naturaleza, era de un espíritu sencillo y tenía un carácter jocoso, le gustaban las chanzas, los chistes bobos, lo cual me hace dudar que realmente hubiera tenido corazón de asesino; sabía que Juan vivía con una muchacha de nombre María de Jesús, de ella Juan tenía una hija. Era un hombre ordinariamente común y corriente, como todos, le gustaba el cine, tomarse sus cervezas como cualquiera; no supe que fuera un hombre peleador, ni amante de buscarle disgustos a nadie, aunque por vivir distanciado de él no puedo decir lo que había en su vida cotidiana, es decir qué sentimientos llevaba en su vida, porque para conocer esas honduras se necesitaba que estuviera andando con él todo el tiempo.

Luis Alberto Roa Sierra

Me llamo Eduardo Roa Sierra, tengo unos veintiocho años de edad, soy natural de Bogotá, de esta vecindad, soy chofer de profesión, sé leer y escribir y soy hermano de Juan Roa Sierra; a quien se sindica de haber dado muerte al doctor Jorge Eliécer Gaitán.

Ahora que recuerdo, quiero decirle que mi hermano Juan era adicto o miembro de la secta Rosacruz, yo le vi a él muchas publicaciones de esa secta Rosacruz, y tenía un libro grande que creo que se llama *Dioses atómicos* y que trata de eso. Le gustaba leer mucho esos libros. La correspondencia creo que le llegaba directamente de Estados Unidos. Prácticas sobre eso no le vi hacer, él era un individuo retraído en sí mismo; poco comunicativo, poco conversaba, era solitario en el habla. Esa actitud fue una cosa más bien adquirida ya de hombre. Este cambio se lo noté hace un año. ¿La causa? El estar sin trabajo, o una idea de no querer trabajar, vagar la vida. A última hora se le dio le idea de aprender el choferismo, y nosotros todos estábamos de acuerdo en que aprendiera eso, que cogiera oficio con fundamento, que encaminara la vida. Fuimos todos simpatizantes del doctor Gaitán pero él no era tan fanático, aún cuando él era todavía más simpatizante que nosotros. Y cuando el doctor Gaitán daba conferencias y yo no estaba trabajando, iba a las conferencias. Juan también iba a esas conferencias. Yo nunca le oí decir nada contra el doctor Gaitán, ni le vi en otra política distinta, para más claridad, digo que era simpatizante del doctor Gaitán. Cuando fue la guerra pasada, él y mi hermano Luis trabajaron en la legación alemana y llevaban a la casa propaganda de esa. Pero nunca vi que ellos la repartieran, sino que la llevaban para ellos leerla. Juan sí era un simpatizante de esas ideas, parece, tal vez por trabajar allá o no sé por qué, pero tenía simpatía. Como esa época todo el mundo se volvió nazista…

Eduardo Roa Sierra

Mi nombre y apellido Manuel Vicente Roa Sierra, tengo treinta años de edad, de profesión chofer mecánico y soy hermano legítimo de Juan Roa Sierra, el cual dicen, fue quien mató al doctor Gaitán en la tarde del viernes 9 de Abril de los corrientes.

Él era gaitanista cerrado, recuerdo que nos regañaba a nosotros porque no íbamos a las manifestaciones del doctor Gaitán, pero nosotros somos gaitanistas pero no tan fanáticos como era él; no sé con seguridad si pertenecía a sindicatos, nunca le oí hablar de causas así. Juan era gaitanista desde hace mucho tiempo, nos peroraba en la casa sobre el doctor Gaitán; no me explico cómo haya cometido esto, para mi conciencia no creo que haya sido él, no me explico, a eso he venido, a que aclaren sobre esto.

Durante la vida de niño, Juan estudió en la escuela pública, no recuerdo cuánto tiempo; después que salió estuvo en la casa ayudándole en los oficios a mi mamá, a los mandados, y después más grandecito mi hermano Rafael se lo llevó a trabajar, hasta cuando mi hermano mayor estuvo en la casa; después principió a trabajar por su cuenta en el oficio del baldosín, es decir, era obrero de construcción y sentaba baldosín en la casa adonde fuera llamado. También mi hermano Juan estuvo aprendiendo a reencauchar llantas y se entregó a ese trabajo hasta hace poco, hasta cuando yo me fui de la casa lo vi trabajando en eso. Pero después que pasó la época de los reencauches se la pasaba en la casa sin trabajo. Siempre que lo veía, lo encontraba en la puerta o sentado sin trabajar, muy pensativo. Era el enojo entre mi mamá y yo, porque lo mantenía en la casa y lo sostenía, pues no se ocupaba en nada últimamente. Mi hermano era de un genio exaltado, bravo, pocas veces le hablaba a uno, peleaba con mi mamá por pendejadas, tenía cosas raras. Él echaba peroratas sobre Gaitán al principio de su candidatura a la presidencia, decía que Gaitán era un gran hombre, un segundo Bolívar, cosas así por ese estilo.

Manuel Vicente Roa Sierra

Mi nombre es Rafael Rosendo Roa Sierra, soy natural de Bogotá, de profesión nego-ciante en ganado menor.

Me dediqué al negocio del ganado menor, es decir compraba corderos y cerdos, negocio que actualmente tengo establecido en las plazas de mercado de esta ciudad, sacrifico tales animales y los expendo al público. En ese negocio no he conseguido fortuna ni mucho menos y solo consigo para comer y atender mis obligaciones las cuales consisten en mi mujer, mis dos niñas llamadas Teresa y Leonor, de nueve y dieciocho meses, respectivamente.

Respecto a mi hermano Juan Roa Sierra, o sea el menor, fue levantado por nosotros, lo tuvimos en la escuela pública, pero no recuerdo cuánto tiempo estuvo estudiando. Mi hermano Juan no quiso aprender mi arte en construcción. Tengo entendido que este estuvo trabajando en vulcanización donde Villegas y Hermanos en esta ciudad, pero no supe por qué tiempo. En todo caso Juan estuvo en Barranquilla por cuenta de los Villegas y Hermanos en el oficio antes dicho, pero no tengo idea en qué año sería. Últimamente mi hermano Juan no estaba trabajando en nada; cuando yo iba a casa de mi madre, siempre lo encontraba sin oficio y solamente lo veía de vez en cuando, más o menos cada ocho meses, porque él a mi casa no iba. La última vez que estuve con mi hermano Juan fue hace un mes, cuya fecha no recuerdo, a eso de las seis de la tarde, en casa de mi madre y solamente nos saludamos ya que nada conversamos con él que merezca mérito. Es de advertir que esa tarde después del saludo, Juan se retiró de la casa, no sé dónde y desde esa fecha no lo volví a ver, aunque sabía que estaba bien de salud. Yo no me trataba casi con mi hermano Juan Roa Sierra y en especial con todos mis familiares por el motivo que yo tengo dos hijas de la mujer con quien hago vida marital desde hace diez años y por este hecho mis hermanos se han disgustado, ya que no la pueden ver, es decir no la quieren en ninguna forma. Varias veces tuvimos disgustos con Juan, pero sin importancia.

Rafael Rosendo Roa Sierra

Mi nombre es María de Jesús Forero de Salamanca, soy natural de Bogotá y resido en la calle 8a. no. 30-65 y vivo allí solamente con mi hija menor Magdalena Forero y con la señora Adelina Manrique y Francisco Martínez; yo he tenido tres (3) hijos, dos del matrimonio y una niña, que es la menor, que tuve con Juan Roa Sierra y que cumplió tres años.

A Juan Roa Sierra lo conocí cuando yo tenía ocho años de edad al comprar mi madre, señora Paulina López viuda de Forero, muerta ya, un lotecito con una pieza que estaba situada en el barrio Ricaurte, pegado a la casa que pertenecía a la señora Encarnación viuda de Roa y a sus hijos llamados Juan, Rafael, Eduardo, Gabriel, Luis y Manuel Vicente Roa Sierra, quienes ya eran jóvenes grandes y los más pequeños eran tres: Vicente, Juan y Eduardo. Por estar de vecinos naturalmente nos conocimos, nos tratamos y jugábamos siempre con Eduardo y Juan. Más tarde mi madre se enfermó y murió en el hospital de San José y yo quedé al cuidado de mi tía llamada Amelia López quien me trajo para su casa situada en el barrio de San Victorino y con ella estuve hasta la edad de catorce años, cuando me casé por los ritos católicos con Jorge Salamanca, cartero de profesión. Una vez casada me fui a vivir con mi marido a la carrera tercera con calle tercera y cuarta, allí permanecí con él hasta 1938 cuando nuevamente me fui a vivir con él a nuestra casa del barrio Ricaurte. Vivimos juntos hasta que resolvió separarse de mí, en el año de 1944. Como siempre Juan Roa entraba a mi casa, continuamos la amistad que nos unía y él viéndome sola me dijo que me podía ayudar, que trabajaría para ambos, yo no tuve inconveniente y lo acepté. Recuerdo perfectamente que el 28 de octubre de 1944 Juan se quedó en mi casa e hizo uso carnal de mí. Entonces continuamos viviendo maritalmente hasta el mes de junio del año de 1947 en que nos separamos, porque Juan estaba en mala situación económica y también por no llenarme de hijos, ya que tengo tres: dos del matrimonio con Jorge y una niña llamada Magdalena habida con Juan Roa, que actualmente tiene tres años de edad. Desde ese tiempo Juan me saludaba, yo le contestaba para así en esa forma evitar que fuera mi enemigo, pero ya no iba a quedarse a mi casa. Unas veces me daba un peso cada semana, otras dos pesos o no me daba nada, diciéndome que no había podido conseguir dinero.

Cuando yo me junté con él estaba recién salido de la Vulcanizadora Villegas y algunas veces trabajaba colocando baldosín en las obras a donde lo llevaban, pero era hombre que no tenía trabajo fijo. Después con Luis el otro hermano, fundaron una reencauchadora de llantas en la Estación de la Sabana, pero les duró muy poco tiempo por falta de dinero y entonces vendieron eso. Después siguió haciendo diligencias con los conocidos para ver si lo colocaban, pero no fue posible, y por ello vivía en su casa con su mamá, quien le daba alguna pequeña suma de dinero y su alimentación, y lo que ganara por fuera lo dejara para vestirse. Juan le pidió trabajo al señor presidente de la República, doctor Mariano Ospina Pérez, hace unos cuatro o cinco meses, le escribió una carta, cuyo borrador lo hizo personalmente el mismo Juan Roa Sierra, con lápiz y luego lo llevó a la calle para sacarlo a máquina, pero no sé qué persona lo copiaría. Recuerdo que el borrador de esa carta decía más o menos lo siguiente: «Excelentísimo señor presidente Ospina Pérez». Luego le hacía un recuento de la situación pecuniaria, le decía que tenía una hija, que él, Juan, no tenía con qué sostener a su pequeña hija y a su madre y que le pedía ese favor, que lo ayudara en alguna cosa, que le ocupara o le diera alguna idea de trabajo, que por eso acudía al señor Presidente y al Gobierno para que le ayudara ya que estaba desesperado sin trabajo.

La carta

Excelentísimo señor Presidente de la República
Doctor Don
Mariano Ospina Pérez
E.S.M.

Por medio de la presente me permito dirigirme a su Excelencia para manifestarle lo siguiente:

Es y ha sido siempre el anhelo constante de mi alma el llegar a serle útil a mi Patria, a mi familia y a la sociedad en general, pero, no habiendo podido encontrar el medio propicio para llevar a feliz término este anhelo, me dirijo a vuestra Excelencia porque creo que es y podrá ser la única persona que pueda ayudarme a resolver satisfactoriamente este constante problema de mi vida; y por eso es que, con verdadera satisfacción y alegría me he atrevido a dirigirle este breve mensaje, en la seguridad y confianza de que su Excelencia no me negará el servicio de concederme una entrevista breve en la cual pueda exponerle el ferviente deseo que me anima de poderle ser útil a mi Patria mediante la instrucción y el estudio.

No es ni ha sido mi intención el molestar a su Excelencia para obtener estos favores, y solo lo hago compelido por la necesidad obligante de satisfacer este mi anhelo de estudiar y de servirle a la sociedad en un faro no lejano.

Escrito en este día con el deseo sincero de servir.

En espera de la grata contestación de su Excelencia me es grato suscribirme como su affmo. s.s.

Juan Roa Sierra
Dirección: Calle 8a. no. 30-65, Bogotá.

Yo creo que sí la hizo llegar a manos del doctor Ospina Pérez, porque Juan cada rato iba a mi casa a preguntarme si había llegado respuesta. Por fin llegó, no recuerdo en qué mes, una carta o sobre de la Presidencia de la República, y en el sobre se incluía la dirección de mi casa, y decía: «Señor don Juan Roa Sierra». Sobre que yo no abrí sino que se lo entregué personalmente a Juan, a eso de las cuatro a cinco de la tarde de un día cuya fecha no recuerdo, Juan lo sacó y lo llevó para la calle. Yo me quedé con la duda.

La respuesta   *Bogotá, junio 2 de 1947*

Señor
Juan Roa Sierra Calle 8a. no. 30-65
La Ciudad

Aviso a usted recibo de su carta dirigida al Excelentísimo señor Presidente de la República.

Al respecto le manifiesto que el Excelentísimo señor Presidente de la República lamenta positivamente no poder atenderlo como es su deseo, pero le insinúa exponer por escrito el asunto que le interesa para estudiarlo y si es posible resolverlo favorablemente.

Sin otro particular me suscribo de usted como su atento seguro servidor.

Camilo Guzmán Cabal
Secretario Privado

Yo siempre le preguntaba que si había conseguido trabajo. Un día me dijo que había ido a donde el doctor Gaitán, pero que el doctor Gaitán le había dicho que no le podía ayudar porque le quedaba difícil debido a que su política era distinta a la del Gobierno y que además él vivía muy ocupado; que lo había tratado como poco más o menos, y que le había insinuado que se dirigiera por medio de una carta al señor Presidente, solicitándole trabajo. Juan me dijo: «Voy a esperar a ver si resulta, a ver si me ayuda. En todo caso yo acudo hasta al Presidente, a ver qué es lo que pasa».

El Domingo de Ramos yo estaba en el portón de mi casa y él estaba en el otro portón, lo llamé para decirle que cuánto hacía que no me daba ni un centavo para la niña, que me ayudara con algo para hacer mis compras de Semana Santa. Entonces él me dijo: «Vea Marujita, no se afane, tenga paciencia por esta semana, que la otra tengo plata de sobra para pagarle toda la crianza de la niña». Yo le dije: «Usted siempre anda diciendo que me va a pagar, que me va a ayudar y nunca me ayuda en nada» y me entré y le tiré el portón por la cara porque me dio rabia.

El anillo de la calavera lo mandó a hacer Juan hará como un año. Un señor con quien él estuvo trabajando, abajo del funicular de Monserrate, le dijo que lo mandara a hacer, que un compañero de nombre Tireca también tenía uno y que era de buen agüero; pero como él estaba estudiando Rosacruz, después me dijo: «Ala, según el Rosacruz, dice que un anillo de esta clase es malo llevarlo, porque lo lleva a uno a la desgracia». Yo le dije que lo guardara o lo vendiera, que no se pusiera a creerse de cuentos. Lo guardó por algún tiempo, pero después se lo volví a ver, pero no me causó importancia.

El señor Quintero, compadre del tal Tireca, quien le aconsejó que comprara el anillo, son uña y mugre, son albañiles y siempre andan juntos; no sé dónde vivían; son personas muy agüeristas, según me contaba el mismo Juan, creían en entierros y en el Mohán. En una ocasión lo hicieron ir como a las cuatro de la mañana a Monserrate. Ellos decían que por esos montes salía el Mohán, que llevaba muchas piedras preciosas y que al que le gustaba le daba; que el Mohán era un viejito chiquito de barba larga. Esa mañana se fueron y cuando volvió le dije que mostrara la muchilada de piedras preciosas, él dijo que había ido a los cerros de Monserrate y que había sentido como un terremoto, que las piedras se movían, que era terrible, también que los otros no se habían esperado, pero que él sí, pero no había visto nada más. Yo por eso le cogí fastidio a Juan, porque todo lo que me hablaba era de mohanes y de entierros.

Algunas veces lo notaba como muy pensativo, con el pensamiento distraído. Con la señora Encarnación conferenciamos sobre esto, pues ella me decía que estaba asustada de que Juan pudiera resultar lo mismo que Gabriel, el hermano que está en Sibaté, con su mismo estado.

La corbata a rayas se la conocí a Juan, muchas veces se la lavé y se la planché, la otra no se la conocí. La roja sí se la conocí, es de él, la compró en Barranquilla.

Él se la pasaba parado en la esquina o en el portón, a mí me avergonzaba que lo vieran así; en una ocasión le dije que si no le daba pena que lo vieran desocupado a toda hora y yo en cambio trabajando. El martes por la mañana, fui desesperada a buscar a la señora Encarnación a su casa, no la encontré, entonces le pregunté a los inquilinos si alguno de ellos le había notado a Juan alguna cosa o si él no había dicho algo al salir de la casa el viernes. Una de las inquilinas me dijo que ella lo había visto salir a las nueve de la mañana, parecía que se le hubiera olvidado algo porque se devolvió, pero que se esculcó y sacó la libreta de servicio, volvió a guardarla y se salió.

Yo fui dos veces con Juan al Municipal a oír las conferencias del doctor Gaitán y una vez también al teatro Capitol. Ese día yo no quería ir porque eran muy tarde las conferencias y me dormía. Pero él me dijo: «No, camina que esas conferencias son muy interesantes y habla tan bien». Entonces fuimos ambos.

Juan era más bien bajito, color moreno, nariz bien formada como aguileña; labios gruesos, no usaba bigote, pálido, pelo lacio negro.

Juan tenía un vestido rayado, como en el fondo habano oscuro y las rayas salientes; otro vestido de color gris jaspeado de negro, saco cruzado. Eran los que Juan tenía para poder salir a la calle. También tenía un pantalón gris de paño, viejo, que se ponía con un saco de otro paño y de la misma clase de los arriba relacionados. Sombrero no tenía más que uno de color gris medio oscuro, con una cinta negra, medio ancha. Zapatos solamente le conocí un par de color negro, los cuales lustraba bien para salir a la calle.

El viernes 9 de Abril, por la mañana Juan llegó a la casa y le preguntó a la señorita Rosario Manrique si yo estaba, ella le dijo que no, que me había ido a trabajar; yo les había advertido a ellas en la casa que me iba a trabajar al restaurante, pero que si Juan llegaba a preguntarme o a preguntar dónde estaba trabajando que no le fueran a decir, con el fin de que no fuera a poner pereque porque yo estaba en un lugar de esos. Entonces le dijo a la señorita Rosario que tuviera cuatro pesos y que le hiciera el favor de entregármelos junto con unos recibos del agua que me había pagado; la señorita Rosario me los dio después y me entregó los recibos que dejó Juan con ella.

Juan me escribió una carta el veintiuno de diciembre por un disgusto que tuvimos un domingo, él me pegó y como yo no volví a mirarlo ni a darle importancia, me escribió una carta mandándome, me parece, unos dos pesos dentro del sobre como para contentarme.

Cuando llegué a Barranquilla, Juan tenía un apartamento en una pensión; después con el dueño de la reencauchadora tuvieron un disgusto porque llegó tarde un día al trabajo, le pagó a Juan unos centavos y Juan no volvió a trabajar. Entonces él tenía o se consiguió un amigo que era o es ciclista, y le preguntó si en su casa tenía una pieza que nos arrendara; el amigo le dijo que lo consultaría con su esposa, que iban a arreglar una especie de piecita, como Juan sabía cosas de reencauche le podía ayudar a organizar la habitación. Juan y yo hicimos vida en común en Barranquilla, un mes en una pensión y dos en la casa del amigo. Él poco llegaba borracho a la casa. Claro, debo reconocerlo que él sí tenía algo de hechicería, porque pensaba en la sugestión que lo amarraba y no lo dejaba conseguir trabajo. Él tomaba una gotas para el corazón y uno pensaba que estaba dormido, cuando al ratico «Ay, me privé, me privé», de inmediato a tomar sus gotas que guardaba en la cartera y le daba la habladera que sentía como un frío en el estómago, efectos tardíos de una operación que le hicieron de la apendicitis. Él tenía una botella que guardaba con mucho celo, como amarilla, como oscura, llena de agua para tomar en los tiempos de sus dolencias. Hablaba que era buena para la digestión.

Pocas diversiones tuvimos en nuestra vida común. Una vez me llevó a Puerto Colombia, a bañarnos, me dio unos tragos, me invitó un pescado frito. Eso sí, cuando trabajaba en la reencauchadora, era hombre puntual, llegaba con el sueldo, cuatro pesos diarios, pagaba la pensión y el resto que era suma insignificante, lo dejaba para comprar una corbata, un par de medias. Cuando los tiempos de la guerra, Juan que había trabajado en la legación alemana, expresaba su lástima y su pesar por la suerte que había corrido la gente de un país tan adelantado, gente buena cuya situación lo lastimaba a uno, expresaba. Juan no era comunicativo, más bien era silencioso. Yo me ocupaba de mis oficios domésticos y él no abría su boca para contarme nada de su vida. Era como cerrado por dentro. Ensimismado. Por eso yo lo creía mentiroso, porque tenía ideas que le caminaban por la cabeza, como raras, que muchas veces me asustaba, porque era hombre de poco equilibrio en sus pensamientos, tanto que yo un día bien convencida se lo dije con entera sinceridad, que él, Juan Roa, estaba como para irse a Sibaté.

Recuerdo que una vez recibió una carta, que yo no leí, pero que al leerla él dijo estas palabras en voz muy alta: «Me llegó el grado, ya voy a ser pastor.» Lo dijo con entusiasmo. Yo comenté la situación con una señorita que era una de mis inquilinas, hice burla de la carta recibida por Juan Roa, y le dije que sí sería pero pastor de ovejas. Ese sería el grado que le iban a dar.

Él andaba con un recorte de *El Tiempo,* donde estaba fotografiado Santander, el general Francisco de Paula, Juan hablaba con plena seguridad en sus palabras que el general Santander había reencarnado en él, es decir, en Juan Roa Sierra, el hombre que vivía conmigo, el hombre que me hablaba. En otra carta que le mandaron, le dijeron que comprara un espejo grande, un par de velas, que a media noche las encendiera y que rezara una oración con toda fe, se quedara fijamente mirándose en el espejo, y si veía una persona distinta enfrente no se fuera a impresionar. Él hizo el experimento, emocionadamente después me dijo que había visto muy patético a una persona despelucada en el espejo, que al mirarlo detenidamente se le había parecido mucho al general Francisco de Paula Santander, y entonces creyó que él, Juan Roa Sierra se había reencarnado en Santander.

Supe que consultaba con frecuencia a un señor extranjero, porque llegaba con las manos señaladas con lápiz rojo y azul, pero él era persona callada en cuanto al vaticinio del extranjero. Algo que le oí decir es que le hacía predicciones favorables acerca del trabajo que iba a conseguir, de su día predilecto y le dijo que le iría muy bien el resto de su vida. Medio año antes de separarse de mí, comenzó a suscribirse al Rosacrucismo. Él escribía a California y la correspondencia le llegaba de California, es decir, referente al Rosacrucismo.

Él, en sus tiempos en que hablaba, me refería que iba mucho a la oficina del doctor Gaitán, llegó a decir que él era uno de los encargados de la propaganda, que alguna vez fue a uno de los barrios a llevarla. También me dijo que cuando el doctor Gaitán lo veía, lo saludaba con mucha amabilidad y confianza.

María de Jesús Forero de Salamanca

Me llamo como está dicho Juan Umland, alemán de nacimiento, casado con la señora Rosa María Guevara, colombiana, tengo dos hijos, hace doce años que vivo en Colombia, soy profesor quiromántico de profesión y ejerzo esta profesión de manera continua desde 1939.

Hace más o menos año y medio que fue a buscar mis servicios de quirólogo el señor Juan Roa Sierra; con ese motivo visitó mi oficina unas diez veces más o menos. En las conversaciones que tuvimos me manifestaba tener sueños referentes a un tesoro o guaca que debía hallarse entre Facatativá y Albán; que él se creía llamado a un destino alto, algo así como providencial, que tenía el propósito de ir a buscar esa mina o guaca. Como yo le manifesté que él solo no podía acometer esa empresa, me manifestó lo siguiente:

—Solo tengo que hacer la vida y solo tengo que seguir.

Esto me lo dijo en la última entrevista que tuvimos el 7 de abril. En las conversaciones que teníamos siempre se interesaba mucho en preguntarme cuál sería su suerte inmediata, especialmente respecto de un viaje que proyectaba hacer a Medellín. Del trato que tuve con él puedo deducir que no estaba afiliado a ningún partido, porque era un sujeto indiferente a ideas políticas, solo pensaba o tenía confianza en su propio esfuerzo y en sus propios fines. De la observación que yo hice de Roa Sierra, me pareció un sujeto sensible, sin tendencias perversas. Un mes antes del 7 de abril último Roa Sierra fue a donde mí, me pidió prestados cien pesos para obtener un pase de chofer, dándome como garantía una casa de propiedad de la madre. Yo le manifesté que no podía darle ese dinero prestado porque no lo tenía. Roa Sierra también me manifestó que había estado en Barranquilla trabajando en una compañía reencauchadora. Después que estuvo por primera vez, se presentó también su madre y me dijo que estaba preocupada con la conducta de su hijo, porque no trabajaba y porque él decía que era la reencarnación del fundador de Bogotá don Gonzalo Jiménez de Quesada, que no servía para hacer trabajos en baldosín ni para reencauchar, sino para alguna cosa grande. También me manifestó la madre de Juan que había ido a pedir trabajo donde el doctor Gaitán y que había solicitado una beca al Gobierno para estudiar abogacía. Yo le manifesté, que —como ella le daba algún dinero a Juan para sus necesidades— era mejor que no le volviera a suministrar dinero, para que él se viera en la necesidad de buscar trabajo.

Creo conveniente advertir que en la última visita que me hizo Roa Sierra el 7 de abril, lo vi completamente tranquilo, observando una actitud de absoluta indiferencia y fue entonces cuando dijo, pues lo recuerdo perfectamente: «Solo tengo que hacer la vida y solo tengo que seguir». Ese día estuvo unos veinte minutos más o menos conmigo, pero había permanecido esperando en la sala como una hora y media más o menos. Supongo que ese día no tenía ningún dinero y yo no le cobré nada por mis servicios. Lo deduzco porque de otra manera no hubiera aguardado tanto tiempo y eso mismo me hace pensar que no tenía especial afán de hablar conmigo. Creo recordar que apenas pagó unas dos visitas, a razón de dos pesos cada una, pues en las otras ocasiones cuando me dijo que se había afiliado a AMORC sociedad a la cual pertenezco yo, ya lo miré como miembro de una hermandad. Es una escuela filosófica para la regeneración física, mental y espiritual, que tiene su oficina principal en San José, Parque Rosa Cruz, California.

Los rasgos psicofisonómicos de Juan Roa Sierra no me revelaban capacidad criminal, yo no lo suponía por estos mismos signos con impulsos o manifestaciones criminales.

Juan Roa Sierra, era de regular estatura, más bien blanco, de contextura también regular, modestamente vestido, de unos veinticinco años aproximadamente; no usaba chaleco; pelo un poco oscuro sin llegar a ser negro, ojos de un tono café; tenía dientes postizos, nariz afilada, orejas más o menos ovaladas y pegadas.

Yo lo inicié hace un año largo en el Rosacrucismo. Yo vi que era una persona bastante sensible psíquicamente, pues así conforme un profesor de educación física puede, mediante el examen, guiar a un alumno, así también hay medios para conocer los que tienen especiales condiciones psíquicas. El número de inscripción de él, para los datos que se necesitan en San José de California, donde quedó inscrito, es el siguiente: «Juan Roa 81816-S». Mientras la madre estuvo pagando el curso, noté alegría y entusiasmo de su parte y que se interesaba en los estudios. Por sus condiciones elementales en el Rosacrucismo, todavía no estaba en capacidad de sostener ciertas conversaciones.

Cuando estuvo en mi consulta, por primera vez con un hermano, me contó con cierto goce que él había sido empleado de la legación alemana y me mostró una carta o tarjeta con una dedicatoria para Juan o para ambos, no recuerdo bien, como tampoco recuerdo el nombre de la persona que firmaba la dedicatoria.

De ideas propiamente no puedo saber, más bien satisfacción por haber prestado servicios a los alemanes, por quienes noté en él gran simpatía. Yo no lo apoyaba en esas ideas, porque ciertos estudios simbólicos me daban a entender que el símbolo de los alemanes durante la guerra, la swástica, con los tentáculos a la derecha, indicaban destrucción material en pugna con otros símbolos que tienden por medios no violentos al mejoramiento espiritual, quiero decir idealistas. Yo salí de Alemania bajo otro régimen, en 1923 y no he vuelto. En ciertos momentos de abstracción era fácil que obedeciera a sugestiones de otros. Es de extrañar que el rosacrucista tenga esos impulsos, porque la escuela trata el mejoramiento del ser independiente de sus ideas políticas o religiosas. No noté signos de desequilibrio, según el estudio que hice en sus manos; pero sí cómo se abstraía o se ausentaba mentalmente.

Juan Umland

Las emisoras

El doctor Carlos Lleras Restrepo, presidente de la dirección nacional del liberalismo, pasa al micrófono a leer su mensaje.

Profundamente conmovido, me dirijo a todos mis compatriotas y particularmente a los miembros del Partido Liberal, para comunicarles que la dirección provisional del liberalismo, que tengo el honor de presidir, y que integran conmigo los doctores Plinio Mendoza Neira, Alfonso Araújo, Julio Roberto Salazar Ferro, Alberto Arango Tavera, Jorge Uribe Márquez, Alberto Galindo, Francisco de Paula Vargas Vélez y Francisco Jota Caro, ha aprobado la siguiente resolución:

La dirección nacional del Partido Liberal de Colombia, considerando que el día 9 de Abril, cayó víctima de horrendo asesinato, el Jefe único del liberalismo, doctor Jorge Eliécer Gaitán, apóstol de la democracia y egregio paladín del pueblo, resuelve:

Declárase monumento del liberalismo colombiano, la casa que abrigó el hogar del doctor Jorge Eliécer Gaitán, y conságresela a la memoria de quien desde ella, fue el símbolo de las mejores esperanzas del pueblo; la dirección nacional liberal, permanecerá en corporación en la cámara mortuoria del ilustre Jefe, en la misma casa que este ocupó en vida, e invita al pueblo liberal a que desfile en respetuoso silencio, frente a los despojos mortales de su conductor máximo.

El sepelio del doctor Gaitán, se llevará a cabo el próximo miércoles y su cadáver por voluntad popular, será sepultado en el Capitolio de la República, cerca al sitio en que fue sacrificado el otro gran mártir del liberalismo, general Uribe Uribe…

Al comunicar al liberalismo la resolución que acabo de leer, quiero rendir también mi homenaje personal a la estricta memoria de Jorge Eliécer Gaitán, ilustre mártir del liberalismo y máximo capitán del pueblo y quiero invitar a todo el liberalismo para que acompañe a la dirección en la obra pacificadora que ha emprendido, a fin de conseguir que cesen las trágicas condiciones que ha venido viviendo el país y que el fuego de las fuerzas ciudadanas se oriente pacífica y ordenadamente por los caminos constitucionales.

La dirección nacional, no pierde de vista un solo momento los intereses del partido, y los está sirviendo con lealtad y con coraje.

Pero la dirección cree hoy como ayer, que los intereses de nuestra colectividad no pueden separarse de los intereses de la patria y que la suerte de esta última está indisolublemente ligada a la paz pública y al mantenimiento de la vida constitucional.

Somos suficientemente fuertes para desarrollar las victoriosas campañas que el doctor Jorge Eliécer Gaitán le señaló al liberalismo, sin derivar por los cauces del desorden y de la violencia.

Estamos siguiendo el mismo camino que el doctor Gaitán escogió y que nosotros queremos continuar como homenaje a su memoria.

Esto es, el de la acción democrática, vigorosa pero ordenada. Enérgica pero respetuosa de la ley y de los derechos de todos. Hoy más que nunca la República reclama la ayuda de liberalismo para salvarse del naufragio y nuestro partido quiere demostrar y va a demostrarlo, que somos la colectividad capacitada para servir a la patria dentro del orden y con un alto sentido de confraternidad colombiana.

Invito fervorosamente a todos los liberales, a que colaboren en el restablecimiento de la paz y a que rindan su homenaje, ordenado pero imponente, al cadáver de su ilustre caudillo que debe de estar rodeado en estas horas por la atmósfera digna y solemne, con que el pueblo sabe expresar la sinceridad de las emociones verdaderamente profundas…

Otra voz se escucha:

La patria acaba de padecer dos tremendas desgracias, el asesinato del insigne caudillo liberal, doctor Jorge Eliécer Gaitán, realizado en forma aleve e inicua por criminales manos fanáticas; y el incendio, la destrucción y el pillaje, a que acaba de ser sometida la capital de la República, por turbas desenfrenadas de irresponsables enemigos de la patria y de la humanidad, que de manera metódica, premeditada y sistemática, se dieron a la tarea de destruir la ciudad, en desarrollo de un plan terrorista, minuciosamente organizado por espíritus anticristianos y antidemocráticos, empeñados en hacer fracasar la IX Conferencia Panamericana, que desarrollaba sus fecundas y trascendentales labores en Bogotá, dentro del más grato ambiente de comprensión y respeto recíproco, al servicio de este continente de la libertad que es América…

Desde Caracas Radio Continente, noticiero dirigido por Rafael Abreu Camejo:

> Es el liberalismo solapado y complaciente de gente que ya no tiene razón de ser en este partido. La muerte del doctor Jorge Eliécer Gaitán abre camino a los liberales de viejo cuño y refuerza las aspiraciones de los conservadores que usarán el pretexto del orden público turbado para consolidarse en el mando…

Esta es la radio liberal número dos:

El Gobierno miserable y asesino que preside Mariano Ospina Pérez, que no mande tropas a Puerto Wilches para evitar un desastre en el ferrocarril y en las máquinas.

Si Barrancabermeja vuela la refinería, Puerto Wilches volará en cadáveres. No debe de olvidar el pueblo que Ospina Pérez, Laureano Gómez y José Antonio Montalvo, son los asesinos de Jorge Eliécer Gaitán. El pueblo de Bogotá no va a permitir que se entierre el cadáver de Jorge Eliécer Gaitán. Debe de permanecer en un mausoleo que se construirá en un sitio central, y que será el santuario del liberalismo…

—Esto es uno de los boletines. ¡Adelante!

—Perfectamente, recibido. Entendido, entendido. Mire, nosotros también nos comunicamos aquí con Caracas…

¡Pueblo liberal de Colombia! Aquí en Panamá, las garras ensangrentadas de Mariano Ospina Pérez se humillan ante los obreros de Barrancabermeja… ¡adelante!

—Recibido, perfectamente, muy claro. Vamos a leerles un boletín que recibimos de una radio… afiliada a nosotros también ¿no? Adelante…

—Revolucionarios: no desmayéis, estad listos. Dormid vestidos y con el arma entre las piernas. En esta guerra que Mariano y Laureano han desatado sobre nuestra querida patria; no existe cuartel. No hay más piedad para el vencido…

Todo liberal debe ser un soldado disciplinado y obedecer las órdenes que se les imparta, sin ninguna discusión. Todo es por el triunfo de nuestra causa...

Triunfaremos para terminar de una vez por todas con estos cuadros de niños inocentes que caen bajo las balas oficiales, doblegados cuando apenas veían el lado del sueño de la existencia. De mujeres en estado grávido, que son pasadas a bayoneta por los esbirros del régimen. De ancianos que esperaban terminar su vida, al lado de los suyos, al calor de los suyos, con la sonrisa en los labios al verse rodeados en su lecho de sus seres queridos. Por la terminación de este estado de zozobra, de intranquilidad y de persecución, por el reimplantamiento de los derechos humanos, tan vulnerados y pisoteados, ahora por el gobierno de Mariano, el asesino.

Por todo eso, revolucionarios, porque la vida sea más digna y amable, continúen luchando en la seguridad del triunfo final.

Nada de vacilaciones, nada de nervios, nada de derrotismo. Defendamos nuestros derechos, nuestras conquistas. Nuestras mismas vidas; pero no cesemos en la lucha, no demos un paso atrás...

—Hola, hola, hola. Adelante.

—Aló, habla la número dos, perfectamente. Entendido. ¡Adelante!

—¡Mire! a ver si nos pusiéramos aquí... de acuerdo, toda la noche estar oyendo, la voz de la revolución... para mañana transmitir los discursos esos de los... de los doctores, ¿no? que vienen arreglar los asuntos aquí... de Colombia.

—De manera que... este, avísenos no, avísenos... mejor dicho, ahora, nos va a decir cómo... cómo podemos mañana, no.

Eh, me parece que... nosotros trabajamos, vamos a trabajar a las siete de la mañana. ¡Eh, adelante!

Pues mire, nosotros aquí empezamos a trabajar también muy temprano, pero es que nosotros no nos habíamos puesto de acuerdo con ustedes, ¿no?

—Muy bien. Está listo.

—Como yo no lo había a usted localizado, está aquí en Estado Zulia, siempre se había escuchado, pero como nosotros no habíamos sintonizado su estación. Bueno, díganos entonces, a qué hora exacta mañana va usted a principiar a trabajar, ¿no? ¡Cambio hombre!

—Nosotros estamos pendientes de su sintonía, ¿no? Toda la noche. Hasta mañana. Aquí estamos trabajando indispensablemente de día y de noche. Así es que mañana nos podemos poner otra vez de acuerdo… hablar con ustedes, algotra, no, más, a las siete de la mañana.

—Aquí también estamos prevenidos esta noche. ¡Comprendido, adelante!

—Vea, aquí tenemos un señor que es gringo, ¿no?, y quiere decirle a usted cosa. Aquí va a arrimarse.

—Uno, dos. Uno dos, comprende, comprenden todos ustedes. Comprenden todo.

—¡Adelante!

Acaban de salir de nuestros estudios y nos comunican que la lucha en Bogotá es sostenida. Continuo tiroteo, mientras parte del ejército que está con el Gobierno patrulla las calles (se oyen tiros)… Disparan sobre sus compatriotas. Algunas fracciones del ejército que han permanecido leales al Gobierno no han querido disparar sobre el pueblo, únicamente se limitan a patrullar las calles, mientras el pueblo y la policía chulavita se hallan enfrentados ante algunos tiroteos… El ejército recuerda que la última intervención del jefe liberal, doctor Jorge Eliécer Gaitán, fue un brillantísimo elogio al ejército. También, nos han comentado que la mayor parte de la verdadera policía lucha hombro a hombro con el pueblo contra los chulavitas. La mayor parte de los barrios se encuentran en poder de los revolucionarios, mientras el Gobierno domina el sector central.

Lograron que haya almacenes y establecimientos comerciales, han sido asaltados y saqueados, la escasez de víveres en Bogotá es realmente alarmante en este momento. No existe absolutamente ningún comestible. Hasta, eh, anteayer estábamos informados de que… la Academia Ramírez, se ha encargado del reparto de leche, pero se te… ellos como fueron estudiantes (ruido) suministro de comestibles para la capital…

Casi la totalidad de la feria construida por el Gobierno para la IX Conferencia, fue destruida e incendiada. Todo el dinero invertido, como se invirtieron en la sede de las obras de la plaza de Bolívar, ha sido pasto de las llamas. El aspecto que presenta el Capitolio Nacional en estos momentos (ruido)… en la mayor parte de las calles de la ciudad se tropieza con muertos y heridos en ellas. Los hospitales y clínicas se hallan colmados de heridos que son atendidos patrióticamente por médicos de (ruido) ambos partidos. Todas las comunicaciones con Bogotá, excepto la radial y... han sido cortadas, y la capital se halla prácticamente bloqueada, pues todos los pueblos aledaños de la sabana están en poder de la revolución, pero algunos saboteadores destruyeron estratégicamente todas las vías y buscaron algunas locomotoras...

Nos han vuelto a informar que el movimiento rebelde cuenta con algunas emisoras de poca potencia establecidas clandestinamente.

Suspendemos momentáneamente la emisión, debido al paso de un entierro por frente de nuestros estudios (ruido, balazos)...

Por la existencia de nuestros seres queridos, por el bienestar humano, por la defensa de los derechos que el liberalismo dio a nuestro favor, continuad la lucha. Continuad la lucha. ¡Ni un paso atrás, ni un paso atrás! Mucha disciplina con vuestros superiores, porque ellos son extraídos de las mismas entrañas del pueblo y están allí por designio que vosotros mismos les hicisteis...

Atención... atención... Radio Nacional anuncia:

La situación general del país se ha venido normalizando. Hoy en las horas de la mañana iniciaron operaciones todos los bancos y cajas de ahorros de la ciudad. Como es natural, hubo necesidad de adoptar algunas precauciones para el ingreso del público a las oficinas de cajas. El movimiento fue normal y satisfactorio. El despacho bancario continuará mañana en jornada continua, de las ocho a las doce del día...

13 de abril
La ciudad

Pero tan pronto se confirmó la noticia de la muerte de Jorge Eliécer Gaitán las masas comenzaron a expresar esa protesta en muchas formas. El secretario de Estado yanqui, general Marshall, se apresuró a declarar que el asesinato de Jorge Eliécer Gaitán era obra de los comunistas y fue inmediatamente coreado en el mismo sentido por el presidente Ospina Pérez. Por cierto que esa declaración de Ospina Pérez no ha sido incluida en los documentos oficiales de esta época. Pero es conocido el cablegrama que rápidamente envió el presidente Ospina Pérez a embajadas, legaciones y consulados de Colombia en el exterior y que dice textualmente lo siguiente: «Un desconocido dio muerte al doctor Gaitán; la multitud destrozó el cadáver del asesino que no ha sido identificado. Se trata de un comunista».

El asesino no había sido identificado, porque el plan del Gobierno y de la reacción era no identificarlo. Pero, sin identificación, ¡se trataba de un comunista!

Tales versiones anticomunistas del secretario de Estado yanqui, general Marshall y del presidente Ospina Pérez fueron difundidas inmediatamente después de la muerte de Gaitán. ¿Semejante provocación sincronizada fue elaborada cuidadosa y anticipadamente? ¿O improvisada al calor de los acontecimientos?

Gilberto Vieira

El 10 y el 11 estuvimos tratando de organizar la acción del partido, de crear un comité que mantuviera la huelga general hasta obtener la renuncia del presidente Ospina Pérez. Esa era la idea que teníamos, pero como para eso teníamos que reunirnos y conocer cómo andaba la situación en los distintos sectores obreros, en una de esas reuniones nos tomó presos el ejército. Fue una redada en la casa del camarada Mujica. El 12 caímos presos la mayoría de miembros de la dirección del partido. Los que no cayeron fue porque no alcanzaron a llegar por la dificultad del transporte. El resto de la historia la vinimos a conocer ya presos: la forma cómo los liberales entraron a colaborar con el Gobierno, cómo obtuvieron la entrega de la policía. Nosotros estuvimos presos en la División de la Policía de la treinta y nueve con carrera trece. Estaban presos también una enorme cantidad de policías que se habían solidarizado con el pueblo. Todas las Divisiones de la Policía pasaron a manos del ejército. Nosotros estuvimos aislados durante varios días. Justamente yo he recordado, hace poco, que para localizarnos y entrar en contacto con la familia y con el partido, jugó un papel muy importante un camarada puertorriqueño, el camarada José Enamorado Cuesta. Era periodista, que había venido representando a algún periódico puertorriqueño a la Conferencia Panamericana. Entonces lo único que se supo es que habían sido detenidos dirigentes del partido. Se expandió el rumor de que habían sido fusilados. Enamorado Cuesta con su credencial de periodista extranjero —él se podía mover y presentarse ante los militares—, fue a visitar a todos los cuarteles y divisiones del ejército averiguando por los detenidos comunistas. Realmente tuvieron que informarle que estábamos en esa División de Policía y así vino a establecerse entonces el contacto. A nosotros nos tenían presos en el segundo piso, para no mezclarnos con los policías que estaban en el patio. He sabido que el Gobierno impuso a la familia de Gaitán y al Partido Liberal, que Gaitán fuera sepultado en su casa, y les permitió hacer un desfile desde el Parque Nacional hasta la casa con el cadáver. Nosotros vimos pasar el desfile, donde apareció como orador del acto el doctor Carlos Lleras Restrepo, el más encarnizado rival de Gaitán.

Gilberto Vieira

Se implantó en la ciudad el toque de queda. El toque de queda era auténtico; en la División Cuarta de Policía cuando ya se la tomó el ejército, se subía un tipo al tejado y con una corneta tocaba una diana. Del mismo cuartel salían los soldados. Yo recuerdo el caso de mi tío Ernesto, porque yo estaba en la ventana, el tipo corriendo, venía con un niño cargado, en ese momento preciso estaba sonando la diana y desembocaron por la calle cuarta con carrera sexta los soldados y le dispararon.

Diagonal había una panadería, los tipos trabajaban de noche, el toque de queda era muy intenso, solamente había un lapso muy breve en que se podían hacer cosas. Yo recuerdo que la gente llegaba hasta la puerta de la panadería y los panaderos repartían el pan.

Después vino el problema de la plaza. La gente se llamaba por encima de los tejados, porque por lo menos en la casa nuestra había unas doce personas, fuera de nosotros, que no podían moverse para ningún lado. Ya se había agotado todo lo que había de alimentos. Así se comenzó a cuadrar la cosa del asalto a la plaza de mercado de Las Cruces, porque eso fue un asalto. Yo recuerdo que mi papá fue y llegó como dos o tres veces con un costal, revuelto chocolate con harina y en la puerta de la casa lo vaciaba y otra vez para la plaza. Como a la segunda vuelta ya llegó el ejército y se ubicó. Esa es una plaza que tiene cuatro entradas y desde una puerta de esas le disparaban a la gente. Si mal no estoy ahí murió un amigo de mi papá, que lo enterraron precisamente ahí mismo.

Roberto Gómez

Eso fue como el 12, ya vino la desesperación del hambre. A mí me corrieron la bola, porque vi pasar a alguien con cosas, pregunté y me dijeron: «No, es que nos tocó asaltar la plaza, allá están cogiendo de todo», entonces yo me fui a coger de todo. Eso cogía uno a la loca lo que pudiera. Yo creo que hice dos viajes, después llegó el ejército, y nada pudo hacerse.

Cuando quedó un poco de calma fuimos a ver el cementerio que habían formado en la plaza. Como no había cómo trasladar los muertos, la gente los enterró, sobre todo a los niños, en fosa común y fosas individuales. Ya después resulta que prohibieron mover eso, hasta que la Alcaldía dio un permiso para trasladar esos muertos al cementerio, pero eso se demoró por lo menos un mes.

Yo pienso que sí era un francotirador el hombre que estaba parapetado en la torre de la iglesia de Santa Bárbara porque cómo es posible que se hubiera subido de una vez con pertrechos para tres días, alguien le ayudaba a llevar balas. Al principio eran tres personas que disparaban en tres sentidos, después bajaron a uno y los otros dos se resistieron hasta que los bajaron. Pero yo considero que alguien les alcanzaba la munición, el único testigo ahí sería el curita… Para sacarlos de su cueva les pusieron un mortero y la torre estalló en pedazos.

Eliseo Gómez

Hacia el 12 de abril, una mujer había logrado arrastrar a su pariente, a su hermano, a su esposo, a su hijo moribundo, hasta su vivienda en Santa Bárbara. El moribundo se murió, y como no estaba tirado en la calle sino dentro de la casa, no había camión del ejército que lo recogiera. Entonces el cadáver se estaba descomponiendo, ya tenía tres días metido dentro de la vivienda y la pobre señora no podía salir. Entonces la señora les rogaba a los tripulantes de un camión del ejército que lo recogieran y se lo llevaran, los hombres del camión no aceptaban. El muerto no estaba en la calle y por lo tanto la evidencia de que había muerto en la calle a consecuencia de los disturbios no era posible demostrarla por parte de la doliente mujer. Se transaron en una discusión y la mujer logró convencer a los soldados que le cambiaran su cadáver por uno más fresco. Por eso los habitantes de Las Cruces resolvieron echar por la calle del medio y enterraron a sus difuntos en un hueco que abrieron cerca de la plaza de mercado.

Felipe González Toledo

Las emisoras

[…] Liberales, Fusagasugá, República de Colombia. La voz del movimiento revolucionario con ustedes. Aquí con ustedes la voz del movimiento revolucionario, emisora liberal al servicio de las ideas liberales y de la revolución liberal…

Transmitiendo algunos comunicados familiares. La voz de la Revolución informa que todos los residentes de esta población están bien. La Junta Revolucionaria, con energía y con actividad incansables, ha mantenido el orden en esta población y en todas las demás.

Toda la población se halla controlada por la Junta Revolucionaria, que mantiene a un ejército de reservas bien administrado… listo… para marchar a donde ordene la Junta Central de la Revolución…

Aló, Bogotá, Bogotá. Bogotá. ¡Aló, Bogotá! Ernestina de Castro desea saber de Hernando Melano… y señora, y Alberto de Padilla. Aló, aló Bogotá. Ernestina de Castro desea saber de Hernando Melano y señora, y Alberto Almanza de Padilla, Bogotá. Aló Ernestina de Castro desea saber de Hernando Melano y señora y Alberto Almanza de Padilla. …Monroy de Flórez desea saber de Pedro Flórez y demás familiares. Aquí, gracias al orden, que… ha hecho guardar la Junta Revolucionaria, se encuentran todos bien…

Transmitiendo para ustedes, la Voz del Movimiento Revolucionario de Fusagasugá, órgano de la revolución triunfante en Fusagasugá y en toda la zona del Sumapaz…

…De Fusagasugá: el Alcalde provisional de Fusagasugá y miembro de las facultades que le ha concedido la Junta Revolucionaria, decreta: «Prohíbese terminantemente el expendio de bebidas embriagantes dentro del territorio municipal, hasta tanto quede la presente situación. La contravención a esta disposición será sancionada con multa de un peso a cincuenta pesos o el arresto equivalente en la proporción legal. Igualmente, queda terminantemente prohibido el saqueo y el pillaje de los almacenes o de la localidad, las personas que fueran sorprendidas en cualquiera de estas actividades, serán arrestadas y posiblemente sancionadas.

Toda violación será castigada por las autoridades civiles o militares establecidas por este movimiento...

Revolucionarios de todo el país: Luchad, luchad y luchad, es el lema de todo buen revolucionario que tienda por la libertad. Si no, si no luchamos por la libertad, se perderá el Partido Liberal en Colombia. Si no vengamos la sangre de nuestro máximo caudillo doctor Jorge Eliécer Gaitán, nuestro máximo dirigente, el Partido Liberal en Colombia tendrá su fin, es decir, que habrá terminado para siempre. Hermanos colombianos en los países de Sudamérica avisamos a ustedes, que la revolución en Colombia está triunfante. Revolucionarios de todo el país, estamos avanzando, estamos ganando la revolución y pronto se vislumbrará en el horizonte el triunfo y la libertad de un país democrático como Colombia, el cual será presidido por el Partido Liberal...

...La huelga, o sea la revolución va triunfante, ¿no? La revolución va triunfante. La revolución en Colombia va triunfante. Perfectamente. Dentro de breves instantes estaremos comunicándoles nuestros boletines en esta emisora. Estén pendientes de nuestra sintonía. Estén pendientes de sintonizar. Estén pendientes de nuestra sintonía...

Estamos en un lugar de Colombia que a nadie le importa, fuera de Colombia, para transmitirles todo lo relacionado... con la revolución colombiana. Estamos para darles detalle por detalle, de lo que el Gobierno piensa hacer con la revolución y lo que nosotros queremos hacer también con el Gobierno...

Amigos oyentes de toda la República; esta es la Voz del Pueblo al servicio de la revolución liberal colombiana...

Pueblo liberal, por la restauración de Colombia, por la restauración moral de Colombia ¡A la carga!

Esta es amigos oyentes la Voz del Pueblo, operando desde cualquier sitio del país y al servicio de la causa revolucionaria liberal...

Atención liberales de Colombia: Dentro de algunos instantes vamos a transmitir a ustedes, un boletín de noticias de carácter especial, que suministra a ustedes la Voz del Pueblo al servicio de la revolución liberal colombiana...

¡Pueblo liberal de Colombia, por el triunfo de la revolución a la carga!

Que cada lugar sea una trinchera. El enemigo no duerme. Estad armados a toda hora. Convertid en fortín vuestras casas, vuestros dormitorios y en fin, todos los lugares donde os encontréis. En Colombia no habrá paz, mientras el petimetre de Ospina continúe registrando la línea de Bolívar. La lucha es corta o larga, pero el triunfo al final será nuestro. De ello no existe la menor duda. Atención liberales de Colombia: con ustedes la Voz del Pueblo al servicio de la revolución liberal colombiana. Liberales y hombres amantes de la libertad, en esta hora decisiva estad serenos y vigilantes. Nada de nerviosismo y temblores. No hagáis caso a las noticias que para desconcertar está proclamando el enemigo. Todo ello no obedece sino a una simple táctica de centrar la guerra de nervios, que tantos contratiempos causó a las fuerzas democráticas de la pasada guerra mundial...

Radio Liberal de Barranca con ustedes...

...A las siete de la mañana para comenzar la labor. Así pues que nos vamos a despedir, eh, hasta mañana, para estar de nuevo con ustedes a esta misma hora fija...

—...Exacto, exacto, ¿no? No te lo quitaremos de ahí, porque ha salido perfectamente bien. Perfectamente. Cambio.

—Nosotros haremos también la misma cosa, ¿no? Aquí estaremos pendientes de su sintonía toda la noche... y... mañana de nuevo, entonces hablaremos para transmitir... el mencionado discurso y si a mí se me ofrece algo, cualquier cosa durante la noche, los llamo, siempre que dejen el receptor prendido, ¿no?

—Bueno, entonces, lo mismo quedará aquí, con el receptor prendido, pendiente de su sintonía, ¿no? Bueno, hasta mañana...

...Cero, cero, cero. Aló, aló, aló, aló, aló, aló, aló, aló. Número cien, número cien. Número cien, aló, aló, aló, aló. Aló, aló. Aló, aló. Espera para programa sin cadena.

Número dos, número dos, número dos espera para ponerse en cadena, número dos, número dos, espera para programa en cadena.

Cambio. Aló, cambio...

Radio Liberal número diez, aló, aló. Radio Liberal número diez, aló, aló. Radio Liberal número diez. Se pide comunicación para... radio... número cien, número cien, número cien, número cien, número cien... Por número dos, número dos, número dos, quiero transformarlos en cadena, quiero transformarlos en cadena. Número diez, aquí Radio Liberal de Barrancabermeja. Número diez. Aquí Radio Liberal de Barranca número diez.

—¡Adelante! Comprendido, comprendido.

—También de la noche, que en todo caso no nos iremos hasta que ustedes se retiren. Comprendido, comprendido.

Aló, aló, aló, aló, aló, aló. Aquí con la Radio Liberal de Barrancabermeja número diez. Aquí con la Radio Liberal de Barranca número diez. Aló, aló, aló, a cien, aló, a cien, aló, aló a cien. Aló, aló, aló, aló, aló. Cambio. Cambio.

¡Colombianos! ¡Vamos a… repetir nuestro siguiente boletín de información!

«Pueblo liberal de Colombia, la suerte está echada. La sangre de Jorge Eliécer Gaitán debe ser vengada, a sangre y fuego, como decía el miserable y cobarde José Antonio Montalvo, quien quiere ocultar su crimen ante la faz del mundo, acusándolo de manos comunistas. No debemos retroceder un solo instante. El gobierno de Ospina Pérez está tambaleando. Nuestro movimiento se suspende cuando veamos la cabeza de Ospina Pérez rodando por las calles de Bogotá…

Aló, pueblo liberal revolucionario de Colombia, esta es la emisora liberal número dos, al servicio de la revolución. ¡A la carga! liberales de Colombia. El mártir Jorge Eliécer Gaitán, quien vilmente fue asesinado por las manos godas, no puede quedarse impune. Esa muerte debe ser vengada, y la vengaremos hasta el último momento… La camarilla goda que dirige Laureano Gómez ha querido acabar con el pueblo liberal de Colombia, asesinándolos como corderos, lanzándonos la renombrada policía chulavita que asesina llena de insania… Aló pueblo liberal de Colombia, esta es la emisora número dos, al servicio de la revolución colombiana que está con ustedes.

Aló pueblo liberal de Colombia, no pierdan nuestra sintonía. No pierdan nuestra sintonía pueblo liberal de Colombia, esta es la emisora liberal número dos al servicio de la revolución, y dentro de unos instantes daremos otro boletín de información.

—Adelante Maracaibo, si me está oyendo… oyendo. Aló Maracaibo si me está escuchando, adelante.

…Perfectamente, ahora sí la escuchamos bien de aquí de Maracaibo. ¡Muy bien!

Eh, nosotros vamos ahora… a… retransmitirles todo un boletín para que ustedes… estén listos, ¿no? para que no lo retransmitan, no. Bueno, para que estén listos ustedes. ¿Ok?

Aló, aló revolucionarios de Colombia, aquí la estación número cien, con las últimas noticias. Aquí la estación número cien con las últimas noticias. Enseguida vamos a transmitir un boletín. Un boletín de última hora. En cadena, en cadena, con la estación número dos. La número once y la diez…

De las ruinas materiales en que ha quedado la mitad de la capital de la República, habrá de levantarse el cimiento inconmovible de una patria nueva, más vigorosa aún, libre de rencores y de prejuicios. Leal a las enseñanzas de Jesucristo y fiel al ejemplo inmortal de los próceres…

—Y para lograr el triunfo de la revolución es necesario que sacrifiquemos nuestras vidas. Con ello deberemos estar dispuestos en todos los momentos. No se puede desmayar. Hay que seguir adelante. Es necesario ver siempre adelante. Mirar hacia adelante…

La silla que honraran Murillo Toro, Bolívar, principalmente Nariño, quien nos dio los derechos y tantas otras figuras de la patria, ha sido deshonrada con la presencia del señor Mariano Ospina Pérez. Del solio de los Presidentes habremos de retirar al presidente Ospina Pérez. Esa es la meta de las aspiraciones de la revolución liberal colombiana. Mientras ellos no cedan, no suceda, no cesaremos en nuestro empeño, en nuestra lucha. No cesaremos en nuestro empeño, no desmayaremos y no nos entregaremos…

Las fuerzas reaccionarias no pasarán. La revolución triunfará. Del solio de Nariño se retirará la figura macabra y demoníaca de Ospina Pérez. Entonces habrá triunfado la revolución. Entonces, habrá cesado la lucha. Mientras esto no suceda, no retrocederemos. No retrocederemos. No retrocederemos…

Esta es la Voz del Pueblo al servicio de la revolución colombiana, operando desde un subterráneo en cualquier sitio de la República…

La Quinta División

El mayor Polanía Puyo obró en una forma mentirosa y hasta diplomática, porque nos dijo: «Señores agentes, ustedes son mis compañeros y yo soy ahora el comandante de ustedes. Yo lo que debo hacer como superior es tratar de solucionarles a cada uno de ustedes los problemas que tengan. Yo comprendo que ustedes son muy humanos, muchos de ustedes tienen sus padres vivos y otros tienen esposas, otros tienen sus hijos, y ellos, sus familiares no saben si ustedes están vivos o muertos. Entonces vamos a hacer una cosa, yo les voy a establecer unos permisos. Cada uno me escribe un permiso por veinticuatro horas o lo que quieran, dejen las armas y las prendas en sus catres y salen de civil para que nadie los moleste en la calle». Pues todo el mundo a escribir su propio permiso. Yo les hice el permiso como a diez, como a mí me rendía escribir. A medida que íbamos llevando los permisos, «Concedido, concedido».

Yo recuerdo que redactábamos, no redactábamos porque éramos muy brutos, pero más o menos así decía: «Señor comandante de la Quinta División de Policía. Respetuosamente le pido que me dé un permiso por veinticuatro horas». Otros por setenta y dos horas, no era más y se firmaba. Se pasaba y de inmediato concedían los permisos. El mayor Polanía le agregaba «Permiso indefinido». Cuando yo leí que decía permiso indefinido dije para mis adentros con cierta nostalgia y amargura: «Para afuera porque aquí no hay más cuchara». Así nos sacaron del cuartel. Salimos como unas viles sirvientas. Nos traicionaron de la manera más infame. Posteriormente me dije: «Todo lo que nos prometió Darío Echandía, lo que nos dijeron los generales fue un contentillo para llegar a una traición miserable». No se me olvida nunca ese 12 de abril.

Miguel Ángel Cubillos Castro

14 de abril
IX Conferencia Panamericana

Yo que desde luego había renunciado irrevocablemente al Ministerio de Gobierno para que el doctor Echandía pudiera ser nombrado inmediatamente, pasé a la cartera de Relaciones Exteriores con la consigna dada por el Presidente de no dejar disolver la Conferencia Panamericana, reunida entonces en Bogotá y de evitar que los delegados resolvieran trasladarse a otra capital.

Amigo personal de la mayor parte de ellos no perdí minuto en ponerme en contacto con dichos delegados para evitar que abandonaran Bogotá y así fue como el 14 de abril pude reanudar las labores de la Conferencia, por instrucciones del presidente Ospina, en el Gimnasio Moderno que el doctor Agustín Nieto Caballero cedió patrióticamente para que los delegados no tuvieran que venir al centro de la ciudad y no se dispersaran.

La víspera de la reanudación de los trabajos de la Conferencia hubo una reunión de los delegados en la casa que ocupaba el jefe de la delegación de Honduras, que era el vicepresidente.

Sin haber sido citado a esa reunión yo me presenté con gran sorpresa de todos y les dije, en sustancia lo siguiente:

«El Gobierno tiene ya dominada la situación y puede darles completa garantía sobre la seguridad personal de cada uno de ustedes. Además está listo para reanudar a la mayor brevedad la Conferencia, que debe continuar sus labores en Bogotá por razones obvias». En ese momento el jefe de la delegación del Brasil me preguntó: «Señor Ministro ¿sería posible que la Conferencia siguiera funcionando en este sector de la ciudad (sector norte), en donde están alojados la mayor parte de los delegados, en lugar de seguir en el Capitolio?».

Mi respuesta fue inmediata y firme:

«Sí señor. Nos reuniremos en el Gimnasio Moderno que queda a dos cuadras de aquí». Hasta entonces yo no había hablado siquiera con el doctor Nieto Caballero, pero conociendo como conocía su patriotismo y su gallardía, no vacilé en comprometer al Gobierno de Colombia en ese sentido. Enseguida, el eminente delegado de México, mi gran amigo Torres Bodet, inquirió:

—¿Pero usted cree, señor Ministro, que sería posible reanudar los trabajos dentro de un plazo breve ya que, como usted comprende, no podemos permanecer más o menos indefinidamente esperando el momento en que el Gobierno de Colombia esté en capacidad de preparar nuevas instalaciones, adecuados servicios de secretaría y de traducción, etcétera?

—La Conferencia, señor Ministro —le contesté—, reanudará sus trabajos mañana a las diez de la mañana en el Gimnasio Moderno. Quedan citados allá para esa hora.

Esa noche, con la insuperable colaboración de José Joaquín Gori, de Luis Alberto Zalamea y de otros altos y bajos empleados de la secretaría, logré hacer todo lo que era necesario para que a las diez de la mañana estuviera funcionando la traducción simultánea, así como todas y cada una de las dependencias indispensables para proseguir las labores que culminaron, a los pocos días, con la firma en la Quinta de Bolívar, de la Carta de la Organización de los Estados Americanos.

Eduardo Zuleta Ángel

«El Gobierno tiene ya dominada la situación… Además está listo para reanudar a la mayor brevedad la Conferencia…».

Reflexiones de Fidel

Yo diría que la posibilidad de ver el espectáculo de una revolución popular absolutamente espontánea tiene que haber ejercido una influencia grande en mí. Podríamos decir que no me reflejaba algo nuevo, sino que me reafirmaba en una serie de ideas y de concepciones que yo tenía: sobre el pueblo explotado, sobre el pueblo oprimido, sobre el pueblo que busca justicia, sobre el pueblo que quiere justicia. Yo diría que aquello fue un volcán que estalló. Un pueblo muy oprimido, un pueblo muy explotado, un pueblo hambriento que estalla en un momento determinado frente a un incidente determinado. Digamos que la muerte de Gaitán, quien evidentemente era una esperanza para el pueblo de Colombia, es el detonante de aquella explosión que no organizó ni pudo organizar nadie, que se produjo de manera absolutamente espontánea.

Como siempre el imperialismo y la oligarquía aprovecharon la coyuntura para decir que aquello era resultado de una conspiración comunista contra la Conferencia. El Congreso que nosotros hicimos contra la Conferencia no tenía ninguna vinculación con el Partido Comunista de Cuba.

El 9 de Abril yo creo que forma parte del conjunto de la experiencia que tenía ya cuando la lucha revolucionaria en Cuba. En el Moncada yo sabía que era una empresa muy difícil, pero por otro conjunto de factores, porque yo estudié mucho la historia de las revoluciones populares. Ya para esa fecha del Moncada yo sí tenía una formación marxista-leninista bastante completa, mientras que no podría decir lo mismo de cuando estuve en Bogotá. No podría decir que tenía esa formación marxista-leninista, esa convicción socialista. Estaba naturalmente en un terreno muy propicio para todo eso y ya tenía una serie de ideas, diría que yo había progresado mucho en mi formación política, había avanzado mucho y tenía una formación política progresista. Pero no tenía todavía la madurez política, la profundidad de convicción socialista marxista-leninista que tenía cuando lo del Moncada. Puede decirse que en aquella época yo estaba muy influido por las ideas populares, las ideas de la Revolución Francesa como te dije, las ideas de la lucha por la independencia nuestra, las ideas de las revoluciones populares, tenía sobre todo una gran solidaridad hacia los pueblos, una gran simpatía por el pueblo, un gran odio a la opresión, a la injusticia, a la pobreza, a todo esto, pero no podría decir que tenía una concepción marxista-leninista desarrollada como la tenía después, aunque ya había tenido mis primeros contactos con la literatura marxista para esa fecha. Figúrate que entonces tenía veintiún años, yo creo que lo que hice allí fue realmente noble. Por mi parte me siento orgulloso de lo que hice. Primero porque tuve una actitud consecuente. Reaccioné con la misma indignación de un colombiano frente a la muerte de Gaitán, reaccioné con el mismo espíritu de un colombiano frente a una situación de injusticia y de opresión que había en el país, reaccioné con mucha decisión y mucho desinterés y altruismo. Creo que reaccioné con mucho sentido común también, cuando hice todo lo posible por ayudar a la organización de aquello. Creo que los consejos que di en la Quinta División de Policía, no podía darlos mejor ahora, a la edad que tengo y con la experiencia que tengo. Creo que la decisión de quedarme allí aunque estaba solo y cuando todo aquello me parecía un gran disparate táctico, lo que estaba ocurriendo aquella noche, creo que fue una gran prueba de desinterés, una gran prueba de idealismo, una gran prueba de quijotismo en el mejor sentido. Fui leal hasta el último momento, cuando me dijeron el día 10 por la tarde que la División estaba siendo atacada y estaban desertando los policías, yo fui para la División con mi patrulla. Es decir, yo diría que mi comportamiento fue intachable. Fui disciplinado, aún sabiendo que aquello era un suicidio me quedé allí. ¿Pero por qué me quedé allí sabiendo que era un suicidio y que estaban equivocados en el aspecto militar? Fue por un sentido de honor, por un idealismo, por un principio, por una moral; me quedé aquella noche en que los tanques pasaban a cada rato y cada media hora estaban esperando venir el ataque. Yo sabía que en el ataque iba a morir todo el mundo allí, porque aquello era una ratonera. A pesar de estar en desacuerdo completo con las disposiciones, en desacuerdo completo desde el punto de vista militar con lo que estaban haciendo, me quedé allí. Iba a morir anónimamente allí y sin embargo me quedé. Yo personalmente estoy orgulloso de eso, porque actué consecuente-

mente, actué con principios, actué con una moral correcta, actué con dignidad, actué con honor, actué con disciplina y actué con un altruismo increíble
porque hay que ver todas las cosas que pasaron allí. Hasta la última quijotada mía, que fue ponerme a discutir con el dueño de la casa de huéspedes,
por poco me cuesta la vida, pero simplemente no me pude quedar callado
frente a aquello. Ahora piense que yo tenía veintiún años, quizás con un poco
más de experiencia me doy una buena callada de boca allí frente al conservador aquel, lo dejo decir todo y no provoco la situación en que por puro milagro nosotros salimos bien. Si nos hubieran capturado a nosotros además nos
echan toda la culpa y yo no podría estar ahora contándote la historia exacta y
verídica, de todo lo que vi y todo lo que viví el 9 de Abril. El pueblo demostró una extraordinaria valentía. ¿Qué me impresiona? Me impresionó el fenómeno de cómo puede estallar un pueblo oprimido. Segundo, me impresionó
mucho la valentía y el heroísmo del pueblo colombiano, porque lo vi ese día.
Aunque junto a esto, junto al extraordinario heroísmo del pueblo colombiano, te puedo decir, que no había organización, que no había educación
política, más que conciencia política, había espíritu de rebeldía pero no educación política y había falta de dirección.

Si tú quieres influencia, mucha del 9 de Abril en mi vida revolucionaria ulterior, fueron los esfuerzos extraordinarios que hice por crear una conciencia, una educación política en Cuba, los esfuerzos extraordinarios que
hice para evitar que al triunfo de la Revolución, hubiera anarquía, saqueos,
desórdenes, que la gente tomara la justicia por sus propias manos. Yo diría
que la influencia más grande fue, en la estrategia revolucionaria de Cuba, la
idea de educar al pueblo durante nuestra lucha, para que no se produjera
anarquía al triunfo de la Revolución, para que no se produjeran saqueos al
triunfo de la Revolución, para que no se produjeran vindictas populares al
triunfo de la Revolución. Aunque yo no tenía ideas precisas entonces sobre
todo eso, no hay dudas que yo medité después si en condiciones similares,
nuestro pueblo hubiera hecho exactamente igual. Puedo estar equivocado,
pero tengo la idea de que nuestro pueblo tenía un poquito más de educación
política, que era un poquito más difícil que en una situación similar a esta el
pueblo de Cuba se dedicara al saqueo, en vez de dedicarse a la lucha revolucionaria, quizás incluso porque fuera un pueblo menos pobre y desesperado
económicamente que el colombiano.

En Bogotá una gran parte del pueblo se dedicó al combate, los sectores humildes, los trabajadores, los estudiantes y casi todo el mundo, y una parte del pueblo humilde se dedicó al saqueo. No fue todo el pueblo humilde el que se dedicó al saqueo. Una gran parte del pueblo humilde se dedicó al combate y una parte del pueblo humilde se dedicó al saqueo, esa es la verdad. Eso desde luego es negativo porque los oligarcas, los partidarios del orden social, los que pretenden presentar al pueblo como un monstruo anárquico y desordenado, le sacaron mucho partido a esa situación.

Esto me influyó mucho por lo menos en la conciencia que yo tomé de la necesidad de educar al pueblo y trazar líneas políticas, trazar consignas muy claras de que no podía haber anarquía, de que no podía haber saqueos, de que no podía haber justicia por sus propias manos en el pueblo. Creo que además puedo decirte que la experiencia de Bogotá me hizo identificarme más con la causa de los pueblos. Porque había un pueblo oprimido combatiendo, había un pueblo oprimido luchando.

Creo que influyó notablemente en mí desde el punto de vista de mis sentimientos revolucionarios. Porque me quedé con el dolor de la muerte de Gaitán, me quedé con el dolor del pueblo explotado, me quedé con el dolor del pueblo ensangrentado, me quedé con el dolor del pueblo derrotado y me quedé con la impresión de lo que puede hacer el imperialismo, de lo que puede hacer la oligarquía, de lo que pueden hacer las clases reaccionarias y sobre todo me quedé con el dolor de la traición. El pueblo fue traicionado, porque dijeron «ha habido un arreglo», una tregua, se suponía que significaba un cambio de la situación, el cese de derramamiento de sangre, garantías para todo el mundo. Pero no se me podrá olvidar jamás, cómo después de que se hace el arreglo, se hace la tregua, se entregan las armas, decenas de revolucionarios fueron cazados literalmente en la ciudad. Yo te digo que esos eran héroes. ¡Qué tipos tan valientes aquellos que se quedaron como francotiradores! Allí combatiendo solos, sin saber nada, sin información, luchando.

El Partido Comunista no tuvo nada que ver con aquello, pienso que los liberales, la gente de izquierda, los comunistas, lucharon allí como parte del pueblo. Porque luchó todo el pueblo, hay que decirlo. Pero atribuir al Partido Comunista colombiano el haber organizado aquello es una gran calumnia, atribuir al Partido Comunista cubano, atribuir al movimiento comunista internacional la responsabilidad de la sublevación es una gran calumnia y

«¡Qué tipos tan valientes aquellos que se quedaron como francotiradores!».

una gran mentira como tantas otras que se dicen. Pero me quedó una impresión muy dura a mí, la impresión de la traición. Porque yo pienso que la dirección del Partido Liberal traicionó al pueblo, sencillamente eso, lo traicionó. Fue incapaz de dirigir al pueblo, fue incapaz de ocupar el lugar de Gaitán y fue incapaz de ser leal con el pueblo. Hicieron un acuerdo sin principios por temor a la revolución.

No quiero que estas consideraciones que estoy haciendo tú me las hagas contar, son consideraciones que yo sé que tú me preguntas en relación con la experiencia del 26 de Julio. Yo seguí mi ulterior evolución política, mi ulterior evolución revolucionaria, seguí siendo como fui en aquel momento, pero pocas veces en mi vida he sido tan altruista y tan puro, como fui durante esos días. Creo que he seguido igual, fui durante el resto de mi vida de revolucionario igual que aquella noche que me planteé el problema de conciencia, me pregunté qué hacía allí, me planteé que estaban equivocados militarmente, que no era mi patria, que estaba solo y sin embargo decidí quedarme, eso fue lo que hice después toda mi vida. Reaccioné entonces como reacciono ahora, exactamente igual. Te das cuenta que yo reaccioné entonces, aquellos días, como reaccioné después y reaccioné siempre y reacciono ahora. Yo puedo sentirme orgulloso de mi conducta en aquellos días. Mi presencia allí fue accidental, el Congreso nuestro no tenía nada que ver con lo que pasó. El Congreso nuestro era contra el imperialismo, contra la OEA, digamos que aquel acontecimiento incluso frustró la organización del Congreso que estábamos haciendo.

Fidel Castro

Las emisoras

La voz de la Iglesia:

...Y de locura, a donde vemos que ha sido llevado nuestro pueblo por obra de extrañas influencias, destructoras no solo de todo orden moral y religioso, sino además, de todo ideal patriótico y de todo sentimiento humanitario. No podemos menos que reprobar con la mayor energía y deplorar con el más vivo dolor, los horrendos atentados y delitos que se han cometido, primero contra la persona de un ilustre ciudadano y destacado hombre público, el doctor Jorge Eliécer Gaitán, y luego contra la autoridad legítimamente constituida, contra el orden público, contra la vida y propiedades de los ciudadanos, contra la sociedad entera, contra todo lo que constituye nuestra cristiana civilización y cultura.

Quienes a tan deplorables y vergonzosos extremos se han dejado arrastrar, fueron antes generalmente buenos hijos de la Iglesia, por ella alimentados con la doctrina de Jesucristo Nuestro Señor y vivificados con su gracia.

Por sus verdaderos y legítimos intereses ha velado siempre, maternalmente la iglesia, en cuyo nombre muchas veces hemos recordado, sostenido y defendido los principios y normas de la equidad y las exigencias de un orden social cristiano, fundado en la justicia, e inspirado en la caridad, pero ellos, con una culpable y ruinosa ceguera se han dejado descaminar por los senderos del odio, de la iniquidad y de la barbarie, por doctrinas y prácticas abiertamente anticristianas y antisociales; por las nefandas teorías y procedimientos del comunismo ateo y materialista que solo podían producir para nuestra patria, los amargos frutos de la violencia desencadenada, de la destrucción y de la muerte.

Su lamentable extravío no produce en nuestro corazón de padre, sino sentimientos de infinita compasión, por la ruina... y la perdición de sus almas, redimidas con la sangre divina del Redentor, y ardentísimos deseos de que con la reflexión serena y con sincero arrepentimiento de sus crímenes, vuelvan al seno maternal de la Iglesia y seriamente procuren hasta donde ellos es posible, reparar los incalculables perjuicios que con sus delitos han causado a las personas privadas, con el pillaje y la depredación; a la sociedad, con la perturbación del orden y del bienestar público, y con la destrucción y la devastación de los más valiosos monumentos de la cultura nacional; a la Iglesia, con la destrucción, por el saqueo y el incendio de la Nunciatura Apostólica y de nuestro Palacio Arzobispal, y sobre todo con los irreparables estragos producidos aquí, con la desaparición de los archivos históricos, de la biblioteca, de preciosos e insustituibles valores artísticos.

Por nuestra parte de corazón los perdonamos, y por ellos repetimos la oración y la súplica que el Salvador hizo por sus verdugos y por todos los pecadores en la hora de su agonía: Padre perdónalos porque no saben lo que hacen.

Por ellos y por nuestra patria, en horas de tanta aflicción hemos ofrecido a Dios toda la amargura de nuestro sufrimiento. Las ya débiles fuerzas…

Con ustedes el doctor Carlos Lleras Restrepo…

Me dirijo al pueblo liberal… para manifestarle que la dirección nacional del partido, después de largas y profundas deliberaciones y habiendo analizado todas las circunstancias… del momento… y teniendo en cuenta los intereses del partido y los intereses de la República, ha aprobado por unanimidad, la siguiente resolución:

La dirección nacional liberal resuelve:

> Primero: reiterar su apoyo, a la presencia del doctor Darío Echandía, ilustre jefe del liberalismo, en el Ministerio de Gobierno y a la de sus colegas liberales en otras carteras del gabinete ejecutivo, por el tiempo en que a juicio de esta dirección y del doctor Echandía, lo justifiquen las circunstancias políticas y las conveniencias nacionales.

> Segundo: reiterar igualmente, su decidida voluntad de mantener la actividad política del liberalismo dentro del orden constitucional y de la paz pública, y de hacer culminar victoriosamente por tales cauces, la campaña por el predominio de las mayorías populares en el poder.

Tercero: Condenar una vez más, con indignación y energía, los actos de violencia y saqueo cometidos por elementos extraños a la colectividad, en Bogotá y en varias ciudades de la República y ordenar al pueblo liberal que se oponga con vigor a la repetición de tales sucesos.

Cuarto: invitar patrióticamente al pueblo liberal, a los sindicatos y a las fuerzas obreras, a que sobreponiéndose al justo dolor provocado por el asesinato de su jefe máximo, doctor Jorge Eliécer Gaitán, retornen inmediatamente a la normalidad y al trabajo, suspendiendo el paro general que el pueblo decretó de manera espontánea.

Quinto: expresar su apoyo irrestricto a los programas políticos promulgados por la convención del pueblo, que convocó e inspiró el doctor Jorge Eliécer Gaitán. Programas que serán llevados, sin vacilaciones, a una realización victoriosa.

Sexto: convocar a los miembros de las mayorías liberales parlamentarias, para que constituidos en convención, designen la dirección nacional del partido, en la cual esta dirección provisional resignará sus poderes.

Bogotá, abril catorce de mil novecientos cuarenta y ocho.

Carlos Lleras Restrepo, Plinio Mendoza Neira, Alfonso Araújo, Julio Roberto Salazar Ferro, Jorge Uribe Márquez, Arango Tavera

La dirección nacional del Partido Liberal, espera que esta resolución será atendida por todos los copartidarios de manera inmediata, y hace un llamamiento a la unidad del partido y a la disciplina de sus masas, para que la acompañen en esta decisión que ha sido adoptada —repito— después de muy profundas meditaciones, y que estimamos la única compatible con los altos intereses de la República y del liberalismo...

18 de abril
La ciudad

Pocas horas después, elegido por mis compañeros como presidente de la dirección, me instalé en las oficinas privadas del doctor Eduardo Santos y comencé, en estrecho contacto con Echandía y con ese gran militar que era el general Ocampo, escogido por Ospina para el Ministerio de Guerra, la difícil tarea de pacificar el país. Ardua empresa para la cual recibimos la colaboración abnegada de muchos liberales. Después vino la negociación del Pacto de Tregua que se firmó en la madrugada del 18 de abril. A éste pertenecen los párrafos que a continuación transcribo y que explican bien el sentido de esa trascendental gestión:

«Los directorios consideran que la concordia nacional indica la conveniencia que, en el desarrollo de las medidas enderezadas al restablecimiento del orden y a la investigación de los delitos cometidos en los deplorables sucesos de los últimos días, se prescinda de tomar en consideración los actos de carácter meramente político que fueron fruto natural de la exasperación causada por el asesinato del doctor Jorge Eliécer Gaitán. En cambio, la acción de las autoridades y de la justicia debe ser severa y eficaz con respecto a los delitos comunes cometidos bajo cualquier pretexto y a los actos que una imparcial investigación llegare eventualmente a establecerse como vinculados a ese asesinato».

«Los directorios reiteran la expresión de su respeto a la organización sindical, cuyas actividades deben desarrollarse dentro de la ley y de conformidad con sus finalidades propias, y expresan su concepto que igualmente en beneficio de la concordia nacional, el paro obrero que acaba de registrarse no debe ser motivo de represalias en consideración a que él fue fruto de la exaltación producida en las masas trabajadoras por el asesinato del doctor Jorge Eliécer Gaitán, sin que esta excitación implique, por parte de los directorios, el desconocimiento de las normas legales que regulan en Colombia el derecho de huelga».

«Los directorios registran con sincera complacencia la declaración del señor Presidente de la República, en el sentido que ningún criterio de retaliación política o de excesiva rigidez inspirará el Gobierno en la apreciación de la conducta de los funcionarios y empleados públicos con relación a los sucesos de los últimos días».

«Los directorios liberal y conservador condenan de nuevo de la manera más enérgica, los actos de violencia y saqueo ocurridos en varias ciudades de la República, a los que ambas colectividades políticas colombianas son totalmente ajenas y que ambas repudian como extraños al espíritu nacional, a la tradición histórica de nuestros partidos, a sus ideales y programas».

«Los directorios políticos anuncian que continuarán reuniéndose para deliberar sobre los grandes problemas nacionales y para dar a la política que ahora se inicia sobre bases de concordia, sus naturales consecuencias en el orden de la normalización de la vida política y de los programas de carácter nacional que la reconstrucción moral y material del país, nuestro prestigio internacional, la garantía de un mejor nivel de vida y de un régimen de seguridad para las masas trabajadoras, reclaman imperiosamente».

Carlos Lleras Restrepo

Nosotros, asombrados desde la casa veíamos a esos hombres desconocidos corriendo con mucha agilidad por los techos, recuerdo que iban con sombreros jipijapa con una cintilla roja y tenían revólveres. Aparecían y desaparecían. Nosotros veíamos desde las Aguas hacia la Media Torta y por ahí había una casa, nosotros mirábamos porque se veía mucho movimiento; unos hombres se asomaban. Hablamos con un vecino conocedor de estas cuestiones y él se puso a mirar y dijo que le parecía que en esa casa había instalada una estación de radio clandestina, porque parecía que los hombres estaban componiendo la antena. Una de esas noches, sentimos una detonación tremenda que del susto nos sentó sobre la cama, pero no pudimos ver nada por la oscuridad. En la mañana cuando miramos hacia la Media Torta ya no estaba aquella casa. Lo recuerdo como estar viéndolos ahora, esos hombres tenían puestos sombreros blancos con cintas rojas. Después de esa noche de-saparecieron de nuestros ojos. Se comentaba en el barrio que se había acabado con la emisora que transmitía tales y tales noticias, porque no se había vuelto a escuchar. Nosotros ya más seguros conjeturamos que sí podía ser una estación clandestina.

Días después yo le cuento que en el Teatro Real, en los noticieros estaban pasando todo lo que ocurrió el 9 de Abril. Mi papá que era conservador estaba furioso en el cine, decía: «Pero cómo volvieron a Bogotá estos desgraciados». Mi papá trabajaba en el Palacio de la Policía.

María Dolores Rey

LOS
EPÍLOGOS

El revólver

Le quité el revólver que tenía en la mano derecha tomándolo con mi mano izquierda por el tambor, procurando así no destruir las huellas dactilares, y con mucho cuidado introduje esa arma al bolsillo izquierdo de atrás del pantalón. Esta precaución no sirvió de nada, puesto que después en el Juzgado Permanente Central varias personas cogieron dicha arma, y en esa forma es claro que se perdieron las huellas que yo había procurado conservar.

Carlos Alberto Jiménez Díaz

El cabo Jiménez me trajo el revólver y lo tuve a los quince minutos. Era un revólver que no valía la pena. Se hacía así y sonaba el tambor.

No era un arma escogida y apropiada para cometer un asesinato de esa magnitud. Tenía como tres cartuchos o dos, no recuerdo con precisión. Estaba un famoso Ferro que fue comisario de policía —en ese tiempo se llamaban jueces permanentes— cuyo juzgado funcionaba en el mismo edificio donde funcionaba la Tercera División. Yo cogí el revólver, se lo entregué a Ferro, le pedí el recibo y me regresé inmediatamente al cuartel. El revólver era 32 corto, marca Lechuza, una porquería.

Benicio Arce Vera

Remito a usted el revólver calibre 32 corto, niquelado, cachas blancas, de partir de tiros, marca «HO» contramarcado Smith & Wesson, número 19461, con cuatro proyectiles disparados y uno sin disparar, revólver este que es el presente ante el Despacho por el comandante Benicio Arce Vera y que luego fue reconocido por el dragoneante Carlos Alberto Jiménez Díaz como el mismo que le había quitado a un sujeto en la carrera séptima entre calles catorce y Avenida Jiménez de Quesada, casi frente a la droguería Granada.

Servidor,
Pablo Navia Carvajal
Juez.

Cuando el público quiso sacar al asesino, cuándo ya estaba exánime lo cogieron de los pies, y lo sacudían y vi que al asesino se le cayeron unas cápsulas de revólver, las cuales yo recogí en número de tres, pero una de ellas se me extravió, y dos de ellas entrego a este despacho: Dos proyectiles marcados «Rem-U.M.C. -32- S&W».

Hernando Oviedo Albarracín

Después que se llevaron a ese sujeto y que toda la gente se había salido de la droguería, encontré en el suelo, en la parte de afuera del mostrador, un proyectil de revólver: «REM-U.M.C. -32- S&W».

Roberto Tarazona Villabona

Como elemento del delito, remito:

El revólver distinguido con el no. 19461, calibre treinta y dos corto, niquelado, de cachas blancas, de cinco tiros, de partir, en buen estado, con cuatro vainillas y un proyectil; un anillo de metal blanco, grande, con una calavera en la mitad; una corbata de lana azul con cuadros carmelitos, otra corbata roja con rayas de color punzó.

Oficio remisorio

Juan sufría del corazón, se privaba y creía que podía morir de repente.

Hará unos dos años me dijo que le daba un golpe de susto en la boca del estómago, que sentía desalientos y temblor de cuerpo y que sentía en la cabeza como si estuvieran fritando maíz. El dinero para conseguir el pase de chofer fue prestado por tres personas y esto ocurrió como dos meses antes del mes de abril; las tres personas son: Gabriel Granados, quien prestó cincuenta pesos: Celio Quintero, cincuenta pesos y un señor de apellido García. Yo le fui dando a Juan esa plata que me entregaban a mí y yo tenía que servir de fiadora, en contados de cincuenta pesos. Yo no supe que él manejara más sumas de dinero. El último contado de cincuenta pesos ya no se los pasé a Juan directamente, sino a don Germán Moreno para que él, a su vez, se los entregara a Juan y así Juan se consideraba con más obligación de pagarle.

Encarnación Sierra, viuda de Roa

Esos cincuenta pesos me los emprestó mi hija Cecilia Quintero; ella me dijo que en la oficina le habían prestado el dinero, dándole yo ese billete de cincuenta pesos a la madre de Roa, estando este presente, porque juntos fueron y me esperaron hasta la salida del trabajo. Ese dinero todavía lo debemos, porque yo no lo he levantado, pues ni más he vuelto a ver a la señora Encarnación, ni sé dónde viva. Eso fue como unos diez o doce días antes de la muerte del doctor Gaitán.

Celio Aníbal Quintero

A propósito de la cédula de Juan, quiero aclararle: le oí decir a mi madre que un señor Gabriel Granados le iba a prestar a él o a ella determinada suma de dinero, creo que unos cincuenta pesos, con el fin de pagarle las clases de choferismo; luego a los pocos días me entregó Juan un cheque a nombre mío para que se lo cambiara en el banco, no recuerdo cuál, por la suma de cincuenta pesos, me parece. Yo lo cambié y le entregué ese dinero a Juan; el cheque lo giraba a mi favor, porque Juan no tenía cédula, me parece que se le había perdido. Lo giró Gabriel Granados y hasta tenía un sello que me parece que decía Jabonería Marsella.

Eduardo Roa Sierra

Mi nombre es Luis Enrique Rincón Pardo, natural de Bogotá, de treinta años de edad, soltero, mecánico de profesión, actualmente trabajo en los talleres de Cías. Unidas de Transporte, provisionalmente, arreglando unas máquinas.

Sí, conocí al señor Juan Roa Sierra desde el año de 1945, cuando estuvo trabajando en un taller de nuestra propiedad que funcionaba en la carrera trece entre calles séptima y octava, trabajando como obrero de la vulcanizadora Santander, duró unos tres meses, luego vendimos nosotros eso y por ese motivo lo retiramos, fue como en junio de 1945. Él me dejó la dirección de la casa para cuando se me ofreciera lo llamara. Estando yo de jefe de personal de la reencauchadora Bolívar, se me ofreció llamarlo; fui a la casa de él, no estaba y le dejé razón con la madre; le dije que pasara a la reencauchadora.

Roa Sierra trabajó dos días en tal reencauchadora, pero no continuó porque no sirvió el trabajo. No lo volví a ver sino hasta las elecciones presidenciales de 1946, cuando estaba haciendo fila para votar, y me dijo: «Hay que hacer fuerza para que gane el doctor Gaitán». Se me perdió de vista y no lo volví a ver más. Después lo encontramos con mi hermano José Ignacio, viniendo nosotros de la plaza de Ferias, en diciembre del año pasado, nos saludamos y nos dijo: «¿Negociando en cerdos, no?», porque nosotros a veces negociábamos en cerdos y siguió su camino, fue una conversación de pasada. No lo volví a ver, hasta el día 7 del presente mes. Ese día, estaba en la Ferretería Bogotá de San Victorino, como a las once de la mañana, solo, averiguando por el precio de un poco de tuberías; al salir de la ferretería él pasaba, me llamó la atención y me invitó a tomar un tinto; luego entramos al Café Globo, que quedaba en la plaza de San Victorino. Me contó que iba a sacar un pase de chofer; luego me dijo que tenía un viaje con unos extranjeros para Los Llanos que iban como exploradores.

«Ya que lo encontré, ¿usted no sabe quién tiene un revólver para la venta?» me preguntó. Yo pensé en mi hermano José Ignacio que tenía un revólver, y le conté eso. Le dije: «No sé si lo venda. Yo le pregunto».

Nos citamos para las cuatro y media o cinco de la tarde del mismo día, en la calle treinta y una sur con la Avenida veintisiete, para el negocio del revólver, para verlo y negociarlo. Yo me despedí de él en el mismo Café Globo y llegué a la fábrica de paños Bolívar donde trabajaba mi hermano y le hablé del negocio del revólver y le dije que si lo quería vender, que había un cliente que lo compraba. No le dije quién era, pero él me dijo: «Si hay cliente véndalo». Me dio el precio de sesenta y cinco pesos y me lo entregó, pues lo tenía en la fábrica. Luego yo lo eché al bolsillo y me salí, me lo dio con un proyectil. Me fui a almorzar a la casa y volví como a las dos de la tarde a la fábrica otra vez. Estaba consiguiendo un camión para transportar material de la fábrica a un lote, y me la pasé allí hasta las cinco de la tarde; cuando recordé la cita con Roa Sierra y llegué a la calle treinta y una sur, con Avenida veintisiete y encontré a Roa Sierra recargado contra un poste de la luz.

—Muy cumplido, ¿no? —le dije, y se sonrió. Luego le enseñé el revólver.

—¿Es fácil probarlo?

—No hay inconveniente.

—Pero no tiene sino un proyectil. Bueno, con ese puedo probarlo —dijo al examinar el revólver.

Luego me preguntó que dónde se podía probar y yo miré el sitio y lo disparamos al pie de los muros del cementerio Católico del sur. Yo mismo lo disparé. Después de probarlo me dijo: «Está bien. ¿Hablamos del precio?». Yo le pedí ochenta pesos; él me ofreció setenta y cinco y nos dirigimos hacia la carretera donde había una tienda y me dijo:

—¿Le provoca tomarse una cerveza?

Entramos y él pidió dos cervezas; nos sentamos en una mesita que había y nos pusimos a charlar. Me contó lo del asunto del pase, que lo estaba adquiriendo para ponerse a manejar, que estaba recibiendo clases, y sacó una tarjeta de la escuela donde estaba estudiando, la miré, pero no recuerdo, he estado echando cabeza, pero no me recuerdo cuál sería. Luego me dijo que estaba sacando el pase.

—Yo soy muy de malas, porque ahora que estoy sacando el pase se me presentaron unos extranjeros, me propusieron un viaje a Los Llanos, son exploradores, van a explotar una mina de oro que hay por allá. —Le dijeron que si quería irse en calidad de muchacho, que el viaje era muy bueno, que los extranjeros ya conocían el sitio y que él se había decidido a realizar el viaje.

—¿Por qué no saca primero su pase y después hace el viaje? —le insinué.

Él me contestó que el viaje ya lo debían de haber hecho, que la demora era en conseguir él su revólver. Esa era su preocupación.

Después me dijo: «Bueno, vamos al grano». Pensativo, luego pidió dos cervezas.

—No es menos de los ochenta —le dije.

—No, le doy setenta y cinco —agregó en tono convencido.

—Bueno, es suyo. —Le cogí la propuesta.

Sacó la cartera y me pagó; me dio un billete de cincuenta pesos, dos de diez; luego con otro de diez pagó las dos cervezas y de esos trueques me dio uno de cinco hasta completar los setenta y cinco pesos. Cuando él me estaba pagando, entró mi hermano José Ignacio, y vio la plata que estaba sobre la mesa. En esa tienda estuvimos desde las cinco y media hasta las diez de la noche. Mi hermano llegó como a las siete o siete y media. Los tres salimos a las diez o diez y media. Como mi hermano salía de la fábrica y por allí es el camino para la casa, me alcanzó a ver y se dirigió a la tienda. Con Juan estábamos a la entrada, a la mano derecha, en un rincón, en una mesita de dos asientos. Yo estaba de frente hacia la calle y Roa estaba más bien vuelto la espalda hacia la calle.

Hablamos del viaje que pensaba hacer Roa, de un dinero que le había pedido en préstamo a un hermano suyo, de un pase que pensaba adquirir para conducir vehículos automotores y de otras cosas sin importancia. Recuerdo que Juan Roa dijo cuando me hallaba solo con él y refiriéndose al doctor Gaitán, estas palabras más o menos: «El doctor Gaitán ha desempeñado el papel de los propagandistas de drogas que van a los pueblos con culebras a engañar a la gente». Lo dijo sonriente. Eso me lo dijo porque yo le pregunté sobre el puesto en el Concejo que él estaba buscando y acerca de lo cual me había hablado en alguna ocasión. Además creo que lo dijo tal vez por alguna decepción recibida de parte del doctor Gaitán, cuyo partidario era según me lo había manifestado el propio Juan.

El revólver que le vendí a Roa Sierra, mi hermano lo adquirió a cambio por un reloj de Jorge Arenas.

Eso fue un mes antes de la muerte del doctor Gaitán. El revólver lo reconozco especialmente por unas limaduras que le hizo mi hermano en el gatillo y una abertura que tiene por donde entra la aguja. Fuera de los billetes que Roa Sierra me dio, vi que en la cartera tenía dos billetes, pero no puedo precisar de qué valor fueran; calculo que eran de diez pesos, porque él cambió uno de diez, o pagó una cerveza con un billete de esa cifra.

En la conversación que tuvimos por la noche en la tienda, tampoco hizo manifestación especial alguna. Solo recuerdo que llegó una niña llorando a la tienda y él estuvo conversando con ella, sin saber sobre qué tratarían. Ya cuando nos levantamos de la mesa para salir a la calle, mi hermano no quiso tomar más cerveza y le dijo que en otra ocasión tomaría, entonces Roa Sierra le dijo: «Será para cuando vuelva, si los indios no me matan y las fieras no me comen, nos volveremos a ver». Lo dijo tranquilo, impasible.

Salimos los tres a la calle, en esas pasó un tranvía y Roa Sierra lo tomó y se fue para el centro. La muchacha que es una vecina, me parece se quedó en la tienda.

Cuando Roa Sierra se despidió no dijo para dónde se dirigía. Momentos antes dijo, al preguntarle mi hermano cuándo se iba para Los Llanos: «Si no me voy mañana, nos vamos el viernes» —contestó.

Recuerdo que cuando le entregué el revólver sin proyectiles, manifestó: «Eso no interesa, yo los consigo. Voy a necesitar unas dos cargas. Tengo que llevar una o dos cargas» —dijo tranquilamente.

Luis Enrique Rincón

Mi nombre es Ignacio Rincón, de veintiocho años de edad, natural de Bogotá, soltero, trabajo en la fábrica de paños Bolívar en locomoción.

Conozco bien el revólver porque en el gatillo, a ambos lados tiene raspaduras que yo mismo le había hecho días antes de venderlo y también en la parte de adentro, por donde pasa la aguja, está como vencido. También porque en el arco que cubre el disparador se ve raspado y esta raspadura la hice yo.

Directamente no hice la venta, pero sí la hizo mi hermano Luis Enrique Rincón a Juan Roa Sierra el miércoles siete de abril por la cantidad de setenta y cinco pesos, que pagó Roa a mi hermano, así: un billete de cincuenta pesos, dos de diez pesos y uno de cinco pesos. El negocio lo hicieron en una tienda del paradero de buses y tranvías del barrio Santander. Cuando llegué el negocio estaba cerrado y solamente vi la entrega del precio. El revólver lo tenía Sierra sobre la pierna derecha y la plata encima de la mesa.

El revólver lo adquirí por compra a Jorge Arenas, mejor dicho, yo le entregué a Jorge Arenas un reloj de pulsera, de valor de cuarenta pesos y además la cantidad de diez pesos en moneda. Es decir, que el revólver me salió costando cincuenta pesos. Este negocio lo hice unos veinte o veinticinco días antes de vendérselo mi hermano a Juan Roa. Y lo adquirí con el objeto de proveer un arma a mi defensa personal, porque yo tengo que madrugar y trabajar en la fábrica de paños Bolívar. El arma se hallaba en el mismo estado en que está ahora, pero sin la raspadura de que ya di cuenta. Quien me la vendió o negoció me advirtió que debía tener cuidado porque el gatillo estaba un poco vencido y podía partirse. Yo no supe de la deficiencia sino cuatro o cinco días después de habérmelo vendido Jorge Arenas. Nunca lo ensayé. No lo cargaba, aún cuando sí lo saqué unas dos noches cuando salía tarde de la fábrica. Mi hermano vendió el revólver sin proyectiles, porque el único que servía se gastó en la prueba del arma realizada por él mismo.

Juan nos dijo a ambos que se iba para Los Llanos en donde había muchas fieras e indios, que por eso compraba el revólver; que se iba con unos extranjeros en calidad de exploradores y que él desempeñaría las funciones de muchacho, mandadero o auxiliar; y como los extranjeros se iban muy bien equipados en cuanto a armas, él también debía llevar la suya de reserva. Agregó que en el sitio a donde se dirigían había una mina de oro que ya los extranjeros conocían y que esperaban todos volver ricos. Ni le preguntamos ni nos dijo cuál era la nacionalidad de ellos, ni cuántos, ni dónde los había conocido. Nosotros creímos en lo que él nos contó. Lo creímos por el modo como lo afirmó, es decir, tranquilamente, por la fe que manifestaba y por la satisfacción que demostraba con la expectativa del viaje. En la tienda yo estuve como tres horas, de las siete a las diez de la noche, más o menos. Mi hermano debió permanecer más tiempo porque cuando llegué, él estaba con Juan Roa, sin saber cuánto tiempo llevaban juntos en la tienda. Conversamos varias cosas, como por ejemplo, del viaje que iba a realizar, de su estudio para sacar el pase de chofer, de las dificultades en que había estado para conseguir el dinero para el pase, pues un hermano no se lo había querido prestar. Esa noche de política no se habló. Una vez me dijo que era gaitanista, pero sin notarle pasión alguna. Recuerdo que otra vez en la vulcanizadora que era de nosotros, nos dijo que le gustaba el negro Gaitán y que por él había que dar la vida.

Lo conocí por haber sido obrero en el primer semestre en el año de 1945, en la vulcanizadora de mi propiedad. Él era trabajador, aunque bastante despacioso en su oficio. Yo le notaba algo raro, porque él hablaba de magos, de cosas misteriosas y decía que sufría del hígado. En cuanto al negocio del revólver solo puedo decir que el miércoles al medio día, o sea, el miércoles 7 de los corrientes, mi hermano me preguntó que si yo quería vender el revólver, yo le respondí que sí lo vendía porque no era bueno, diciéndole que el precio mínimo era de setenta y cinco pesos.

La última vez que vi a Juan Roa fue el jueves 8 de abril. Estando yo trabajando en la fábrica de paños Bolívar, llegó como a las once y cuarto; me hicieron salir a la portería diciéndome que me necesitaba un señor. Salí y vi que el señor era Juan Roa. Me dijo que deseaba hablar conmigo un asunto, le contesté que en ese momento no podía porque estaba trabajando.

—A qué hora sale y lo espero —dijo.

—A las once y media —contesté.

A las once y media salí y me estaba esperando. Yo iba a almorzar a la casa de la familia Lozano y él se fue en compañía mía; al entrar a la puerta me dijo Juan que no había podido conseguir unas cápsulas, que necesitaba dos cargas.

—Yo no sé por aquí quién venda —le contesté.

En esas entramos y estaba Jorge Lozano; nos saludamos y se saludaron Jorge y Juan.

Le dije a Jorge «Ala Jorge, Juan viene en busca de quién vende unas cápsulas». —Jorge se quedó pensando un momento.

—Sí —dijo Juan—, es que necesito dos cargas porque tengo un viaje y estoy demorado.

—Yo voy ahora para el centro. Si quiere nos vemos, a ver si unos muchachos Gaitán que yo conozco tienen y se las consigo. —Le contestó Jorge. Luego me senté a almorzar con Jorge y Juan se quedó parado. A mí me dio pena y calculé que él estaba sin almorzar y le pregunté a la dueña de la casa, mamá de Lozano, que si había un almuerzo más. Ella me dijo que iba a ver o que le permitiera un momento, porque no había loza. Terminaron otros de almorzar y le sirvieron a Juan. En esas se despidió Jorge me parece que salió adelante y fue cuando se pusieron la cita con Juan en el centro, en un café, pero no recuerdo cuál. Siguió almorzando Juan y al otro momento sonó el pito de la fábrica, precisamente cuando estaba almorzando; no terminó el almuerzo. Yo le pregunté que por qué no acababa de almorzar y él me dijo que se sentía como malo, que estaba un poco desganado. Eso fue lo único que me dijo. Nos despedimos, él se fue diciendo adiós, y yo me fui a trabajar.

Jorge Ignacio Rincón

Me llamo Jorge Arenas Herrera, de veinticinco años de edad, natural de esta ciudad y vecino de ella, sin generales de ley.

El martes 13 de abril, me llamó Ignacio Rincón cuando yo iba para el taller, me llamó como a unas seis cuadras antes de llegar al taller y me dijo que necesitaba hablar conmigo, y yo le pregunté que para qué, y me dijo que el revólver que yo le había vendido seguramente era el que había servido para asesinar al doctor Gaitán. Yo le contesté que imposible, que por qué iba a ser ese el revólver, y él me contestó que según por la prensa, el nombre que publicaban coincidía con el nombre del tipo a quien ellos se lo habían vendido.

El revólver yo se lo vendí a Ignacio Rincón, calibre 32, niquelado, cachas blancas, marca Smith & Wesson; yo se lo vendí con cinco tiros, de los cuales no entraba sino uno; se lo vendí en buen estado, salvo que tenía unas chiteaduras. Aproximadamente hace un mes o un mes y medio realicé el negocio a cambio de un reloj marca Aimez Watch y diez pesos que recibí en efectivo. Él me manifestó que lo adquiría para defenderse en el trayecto de la fábrica al Barrio Inglés, porque como sale tarde en la noche del trabajo y madruga para entrar a las cuatro de la mañana y porque varias veces habían atacado a varios oficiales de la Escuela General Santander en ese trayecto, que por eso lo necesitaba. Ese revólver lo obtuve hace aproximadamente de nueve a once meses, porque lo compré al señor Puno Reyes, que vive en los Barrios Unidos actualmente, y trabaja en el Asilo de Ancianos. Pagué por el revólver veinticinco pesos. Lo compré para defenderme en caso que se llegaran a entrar los ladrones a mi taller.

Hice el negocio con él, en la esquina de la calle doce con Avenida veintisiete sur. Subía para mi taller, a eso de las once del día, un domingo, me llamó el señor Puno Reyes y me dijo que si quería comprarle un revólver que tenía. Le dije que me lo llevara dentro de media hora, que yo estaba en el taller y lo veíamos a ver si me interesaba. Y efectivamente, hicimos el negocio por veinticinco pesos.

Jorge Arenas

Me llamo Juan Nepomuceno Reyes Peña, de treinta y seis años de edad, natural y vecino de esta ciudad, sé leer y escribir y sin generales de ley.

A Jorge Arenas le vendí un revólver calibre 32 corto, con cuatro proyectiles; el revólver era de cachas blancas de nácar, no anoté el número; la marca, cuando se lo vendí a él, era Smith; pero cuando yo lo compré era marca Canario, pero al mandarlo a niquelar le cambiaron la marca. Al revólver le quedaba una cápsula forzada y el tambor era suelto cuando lo compré. Pero cuando lo vendí quebraba bien, pero en cuanto a la cápsula, debo decir que los cascarones salían con esfuerzo.

Lo vendí por veinticinco pesos al señor Arenas.

El revólver lo compré aproximadamente hace dieciséis años, en una agencia de préstamos, en la calle novena entre carreras diez y once. Lo que no recuerdo si fue en el Grano de Oro, o en una que quedaba al pie. Cuando lo fui a comprar, Simón Ramírez, presenció la compra de este. Lo compré por doce pesos. Cuando yo compré ese revólver vivía en el barrio Santander y en esos días hubo muchos robos. Hubo casas donde les amarraron las puertas con alambre mientras se robaban las gallinas, o lo que encontraran. Por ese motivo yo lo compré, para que en caso que llegaran a mi casa, no me encontraran desarmado.

Juan Nepomuceno Reyes

Me llamo Pablo Jorge Lozano Arias, de veintitrés años de edad, natural y vecino de Bogotá, soltero, sé leer y escribir, hice hasta cuarto año de bachillerato, actualmente sin colocación y sin generales de ley.

Conocí a Juan Roa hace tres años aproximadamente, cuando estaba él trabajando en la vulcanizadora Santander, de propiedad de los señores Rincón & Compañía, así titulaba el membrete. No me lo presentó nadie, sino que por motivo del trabajo nos relacionamos durante unos tres o cuatro meses, tiempo que él permaneció trabajando en dicha empresa. En esa época tuve oportunidad de conocerlo como persona pobre, con deseos de tener un hogar y dinero. En varias ocasiones en que hablábamos sobre nuestras correspondientes situaciones personales y de familia, llegó a manifestarme que no estaba contento con su suerte, pues amalayaba ser pobre, por carecer de recursos para defenderse. Y más aún renegaba contra la fisonomía que tenía, pues muchas veces dijo más o menos: «Con esa cara de hijueputa que uno tiene» o «Con esta cara de miserable, o de infeliz que uno tiene». Es decir, me daba a entender que su cara era un defecto que le imposibilitaba surgir y era una persona en quien no se podía depositar confianza. Esto lo he deducido yo. Aproximadamente hace año y medio volví a verlo en la calle trece, en San Victorino; en esa ocasión me manifestó que estaba en una población cercana de Bogotá, que estaba contento. Me dijo más o menos esto: «Ahora sí estoy holgado pues veo crecer la papa y a la hora de la cosecha recojo el dinero». Pero yo no creo que eso fuera cierto.

El día 8 de abril de doce a doce y media, estando yo en la casa, se presentó y me pidió el favor de que le consiguiera unos proyectiles para un revólver calibre 32 corto. Noté cierto interés en la adquisición de dichos proyectiles, así que concertamos una cita para las dos de la tarde o dos y media, la cual sería cumplida en el café París. Yo salí para el centro una vez que acabé de almorzar y él se quedó charlando con José Ignacio Rincón, sobre el viaje o sobre la venta del revólver. Tomé el bus y llegué a la calle veinte con carrera doce y trece a verme con la señorita Leonor Hernández, pero como no la encontré me vine hacia el centro de la ciudad. En el centro inicié las diligencias sobre la consecución de los proyectiles.

Me dirigí al almacén del señor Hernando Gaitán Doncel, pero estaba cerrado; fui al expendio oficial de estampillas de la calle doce con carrera séptima y octava y encontré a Luis Felipe Gaitán, hermano del anterior, y le expliqué el motivo de mi visita. Él me informó que podría ir donde su hermano quien podría, tal vez, conseguírmelos. Y en efecto asistí a cumplir a Juan Roa Sierra; él llegó retardado, a las tres y diez. Yo ya estaba en el Café París, se presentó Juan Roa Sierra, se tomó un tinto y yo una Coca-Cola; terminamos y salimos para donde Hernando Gaitán, a quien se lo presenté y le manifesté el objeto de la visita. Yo le dije a Gaitán más o menos:

—Vengo para que me hagas el favor de conseguirle unos tiros para el señor, calibre 32 corto —refiriéndome a Juan Roa—. Gaitán dijo que los podía conseguir, pero para el otro día, por la mañana, a las diez, que para tal efecto se acercara Juan porque yo no iba a ir, al precio de ochenta centavos cada proyectil. Entendí, pues, que él no tenía los proyectiles pero que esperaba que un intermediario amigo suyo se los pudiera conseguir y así venderlos. Antes de encontrarme con Roa Sierra había estado indagando en el Café Alférez por un señor Ibáñez, quien suponía podía tener los proyectiles; una vez que salimos de donde Gaitán, nos dirigimos hacia donde Ibáñez en compañía de Roa. Encontramos a Ibáñez a quien le manifesté que estaba en busca suya para ver si tenía unos proyectiles 32 corto; él me contestó afirmativamente y que si yo los quería al por mayor me los daba a cincuenta y al por menor a sesenta centavos. Puse en conocimiento de Roa lo que había dicho Ibáñez sobre el precio y él aceptó. En el Café no tomamos nada y para pagar el precio de los proyectiles Roa sacó de la cartera, como queriendo ocultar la cantidad de dinero que tenía, haciéndose para atrás, sacó un billete de diez. Alcancé en esos momentos a verle, creo yo, otro billete, tal vez tres. El billete me lo entregó y yo se lo entregué a Ibáñez, que estaba en otra mesa entretenido en otro negocio, también de proyectiles; Ibáñez recibió el dinero y me dijo: «Espérate que voy a traértelos». Al momento volvió con los proyectiles, dirigiéndose a la mesa donde yo estaba con Roa, me los entregó con dos billetes de a dos pesos, mismos que le pasé a Roa. Advierto que Roa pagó seis pesos por diez proyectiles, pero según el decir de Juan no quería diez proyectiles, sino dos cargas. Roa recibe los proyectiles con el dinero, el cual guardó y manifestó a su vez la seguridad de que los proyectiles le servían al revólver. Entonces Ibáñez le dijo que le servían y que si tenía el revólver, él se los colocaría. Para tal efecto, Roa sacó el revólver y se lo entregó a Ibáñez para que le metiese los proyectiles al tambor. Cuando Ibáñez colocaba los proyectiles, viendo el revólver le dijo a Roa que si tenía el revólver para la venta. Roa le dijo que valía noventa pesos, Ibáñez le repuso que era caro, que si lo vendía en cuarenta y cinco estaba bien pagado. Roa no manifestó interés en vender el revólver y lo recibió de manos de Ibáñez, echándoselo al bolsillo, no recuerdo bien si al interior izquierdo de donde se lo sacó, o a cualquier otro. Ahora recuerdo que cuando Roa le entregó a Ibáñez el revólver para que lo cargara, aquel dijo que tuviera cuidado no hubiera algún detective por ahí. Ibáñez se volvió y miró los presentes y le manifestó que no, que no había ninguno, que él los conocía. Terminando esto, Ibáñez creo se quedó en el Café Alférez y nosotros salimos. Roa se paró primero y apresuró el paso, siguiéndolo yo como a unos tres o cuatro metros de distancia. Como él me llevaba esa ventaja, vi que él cruzó por la calle doce, o mejor, al salir del Café por la carrera novena, cruzó o hizo el ademán de irse hacia la calle doce, al llegar a la puerta del Café lo encontré nuevamente frente a mí, pues se había devuelto. Seguimos por la misma carrera novena hacia la calle trece. Antes de despedirme le dije que si me daba algo de comisión por el favor que le había hecho.

—Más bien cuando vuelva Jorge, nos tomamos nuestras politas —respondió. Serían las tres y media de la tarde cuando me despedí de Juan. Seguí hacia el Café Imperial en donde me estuve un rato, esperando que fuera la hora para ir a cumplir una cita con la señorita Leonor Hernández a la salida del trabajo, a quien fui a acompañar como a las cuatro y cinco, hasta el barrio Veinte de Julio; en casa de ella permanecí hasta las cuatro y cuarto, hora en que me vine para el centro y me encontré en el Café Europa con un amigo, Carlos Ramírez, con quien fuimos a nocturna al teatro Nariño. Si no me acuerdo mal, la función fue *La canción del olvido* y otra película que no recuerdo.

Pablo Jorge Lozano Arias

Me llamo Hernando Gaitán Doncel, de veintidós años de edad, soltero, natural y vecino de Bogotá, sé leer y escribir, comerciante de profesión y sin generales de ley.

El jueves 8 de abril, a eso de la diez y veinte de la mañana llegaron a mi almacén Pablo Lozano y un amigo, que me presentó y me solicitaron dos juegos de balas para Smith 32 corto, diciéndome que las necesitaban urgentemente, pues al otro día el amigo se iba para Villavicencio. A Lozano lo conocía anteriormente por parte de mi hermano, por haber sido condiscípulo suyo en el colegio Camilo Torres y también sabía que él había trabajado o trabajaba en una fábrica del barrio Restrepo. Al otro individuo no lo conocía, sino hasta ese día que Lozano me lo presentó como amigo, el cual llevaba un sombrero azul oscuro, era de mediana estatura, blanco, de facciones naturales, quiero decir, no tenía ninguna cicatriz, ningún defecto físico; llevaba zapatos negros. A mí como que me suena el apellido de Ruiz, el que me dio ese individuo, pero no lo puedo asegurar. Yo quedé con ellos de darle la razón el día 9 a las diez de la mañana y ellos no fueron ese día. Ellos me ofrecieron pagar a cualquier precio siempre que se los consiguiera el día 9, a las diez de la mañana.

Hernando Gaitán Doncel

Me llamo Humberto Ibáñez Echeverri, de cincuenta y dos años de edad, natural de Pereira, vecino de esta ciudad, sé leer y escribir, comerciante y sin generales de ley.

Hace cuatro o tres noches, poco más o menos, encontrándome en el establecimiento de billares El Imperial, me llamó a solas el señor Lozano y me dijo que fuéramos hasta mi casa. Yo le contesté que con qué fin, y él me dijo que tenía que hablar conmigo un asunto absolutamente reservado, pero como yo no he tenido asuntos que merezcan reservas, le dije: «Puede usted decir lo que quiera, o preguntarme». Entonces me dijo: «Ala, Ibáñez, pasa esto: A mí hace varios días me cayó la Seguridad a la casa y me condujeron con el fin de preguntarme referente a la consecución de unas cápsulas. Entonces dije que esas cápsulas te las había comprado en el Café Alférez». Además me hizo ver que yo había vendido las diez cápsulas; en caso tal que yo debía recordar eso. Al efecto yo le contesté: «No recuerdo ese negocio». Entonces él me dijo: «A ti te van a llamar para el efecto». Yo le dije: «Pues hombre, yo diré lo mismo, que no recuerdo haberte vendido a ti eso». Eso fue todo. Yo noté en él ciertas evasivas, como para confirmar la venta. Y entonces le dije: «Ala, pero cómo vas a decir eso, si yo no recuerdo haber hecho contigo ese negocio». Las evasivas tenían como objeto el convencerme, entonces yo le dije: «No, ala, esa vaina si no». Agregó otra vaina más, dijo él: «Mira Ibáñez, como tú sabes, yo soy conservador y a mí me perjudicaría el que tú no confirmaras la venta». Entonces yo le dije: «Hombre, a mí no me importa eso». Puede que como en el mencionado café, es decir el Alférez, desde tiempo atrás se venía traficando en ese artículo, es decir, en la cápsula, nada de raro tiene que se las haya comprado a otro.

Humberto Ibáñez Echeverri

Diligencia de careo entre Jorge Lozano Arias y Humberto Ibáñez E.

JORGE LOZANO: Al señor Ibáñez, sí lo conozco y me enteré por la boleta de citación que se llama Humberto Ibáñez, porque antes no le sabía el nombre; con él he tenido un trato común, como simple conocido y el único negocio que he tenido con él es la compra de los proyectiles. Me refiero a la compra de los proyectiles con los cuales Juan Roa Sierra dio muerte al doctor Gaitán.

HUMBERTO IBÁÑEZ: Yo conozco al señor Lozano, y como lo dije en mi anterior declaración no recuerdo haberle vendido las mencionadas cápsulas. No más. Hace poco más o menos dieciséis horas nos vimos cerca al Palacio de Comunicaciones. Él me decía que me iba a citar para que viniera aquí. Sí recuerdo que nos vimos, no sé la fecha, hace poco más o menos unos ocho o nueve días, nos vimos, en la parte interna del Café Imperial, en la noche; tratamos del asunto que se está aclarando. Él me llamó y me dijo que habían ido a la casa de él a buscarlo los detectives, que lo habían traído para aclarar el asunto de unas cápsulas y que recordara que yo era el individuo que se las había vendido. A pesar que él insistió en convencerme de la venta, yo le manifesté no recordar nada. Además, me dijo que él era conservador y que podrían perjudicarlo. Yo le contesté que me importaba poco su color político, a la vez que le hice ver que si pegara el caso de que me citaran a esta oficina, yo diría lo mismo que le dije, no recordar la celebración de dicho negocio.

J.L.: Sí, es verdad esa manifestación. Le puse en conocimiento que él me había vendido los proyectiles. Yo no fui a buscarlo, sino que nos encontramos casualmente. No traté de insinuarle que con su declaración me favoreciera bajo ningún punto de vista, sino que trataba de hacerle recordar para que dijera la verdad.

H.I.: Él trató de convencerme de la efectividad del negocio, y es verdad que me hizo algún recuento. Sin embargo, yo le hice ver no recordar el ya mencionado negocio.

J.L.: No era que me empeñara en hablar con Ibáñez, sino que posteriormente a mi primera citación aquí, me lo encontré y le manifesté lo antes dicho. Recordándole que él me había vendido los proyectiles. Para que coincidiera si él lo recordaba, con mi declaración.

H.I.: Para mí tengo que la entrevista con el señor Lozano fue ocasional, puesto que últimamente yo he frecuentado ese establecimiento, en atención a que el Café Europa fue destruido y era donde yo entraba. A primera vista me llamó el señor Lozano, me hizo ver que él quería hablar conmigo sobre un asunto urgente, que ojalá fuera en una parte reservada. Yo le contesté que como no tenía asunto pendiente con la justicia, podría manifestar lo que quisiera. Al efecto, me hizo un recuento de que yo le había vendido a él diez cápsulas de revólver por la suma de seis pesos; que yo a los cinco minutos de haber hablado con él las traje; además me hizo ver que el individuo con quien había ido al Café Alférez portaba un revólver calibre 32, y que con el mismo revólver dicho individuo había dado muerte al doctor Gaitán. El señor Lozano me dijo que había trabajado con el mencionado individuo que había matado al doctor Gaitán, en asunto de llantas desde tiempo atrás. Y de nuevo trató de hacerme recordar el negocio de las cápsulas. Yo le manifesté, como tantas lo he hecho ver, no recordar el negocio. La impresión que tuve, es que el señor Lozano fue a tratarme de eso nada más, pues lo primero que hizo al verme fue hablarme de ese asunto de las cápsulas.

J.L.: Estoy seguro de haberle comprado al señor Ibáñez el 8 de abril los diez proyectiles para el revólver 32. Estoy absolutamente seguro. Mal podría mentir siendo que juré decir la verdad. Yo traté de recordarle al señor Ibáñez el asunto del negocio de los proyectiles, para que le diera más veracidad a mi declaración, doctor, ya que era el único testigo. Pueda que no lo recuerde, pues para mí tengo que a esa edad en los hombres la memoria debe o puede ser frágil.

H.I.: Yo solo recuerdo lo reciente doctor, es decir, lo sucedido en horas. A no ser que en el transcurso de dos o tres meses me hubiera ocurrido algún incidente grave con alguna persona, entonces sí retendría el incidente. De lo contrario no… Varias veces después de la entrevista con el señor Lozano he destinado bastante tiempo en hacer memoria de lo acaecido, sin embargo, no he recordado haber efectuado dicha venta. Desde tiempo atrás, es cierto, me dediqué al tráfico de armas y municiones, dadas las circunstancias de que eran de libre comercio.

Pero lo repito nuevamente, no haberle vendido a Lozano y mucho menos al individuo con quien él dice haber ido, las mencionadas cápsulas… El 8 de abril estuve en el Café Alférez la mayor parte del día, con el fin de hacer negocios. Ahí se efectuaban constantemente diversas negociaciones de relojes, anillos, revólveres, escopetas, cartuchos, pero no recuerdo qué negocios hice el día 8 de abril. Se necesitaría que uno llevara una minuta diariamente.

Nueva diligencia de inspección ocular

Siendo el día 13 de mayo y hora señalados para la práctica de la inspección del revólver de la presente investigación, solicitada por el Procurador Delegado en lo penal y de los peritos nombrados para este efecto, señores Hernando Rodríguez Torres y Nicolás Romanosky, expertos en el conocimiento de armas de fuego, con el objeto de realizar las respectivas investigaciones, de conformidad con las peticiones contenidas en el memorial presentado por el señor Procurador Delegado.

Posteriormente se le puso de presente el revólver que figura en las diligencias número 19461, y que fue decomisado a Juan Roa Sierra. Al primer punto: Después de haber los peritos examinado el arma minuciosamente, quitado las cachas y, en una palabra, desarmado todo, para sus mejores convicciones dijeron: «El revólver ha sido reniquelado recientemente».

Al segundo punto: Contestaron: «Es un revólver muy ordinario, de los más ordinarios que hay. No corresponde por tanto, a la marca Smith & Wesson».

Al punto tercero: «Es que es un revólver tan malo, que no se puede saber si las piezas fueron o no cambiadas. El gatillo está en muy mal estado, hasta el punto de que si dispara repetidamente se puede partir».

Al punto cuarto: «El revólver está niquelado aquí y con marca puesta aquí en el país». Finalmente, los peritos anotan que el número 19461 no corresponde a la marca original, que es el número 23, según consta bajo la cacha.

También observan los peritos que la contramarca del revolver no corresponde a la del Smith & Wesson, como lo comprobaron observando el modelo de esta última clase de revólveres. El suscrito Magistrado deja constancia de que para mejor proceder en sus investigaciones, los peritos se auxiliaron de un catálogo, original de la Casa Productora de esta clase de arma, Smith & Wesson, y que comparando la marca que tiene el arma en examen con la que trae el catálogo, fácilmente se observa que la marca original de la Casa es mucho más complicada en la formación del monograma... Los peritos, para mejor aclarar el tópico del número del revólver, agregan que el revólver ostenta actualmente que la empuñadura y el tambor fueron puestos por la persona que lo reniqueló, o por otra. Lo anterior es el concepto de común acuerdo a que llegaron los peritos, señores Rodríguez, expertos de la casa Plata & Cía, importadora de revólveres finos Smith & Wesson; el señor Romanosky, armero, traído a Colombia por el Gobierno en el año de 1913.

Roa Sierra

Mi nombre, *ENCARNACIÓN SIERRA VIUDA DE ROA*: El cadáver que tengo a la vista corresponde al de mi hijo Juan Roa Sierra, por el talle y la formación de su cuerpo, por las cicatrices que tenía en el pie izquierdo y en los dedos índice derecho e izquierdo. Manifiesto que en cuanto a la cara, no la reconozco en vista de que se halla completamente desfigurada. No hay duda de que este sea Juan.

Mi nombre, *EDUARDO ROA SIERRA*: El cadáver que se me pone de presente lo reconozco como el de mi hermano Juan Roa Sierra y este reconocimiento lo fundo en la forma que tienen las uñas de los pies y las cicatrices que tiene tanto en el pie izquierdo como en los índices derecho e izquierdo, sé que se las causó él mismo cortando caña dulce con una peinilla, según también me han dicho mis otros hermanos. Por la cara me es difícil saber si sea o no él, ya que actualmente está completamente desfigurada.

MARÍA DE JESÚS FORERO DE SALAMANCA expuso: El cadáver que se me pone de presente sí es el de Juan; lo conozco por la configuración de los pies; el cuerpo es el de él; sí, doctor, es Juan; por la cara no me es posible reconocerlo. Las cicatrices que tiene en las manos yo se las conocía, lo mismo que la del pie izquierdo. También lo conozco por las orejas, por la forma en que tenía la nuca porque es parecida a la de la niña que tuvimos. La configuración de las uñas también se parecen a las de la niña.

En los Estados Unidos

El presidente de los Estados Unidos, señor Truman, manifestó su pesar por los acontecimientos de Bogotá agregando que estaba muy satisfecho de que la Conferencia Panamericana continuara realizándose en dicha ciudad, y al ser interrogado sobre su opinión respecto de los posibles culpables de los sucesos, dijo que nada tenía que agregar a lo dicho por Mr. Marshall, quien acusó a los comunistas de inspirar los motines y el saqueo ocurridos en Bogotá después de la muerte del señor Gaitán. Por su parte el representante republicano Donald Jackson, declaró a su llegada procedente de Bogotá, que está listo a recomendar al congreso de los Estados Unidos, que se declare al comunismo fuera de la ley. Dijo: «Mi opinión es que si esta Nación y su congreso, no quieren ver la repetición de los acontecimientos de Bogotá en Nueva York o en San Francisco, deben tomar medidas inmediatas para destruir de raíz la capacidad de los comunistas de los Estados Unidos».

Semana

IX Conferencia Panamericana

1. Reafirmar su decisión de mantener y estimular una efectiva política social y económica, destinada a elevar el nivel de vida de sus pueblos, así como su convicción de que solo en un régimen fundado en la garantía de las libertades y derechos esenciales de la persona humana es posible alcanzar este propósito.

2. Condenar los métodos de todo sistema que tienda a suprimir los derechos y libertades políticas y civiles, especialmente de acción del comunismo internacional o de cualquier totalitarismo.

3. Adoptar, dentro de sus territorios respectivos y de acuerdo con los preceptos constitucionales de cada Estado, las medidas necesarias para desarraigar e impedir actividades dirigidas, asistidas o instigadas por gobiernos, organizaciones o individuos extranjeros, que tiendan a subvertir, por la violencia, las instituciones de dichas Repúblicas, a fomentar el desorden en su vida política interna, o a perturbar por presión, propaganda subversiva, amenazas o en cualquier otra forma, el derecho libre y soberano de sus pueblos a gobernarse por sí mismos de acuerdo con las aspiraciones democráticas.

4. Proceder a un amplio intercambio de informaciones acerca de las mencionadas actividades que se desarrollen en sus jurisdicciones respectivas.

Relación con la URSS

En realidad no causó mayor sorpresa el anuncio de que don Roberto Pinto Valderrama, jefe del protocolo de la Cancillería, se había presentado en la tarde del lunes 3, en la hermosa residencia de «La Selva», carrera séptima con calle sesenta y cuatro, considerada una de las más lujosas de Bogotá donde funcionaba la legación soviética, y había puesto en manos del encargado de negocios ruso señor Fedin, una breve nota suscrita por el ministro de Relaciones Exteriores, Zuleta Ángel. En dicho documento se le manifestaba que el Gobierno de Colombia, considerando las distancias geográficas a que se hallaban los dos países, sus diferencias ideológicas y el hecho que a pesar de haber mantenido por varios años legaciones en Bogotá y en Moscú, no se había obtenido un resultado «útil», había determinado suspender relaciones con la Unión de las Repúblicas Socialistas Soviéticas. El señor Pinto Valderrama estaba encargado de arreglar el viaje de los funcionarios de la legación que actuó en la capital colombiana por un período de cinco años.

Semana

Los personajes

Para mí, *OSPINA PÉREZ,* la reciente historia del mundo, con haber sido una de las más trágicas que exista memoria, no recuerda un acontecimiento de mayores proporciones de catástrofe como el que presenció Bogotá en las oscuras horas del 9 de Abril de 1948. La sistemática campaña de odio político realizada desde el propio día en que llegué a la presidencia de la República, y en la cual no se ahorró ni la injuria, ni la calumnia, ni la asonada permanente, ni la deslealtad misma desde algunas posiciones oficiales, para hacer fracasar la presente Administración y provocar su derrumbamiento aparatoso, coincidió en aquella fecha nefanda con el interés del comunismo por arruinar, en forma dramática, el esfuerzo de los pueblos libres de América de oponerse a sus despóticos designios.

* * *

El 9 de Abril, yo, *LUIS EDUARDO RICAURTE* viví intensamente dos hechos: la vida y la muerte. Muchos pensamos morir ese día, incluso buscamos la muerte. Luego volvimos a vivir. Ahora la vida es la satisfacción de seguir recordando al Jefe, sobre todo dando un ejemplo a la juventud, que no sabe quién fue Gaitán o qué hizo y qué hubiera podido hacer en el caso de llegar a la Presidencia.

* * *

Una desgracia nacional, porque un movimiento que no tenga clara su meta, es una desgracia muy grande. Pero una desgracia muy grande, muy grande. Eso pienso yo, *LUIS VIDALES.*

«Muchos pensamos morir ese día, incluso buscamos la muerte...».

* * *

Para mí, *DARÍO SAMPER,* el 9 de Abril es una fecha de extraordinaria significación, porque aún cuando el pueblo no pudo organizarse, o no supieron organizarlo, la verdad es que estaba muy impregnado de ese ideal reformista-revolucionario de Jorge Eliécer Gaitán, y fue como una especie de iluminación del pueblo hacia la búsqueda de nuevos caminos.

* * *

Yo, *LAUREANO GÓMEZ,* creo que el propio 9 de Abril se presentó un fenómeno inusitado y alarmante. La utilización de las tremendas dificultades ocasionadas por los asesinatos, los saqueos, y los incendios, para obtener determinadas ventajas partidistas. Desde entonces se observa con pasmo el desarrollo de un juego tendiente a consumar el golpe de Estado que se frustró en aquella fecha.

* * *

Al analizar el carácter del levantamiento del 9 de Abril, nosotros los comunistas lo hicimos; yo, *GILBERTO VIEIRA,* hice la comparación con lo sucedido en 1905 en Rusia. Retornamos a la conocida polémica entre Lenin y Plejanov contra quienes condenaron la lucha armada. Nosotros dijimos lo mismo que Lenin: lo que pasa es que la lucha armada debió ser más amplia. Pero nos equivocamos, lo que sucedió el 9 de Abril no se podía llamar insurrección, eso fue un levantamiento popular espontáneo. La insurrección debe ser cuestión organizada, preparada, como lo fue la Insurrección de Octubre. Minuciosamente preparada con un plan previo, determinando, incluso, los sitios que se deben ocupar. Y organizada por un partido revolucionario. El 9 de Abril fue una expresión de protesta del pueblo colombiano. No tuvo nada de insurrección, imperó en su conjunto la anarquía. Y el Partido Comunista era muy pequeño, digámoslo así, una gota de agua en medio de un mar embravecido.

* * *

Gaitán estaba agitando a sus masas. Él quería llegar al poder por un movimiento de su partido, para que lo eligieran legalmente. Por eso lo mataron. La tesis mía, *RAFAEL AZULA BARRERA,* es que a Gaitán cuando se opuso al golpe lo mataron. Sin dejar a un lado el ingrediente de la Conferencia

Panamericana, un acontecimiento mundial, venía el general Marshall, uno de los jefes políticos más importantes de los Estados Unidos. Contra Marshall se pensó en hacer un atentado. Claro que este no hubiera resultado, ¿porque quién hubiera defendido a Marshall? Tal vez los americanos.

* * *

Para mí, el 9 de Abril fue un movimiento de una importancia histórica, es decir, ese día el pueblo se manifestó. Yo, *GERARDO MOLINA,* no acepto la tesis conservadora de que el pueblo fue el autor de los desmanes ocurridos ese día. Eso no es exacto, eso fue una fracción pequeña del gran movimiento popular. El pueblo no perdió la moral; la gran mayoría, la parte más consciente no perdió su moral y estuvo esperando hasta última hora el cambio de Gobierno. El 9 de Abril fue para mí un momento histórico que debemos recordar. No avergonzarnos del 9 de Abril. De lo único que debemos sentir remordimiento es de no haber sabido orientar el movimiento, nos cogió a todos de sorpresa y no pudimos elaborar una línea de acción. No fue posible, sobre todo porque teníamos la mente puesta en lo que ocurría en Palacio.

* * *

Ahora establezco, *ARMANDO ALJURE,* que la destitución a la totalidad de la policía, fue el precio que el Partido Conservador le cobró al Partido Liberal en la persona del doctor Echandía. Un precio político digo yo, que el Partido Conservador cobró para totalizarse en el poder y el doctor Echandía se lo sirvió en bandeja de plata. Para mí la policía no se insubordinó, la policía se acuarteló porque la estaban persiguiendo. El mismo pueblo la estaba atacando, porque se dijo que un policía había matado al doctor Gaitán. Luego viene para nosotros los policías, el vía crucis de conseguir trabajo. Por mucho tiempo tocamos puertas y ninguna se abrió.

* * *

Al presentarse el asesinato del doctor Gaitán y desencadenarse tan espantosa ola de acontecimientos en Bogotá, la dirección del ejército contaba, para defender la ciudad y garantizar la tranquilidad y el orden, solamente con una unidad completa: el batallón Guardia Presidencial, que permanentemente está formado por personal convenientemente adiestrado; con la Escuela

Militar de Cadetes y con los elementos antiguos de las Escuelas de Caballería e Infantería de Usaquén y con la misma calidad, en la Escuela de Artillería de San Cristóbal. En total, setecientos hombres hábiles para desplegarse como fuerza de combate sobre la ciudad. No podíamos contar con la ayuda de la policía, pues ella se sublevó e hizo causa común con el pueblo amotinado y debíamos atender a numerosos frentes para los cuales los efectivos de que disponíamos eran insuficientes en grado sumo...

A las tres de la tarde, la presión sobre el Palacio de la Carrera aumentó en forma notoria. Las balas llovían sobre la casa presidencial y las líneas de defensa eran infinitamente inferiores al número de los atacantes. Había, pues, necesidad de reforzar la fuerza defensora de Palacio por ser ese el sitio donde se iba a decidir la situación de la República, de manera que no se dudó ni un momento en lanzar sobre ese sector los tanques y la infantería disponibles, dejando la defensa de la Radiodifusora Nacional en manos de un puñado de soldados de Caballería... La rebelión de la policía, que no había sido prevista por nadie, complicó la situación de manera tremenda. Nos dimos perfectamente cuenta de lo que significaban seiscientos hombres bien armados e instruidos militarmente en los cuarteles de la Quinta División y numerosos núcleos de policía diseminados en otras Divisiones de Bogotá. Pero la Quinta División constituyó, desde un comienzo, la pesadilla de los jefes del ejército. Apenas si pudimos colocar frente a ella «una telaraña» de soldados, más con el objeto de vigilar los movimientos de los policías allí atrincherados, que con el ánimo de presentar combate que hubiera sido desigual en grado superlativo. Allí, pues, estaba la «carta grande» de la revuelta. Si la Quinta División se resuelve a salir a hacer frente al ejército en las calles y a marchar sobre el Palacio de la Carrera, considero yo, *GENERAL SÁNCHEZ AMAYA*, que la situación hubiera llegado a su máxima gravedad. Los policías de la Quinta División tenían más de doscientos mil cartuchos y suficiente cantidad de fusiles y otras armas, de manera que su actuación hubiera sido decisiva. Faltó allí, afortunadamente, un comando.

* * *

El 9 de Abril fue de los saqueos; el 10 hubo una matanza a sangre fría de cantidad de gente amanecida por las calles, eso me tocó presenciarlo cuando fui de la Quinta División; lo que pasó después no lo sé. Pero después tuve que salir de mi escondite cuando había «paz armada» en la ciudad con los consejos de guerra… Antes de que me capturaran, porque yo, *ADÁN ARRIAGA ANDRADE,* tenía que trabajar como profesional pobre; me fui directamente al Ministerio de Guerra, antes de que me capturaran. Me recibió Pedraza Picón, le dije: «Sé que hay orden de captura contra mí, entonces vengo a rendir indagatoria porque lo peligroso es que a uno lo capturen, y le den un culatazo, por hacer méritos con el nuevo Gobierno». Decidí correr la suerte. Recuerdo que la primera pregunta fue la ritual: «¿Sabe usted o presume por qué se le recibe declaración en juramento?». «Sí, porque perdí la oportunidad de tumbar al gobierno de Ospina. Si lo hubiera tumbado no estaría aquí». No busqué pretexto ni disculpas.

* * *

Mejor, pienso yo, *MIGUEL ÁNGEL CUBILLOS CASTRO,* que a los policías nos hubieran matado y no que nos botaran y nos engañaran de esa manera tan miserable. Nunca se nos trató como machos, porque han debido decirnos: quedan destituidos o se van para la cárcel, pero no en esa forma tan traicionera como nos sacaron de la Quinta División.

* * *

Él era un hombre muy inteligente, no era de esos hombres oportunistas, cualquier actitud que él hubiera tomado, yo, *EDELMIRA VIUDA DE OROZCO,* sabía que estaba bien. Todo el mundo estaba esperando que saliera el capitán Tito Orozco como cabecilla de un movimiento revolucionario; él no era un hombre ambicioso, él ante todo obraba correctamente, como pensaba que debía hacerlo. Cuando se vio fuera de la institución, dijo: «Voy a ponerme a trabajar, porque esto se acaba». Él no pensó en rebelarse ni mucho menos, sino que era una cosa que debía suceder y pasó de esa manera. «Nos jugaron sucio, vamos a ver», eso me lo dijo muchas veces cuando tuvimos oportunidad de recordar lo sucedido. Pero desde ese momento comenzaron a perseguirlo feamente, hasta que lo mataron.

* * *

Con la muerte de Gaitán el país sufrió una frustración de la cual todavía no se repone. Yo, *JULIO ORTIZ MÁRQUEZ,* me lancé a la resistencia contra los gobiernos conservadores. Luego viene un largo proceso de desgaste político, fenómeno que todos los gaitanistas sufrimos. Todos los que estuvimos en el 9 de Abril, nos marginamos y nos agotamos. Además, hoy somos unos ancianos, ya estamos viejos.

* * *

Después del 9 de Abril, el doctor Echandía dio la palabra de que la policía no sería juzgada por acción u omisión, para que cada uno de nosotros regresara a los cuarteles con toda la confianza. Algunos regresaron y tuvieron la mala sorpresa que tal palabra no se cumplió. Los que regresaron a la Octava División, fueron detenidos inmediatamente dentro de los cuarteles, los pusieron a aguantar hambre y otros fueron enviados a la Cárcel Modelo. Yo, *LUIS EDUARDO ALDANA,* no fui de esos, yo no creí. A partir del 9 de Abril no creí absolutamente nada y en lugar de eso me retiré para mi casa, e inclusive guardé el revólver con el fin de entregarlo reglamentariamente.

* * *

Ver toda una ciudad como yo, *PEDRO GÓMEZ VALDERRAMA,* vi a Bogotá, las calles con unas llamas que doblaban la altura de los edificios, cadáveres tirados en las calles, disparos cruzados, policías sueltos, enardecidos, es algo feroz, sobrecogedor. Como espectáculo es la cosa más impresionante que he visto yo en la vida. La gente con machetes, con escarapelas, con fusiles, con revólveres, pero además enloquecida de ira, de desesperación. Gente llorando, un estudiante en la Clínica Central con un pañuelo empapado en sangre de Gaitán, cosas así. Cuando salimos de *El Tiempo* vimos esto: un cadáver con una herida grande y tirado al lado un maniquí de mujer, algo que la memoria no olvida… Ahora, desde el punto de vista político, yo no había visto nunca, ni creo que volveré a ver una cosa tan violenta, de lo que es el estallido popular y la indignación de la gente porque le matan a su líder.

* * *

Echandía ha salvado el honor liberal. Debe ser ciegamente apoyado. Si él fracasara el país y el partido estarían perdidos. Cuando la patria agoniza deshonrada ante el mundo entero es imposible pensar en intereses partidistas. La única cosa que considero posible y a la cual serviré sin descanso, es la de procurar una estrecha y solidaria Unión Nacional para tratar de reconstruir las bases esenciales de la vida colombiana. Creo urgente hacer conocer por radio, de todo el país, en términos ardientes, la verdadera situación de Bogotá, con franqueza total, mostrando el abismo a donde llegamos para que todos se den cuenta de la magnitud de la tragedia y se despierte la opinión colombiana. La única esperanza que me queda a mí, EDUARDO SANTOS, es que se confirme el origen y la dirección comunista del horrendo brote de salvajismo. De otra manera tendríamos que aceptar que somos una horda bárbara indigna de figurar entre las naciones decentes.

Cable a Carlos Lleras Restrepo el 12 de abril de 1948

* * *

Qué quiere que le diga del 9 de Abril: ¿Que mataron a Gaitán? Y que no lo mataron ni los comunistas ni los conservadores, sino un loco, un anarquista… lo demás son tonterías… Sí… ¿qué quiere que le diga? ¿Que el doctor Ospina estaba asustado o no, y que Carlos Lleras hacia esta u otra cara…?

Días después de su muerte, la gentecita pasaba por las calles y preguntaba: «¿Y cuándo lo canonizarán?». Tenía un prestigio único y dotes extraordinarios. El otro día recordaba que yo, DARÍO ECHANDÍA, le escuchaba a veces por la radio, en esas cosas de los Viernes Culturales, y al principio me decía: «Caray, qué manera de destruir la gramática, de dar alaridos ese tipo». Duraba una hora el discurso y a lo último yo brincaba en la cama, de entusiasmo. Qué poder de orador popular… Me cuenta Samuel Arango Reyes que en una ocasión él y otros amigos acompañaban a Gaitán por la calle y alguien dijo: «Gaitán, ¿por qué no te cuidas? de pronto te pasa algo y quién sabe qué pasa en este país…». Y dizque Gaitán después decía: «Qué pendejo… a mi qué me va a pasar; fíjate cómo me quiere esta gente». Y evidentemente ya se estaba formando ahí un corillo de gente echando vivas, los emboladores le hicieron calle de honor con los loteros. Y como unos ocho días después fue muerto.

* * *

Me limitaré a decir yo, EDUARDO ZULETA ÁNGEL, que ese día conocí tres próceres: el presidente Ospina Pérez que con su desconcertante serenidad, con su intrepidez, con su arraigo sentido de autoridad y con su ingénito don de mando, salvó la situación; doña Bertha Hernández de Ospina, cuyo heroísmo en esos momentos fue comparable al de las grandes heroínas de la historia y el doctor Darío Echandía que, con excelso patriotismo y arriesgando inclusive su vida, se presentó a Palacio, a tomar posesión del Ministerio de Gobierno entre los incendios y las detonaciones de los fusiles y las metrallas para colaborar con el Presidente en la salvación del país.

* * *

Un punto es claro y terminante: los liberales que intervenimos en la solución adoptada el 9 de Abril procedimos en todo momento con alto espíritu patriótico, y únicamente con el deseo de buscar soluciones al conflicto creado, dentro de la paz, de la conservación del gobierno civil y de la normalidad constitucional. El empeño que después han mostrado los conservadores para presentarnos como un grupo de revolucionarios que vieron frustrado su empeño, no solamente carece de lealtad y está en contradicción con los hechos, sino que se halla también en abierta incompatibilidad con la actitud del doctor Ospina Pérez. En efecto, si era natural que el Presidente constituyera un gabinete de Unión Nacional encabezado por una de las personas que había tomado parte en las deliberaciones de Palacio y consultara esa decisión con todos nosotros, habría sido por el contrario inexplicable que hiciera esas consultas con un grupo de revolucionarios que hubieran ido a Palacio a pretender arrojarlo violentamente del poder y que nombrara ministro de Gobierno a uno de los sediciosos...

* * *

Vale también la pena anotar que el saldo de muertos de la jornada fue tremendo. No estoy en capacidad de saber cuántos, pero fueron muchos. Muchos de ellos enterrados sin ninguna formalidad. No sé cómo surgieron francotiradores también, y desde luego, después que ya el Gobierno tomó el control de la situación, la represión en la calle fue bastante rigurosa a pesar de todos nuestros esfuerzos. Durante varios días, yo *CARLOS LLERAS,* desde la dirección liberal, que instalé en la oficina del doctor Santos, en la de *El Tiempo,* y el doctor Echandía desde el Ministerio de Gobierno, hicimos esfuerzos para restablecer la calma en todo el país. Despaché personalmente, comisiones de liberales a sitios como Barrancabermeja, por ejemplo, donde era muy peligroso que se volaran las instalaciones petrolíferas, para que explicaran la situación y se restableciera la paz. Yo creo que la dirección liberal y el doctor Echandía, prestamos una poderosa ayuda al restablecimiento de la tranquilidad pública. En la casa del doctor Santos nos reunimos con el comité ejecutivo de la Confederación de Trabajadores Colombianos, la CTC, que presidía Víctor Julio Silva, para que se levantara el paro general que había sido decretado, y como medio de pacificación, hicimos muchas otras cosas…

…Desgraciadamente los acontecimientos del 9 de Abril, dejaron en muchos conservadores un sentimiento de temor, que luego se explotó por la gente más exaltada de este partido, que empezaron a recoger dinero para armarse.

Después siguió lo que ya se sabe: la creciente violencia, hasta que llega el momento en que el doctor Echandía y sus compañeros tuvieron que retirarse del Gobierno y se volvió a romper el gabinete de Unión Nacional.

* * *

Los horrores de abril, sumaron una noticia que nos quedó grande a los periodistas que vivimos aquellos días. Y cuando yo, *FELIPE GONZÁLEZ TOLEDO*, acabe de olvidarme de mi propia vida, no dejará de acompañarme la memoria de esa gran tragedia, mezclada de heroísmo e insensatez, de noble impulso revolucionario y anubarradas claudicaciones, de humana grandeza y de abyecto oportunismo.

* * *

Yo estaba en la casa en el segundo piso, nunca bajé, no vi ni el ataúd ni nada. Me mantuve en el segundo piso siempre. No supe que lo habían asesinado sino después de muchísimo tiempo. En el colegio nadie me mencionaba a mi papá. Lo único que yo pude notar es que en la clase de treinta, éramos dieciocho niñas de luto porque nos habían matado al papá por la violencia. De manera que yo, *GLORIA GAITÁN*, me sentía igual a ellas. Recuerdo que el día de la primera comunión, un día muy especial en el colegio, las monjas no nos dejaban sentar en la parte de adelante, porque nuestros vestidos negros de luto disonaban con los uniformes de los ángeles rosados y azules.

* * *

Imagínate, yo no puedo hacer una afirmación categórica. A Gaitán pudo matarlo la CIA, por ejemplo, el imperialismo pudo haber matado a Gaitán como exponente de un movimiento progresista, de un movimiento popular, que no podía ser del agrado del imperialismo bajo ningún concepto. El imperialismo pudo haber matado a Gaitán, es una teoría que tiene lógica. A Gaitán pudo haberlo matado la oligarquía, es lo más probable, la propia oligarquía colombiana que en aquel momento estaba envuelta en una lucha contra el pueblo, en una lucha por el poder, en una lucha en donde Gaitán descollaba como un candidato victorioso de las fuerzas democráticas del país. Porque sin duda que Gaitán fue un hombre de mucho prestigio popular, lo había ido adquiriendo poco a poco y de un gran atractivo popular, de un gran magnetismo personal, él era una figura, un caudillo político de izquierda, antioligárquico. Había prácticamente una guerra civil en Colombia durante aquella época. Los periódicos de esos días, si tú los revisas, hablan de treinta muertos, de cuarenta muertos, de veinte muertos, de setenta muertos, casi todos los días, porque los días que yo estuve ahí, yo me asombraba de ver esas matanzas. Gaitán había unido al Partido Liberal y era sin duda un candidato victorioso en las próximas elecciones.

A Gaitán pudo matarlo un fanático, es posible. Al hombre aquel que mató a Gaitán ni lo hicieron prisionero, ni lo arrestaron; tengo entendido que la multitud lo destrozó, es decir, nunca se pudo obtener una confesión de aquel hombre. Las autoridades conservadoras, me imagino que no estarían en absoluto interesadas en esclarecer los hechos, porque el gobierno conservador pudo esclarecer los hechos. Quién era aquel hombre, dónde vivía, qué relaciones tenía, de qué filas procedía, de qué partido era, en fin, eso pudo saberse y yo creo que aún después de muerto el hombre se pudieron haber hecho investigaciones y tal vez se hicieron y tal vez tú tengas información de eso.

Te repito, a Gaitán lo podían matar como resultado de un plan imperialista, de un plan oligárquico, o podía ser el resultado de la acción individual de un fanático. El clima era de mucha violencia. Siempre tuve la impresión de que Gaitán fue muerto por la oligarquía, es lo más lógico de todo. Dentro de las condiciones que yo conocí cuando estuve en Colombia, más si unes a esto la experiencia ulterior de cómo actúan las clases reaccionarias y cómo actúa la oligarquía, lo más probable es que aquel hombre que mató a Gaitán fuera un instrumento de la oligarquía, dentro de aquel clima de violencia, porque Gaitán les hubiera ganado las elecciones. La oligarquía tenía terror de eso.

Tú has hecho una investigación histórica tan profunda... Tú pudieras investigar más. Yo no tengo elementos de juicio para decirte fue la CIA o el imperialismo quien lo mató, aunque conociendo toda la actividad y toda la política de la CIA y del imperialismo, un líder popular como Gaitán pudo haber sido asesinado por la CIA. Pudo haber sido asesinado por la oligarquía colombiana, como un adversario terrible, de extraordinario arraigo popular. Pudo haber sido asesinado por un fanático, porque dentro de aquel clima de odio y de violencia, la reacción estimulaba el odio contra Gaitán y esa es una de las formas que tiene la oligarquía de matar. La oligarquía mata porque organiza una conspiración para matar a alguien o porque organiza toda una campaña y crea condiciones psicológicas para que alguien mate a una figura política.

Además yo te voy a decir una cosa, valdría la pena reunir un grupo de investigadores para ver si se esclarece algo más, para ver si se saca más luz sobre el asesinato de Gaitán. Eso pienso yo.

Fidel Castro

El autor

Ella llegó a casa con un rostro desconocido, descompuesto por el horror, y a gritos comenzó a llamarme. Cuando me tuvo cerca sentí su fuerte abrazo como una señal inequívoca de que algo tremendo había ocurrido en la calle o que ella había pasado por una experiencia estremecedora, porque aquel abrazo significaba aferrarse a mí como a la vida. Luego me miró intensamente y yo trataba de descifrar los signos de esa mirada para encontrar la razón de una ternura también desconocida hasta ahora para mí, que realmente no podía entender por cuanto ella se aferraba más y más a mi cuerpo, para decirme: «No salgas a la calle no salgas a la calle por favor…». Y finalmente prorrumpir en un largo sollozo contenido por el afán de la carrera. Estaba inconsolable. Esa misma tarde en la escuela, el rector nos había reunido y con palabras engargantadas por el susto, nos había dicho que debíamos regresar a casa por la situación que estaba viviendo el país. Esa noticia a mi edad en realidad no era tan trágica, debido a la incomprensión de lo que estaba sucediendo. Luego —en ese transcurrir de la escuela a la casa— sentí algo así como miedo al ver a Cali hirviendo en sentimientos alborotados, extraña ciudad, como si estuviera viviendo la tragedia al son de los gritos adoloridos de las personas que sin rumbo conocido corrían y se detenían, respiraban y gritaban por la muerte de Gaitán. Entre el llanto y las consolaciones de los inquilinos de la casa, ella trataba de explicar lo que había visto en la calle, aquello que la mantenía maniatada al horror. Luego fue desgranando sus sentimientos y contó que el centro de la ciudad estaba convulsionado, que venía rápido a la casa y de camino vio a un hombre joven que llevaba en los hombros un bulto de mercancía robada, a su lado caminaba a su ritmo una mujer anciana que parecía su madre, en medio del tumulto de personas enardecidas. Ella vio también cuando un hombre joven, vestido de soldado, levantó el fusil y sin afanes, con la tranquilidad que da el manejo de las armas, apuntó y disparó acertando en la frente de la anciana. El muchacho casi sin inmutarse, se agachó, la miró con ternura, levantó a la mujer, la cargó al hombro, encima se echó el bulto de mercancías y se fue tranquilamente.

Mi madre entonces dejó de llorar y volvió a decirme: «No vayas a salir hijo, que te puede pasar algo…».

Y quien llegaba daba su versión de los sucesos, unos más dramáticos que otros, para ampliar el cuadro de una ciudad que había caído en la desolación de su propia destrucción. Llegó Alfonso, a la entrada de la puerta se bajó de su bicicleta y entró pálido, desconcertado y caminó por el comedor. Todos nos reunimos a su lado para preguntarle por las nuevas noticias; di la vuelta para escuchar mejor y vi su espalda con una gran mancha de sangre. Le toqué los brazos para preguntarle qué le había pasado, pero él no me hacía caso, estaba engolosinado contando lo que había visto. Entonces grité: «Alfonso, ¿por qué tiene sangre en la espalda…?». La conversación se detuvo. Él intentó mirarse nerviosamente, otros hicieron lo mismo. El escalofrío y el estupor recorrió a todos, él se paseó la mano por su espalda y cuando la vio manchada de sangre dio un grito, soltó la bicicleta que cayó al piso, y él se desplomó. Todos decían que le habían dado un tiro en la espalda y él no se había dado cuenta. Lo levantaron y en vilo lo sacaron de la casa, lo llevaron a una droguería que quedaba en la esquina. Allí lo dejaron. Esa tarde y esa noche era angustioso sentir los tiempos indefinidos en que se escucharon los disparos. Por momentos eran ráfagas permanentes, luego más distanciados con otros sonidos agónicos. El centro de la ciudad estaba a pocas cuadras de la casa.

En la tarde del 11 de abril, jugábamos con mi hermano y otros niños en el patio, de pronto escuchamos voces que daban órdenes: «por aquí, por ese techo, ustedes sigan»; voces como cayendo del cielo a manotadas y nosotros sorprendidos buscamos su origen. Se escuchaban por el techo. Luego se silenciaron. Nosotros quedamos petrificados del susto, los oídos prendidos a las paredes. Más tarde volvieron los ruidos pero no en forma de voces, ahora eran ruidos menos humanos, especie de tropel como si una tempestad se hubiera desgarrado en piedras y estas cayeran sobre el techo y rompieran las tejas. Pensamos en una jauría de gatos metidos dentro del zarzo en plena persecución. El ruido se hacía más bronco. Llamamos a Valentín, el dueño de la casa, él tal vez se dio cuenta de qué se trataba y nos mandó a nuestra pieza. Mi mamá estaba con nosotros y entramos sobrecogidos con mucho silencio. Volvió entonces el abrazo del primer día. Su corazón acezaba tan fuerte como el nuestro. Los tres nos quedamos sentados sobre la cama, mudos, con el habla deambulando, quietos como para apresar más los insignificantes o brutales ruidos. Y los volvimos a escuchar como enjaulados en el cuarto. Eran unos tras de otros, crujían las tejas, de pronto uno sentía como si el techo se le viniera encima. Mamá nos abrazó más para tenernos quietos. Ahora los pasos estaban corriendo en zancadas grandes y seguras. Temblaba el zarzo. De pronto escuchamos que comenzaban a destejar el techo sin ninguna compasión y volaban las tejas como pájaros sin rumbo para estrellarse y partirse en pedazos. Y los pasos se metieron dentro del zarzo, con menos ruido, en una especie de búsqueda infructuosa hasta que se acallaron y sentimos que se fueron sin mucha prisa y pasaron a los techos de las casas vecinas. Por fin pudimos respirar. Mamá nos dejó salir y, aprovechando que Valentín estaba en la puerta, caminamos a la calle. Valentín injuriaba en voz baja a los dueños de los pasos. Solo le escuché decir: «Los desgraciados buscaban armas y mercancías robadas...».

Yo pasé a la otra acera y desde mi altura vi la casa destechada, sentí entonces una rara sensación de desnudez que duró por mucho tiempo. Cuando volvimos a nuestra habitación, pensé que por ese techo desnudo podría verse un cielo lleno de estrellas. Los pasos se perdieron en la memoria. Solo que muchas noches creo vivir la pesadilla en que despierto de pronto y encuentro un cielo sin techo.

Los pasos siguen allí mismo, donde siempre estuvieron, pero yo dejé de escucharlos.

«...muchas noches creo vivir la pesadilla en que despierto de pronto y encuentro un cielo sin techo

ANEXOS

Fidel en Bogotá, abril de 1948.

Fidel y el Bogotazo*

«¿Tú qué quieres?», me preguntó el Comandante Fidel, en la recepción que él brindaba a los delegados al Encuentro de los Intelectuales por la Soberanía de los Pueblos. Sorprendido en la mitad del bullicio solo le dije: «Entregarle el prontuario que usted tiene en Colombia». «¿Por qué?». Me tomó por sorpresa. «Sobre su participación en el 9 de Abril en Bogotá...». Él se rió. Me saludó efusivamente, mientras yo trataba de contener los impulsos de muchos de los delegados que querían estrechar su mano, expresarle sus sentimientos. La verdad es que me sentía extraño. Yo quería hablar unos pocos minutos con el Comandante sobre una historia pasada por el calor de treinta y tres años. Todo había sucedido en 1948 en Bogotá. Y a mis espaldas, a empujones los delegados esperaban con ansiedad que les abriera paso, querían hablar unos pocos minutos o por lo menos tener delante la figura de Fidel. Terminé en mi intento por entregar los documentos que traía a uno de sus ayudantes. Luego me quedé viendo ese río humano atraído por el imán de la personalidad de Fidel. Era como la atracción del mar. La multitud iba poseída a su encuentro, un roble la esperaba, una fiera tranquila al acecho. Yo seguí repitiéndome, hasta convencerme, las palabras de un escritor cubano que me había dicho: «Si quieres la entrevista con Fidel, aprovecha la recepción de esta noche en Palacio. Plantéale la cuestión de frente. A él le gusta eso...». El primer intento fue fallido. Recordaba también las palabras de Gabo esa tarde en el hotel, cuando le pedí que me sirviera de intermediario para pedirle a Fidel la entrevista: «La veo difícil, porque Fidel está encabronado de trabajo estos días».

---

*   Versión completa de la entrevista concedida por el Comandante en Jefe Fidel Castro a Arturo Alape para este libro. *(N. del E.).*

Si algo ha causado profunda herida, si algo se lleva a cuestas como el más terrible dolor en la historia de este siglo en Colombia, y cuando se recuerda es para inundar la conciencia con un mar de lamentaciones o para desenterrar culpables, es el 9 de Abril. Quienes lo recuerdan, lo miran con el pesimismo de una terrible frustración. Otros quieren volver la espalda como buscando el inalcanzable olvido. En todos esos signos de dolor y de frustración al ver el rostro de la derrota, en una experiencia implacable en sus resultados fallidos, que dividió la historia reciente de Colombia en dos y abrió el camino para el desangre en una inmediata guerra civil, aparece la figura de un joven estudiante cubano que viajó a Colombia y vivió tan intensamente, como nuestro pueblo, ese largo día en sus acontecimientos, en su angustiosa lluvia y en sus funestas consecuencias. Ese día costó a Colombia miles de muertos, de muertos que se entierran con un cualquier NN y una cruz inequívoca indicando que la tierra ha tragado sus cuerpos. Fidel se sumergió en esa experiencia como ninguno. Cuando se habla del 9 de Abril o del Bogotazo, sonido fúnebre a hecatombe, hay una referencia inmediata al nombre de Fidel Castro. En estos treinta y cuatro años su nombre ha sido perseguido con la saña del dedo que acusa y señala y escribe en lingotes que claman venganza. Para la prensa conservadora, para el Partido Conservador y para muchos liberales que olvidaron sus ideas, Fidel a sus veintiún años, como agente del comunismo internacional, fue el organizador de lo sucedido. Como si la furia y el dolor de un pueblo que ve morir sus esperanzas de una mejor vida, al caer asesinado el hombre en que creía, se pudiera llevar de un día para otro, en la maleta, en una visita que hizo el estudiante cubano al país.

La versión, la definitiva y verdadera solo podía salir de boca del protagonista. Por eso volví a la fila de quienes querían estrechar la mano y saludar a Fidel, esa noche en el Palacio de la Revolución. La ansiedad no dejaba de perseguirme.

Fidel no se sorprendió al verme de nuevo: «¡Tú de nuevo! ¿Ahora qué quieres?». «Que me dé la entrevista, Comandante. La entrevista sobre el 9 de Abril». «Eso va a ser difícil». Pero en sus palabras sentí que era posible. Fidel siente como suya esa historia, esos días de abril que vivió en Bogotá. Entonces volví mi insistencia sobre Gabo, que en ese momento estaba cerca de Fidel. Gabo dijo: «Haré lo posible para conseguirla».

Al día siguiente, por la noche en uno de los corredores del Habana Riviera, Gabo soltó una lejana esperanza: «Esta noche voy a ver a Fidel. Voy a decirle que si no es posible la entrevista, que entonces te entregue las grabaciones, que están en los archivos de historia…».

Esa mañana vi a Gabo metido de cuerpo entero en su overol de mecánico y entre su bigote medio encanecido y mostrando sus dientes que taladran palabras, me dijo así no más, sin preámbulos:

—Fidel quiere que te quedes. No desea que te lleves los documentos. Quiere realizar la entrevista contigo. Me pidió que yo esté presente para que le ayude a aclarar algunos detalles de su visita…

La verdad es que salté sobre mis propios resortes internos. Comenzó la espera. Dos semanas que se fueron acortando a medida que iba terminando el otro evento: la Conferencia Interparlamentaria que se realizaba en La Habana por esos días. Entre la noche y el día en que se explaya la maravillosa brisa que trae el mar, choca y disuelve su existencia contra el malecón. Y siempre las palabras de Gabo: «No desespere. Fidel manda a decir que tiene en cuenta tu entrevista. Sigue muy encabronado con el trabajo de atender la Interparlamentaria…». Gabo se fue a México con Mercedes. Al despedirse me dijo: «Esta tarde tienes noticias…» y se fue portando un retrato aún fresco, al óleo, que la noche anterior le había pintado Guayasamín. Esa noche recibí un mensaje. «Favor estar localizado para la entrevista. A las dos de la tarde. Día veinticinco de septiembre». Firmado, Núñez Jiménez.

La entrevista había comenzado sin preguntas, en la casa del compañero viceministro de Cultura, Núñez Jiménez. Fue solo mostrarle un pequeño mapa de su posible ruta ese día en Bogotá, con muchas dudas de mi parte por cuanto lo había elaborado con base en los datos que se traslucían en varios de los relatos conocidos, para que Fidel, sentado en una mecedora, sin prender un gigantesco habano, comenzara a desmontar la historia, como si hubiera sucedido el día anterior. Con sus dedos señalaba ansiosamente el mapa: «Fíjate, aquí lo del mapa no me cuadra, porque me da la impresión de que yo iba a ir para la plaza de Bolívar… Fíjate, el hotel este no me cabe bien ahí, me da la impresión que yo venía por aquí, que agarraba la izquierda donde yo estaba, porque no era a la derecha, para venir aquí, tenía que agarrar la derecha y yo venía para ir aquí, tenía que agarrar la izquierda de la carrera séptima… ¿Esta es la séptima? ¿Tú me entiendes? Por eso es que el hotel está aquí mal ubicado... Lo único que yo sé es que tú puedes confiar en mi ubicación geográfica. Yo sí geográficamente no cometo nunca un error de dónde estoy ubicado».

Fue regresar al tiempo y esos treinta y tres años se volvieron presentes en su voz. Me había enfrentado a la maravillosa máquina que es la memoria de Fidel. La entrevista comenzaba a las diez y media de la noche.

ARTURO ALAPE: ¿Cómo surge la idea del Congreso Latinoamericano de Estudiantes; cuáles eran las relaciones entre la FEU y los peronistas y por qué surgen esas relaciones? ¿Cuáles eran los objetivos del Congreso Estudiantil y por qué viaja usted, Comandante, como delegado al Congreso?

FIDEL CASTRO, COMANDANTE EN JEFE: Yo quiero empezar por decirte que han transcurrido treinta y tres años desde aquellos acontecimientos. Creo que recuerdo todo bastante bien, con muchos detalles, pero no obstante hay que tener en cuenta el efecto del tiempo. Estos hechos ocurren en el año de 1948. La expedición a Santo Domingo ocurre en 1947.

Quiero darte algunos antecedentes. Yo estaba en la Universidad, estaba por terminar el tercer año de la carrera de Derecho. Por aquellos días de fines de curso en el año 1947, se produce la posibilidad de organizar la expedición a Santo Domingo, por parte de los revolucionarios dominicanos que llevaban muchos años luchando por esta causa. En ese momento recibieron cierta ayuda oficial en Cuba para organizar su expedición. No quiero hablarte de los errores que cometieron en esa expedición sus organizadores puesto que es otro tema, pero el hecho en sí es que yo era presidente de la Escuela de Derecho, era alumno oficial en la Universidad. Allí para ser dirigente había que ser matriculado oficial. Los alumnos por la libre, como llamaban a una categoría de estudiantes que podían llevar asignaturas de distintos cursos, no tenían derecho a votar. Pero yo en ese año de 1947, estaba terminando mi tercer año de carrera y me faltaban algunos exámenes. Yo era presidente de la Escuela de Derecho. Había un litigio puesto que los que controlaban la mayoría de la Universidad, asociados al gobierno de Grau, tenían interés en el control. En la Escuela mía que era la de Derecho, la mayoría de los delegados habían destituido al presidente —que estaba muy asociado al Gobierno— y me habían elegido a mí. Las autoridades universitarias controladas por el Gobierno no querían reconocer ese hecho. De manera que yo era vicepresidente de la Escuela y además fui elegido en ese momento presidente de la escuela. Pero yo era también en ese tiempo, presidente del Comité Pro-Democracia Dominicana en la Universidad de La Habana. Y cuando se organiza la expedición a Santo Domingo, más o menos ya a finales de curso, alrededor de julio, yo consideré que mi deber primero, aunque no estaba entre los organizadores de la expedición, pero tenía muchas relaciones con los dirigentes dominicanos, sobre todo con Rodríguez, que en aquella época era el principal, y otros muchos dirigentes que habían estado en el exilio, era enrolarme como soldado en la expedición y así lo hice.

Sin embargo, como el Gobierno y varias de sus figuras participaban en la organización y yo estaba en la oposición, no tenía nada que ver con la organización de la expedición. Ellos tenían recursos de los dominicanos y recursos del Gobierno. La expedición reunió unos mil doscientos hombres. Todo aquello estuvo muy mal organizado puesto que había gente buena, muchos dominicanos buenos, había cubanos que sentían la causa dominicana, pero con un reclutamiento que se hizo apresuradamente; incorporaron también antisociales, lumpen, de todo. Yo me enrolé en esa expedición como soldado. Estuvimos varios meses en Cayo Confite donde estaba entrenándose la expedición.

A mí me habían hecho teniente de un pelotón. Al final tienen lugar acontecimientos en Cuba, se producen contradicciones entre el Gobierno civil y el ejército y este decide suspender aquella expedición. Así las cosas, alguna gente deserta, frente a una situación de peligro y a mí me hacen Jefe de una de las compañías de un batallón de los expedicionarios. Entonces salimos, tratábamos de llegar a Santo Domingo. Al final nos interceptan, cuando faltaban unas veinticuatro horas para llegar a aquella zona y arrestan a todo el mundo. A mí no me arrestan porque yo me fui por mar, no me dejé arrestar más que nada por una cuestión de honor, me daba vergüenza que aquella expedición terminara arrestada. Entonces en la bahía de Nipe me tiré al agua y nadé hasta las costas de Saitía y me fui. Pero mientras estuvimos entrenándonos para la expedición había transcurrido el mes de agosto, septiembre, octubre y yo perdí mi época de exámenes.

Entonces me vi en una situación en que tenía que renunciar a mis derechos políticos oficiales en la Universidad o matricularme otra vez en el tercer año, si quería seguir siendo dirigente oficial. Yo detestaba el tipo de estudiante que no sacaba las asignaturas y no aprobaba los cursos y se quedaba retrasado, relegado, como eterno líder estudiantil. Siendo consecuente con esas convicciones, no me matriculé oficialmente y me quedé como estudiante libre, para sacar las asignaturas que me quedaban de tercer año y las de cuarto año. De manera que en ese momento yo era estudiante por la libre y no tenía derechos políticos, pero tenía una gran ascendencia entre los estudiantes universitarios, por la política de oposición al régimen de Grau. En cierto momento yo me había convertido, sin proponérmelo, en el centro de aquella lucha contra el gobierno de Grau. Eso tenía lugar en el año 1948.

Ya por aquella época yo también había participado y me había convertido, pues tenía relaciones con Albizu Campos y su familia y otros dirigentes puertorriqueños, en un activista proindependencia de Puerto Rico. De manera que yo era presidente del Comité Pro-democracia Dominicana, había participado en la expedición, aunque esta no llega a realizarse; también tenía una activa participación en la lucha por la independencia de Puerto Rico, aparte de las actividades políticas internas en el país, que se encaminaban fundamentalmente a la crítica y a la protesta contra el Gobierno corrompido que existía en ese momento.

Ya por aquella época nosotros sentíamos otras causas latinoamericanas como la cuestión de la devolución del Canal de Panamá a Panamá. Era una época de efervescencia estudiantil en Panamá, una época de efervescencia también en Venezuela, porque se había producido el derrocamiento de la tiranía y se acababa de elegir a Rómulo Gallegos como presidente de Venezuela. Por aquella época existían ya las contradicciones fuertes entre Perón y Estados Unidos. Nosotros estamos pues en este movimiento que se circunscribe a los siguientes puntos: La democracia en Santo Domingo, la lucha contra Trujillo, la independencia de Puerto Rico, la devolución del Canal de Panamá, así como la desaparición de las colonias que subsistían en América Latina. Eran los cuatro puntos fundamentales y esto nos llevó a establecer ciertos contactos, digamos tácticos, con los peronistas, que también estaban interesados en su lucha contra Estados Unidos y su lucha por algunas de estas cuestiones, porque ellos también estaban reclamando las islas Malvinas, que eran una colonia inglesa. Por aquella época los peronistas realizaban actividades, enviaban delegaciones a distintos países, se reunían con estudiantes, distribuían su material; de esa coincidencia entre los peronistas y nosotros surgió un acercamiento táctico con ellos. Por esos días, yo concibo la idea, frente a la reunión de la OEA en el año 1948, reunión promovida por Estados Unidos, para consolidar su sistema de dominio aquí en América Latina, de que simultáneamente con la reunión de la OEA y en el mismo lugar, tuviéramos una reunión de estudiantes latinoamericanos, detrás de estos principios antiimperialistas y defendiendo los puntos que ya he planteado; la lucha contra las tiranías en América Latina, no solo en Santo Domingo sino también en otros países comprendidos en la lucha por la democracia en América Latina. La idea de la organización del congreso fue mía y de esta forma yo empiezo a hacer contactos con los estudiantes panameños, que por aquel tiempo tenían una posición muy activa en la lucha por la devolución del Canal, también con los venezolanos; yo conocía la posición y los intereses de los distintos países. Así concibo el viaje de esta forma: primero visitar Venezuela, donde se acababa de producir una revolución y había una actitud de los estudiantes muy revolucionaria; después visitar Panamá y después visitar Colombia. Les iba a plantear la idea de estas universidades, a pedirles la colaboración. A su vez, los argentinos se comprometían también a movilizar los estudiantes de su país y digamos que se produce una cooperación en ese sentido con los argentinos, con los peronistas. Desde luego, los recursos para todo eso los movilizamos nosotros mismos. Teníamos muy poco dinero; para los pasajes exclusivamente.

A.A.: ¿Pero a Cuba llega una delegación del peronismo en ese momento?

F.C.: Por aquellos días habíamos hecho contactos en Cuba con una delegación de la juventud peronista. Ellos coordinaron con nosotros que iban a trabajar en ciertas áreas y nosotros en otras para que la fuerza de izquierda de América Latina organizara este Congreso de Estudiantes Latinoamericanos.

Yo me arrogaba la representación de los estudiantes cubanos, aunque tenía conflictos con la dirección oficial de la FEU, donde una parte tenía relaciones con el Gobierno. Es decir, yo no llevaba la representación oficial de la FEU, yo llevaba la representación de una gran mayoría de estudiantes, que me seguían considerando a mí como dirigente, a pesar de que yo no me había matriculado oficialmente y no podía ser cuadro oficial de la FEU.

Así salí para Venezuela. Las líneas aéreas en aquella época eran un tren lechero y recuerdo que lo primero que me ocurre es que el avión aterriza nada menos que en Santo Domingo. Yo cometí la imprudencia de bajarme del avión, incluso tuve la impresión de que unos tipos me habían reconocido, porque me puse a conversar con algunas personas en el aeropuerto de Santo Domingo. Con tan buena suerte que fue poco rato, luego me monté otra vez en el avión y no pasó nada. En Venezuela había una gran efervescencia.

Allí estuve en el periódico oficial, el del partido de gobierno. Allí hice contactos con los estudiantes venezolanos, les plantee la idea de este congreso y estuvieron de acuerdo.

A.A.: ¿En la Universidad Central?

F.C.: Sí, yo me reuní con los estudiantes de la Universidad que en ese momento eran de acción democrática. Nuestros propósitos al hablar con los estudiantes, eran pedirles apoyo para la organización del congreso, invitarlos a participar en él, explicarles todas las ideas y eso fue exitoso; los estudiantes venezolanos estuvieron de acuerdo y decidieron mandar una delegación al congreso. En aquella ocasión ya había sido electo Rómulo Gallegos como presidente y nosotros pedimos una entrevista para explicarle nuestras ideas. Fuimos a La Guaira donde estaba Rómulo Gallegos y así hicimos este contacto, también para pedir apoyo para el congreso. Después volamos a Panamá, ya con el apoyo de los estudiantes venezolanos revolucionarios, que eran prácticamente toda la Universidad.

En Panamá nos reunimos con los dirigentes estudiantiles. En días recientes se había producido una de las tantas balaceras por las protestas contra la ocupación yanqui del Canal y había un estudiante panameño que había sido herido quedando inválido. Era como un símbolo para todos los estudiantes. Yo hice contactos y lo visité.

Los estudiantes panameños estaban muy enardecidos y estuvieron muy de acuerdo con la idea del congreso, la apoyaron y decidieron enviar una delegación a Bogotá. Ya teníamos dos países importantes.

De Panamá volamos a Bogotá, por cierto nuestros recursos eran ya muy escasos, no teníamos sino para alojarnos en el hotel, y ni siquiera sabíamos qué íbamos a hacer después. Así nos hospedamos en un pequeño hotel como de dos o tres pisos, bastante acogedor. En aquel tiempo la vida era muy barata y si uno llevaba dólares al país —nosotros llevábamos unos pocos—

el cambio era muy favorable y el alojamiento del hotel y la comida salían costando poco.

Una vez que nos alojamos en el hotel, inmediatamente establecimos contacto con los estudiantes de la Universidad. La inmensa mayoría de estudiantes eran de izquierda y liberales y al mismo tiempo había un gran prestigio y una gran influencia de Gaitán en la Universidad.

A.A.: En la investigación de los hechos del 9 de Abril, se habla que fue un complot comunista. Incluso hay un supuesto documento, que se publicó en Colombia, de Blas Roca dando instrucciones a los comunistas colombianos. Siempre que se hacen publicaciones sobre esa fecha, cada año, aparecen documentos diciendo que usted era un instrumento del comunismo internacional. ¿En ese momento usted era comunista?

F.C.: En ese momento ya yo había entrado en contacto con la literatura marxista, ya había estudiado Economía Política, por ejemplo, y tenía conocimiento de las teorías políticas. Me sentía atraído por las ideas fundamentales del marxismo, yo fui adquiriendo una conciencia socialista a lo largo de mi carrera universitaria, a medida que fui entrando en contacto con la literatura marxista. En aquel tiempo había unos pocos estudiantes comunistas en la Universidad de La Habana y yo tenía relaciones amistosas con ellos, pero yo no era de la juventud comunista ni militante del Partido Comunista. Es decir, mis actividades no tenían absolutamente nada que ver con el Partido Comunista de aquella época.

Podríamos decir que yo tenía en ese momento una conciencia antiimperialista. Había tenido ya los primeros contactos con la literatura marxista y me sentía inclinado a sus ideas, pero no tenía ninguna filiación, ninguna vinculación ni con el Partido Comunista, ni con la juventud comunista, salvo relaciones de amistad con distintos jóvenes comunistas, muy trabajadores, muy estoicos, con los cuales yo simpatizaba y a los que admiraba. Pero ni el Partido Comunista de Cuba, ni la juventud comunista tuvieron absolutamente nada que ver con la organización de este congreso de Bogotá. Puede decirse que yo realmente en esa época estaba adquiriendo una conciencia revolucionaria, tenía iniciativas, era activo, luchaba, pero digamos que era un luchador independiente.

A.A.: ¿Por qué ese interés suyo en la entrevista con Rómulo Gallegos?

F.C.: Rómulo Gallegos era una figura muy prestigiosa en estos países. Figura política y figura literaria. La revolución de Venezuela había producido un gran impacto en Cuba y había despertado muchas simpatías. Además la mayor parte de los estudiantes eran del partido de Gallegos. De modo que el interés por saludarlo a él, estaba relacionado con el hecho de que era el dirigente de un país que había hecho una revolución democrática, una figura de prestigio internacional y nosotros estábamos recogiendo el apoyo de los estudiantes venezolanos para este congreso que íbamos a hacer. Pero ya habíamos logrado el apoyo, de manera que esto fue también una cuestión de cortesía, de conocerlo y de informarle. Esto del congreso fue algo organizado en muy breve tiempo y sobre la marcha.

A.A.: ¿Qué día llega usted a Bogotá?

F.C.: ¿Qué día fueron los sucesos?

A.A.: 9 de Abril...

F.C.: Creo que debo haber llegado unos cinco o seis días antes, tal vez por ahí hay un pasaporte mío... Tendría que buscar en papeles y en archivos, para poder precisar la fecha exacta. No sé siquiera si existe mi pasaporte de aquella época. Pero fue unos cinco o seis días, máximo siete días, antes del 9 de Abril cuando yo llegué a Bogotá.

A.A.: ¿Cuáles fueron sus primeros contactos?

F.C.: Nosotros siempre lo que hacíamos era dirigirnos a los estudiantes universitarios. Así obtuvimos información de que la izquierda y el Partido Liberal eran mayoría en la Universidad.

Nosotros inmediatamente buscamos a los dirigentes universitarios, nos reunimos con ellos y les planteamos la idea del congreso y ellos estuvieron de pleno acuerdo. Es decir, tanto los estudiantes venezolanos, los panameños y los colombianos estuvieron de acuerdo con la idea del congreso, la recibieron con mucho entusiasmo. Todos a su vez habían hecho contacto con otras organizaciones estudiantiles de Latinoamérica, nosotros habíamos hecho algunos contactos, los argentinos habían hecho otros y entonces ya se había logrado, no te voy a decir que la representación total de los estudiantes, pues no se había hecho un congreso latinoamericano nunca antes, pero sí un grupo bastante representativo. Nosotros teníamos la idea de que los estudiantes debían estar organizados y participar activamente en la lucha por las banderas que ya te mencioné y contra el imperialismo. Creíamos que debía existir una organización, incluso teníamos la idea de hacer una organización de estudiantes latinoamericanos. Yo di todos estos pasos y ya de hecho estaba organizado el congreso.

A.A.: *¿Ustedes tuvieron contacto con los estudiantes guatemaltecos, que en ese momento eran un fenómeno político bien interesante?*

F.C.: No puedo recordar en detalle pero ahí estaban representantes —a pesar del breve tiempo con que se organizó el congreso— de las distintas fuerzas progresistas y de izquierda de América Latina.

Ocurre una situación: yo estaba de organizador del congreso y en todas partes aceptaron el papel que desempeñaba, pero entonces los dirigentes oficiales de la FEU en Cuba, cuando ven que el congreso es una realidad, quieren participar oficialmente y mandan entonces una representación en la cual incluyeron al que era secretario de la organización, Alfredo Guevara, y al Presidente de la FEU. Cuando llega esta representación oficial de la FEU, en una de las primeras reuniones se plantea la cuestión de la representatividad; si yo podía representar a los estudiantes universitarios de Cuba o no. En una plenaria se discute eso, hablé con bastante vehemencia, expliqué todo lo que había hecho, cómo lo había hecho y por qué. Debo decir que prácticamente de una manera unánime, los estudiantes me apoyaron, cuando hice la exposición un poco apasionadamente, como era de esperarse en esa época y en esa edad. De hecho yo estaba presidiendo aquella reunión. Yo dije que no tenía interés que no estaba persiguiendo honores personales de ninguna clase, que lo que me interesaba era la lucha y el objetivo de esa lucha. Que lo que me interesaba era el congreso y que yo estaba dispuesto a renunciar a todo cargo y a cualquier honor y que mi interés era que se llevara a cabo la lucha y el congreso. Los estudiantes aplaudieron mucho cuando yo hablé y apoyaron la idea de que yo continuara en el papel de organizador del evento.

No te voy a decir todos los detalles de dónde desayuné esos días porque lógicamente no puedo recordar todo lo que hice en la ciudad de Bogotá. Pero sí podría decirte cómo me impresionó Bogotá. Me llamó mucho la atención, era la primera vez en mi vida que estaba en Bogotá y en Colombia, que la ciudad se caracterizaba por una cosa nada familiar para nosotros: las calles se dividían en calles y carreras; lo primero era entender aquello de que las carreras iban en una dirección y las calles iban en otra. Me llamaba la atención también, especialmente, en esa carrera séptima, que quedaba cerca del hotel, la gran cantidad de personas en la calle, durante todo el día, sin que yo pudiera explicarme ni entonces ni ahora siquiera, por qué había una multitud de personas en la calle, con sus sobretodos, tal vez en aquella época hacía más frío que ahora, la ciudad no había crecido tanto, no era una ciudad moderna, era una ciudad bastante antigua.

Había muchos cafés, parece que era un hábito, una tradición colombiana el llegar a los cafés a tomar café, o cerveza o refrescos y todo el mundo con sus sobretodos. Lo más curioso para nosotros era ver siempre en la calle una gran multitud de personas, me imagino que habría un desempleo muy grande, pero aún no alcanzo a comprender por qué a todas horas había tantas personas en las calles de Bogotá, sobre todo en la carrera séptima. Mucha gente moviéndose.

Por supuesto celebrándose la reunión de la OEA, la ciudad se había preparado para eso, se había instrumentado una organización policíaca para atender la Conferencia. Le habían dado uniformes nuevos y flamantes a los policías que atendían la Conferencia. Se hicieron rápidamente nuestros contactos, las primeras reuniones para la organización del congreso, que debía concluir con un acto en un estadio donde se organizaban los grandes actos, un estadio o una plaza, no recuerdo exactamente bien. Los estudiantes inmediatamente nos hablaron de Gaitán. Gaitán era en aquel momento la figura política de más prestigio, de más apoyo popular, se le consideraba —sin duda de ninguna clase— el hombre que iba a obtener el triunfo en las próximas elecciones de Colombia. Los estudiantes apoyaban a Gaitán en su inmensa mayoría. No tuvimos contacto con el Partido Comunista colombiano, aunque entre la gente con que nos reunimos en la Universidad había liberales y había comunistas y en la organización del congreso estaban participando los liberales y las fuerzas de izquierda, que acogieron con entusiasmo la idea. Los estudiantes liberales me pusieron en contacto con Gaitán y me llevaron a visitarlo.

A.A.: ¿Eso según los datos fue el 7 de abril…?

F.C.: Debe haber sido el 7 y te voy a decir por qué. Nosotros fuimos a explicarle a Gaitán todas las ideas que teníamos y a pedirle apoyo. A Gaitán le entusiasmó la idea del congreso y nos ofreció su apoyo. Conversó con nosotros y él estuvo de acuerdo con la idea de clausurar el congreso con un gran acto de masas. Él nos prometió que clausuraría el congreso. Nosotros naturalmente nos sentíamos muy satisfechos, muy optimistas con el apoyo de Gaitán porque eso garantizaba el éxito del congreso, además con movilización de masas y con su presencia en la clausura. Nos citó para dos días después como a las dos o dos y cuarto de la tarde, en su oficina, que creo que era en la carrera séptima; se subía por una escalera como de madera y se llegaba a su despacho. Nosotros estábamos citados con él de nuevo la tarde del día 9. En esa ocasión él nos obsequió distintos materiales políticos, nos explicó la situación de Colombia y por cierto nos entregó un folleto con su famoso discurso conocido como la Oración por la Paz que fue una pieza oratoria magnífica.

Había gran efervescencia en aquellos días en Colombia, porque todos los días se cometían veinte o treinta asesinatos. En los cintillos de los periódicos todos los días aparecían las noticias de que en tal lugar habían sido asesinados treinta campesinos, en tal otros veinticinco.

Prácticamente en los días en que estuvimos allí, todos los días aparecían las noticias en los periódicos de asesinatos políticos. Nos explicaron el papel de Gaitán, su lucha por encontrar una solución a esa situación de violencia, la Marcha del Silencio que había organizado con cientos de miles de personas, que había sido una manifestación impresionante, y en esa ocasión, en que decenas o cientos de miles de personas habían marchado en absoluto silencio, al final él había pronunciado la Oración por la Paz. Inmediatamente yo me puse a leer todos esos materiales y a empaparme de la situación en su conjunto de Colombia.

También por aquellos días había un juicio muy famoso que era el del teniente Cortés. Creo que había ocurrido un incidente entre un militar y un periodista que originó la muerte de éste. En aquellos días concluía el juicio y a nosotros los estudiantes nos habían informado de Gaitán, su figura política, su pensamiento y además su condición de un abogado excepcional, extraordinario. Incluso nos invitaron y nosotros asistimos, creo que fue la última sesión de la audiencia en que Gaitán estaba haciendo la defensa del teniente Cortés. Por aquellos días se transmitía por radio los debates del juicio y prácticamente en todo el país, hasta en los cuarteles, se escuchaba la defensa de Gaitán, que por cierto en aquel momento dicho juicio se había convertido en una cuestión política importante. Yo recuerdo que como estudiante de Derecho lo escuché con especial interés y recuerdo algunas partes donde él hablaba de la bala, la trayectoria de la bala y mencionaba algunos tratados de anatomía, incluso algunos tratados franceses que eran famosos en las escuelas de medicina; me interesé mucho por el caso, por la exposición y el alegato que él estaba haciendo, realmente brillante. De modo que por aquellos días en Colombia además de la situación de violencia y de sangre estaba teniendo lugar un juicio que adquiría gran magnitud política. Yo diría que en el ejército se escuchaban con simpatía los alegatos de Gaitán, en las estaciones de policía, en los cuarteles y que, tanto la opinión pública como la opinión de los militares, era favorable al teniente Cortés. Es decir, coincidían en ese momento todos esos criterios con las posiciones que sostenía Gaitán.

A.A.: Es que había un comité formado por militares que conseguía fondos para la defensa de Gaitán. ¿Qué impresión tiene usted de Gaitán en la reunión que tuvieron sobre el congreso y luego viéndolo ya como abogado?

F.C.: Yo tenía una impresión realmente muy buena de Gaitán. La tuve en primer lugar, porque en eso influyeron las opiniones absolutamente mayoritarias y la admiración de los estudiantes que se habían reunido con nosotros. La tuve de la conversación con él; un hombre con su tipo indio, sagaz, muy inteligente. La tuve de sus discursos, especialmente de la Oración por la Paz, que era realmente el discurso de un orador virtuoso, preciosista del idioma y además elocuente. La tuve porque se identificaba con la posición más progresista del país y frente al gobierno conservador. La tuve como abogado también por lo brillante que era. Es decir, brillante político, brillante orador, brillante abogado, todas esas cosas me causaron una impresión muy grande y al mismo tiempo nos agradó mucho su apoyo, el interés con que él había tomado nuestras ideas sobre el congreso de los estudiantes y la facilidad, la disposición y la generosidad con que nos apoyó. Nos prometió ayudarnos y cerrar con un grande acto de masas el encuentro, lo que demuestra que incuestionablemente estaba de acuerdo con los puntos de vista que defendíamos nosotros y que estaba en oposición a toda aquella comedia que se organizaba con la reunión de la OEA. Todos esos factores hicieron que nosotros experimentáramos una gran simpatía por él. Veíamos claramente además que la inmensa mayoría del pueblo lo apoyaba.

Ocurrió un incidente en los días en que nosotros estuvimos en Bogotá, ocupados en las reuniones con los estudiantes, los pasos organizativos del congreso y el encuentro con Gaitán, es el siguiente. Se dio una función de gala en un teatro por allá. No recuerdo el nombre, un teatro muy clásico y muy bonito, creo que la función de gala tenía que ver con las delegaciones de los gobiernos que participaban en la Conferencia de la OEA. Entonces, jóvenes al fin, un poco inmaduros, nosotros que habíamos impreso unas proclamas, no sé si quedará por ahí alguna de esas proclamas en algún lugar, unas proclamas en donde planteábamos todas las consignas del congreso: estaba la lucha por la democracia en Santo Domingo, la lucha por la independencia de Puerto Rico, el Canal de Panamá, la desaparición de las colonias en América Latina, la devolución de las Malvinas a Argentina y la lucha por la democracia.

Nosotros llevamos los panfletos al teatro, en la función de gala y los soltamos en la función. Quizás técnicamente habíamos estado cometiendo una infracción, no lo sé, pero no lo hicimos con intención de violar las leyes ni mucho menos, sino de hacerle propaganda a nuestro congreso. Después caímos presos. Parece que al poco tiempo de estar nosotros allí, la policía secreta conoció que había unos estudiantes organizando un congreso, conoció algo de nuestras actividades además de nuestra distribución de panfletos en el teatro, cosa que a nosotros nos parecía lo más natural del mundo y que solíamos hacer en Cuba, y como consecuencia de eso llega la policía, no me acuerdo exactamente dónde y cómo fue que me arrestaron, pero creo que estábamos en el hotel.

A.A.: *¿Pero no fue en el teatro?*

F.C.: Yo no estoy seguro de que haya sido en el teatro donde nos arrestaron, creo que fue en el hotel.

A.A.: El informe dice que los arrestaron en el teatro y que luego los llevaron a Migración.

F.C.: Tal vez tú tengas razón. El hecho es que llegaron por nosotros, nos arrestaron y nos llevaron a unas oficinas tenebrosas que había por ahí, a una callejuela, un lugar de pasillos oscuros; allí nos llevaron con los panfletos. Pero yo creo que nos arrestaron en el hotel, o al menos estoy seguro de que registraron después nuestra habitación en el hotel. Quizás las actas puedan hablar con más veracidad y más exactitud. Sé que nos llevaron por unas callejuelas, a unos edificios sórdidos que había por allí.

A.A.: ¿A quiénes llevaron presos?

F. C.: A mí y al otro cubano que andaba conmigo, éramos dos, y tal vez algún estudiante colombiano. No recuerdo bien. Nos llevaron por aquellos edificios y pasillos y nos sentaron e hicieron un interrogatorio. A decir verdad, quizás por el idealismo de uno, en el ardor de la juventud, nosotros les explicamos a las autoridades de allí quiénes éramos, qué estábamos haciendo, lo del congreso, cuáles eran nuestros propósitos en ese congreso, lo de Puerto Rico, lo del Canal de Panamá, lo que estaba en el panfleto y las ideas con que nosotros estábamos organizando el congreso. A decir verdad, parece que tuvimos un poco de suerte en la conversación con las autoridades del detectivismo allí, la cuestión es que incluso yo saqué la impresión de que a algún responsable le gustó lo que nosotros estábamos planteando. Habíamos sido persuasivos con ellos. Tal vez se dieron cuenta de que nosotros no éramos una gente peligrosa ni mucho menos, ni nos estábamos inmiscuyendo en los problemas internos del país. Tal vez porque les gustaron algunas de las cosas que estábamos planteando, ignoro las razones, pero el hecho es que después de aquel interrogatorio, nos ficharon y nos pusieron en libertad. Quizás nosotros estábamos corriendo un peligro mayor de lo que nos imaginábamos, pero en ese momento no estábamos conscientes. Simplemente, después del interrogatorio y todo eso, nos fuimos para el hotel otra vez y continuamos muy tranquilos nuestras actividades.

A.A.: Pero los estaban siguiendo…

F.C.: Lo más probable es que nos estuvieran siguiendo, pero de todas maneras nosotros no estábamos haciendo nada ilegal. Lo único que hacíamos era organizar un congreso de estudiantes y teníamos además contacto con una de las figuras políticas más importantes del país. Ellos a lo mejor subestimaron esas actividades. En realidad, objetivamente, fuera de la cuestión ideológica, fuera de los objetivos que perseguíamos nosotros no constituíamos ningún tipo de peligro en absoluto para el Estado, ni para el Gobierno colombiano. Lo que nosotros estábamos haciendo no tenía nada que ver con los problemas internos de Colombia, era una idea latinoamericana la que estábamos defendiendo. Esa es la realidad. Excepto que se tomara como una cosa agravante el hecho que nos reuniéramos con estudiantes, que nos reuniéramos con Gaitán. Si quitamos el hecho que nosotros habíamos repartido unos panfletos, que no se toma como actividad delictiva en ninguna parte del mundo, excepto en un gobierno represivo, simplemente nosotros habíamos —con bastante candidez y sin ningún espíritu provocador— repartido nuestras proclamas en el teatro. Eso es todo lo más que pudiera considerarse una infracción, pero no infracción contra el Estado colombiano, sino contra Estados Unidos, en dos palabras, lo nuestro era contra Estados Unidos.

Nosotros seguimos nuestras actividades aunque nos estuvieran siguiendo. Yo me imagino que una de las tareas del detectivismo, creo que se llamaba así, oficina del detectivismo, es dedicarse a seguir a la gente. Nosotros no nos dimos cuenta de que nos estaban siguiendo porque no estábamos en ninguna actividad subversiva en relación a Colombia, sino en nuestro congreso estudiantil, esa es la realidad absoluta, no tengo por qué atribuirme méritos de ninguna clase que no tenga, no tengo por qué pintarme como un tipo subversivo, ni tampoco como un tipo importante; tenía mis ideas, tenía mis propósitos y estaba con la idea del congreso y de la organización de los estudiantes latinoamericanos. Nada absolutamente contra Colombia, independientemente de que nos horrorizaban todas esas masacres que veíamos por los periódicos y que simpatizábamos con Gaitán. Eso es lo que más recuerdo de esos días previos al 9 de Abril.

A.A.: ¿Una reunión local sindical también con la CTC?

F.C.: Mira, nosotros tuvimos en los pasos previos varias actividades; reunión con los estudiantes de la Universidad, reunión con los primeros delegados de distintas partes cuando se planteó la cuestión de la representatividad, reunión con obreros. Los colombianos eran los que hacían esos contactos y organizaban las reuniones, pero todo relacionado con el congreso de los estudiantes. No había nada de otro tipo. Lo que pasa es que después con los acontecimientos tan sensacionales que se produjeron, es posible que algunos de los detalles se nos olviden.

A.A.: ¿Ustedes hicieron un manifiesto en una de esas reuniones o fue el mismo que lanzaron en el teatro?

F.C.: Yo no estoy ahora en los detalles, pero yo creo que se hizo este manifiesto que llevamos al teatro. Posiblemente se había proyectado hacer algunos documentos más, pero todos relacionados con estos temas. No te podría decir qué hicimos el 8 pero estábamos en la organización del congreso. Estábamos esperando una reunión con Gaitán a las dos de la tarde o a las dos y cuarto de la tarde del día 9.

A.A.: El 11 de abril, el Gobierno colombiano habla de su estadía en Bogotá diciendo, a raíz del informe de la policía que los seguía, que usted estaba cerca del sitio donde cayó Gaitán a la una de la tarde. De esta aseveración parte la acusación del Gobierno de su vinculación con el levantamiento del 9 de Abril.

F.C.: Nosotros teníamos con Gaitán a las dos de la tarde o a las dos y cuarto de la tarde una reunión. Nos habíamos citado para continuar conversando sobre el congreso y concretar lo relacionado con el acto que se iba a hacer al final del mismo, en el cual él iba a participar.

A.A.: El dato está en la agenda de Gaitán…

F.C.: Claro, eso es muy interesante, yo no conozco esos materiales como imaginarás. Ese día almorzamos en el hotel y estábamos haciendo tiempo para llegar a la hora de la cita con Gaitán. Estamos en el hotel. A mí me parece que el hotel no era donde tú lo señalas en el mapa, porque nosotros salíamos del hotel, bajábamos dos o tres cuadras, llegábamos a la carrera séptima y después tomábamos hacia la izquierda para ir a la oficina de Gaitán o ir a la plaza frente al edificio donde se estaba celebrando la Conferencia de la OEA. En este momento, cuando salimos a la calle, a los pocos minutos comenzó a aparecer gente corriendo frenéticamente en distintas direcciones. Gente como enloquecida, corriendo en una dirección, en otra, o en otra. Yo te puedo asegurar que lo del 9 de Abril no lo organizó nadie, pienso plantearte este punto de vista porque lo presencié casi desde los primeros momentos, te puedo asegurar que lo del 9 de Abril fue una explosión espontánea completa, que ni la organizó nadie, ni lo podía organizar nadie. Únicamente los que organizaron el asesinato de Gaitán podían imaginarse lo que podía ocurrir. Tal vez los que organizaron el asesinato lo hicieron para eliminar un adversario político. Tal vez podían imaginarse la explosión, tal vez ni siquiera se la imaginaron. Pero es que a partir del hecho del asesinato de Gaitán se produce una fabulosa explosión de forma totalmente espontánea. Nadie puede atribuirse haber organizado lo del 9 de Abril, porque precisamente lo del 9 de Abril lo que careció fue de organización. Esa es la clave, careció absolutamente de organización.

(Fidel había permanecido tranquilo en su condición de narrador, al vaivén de su mecedora, con el habano sin encender, cuando se levantó en toda su estatura y comenzó un endemoniado paseo, alrededor del pequeño patio de la casa del viceministro de Cultura, Antonio Núñez Jiménez. Daba la impresión de que le había dado rienda suelta a su memoria y ahora comenzaba a representarla. Era un Fidel distinto, actuaba en su propio papel. Era como traer el tiempo de la mano y hacer de su propia historia un largo monólogo. Aquel joven estudiante cubano que había estado en Bogotá, era en este momento y ante nuestros ojos sorprendidos, representado en escena por un corpulento actor, de barba tupida, expresivo en sus ojos, que en los gestos de las manos llevaba en riguroso ritmo el sonido de las palabras. Palabras expresadas con voces agudas en las situaciones más dramáticas; pausadas en las reflexiones; repetitivas cuando era necesario retener la experiencia; cáusticas y demoledoras en cuanto a la protesta. Y se traslucía el humor, porque este explosiona en Fidel como cuando explaya el humo de su tabaco. Es un narrador por naturaleza. Un actor multifacético, que actúa desde adentro; vive su papel, lo imagina y lo enriquece, se ha apropiado de su personaje. Era fácil imaginarse a Fidel en Bogotá, aquella fúnebre ciudad de entonces, agazapada en sus angustias y en la angostura de sus calles, caminando por la séptima, absorbiendo por todos sus sentidos los detalles arquitectónicos y humanos para recordarlos esa noche en toda su magnitud. Y seguía dando zancadas, zancadas agitadamente sin descanso, como si estuviera no demoliendo su propia memoria, sino grandes distancias. El tiempo histórico es para muchos la distancia inalcanzable, para Fidel es como la costumbre diaria de volverlo al presente. Nosotros éramos el auditorio: el ministro de Cultura, Armando Hart; el viceministro, Antonio Núñez Jiménez, sus compañeras y yo, absorbidos por la magia de sus palabras).

Sería la una y cuarto, la una y media o la una y veinte, cuando nosotros salimos del hotel para ir acercándonos allá, dar unas vueltas hasta que llegara la hora de la entrevista, que creo, como te dije, que era a las dos o dos y cuarto de la tarde. Nosotros a la una aproximadamente salimos para ir caminando y acercarnos a la oficina de Gaitán, cuando vemos que empieza a aparecer gente corriendo como desesperada en todas direcciones. Uno, dos, varios a la vez por acá, por allá, gritando, ¡Mataron a Gaitán! ¡Mataron a Gaitán! ¡Mataron a Gaitán! Era gente de la calle, gente del pueblo, divulgando velozmente la noticia. ¡Mataron a Gaitán! ¡Mataron a Gaitán! gente enardecida, gente indignada, gente que reflejaban una situación dramática, trágica, planteando lo que había ocurrido, una noticia que empezó a regarse como pólvora. A tal extremo, que nosotros que habíamos caminado como dos cuadras más y llegamos a un parquecito, vimos en ese momento que la gente empezaba a asumir algunas actitudes violentas. Ya en ese momento, alrededor de la una y media la gente estaba realizando actos de violencia. Nosotros cerca de la oficina de Gaitán seguimos caminando por la séptima y ya la gente se había introducido en algunas oficinas. Recuerdo un detalle: en los primeros minutos, al llegar a un parquecito, veo a un hombre tratando de romper una máquina de escribir que había sacado de algún sitio, pero aquel hombre furioso pasaba un trabajo terrible para romper con sus manos la máquina, y le digo: «Chico, dame», lo ayudé, cogí la máquina y la tiré hacia arriba y la dejé caer. Yo viendo aquel hombre desesperado no se me ocurrió otra cosa. Seguimos caminando y en la carrera séptima se veían también ya manifestaciones de violencia. Nosotros íbamos en dirección al parque donde estaba el edificio del Parlamento y reunida la Conferencia. Vamos por la carrera séptima creo, y veo gente rompiendo vidrieras y rompiendo cosas. Ya eso empieza a preocuparme, porque a todo esto ya en esa época tenía ideas muy claras y muy precisas de lo que es una revolución, qué cosas deben pasar en una revolución y qué cosas no deben pasar.

Empecé a ver manifestaciones de anarquía, a decir verdad, en la carrera séptima. Una gente rompiendo vidrieras. Se veía un estado de irritación muy grande en la masa. En esa carrera que siempre estaba llena de gente, la multitud se dedicó a romper vidrieras, a romper cosas. Yo estoy preocupado, me empiezo a preocupar por la situación, porque veo aquella situación anárquica que se está produciendo. Me pongo a pensar qué estarían haciendo los dirigentes del Partido Liberal, qué estarían haciendo y si no habría nadie que organizara aquello, me preguntaba.

Seguí caminando, esto sería entre la una y media y las dos menos cuarto, por la carrera séptima y llegamos a la esquina de la plaza en donde está el Parlamento. Allí había alguien en un balcón a la izquierda, hablando desde el balcón, unos pocos ahí reunidos, pero sobre todo mucha gente dispersa por todas partes en actitud de ira y de violencia absolutamente espontánea. En el parque había varias decenas de gente gritando furiosa, indignada y empiezan a romper los faroles del parque, les tiraban piedras, de manera que había que tener cuidado porque lo mismo te caía encima una piedra, que los cristales. Yo fui avanzando y llegué más o menos al medio del parque. A todo esto en los portales del Parlamento, había una hilera de policías recién lustrados, muy bien vestidos, bien organizados. Apenas aquellas decenas o cientos de gente, que estaban rompiendo bombillos y cosas, se acercaron al portal como un vendaval, el cordón de policías se deshizo parece que estaban desmoralizados, y en avalancha entran toda aquella gente al Palacio. Yo estoy en el medio del parque, las piedras volando en todas direcciones. Ellos entraron al Parlamento que tenía como tres o cuatro pisos. Nosotros no entramos propiamente en el Parlamento, sino que nos quedamos en el borde del edificio mirando aquella erupción, porque aquello fue una erupción de pueblo. Estábamos mirando y la gente subió y desde allá arriba empezó a tirar sillas, empezó a tirar escritorios, empezó a tirar todo, no se podía estar allí porque era un diluvio lo que venía de allá arriba. Y ya te digo, un hombre tratando de pronunciar un discurso en un balcón en una esquina, cerca del parque, pero nadie le hacía caso, aquello era un espectáculo increíble.

Nosotros decidimos ir a hacer contacto con los otros dos cubanos que no vivían en el hotel. Uno, Enrique Ovares y el otro, un compañero nuestro de la Revolución, el compañero Alfredo Guevara, que estaban en una casa de huéspedes no lejos del sitio donde nos encontrábamos. Nosotros fuimos allí a ponernos en contacto con ellos, ver qué pensaban de la situación y explicarles lo que estaba pasando. Llegamos a la casa de huéspedes, conversamos con ellos unos minutos, y en ese momento se ve como una gran procesión de gente, un río de gente que viene por una calle paralela más o menos a la carrera séptima. Van algunos ya con armas, hay algunos fusiles, otros con palos, hierros, todo el mundo con algo, porque el que agarraba un palo, un hierro, cualquier cosa, lo llevaba en la mano. Se veía una gran multitud por esa calle, parecía una procesión, como dije, por esa calle estrecha, larga, ya se puede decir de miles. Cuando veo aquella multitud no sé para dónde van, dicen que para una División de Policía, entonces yo voy y me uno a la multitud. Yo me incorporo en las primeras filas de esa multitud y voy para la División de Policía. Veo que hay una revolución andando, y decido sumarme como un hombre más, uno más. Yo desde luego no tenía ninguna duda que el pueblo estaba oprimido, que el pueblo que se estaba levantando tenía razón, que la muerte de Gaitán era un gran crimen y adopto partido. Hasta ese momento no había hecho nada, hasta que veo que la multitud está pasando delante de mí, después de haber visitado a los dos cubanos. Cuando veo la multitud en marcha, me sumo a ella. Puede decirse que ese es el momento en que yo me sumo a la multitud que está sublevada. Llegamos a la División de Policía, los policías están allí arriba parapetados, con sus fusiles apuntando, nadie sabía lo que iba a pasar. La multitud llega a la entrada, los policías franquean la entrada, nadie dispara.

A.A.: *Esa es la Tercera División.*

F.C.: Es una División que no está muy lejos del Parlamento. Yo veo que la multitud va para la División y estoy entre los primeros.

Aquellos están apuntando con sus fusiles pero no tiran. Doblamos la esquina y como a treinta metros está la entrada. La multitud como un río desbordado penetra por todas partes, recogiendo armas y recogiendo cosas. A todo esto había policías que se habían sumado, se veían policías con uniformes en la multitud. Esa División tiene un patio en el medio, y como dos

pisos en la parte delantera. Yo no sé cuántas armas había, las pocas que
habría disponibles las agarraron rápidamente. Algunos policías se quedaron
con el arma y se sumaron. Yo entro en la sala de armas, pero no veo ningún fusil, realmente no veo ningún fusil. Sí había unas escopetas de gases
lacrimógenos, con unas balas largas y gruesas. Yo lo único que pude agarrar
fue una de esas escopetas de gases lacrimógenos. Me empiezo a poner mis
cananas de balas de aquellas, me puse como veinte o treinta. Yo digo: «No
tengo un fusil, pero por lo menos tengo algo que dispara», un escopetón con
un cañón grande. Y digo: «Bueno, pero a todas estas yo estoy con un traje,
zapatos de esos, no estoy vestido para una guerra». Encuentro una gorra
sin visera, pum, y me pongo la gorra sin visera. Pero a todo esto tengo mis
zapatos corrientes, no aptos para la guerra, pero además no estoy muy conforme con mi escopeta. Salgo al patio que está lleno de gente, la gente registrándolo todo, hay que imaginarse el cuadro, todo el mundo sube escaleras,
baja, métese por aquí, por todas partes, mezclados civiles y policías. En parte
policías que se han dejado desarmar, otros que están armados y que se han
sumado. Subí rápido por una escalera a la segunda planta. Entro a un cuarto
que resultó ser de oficiales de policía. Allí yo estoy buscando ropa, aparte
que trataba de ver si aparecían más armas; me fui poniendo unas botas, pero
no me servían. Llega un oficial, eso no se me olvida, que en medio de aquel
caos terrible, me dice: «¡mis boticas sí que no!, ¡mis boticas sí que no!». Las
boticas no me servían y yo le digo: «Sí señor, quédese con sus botas». Bajo
al patio para enrolarme ya en algo, una escuadra o algo, y veo a un oficial
de la policía que está organizando una escuadra. No tengo pretensiones de
ser jefe, ni de dirigir nada, voy de soldado raso. Y llego con mi escopeta de
gases lacrimógenos y mis balas y me pongo en fila. El oficial tenía un fusil y
me ve cargado de balas de aquellas y con la escopeta y dice: «pero cómo, qué
haces con eso», le digo: «es lo único que encontré», y me pide la escopeta.
Parece que el hombre no estaba muy decidido a luchar, a pesar de que estaba
organizando una escuadra. Me pide aquello y me da su fusil con unas doce o
catorce balas, me lo da. Por cierto que cuando me da el fusil se tira un montón de gente, a querer coger el fusil y yo tuve que luchar duro para quedarme
con el fusil y me quedé con el fusil y unas catorce balas más o menos, que
es lo que tenía el oficial. A partir de ese momento ya estoy armado con un
fusil, pero allí no hay ninguna organización, sino que la gente iba saliendo de

la División sin orden alguno. De la misma manera que habían entrado, una muchedumbre estaba saliendo sin saber para dónde iba, se oían voces, que para Palacio, que para no sé dónde. Yo salgo de la División, me reúno a aquella multitud que dice que va no sé para dónde, sin ninguna dirección. Estoy viendo un gran desorden, una gran indisciplina, que no hay organización. Avanzamos como tres cuadras y allí veo a cuatro o cinco soldados que están poniendo orden en un cruce de calles. A todo esto, como había mucha gente de uniforme ya sumada a la multitud, yo me imagino que aquellos cuatro o cinco soldados están sumados a la multitud y que están poniendo orden, entonces voy y me pongo a ayudar a los soldados a poner orden. Ya me había conseguido mi uniforme, una gorra sin visera —que se había convertido en una boina— y un capote de policía, ese era mi uniforme. Entonces ayudo a los soldados a poner orden, como ellos decían «por aquí no», «por allí». Entonces yo creo que ellos eran soldados sublevados. Después he podido darme cuenta que aquellos no eran soldados sublevados, sino soldados de la Guardia Presidencial, que estaban allí con sus fusiles, pero no en actitud bélica, sino sobrepasados por todo aquel océano de pueblo, y que estaban tratando de poner orden. Yo en el primer momento me confundo y creo que son sublevados. ¿Por qué los soldados están poniendo orden? Porque en la calle por donde iba la multitud, de unos edificios donde había un colegio religioso, dispararon, del colegio de San Bartolomé. No sé quién disparaba, no puedo asegurar. Yo estaba incrédulo, no podía imaginarme que estuvieran disparando de un convento. Estaba incrédulo, parado ahí en la esquina. Ellos estaban tirando del convento y yo ahí parado incrédulo, al fin me tuve que cuidar. Parece que los soldados habían tratado de desviar, ignoro realmente cuál era la misión de los soldados. Ignoro realmente si no querían que se dirigieran a Palacio, o si fue el hecho de que se había iniciado la balacera en el colegio de San Bartolomé, donde ellos estaban desviando la multitud, que yo los ayudé, creyendo que era gente sublevada que estaba organizando aquello. Porque donde quiera que yo veía la posibilidad de alguien que quisiera organizar yo trataba de ayudarlo. En medio de la balacera aquella me coloco en una esquina. Allí, veo algunos estudiantes conocidos, que había visto en la Universidad que están con nosotros. Pasa un carro de los estudiantes con altoparlantes —llevaba varios cadáveres arriba— ellos iban agitando. No era una agitación organizada, sino de esas cosas que ocurren espontáneamente.

Nosotros estaríamos como a dos o tres cuadras de la carrera séptima. En eso llegan noticias de que los estudiantes se habían tomado la radio y que estaban siendo atacados.

(La incesante narración de un hombre que tiene la pasión por la multitud, que la conoce en sus resortes más íntimos y profundos, y la ha desentrañado en su rostro multifacético de dolor, porque su tiempo de hombre corre parejo al tiempo de la multitud. Fidel es en este momento más que uno de esa masa; respira en su ajetreo por ella y avizora la tragedia. Él ha levantado la cabeza para mirar más allá de la agonía.)

A.A.: La Radiodifusora Nacional…

F.C.: La situación nuestra era difícil porque había como diez o doce desarmados, y dos nada más con armas. Decidimos ir a apoyar a los estudiantes que estaban en la Radiodifusora Nacional. La multitud había seguido en una dirección, en otra, y en otra, cuando escuchamos el carro que dice que están atacando la Radiodifusora Nacional y nosotros nos proponemos ir a la Radiodifusora Nacional, que a decir verdad no sabíamos exactamente dónde estaba, íbamos a ayudar a los estudiantes. Agarramos la carrera séptima y vamos hacia el norte, como quien se dirige a la ermita de Monserrate. Yo no te puedo decir cuánto tiempo había pasado desde que yo me sumé a la multitud, entré a la División de Policía, cuando salimos, cuando ayudé a unos soldados que estaban poniendo orden, ni cuando la balacera del convento. El hecho es que nosotros decidimos ir a ayudar a los estudiantes y fuimos. Ya en la carrera séptima prácticamente hay una multitud atacando todo, atacaban los edificios, atacaban los comercios, empezaban ya a saquear también aquellos establecimientos. Nosotros vamos por esa calle. Hay gente que ha tomado, llegaban con una botella de un ron medio colorado que tienen ustedes los colombianos y decían: «Beba carajo de ahí». Imagínese, yo iba con mi fusil y el otro con su fusil y como quince desarmados por toda la carrera esa. Había una situación confusa, nadie sabía lo que estaba pasando. Muchos policías se habían sublevado, incluso se decía que unidades militares se habían sublevado. En ese momento no se sabía cuál era la posición del ejército de Colombia, no se sabía. Gaitán tenia simpatía entre los militares, eso no se podía discutir, pero la confusión era muy grande. Nosotros vamos avanzando por la carrera séptima, no sé cuántas cuadras hemos avanzado, no sé si siete, ocho, diez o doce, tendría que ir por allá y recorrer todo aquello para averiguar.

En este momento había muchos lugares ardiendo, oficinas ardiendo. La multitud, cuando nosotros vamos por la carrera séptima, había atacado todos los establecimientos. En esas circunstancias llegamos a un lugar que más tarde me di cuenta que era el Ministerio de Guerra. Llegamos, yo recuerdo que yendo hacia el norte; era un lugar en que había un parque a la derecha y otro hacia la izquierda. Cuando llegamos allí, vemos que viene un batallón de soldados enfrente, vienen hacia el sur. Vienen con sus cascos alemanes, que eran los que usaban en esa época, no sé cuáles usen ahora; sus fusiles. Venía marchando todo un batallón con algunos tanques, vienen avanzando. Pero a todo esto nosotros no sabemos con quién está el ejército, si aquel ejército se ha sublevado, qué va a hacer aquel ejército. Nosotros como vemos el batallón que se acerca, tomamos la precaución de alejarnos unos veinte metros y nos parapetamos detrás de unos bancos a la expectativa de saber si aquella tropa era amiga o enemiga. Conmigo, te repito, había unos doce estudiantes, teníamos dos fusiles. Pero entonces el batallón no nos hace ningún caso y sigue marcialmente por la calle. Creo que detrás del batallón iban los tanques. Iban los soldados delante y detrás iban tres tanques. No nos hacen ningún caso y siguen de largo por la carrera séptima.

Para que se entienda lo que pasó hay que tener en cuenta las circunstancias. Se ha tomado una División de Policía, la policía se ha plegado, muchos se han sumado, hay una gran confusión, yo no tengo información, solo sabemos que están atacando la Radiodifusora y vamos para allá con los estudiantes. Cruzamos la calle y yo me quedo sin saber con quién está ese batallón, si con el pueblo o contra el pueblo, si sublevado o a favor del Gobierno, aunque en aquel momento realmente no había Gobierno. Cruzo la calle y vamos al otro parque que está frente a donde estaba el Ministerio de Guerra, yo no sabía que era el Ministerio de Guerra, que tiene un edificio no alto, como de uno o dos pisos. Hay una puerta y unos barrotes, unos cuantos militares y entonces yo que estoy con una fiebre revolucionaria también y que estoy tratando de que se sume la mayor cantidad de gente al movimiento revolucionario, me encaramo en un banco frente al Ministerio de Guerra y le hago una arenga a los militares que están allí, para que se sumen a la revolución. Todo el mundo oyó, nadie hizo nada y yo con mi fusil haciendo mi arenga sobre un banco. Termino mi arenga y sigo porque los estudiantes van para allá.

Al final del parque hay una guagua que está esperando, yo me doy cuenta de que esa guagua va para allá, hacia la Radiodifusora, los estudiantes la tenían. Entonces después que hago mi arenga voy donde la guagua que se iba y corremos para alcanzarla. El otro compañero armado que estaba conmigo se queda atrás, yo después no lo veo. Tomo la guagua, de manera que quedo yo con un fusil y un grupo de estudiantes que vamos a apoyar a los que están en la Radiodifusora Nacional. No sé cuántas cuadras caminamos, ocho o diez, en la guagua. A todo esto mi cartera que la llevaba, qué sé yo, con unos poquitos pesos, como no teníamos nada, se me pierde también. Alguien se llevó mi cartera, con lo poquito que tenía, me la quitaron. Vamos hacia la Radiodifusora, nos bajamos en una esquina, era una avenida, una calle con un paseo que daba a la Radiodifusora. En realidad desembocamos en la calle. No teníamos sino un fusil, el mío, para darle apoyo a los estudiantes que estaban en la Radiodifusora. Cuando llegamos a la avenida se arma una balacera descomunal, apenas asomamos nosotros nos empezaron a disparar no se sabe con cuántos fusiles. Nos pudimos parapetar detrás de unos bancos, de unas cosas allí y milagrosamente no nos mataron a todos. Pudimos salir otra vez a la esquina, seguimos el grupo de un hombre con un fusil y diez o doce desarmados. En ese momento no podíamos hacer nada por liberar la Radiodifusora Nacional y decidimos ir a la Universidad. Fuimos en dirección opuesta a la ermita. Lo que estaba en la Radiodifusora qué sé yo, era tal vez una compañía de soldados, imposible hacer nada y por eso nos vamos a la Universidad, a ver si había algo allí. A ver si había organización, si los estudiantes habían organizado algún puesto de mando o habían establecido alguna dirección.

Cuando llegamos a la Universidad no había nada organizado realmente. Noticias iban y venían de hechos y acontecimientos, sin armas todo el mundo. No lejos de la Universidad había una División de Policía, entonces decidimos ir a tomar la División de Policía, para que se armaran, contando solo con mi fusil y una cantidad de gente desarmada. Se suponía que yo era el que tenía que tomar la División porque era el único que tenía fusil. Nos dirigimos con una multitud de estudiantes a tomar la División de Policía, aquello realmente era un suicidio. Ya se había tomado una y pensamos en tomar la segunda para armar a toda aquella gente. Con tan buena suerte para nosotros, que cuando llegamos a la División de Policía ya estaba tomada. Se había sublevado. Es decir, fuimos a tomar una División de Policía, con mi fusil y unas cuantas decenas de estudiantes y cuando llegamos frente a la División de Policía, la División está sublevada y nos reciben amistosamente. En la División sublevada ya estaban policías y pueblo mezclados. Cuando llego me presento al jefe de la División que coincidió con ser el jefe de toda la policía sublevada.

Yo me le presento, le digo inmediatamente que soy estudiante, que soy cubano, que estamos en un congreso, en breves palabras le explico todo y el hombre me convierte en su ayudante. En ese momento, en la segunda División que vamos a tomar, me convierto en ayudante.

El jefe de la policía sublevada era un hombre más bien alto, no mucho pero alto, no podría describirlo bien; tenía un grado de comandante o coronel, no recuerdo. Yo me convierto en ayudante del jefe de la policía sublevada.

Decide entonces ir a la oficina del Partido Liberal. Lo que yo te estoy diciendo es exacto, riguroso, de las cosas increíbles que pasaron ese día. Yo me monto en el jeep con el jefe de la policía sublevada que se dirige a la sede del Partido Liberal. Yo digo menos mal, porque lo que a mí me preocupaba era la desorganización, el caos, no ver por ninguna parte ningún elemento de dirección y de organización, así que me alegro cuando veo al jefe de la policía que está sublevada; veo que está en contacto con el Partido Liberal. Veo que se va a dirigir allí y pienso que eso empieza a organizarse. Yo voy en el jeep de él, al lado suyo, a la oficina del Partido Liberal, llegamos y entramos. Yo creía que en ese momento yo estaba ayudando a organizar aquello que era tan caótico. Habíamos recorrido no sé cuántas cuadras. Las calles no eran de nadie. Confusión grande, yo te digo que hemos recorrido veinte cuadras cuando menos. Llegamos a la oficina y subimos. Acompañamos al hombre hasta la puerta. Él entra, yo no entro, me quedo afuera, él entra y se entrevista con dirigentes liberales que estaban allí, que no sé quiénes eran. Vuelve otra vez para la División que está cerca de la Universidad en su jeep. Ya teníamos dos jeeps.

Está un tiempo en la División sublevada y decide otra vez, porque ya empieza a anochecer, ir para la oficina del Partido Liberal. Ya salimos en dos jeeps. Él iba en el de adelante y yo en el de atrás. Pero a todo esto, en el viaje anterior y en este, había multitud de gente porque todavía seguían conmigo un grupo de estudiantes desarmados. Se montaban aquí y allá, iban los dos jeeps llenos. En el segundo viaje que vamos a la oficina del Partido Liberal yo voy montado adelante, a la derecha en el jeep de escolta. En ese momento, repito, cada vez que arrancaba un carro se montaba todo el que estaba allí y las cosas eran rápidas. Rápido para aquí, rápido para allá y se montaba un montón de gente.

Cuando vamos por segunda vez a la oficina del Partido Liberal ocurre una cosa insólita y yo llevo a cabo un acto de quijotismo que es el siguiente: Ya está oscureciendo, el jeep donde iba el jefe de la policía sublevada adelante se para, tiene un defecto mecánico y se para; están allí tratando de arrancar y no arranca. Se baja y se queda a pie el jefe de la Policía y el otro jeep lleno de gente. Yo me disgusto con aquello, me bajo del jeep, les digo: «Ustedes todos son unos irresponsables» y yo me quedo a pie y le doy el puesto al jefe de la Policía. Yo me quedo en medio de la calle con dos o tres estudiantes más, en medio de la calle y sin contacto de ninguna clase. Estoy en una acera, parado junto a un muro largo. Esto ocurrió en una calle al lado nada menos que del Ministerio de Guerra, según comprendí luego. Es la segunda vez que me topo con el Ministerio de Guerra. Pasan unos segundos y en el muro se abre una puerta pequeña, tras la puerta pequeña veo una gorra de oficial y tres o cuatro tipos, varios fusiles con bayonetas. Yo le digo a los otros estudiantes: «Estos son enemigos». Les digo: «Crucemos a la calle de enfrente»; y aprovechando la oscuridad dejada por el resplandor de un auto que acababa de pasar, nosotros cruzamos a la acera de enfrente. Miramos, en realidad no sabíamos quiénes eran, yo sospeché que eran enemigos cuando se abrió la puertecita y vimos como a seis metros de nosotros, una gorra de oficial y como cuatro fusiles con bayonetas.

Cruzamos la calle, sospechamos que pudieran ser enemigos, pero en la inseguridad, no tiran, ellos no tiran. Nosotros seguimos por esa calle después de cruzar junto al Ministerio. En ese momento vemos a un hombre con un fusil ametralladora, no sabíamos si era amigo o enemigo, nos acercamos al hombre, le preguntamos quién era y él nos dice: «Soy de la Quinta División de Policía sublevada», y descubrimos que era amigo, era tropa amiga. Yo estuve dos veces en el Ministerio de Guerra: una por delante arengando y otra por el lado cuando le entrego el jeep al jefe de la policía. El oficial y los hombres que aparecieron por la pared no dispararon, ellos estaban también aparentemente confundidos, estaban a la expectativa. Nosotros cruzamos, vamos a la acera de enfrente y allí es donde yo voy a parar a la Quinta División de Policía. No te puedo decir con exactitud por dónde subimos, pero la impresión que yo tengo es que cruzamos la avenida, tomamos por una calle que hacía ángulo con ella, salimos derecho y en una esquina nos encontramos con el hombre que era un policía sublevado. En eso decidimos ir a la Quinta División y sumarnos. Yo había perdido el contacto con el jefe de la policía y decidí sumarme a la división que resultó ser la Quinta División. Ya esto es de noche. Todo lo que te he contado ha transcurrido entre la una y media y las seis y media de la noche.

La Quinta División tiene su entrada mirando hacia abajo, es la que está cerca del cerro y tiene su entrada al lado opuesto. Entro en la Quinta División, yo dondequiera que llegaba inmediatamente me identificaba, «Soy estudiante cubano, estamos en un congreso», y dondequiera me recibían bien, inmediatamente. Entonces entramos, yo estaba sin un centavo ni para tomar un café, quiero que sepas eso. Allí hay una gran cantidad de policías sublevados y un número de civiles, en total había unos cuatrocientos hombres armados, estaban organizándose.

A.A.: ¿Conoció al comandante de esa División, Tito Orozco?

F.C.: Sí, lo conocí, al que actuaba como jefe, te voy a contar lo que me pasó con el comandante de la Quinta División.

Llegué a la Quinta División. Hay un patio grande en el centro donde están organizando a la gente, inmediatamente me pongo en la fila y me organizo allí con ellos. Más que organizar unidades lo que hacían era pasar revista para contar los hombres que había. Nos asignaron distintos lugares en la defensa de la División, a mí me tocó como en un segundo piso. Había un dormitorio allí y yo, junto con otros policías, estuve defendiendo el piso. Cada cierto tiempo, media hora, cada tres cuartos de hora, cada hora, más o menos, nos llamaban a pasar revista en el patio, después todo el mundo regresaba a sus puestos; sin embargo, no se sabía lo que estaba pasando. Esa confusión duró casi hasta el otro día.

¿Qué ocurría en la calle mientras tanto? Había mucha gente, parecían hormigas cargando, había personas que cargaba un refrigerador en la espalda, cargaban un piano... La realidad es que desgraciadamente, ya sea por la falta de organización, por un problema de cultura, por una situación de pobreza muy grande, por lo que fuera, mucha gente del pueblo en aquella situación, cargó con todo lo que había. Yo lo veía desde la División; por las calles pasaba gente y gente cargando cosas, aunque había ya oscurecido; lo cierto es que se produjo el saqueo de la ciudad, eso no se puede negar.

Yo estaba muy preocupado de ver que la gente, en vez de estar encaminada a buscar una decisión política de la situación, mucha gente sin dirección se dedicó a saquear y saqueó. Por la misma calle donde estábamos nosotros —allí en la Quinta División— pasaba gente con un piano arriba, con un refrigerador, con muebles, con todo, esa es la verdad.

A.A.: Este era un barrio muy popular y el más gaitanista en ese momento...

F.C.: Mucha gente pobre, la gente oprimida, cuando vieron que las puertas de las tiendas se abrieron, saqueó. Es un hecho histórico, objetivo que no se puede negar.

Yo veo aquella fuerza grande de cuatrocientos a quinientos hombres armados, acuartelados a la defensiva, entonces, voy y pido una entrevista con el jefe de la guarnición, había varios oficiales y le digo: «Toda la experiencia histórica demuestra que una fuerza que se acuartela está perdida». En la propia experiencia cubana, en las luchas armadas en Cuba, toda tropa que se acuarteló estaba perdida. Yo le propongo que saque esa tropa a la calle y le asigne una misión de ataque, a tomar objetivos contra el Gobierno. Le razono, le discuto y le propongo que saque la tropa al ataque, que es una tropa fuerte, que atacando podía realizar acciones decisivas y que en tanto estuviera ahí, acuartelada, estaría perdida. Él tuvo la amabilidad de escucharme, pero no tomó ninguna decisión, entonces, yo me fui para mi puesto. Creo que más de una vez insistí en la idea de que a aquella hora sacaran la tropa a la calle y la lanzaran a la toma de Palacio, la lanzaran a tomar objetivos, que una tropa revolucionaria acuartelada estaba perdida. Yo tenía algunas ideas militares que surgían de todos los estudios que había hecho de la historia, de situaciones revolucionarias, de los movimientos que se produjeron durante la Revolución Francesa, de la toma de la Bastilla y cuando los barrios se movían y atacaban; de la propia experiencia de Cuba, y vi con toda claridad que aquello era una locura. ¿Qué ocurría? Estaban esperando un ataque de las fuerzas del Gobierno. Aparentemente el ejército había tomado posición, se había puesto del lado del Gobierno y la policía estaba esperando un ataque del ejército.

Nos pasamos toda la noche esperando el ataque del ejército.

A.A.: Pero más que el ataque eran las conversaciones de Palacio.

F.C.: Todavía no. Estaban esperando el ataque, ellos estaban esperando el ataque. Esa fue la impresión que yo tuve. Efectivamente pasaron algunos tanques. «¡Ya viene el ataque!». Ese grito se repetía cada quince minutos. «¡Ya viene el ataque!» y todo el mundo parapetado en las ventanas. Dos o tres veces pasaron unos tanques, se les lanzaron unos tiros a los tanques y los tanques tiraron al edificio con ametralladora, como tres veces pasaron tanques por el frente de la División y nos pasamos toda la noche esperando el ataque del ejército. Yo hice varios intentos en vano por convencer al oficial de salir a la calle.

En ese momento yo tengo dudas, ya eran las doce o una de la madrugada. Ahí sucedieron algunos incidentes que no se me olvidan. Los liberales llamaban godos a los otros, yo recuerdo que ahí descubren a un policía y lo maltratan, a mí no me gustó aquello, que agarraran a aquel hombre y le dieran unos cuantos golpes en el mismo piso donde yo estaba, me disgustó. Decían: «¡Este es godo, este es godo!», «¡Este estaba en la policía de la Conferencia, miren las mediecitas», y le sacaban las mediecitas. «Mediecitas nuevas», decían. «Le han dado las mediecitas nuevas», eran las medias y la ropa que le habían dado a la policía que había estado cuidando la Conferencia. Lo acusaron de godo y le dieron unos cuantos golpes. Yo te confieso que eso me dio mala impresión. Y seguimos toda la noche esperando el ataque.

En este momento me acuerdo de Cuba, me acuerdo de mi familia, me acuerdo de todo el mundo y me veo solito allí, porque yo estoy solito en esa División, con mi fusil y las pocas balas que tenía y me digo: «¿Qué hago aquí? He perdido contacto con todo el mundo, con los estudiantes, con el jefe de la policía, estoy aquí en una ratonera, esto está equivocado de pies a cabeza, esto es un disparate estar aquí esperando un ataque, en vez de salir al ataque con esta fuerza a realizar acciones decisivas». Me pongo a pensar si yo debía quedarme y por qué me quedaba. Entonces decido quedarme. Era fácil entregarle el fusil a alguno de los que estaban desarmados. Yo en ese momento tengo un pensamiento internacionalista y me pongo a razonar y digo: «Bueno el pueblo aquí es igual que el pueblo de Cuba, el pueblo es el mismo en todas partes, este es un pueblo oprimido, un pueblo explotado». Yo tenía que persuadirme a mí mismo, y digo: «Le han asesinado al dirigente principal, esta sublevación es absolutamente justa, yo voy a morir aquí, pero me quedo». Tomé la decisión sabiendo que aquello era un disparate militar, que aquella gente estaba perdida, que yo estaba solo, que no era el pueblo cubano, que era el pueblo colombiano y razoné que los pueblos eran iguales en todas partes, que su causa era justa y que mi deber era quedarme y me quedé toda la noche esperando el ataque hasta el amanecer.

(El silencio nos invadió a todos. Sentíamos el momento mismo en que Fidel decide correr la suerte de un pueblo que no era el suyo, esa noche en que aún ardía la esperanza, en los setecientos hombres armados, en la Quinta División de Policía. Fue dramático ver a Fidel sobrecogido, al bajar de tono su voz y casi en susurros volver al recuerdo de esa noche, tan intensa como pocas noches en la vida de un hombre. Uno lo imaginaba agarrado de su fusil como si fuera su propio corazón. Y la imaginación corría para preguntarse, cuántas situaciones similares viviría Fidel en el proceso de la guerra de liberación de su país. Los hombres marcan su destino cuando toman decisiones supremas. Fidel apagó la voz y el silencio nos dejó como a la espera impaciente de otro día.)

Cuando yo miro el terreno, porque siempre he tenido algunas ideas de tipo militar, resultado fundamentalmente del estudio de la historia de las guerras y todo eso, yo veo que aquello está perdido. Porque la División está en una falda, detrás está una loma y detrás la loma de Monserrate. Yo hablo con el comandante otra vez y le digo que en esa posición si le hacen un ataque desde arriba a la fortaleza están perdidos y que hay que proteger las alturas que están detrás de eso. Le pido una patrulla, le digo que si me da la misión yo le protejo las alturas. Él me da una patrulla, no muy numerosa, como siete u ocho, me dio una escuadra el jefe de la policía.

Yo no sé si te voy a contar todas las anécdotas. Pero entonces voy con mi patrulla, tomo posesión de las lomas entre la División y el cerro de Monserrate. Realmente la misión mía era tomar la altura, yo esperaba un ataque. Me lo paso el día 10, patrullando las alturas que están entre el cerro de Monserrate y la División de Policía.

Pasaron distintas cosas. Recuerdo que voy un poco hacia el sur haciendo un recorrido para ver si venía una tropa enemiga en aquella dirección. Recuerdo que en un momento dado veo un carro que está doblando un camino, un carro que dobla una esquina. Le digo que se pare, no se para, sigue, no me fío, corro y me encaramo en una alturita que estaba en la curva para ver. El tipo después que hace la curva se escucha un ruido fuerte, choca el carro, se tira, yo le doy el alto, le digo: «¡Párate! ¡Párate!», no se para, no le tiré porque me di cuenta que era un hombre que no estaba, armado, pero yo me imaginé que era un espía, me imaginé que estaba espiando por ahí. Había varios bohíos por aquella loma, todo el mundo tenía vino, víveres, tenían de todo, el día anterior se habían abastecido. Todo el mundo muy amable, brindaban comida, vino, brindaban todo. Muy amables todos los campesinos que estaban en los altos por donde yo estaba patrullando. En esa época había muy pocas casas, yo diría que allí había en total de catorce o quince bohíos aislados. Yo visité distintos bohíos de los campesinos. ¿Tú sabes lo que estaba haciendo el hombre que yo creía que era un espía? Tú no me lo crees, eso no me lo vas a creer ni tú ni nadie, porque yo después averigüé con los vecinos, pregunté si habían visto al hombre por ahí. La ciudad ardía, estaba ardiendo, era humo por todas partes, se sentían disparos por todas partes. El hombre el día 10, había salido con dos prostitutas de la ciudad y se había ido para aquellas lomas, con la ciudad ardiendo, había ido allí con dos prostitutas, sencillamente el hombre se estaba divirtiendo. Eso me dijeron los campesinos. «Está culeando, culeando aquí con dos prostitutas». ¡Nunca había oído esa palabra! Yo averigüé, un tipo loco, tú te imaginas la ciudad ardiendo, la guerra andando y él con dos prostitutas por las afueras de Bogotá, el hombre que yo creía que era un espía.

Después pasaron tres aviones, sobre la posición que nosotros teníamos, la patrulla, no sabíamos con quién estaban los aviones. Siempre había la esperanza, sin saber si los aviones estaban con la revolución o con el Gobierno. Los tres aviones dieron vueltas y más vueltas por allí y nada.

Allí estuvimos todo el día. Hice algunos disparos, no sé si vale la pena decir, contra el Ministerio de Guerra. Desde mi posición veía el Ministerio de Guerra, e hice unos cuatro o cinco disparos ya a las tres de la tarde o a las cuatro. Ya a esa hora ni llegaba ejército ni llegaba tropa. No se apareció ninguna tropa enemiga por todas las alturas aquellas, en el día entero que estuvimos allí.

A.A.: ¿Y de allí le dispararon a usted?

F.C.: No, porque eso se veía allí abajo como a ochocientos metros, setecientos metros, se veía así, pero yo le hice unos disparos. Yo hice algunos disparos contra un edificio, que imaginé que era el Ministerio de Guerra. Era el único objetivo que estaba al alcance de mi fusil. En un momento tuvimos un conflicto serio, el único serio. Eran como las cuatro de la tarde cuando de repente vemos unos hombres, una patrulla con fusil-ametralladora y yo pregunto qué está pasando. Ellos, dicen que están atacando la Quinta División. Entonces yo les exhorto a que no se vayan, que no abandonen, que vamos para allá, que no pueden dejar a la gente abandonada. Los tipos hicieron así con su fusil-ametralladora apuntando hacia nosotros y se encararon. No pude pararlos porque mientras yo estaba discutieron con ellos, diciéndoles que no se fueran, que regresaran, ellos súbitamente se encararon, casi nos disparan, casi nos matan. Yo les persuadía, mientras ellos estaban llenos de pánico resueltos a irse, se encararon y se fueron.

Yo voy a la División con la patrulla, como decían ellos que la estaban atacando, regreso a la División y no están atacándola, falso. Por el contrario, ha salido una patrulla de la División que va hacia un edificio, creo que era una iglesia donde se habían parapetado unos tiradores. Hay una gente parapetada y sale una patrulla que va a combatir contra una gente que está parapetada en una torre. Yo fui con ellos, atravesamos unas calles muy pobres. Primero que nada nos encontramos con una serie de fábricas de ladrillo que había por ahí, hornos, tejares. Me encuentro un niño que recuerdo que se acerca a mí, el padre había muerto por una bala perdida y el niño me habla con una voz desgarrada, como pidiéndome ayuda, decía: «¡Han matado a mi papá!», «¡Han matado a mi papá!» y lloraba, era un niño como de seis o siete años. Allí en una de las calles tenían al hombre tendido, un civil que había muerto.

Fuimos hasta las torres, cesaron los disparos y luego volvimos a la División. Paso la segunda noche en la División, la noche del 10 al 11.

Al amanecer del once se está hablando mucho de que hay un acuerdo, se empieza a hablar de que hay un acuerdo entre el Gobierno y las fuerzas de la oposición. Yo recuerdo que tenía mi fusil y además tenía una espada, un sable. Yo no sé de dónde lo saqué. Me quedaban unas nueve balas y un sable. Mi capote de policía, mi boina tipo miliciano, que era una gorra sin visera, y la espada.

Se empieza a hablar, se produce un relajamiento y se habló a toda la tropa de un acuerdo que se había producido con el Gobierno, que se iba a llegar a la paz. Pedían que los policías se quedaran acuartelados, que los fusiles se entregaran, que los civiles volvieran a sus residencias. A mí todo el mundo me había tratado muy bien desde que llegué, no sé, tal vez con cierta admiración de ver al cubano allí, de verlo entre ellos con la disposición de luchar, todo eso les hizo buena impresión. En el momento de despedirnos en la mañana, yo quería llevarme un recuerdo de todo eso, el sable quizá, pero me dijeron que no, ni siquiera eso. Eso no fue un arreglo, fue una gran traición, en mi opinión se traicionó al pueblo. Se le habló a la gente de un arreglo, no había tal arreglo. Yo entrego mi fusil el día once como al mediodía. El otro cubano me lo encuentro que llega por ahí, había pasado una serie de vicisitudes, de milagro no lo habían matado, había ido a parar a la misma División. Como a mediodía, fuimos caminando para el hotel, otra vez fuimos caminando tan tranquilos, porque se había producido la paz, un acuerdo nacional. Cuando nosotros vamos hacia el hotel, sin embargo, veíamos que seguían los disparos en muchos sitios. Pudimos ver cómo a muchos revolucionarios que se habían quedado aislados, los fueron cazando uno a uno, francotiradores que se quedaron aislados. Se metían en una torre y se veía al ejército cazando uno por uno a los francotiradores que se quedaron aislados, mataron a muchos combatientes. En mi opinión, el arreglo que se hizo no fue sobre bases justas o de garantías a la gente, sino realmente lo que ocurrió fue que después que se hizo el arreglo, después que depusieron las armas, empezaron a cazar a los revolucionarios por toda la ciudad. Cuando nosotros llegamos al hotel es cuando nos damos cuenta de que nos están acusando a nosotros los cubanos, dicen: «Pero ustedes ¿qué hacen aquí? Todo el mundo los anda buscando», dicen: «¿Ustedes son los cubanos?». Ya los cubanos éramos famosos en ese momento, cuando llegamos al hotel. Había conservadores también en el hotel y se nos buscaba como los responsables de todo aquello. Nosotros sin un centavo, sin conocer una sola dirección, fíjate en la situación nuestra, sin un centavo y sin conocer una sola dirección en Bogotá. Eran como las dos de la tarde o las tres.

Salimos a la calle, estuvimos viendo cómo se producían algunos combates de francotiradores contra el ejército y fuimos para la casa donde estaban Ovares, que era el presidente de la FEU, y Guevara. Vamos allí, ellos habían permanecido en la casa de huéspedes. Nos reciben bien los dueños de la casa y nos prometen albergarnos allí porque a las seis de la tarde era el toque de queda. A todo esto yo había llegado allí con el apasionamiento de todo lo que había visto, estaba un poco exaltado. Primero el asesinato de Gaitán, después todos los combates, el pueblo sublevado, toda la tragedia que había ocurrido, el acuerdo y la traición. Pero da la casualidad de que el dueño de la casa de huéspedes donde estaban los otros dos cubanos —donde ya habíamos acordado que nos quedábamos los cuatro y nos daban comida, nos daban albergue— era conservador. Nosotros no habíamos dicho nada, ya cuando llegamos ahí íbamos vestidos de civil, desarmados, y entonces el hombre empieza a decir horrores de Gaitán y de los liberales. Yo pierdo la paciencia y cometo el error, después de las cinco y media de la tarde, a pocos minutos del toque de queda, le digo que estaba equivocado, que esa gente estaba oprimida, que eran luchadores, que su causa era la causa justa, que habían luchado. Me exalto y contradigo al hombre, y defiendo a la gente que estaba atacando. El hombre dice entonces que no nos podíamos quedar allí. Éramos realmente inmaduros para cometer el error de entablar una polémica con el dueño de la casa, eran las seis menos veinticinco de la tarde y el hombre decide que teníamos que irnos. Irnos era la muerte. Salimos de la casa, caminamos, nos acercamos a un hotel que era donde se alojaba mucha delegación, que está cerca del centro, el hotel más importante, un hotel blanco que estaba cerca del centro.

A.A.: Estaban el Regina, el Granada…

F.C.: Yo creo que era el Granada, uno de los dos hoteles. Faltaban cinco minutos para el toque de queda, cuando va saliendo la máquina de uno de los argentinos que nosotros habíamos conocido en la organización del Congreso, Iglesias se llamaba el argentino, está saliendo en un carro diplomático uno de los que había estado en la Conferencia Panamericana. A todo esto estaban buscando a los cubanos por todos lados.

Paramos el automóvil de Iglesias y le dijimos la situación en que estábamos, el toque de queda y tal, y él dijo «¡Monten!». Y nos montamos en la máquina diplomática en donde estaba Iglesias. Nos recibe diciendo: «En qué lío os habéis metido, en qué lío os habéis metido». Esas son las palabras con que nos recibe Iglesias: «Qué lío, suban, yo los llevo al Consulado de Cuba». Fue donde nos llevó esa noche. Él nos llevó al Consulado. A todo esto nosotros éramos enemigos del Gobierno de Cuba y nos llevaron al Consulado de Cuba. Para que tú veas lo que son las paradojas de la historia. Dan las seis, toque de queda, todo el mundo armado hasta los dientes, registro a todos los carros. Decían: «¿Diplomático? ¡Pase! ¿Diplomático? ¡Pase!». Llegamos como a las seis y diez al Consulado cubano. En el Consulado cubano éramos famosos ya, porque estaba todo el mundo buscando a los cubanos y nos recibieron de lo más bien. ¿Sabe quién era el cónsul? Un señor de unos sesenta y cinco años de edad, se veía un hombre muy noble, la señora se veía una señora muy afectuosa también. Nos reciben. Ese hombre era hermano de quien después fue jefe del ejército de Batista. Tabernilla se llamaba el cónsul, pero el hombre más bondadoso que te puedas imaginar. Era hermano de un viejo militar, que había estado con Batista antes, y que después fue el jefe del ejército de Batista y un gran esbirro, fue el jefe del ejército de Batista durante nuestra guerra, y quien me recibe entonces es su hermano Tabernilla, hombre de carrera diplomática, de muchos años, pero sobre todo un hombre muy bondadoso. Esto es el día 11 por la noche.

Ante los acontecimientos ocurridos, el Gobierno de Cuba había enviado un avión militar, había unos militares allí, comandantes, capitanes, pilotos, están allí. Creo que había dos aviones, uno que había ido a buscar unos toros a Colombia para una corrida, unos toros de lidia y otro avión militar que había ido con esa tripulación ante los acontecimientos porque había una delegación cubana en la Panamericana. Estábamos ahí cuando se produce un tiroteo fuerte, fuera del edificio, nosotros que llevábamos cuarenta y ocho horas oyendo tiros por todas partes, vamos también a ver qué está pasando allí. Los militares decían: «No, no, los civiles no». Aquellos militares nunca habían escuchado un tiro en su vida y con gran prepotencia, no querían que viéramos qué era el tiroteo que se armó allí frente al Consulado. El hecho es que el cónsul nos dio toda la protección y nos recibieron y nos atendieron. Nosotros le dijimos de los dos cubanos, que había otros dos cubanos, ellos fueron en su automóvil diplomático a la casa de huéspedes donde estaban los otros dos cubanos, los buscaron y los juntaron con nosotros. Yo tendría que preguntarle a Alfredo Guevara a qué hora fue eso si fue por la noche o si al otro día por la mañana. Ya estábamos los cuatro, hicieron los trámites; en el avión que había ido a buscar los toros regresamos a Cuba el día 12. Hizo escala en Barranquilla el avión.

Nosotros cuando regresamos llevábamos toda la literatura, la Oración por la Paz, todos los materiales que nos había dado Gaitán, los habíamos conservado, porque los habían recogido en el hotel antes de irnos. Al anochecer llegamos a Cuba después de hacer escala en Barranquilla.

Así termina toda una sucesión de cosas casi milagrosas que pasaron allá. Pero sobre todo, como nosotros a las seis menos cinco minutos entramos al hotel Granada, de no ser así estábamos muertos, porque si a nosotros nos agarran allí nos echan la culpa de todo. El Gobierno estaba buscando la mentira de que aquello era una conspiración comunista y de extranjeros. Si nos agarran a nosotros nos hacen picadillo y nos echan la culpa de todo. La gran verdad es que nosotros no tuvimos nada que ver con aquello y lo que hicimos, como jóvenes estudiantes, como gente idealista, como gente quijotesca, que nos sumamos a la sublevación del pueblo y los incidentes fundamentales que viví son los que te he contado en esta entrevista.

A.A.: De toda esta experiencia qué fue lo que más le impresionó.

F.C.: Te voy a decir una cosa, yo tenía ideas revolucionarias, no te voy a decir que en esa época mis ideas fueran tan completas como hoy, mis ideas teóricamente no estaban tan fundamentadas como algunos años después, pero ya en esa época era un luchador, por la independencia de Puerto Rico, la democracia dominicana, por las causas fundamentales de América Latina. Era un luchador antiimperialista, era un luchador por la unidad latinoamericana, la unión de nuestros pueblos frente a la opresión y el dominio de los Estados Unidos, tenía ya algunos rudimentos del marxismo-leninismo, pero no puede decirse que en esa época fuera marxista-leninista, mucho menos era un militante del Partido Comunista, ni siquiera de la juventud comunista. Aún mucho más tarde cuando concibo todo un plan revolucionario y tengo una formación marxista-leninista, no me inscribí en el Partido Comunista, sino que hicimos una organización y actuamos los de esa organización. No porque tuviera prejuicios contra el Partido Comunista, sino porque comprendí que el Partido Comunista estaba muy aislado y que desde las filas del Partido Comunista era muy difícil llevar a cabo el plan revolucionario que había concebido. Esa es la razón, realmente. Tenía que optar entre hacerme un disciplinado militante comunista o hacer una organización revolucionaria que pudiera actuar en las condiciones de Cuba. Pero yo era el 9 de Abril un hombre de ideas de izquierda, pero sobre todo ideas democráticas, ideas patrióticas, ideas antiimperialistas, ideas populares.

¿Qué era yo en 1948? Te voy a decir que era casi un comunista, pero no era todavía un comunista. Era lo que puede estar potencialmente cerca a una concepción política comunista, pero estaba todavía muy influido en esa época por las ideas de la Revolución Francesa, sobre todo las luchas populares, las tácticas de la Revolución Francesa, en especial los aspectos militares de la cuestión.

A.A.: ¿Estos hechos de Abril lo influyeron a usted en su formación revolucionaria?

F.C.: Yo diría que la posibilidad de ver el espectáculo de una revolución popular absolutamente espontánea tiene que haber ejercido una influencia grande en mí. Podríamos decir que no me reflejaba algo nuevo, sino que me reafirmaba en una serie de ideas y de concepciones que yo tenía: sobre el pueblo explotado, sobre el pueblo oprimido, sobre el pueblo que busca justicia, sobre el pueblo que quiere justicia. Yo diría que aquello fue un volcán que estalló. Un pueblo muy oprimido, un pueblo muy explotado, un pueblo hambriento que estalla en un momento determinado frente a un incidente determinado. Digamos que la muerte de Gaitán, quien evidentemente era una esperanza para el pueblo de Colombia, es el detonante de aquella explosión que no organizó ni pudo organizar nadie, que se produjo de manera absolutamente espontánea.

Como siempre el imperialismo y la oligarquía aprovecharon la coyuntura para decir que aquello era resultado de una conspiración comunista contra la Conferencia. El Congreso que nosotros hicimos contra la Conferencia no tenía ninguna vinculación con el Partido Comunista de Cuba. No sé a qué documentos se refieren de Blas Roca, que tú dijiste se mencionaba, ni de qué época, si ese documento existe, si existió, si es falso, o si es real, yo dudo mucho, habría que preguntarle a Blas Roca, pero yo dudo mucho que exista de aquella época un documento de Blas Roca dirigido al Partido Comunista colombiano.

A.A.: ¿Comandante, hay una relación entre el 9 de Abril y el asalto al Moncada?

F.C.: El 9 de Abril yo creo que forma parte del conjunto de la experiencia que tenía ya cuando la lucha revolucionaria en Cuba. En el Moncada yo sabía que era una empresa muy difícil, pero por otro conjunto de factores, porque yo estudié mucho la historia de las revoluciones populares. Ya para esa fecha del Moncada yo sí tenía una formación marxista-leninista bastante completa, mientras que no podría decir lo mismo de cuando estuve en Bogotá. No podría decir que tenía esa formación marxista-leninista, esa convicción socialista. Estaba naturalmente en un terreno muy propicio para todo eso y ya tenía una serie de ideas, diría que yo había progresado mucho en mi formación política, había avanzado mucho y tenía una formación política progresista. Pero no tenía todavía la madurez política, la profundidad de convicción socialista marxista-leninista que tenía cuando lo del Moncada. Puede decirse que en aquella época yo estaba muy influido por las ideas populares, las ideas de la Revolución Francesa como te dije, las ideas de la lucha por la independencia nuestra, las ideas de las revoluciones populares, tenía sobre todo una gran solidaridad hacia los pueblos, una gran simpatía por el pueblo, un gran odio a la opresión, a la injusticia, a la pobreza, a todo esto, pero no podría decir que tenía una concepción marxista-leninista desarrollada como la tenía después, aunque ya había tenido mis primeros contactos con la literatura marxista para esa fecha. Figúrate que entonces tenía veintiún años, yo creo que lo que hice allí fue realmente noble. Por mi parte me siento orgulloso de lo que hice. Primero porque tuve una actitud consecuente. Reaccioné con la misma indignación de un colombiano frente a la muerte de Gaitán, reaccioné con el mismo espíritu de un colombiano frente a una situación de injusticia y de opresión que había en el país, reaccioné con mucha decisión y mucho desinterés y altruismo. Creo que reaccioné con mucho sentido común también, cuando hice todo lo posible por ayudar a la organización de aquello. Creo que los consejos que di en la Quinta División de Policía, no podía darlos mejor ahora, a la edad que tengo y con la experiencia que tengo. Creo que la decisión de quedarme allí aunque estaba solo y cuando todo aquello me parecía un gran disparate táctico, lo que estaba ocurriendo aquella noche, creo que fue una gran prueba de desinterés, una gran prueba de idealismo, una gran prueba de quijotismo en el mejor sentido. Fui leal hasta el último momento, cuando me dijeron el día 10 por la tarde que la División estaba siendo atacada y estaban desertando los policías, yo fui para la División con mi patrulla. Es decir, yo diría que mi comportamiento fue intachable. Fui disciplinado, aún sabiendo que aquello era un suicidio me quedé allí. ¿Pero por qué me quedé allí sabiendo que era un suicidio y que estaban equivocados en el aspecto militar? Fue por un sentido de honor, por un idealismo, por un principio, por una moral; me quedé aquella noche en que los tanques pasaban a cada rato y cada media hora estaban esperando venir el ataque. Yo sabía que en el ataque iba a morir todo el mundo allí, porque aquello era una ratonera. A pesar de estar en desacuerdo completo con las disposiciones, en desacuerdo completo desde el punto de vista militar con lo que estaban haciendo, me quedé allí. Iba a morir anónimamente allí y sin embargo me quedé. Yo personalmente estoy orgulloso de eso, porque actué consecuentemente, actué con principios, actué con una moral correcta, actué con dignidad, actué con honor, actué con disciplina y actué con un altruismo increíble porque hay que ver todas las cosas que pasaron allí. Hasta la última quijotada mía, que fue ponerme a discutir con el dueño de la casa de huéspedes, por poco me cuesta la vida, pero simplemente no me pude quedar callado frente a aquello. Ahora piense que yo tenía veintiún años, quizás con un poco más de experiencia me doy una buena callada de boca allí frente al conservador aquel, lo dejo decir todo y no provoco la situación en que por puro milagro nosotros salimos bien. Si nos hubieran capturado a nosotros además nos echan toda la culpa y yo no podría estar ahora contándote la historia exacta y verídica, de todo lo que vi y todo lo que viví el 9 de Abril. El pueblo demostró una extraordinaria valentía. ¿Qué me impresiona? Me impresionó el fenómeno de cómo puede estallar un pueblo oprimido. Segundo, me impresionó mucho la valentía y el heroísmo del pueblo colombiano, porque lo vi ese día. Aunque junto a esto, junto al extraordinario heroísmo del pueblo colombiano, te puedo decir, que no había organización, que no había educación política, más que conciencia política, había espíritu de rebeldía pero no educación política y había falta de dirección.

Si tú quieres influencia, mucha del 9 de Abril en mi vida revolucionaria ulterior, fueron los esfuerzos extraordinarios que hice por crear una conciencia, una educación política en Cuba, los esfuerzos extraordinarios que hice para evitar que al triunfo de la Revolución, hubiera anarquía, saqueos, desórdenes, que la gente tomara la justicia por sus propias manos. Yo diría que la influencia más grande fue, en la estrategia revolucionaria de Cuba, la idea de educar al pueblo durante nuestra lucha, para que no se produjera anarquía al triunfo de la Revolución, para que no se produjeran saqueos al triunfo de la Revolución, para que no se produjeran vindictas populares al triunfo de la Revolución. Aunque yo no tenía ideas precisas entonces sobre todo eso, no hay dudas que yo medité después si en condiciones similares, nuestro pueblo hubiera hecho exactamente igual. Puedo estar equivocado, pero tengo la idea de que nuestro pueblo tenía un poquito más de educación política, que era un poquito más difícil que en una situación similar a esta el pueblo de Cuba se dedicara al saqueo, en vez de dedicarse a la lucha revolucionaria, quizás incluso porque fuera un pueblo menos pobre y desesperado económicamente que el colombiano.

En Bogotá una gran parte del pueblo se dedicó al combate, los sectores humildes, los trabajadores, los estudiantes y casi todo el mundo, y una parte del pueblo humilde se dedicó al saqueo. No fue todo el pueblo humilde el que se dedicó al saqueo. Una gran parte del pueblo humilde se dedicó al combate y una parte del pueblo humilde se dedicó al saqueo, esa es la verdad. Eso desde luego es negativo porque los oligarcas, los partidarios del orden social, los que pretenden presentar al pueblo como un monstruo anárquico y desordenado, le sacaron mucho partido a esa situación.

Esto me influyó mucho por lo menos en la conciencia que yo tomé de la necesidad de educar al pueblo y trazar líneas políticas, trazar consignas muy claras de que no podía haber anarquía, de que no podía haber saqueos, de que no podía haber justicia por sus propias manos en el pueblo. Creo que además puedo decirte que la experiencia de Bogotá me hizo identificarme

más con la causa de los pueblos. Porque había un pueblo oprimido combatiendo, había un pueblo oprimido luchando.

Creo que influyó notablemente en mí desde el punto de vista de mis sentimientos revolucionarios. Porque me quedé con el dolor de la muerte de
Gaitán, me quedé con el dolor del pueblo explotado, me quedé con el dolor
del pueblo ensangrentado, me quedé con el dolor del pueblo derrotado y
me quedé con la impresión de lo que puede hacer el imperialismo, de lo que
puede hacer la oligarquía, de lo que pueden hacer las clases reaccionarias y
sobre todo me quedé con el dolor de la traición. El pueblo fue traicionado,
porque dijeron «ha habido un arreglo», una tregua, se suponía que significaba un cambio de la situación, el cese de derramamiento de sangre, garantías para todo el mundo. Pero no se me podrá olvidar jamás, cómo después
de que se hace el arreglo, se hace la tregua, se entregan las armas, decenas de
revolucionarios fueron cazados literalmente en la ciudad. Yo te digo que esos
eran héroes. ¡Qué tipos tan valientes aquellos que se quedaron como francotiradores! Allí combatiendo solos, sin saber nada, sin información, luchando.

El Partido Comunista no tuvo nada que ver con aquello, pienso que los
liberales, la gente de izquierda, los comunistas, lucharon allí como parte del
pueblo. Porque luchó todo el pueblo, hay que decirlo. Pero atribuir al Partido Comunista colombiano el haber organizado aquello es una gran calumnia, atribuir al Partido Comunista cubano, atribuir al movimiento comunista
internacional la responsabilidad de la sublevación es una gran calumnia y
una gran mentira como tantas otras que se dicen. Pero me quedó una impresión muy dura a mí, la impresión de la traición. Porque yo pienso que la
dirección del Partido Liberal traicionó al pueblo, sencillamente eso, lo traicionó. Fue incapaz de dirigir al pueblo, fue incapaz de ocupar el lugar de
Gaitán y fue incapaz de ser leal con el pueblo. Hicieron un acuerdo sin principios por temor a la revolución.

No quiero que estas consideraciones que estoy haciendo tú me las
hagas contar, son consideraciones que yo sé que tú me preguntas en relación con la experiencia del 26 de Julio. Yo seguí mi ulterior evolución política, mi ulterior evolución revolucionaria, seguí siendo como fui en aquel
momento, pero pocas veces en mi vida he sido tan altruista y tan puro, como
fui durante esos días. Creo que he seguido igual, fui durante el resto de mi
vida de revolucionario igual que aquella noche que me planteé el problema

de conciencia, me pregunté qué hacía allí, me planteé que estaban equivocados militarmente, que no era mi patria, que estaba solo y sin embargo decidí quedarme, eso fue lo que hice después toda mi vida. Reaccioné entonces como reacciono ahora, exactamente igual. Te das cuenta que yo reaccioné entonces, aquellos días, como reaccioné después y reaccioné siempre y reacciono ahora. Yo puedo sentirme orgulloso de mi conducta en aquellos días. Mi presencia allí fue accidental, el Congreso nuestro no tenía nada que ver con lo que pasó. El Congreso nuestro era contra el imperialismo, contra la OEA, digamos que aquel acontecimiento incluso frustró la organización del Congreso que estábamos haciendo.

A.A.: Comandante, ¿por qué cree usted que mataron a Gaitán? Es una pregunta hacia la historia.

F.C.: Imagínate, yo no puedo hacer una afirmación categórica. A Gaitán pudo matarlo la CIA, por ejemplo, el imperialismo pudo haber matado a Gaitán como exponente de un movimiento progresista, de un movimiento popular, que no podía ser del agrado del imperialismo bajo ningún concepto. El imperialismo pudo haber matado a Gaitán, es una teoría que tiene lógica. A Gaitán pudo haberlo matado la oligarquía, es lo más probable, la propia oligarquía colombiana que en aquel momento estaba envuelta en una lucha contra el pueblo, en una lucha por el poder, en una lucha en donde Gaitán descollaba como un candidato victorioso de las fuerzas democráticas del país. Porque sin duda que Gaitán fue un hombre de mucho prestigio popular, lo había ido adquiriendo poco a poco y de un gran atractivo popular, de un gran magnetismo personal, él era una figura, un caudillo político de izquierda, antioligárquico. Había prácticamente una guerra civil en Colombia durante aquella época. Los periódicos de esos días, si tú los revisas, hablan de treinta muertos, de cuarenta muertos, de veinte muertos, de setenta muertos, casi todos los días, porque los días que yo estuve ahí, yo me asombraba de ver esas matanzas. Gaitán había unido al Partido Liberal y era sin duda un candidato victorioso en las próximas elecciones.

A Gaitán pudo matarlo un fanático, es posible. Al hombre aquel que mató a Gaitán ni lo hicieron prisionero, ni lo arrestaron; tengo entendido que la multitud lo destrozó, es decir, nunca se pudo obtener una confesión de aquel hombre. Las autoridades conservadoras, me imagino que no estarían en absoluto interesadas en esclarecer los hechos, porque el gobierno conservador pudo esclarecer los hechos. Quién era aquel hombre, dónde vivía, qué relaciones tenía, de qué filas procedía, de qué partido era, en fin, eso pudo saberse y yo creo que aún después de muerto el hombre se pudieron haber hecho investigaciones y tal vez se hicieron y tal vez tú tengas información de eso.

Te repito, a Gaitán lo podían matar como resultado de un plan imperialista, de un plan oligárquico, o podía ser el resultado de la acción individual de un fanático. El clima era de mucha violencia. Siempre tuve la impresión de que Gaitán fue muerto por la oligarquía, es lo más lógico de todo. Dentro de las condiciones que yo conocí cuando estuve en Colombia, más si unes a esto la experiencia ulterior de cómo actúan las clases reaccionarias y cómo actúa la oligarquía, lo más probable es que aquel hombre que mató a Gaitán fuera un instrumento de la oligarquía, dentro de aquel clima de violencia, porque Gaitán les hubiera ganado las elecciones. La oligarquía tenía terror de eso.

Tú has hecho una investigación histórica tan profunda… Tú pudieras investigar más. Yo no tengo elementos de juicio para decirte fue la CIA o el imperialismo quien lo mató, aunque conociendo toda la actividad y toda la política de la CIA y del imperialismo, un líder popular como Gaitán pudo haber sido asesinado por la CIA. Pudo haber sido asesinado por la oligarquía colombiana, como un adversario terrible, de extraordinario arraigo popular. Pudo haber sido asesinado por un fanático, porque dentro de aquel clima de odio y de violencia, la reacción estimulaba el odio contra Gaitán y esa es una de las formas que tiene la oligarquía de matar. La oligarquía mata porque organiza una conspiración para matar a alguien o porque organiza toda una campaña y crea condiciones psicológicas para que alguien mate a una figura política.

Además yo te voy a decir una cosa, valdría la pena reunir un grupo de investigadores para ver si se esclarece algo más, para ver si se saca más luz sobre el asesinato de Gaitán. Eso pienso yo. Habría que ver qué tienes tú.

A.A.: *Yo tengo los datos que he recogido, está el expediente. Él tuvo vinculación con la legación alemana, un hermano suyo trabajó dos años en la legación alemana…*

F.C.: ¿Cómo es que tú dices que se llamaba?

A.A.: Juan Roa Sierra. Él tenía esas vinculaciones políticas...

F.C.: ¿Qué edad tenía el hombre?

A.A.: Era un hombre de veinticinco o veintiséis años, pero...

F.C.: ¿Pero era campesino o era, de la ciudad?

A.A.: De la ciudad, él era un fanático político, pero además era un enfermo mental...

F.C.: Es posible que para Estados Unidos Gaitán fuera un comunista, aunque ideológicamente él no era un comunista. Gaitán era un hombre popular, un hombre democrático, un hombre progresista y sobre todo era un gran líder popular.

Yo estoy seguro de que Gaitán hubiera podido influir mucho en la política colombiana. Después de la muerte de Gaitán, el dominio oligárquico se mantuvo un montón de años y se mantiene todavía. Yo creo que Gaitán era un revolucionario, no era un revolucionario comunista, pero era un revolucionario.

El movimiento comunista no tuvo absolutamente nada que ver con el levantamiento. El Partido Comunista tenía muy poca militancia en aquella época, el Partido Comunista era pequeño. El partido dominante era el Liberal, sobre todo en las universidades, en los sectores populares. La sublevación no la organizó nadie, eso sí lo puedo asegurar ciento por ciento, porque la sublevación fue espontánea y de tipo popular. La violencia con que reaccionó la gente da idea del grado de opresión en que se encontraban las masas, da idea de la simpatía que sentían por Gaitán. Fue la muerte de una esperanza. Fue la gota que colmó la copa. La gente sencillamente estalló. Eso lo vi desde el primer momento. Era la gente de la calle, la gente simple, sencilla del pueblo que se lanzó en todas direcciones gritando, furiosa, furiosa. Es el más increíble estallido popular que puedo imaginar. El pueblo oprimido, el pueblo hambriento, sin una conciencia política, sin una organización, sin una dirección... porque incluso mucha parte de la policía se sumó a la sublevación y el ejército vaciló, porque en las propias filas de los militares había simpatía por Gaitán, estaban siguiendo con mucho interés el juicio de Cortés, había simpatía por Gaitán, el ejército vaciló. Pero las masas no tuvieron organización, no tuvieron dirección y no tenían una educación política adecuada. Entonces, en el momento de tomar el poder, una parte de la gente se dedicó a resolver problemas inmediatos como obtener un buen material, obtener alimentos, obtener algo. En realidad se produjo un caos, una anarquía, un saqueo. En ese sentido ejerció un efecto negativo, no hay duda y eso fue real, hubo saqueo, yo vi a la gente saquear. No tenían ni organización. Si hubiera habido unos líderes capaces allí, el 9 de Abril termina en una victoria popular.

Déjame decirte algo que no te conté. Cuando yo voy a agarrar la guagua sale una patrulla a agarrarme, yo no me entero que ha salido una patrulla del Ministerio de Guerra porque yo agarro el ómnibus para ir para la Radiodifusora, pero la patrulla agarró al otro cubano. El otro cubano les hizo un cuento allí, les dijo que era de la escolta de Marshall porque había estado en la Segunda Guerra Mundial. Engañó a los soldados que lo capturaron, lo tuvieron preso pero después lo soltaron, porque les dijo que era de la escolta de Marshall. Les hizo una historia y se salvó. Cuando arengué al ejército seguí para ir a ayudar a los de la radio, pero no sabía ni que era el Ministerio de Guerra. Vi un grupo de militares, los arengué y seguí. El ómnibus está esperando, corremos para alcanzarlo, lo que no sabía es que inmediatamente que terminé mi arenga y seguí hacia el ómnibus, sale una patrulla de aquí a capturarme; no me captura y no me doy cuenta porque tomo el ómnibus. Dispararon y no me di cuenta porque había tiros por todas partes. ¿Tú entiendes? Llegué al ómnibus y al subir me robaron la cartera. Te lo cuento por esto: Cuando llegué a Colombia me dijeron: «Mira tú no te vas de Colombia sin que te roben». Me dijeron así. Lo que no hubiera podido imaginarme jamás es que en medio de un tiroteo, cuando iba a tomar el ómnibus para irme a la estación de radio, me robaran mi carterita donde quedaban unos pocos centavos nada más. Fue muy malo porque en la Quinta División había una cafetería funcionando y no tenía dinero ni para tomarme un café. Aunque estuve en la cafetería y creo que me tomé un café porque alguien lo pagó. En la Quinta División había una cafetería. Entras y a la derecha estaba la cafetería. No tenía ni un centavo. Alguien me pagó un café en esa cafetería porque mi carterita me la habían robado cuando salí de arengar en el Ministerio de Guerra y tomé el ómnibus para ir a ayudar a los de la Radiodifusora Nacional. Se cumplió el apotegma de que no me iba de Colombia sin que me robaran algo. Así que te lo cuento para que sepan que después de arengar al ejército, al tomar el ómnibus me robaron mi carterita. Así que entre los que nos apoyaban también había carteristas...

A.A.: ¿No tuvo problemas a su regreso?

F.C.: No, aquí hubo alguna noticia de unos cubanos allí, pero no tuvo mayor trascendencia. El problema es que a los cubanos les habían echado la culpa de todo lo que pasó allí. La presencia de los cubanos sirvió para instrumentar, para armar la versión, para construir la versión de que aquello era cosa del comunismo internacional y que los cubanos habían organizado todo eso. La presencia de los cubanos la tomaron como de cabeza de turco, para culpar a unos extranjeros de todo lo que había pasado. Los dos cubanos no tenían ninguna culpa de lo que había pasado, los cubanos se sumaron. Lo que hice fue sumarme a un levantamiento popular. Por vocación, por principios, por simpatía revolucionaria.

(El día había madrugado y Fidel seguía narrando, incansable. Eran las tres y media de la mañana. Culminaba la entrevista. Nunca había tenido una experiencia tan hermosa de confrontación intensa y dramática con la memoria de un hombre. Fidel hizo que nos adentráramos con la facilidad de la carrera de un niño, a ese túnel fascinante y entrañable de su memoria, y sin tiempo para respirar, caminamos sorprendidos como alcanzando las huellas de sus palabras. Sentí más que nunca, cómo la memoria de Fidel es el gran río que inunda con sus aguas el lomo de nuestro continente, y el 9 de Abril, es una fecha memorable para él y para nosotros los colombianos.)

Glosario de colombianismos

Ala: vocablo bogotano que se utiliza para dirigirse al interlocutor.

Bomper: defensa delantera de los carros.

Calentano: de tierra caliente.

Carmelito: color pardo, castaño claro.

Catire: individuo rubio, de ojos claros.

Chaparrito: bajito.

Chicha: fermento de maíz, de origen indígena.

Chichonera: una pelea callejera, con afluencia de público.

Chiripiado: zapatos de dos colores.

Chulavita: policía organizada en el Departamento de Boyacá, en La Uvita, región conservadora muy atrasada políticamente, para liquidar físicamente a liberales y comunistas durante los años de violencia de 1949-1957.

Fregado: persona que está en mala situación.

Godo: calificativo dado a los conservadores.

Mechudo: persona de cabello largo y desarreglado.

Mohán: personaje de leyenda, que indica la ubicación de tesoros escondidos.

Papas chorreadas: papas con salsa de cebolla y tomate.

Perronón: borrachera extrema.

Pendejada: una tontería.

Popol: calificativo dado a la policía político-civil.

SIC: Servicio de Inteligencia Colombiano, aparato civil de represión política.

Tinto: café negro.

Turco: calificativo despectivo dado a la gente de origen árabe.

Turmas: testículos.

Zorra: carretilla de mano.

Guía de personajes

ABELLA, Arturo: periodista, jefe de redacción de *El Siglo* cuando los hechos del 9 de Abril.

ACOSTA, Rodolfo: estudiante en la época.

ALDANA, Luis Eduardo: teniente de la policía, estuvo en la Quinta División de Policía. Fue destituido.

ALJURE, Armando: teniente de la policía, adscripto al Cuerpo de Bomberos. Fue destituido.

ANDRADE, Luis Ignacio: político conservador, laureanista.

ARAÚJO, Alfonso: político liberal, miembro de la Dirección Liberal después del 9 de Abril.

ARCE VERA, Benicio: capitán de la policía, comandante de la Tercera División.

ARENAS HERRERA, Jorge: uno de los anteriores dueños del revólver que utilizó Roa Sierra en el asesinato.

ARRIAGA ANDRADE, Adán: ministro de Trabajo en la segunda administración de López Pumarejo, ocupó el mismo cargo en el año de gobierno de Alberto Lleras Camargo en 1945-1946; gobernador del Chocó en el gobierno de Ospina Pérez. Presidente de la llamada Junta Revolucionaria durante los hechos del 9 de Abril.

AYALA, Álvaro: miembro de la JEGA; dirigente popular gaitanista.

AZULA BARRERA, Rafael: secretario privado de la Presidencia en el gobierno de Ospina Pérez.

BEAULAC, Willar: embajador norteamericano cuando ocurrieron los hechos.

BERGSON CARP, Natalie: ciudadana norteamericana, esposa de un alto funcionario de la Tropical, compañía petrolera.

BERRÍO, Iván (mayor): edecán de la casa presidencial en el gobierno de Ospina Pérez. Dirigió la defensa militar de Palacio ese día.

BONILLA NAAR, Alfonso: médico, escritor, estuvo presente en la Clínica Central cuando trajeron a Gaitán herido, asistió a la autopsia que le hicieron a su cadáver.

CABRALES RODRÍGUEZ, Elberto: testigo presencial del asesinato.

CANO, Luis: periodista liberal de gran prestigio en las décadas del 40 al 60, director de *El Espectador*.

CARDOZA Y ARAGÓN, Luis: poeta, ensayista y crítico de arte, diplomático guatemalteco, estaba en Bogotá en la Legación de su país cuando los hechos de abril. Fue acusado de ser uno de los instrumentos del comunismo internacional en la organización del Bogotazo.

CARVAJAL, Jaime: teniente del ejército, defensor del Palacio de Gobierno.

CASTRO, Fidel: estudiante de Derecho de la Universidad de La Habana, dirigente estudiantil, organizador del Congreso de Estudiantes Latinoamericanos —durante los hechos relatados en este libro.

CTC, Confederación de Trabajadores de Colombia: fundada en 1936, con clara influencia del liberalismo de izquierda y de los comunistas. Gaitán no tuvo raigambre política en sus bases, al comienzo de su movimiento. Después de 1947 influía profundamente.

CORTÉS, Jesús: teniente del ejército, quien mató al periodista Eudoro Galarssa en defensa del llamado «honor militar». Gaitán lo defendió dos veces, logrando en la segunda defensa su absolución definitiva.

CORTÉS DURÁN, Jaime: teniente de la policía, destituido después de los acontecimientos. Hoy periodista de *El Tiempo*.

CRUZ, Emma: copera.

CRUZ, Pedro Eliseo: médico amigo de Gaitán. Fue quien le brindó los primeros auxilios cuando le dispararon por la espalda. Luego fue gobernador de Cundinamarca.

CUBILLOS CASTRO, Miguel Ángel: agente de la policía, adscripto a la Quinta División de Policía, destituido.

DÁVILA TELLO, José Vicente: ministro de Comunicaciones y Telégrafos en el gobierno de Ospina Pérez hasta el 9 de Abril. Luego continuó en el gabinete de Unión Nacional que se formó por los acuerdos a que se llegaron en las conversaciones que se realizaron en Palacio.

DE BRIGARD SILVA, Camilo: político conservador que hizo la llamada a los liberales para que vinieran a Palacio. Sobre este hecho se polemizó durante años.

DEL VECCHIO, Pascual: amigo íntimo de Gaitán.

ECHANDÍA, Darío: varias veces designado a la presidencia; gestor de la Reforma Constitucional de 1936, en el primer gobierno de López Pumarejo. Ministro de Gobierno en el gabinete surgido después de los acontecimientos de abril; candidato liberal a la presidencia en 1949.

EL SORDO, Farías: empleado del periódico *El Siglo.*

ESTRADA MONSALVE, Joaquín: ministro de Educación del gobierno de Ospina Pérez hasta el 9 de Abril. Político conservador recalcitrante.

FERRI, Enrico: profesor de Gaitán en Roma, uno de los ideólogos del fascismo italiano.

FERNÁNDEZ, Carlos: artesano y gaitanista de base.

FEU, Federación de Estudiantes Universitarios de Cuba.

FORERO BENAVIDES, Abelardo: político liberal, periodista, exministro de Estado.

FOREROS NOUGUÉS, Luis G.: médico quien colaboró en la autopsia al cuerpo de Gaitán.

FORERO DE SALAMANCA, María de Jesús: mujer de Roa Sierra.

GAITÁN DONCEL, Hernando: uno de los presuntos vendedores de los proyectiles con los cuales le dieron muerte a Gaitán.

GAITÁN JARAMILLO, Gloria: hija del líder.

GAITÁN PARDO, Francisco: administrador del periódico *Jornada,* el órgano de expresión del gaitanismo.

GALICH, Manuel: exdiplomático, dramaturgo y ensayista guatemalteco.

GARAVITO ACOSTA, Alberto: periodista conservador del diario *El Siglo.*

GARCÍA, Antonio: economista, fundador del Partido Socialista, asesor de Gaitán en la elaboración de sus programas políticos, escribió varios textos sociológicos sobre temas relacionados con la historia política y la reforma agraria.

GARCÍA, José: presidente del comité gaitanista del barrio La Perseverancia, uno de los sectores más combativos del movimiento.

GARCÍA PEÑA, Roberto: periodista, director de *El Tiempo.*

GARZÓN, Pedro: organizador de los grandes actos del gaitanismo en Bogotá, exmilitante comunista.

GÓMEZ, Carmen de, Eliseo GÓMEZ y Roberto GÓMEZ: familia de gaitanistas.

GÓMEZ, Laureano: jefe del Partido Conservador en el período de 1946-1950; instigador de la división liberal en 1946, al apoyar la candidatura de Gaitán, lanza y obtiene el triunfo de su partido con la candidatura de Ospina Pérez; presidente de la República en 1950-1953, derrocado en 1953 por el golpe militar dirigido por el general Gustavo Rojas Pinilla.

GÓMEZ VALDERRAMA, Pedro: abogado, escritor, exministro de Estado.

GONZÁLEZ TOLEDO, Felipe: periodista que incursionó con sus diferentes crónicas en diversos aspectos del 9 de Abril.

GUEVARA, Alfredo: secretario general de la Federación de Estudiantes Universitarios de Cuba, organizador del Congreso de Estudiantes Latinoamericanos —en las fechas en que tuvieron lugar los hechos relatados en este libro.

HERNÁNDEZ, Carlos: obrero, comunista.

HERNÁNDEZ DE OSPINA, Berta: esposa del presidente Ospina Pérez, caracterizada dirigente conservadora por su espíritu sectario.

HURTADO, Ismael: capitán del ejército, ayudó en la organización del comité pro-defensa del teniente Cortés, el 9 de Abril fue uno de los defensores del Palacio de Gobierno.

IBÁÑEZ, Humberto: uno de los presuntos vendedores de proyectiles que le dispararon a Gaitán.

JARAMILLO VIUDA DE GAITÁN, Amparo: esposa del líder.

JIMÉNEZ DÍAZ, Carlos Alberto: el policía que detuvo a Juan Roa Sierra, segundos después de cometido el asesinato; luego lo interroga.

JIMÉNEZ HIGUERA, Jorge Antonio: periodista, testigo del asesinato.

JEGA: organización especial dentro del gaitanismo, compuesta por los miembros más leales y combativos del movimiento, especie de grupo de choque, hombres de confianza del líder.

JORNADA: periódico del gaitanismo.

LÓPEZ, Arcadio: secretario privado de Gaitán cuando fue ministro de Educación.

LÓPEZ, Lucas: marino español republicano, exiliado en Colombia, amigo personal de Gaitán.

LÓPEZ, Pablo E.: testigo del asesinato.

LÓPEZ PUMAREJO, Alfonso: presidente de la República en los siguientes períodos: 1934-1938; 1942-1945, gestor de la Revolución en Marcha.

LOZANO, Jorge: el intermediario que sirvió para la compra de los proyectiles que luego se utilizaron para el asesinato.

LOZANO Y LOZANO, Fabio: liberal; ministro de Guerra cuando los hechos del 9 de Abril.

LLERAS RESTREPO, Carlos: ocupó la presidencia de la Dirección Liberal después de los acontecimientos del 9 de Abril; jugó un papel decisivo en los acuerdos de Palacio.

MATAMOROS, Gustavo (General): gobernador del departamento de Santander del Norte, meses antes de los hechos del 9 de Abril. Uno de los epicentros de la violencia política de los años 47-48.

MENDOZA NEIRA, Plinio: exministro de Guerra, parlamentario por el departamento de Boyacá, miembro de la dirección liberal después del 9 de Abril.

MONTALVO, José Antonio: ministro de Gobierno y de Justicia de Ospina Pérez antes del 9 de Abril. Gestor en el parlamento de la violencia política con su expresión «a sangre y fuego». Político conservador muy combatido por el liberalismo.

MOLINA, Gerardo: rector de la Universidad Nacional cuando los acontecimientos de abril. Catedrático y hombre de izquierda.

MONTAÑA CUÉLLAR, Diego: dirigente liberal de izquierda, luego militante comunista, amigo político de Gaitán, asesor jurídico de los trabajadores petroleros en las luchas anteriores y posteriores al 9 de Abril.

MUÑOZ URIBE, Gabriel: dirigente gaitanista, presidente del directorio liberal de Bogotá, al sucederse los hechos.

OCAMPO, Germán (General): dirigente de los consejos de guerra contra los militares golpistas en 1944 contra el gobierno de López Pumarejo. Nombrado Ministro de Guerra por el presidente Ospina Pérez después del 9 de Abril.

OLAYA HERRERA, Enrique: presidente de la República 1930-1934, gobierno de transición liberal que creó las bases para la República Liberal.

ORDÓÑEZ QUINTERO, César: parlamentario liberal.

OROZCO, Edelmira viuda de: esposa del capitán Tito Orozco.

OROZCO, Tito: capitán de la policía, comandante de la Quinta División de Policía, destituido después de los acontecimientos, perseguido político; asesinado en la población de Miraflores en 1953, bajo la dictadura civil de Laureano Gómez.

ORTIZ MÁRQUEZ, Julio: político liberal, amigo íntimo de Gaitán, colaboró en su campaña presidencial de 1946.

OSPINA PÉREZ, Mariano: presidente de la República 1946-1950. Después de los acontecimientos del 9 de Abril, en 1949 gestó la candidatura de Laureano Gómez y a finales de ese año cerró el Parlamento, en un típico golpe a las instituciones burguesas desde adentro del Gobierno.

OVIEDO ALBARRACÍN, Hernando: empleado de la droguería Granada, sitio donde vivió sus últimos momentos Juan Roa Sierra.

PABÓN NÚÑEZ, Lucio: político conservador de extrema derecha, impulsor de la violencia política en el departamento del Norte de Santander cuando fue gobernador en 1949. Gestor e ideólogo del golpe militar del general Rojas Pinilla en 1953.

PADILLA, Jorge: dirigente liberal gaitanista. Lo acompañaba en los momentos de su asesinato.

PAREJA, Carlos H.: escritor y periodista gaitanista. Autor de una novela: *El monstruo*, sobre el 9 de Abril y Laureano Gómez.

PÉREZ, Luis Carlos: amigo íntimo del líder, abogado de la parte civil en el Proceso Gaitán. Catedrático universitario, ensayista.

PHILLIPS, José: capitán del ejército. Acompañó a Gaitán como abogado militar en el caso del teniente Cortés. El 9 de Abril se insubordinó. Le siguieron consejo de guerra posteriormente.

POSADA, Julio: miembro del comité ejecutivo del Partido Comunista.

POTES, Luis Pablo: uno de los presuntos implicados en el asesinato.

QUESADA ANCHICOQUE, Elías: empleado de la droguería Granada.

RAMÍREZ MORENO, Augusto: parlamentario conservador, miembro del llamado grupo Los Leopardos.

RESTREPO, Gabriel: periodista.

REY, María Dolores: empleada de la Biblioteca Nacional.

REYES, Alcides: capitán de la policía, destituido después de los hechos.

REYES PEÑA, Juan Nepomuceno: uno de los dueños del revolver que utilizó Juan Roa Sierra en el asesinato.

RICAURTE, Luis Eduardo: miembro activo de la JEGA, lugarteniente de Gaitán, activista del movimiento en los barrios.

RINCÓN, José Ignacio: dueño del arma homicida.

RINCÓN, Luis Enrique: intermediario en la venta del arma.

ROA SIERRA, Eduardo: hermano del homicida.

ROA SIERRA, Juan: el autor del asesinato.

ROA SIERRA, Luis Alberto: hermano del homicida.

ROA SIERRA, Manuel Vicente: hermano del homicida.

ROA SIERRA, Rosendo: hermano del homicida.

RODRÍGUEZ, Guillermo *(El Guache)*: uno de los fundadores del Unirismo y de la Confederación de Trabajadores de Colombia, en 1936. Vicepresidente de la CTAL, amigo de Lombardo Toledano.

RODRÍGUEZ, Luis Elías: periodista que cubrió los acontecimientos.

ROSENTAL, David: estudiante universitario en la época.

SALAZAR FERRO, Julio Roberto: dirigente liberal.

SALAZAR, Manuel: dirigente medio del gaitanismo.

SAMPER, Darío: director del diario *Jornada*, dirigente gaitanista. Poeta y catedrático.

SÁNCHEZ AMAYA, Rafael: general de la República. Propuso al presidente Ospina Pérez la junta militar como solución al levantamiento del 9 de Abril.

SANTOS, Eduardo: presidente de la República 1938-1942. Dueño del periódico *El Tiempo*.

SANTOS FORERO, Julio Enrique: abogado y periodista que sostuvo la tesis de dos asesinos en el asesinato de Gaitán.

SIERRA, viuda de Roa, Encarnación: madre de Juan Roa Sierra.

SILVA GONZÁLEZ, Ciro Efraín: policía que ayudó a detener a Roa Sierra momentos después del asesinato.

TÉLLEZ, Hernando: periodista y escritor liberal. Director de la revista *Semana*.

TREBERT OROZCO, Yezid: médico que estuvo presente en la autopsia del cadáver de Gaitán.

TURBAY, Gabriel: candidato liberal a la presidencia en 1946; ministro de Relaciones Exteriores en el gobierno de López Pumarejo; embajador en los Estados Unidos.

TUTA, Antonio: militar retirado.

UMAÑA LUNA, Eduardo: profesor universitario.

UMLAND, Juna: futurólogo alemán que influyó mucho en la personalidad de Juan Roa Sierra.

URDANETA ARBELÁEZ, Roberto: político conservador. Presidente de la República en 1952 en reemplazo del presidente titular, Laureano Gómez.

UNIRISMO: movimiento fundado por Gaitán en 1933, con gran influencia en el campo. Desaparece en poco tiempo.

VALENCIA, Luis Emiro: dirigente socialista, autor de una antología sobre el pensamiento de Gaitán. Estudiante universitario de la época.

VALLEJO, Alejandro: periodista y dirigente gaitanista. Estaba al lado de Gaitán cuando lo mataron.

VANEGAS MONTERO, Jorge: uno de los generales de la República en ese entonces.

VEROY MEJÍA, Rafael: testigo del asesinato.

VIDALES, Luis: poeta y periodista, trabajaba en *Jornada*. Después de los acontecimientos, hizo la defensa pública del pueblo por su participación en el 9 de Abril.

VIEIRA, Gilberto: secretario general del Partido Comunista.

VILLAREAL, José María: político conservador, gobernador de Boyacá, jugó un papel decisivo en el desarrollo de los hechos del 9 de Abril, al enviar a la capital tropas de refuerzo. Fue uno de los instigadores en su departamento del surgimiento de la llamada policía «chulavita» de ingrato recuerdo por su ferocidad en la represión.

VILLEGAS, Silvio: político y publicista conservador.

ZALAMEA, Jorge: poeta, escritor y ensayista.

ZULETA ÁNGEL, Eduardo: ministro de Gobierno antes del 9 de Abril. Luego ministro de Relaciones Exteriores.

Referencias*

ABELLA, ARTURO: *Proceso Gaitán,* Cuaderno 24, pp. 387-391.

ACOSTA, RODOLFO: Entrevista realizada por el autor, Bogotá, 6 de mayo de 1982, 16 p.

ALDANA, LUIS EDUARDO: Entrevista realizada por el autor, Bogotá, 15 de febrero de 1977, 15 p.

ALJURE, ARMANDO: Entrevista realizada por el autor, Bogotá, 26 febrero de 1977, 24 p.

ARAÚJO, ALFONSO: Entrevista realizada por el autor, Bogotá, 26 febrero de 1977, 24 p. Tomado de Rafael Azula Barrera: *De la revolución al orden nuevo: proceso y drama de un pueblo,* Editorial Kelly, Bogotá, 1956, p. 370.

ARCE VERA, BENICIO: *Proceso Gaitán,* Cuaderno 22, pp. 110-112.

_____: Entrevista realizada por el autor, Bogotá, 23 de febrero de 1977, 47 p.

ARENAS HERRERA, JORGE: *Proceso Gaitán,* Cuaderno 1B, p. 188 y s.

ARRIAGA ANDRADE, ADÁN: Entrevista realizada por el autor en dos sesiones, Bogotá, 3 y 12 de febrero de 1977, 70 p.

AZULA BARRERA, RAFAEL: *De la revolución al orden nuevo: proceso y drama de un pueblo,* Editorial Kelly, Bogotá, 1956, pp. 353-354, 355, 402.

_____: Entrevista realizada por el autor, Bogotá, 14 de mayo de 1981, 39 p.

BEAULAC, WILLAR: *La República,* Bogotá, 9 de abril de 1949, p. 19.

BERGSON CARP, NATALI: *Proceso Gaitán,* Cuaderno 21, pp. 60-85.

BERRÍO, IVÁN (mayor): Tomado de Joaquín Estrada Monsalve: *El 9 de abril en Palacio: horario de un golpe de Estado,* nueva edición, Editorial A B C, Bogotá, 1948, p. 32.

_____: Tomado de Rafael Azula Barrera: *De la revolución al orden nuevo: proceso y drama de un pueblo,* Editorial Kelly, Bogotá, 1956, p. 354.

_____: *Lecturas Dominicales,* Bogotá, 8 de abril de 1973, p. 1.

---

* Esta documentación se podrá consultar en el Centro Cultural «Jorge Eliécer Gaitán», que la adquirió como parte del fondo de historia política contemporánea. *[N. del A.].*

BONILLA NAAR, ALFONSO: *Proceso Gaitán*, Cuaderno 1B, pp. 11 y s.

CABRALES RODRÍGUEZ, ELBERTO: *Proceso Gaitán*, Cuaderno 4, pp. 124 y s.

CANO, LUIS: Tomado de Rafael Azula Barrera: *De la revolución al orden nuevo: proceso y drama de un pueblo*, Editorial Kelly, Bogotá, 1956, p. 370.

CARDOZA Y ARAGÓN, LUIS: Entrevista realizada por el autor, La Habana, 8 de septiembre de 1981, 14 p.

CARTA. Carta en máquina de Juan Roa Sierra dirigida al doctor Mariano Ospina Pérez. *Proceso Gaitán*, Cuaderno 5, p. 25. Oficio firmado por el secretario de la Presidencia, en respuesta, Cuaderno 5, p. 27.

CARVAJAL, JAIME (teniente): Tomado de Joaquín Estrada Monsalve: *El 9 de abril en palacio: horario de un golpe de Estado*, nueva edición, Editorial A B C, Bogotá, 1948, p. 34.

CASTRO, FIDEL: Entrevista realizada por el autor, La Habana, 25 de septiembre de 1981, 126 p.

CORTÉS DURAN, JAIME: *Lecturas Dominicales*, Bogotá, 8 de abril de 1973, p. 10.

CRUZ, EMMA: *Lecturas Dominicales*, Bogotá, 8 de abril de 1973, p. 9A.

CRUZ, PEDRO ELÍSEO: *Proceso Gaitán*, Cuaderno 1B, p. 142.

_____: *El Espectador*, Bogotá, 9 de abril de 1973, p. 6A.

CUBILLOS CASTRO, MIGUEL ÁNGEL: Entrevista realizada por el autor, Bogotá, 2 de junio de 1982, 24 p.

DÁVILA TELLO, JOSÉ VICENTE: *El Espectador*, Bogotá, 9 de abril de 1949, p. 3.

DE BRIGARD SILVA, CAMILO: *La República*, Bogotá, 9 de abril de 1981, pp. 8A y 9A.

DEL VECCHIO, PASCUAL: *Proceso Gaitán*, Cuaderno 20, pp. 23-28.

_____: *El Siglo*, Bogotá, 9 de abril de 1968, p. 3.

ECHANDÍA, DARÍO: *Lecturas Dominicales*, Bogotá, 8 de abril de 1973, p. 1.

EMISORAS. Tomado de Gonzalo Canal Ramírez: *9 de abril*, Litografía y Editorial Cahur, Bogotá, 1948, pp. 9-25.

_____: Material transcrito de emisiones radiales que se hicieron el 9 de Abril y los posteriores días.

_____: Tomado de Rafael Azula Barrera: *De la revolución al orden nuevo: proceso y drama de un pueblo*, Editorial Kelly, Bogotá, 1956, pp. 359-363.

ESTRADA MONSALVE, JOAQUÍN: *El 9 de abril en palacio: horario de un golpe de Estado*, nueva edición, Editorial A B C, Bogotá, 1948, pp. 16 y 30.

FERNÁNDEZ, CARLOS: Entrevista realizada por el autor, Bogotá, 7 de agosto de 1982, 6 p.

FORERO BENAVIDES, ABELARDO: *Sábado,* Bogotá, 1 de mayo de 1948, pp. 1-44.

FORERO NOUGUÉS, LUIS G: *Proceso Gaitán,* Cuaderno 19, pp. 48-53.

FORERO DE SALAMANCA, MARÍA DE JESÚS: *Proceso Gaitán,* Cuaderno 1, pp. 48, 49, 77, 78, Cuaderno 1B, p. 178; Cuaderno 5, p. 41.

GAITÁN DONCEL, HERNANDO: *Proceso Gaitán,* Cuaderno 6, pp. 38 y s.

GAITÁN JARAMILLO, GLORIA: Entrevista realizada por el autor, Bogotá, 28 de julio de 1982, 20 p.

GAITÁN PARDO, FRANCISCO: *Proceso Gaitán,* Cuaderno 1B, pp. 75 y s.

GALICH, MANUEL: Entrevista realizada por el autor, Bogotá, 24 febrero de 1977, 18 p.

GARAVITO ACOSTA, ALBERTO: *El Siglo,* Bogotá, 9 de abril de 1949, p. 9.

GARCÍA, ANTONIO: *Proceso Gaitán,* Cuaderno 20, pp. 92-99.

GARCÍA, JOSÉ: Entrevista realizada por el autor, Bogotá, 29 de abril de 1981, 28 p.

GARCÍA PEÑA, ROBERTO: *Lecturas Dominicales,* Bogotá, 9 de abril de 1973, p. 5.

GÓMEZ, CARMEN DE: Entrevista realizada por el autor, Bogotá, 6 de febrero de 1981, 20 p.

GÓMEZ, ELISEO: Entrevista realizada por el autor, Bogotá, 6 de febrero de 1981, 20 p.

GÓMEZ, LAUREANO: *El Espectador,* Bogotá, 9 de abril 1973, p. 9.

GÓMEZ, ROBERTO: Entrevista realizada por el autor, Bogotá, 6 de febrero de 1981, 20 p.

GÓMEZ ESLAVA, JOSUÉ: *Proceso Gaitán,* Cuaderno 1B, pp. 54 y s.

GÓMEZ VALDERRAMA, PEDRO: Entrevista realizada por el autor, Bogotá, 15 de mayo de 1981, 18 p.

GONZÁLEZ TOLEDO, FELIPE: Entrevista realizada por el autor en dos sesiones, Bogotá, 25 de enero y 10 de mayo de 1976, 54 p.

GUEVARA, ALFREDO: Entrevista realizada por el autor, La Habana, 2 de enero de 1983, 32 p.

HERNÁNDEZ, CARLOS: Entrevista realizada por el autor, Bogotá, 7 de agosto de 1982, 10 p.

HERNÁNDEZ DE OSPINA, BERTA: Tomado de Joaquín Estrada Monsalve: *El 9 de abril en palacio: horario de un golpe de Estado,* nueva edición, Editorial A B C, Bogotá, 1948, p. 30.

_____: *Cromos,* Bogotá, 140 (2881): 11-17 de abril de 1973.

HURTADO, ISMAEL: Entrevista realizada por el autor en dos sesiones, Bogotá, 10 de febrero y 11 de marzo de 1977, 89 p.

IBÁÑEZ ECHEVERRI, HUMBERTO: *Proceso Gaitán,* Cuaderno 5, pp. 186 y s.

JARAMILLO, VIUDA DE GAITÁN, AMPARO: *Proceso Gaitán,* Cuaderno 28, pp. 280-286.

JIMÉNEZ DÍAZ, CARLOS ALBERTO: *Proceso Gaitán,* Cuaderno 1B, pp. 93 y s.

JIMÉNEZ HIGUERA, JORGE ANTONIO: *Proceso Gaitán,* Cuaderno 1B, pp. 121 y s.

LÓPEZ, ARCADIO: Entrevista realizada por el autor, Bogotá, 15 de abril de 1981, 10 p.

LÓPEZ, PABLO E.: *Proceso Gaitán,* Cuaderno 1B, pp. 130 y s.

LÓPEZ LUCAS, MARINO: *Proceso Gaitán,* Cuaderno 19, pp. 60-65.

LOZANO, JORGE Y HUMBERTO IBÁÑEZ: Diligencia de careo, *Proceso Gaitán,* Cuaderno 8-B, pp. 16-20.

LOZANO ARIAS, PABLO JORGE: *Proceso Gaitán,* Cuaderno 6, p. 63.

LOZANO Y LOZANO, FABIO: *El Espectador,* Bogotá, 23 de mayo de 1948, p. 4.

LLERAS RESTREPO, CARLOS: *Magazín Dominical,* Bogotá, 10 de abril de 1949, p. 6.

_____: *El Tiempo,* Bogotá, 8 de abril de 1973, p. 1.

_____: *Nueva Frontera,* Bogotá, no. 75, 1976, p. 3.

MATAMOROS, GUSTAVO (general): Tomado de Rafael Azula Barrera: *De la revolución al orden nuevo: proceso y drama de un pueblo,* Editorial Kelly, Bogotá, 1956, p. 358.

MENDOZA NEIRA, PLINIO: *Proceso Gaitán,* Cuaderno 2, pp. 72-74.

_____: *El Espectador,* Bogotá, 9 de abril de 1973, pp. 6A, 8A.

MOLINA, GERARDO: Entrevista realizada por el autor, Bogotá, 26 de octubre de 1976, 40 p.

MONTAÑA CUÉLLAR, DIEGO: Entrevista realizada por el autor, Bogotá, 24 de enero de 1977, 38 p.

MUÑOZ URIBE, GABRIEL: Entrevista realizada por el autor, Bogotá, 26 de agosto de 1981, 13 p.

Novena Conferencia Panamericana: *Aspectos económicos de la IX Conferencia Panamericana,* Publicación de la Asociación Nacional de Industriales (ANDI), Editorial A B C, Bogotá, 1948, p. 124.

OCAMPO, GERMÁN (general): *Lecturas Dominicales,* Bogotá, 8 de abril de 1973, p. 1.

OROZCO, EDELMIRA VIUDA DE: Entrevista realizada por el autor, 3 de marzo de 1977, 29 p.

ORTIZ MÁRQUEZ, JULIO: Entrevista realizada por el autor, Bogotá, 24 de febrero de 1977, 43 p.

OSPINA PÉREZ, MARIANO: Tomado de Joaquín Estrada Monsalve: *El 9 de abril en palacio: horario de un golpe de Estado,* nueva edición, Editorial A B C, Bogotá, 1948, p. 29.

_____: *Lecturas Dominicales,* Bogotá, 8 de abril de 1973, p. 1, última.

_____: Tomado de Arturo Abella: *Así fue el 9 de abril,* no. 1, Ediciones Aquí Bogotá, Bogotá, 1983, p. 80.

OVIEDO ALBARRACÍN, HERNANDO: *Proceso Gaitán,* Cuaderno 1B, pp. 44 y s.

PABÓN NÚÑEZ, LUCIO: Entrevista realizada por el autor en tres sesiones, Bogotá, 12 de febrero, 6 y 12 de marzo de 1981, 92 p.

PADILLA, JORGE: *Proceso Gaitán,* Cuaderno 1B, p. 81; Cuaderno 32, pp. 22-24.

PÉREZ, LUIS CARLOS: Entrevista realizada por el autor en dos sesiones, Bogotá, 20 y 27 de agosto de 1981, 30 p.

PHILLIPS, JOSÉ: Entrevista realizada por el autor, Bogotá, 5 de septiembre de 1977, 11 p.

POSADA, JULIO: Entrevista realizada por el autor, Bogotá, 29 de diciembre de 1976, 20 p.

POTES, LUIS PABLO: *Proceso Gaitán,* Cuaderno 4, pp. 98 y s.

QUESADA ANCHICOQUE, ELÍAS: *Proceso Gaitán,* Cuaderno 1B, pp. 35 y s.

QUINTERO GUTIÉRREZ, CELIO ANÍBAL: *Proceso Gaitán,* Cuaderno 2, p. 15.

RESTREPO, GABRIEL: *Proceso Gaitán,* Cuaderno 1B, pp. 62 y s.

REVÓLVER. Recibo del revólver, *Proceso Gaitán,* Cuaderno 1, p. 2; Diligencia de inspección ocular, Cuaderno 1B, p. 21; Nueva diligencia de inspección ocular, Cuaderno 2, p. 93.

REY, MARÍA DOLORES: Entrevista realizada por el autor, Bogotá, 27 de junio de 1982, 5 p.

REYES, ALCIDES Y ARMANDO ALJURE: Entrevista realizada por el autor, Bogotá, 21 febrero de 1977, 28 p.

REYES PEÑA, JUAN NEPOMUCENO: *Proceso Gaitán,* Cuaderno 2, p. 23.

RICAURTE, LUIS EDUARDO: Entrevista realizada por el autor en dos sesiones, Bogotá, 29 de abril y 6 de mayo de 1981, 30 p.

RINCÓN, JOSÉ IGNACIO: *Proceso Gaitán,* Cuaderno 1B, p. 116; Cuaderno 8B, p. 52.

RINCÓN, LUIS ENRIQUE: *Proceso Gaitán,* Cuaderno 1B, p. 134; Cuaderno 8B, p. 63.

ROA SIERRA, EDUARDO: *Proceso Gaitán,* Cuaderno 1, pp. 81 y s.

ROA SIERRA, LUIS ALBERTO: *Proceso Gaitán,* Cuaderno 1, pp. 40 y s.; 45 y s.

ROA SIERRA, RAFAEL ROSENDO: *Proceso Gaitán,* Cuaderno 1, pp. 28 y s.

ROA SIERRA, VICENTE: *Proceso Gaitán,* Cuaderno 1, pp. 25 y s.; 27 y s.

RODRÍGUEZ, GUILLERMO *(El Guache):* Entrevista realizada por el autor en dos sesiones, Bogotá, 28 de noviembre y 19 de diciembre de 1980, 30 p.

RODRÍGUEZ, LUIS ELÍAS: *El Espectador,* Bogotá, 13 de abril de 1948.

ROSENTAL, DAVID: Entrevista realizada por el autor, Bogotá, 23 de febrero de 1977, 47 p.

SALAZAR, MANUEL: Entrevista realizada por el autor, Bogotá, 13 de agosto de 1977, 44 p.

SALAZAR FERRO, JULIO ROBERTO: Tomado de Estrada Monsalve Joaquín: *El 9 de abril en palacio: horario de un golpe de Estado,* nueva edición, Editorial A B C, Bogotá, 1948, p. 56.

_____: Tomado de Rafael Azula Barrera: *De la revolución al orden nuevo: proceso y drama de un pueblo,* Editorial Kelly, Bogotá, 1956, p. 371.

SAMPER, DARÍO: Entrevista realizada por el autor en dos sesiones, Bogotá, 27 de enero y 11 de febrero de 1967, 62 p.

SÁNCHEZ AMAYA, RAFAEL: *El Tiempo,* Bogotá, 9 de abril de 1949, p. 1.

_____: *Lecturas Dominicales,* Bogotá, 8 de abril de 1973, p. 1.

SANTOS, EDUARDO: Tomado de Rafael Azula Barrera: *De la revolución al orden nuevo: proceso y drama de un pueblo,* Editorial Kelly, Bogotá, 1956, cap. XIX.

SANTOS FORERO, JULIO ENRIQUE: *Proceso Gaitán,* Cuaderno 9, pp. 1-16.

Semana. Bogotá 4(78 y 79): 26 de abril de 1948.

Semana. Bogotá 5(81): 9 de mayo de 1948.

SIERRA VIUDA DE ROA, ENCARNACIÓN: *Proceso Gaitán,* Cuaderno 1, pp. 57, 58 y s.; Cuaderno 1, pp. 84, 91.

SILVA GONZÁLEZ, CIRO EFRAÍN: *Proceso Gaitán,* Cuaderno 5, pp. 1 y s.

SORDO, FARÍAS: *El Siglo* Bogotá, 9 de abril de 1968, p. 10.

TARAZONA VILLABONA, ROBERTO: *Proceso Gaitán,* Cuaderno 1B, pp. 52 y s.

TÉLLEZ, HERNANDO: «Biografía de una revolución», *Magazín Dominical,* Bogotá, 9 de abril de 1973, p. 7.

TORRES, GUSTAVO (Intendente de Palacio): *Cromos,* Bogotá, 148 (2881): 11 de abril de 1973.

TREBERT OROZCO, YEZID: Entrevista realizada por el autor, Bogotá, 27 de noviembre de 1980, 8 p.

_____: *Proceso Gaitán,* Cuaderno 19, pp. 82-87.

TUTA, ANTONIO: Entrevista realizada por el autor, Bogotá, 11 de agosto de 1977, 6 p.

UMAÑA LUNA, EDUARDO: Entrevista realizada por el autor, Bogotá, 28 de diciembre de 1976, 44 p.

UMLAND, JUAN: *Proceso Gaitán,* Cuaderno 1B, pp. 48 y s.; Cuaderno 5, pp. 131 y s.

VALENCIA, LUIS EMIRO: Entrevista realizada por el autor, Bogotá, 1 de abril de 1982, p. 31.

VALLEJO, ALEJANDRO: *Proceso Gaitán,* Cuaderno 1B, p. 84; Cuaderno 32, pp. 26-27.

_____: *Jornada,* Bogotá, 18 de abril de 1948.

VANEGAS MONTERO, JORGE: *La República,* Bogotá, 9 de abril de 1959, p. 1.

VEROY MEJÍA, RAFAEL: *Proceso Gaitán,* Cuaderno 1B, pp. 101 y s.

VIDALES, LUIS: Entrevista realizada por el autor, Bogotá, 25 de noviembre de 1976, 32 p.

VIEIRA, GILBERTO: *9 de abril: experiencia del pueblo,* Ediciones Suramérica, Bogotá, 1973, pp. 70-71.

_____: Entrevista realizada por el autor, Bogotá, 20 de marzo de 1977, 30 p.

VILLARREAL, JOSÉ MARÍA: *El Siglo,* Bogotá, 9 de abril de 1973, pp. 15 y s.

_____: Entrevista realizada por el autor en tres sesiones, Bogotá, 3 de junio, 7 de julio y 4 de agosto de 1981, 72 p.

ZALAMEA, JORGE: *Proceso Gaitán,* Cuaderno 20, pp. 29-42.

ZULETA ÁNGEL, EDUARDO: Tomado de Rafael Azula Barrera: *De la revolución al orden nuevo: proceso y drama de un pueblo,* Editorial Kelly, Bogotá, 1956, pp. 386-387.

_____: *La República,* Bogotá, edición especial, 9 de abril de 1968, p. 2.

_____: *El Espectador,* Bogotá, 9 de abril de 1973, p. 2A.

Bibliografía

La bibliografía que consultamos y que a continuación transcribimos, es la más completa en lo que hace referencia al período político de 1946-1948.

En cuanto al *Bogotazo* se recogió exhaustivamente lo publicado en libros y revistas. Además se hizo un seguimiento sistemático de editoriales y noticias, de las versiones partidistas, las notas biográficas y los testimonios de distintas personalidades políticas sobre los sucesos del 9 de Abril y sobre la persona de Jorge Eliécer Gaitán, aparecidos en los periódicos y revistas del país entre 1947 y 1982, con el fin de tener una información adecuada sobre los antecedentes y consecuencias del acontecimiento. Después de 1948 se tomó como punto central para buscar la documentación, los aniversarios del 9 de Abril.

También contiene esta bibliografía amplias referencias a la historia política colombiana desde 1930 hasta 1948.

I. Documentos públicos

ARANGO VÉLEZ, CARLOS: *Comunismo y democracia,* exposición del doctor Carlos Arango Vélez hecha el jueves 29 de abril de 1948, Imprenta Nacional, Bogotá, 1948.

BELMONTE, PEDRO LUIS: *Antecedentes históricos de los sucesos del 8 y 9 de junio de 1954,* Imprenta Nacional, Bogotá, 1954.

COLOMBIA: *La opinión nacional ante la reforma de la constitución,* Imprenta Nacional, Bogotá, 1936.

_____: MINISTERIO DE EDUCACIÓN NACIONAL, *Memorias, 1939-40,* 3 vol., Imprenta Nacional, Bogotá, 1940.

_____: PRESIDENTE. LÓPEZ, Alfonso: *Documentos relacionados con la renuncia del presidente López y el orden público: noviembre 16 de 1943 a julio 26 de 1945,* Imprenta Nacional, Bogotá, 1945.

_____: DIRECCIÓN NACIONAL LIBERAL: *Quince meses de política liberal: abril 1948-julio 1949,* Bogotá, 1949.

_____: *La oposición y el Gobierno del 9 de abril de 1948 al 9 de abril de 1950*, Imprenta Nacional, Bogotá, 1950.

_____: DIRECTORIO NACIONAL CONSERVADOR: *Los programas conservadores de 1849 a 1949*, Editorial tipográfica Voto Nacional, Bogotá, 1952.

_____: DEPARTAMENTO ADMINISTRATIVO NACIONAL DE ESTADÍSTICA: *Tendencias electorales, 1935-1968*, Boletín Mensual de Estadística 221 (diciembre de 1969).

LÓPEZ, ALFONSO y LLERAS CAMARGO, ALBERTO: *La crisis presidencial*, Imprenta del Departamento, Bucaramanga, 1944.

LÓPEZ PUMAREJO, ALFONSO: *Política oficial: mensajes, cartas y discursos del Presidente López*, 5 vol. en 4, Imprenta Nacional, Bogotá, 1935-1939.

_____: *Mensajes del Presidente López al Congreso Nacional, 1934-1938*, Imprenta Nacional, Bogotá, 1939.

LOZANO y LOZANO, CARLOS: *Ideario de liberalismo actual: conferencia pronunciada por el doctor Carlos Lozano y Lozano el 14 de febrero de 1939*, Imprenta Nacional, Bogotá, 1939.

LLERAS CAMARGO, ALBERTO: *Un año de gobierno, 1945-1946*, Imprenta Nacional, Bogotá, 1946.

OLAYA HERRERA, ENRIQUE: *Administración Olaya Herrera, 1930-1934*, Editorial Minerva Bogotá, 1935.

OSPINA PÉREZ, MARIANO: *Discurso del presidente del Congreso doctor José Jaramillo Giraldo y discurso del doctor Mariano Ospina Pérez, al tomar posesión de la presidencia de la República*, Imprenta Nacional, Bogotá, 1946.

_____: *La política de Unión Nacional: el programa*, Imprenta Nacional, Bogotá, 1946.

_____: *El gobierno de Unión Nacional y los acuerdos patrióticos*, Publicaciones de la Oficina de Información y Prensa de la Presidencia de la República, Bogotá, 1948.

_____: *La nueva economía colombiana*, Oficina de Información y Prensa de la Presidencia de la República, Bogotá, 1948.

_____: *El gobierno de Unión Nacional*, 4 vol., Imprenta Nacional, Bogotá, 1950.

SANTOS, EDUARDO: *La política liberal en 1937*, Talleres Gráficos Mundo al Día, Bogotá, 1937.

_____: *Declaraciones presidenciales*, 2 vol., Imprenta Nacional, Bogotá, 1942.

_____: *Análisis de la política colombiana que hace el director del Partido Liberal doctor Eduardo Santos*, Imprenta Departamental, Cartagena, 1944.

II. Trabajos Generales

ALEXANDER, ROBERT J.: *Communism in Latin America,* Rutgers University Press, New Brunswick, 1957. Le da poca importancia al papel de dirección de los comunistas en El Bogotazo.

ÁLVAREZ RESTREPO, ANTONIO: *Memorias de varones ilustres,* Imprenta Departamental de Caldas, Manizales, 1976 (Biblioteca de Escritores Caldenses). Breves semblanzas sobre políticos de la época.

ARCINIEGAS, GERMÁN: *Entre la libertad y el miedo,* 3ra. ed., Editorial del Pacífico, Santiago, 1954. En un contexto de análisis sobre el surgimiento de dictaduras militares en América Latina, el autor dedica un capítulo sobre Colombia, en el cual estudia el origen de la violencia en los años 50.

BURNETT, BEN G.: «The Recent Colombian Party Systems: Its organization and procedure», Tesis para Ph.D. no publicada, University of California, Los Angeles, 1955.

CABALLERO CALDERÓN, LUCAS: *Figuras políticas de Colombia,* Editorial Kelly, Bogotá, 1945. Esbozos biográficos de políticos relevantes en la vida nacional.

CABALLERO ESCOBAR, ENRIQUE: *El mesías de Handel,* 3ra. ed., Tipografía Hispana, Bogotá, 1972. Enjuiciamiento de los negociados del hijo de López Pumarejo en el segundo gobierno de este.

CAICEDO, EDGAR: *Historia de las luchas sindicales en Colombia,* Ediciones CEIS, Bogotá, 1971. Ensayo histórico-político, que profundiza en las luchas sindicales, dentro del marco de las coyunturas económicas y políticas.

CALIBAN: *Danza de las Horas,* Libros del Cóndor, Bogotá, 1969. Visión muy personal del periodista liberal, en lo que se refiere al 9 de Abril y sus posteriores consecuencias históricas.

COMITÉ CENTRAL DEL PARTIDO COMUNISTA DE COLOMBIA: *Treinta años del Partido Comunista de Colombia,* Ediciones Paz y Socialismo, Bogotá, 1960. Primer esbozo de sistematización histórica del papel jugado por los comunistas en este período de la vida política del país.

CORDEL ROBINSON, J.: *El movimiento gaitanista en Colombia,* Tercer Mundo, Bogotá, 1976. El más completo estudio por su sustentación y documentación sobre el origen, organización interna, ideología y desintegración del gaitanismo.

CÓRDOBA, JOSÉ MARÍA: *Jorge Eliécer Gaitán, tribuno popular de Colombia,* Litografías Cor-Val, Bogotá, 1952. Anotaciones sobre el gaitanismo y su líder, escritas por uno de sus secretarios.

CUELLAR VARGAS, ENRIQUE: *13 años de violencia; asesinos intelectuales de Gaitán*, Ediciones Cultura Social Colombiana, Bogotá, 1960. Discrepancias en las diversas opiniones sobre el autor, autores materiales e intelectuales del asesinato de Gaitán. Valerosa denuncia sobre la violencia política.

_____: *Álvaro Gómez Hurtado y la muerte de Gaitán*, [s.e.], Bogotá, 1973. Preguntas que le formula el Juez 10 a Gómez Hurtado sobre el asesinato de Gaitán.

CHAUX, FRANCISCO JOSÉ: *El liberalismo en el Gobierno*, Editoriales Prag y Antena, Bogotá, 1947.

_____: *Homenaje a Gaitán*, Editorial Minerva, Bogotá, 1949.

ESPINOSA, GERMÁN: *Anatomía de un traidor*, Amares, Bogotá, 1973. Contrarréplica muy documentada del autor a los juicios expresados en el libro *El mesías de Handel*.

FIGUEREDO SALCEDO, ALBERTO: *Documentos para una biografía*, vol. 1, Imprenta Municipal, Bogotá, 1949. El tomo recoge artículos de periódicos y documentos gráficos de Gaitán y sobre Gaitán, antes de su viaje a Italia.

FORERO MORALES, NÉSTOR: *Laureano Gómez; un hombre, un partido, una nación*, Ediciones Nuevo Mundo, Bogotá, 1950.

GAITÁN, JORGE ELIÉCER: *Las ideas socialistas en Colombia*, [s.e.], Bogotá, 1924. Tesis de grado de Gaitán, en la que expresa muchas de sus ideas, que desarrollará posteriormente en el transcurso de su lucha política.

_____: *Los mejores discursos de Jorge Eliécer Gaitán, 1919-1948*, Editorial Jorvi, Bogotá, 1958. Excelente antología de sus discursos.

_____: *Obras selectas*, 2 t., Cámara de Representantes (Colección Pensadores Políticos Colombianos), Bogotá, 1979. Escritos políticos, discursos fundamentales en su vida de conductor de multitudes, artículos de juventud, se recogen en este tomo de necesaria consulta.

GALVIS GÓMEZ, CARLOS: *Por qué cayó López*, Editorial A B C, Bogotá, 1946.

GARCÍA, ANTONIO: *Gaitán y el problema de la revolución colombiana*, Cooperativa de Artes Gráficas, Bogotá, 1955. Análisis del pensamiento político e ideológico de Gaitán, por quien fue el fundador del desaparecido partido socialista.

GÓMEZ, LAUREANO: *Comentarios a un régimen*, Editorial Centro, Bogotá, 1935; Editorial Minerva, 1934.

GÓMEZ ARISTIZABAL, HORACIO: *Gaitán, enfoque histórico*, Editorial Cosmos, Bogotá, 1975. Un capítulo de interpretaciones sobre el asesinato de Gaitán, el autor y sus conexiones con el posterior proceso de violencia.

GUZMÁN CAMPOS, GERMÁN; ORLANDO FALS BORDA Y EDUARDO UMAÑA LUNA: *La violencia en Colombia,* vol. 1, Bogotá, Ediciones Tercer Mundo, 1962. El estudio clásico sobre los antecedentes históricos de la violencia.

HERRERA, FRANCISCO JOSÉ: *7 Huellas; Jorge Eliécer Gaitán,* Bochica, Bogotá, 1981. Análisis de ciertos aspectos doctrinarios en el pensamiento social y político de Gaitán.

LINARES, HELIODORO: *Yo acuso; biografía de Gaitán y Fajardo,* 2 vol., Editorial Iqueima, Bogotá, 1959. Esbozo biográfico de Gaitán en que se traza cierto paralelo entre este y el guerrillero Saúl Fajardo.

LINKE, LILO: *Andean Adventure. A Social and Political Study of Colombia, Ecuador and Bolivia,* Hutchinson and Co., LTDA, London, 1945.

LÓPEZ GIRALDO, F.: *El apóstol desnudo: O dos años al lado de un mito,* Editorial Arturo Zapata, Manuales, 1936. Violenta crítica a Gaitán, por quien fuera uno de los compañeros del fundador de la UNIR.

LÓPEZ PUMAREJO, ALFONSO: *Obras selectas,* 2 t., Cámara de Representantes (Colección Pensadores Políticos Colombianos), Bogotá, 1980.

MACDONALD, AUSTIN F.: *Latin American Politcs and Government,* Thomas Y. Crowell Company, New York, 1949.

MAFFITT, PETER C.: *Colombia, The Revolution on March, 1934-1938,* Scholars of the House Program, Yale University, New Haven, 1963.

MANRIQUE, RAMÓN: *Bajo el signo de la hoz,* Editorial A B C, Bogotá, 1937.

MARTZ, JOHN D.: *Colombia: un estudio de política contemporánea,* Universidad Nacional, Bogotá, 1969. Uno de los trabajos más documentados y sistemáticos sobre la historia política contemporánea de Colombia.

MEDINA, MEDÓFILO: *Historia del Partido Comunista de Colombia,* vol. 1, Centro de Estudios e Investigaciones Sociales (CEIS), Bogotá, 1980. Sistematización de la experiencia histórica del Partido Comunista en las décadas del 30-50.

MENDOZA NEIRA, PLINIO, ED.: *El liberalismo en el gobierno, 1930-1946,* 3 vol., Editorial Antena, Bogotá, 1946.

MOLINA, FELIPE ANTONIO: *Laureano Gómez: historia de una rebeldía,* Librería Voluntad, Bogotá, 1940.

MOLINA, GERARDO: *Las ideas liberales en Colombia,* vol. 2 (de 1935 a la iniciación del Frente Nacional), Ediciones Tercer Mundo, Bogotá, 1977. Uno de los ensayos más lúcidos sobre las décadas del 30 al 50. Profundiza sobre los antecedentes políticos del 9 de Abril.

OCAMPO JARAMILLO, HERNÁN: *1946-1950. De la unidad nacional a la hegemonía conservadora,* Editorial Pluma, Bogotá, 1980. Es un testimonio que se convierte en una fuente invaluable para el estudio de este difícil período de la política colombiana.

ORTIZ MÁRQUEZ, JULIO: *El hombre que fue un pueblo,* Carlos Valencia Editores, Bogotá, 1980. Un testimonio excepcional, especialmente para el estudio del gaitanismo como movimiento político.

OQUIST, PAUL. *Violencia, conflicto y política en Colombia,* Banco Popular, Bogotá, 1978. Análisis del origen de la violencia y los factores que condicionaron su distribución geográfica. Una interpretación sociológica, que periodiza el fenómeno entre 1946-1966.

OSORIO LIZARAZO, JOSÉ ANTONIO: *Gaitán: vida, muerte y permanente presencia,* Ediciones López Negri, Buenos Aires, 1952. Una emocionada biografía de Gaitán, con una visión personal del autor sobre El Bogotazo.

PABON NÚÑEZ, LUCIO: *Quevedo: político de oposición,* Ed. ARGRA, Bogotá, 1949.

PARTIDO LIBERAL: Programas y estatutos del Partido Liberal colombiano, Departamento de Propaganda, Bogotá, 1944.

PATIÑO, ABELARDO: «The Political Ideas of the Liberal and Conservative Parties in Colombia during the 1946-1953 Crisis», tesis para PH.D. no publicada, The American University, 1954.

PECAUT, DANIEL: *Política y sindicalismo en Colombia,* Editorial La Carreta, Bogotá, 1973. Estudia las formas de organización y las dinámicas de la acción de lucha del movimiento sindical de Colombia.

PEÑA, LUIS DAVID: *Gaitán íntimo,* 2da. ed., Ed. Iqueima, Bogotá, 1949. Rasgos biográficos de Gaitán desde un punto de vista intimista, que ubica muy bien la personalidad del líder.

PÉREZ, LUIS CARLOS: *El pensamiento filosófico de Jorge Eliécer Gaitán,* Editorial Los Andes, Bogotá, 1954.

PUENTES, MILTON: *Gaitán,* Editorial A B C, Bogotá, 1947.

_____: *Historia del Partido Liberal colombiano,* 2da. ed., Editorial Prag, Bogotá, 1961. La historia de Colombia desde el punto de vista liberal. Tiene capítulos sobre el 9 de Abril y sus consecuencias políticas posteriores.

QUINTERO, JOSÉ GREGORIO: *El golpe militar contra López,* [s.e.], Cali, 1977.

RAMÍREZ MORENO, AUGUSTO: *La crisis del Partido Conservador en Colombia,* Tipografía Granada, Bogotá, 1937.

_____: *Una política triunfante,* Librería Voluntad, Bogotá, 1941.

RESTREPO JARAMILLO, GONZALO: *El pensamiento conservador: ensayos políticos,* Tipografía Bedout, Medellín, 1936.

RODRÍGUEZ GARAVITO, AGUSTÍN: *Gabriel Turbay, un solitario de la grandeza,* 2da. ed., Editorial Prócer, Bogotá, 1966. Un documento excepcional para el estudio de la división liberal en el año 46.

_____: *Gaitán; biografía de una sombra,* 2da. ed., Tercer Mundo, Bogotá, 1981.

RODRÍGUEZ VILLA, FABIO: *Petróleo y lucha de clases en Colombia,* Ediciones Suramérica, Bogotá, 1979. Contiene un importante capítulo sobre el 9 de Abril en Barranca.

ROMERO AGUIRRE, ALFONSO: *El Partido Conservador ante la historia,* Librería Americana, Bogotá, 1944.

_____: *Ayer, hoy y mañana del liberalismo colombiano,* 3ra. ed., 3 vol. en 1, Iqueima, Bogotá, 1949.

RUEDA URIBE, PEDRO NEL: *Consejos de guerra de 1944,* Editorial Luz, Bogotá, 194-.

SANIN ECHEVERRI, JAIME: *Ospina supo esperar,* Editorial Andes, Bogotá, 1978. Anotaciones para estudiar la figura de Ospina Pérez.

SHARPLESS, RICHARD: *Gaitán of Colombia,* University of Pittsburgh Press, Pittsburgh, 1978. Seguimiento del proceso y desarrollo político de Gaitán, definiendo su movimiento dentro del populismo.

TESTIS FIDELIS: *El Basilisco en acción o los crímenes del bandolerismo,* Tipografía Olympia, Medellín, 1953. Tesis conservadora de que la violencia tiene su origen en el levantamiento del 9 de Abril.

TORRES, MAURO: *Gaitán. Grandezas y limitaciones psicológicas,* Ediciones Tercer Mundo, Bogotá, 1976. Las influencias psicológicas en la actividad política de Gaitán.

TURBAY, GABRIEL: *Las ideas políticas de Gabriel Turbay,* Editorial Minerva, Bogotá, 1946. Discursos y conferencias del dirigente liberal.

URRUTIA MONTOYA, MIGUEL: *Historia del sindicalismo en Colombia,* Ediciones Universidad de Los Andes, Bogotá, 1976. Luchas obreras y su relación con los gobiernos liberales.

VIEIRA, GILBERTO: *9 de Abril: experiencia del pueblo,* Ediciones Suramérica, Bogotá, 1973. En varios artículos, el autor nos da la visión crítica de los comunistas sobre el levantamiento popular.

ZAPATA OLIVELLA, MANUEL: *La Calle 10,* Ediciones «Casa de la Cultura», Bogotá, 195-. Es la visión de los personajes de los bajos fondos, que viven y participan de la experiencia del 9 de Abril, en esta novela.

III. Artículos de prensa

ABELLA, ARTURO: «Seis personajes y un periodista en busca de Gaitán», *El Tiempo*, Bogotá, 9 de abril de 1968, p. 18.

_____: «Así fue el 9 de abril», Ediciones *Aquí Bogotá*, no. 1, Bogotá, 2 de abril de 1973.

«Actuación de la "Scotland Yard" en la investigación», *La República*, Bogotá, 9 de abril de 1968, p. 22. Apartes del libro *Dos Viernes Trágicos*.

ALAPE, ARTURO: «Los días de abril del 48 en Barranca», *Magazín Dominical*, Bogotá, 5 de abril de 1981, pp. 6-8.

_____: «Castro confiesa su participación en los motines del 9 de Abril», *El Siglo*, Bogotá, 11 de abril de 1982, pp. 1, 6-7.

_____: «Castro revela intimidades del 9 de abril de 1948», *El Pueblo*, Cali, 11 de abril de 1982, p. 8.

ANDRADE, LUIS IGNACIO: «Laureano Gómez exigió lealtad a los generales para con Ospina Pérez», Crónica de tertuliano, *El Siglo*, Bogotá, 9 de abril 1968, p. 6.

APULEYO MENDOZA, PLINIO: «Donde halló la paz lo esperaba la muerte», *Sucesos*, Bogotá, 5 de octubre de 1956, p. 4.

_____: «Testimonio de Plinio Mendoza Neira», *El Siglo*, Bogotá, 11 de abril de 1982, p. 11.

_____: «Viernes, 9 de abril de 1948», *El Tiempo*, Bogotá, 11 de abril de 1982, pp. 1B, 3B.

ARANGO ESCOBAR, GERMÁN: «Gaitán nunca fue comunista, dice Germán Arango Escobar», *El Tiempo*, Bogotá, 11 de abril de 1963, p. 21.

ARAGÓN, VÍCTOR: «La muerte del caudillo», *Reconquista*, año 2, no. 6, abril de 1948, pp. 7-28.

_____: «Nueve de abril», *Jornada*, Bogotá, 9 de abril de 1949, p. 3A.

_____: «Ospina actuó como un hombre sereno y valeroso», *Suplemento Especial, La República*, Bogotá, 9 de abril de 1968, p. 21.

ARENAS, ISMAEL E.: «Roa Sierra, único autor del asesinato de Gaitán», *El Tiempo*, Bogotá, 28 de marzo de 1978, p. 1.

«Arriaga Andrade incita a expoliciales a revolución», *El Siglo*, Bogotá, 10 de julio de 1948, p. 3.

ASHE, JANES: «Se sabía en La Habana lo que ocurriría el 9 de abril», *El Siglo*, Bogotá, 3 de julio de 1948, p. 5.

«Así viví el 9 de abril», *El Tiempo*, Bogotá, 10 de abril de 1977, p. 4B.

AZULA BARRERA, RAFAEL: «Los gobiernos solo caen por débiles y vacilantes», *Suplemento Especial, La República*, Bogotá, 9 de abril de 1954, p. 6.

BAUTISTA, DARÍO:«Una entrevista con Zuleta minutos antes del crimen», *El Espectador*, Bogotá, 13 de abril de 1948, p. 3.

_____: «Leyenda y realidad del 9 de Abril», *Magazín Dominical*, Bogotá, 2 de mayo de 1948, p. 3.

_____: «Los militares pedimos entrega del poder» (Habla el general Vanegas), *Magazín Dominical*, Bogotá, 10 de abril de 1949, p. 4.

_____: «Muerte, política y humor en el "Bogotazo"», *El Espectador*, Bogotá, 9 de abril de 1973, p. 8A.

BEAULAC, WILLARD: «El coraje de Ospina y su fe, fueron el escudo de la libertad en abril», *Suplemento Especial, La República*, Bogotá, 9 de abril de 1968, p. 9.

BERMÚDEZ, ALBERTO: «El 9 de abril contra palacio», *El Siglo,* Bogotá, 9 de marzo de 1978, p. 3.

BRACKER, MILTON: «América bajo la revuelta», *Magazín Dominical*, Bogotá, 10 de abril de 1949.

BURGOS, HÉCTOR: «Episodios de una revolución», *Sábado*, Bogotá, 9 de abril de 1949, p. 2.

CABALLERO CALDERÓN, EDUARDO: «Antes y después del 9 de abril», *Sábado*, Bogotá, 18 de diciembre de 1948, p. 1.

_____: «Jorge Eliécer Gaitán», *El Tiempo*, Bogotá, 9 de abril de 1968, p. 4.

CABRERA LOZANO, CARLOS: «El 9 de abril transformó a Bogotá», *El Tiempo*, Bogotá, 9 de abril de 1968, p. 17.

«Cálido elogio del ejército hizo el presidente Ospina», *El Espectador*, Bogotá, 1 de junio de 1948, p. 1.

CAMARGO GAMEZ, EDUARDO: «Estampa humana del caudillo», *El Tiempo*, Bogotá, 9 de abril de 1950, p. 4.

CANEL, JAMES B.: «Santos y López explican lo ocurrido en Bogotá», *El Espectador*, Bogotá, 13 de abril de 1948, p. 8.

CASTELLANOS, GONZALO: «Ese hombrecito no pudo matar a Gaitán», *Lecturas Dominicales*, Bogotá, 8 de abril de 1973, p. 8.

_____: «Laureano se fugó con un fusil», *Lecturas Dominicales*, Bogotá, 8 de abril de 1973, p. 6.

_____: «Yo le di el último sorbo», *Lecturas Dominicales*, Bogotá, 8 de abril de1973, p. 9.

«Castro, organizador del "Bogotazo" el 9 de Abril», *Edición Especial, La República*, 9 de abril de 1968, p. 10.

CASTRO, FIDEL: «400 policías me impidieron dar la libertad a Colombia», *La República*, Bogotá, 9 de abril de 1961, p. 12.

_____: «Me robaron hasta la cartera», *El Tiempo*, 11 de abril de 1982, p. 3A.

«Castro y Gaitán, Ovares, del Pino y Roa Sierra», *La República,* Bogotá, 9 de abril de 1968, p. 16. Tomado del libro *Estrella Roja sobre Cuba.*

«Cómo fue defendido el Banco de la República», *Sucesos*, Bogotá, 11 de abril de 1958, p. 5.

«¿Cómo juzgan los intelectuales el 9 de abril?», *Sábado*, Bogotá, 9 de abril de 1949, p. 6.

«Conceptos del nuevo embajador en Chile Jorge Padilla Páramo, sobre la actitud de Ospina Pérez el 9 de abril de 1948», *2da. Sección, La República*, Bogotá, 10 de abril 1977, p. 1.

CORTÉS DURAN, JAIME: «Los muertos de la plaza de Bolívar», *Lecturas Dominicales*, Bogotá, 8 de abril de 1973, p. 6.

CRUZ CÁRDENAS, ANTONIO: «La paz que pregonaba Gaitán», *Lecturas Dominicales*, Bogotá, 11 de abril de 1982, pp. 5-6.

CRUZ, PEDRO ELISEO: «Gaitán: El hombre y el político», *El Espectador*, Bogotá, 9 de abril de 1973, p. 6A.

D'ARTAGNAN: «El famoso país político de Gaitán», *El tiempo*, Bogotá, 9 de abril 1978, p. 4.

DANGOND URIBE, ALBERTO: «Laureano Gómez y el 9 de abril», *El Espectador*, Bogotá, 9 de abril de 1973, p. 5A.

DÁVILA TELLO, JOSÉ VICENTE: «El Ministro de Correos explica su actuación en los sucesos de abril», *El Espectador*, Bogotá, 9 de abril de 1949, p. 1.

_____: «El Presidente autorizó que abandonáramos el Palacio», *Suplemento Especial, La República*, Bogotá, 9 de abril de 1954, p. 6.

DELGADO FERNÁNDEZ, CARLOS: «9 de abril de 1948», *La República*, Bogotá, 9 de abril de 1957, p. 4.

DELGADO MORALES, CARLOS: «El 9 de abril, baldón del Partido Liberal», *La República*, Bogotá, 10 de abril de 1955, p. 4.

DIEZ, HUMBERTO: «Roa Sierra murió de dolor», *El Tiempo*, Bogotá, 8 de abril de 1978, p. 1.

_____: «Siempre queda un misterio», *El Tiempo*, Bogotá, 9 de abril de 1978, p. 1.

DUARTE JIMÉNEZ, GREGORIO: «Pensamiento de Gaitán, mártir de la democracia», *El Tiempo*, Bogotá, 9 de abril de 1973, p. 5A.

«Dueño de sí mismo permaneció Ospina el 9 de abril del año de 1948, en Palacio», *La República*, Bogotá, 9 de abril de 1961, p. 11.

«Echandía, el hombre que salvó la civilización el 10 de abril», *El Espectador*, Bogotá, 9 de abril 1967, p. 1.

«Echandía en el golpe del 9 de abril», *El Siglo*, Bogotá, 17 de junio de 1948, p. 1.

E. FORERO, PAULO: «Se reconstruye la Unión Nacional junto al cadáver de Jorge Eliécer Gaitán», *Lecturas Dominicales*, Bogotá, 9 de abril de 1978, p. 2.

«El comunismo», *Jornada*, Bogotá, 25 de abril de 1948, p. 4.

«El comunismo reclama un triunfo por los sucesos de abril de 1948», *El Siglo*, Bogotá, 10 de abril de 1951, p. 3.

«El desarrollo de los sucesos en todo el país», *El Espectador*, Bogotá, 12 de abril de 1968, p. 1.

«El Dr. Echandía habla sobre la colaboración el 9 de abril», *El Tiempo*, Bogotá, 10 de abril 1953, p. 1.

«El Dr. Santos autoriza publicar los mensajes que envió el 9 de abril», *El Espectador*, Bogotá, 18 de junio de 1948, p. 1.

«El juicio de los contemporáneos sobre Gaitán (Carlos Lleras, Juan Lozano y Lozano)», *2da. Sección, Sábado*, Bogotá, 24 de abril de 1948, p. 1.

«El mensaje de Alfonso López sobre el 9 de abril», *Sábado*, Bogotá, 5 de mayo de 1948, p. 1.

«Emocionado discurso del presidente Mariano Ospina Pérez el 11 de abril de 1948 desde el Palacio de Nariño», *La República*, Bogotá, 10 de abril de 1975, p. 1.

«En Bogotá hubo amenaza de "marines" el 9 de abril», *Lecturas Dominicales*, Bogotá, 12 de marzo 1978, p. 3.

«El reportaje con Fidel Castro», *Voz Proletaria*, Bogotá, 15 de abril de 1982, p. 2.

«El único delincuente del 9 de abril fue Laureano Gómez», *Jornada*, Bogotá, 8 de junio 1948, p. 1.

ESTRADA, MONSALVE, JOAQUÍN: «Las causas del 9 de abril», *Sábado*, Bogotá, 5 de junio de 1948, p. 7.

_____: «La versión conservadora, nueve de abril», *Sábado*, Bogotá, 9 de abril de 1949, p. 4.

FEDERICI CASA, CARLOS: «25 años enseñando matemáticas, después de vivir el 9 de abril», *El Tiempo*, Bogotá, 9 de abril de 1973, p. 3B.

FERNÁNDEZ DE SOTO, MARIO: «Gaitán y el comunismo», *Sábado*, Bogotá, 19 de abril de 1952, p. 12.

FERNÁNDEZ, L.A.: «El debate contradictorio sobre el 9 de abril», *Sábado*, Bogotá, 9 de abril 1949, p. 7.

«Fidel Castro dirigió al comunismo internacional en Bogotá el 9 de abril», *La República*, Bogotá, 9 de abril de 1961, p. 1.

FORERO BENAVIDES, ABELARDO: «Gaitán», *Sábado*, Bogotá, 24 de abril de 1948, p. 1.

_____: «Viaje al fondo de la noche», *Sábado*, Bogotá, 1 de mayo de 1948, p. 1.

_____: «Habla el general Sánchez Amaya», *Sábado*, Bogotá, 12 de junio de 1948, p. 1.

_____: «El nueve de abril», *Sábado*, Bogotá, 9 de abril de 1949, p. 1.

_____: «Interpretación liberal del 9 de abril», *Sábado*, Bogotá, 14 de abril de 1951, p. 1.

_____: «Meditaciones sobre el 9 de abril», *El Tiempo*, Bogotá, 12 de abril de 1982, p. 4A.

FRANQUI, CARLOS: «El 9 de abril y yo —Fidel Castro», *Lecturas Dominicales*, Bogotá, 14 de noviembre de 1976, p. 2.

«Fue el servicio secreto de los EE.UU. quien anunció la revolución de los gaitanistas», *El Siglo*, Bogotá, 8 de junio de 1948, p. 8.

«Gaitán en el Perú», *Jornada*, Bogotá, 8 de mayo de 1948, p. 4.

GALINDO, ALBERTO: «El 9 de abril», *El Tiempo*, Bogotá, 9 de abril de 1973, p. 4A.

GARAVITO ACOSTA, ALBERTO: «Un cronista en medio de los militares», *El Siglo*, Bogotá, 9 de abril de 1949, p. 16.

GARAVITO, FERNANDO: «Gaitán: Vida e ideario», *Lecturas Dominicales*, Bogotá, 8 de abril de 1973, p. 3.

GARCÍA PEÑA, ROBERTO: «¿A qué fueron los liberales a Palacio el nueve?», *El Siglo*, Bogotá, 10 de abril de 1949, p. 14. Tomado de *El Tiempo*, 12 de abril.

_____: «Memoria aproximada del 9 de abril», *Lecturas Dominicales*, Bogotá, 8 de abril de 1973, p. 5.

GÓMEZ ARISTIZÁBAL, HORACIO: «Gaitán y su mensaje social», *El Tiempo*, Bogotá, 10 de abril 1979, p. 5.

GÓMEZ PICÓN, ALIRIO: «El pensamiento de Gaitán», *El Tiempo*, Bogotá, 9 de abril de 1968, p. 5.

GONZÁLEZ, GONZALO: «No podía morir de otra forma», *El Espectador*, Bogotá, 10 de abril de 1949.

GONZÁLEZ TOLEDO, FELIPE: «El 9 de abril de 1948, a nivel del pavimento», *El tiempo*, Bogotá, 9 de abril 1948, p. 20.

_____: «El saqueo y la destrucción de Bogotá», *El Espectador*, Bogotá, 13 de abril de 1948, p. 3.

_____: «Un recorrido por el centro de la ciudad», *El Espectador*, Bogotá, 13 de abril de 1948, p. 8.

_____: «La identificación total del asesino», *El Espectador*, Bogotá, 14 de abril de 1948, p. 1.

_____: «Quedó plenamente identificado el asesino de Gaitán», *El Espectador*, Bogotá, 14 de abril de 1948, p. 1.

_____: «Los hermanos del asesino de Gaitán lo reconocieron hoy», *El Espectador*, Bogotá, 16 de abril de 1948, p. 3.

_____: «A las 5 se agotó ayer toda la cerveza en Fontibón", *El Espectador*, Bogotá, 7 de mayo de 1948, p. 12.

_____: «La "Puerta falsa" pasa a la historia», *El Espectador*, Bogotá, 13 de mayo de 1948, p. 4.

_____: «Phillips relata su actuación del 9 de abril y comenta su condena», *El Espectador*, Bogotá, 22 de mayo de 1948, p. 3.

_____: «Por qué fracasó la investigación», *El Espectador*, Bogotá, 10 de abril de 1949, p. 11.

_____: «Litigio en torno a un finísimo ataúd», *Sucesos*, Bogotá, 24 de mayo de 1956, p. 12.

_____: «El cadáver que tenía dos corbatas», *Sucesos*, Bogotá, Tercera semana de mayo de 1956, p. 12.

_____: «El enigma de la Baronesa de Dekker», *Sucesos*, Bogotá, 31 de mayo de 1956, p. 12.

_____: «La tragedia del 9 de abril en Bogotá», *El Tiempo*, Bogotá, 9 de abril de 1958, p. 8.

_____: «Nueve de abril de 1948», *Sucesos*, Bogotá, 11 de abril de 1958, p. 4.

_____: «Recuento del 9 de abril en Bogotá», *El Tiempo*, Bogotá, 9 de abril de 1963, p. 3.

_____: «La catástrofe salió de un revólver desajustado», *Lecturas Dominicales*, Bogotá, 8 de abril de 1973, p. 4.

_____: «Una nueva versión sobre el asesinato», *Lecturas Dominicales*, Bogotá, 8 de abril de 1973, p. 9.

_____: «Qué pasó el 9 de abril en la quinta división», *El Tiempo*, Bogotá, 9 de abril de 1973, p. 2B.

GORDILLO, ALBERTO: «Andanzas de Fidel Castro el 9 de abril», *La República*, edición especial, Bogotá, 9 de abril 1968, p. 14.

_____: «Las intenciones fallidas de un mozalbete llamado Fidel Castro», *La República*, Bogotá, 9 de abril de 1973, p. 12A.

GUTIÉRREZ, GABRIEL: «La historia también es con los muertos», testimonio de Darío Echandía, *Lecturas Dominicales*, Bogotá, 8 de abril 1973, p. 2.

_____: «Soñé que lo habían matado», *El Tiempo*, Bogotá, 9 de abril de 1973, p. 2B.

_____: «Ospina exalta actitud liberal el 9 de abril», *El Tiempo*, Bogotá, 12 de abril de 1973, p. 1.

GUTIÉRREZ GUTIÉRREZ, EMILIA DE: «La lección del 9 de abril», *El Tiempo*, Bogotá, 9 de abril de 1949, p. 4.

«Hablan los dos estudiantes cubanos acusados en Bogotá», *El Espectador*, Bogotá, 21 de abril de 1948, p. 10.

«Habla Jorge Zalamea», *El Liberal*, Bogotá, 17 de abril de 1948, p. 5.

HERNÁNDEZ DE OSPINA, BERTHA: *La República*, Bogotá, 9 de abril de 1961, p. 1.

_____: «Lo que los liberales hablaron con el presidente confirmó que no habían venido a colaborar», *El Siglo*, Bogotá, 9 de abril de 1968, p. 6.

_____: «Ospina no se dejó intimidar», *El Siglo*, Bogotá, 9 de abril de 1973, p. 15.

_____: «El nueve de abril que yo viví», *Cromos*, año 57, vol. 140, Bogotá, Colombia, 9 de abril de 1973, p. 11.

_____: «Eduardo Santos fue llamado para que tomara el poder», *El Siglo*, Bogotá, 11 de abril de 1973, p. 1.

_____: «El "Bogotazo" hace 33 años. Doña Bertha el 9 de abril», *La República*, Bogotá, 9 de abril de 1981, p. 8A.

HERSAN: «Hace 25 años», *El Tiempo*, Bogotá, 9 de abril de 1973, p. 4.

HIERRO, JOSÉ ELÍAS: «Intervención comunista en el nueve de abril», *El Siglo*, Bogotá, 9 de abril de 1973, p. 16.

JARAMILLO ARBOLÁEZ, DELIO: «Nosotros los gaitanistas», *El Espectador*, Bogotá, 8 de mayo de 1948, p. 4.

JORDÁN, JIMÉNEZ, RICARDO: «Roa Sierra, el asesino», *La República*, Bogotá, 9 de abril de 1968, p. 20.

«La alocución del Sr. Arzobispo», *El Espectador*, Bogotá, 14 de abril de 1948, p. 4.

«La declaración del general Marshall», *El Espectador*, Bogotá, 13 de abril de 1948, p. 8.

«La C.T.C. ordena el regreso al trabajo», *Jornada*, Bogotá, 17 de abril de 1948, p. 1.

«La infancia de Gaitán», *El Espectador*, Bogotá, 7 de mayo de 1948, p. 4.

«La muerte de Gaitán fue diabólicamente calculada», *Suplemento Especial*, Bogotá, 9 de abril de 1968, p. 17. Del libro *Estrella Roja sobre Cuba*.

«La participación de Fidel Castro», *El Siglo*, Bogotá, 9 de abril de 1973, p. 19.

LANAO, GUILLERMO: «Cómo se salvó el Capitolio», *El Espectador*, Bogotá, 20 de abril de 1948, p. 4.

_____: «Cómo se defendió Palacio el 9 de abril», *El Espectador*, Bogotá, 10 de abril de 1949, p. 10.

L. CORTÉS, JAIME: «Mi 9 de abril», *El Tiempo*, Bogotá, 9 de abril de 1981, p. 1.

«La participación comunista en los hechos del 9 de abril», *Magazín Dominical*, Bogotá, 13 de abril de 1982, pp. 3-4.

«López de Mesa disertó sobre el 9 de abril», *El Tiempo*, Bogotá, 10 de abril de 1960, p. 6.

«Lo que vio un extranjero en Bogotá», *La República*, Bogotá, 9 de abril de 1958, p. 12.

LOZANO Y LOZANO, FABIO: «Dueño de sí mismo permaneció Ospina», *Suplemento Especial*, Bogotá, 9 de abril de 1954, p. 6.

_____: «Mujer fuerte como las del Evangelio fue doña Bertha», *La República*, Bogotá, 9 de abril de 1968, p. 18.

LOZANO Y LOZANO, JUAN: «Vida e ideas de Jorge Eliécer Gaitán», *El Tiempo*, Bogotá, 8 de abril de 1949, p. 4.

_____: «Una opinión liberal», *La República*, Bogotá, 10 de abril de 1955, p. 5.

_____: «La renovación humana», *Consigna*, Bogotá, 3 de febrero de 1977, p. 12.

LOZANO SIMONELLI, FABIO: «Nueve de abril», *El Espectador*, Bogotá, 10 de abril de 1964.

LUNGA, SANYS: «Historia gráfica del 9 de abril», *El tiempo*, Bogotá, 9 de abril de 1949, p. 21.

LLERAS RESTREPO, CARLOS: «Recuerdos del 9 de abril», *Nueva Frontera*, Bogotá, 8-14 de abril de 1976, pp. 1-3.

_____: «30 años después Gaitán», *Nueva Frontera*, Bogotá, 8-13 de abril de 1978.

MAHECHA GÓMEZ, CARLOS: «También Sánchez Amaya afirma que no habrá régimen militar», *El Espectador,* Bogotá, 30 de abril de 1948, p. 1.

_____: «Fabio Lozano relata la junta de Palacio», *Magazín Dominical,* Bogotá, 23 de mayo de 1948, p. 1.

MANTILLA, CARLOS ALBERTO: «Fidel Castro y el 9 de abril», *El Siglo,* Bogotá, 11 de abril de 1982, p. 11.

MENCÍA, MARIO: «Fidel Castro en el Bogotazo», *Cuba Internacional,* no. 107, octubre de 1978, p. 33, 34-40.

MENDOZA NEIRA, PLINIO: «Yo vi al asesino; tenía ojos alucinados, llenos de odio», *El Espectador,* Bogotá, 9 de abril 1973, p. 6A.

MONTAÑA, ANTONIO: «Carlos Lleras relata la jornada del nueve de abril», *El Tiempo,* Bogotá, 8 de abril de 1973, p. 1.

MORALES BENÍTEZ, OTTO: «Jorge Eliécer Gaitán», *Sábado,* Bogotá, 3 de julio de 1948, p. 1.

MUÑOZ, HÉCTOR: «Segunda candidatura presidencial de Gaitán», *El Espectador,* Bogotá, 3 de abril de 1973, p. 4A.

_____: «Inquietante situación en Cúcuta y Tunja», *El Espectador,* Bogotá, 4 de abril de 1973, p. 4A.

_____: «Memorial de Gaitán sobre la violencia», *El Espectador,* Bogotá, 5 de abril de 1973, p. 4A.

_____: «Zuleta en busca del apaciguamiento», *El Espectador,* Bogotá, 6 de abril de 1973, p. 4A.

_____: «6 Gobernadores declinan; sigue la violencia», *El Espectador,* Bogotá, 7 de abril de 1973, p. 4A.

_____: «Gaitán anuncia "Oposición Constructiva" del liberalismo», *El Espectador,* Bogotá, 8 de abril de 1973, p. 4A.

_____: «Antecedentes del 9 de abril. Absuelto el teniente Cortés con nueva tesis de Gaitán», *El Espectador,* Bogotá, 9 de abril de 1973, p. 4A.

_____: «Las últimas horas de Gaitán», *El Espectador,* Bogotá, 10 de abril de 1973, p. 4A.

_____:«Murió Jorge Villaveces, exdirigente de "Jega"», *Vespertino,* Bogotá, 28 de enero de 1977.

NIÑO H., ALBERTO: «Desacostumbrado movimiento había en la Embajada Rusa», *La República,* Bogotá, 9 de abril de 1963, p. 12.

OCHOA, JOSÉ HUGO: «El 9 de abril en la presidencia», *Semanario Dominical, El Siglo,* Bogotá, 7 de abril de 1968, pp. 18-19.

OSPINA PÉREZ, MARIANO: «Que el 9 de abril no fue un acto de protesta», *El Siglo,* Bogotá, 17 de julio de 1948, p. 5.

_____: *La República, Suplemento,* Bogotá, 9 de abril de 1954, p. 1.

_____: «Homenaje al ejército de Colombia», *La República,* Bogotá, 10 de abril de 1955, p. 1.

_____: «El ejército se cubrió de gloria el 9 de abril», *La República,* Bogotá, 9 de abril de 1968, p. 13.

_____: «Las horas dramáticas en el palacio presidencial», *Lecturas Dominicales,* Bogotá, 8 de abril de 1973, p. 1.

_____: «De pie sobre las ruinas, creo en Colombia y tengo fe en vosotros», *La República,* Bogotá, 9 de abril de 1974, p. 1.

_____: «El gobierno de Unión Nacional y las Fuerzas Armadas», *La República,* Bogotá, 9 de octubre de 1975.

_____: «Ospina Pérez y el 9 de abril», *El Tiempo,* Bogotá, 15 de abril de 1976.

_____: «Oportuna intervención de nuestro ejército impidió consumación del caos: Ospina Pérez», *2da. Sección, La República,* Bogotá, 10 de abril de 1977, p. 1.

«Ospina salvó la civilización, afirmó el doctor Laureano Gómez», *La República,* Bogotá, 9 de abril de 1958, p. 1.

ORTIZ GONZÁLEZ, RAFAEL: «El nueve de abril», *La República,* Bogotá, 10 de abril de 1955, p. 5.

OTERO SILVA, MIGUEL: «Jorge Eliécer Gaitán», *Sábado, 2da. Sección,* Bogotá, 15 de mayo de 1948, p. 15.

PACHÓN DE LA TORRE, ÁLVARO: «Nuevo organismo militar de defensa, en América», *El Espectador,* Bogotá, 10 de abril de 1948, p. 1.

_____: «La hazaña del capitán Ruiz en Palacio», *El Espectador,* Bogotá, 9 de abril de 1949, p. 4.

_____: «Carlos Lleras relata el 9 de abril en Palacio», *Magazín Dominical,* Bogotá, 10 de abril de 1949, p. 5.

PADILLA, JORGE: «Historia de un disparo», *El Espectador,* Bogotá, 2 de mayo de 1948, p. 1.

_____: «La República», Bogotá, 8 de abril de 1965, p. 4.

_____: «Un testigo presencial narra el crimen», *Lecturas Dominicales*, Bogotá, 8 de abril de 1973, p. 8.

_____: «Amigo y compañero de Gaitán cuenta la noche en Palacio», *La República*, Bogotá, 9 de abril de 1973.

_____: «El 9 de abril en palacio», *El Espectador*, Bogotá, 10 de abril de 1973, p. 2A.

_____: «Retrato espectral de Gabriel Turbay», *Consigna*, Bogotá, 25 de noviembre de 1976.

PAREDES, JAIME: «Jorge Eliécer Gaitán», *Sábado, 2da. Sección*, Bogotá, 12 de abril de 1948, p. 1.

PEÑA, LUIS DAVID: «El día 9», *Jornada*, Bogotá, 8 de mayo de 1948, p. 1.

PÉREZ SARMIENTO, GUILLERMO: «El primer periodista que vio a Gaitán herido», *El Espectador*, Bogotá, 14 de abril de 1948, p. 7.

_____:«Por la corbata cogí a Roa Sierra», *Lecturas Dominicales*, Bogotá, 8 de abril de 1973, p. 6.

POSADA, JAIME: «Evocación de Jorge Eliécer Gaitán», *El Tiempo*, Bogotá, 8 de abril de 1973, p. 5A.

_____: «Gaitán, intérprete de su pueblo», *El Tiempo*, Bogotá, 9 de abril de 1973, p. 4A.

_____: «La memoria de Gaitán», *El Tiempo*, Bogotá, 9 de abril de 1981, p. 4A.

«Presentado en Bogotá el proyecto anticomunista», *El Espectador*, Bogotá, 21 de abril de 1948, p. 1.

RAJK, LASZLO: «Llegué a organizar la revolución», *La República*, Bogotá, 7 de abril de 1975, p. 1.

_____: «Misión: organizar una revolución en Colombia», *La República*, Bogotá, 9 de abril de 1981. Tomado del libro del doctor Urdaneta Arbeláez.

RANGEL, DOMINGO ALBERTO: «Jorge Eliécer Gaitán», *Jornada*, Bogotá, 1 de mayo de 1948, p. 4.

RAMÍREZ MORENO, AUGUSTO: «El nueve de abril», *El Siglo*, Bogotá, 9 de julio de 1948, p. 5.

_____: «La versión ortodoxa. El nueve de abril», *Sábado*, Bogotá, 10 de julio de 1948, p. 1.

REGUEROS PERALTA, JORGE: «La lucha contra el comunismo», *Sábado*, Bogotá, 10 de abril de 1948, p. 1.

RESTREPO PIEDRAHÍTA, CARLOS: «La junta revolucionaria de Bogotá», *Sábado*, Bogotá, 9 de abril de 1949, p. 3.

«Revelaciones en los EE.UU. sobre los antecedentes de los sucesos», *El Espectador*, Bogotá, 16 de abril de 1948, p. 1.

RICO, EMILIO: «Romance elegiaco de Jorge Eliécer Gaitán», *El Tiempo*, Bogotá, 8 de abril de 1973, p. 4.

RIVET, PAUL: «El 9 de abril. Opinión de Paul Rivet», *Jornada*, Bogotá, 14 de mayo de 1948, p. 4.

RODRÍGUEZ GARAVITO, AGUSTÍN: «Habla Azula Barrera», *Sábado*, Bogotá, 19 de junio de 1948, p. 1.

_____: «Habla el ministro Sourdís», *Sábado*, Bogotá, 25 de junio de 1948, p. 1.

_____: «Declaraciones de Gonzalo Restrepo Jaramillo (Embajador de Colombia en Washington)», *Sábado*, Bogotá, 10 de julio de 1948, p. 3.

RODRÍGUEZ, LUIS ELÍAS: «Los últimos momentos de la vida del doctor Gaitán», *El Espectador*, Bogotá, 13 de abril de 1948, p. 3.

SAMPER, DARÍO: «Jorge Eliécer Gaitán», *Sábado*, Bogotá, 9 de abril de 1949, p. 8.

_____: «Los muertos del pueblo», *Atalaya*, Tunja, abril de 1966, p. 2.

_____: «La trágica proyección del 9 de abril», *El Tiempo*, Bogotá, 9 de abril de 1968, p. 5.

_____: «Gaitán, tribuno del pueblo», *El Tiempo, Suplemento*, Bogotá, 9 de abril de 1978, p. 3.

SÁNCHEZ AMAYA: «700 hombres defendieron a Bogotá el día nueve de abril», *El Tiempo*, Bogotá, 9 de abril de 1949, p. 1.

SANTA, EDUARDO: «Semblanza del caudillo», *Lecturas Dominicales*, Bogotá, 11 de abril de 1982, pp. 3-4.

_____: «¿Quién mató a Gaitán?», *El Tiempo*, Bogotá, 11 de abril de 1982, p. 6A.

SANTOS Y JORGE ELIÉCER GAITÁN: *El Tiempo*, Bogotá, 11 de abril de 1982, p. 4.

SILVA SILVA, DARÍO: *Consigna*, año 2, no. 61, Bogotá, 14 de abril de 1977, pp. 10-16.

_____: «24 horas hace 30 años», *Consigna*, Bogotá, abril de 1978, p. 11. Semanario.

TÉLLEZ, HERNANDO:«Un reportaje con Carlos Lleras Restrepo», *Sábado*, Bogotá, 10 de julio de 1948, p. 1.

_____:«Una conjura internacional monstruosa fue el nueve de abril», Opinión de «Diario Gráfico», *Suplemento, La República*, Bogotá, 9 de abril de 1954.

_____:«Un Presidente que no huye», *La República*, Bogotá, 9 de abril de 1958, p. 7.

_____: «Una hermana de Fidel Castro estuvo escondida en Bogotá en 1948», *La República*, Bogotá, 9 de abril de 1961, p. 13.

_____:«Totalmente se liquidó el 9 de abril la policía nacional», *El Tiempo*, Bogotá, 9 de abril de 1968, p. 20.

_____: «Biografía de una revolución», *Magazín Dominical*, Bogotá, 8 de abril de 1973.

URDANETA ARBELÁEZ, ROBERTO: «La misión era organizar una revolución en Colombia», *Suplemento Especial, La República*, Bogotá, 9 de abril de 1968, p. 7.

URIBE MÁRQUEZ, JORGE: «Sus pedestales vacíos», *El Tiempo*, Bogotá, 9 de abril de 1954, p. 4.

_____: «Gaitán, caudillo del pueblo», *El Tiempo*, Bogotá, 10 de abril de 1955, p. 4.

VALLEJO, ALEJANDRO: «Cómo murió», *Jornada*, Bogotá, 17 de abril de 1948, p. 4.

_____: «La noche del 9 de abril», *Jornada*, Bogotá, 18 de abril de 1948, p. 4.

_____: «En el cuarto de guardia de Palacio», II, *Jornada*, Bogotá, 20 de abril de 1948, p. 4.

_____: «La palabra encadenada», *Jornada*, Bogotá, 23 de abril de 1948, p. 4.

_____: «Una biografía», *Jornada*, Bogotá, 24 de mayo de 1948, p. 4.

_____: «Los últimos instantes de Gaitán», *Sábado*, Bogotá, 14 de abril de 1951, p. 3A.

VANEGAS MONTERO, JORGE: «Enérgica, viril y patriótica fue la actitud del presidente Ospina», *La República*, Bogotá, 9 de abril de 1959, p. 1.

VANEGAS S., GUILLERMO: «Recuerdos del 9 de abril», *El Espectador*, Bogotá, 7 de mayo de 1948, p. 8.

VARGAS DE P., FRANCISCO: «Francotiradores», *Jornada*, Bogotá, 13 de junio de 1948, p. 4.

VÁZQUEZ CARRIZOLA, ALFREDO: «Una revolución frustrada», *La República*, Bogotá, 9 de abril de 1958, p. 4.

_____: «El 9 de abril en perspectiva», *La República*, Bogotá, 9 de abril de 1961, p. 4.

VECCHIO DE, PASCUAL: «Gaitán, símbolo de un pueblo», *Jornada*, Bogotá, 9 de junio de 1948, p. 4.

_____: «En la mañana del 9 de abril, Gaitán estaba alegre», *Jornada*, Bogotá, 10 de abril de 1949, p. 1.

VIDAL PERDOMO, JAIME: «El movimiento gaitanista», *El Espectador*, Bogotá, 7 de julio de 1977, p. 3A.

VILLARREAL, JOSÉ MARÍA: «El Batallón Bolívar de Tunja salvó la situación», *El Siglo*, Bogotá, 9 de abril de 1973, p. 17.

VILLAVECES, JORGE: «La última carta», *Jornada*, Bogotá, 20 de abril de 1948, p. 4.

_____: «Bogotá el nueve de abril», *Jornada*, Bogotá, 13 de mayo de 1948, p. 6.

_____: «"La Jega", una institución ideológica», *Jornada*, Bogotá, junio de 1948.

_____: «El 9 de abril», *Jornada*, Bogotá, 9 de abril de 1949, p. 3A.

«Welles habla sobre el 9 de abril», *El Liberal*, Bogotá, 26 de abril de 1948, p. 5A.

WILL RICAURTE, GUSTAVO: «El 9 de abril en las letras», *Magazín Dominical*, Bogotá, 10 de abril de 1949, p. 6.

ZALAMEA, JORGE: «El engañoso en Palacio», *Jornada*, Bogotá, 24 de junio de 1948, pp. 4-8.

ZAPATA OLIVELLA, MANUEL: «Interpretación comunista», *Sábado*, Bogotá, 9 de abril de 1949, p. 5.

ZULETA ÁNGEL, EDUARDO: «Yo caminé entre los amotinados», *La República*, Bogotá, 9 de abril de 1968, p. 2A.

_____: «Juan Roa Sierra no mató a Gaitán. Entrevista por Jaime Arango», *El Siglo*, Bogotá, 9 de abril de 1973, p. 14.

_____: «Mi diálogo con Gaitán», *El Espectador*, Bogotá, 9 de abril de 1973, p. 2A.

IV. Bogotazo

ABELLA, ARTURO: *Así fue el nueve de abril*, Ediciones Aquí Bogotá, Bogotá, 1973. Un amplio reportaje periodístico sobre los antecedentes inmediatos y el levantamiento del 9 de Abril.

AZULA BARRERA, RAFAEL: *De la revolución al orden nuevo: proceso y drama de un pueblo*, Editorial Kelly, Bogotá, 1956. El autor fue un observador de primera línea en las conversaciones que transcurrieron en Palacio, que finalmente determinaron el acuerdo político. La visión conservadora de los hechos.

BAUTISTA, RAMÓN M.: *La muerte del caudillo: 9 de abril de 1948*, Patria, Bogotá, 1948.

BEAULAC, WILLARD L.: *Career Ambassador*, MacMillan, New York, 1951. Memorias del embajador norteamericano, en las cuales destaca la figura de Ospina Pérez.

BLANCO NÚÑEZ, JOSÉ M.: *Memorias de un gobernador: el nueve de abril de 1948*, Tipografía Dorel, Barranquilla, 1968. El 9 de abril en Barranquilla.

CANAL RAMÍREZ, GONZALO: *Nueve de abril de 1948*, Editorial A B C, Bogotá, 1948. Testimonio personal, que recoge documentos interesantes sobre el papel de la radio.

DÍAZ, ANTOLÍN: *Los verdugos del caudillo y de su pueblo,* Editorial A B C, Bogotá, 1948. Denuncia de la política conservadora, como gestora de la violencia y como antecedente del asesinato de Gaitán.

DUBOIS, JULES: *Freedom is my Beat,* Bobbe-Merril Company, New York, 1959. Relato personal del periodista norteamericano sobre el levantamiento del 9 de Abril.

ESTRADA MONSALVE, JOAQUÍN: *El 9 de abril en Palacio: horario de un golpe de Estado,* Ed. Cahur, Bogotá, 1948. Versión conservadora sobre las conversaciones en Palacio. Documento, en cierto sentido, acomodaticio.

_____: *Así fue la revolución del 9 de abril al 27 de noviembre,* Iqueima, Bogotá, 1950. Las consecuencias del 9 de Abril, hasta el cierre del Parlamento por Ospina Pérez. Análisis conservador.

FANDIÑO SILVA, FRANCISCO: *La penetración soviética en América y el 9 de abril,* Editorial A B C, Bogotá, 1949. Versión más que exagerada, en que culpa a Rómulo Betancourt y a Acción Democrática del levantamiento.

FERNÁNDEZ DE SOTO, MARIO: *Una revolución en Colombia: Jorge Eliécer Gaitán y Mariano Ospina Pérez,* Ediciones Cultura Hispania, Madrid, 1951. Seguimiento de los hechos, en que el autor, un parlamentario y periodista conservador, culmina con un alto elogio del gobierno de Ospina Pérez.

GAITÁN, MIGUEL ÁNGEL: *El porqué de un asesinato y sus antecedente,* Editorial Minerva, Bogotá, 1949. Intento desarticulado en que el hermano de Gaitán pretende demostrar la culpabilidad conservadora en el asesinato.

GÓMEZ CORENA, PEDRO: *El 9 de abril,* Editorial Iqueima, Bogotá, 1951. Versión novelada en que el autor retoma la tesis conservadora de que el 9 de Abril fue el producto de la intervención comunista internacional.

GÓMEZ DÁVILA, I.: *Viernes 9,* Impresiones Modernas, México, 1953. El amor cristiano como conducta del personaje, en esta novela, cuando este se ve involucrado en los hechos del 9 de Abril.

JORDÁN JIMÉNEZ, RICARDO: *Dos viernes trágicos,* Editorial Horizontes, Bogotá, 1968. El investigador nos cuenta el proceso de su trabajo y nos conduce a la conclusión de que no hubo autores intelectuales en el asesinato.

LENDEZ, EMILIO: *¿Por qué murió el capitán?,* Tipográfico Escorial, Bogotá, 1943.

MANRIQUE, RAMÓN: *A sangre y fuego,* Librería Nacional, Barranquilla, 1948. El 9 de Abril en provincia. Documentos publicados en periódicos extranjeros sobre los hechos.

MARTÍNEZ ZELADA, ELÍSEO: *Colombia en el llanto, crónica auténtica del movimiento popular del 9 de abril de 1948,* Editorial B. Costa-Amic, México, 1948.

NIÑO H, ALBERTO: *Antecedentes y secretos del 9 de abril*, Ed. Pax, Bogotá, 1949. Exjefe de los servicios de seguridad argumenta, según él, la dirección comunista en el asesinato y el levantamiento.

ORREGO DUQUE, GONZALO: *El 9 de abril fuera de Palacio*, Ed. Patria, Bogotá, 1949. Patético relato de lo que sucedió en la Clínica Central y en las calles de Bogotá.

OSORIO LIZARAZO, JOSÉ ANTONIO: *El día del odio*, Bogotá. La novela más lograda sobre el 9 de Abril, por su concepción narrativa.

OSORIO TAPIAS, ABRAHAM: *¿Por qué mataron a Gaitán?*, 2da. ed., Editorial Minerva, Bogotá, 1948. Un libro de denuncias, por cierto muy retórico.

PAREJA, CARLOS H.: *El monstruo*, Editorial Nuestra América, Buenos Aires, 1955. El trasfondo de la novela, el 9 de Abril. El símbolo, Laureano Gómez. Y el idealismo que puede con todo, hasta acabar con las barreras sociales.

PÉREZ, LUIS CARLOS: *Los delitos políticos: interpretación jurídica del 9 de abril*, Distribuidora Americana de Publicaciones, Bogotá, 1948. Análisis del delito político, y su interpretación jurídica.

PLAZA S., HUMBERTO: *La noche roja de Bogotá; páginas de un diario*, Imp. López, Buenos Aires, 1949. Autor boliviano, exdelegado a la Novena Conferencia Panamericana. Su visión parte, presumiblemente, de un diario personal.

RESTREPO, ROBERTO: *Nueve de abril, quiebra cultural política*, Tipografía Bremen, Bogotá, 1948. Una denuncia sobre el despilfarro del Gobierno, en la preparación de la Novena Conferencia Panamericana.

SANTA, EDUARDO: *Qué pasó el 9 de abril; itinerario de una revolución frustrada*, Tercer Mundo, Bogotá, 1982. Recoge el testimonio personal del autor y el análisis histórico sobre el levantamiento del 9 de Abril.

SANTOS FORERO, JULIO ENRIQUE: *Yo sí vi huir al verdadero asesino de Jorge Eliécer Gaitán*, Gráficas Artevas, Bogotá, 1959. La tesis de que fueron dos los asesinos de Gaitán.

VALENCIA, LUIS EMIRO: *Gaitán: antología de su pensamiento social y económico*, Ediciones Suramérica, Bogotá, 1968. Uno de los trabajos más completos, por su ordenación y análisis, de las varias antologías que se han publicado sobre el pensamiento gaitanista.

VALLEJO, ALEJANDRO: *Políticos en la intimidad*, Editorial Antena, Bogotá, 1936.

_____: *La palabra encadenada: antes del 9 de abril y después*, Ed. Minerva, Bogotá, 1949. Análisis desde la experiencia personal de un gaitanista.

_____: *Hombres de Colombia: memorias de un colombiano exiliado en Venezuela*, Avila Frábica, Caracas, 1950.

VIDALES, LUIS: *La insurrección desplomada,* Editorial Iqueima, Bogotá, 1948. Libro polémico, escrito por el autor en *Jornada*, después de los hechos del 9 de Abril, en el cual defiende el origen popular del levantamiento.

VILLAVECES, JORGE: *La derrota: 25 años de historia,* Editorial Jorvi, Bogotá, 1963. Varios escritos de quien fuera compañero de lucha de Gaitán. Una justificación de su paso al rojaspinillismo.

VILLEGAS, SILVIO: *No hay enemigos a la derecha,* Editorial Arturo Zapata, Manizales, 1937.

ZULETA ÁNGEL, EDUARDO: *El Presidente Ospina,* Ediciones Alba, Medellín, 1966. Excelente biografía del presidente liberal, escrita por un conservador.

V. Revistas y periódicos

Cromos

La Nueva Prensa

Semana

Reconquista

El Tiempo

El Espectador

La República

El Siglo

Jornada

Semanarios

Sucesos

Sábado

El Liberal

VI. Proceso Gaitán

El *Proceso Gaitán* contiene 35 cuadernos, es una fuente inagotable de consulta porque no solo hace referencia al proceso mismo de la investigación del asesinato, sino que amplía su espectro de información a los orígenes del hecho, al papel jugado por la policía, el ejército y los partidos políticos. Lo mismo que contiene importantes documentos sobre sus posteriores consecuencias históricas y políticas.

ARTURO ALAPE nació en Cali en 1938 (Bogotá, 2006). En 2003 recibió el título de Doctor Honoris Causa en Literatura de la Universidad del Valle (Colombia). Entre sus publicaciones como historiador, narrador y periodista se destacan: *Las muertes de Tirofijo* (1972, cinco ediciones); *El cadáver de los hombres invisibles* (1979); *El Bogotazo: Memorias del olvido* (1983, dieciocho ediciones); *Noche de pájaros* (1984); *El Bogotazo: La paz, la violencia. Testigos de excepción* (1983, cinco ediciones); *Las vidas de Pedro Antonio Marín, Manuel Marulanda Vélez* (1989); *Tirofijo, los sueños y las montañas* (1994, cuatro ediciones); *Ciudad Bolívar. La hoguera de las ilusiones* (1995, doce ediciones); *Valoración múltiple sobre León de Greiff* (1995); *Mirando al final del Alba* (1998, Beca de creación de Novela Colcultura); *Sangre ajena* (2000, cinco ediciones); *El caimán soñador* (2003); *Luz en la agonía del pez* (2004); *El cadáver insepulto* (2005, tres ediciones). Textos suyos han sido traducidos al alemán, francés, ruso y japonés. Premios recibidos: *Guadalupe años sin cuenta* (coautor), Premio de Teatro Casa de las Américas (1976); «El Borugo Hernando Rodríguez», Premio Nacional de Periodismo Simón Bolívar (2000); «Felipe González Toledo: Crónica biográfica sobre un maestro de la crónica policial», Beca Nacional de Literatura del Ministerio de Cultura (2003). Estudió pintura en el Instituto Popular de Cultura de Cali y sus obras han sido expuestas en La Habana, Berlín, Hamburgo, Cali y Bogotá. Fue profesor en varias universidades.

Seven Stories Press
Jon Gilbert
140 Watts Street
US-NY, 10013
US
https://www.sevenstories.com
jon@sevenstories.com
510-306-6987

The authorized representative in the EU for product safety and compliance is

Easy Access System Europe
Teemu Kontttinen
    amäe tee 50
    '0621

    asproject.com
      sts@easproject.com
         3575

www.ingramcontent.com/pod-product-compliance
Lightning Source LLC
Chambersburg PA
CBHW022121020426
42334CB00015B/709